感谢西安美术学院
重点学科建设专项资金对本书的支持

古代美术与
夏商殷周
文明研究

THE STUDY OF ANCIENT ART
AND XIA SHANG YIN ZHOU CIVILIZATION

钱志强 ◎ 著

中国社会科学出版社

图书在版编目(CIP)数据

古代美术与夏商殷周文明研究/钱志强著.--北京：中国社会科学出版社，2017.5

ISBN 978-7-5161-8770-8

Ⅰ.①古… Ⅱ.①钱… Ⅲ.①考古学文化－研究－中国－三代时期 Ⅳ.①K871.34

中国版本图书馆CIP数据核字(2016)第197277号

出 版 人	赵剑英
责任编辑	冯春风
责任校对	张爱华
责任印制	张雪娇

出　　版	中国社会科学出版社
社　　址	北京鼓楼西大街甲158号
邮　　编	100720
网　　址	http://www.csspw.cn
发 行 部	010-84083685
门 市 部	010-84029450
经　　销	新华书店及其他书店

印　　刷	西安五星印刷有限公司
装　　订	西安五星印刷有限公司
版　　次	2017年5月第1版
印　　次	2017年5月第1次印刷

开　　本	787×1092　1/16
印　　张	34.75
插　　页	2
字　　数	618千字
定　　价	189.00元

凡购买中国社会科学出版社图书，如有质量问题请与本社营销中心联系调换

电话：010-84083683

版权所有　侵权必究

目录

上 篇
夏商殷周王名研究

引论 /
符号文化传统与夏商殷周文明研究

"观象制器"与中国古代的器物符号文化传统
- （一）符号文化传统与中国文明起源探索 ········· 003
- （二）"观象制器"与"铸鼎象物"的中国古代器物符号文化 ········· 005
- （三）祭祀、卜筮活动铸就的中国古代符号文化特点 ········· 006
- （四）甲骨文的非大众文化传播特征 ········· 007

新石器时代中国先民以器物及纹饰符号表现天地宇宙万物的观念及其宇宙模式
- （一）中原仰韶文化彩陶的割圆术与伏羲女娲开天劈地的规矩 ········· 008
- （二）红山文化祭坛的方形、圆形及象征天圆地方的文化传统 ········· 017
- （三）良渚文化玉璧、玉琮与良渚人天圆地方的观念 ········· 018

夏代王名器物符号的辨别与夏王室文明的探索
- （一）说文字 ········· 018
- （二）玉器作为器物符号向甲骨文字的演化 ········· 020
- （三）王亥一族的器物符号文化传统 ········· 023
- （四）商殷王室与中原仰韶文化的联系 ········· 027
- （五）夏代王名器物符号的识别与夏王室文明的探索途径 ········· 028

第一章 /
半坡彩陶人面鱼纹盆与夏文明研究

夏人建都西安说
- （一）西安半坡人面鱼纹盆口沿的癸甲十日符号与夏王启 ········· 031
- （二）说夏人先祖与鱼 ········· 039
- （三）说太康 ········· 046

（四）中康与半坡鹿纹盆 ·· 050

（五）姜寨睁目人面鱼纹盆与夏王相 ·································· 052

（六）羿代夏政与姜寨人面鸟纹葫芦瓶 ·································· 056

（七）姜寨猪面葫芦与羿浞之争 ·· 062

（八）说少康与帝予 ·· 068

（九）汉水人面纹盆与夏文化南迁 ·· 074

（十）癸甲溯源与华夏民族的早期大融合 ······························ 075

河南临汝彩陶缸与夏王室中心东迁

（一）说夏王孔甲 ·· 082

（二）说夏后皋 ·· 086

（三）说夏后发 ·· 087

（四）鹳鱼石斧彩陶缸与夏王桀 ·· 088

（五）从鹳鱼石斧彩陶缸说伊尹与夏桀及商汤之纠葛 ·············· 090

（六）从孔甲御龙看夏王室东迁的途径 ·································· 092

（七）夏王室文化中心东进与鸟羿部族的回归 ························ 093

第二章 /
大河村彩陶与商汤建国
大河村彩陶ᔕ纹罐与商王大乙

（一）大河村遗址出土秦王寨类型ᔕ纹彩陶大罐与商王大乙 ············ 097

（二）说商王外丙、中壬 ·· 107

（三）商王大乙ᔕ状纹饰结构与伊尹佐汤 ································ 108

（四）说大甲 ·· 109

（五）从ᔕ状大乙纹符号追溯商先王报乙、报丙、报丁 ············ 111

目录

（六）说上甲与北斗 ·· 112
（七）上甲甲字与北斗溯源 ·· 113
（八）半坡夏启盆口沿癸甲符号与甲骨文上甲甲字文字符号比较 ············ 114

大汶口彩符陶缸与商王室东迁
（一）大汶口⿱纹陶缸与商王沃丁 ···································· 115
（二）大汶口⿱纹陶缸与商王大庚、小甲 ······························ 122
（三）从大庚小甲再说庚、甲文字符号 ·································· 124
（四）大汶口陶缸⿱状刻划符号与北斗及七星 ·························· 126
（五）说大戊 ·· 128
（六）仲丁迁隞与姚官庄五乳丁纹陶鬶 ·································· 130

山西襄汾陶寺彩绘龙盘与商文化中心西移
（一）商王祖乙与陶寺⿱纹彩绘陶瓶 ·································· 134
（二）祖辛与彩绘龙盘 ·· 136
（三）陶寺龙盘与沃甲及龙角携北斗 ···································· 142
（四）陶寺圆点纹陶罐与商王祖丁 ······································ 145
（五）从陶寺祖辛祖乙说角祖与陶缸溯源 ································ 146

第三章 /
盘庚迁殷与二里头文化

二里头文化与盘庚迁殷
（一）二里头陶方鼎为阳甲盘庚王器说 ·································· 153
（二）二里头铜圆饼饰与殷王小辛 ······································ 160
（三）二里头五乳丁纹铜爵与殷王小乙 ·································· 161
（四）殷王武丁与二里头铜牌饰 ·· 167

（五）甲骨卜辞产生于二里头说 ·· 170

二里岗文化与殷王室东迁
（一）杜岭方鼎与殷王祖庚、祖甲 ·· 173
（二）向阳食品厂方鼎与殷王廪辛、庚丁 ·· 175
（三）南顺城街方鼎与殷王武乙 ·· 178

殷墟遗址与武乙迁河北
（一）殷墟遗址与武乙之迁 ·· 188
（二）从武乙射天再说商殷王室乙丁两干群之纠葛 ································ 193
（三）司母辛鼎为帝辛祭其母器 ·· 196
（四）从妇好说角鹿 ··· 205
（五）鄂候与围及豕韦说 ·· 210
（六）从殷墟青铜大鼎说商与殷之别 ··· 215
（七）殷墟出土妇好龙盘与殷王室两种龙角携斗文化 ······························ 217
（八）商殷王名反映出的商殷王室王名不从父族而从母族母名的传统 ············ 219
（九）夏商殷王室的两分制王权特征 ··· 223
（十）从司母说石母、十母与桑母、萨满 ·· 226
（十一）司母、桑母反映的夏、商、殷王室观象制十日制
　　　　王室卜巫与歌舞祭祀文化 ·· 228

第四章 /
西周王鼎说
殷方周圆的殷周王鼎之差异说
（一）殷方周圆的殷周王鼎差异 ·· 231
（二）从殷方周圆的王鼎形制说夏殷商周文化传统之差异 ························ 237

西周王鼎说

（一）长安新旺大鼎与周文王 ·· 238

（二）淳化大鼎为武王鼎说 ·· 243

（三）洛阳出土鸟册四方鼎与周公摄政 ······································· 248

（四）鸟册、羊册为周公、召公两族标识说 ·································· 251

（五）成王鼎推测 ··· 256

（六）外叔鼎为康王鼎说 ··· 260

（七）大盂鼎，旟鼎为昭王鼎、穆王鼎说 ···································· 262

（八）说西周王鼎器型及纹饰符号的两系隔代相承传统 ···················· 264

文王鼎与易卦溯源

（一）从西周王鼎说文王与周易 ·· 270

（二）从夏商殷周王器的哲学内涵
　　　再说中国古代"观象制器"的符号文化传统 ························· 283

（三）地缘制国家的确立与西周灭亡 ··· 284

下 篇
夏商殷周王年研究

第五章 /
夏商殷周王室的天象观察与星象记录传统

夏代历象说

- （一）夏人的星象观察 289
- （二）夏人的月象观察与晦朔记录 308
- （三）夏人的观日方法及对四时的测定 314
- （四）夏人的三种历法及传统 318
- （五）从夏启人面鱼纹盆探讨夏王室的历法记叙特征 328

商代历象说

- （一）大乙彩陶罐与商代早期的历象特征 330
- （二）大汶口沃丁陶缸与商代中期天象观察及历法特征 333
- （三）陶寺龙盘与商代晚期的天象标识 347

殷代历象说

- （一）二里头铜爵与殷代早期的天象历法传统 348
- （二）二里岗铜方鼎与殷王室中期的天象历法传统 351
- （三）司母戊方鼎、司母辛方鼎与殷墟时代王室斗携鹿角的纪历传统 ... 356
- （四）殷墟妇好墓龙盘与殷王室晚期的四象纪历法 367
- （五）殷王方鼎北斗纪历与王亥步南极北极说 369

周代历象说

- （一）周王圆鼎的星象特征与文化内含 378
- （二）文王鼎的星象特征 384
- （三）武王鼎的星象特征 387
- （四）从文王鼎、武王鼎的星象特征差异说西周王鼎隔代
  同星象的王室文化传统 392

目 录

第六章 /
夏商殷周王室的历象传统与记数系统

夏商殷周王室相承相继的星象与记数传统
（一）夏代半坡人面鱼纹盆体现出的寓数于形的、以天象历法为核心的形数传统 ···· 395
（二）夏商殷周相承相继的星象传统 ··· 396
（三）夏商殷周相承相继的记数方式 ··· 398

夏商王室的记数系统
（一）夏代的记数系统 ··· 400
（二）大乙彩陶罐与商王室的记数系统 ··· 406

殷王方鼎与殷王室的记数系统
（一）殷王方鼎以方矩之形戴矩之像表示周天之数的形数传统 ·················· 409
（二）殷王方鼎的乳丁纹数阵体现出的两种记日传统 ····························· 413

周王圆鼎与周王室的符号记数系统
（一）周王圆鼎的符号记数法 ··· 418
（二）殷周王鼎十干十二支纪日溯源 ··· 420
（三）周王圆鼎与金文、甲骨文典字、册字的象数符号传统 ····················· 432

第七章 /
夏商殷周的王命王年周期与历法周期

夏商殷周王命王年的天命本质
（一）夏代王室以十日名王的天命本质 ··· 435
（二）商殷王名的十日轮回与天命历法特征 ·· 437
（三）夏商殷周王年的72年天命历年周期 ·· 441
（四）从古代王名余的余字说王制72年的记录方法 ································ 449

夏商殷周王名72年的两分制模式

- （一）典籍中夏商殷周祖孙、父子或兄弟共政的记载 ········· 452
- （二）甲骨文商殷王名在不同干群间传承的本质 ············ 454
- （三）夏商殷周王命72年的两分制模式 ·················· 456

夏商殷周五王、十王变迁规律与五王、十王甲子连续纪历周期

- （一）夏商殷周五王、十王变迁规律与五王制首王元年甲子周期 ··· 461
- （二）夏商殷周十王变迁规律与十王制首王元年元日甲子周期 ···· 466
- （三）从文王娶大姒说西周十王甲子记日周期 ·············· 474

夏商殷周五王制甲子年谱与十王制甲子日谱

- （一）十日制天命历法与夏商殷周王谱历谱的推定 ··········· 476
- （二）夏商殷周王名与推定的夏商殷周甲子年谱比较 ·········· 479
- （三）夏商殷周王名与推定的夏商殷周十王甲子日谱比较 ······· 484
- （四）夏商殷周王姒名号的年谱日谱内涵 ················ 493
- （五）夏商殷周王室"五世而迁"的五王王谱及特征 ·········· 511
- （六）夏商殷周王室十日制年谱与日谱传承 ··············· 522

夏商殷周年谱与夏商殷周考古遗存年代对照表

- （一）推定夏商殷周各王年谱与夏商殷周考古遗存年代比较 ····· 532
- （二）附推定夏商殷周各王起止年代干支及公元纪年对照表之一 ·· 535
- （三）附夏商殷周各王起止年代干支及与公元纪年对照表之二 ··· 536
- （四）附夏商殷周各王起止年代干支及与公元纪年对照表之三 ··· 537
- （五）附推定夏商殷周各王起止年代与考古遗存及碳十四年代对照表 ·· 538
- （六）附推定夏商殷周各王起止年代与考古遗存及碳十四年代对照表 ·· 539
- （七）附推定夏商殷周各王起止年代与考古遗存及碳十四年代对照表 ·· 540
- （八）附推定夏商殷周各王起至年代与考古遗存及碳十四年代对照表 ·· 541

上篇

夏商殷周王名研究

引论 /
符号文化传统与夏商殷周文明研究

"观象制器"与中国古代的器物符号文化传统

（一）符号文化传统与中国文明起源探索

中国古代文明起源的探讨是十分复杂的，特别是对夏代文明的探索，更是近代以来几起几落而莫衷一是的问题。夏代文明的存在已是学界不再怀疑的，但是确定何谓夏王室文化及其年代仍然十分艰难。本文以为既然考古发现的甲骨文已印证了商殷王室文明，那么从文字符号的角度辨识夏王室文化，应当不失为寻找夏代文明的重要方法之一。

迄今为止，中国考古学已梳理出早期中国人类社会在不同时代、不同地域的生存面貌，特别是各区域新石器时代晚期以来大量考古文化遗存，展现出了近万年以来中华远古先民在大江南北生存生活的足迹，从而为我们寻找中华文明产生的源头积累了大量资料。但遗憾的是时至今日，尚未发现公认的有文字佐证的夏代考古文明。形成这种状况的原因可能有二：一是考古发掘的工作尚存在疏漏；二是夏文明遗物已经被发掘出来，但尚未被我们认识。正是基于这样的思考，本文拟从文字与符号记录文明的角度提出这样的观点，即中国古代曾长期流行一种以器物及器物纹饰符号记录、传播交流的器物符号文化传统。整理、认识、揭示这种传统并以这种认识为途径重新认识整理这些考古发现的古代文化遗物，也许会对认识中国文明起源的特征及夏代文明的探讨有所裨益。

自20世纪60年代以来，中国的考古学取得了巨大辉煌的成果，在数以百万计的遗迹遗存中尤以远古先民制作的石、骨、玉、陶、铜等各样器物最为引人注目。本文以为，近万年以来的中国先民制作的器物，其中蕴含着甲骨文字产生以前的一种已经逐渐为远古先民共同接受的统一的符号文化传统，这种为远古先民共同接受并长期使用的器物符号传统，曾是几千年间远古先民统一的记录和传播交流文化信息的工具，并为甲骨文以来的文字记录交流信息做好了准备。即便如此，这种符号文化传统在甲骨文、金文已经出现的殷周时代仍然作为殷周王室重要的文化记录与传递方式存在着，并在春秋战国书面文字流行以后主要遗存在民间，以民间文化的各种样式继续传播。已故著名考古学家苏秉琦先生早在1986年纪念仰韶村遗址发现六十五周年论文集序言中就敏锐的指出了殷墟甲骨文"酉"字与仰韶时代仰韶文化广泛流行的陶器尖底瓶的关系。[①] 但是先生的远见卓识并未引起学界广泛关注。事实上，苏先生的这一观点，已经揭示出了殷墟甲骨文与甲骨文之前的陶制器物器形符号之间的演化关系。因为虽然它们之间有明显的记录与传播信息方式的差别，但却又有明显的承继关系。本文所提出的器物符号文化，就是这种与甲骨文相关的，但却比甲骨文字应用时间更早、更广泛、延续时间更长的具有甲骨文文字性质的器物及纹饰符号。

以器物或器物上的纹饰符号作为信息交流与传承的方式，这几乎是世界上所有民族共有并至今仍在许多少数民族间流行的手段。但是由于许多民族未能将这种信息记录与传播的方法发展升华为文字，所以只有少数地域的人们用文字记录了他们的文明并传承至今。中华民族的象形文字更以其象形性而更能揭示其所产生的渊源，也更多地储存着文字产生以前的远古人们的生活生存信息。因而，这种甲骨文字以前的器物及纹饰作为具有文字性质的符号，它更多承载着人们的情感、意愿。作为符号，它与甲骨文以字、词句、文章记录语言表达思想不同，它能以特定的形状、纹饰或符号唤起人们与之相应的某种记忆与感情。因而这些器物、纹饰及符号，其实已是某一特定人群记录、传播、传承该特定人群记忆、情感的指代物，并在该人群及与之相关的人群的长期生存繁衍中得到公认并被世代传承。

目前所知的殷墟甲骨文之前的器物符号文化，我以为主要应在考古发现

---

① 李绍连：《论仰韶文化》，《中原文物》1986年特刊（总5号），第5页。

的中国各地远古先民制造并被长期延用的陶器及刻绘纹饰，石器、玉器及纹饰中去寻找。特别是考古发现新石器时代中晚期以来各区系文化类型中最突出、最广泛、流行时间最长的器物及纹饰。虽然，在甲骨文时代到来之际，许多器物及纹饰连同它们承载的信息及传播方式，可能已转换为甲骨卜辞。但即便这样，甲骨文已经出现的殷周时代，代表殷周王室权力的青铜礼器及玉器等仍然以特有的器型及纹饰，承继着几千年形成的流行于大众中的器物符号文化传统，彰显着王室的权力与尊严。

（二）"观象制器"与"铸鼎象物"的中国古代器物符号文化

其实关于符号文化的观点中国古已有之，而且几乎所有中国古代典籍在论述中国古代文明起源时都有论及。这就是中国文明起源的"观象制器说"和夏代文明的"铸鼎象物"说。它们其实都是以器物及器物纹饰作标识的符号文化现象。

关于"观象制器"的记载，《周易正义·乾凿度》云："孔子曰，上古之时，人民无别，群物未殊，未有衣食器用之利，伏羲乃仰观象于天，俯观法于地，中观万物之宜，于是始作八卦，以通神明之德，以类万物之情。"又《礼纬含文嘉》曰："伏羲德合上下，天应以鸟兽文章，地应以《河图》《洛书》。"《易·系辞上》："古者包羲氏之王天下也，仰则观象于天，俯则观法于地，观鸟兽之文与地之宜，近取诸身，远取诸物，于是始作八卦。"以上伏羲的创造，无论是孔子提到的制器，还是《系辞》上说的作八卦，即无论是伏羲创造的八卦符号还是观象而后制作的器物，都有极广博深刻的内涵，而并不简单的就是一件实用器物或纹饰符号。因为它上有"仰则观象于天"即具有日、月、星斗、风、雨、雷、电的天象宇宙内容；下有"俯则观法于地，观鸟兽之文与地之宜"的俯察大地河流山川及草木鸟兽的内容，又有中及人事的近取诸身、远取诸物的内容。因而早在伏羲氏创造八卦符号及制作器用的时候，器物及符号本身就已承载着十分丰富深刻的社会内含。正因为如此，它才具有符号文字的功能。

夏人铸鼎的说法出自《左传》宣公三年王孙满对楚庄王问九鼎的对话中："昔夏之方有德也，远方图物，贡金九牧，铸鼎象物，百物而为之备，使民知神奸，故民入川泽山林，不逢不若，螭魅罔两，莫能逢之，用能协于上下，以承天休。"从目前所出土的殷周青铜器特别是青铜鼎看，确实具有承天休、协上下、象百物的深刻社会及文化内涵。如果说目前考古界、历史界普遍认同的河南偃师二里头文化为夏文化，这里出土的青铜器为夏代青铜器，若与二里岗以后的殷周青铜器比，则它似乎并不像《左传》宣公三年王孙满与楚庄王对话中夏鼎的样子。虽然如此，自新石器时代以来的陶器、玉器等器物符号文化明显与二里头青铜器形及纹饰有承继特征。即是说，在青铜器出现的时代，青铜器的器型、纹饰仍然承袭了前代陶器玉器器形及纹饰的器物符号文化传统，并使用与之相同的器物符号记录和传播信息的方法。《易·系辞上》："易有圣人之道四焉，以言者尚其辞，以动者尚其变，以制器者尚其象，以卜筮者尚其占。"这种制器者尚象，卜筮者尚占，言者尚辞，动者尚变的传统的卜筮文化的多重功能在中国的青铜器时代及之前很可能是集于一身的。即由酋长或部族首领一人包办的集制器、祭祀、祷言、卜筮、观变于一身的活动。因而我们所指的器物符号文化的陶器及纹饰、玉器及纹饰，很可能就是具有多种功能的酋长或部族首领制作并使用的具有沟通天地、彰显神明、教化民众的器物符号。

（三）祭祀、卜筮活动铸就的中国古代符号文化特点

现有的考古资料表明，远在五六千年前的新石器时代晚期，中国各地都出现了以器物即陶器、石器、玉器等作祭祀用器的文化现象，如红山文化的祭坛及玉器、陶器等，大汶口文化、大溪文化、良渚文化的祭祀遗迹及大量陶器、玉器；而中原地区仰韶文化同样发现了大量的祭祀遗迹及以陶器、石器随葬现象。特别在甘青地区马家窑文化中就发现了不少将牛羊骨钻凿、烧灼后随葬的现象，这种把牛羊骨钻凿、烧灼的遗迹到龙山时代在中原及东部各地都很盛行，它很有可能就是甲骨文卜筮传统的前身。果真如此，则甲骨文其实就是龙山时代及以前用甲骨钻灼卜筮的占卜祭示传统的发展。亦即在甲骨文出现之前，人们就以制器即制作甲骨、占卜、祭祀并结合人们的语言进行着某种卜筮仪式的、只是当时还没有出现在甲骨上刻辞记录占卜语言及结果的方式。由于没有甲骨文似的记录，甲骨文之前巫者在用骨甲钻凿、烧灼卜筮祭祀时其表情达意的内容语言我们很难知晓，但应当是与巫卜所用甲骨的修整钻凿、烧灼及占卜祭祀相对应的。而甲骨文时代的巫者卜者，已经

将当时人们公认的流传较广的器物及纹饰符号转变成了甲骨卜辞的方式，记录了当时占卜的过程及结果。可见观象、制器、通神明、类万物的器物符号文化在中国古代历史中是极悠久且发达的。只是当契刻书写文字兴起并流行以后，这种观象制器的符号文化连同卜筮传统才逐渐被甲骨文字取代。但是由于这种器物符号文化传统在中国古代的广大地域曾长期流行，并且又是与各族群的历史、习俗、祖先神祇相关的、最重要的生存活动内容，因此其中不少极有可能被人们用各种方式延续下来，并且在文字时代或先或后再用文字转译并记录下来。例如，新石器时代考古发现远古先民有用陶大量制作陶葫芦的传统，并且相延几千年，特别是在仰韶文化及马家窑文化区域。这种葫芦文化很可能与远古先民的崇拜与祭祀有关。而兴起于陕甘的周族和居住在秦岭南侧的楚人，其先祖就可能与葫芦文化传统有关。《诗经》中就有周民族生自葫芦的说法，《诗·大雅·绵》："绵绵瓜瓞，民之初生，自土沮、漆。""瓜瓞"就是瓜，或解以为葫芦。《国语·楚语上》更有明确的楚人供祭祖先神葫芦的说法："先君庄王为匏居之台，高不过望国氛。"匏即葫芦，"匏居之台"是供置神葫芦的供台。《礼记·效特性》说："陶匏以象天地之性。"很显然，陶匏就是用陶制作的葫芦，用它作祭祀天地及神仙神灵的器具。很显然，西周以后的《诗经》《国语》《礼记》等都是用文字追记着远古周族、楚人先民用陶制葫芦供祭天地和祖先神灵的事实。也就是说，周族和楚之先人，在远古时代曾长期用陶葫芦作为象征祖先神灵的器物符号并进行庄重严肃的祈祷祭祀活动。而在文字流行的时代，它们又以文字的形式追忆着先祖曾经的活动。

（四）甲骨文的非大众文化传播特征

与殷周青铜器代表的中国传统"观象制器""铸鼎象物"的器物符号文化相比，新产生的甲骨文就有很大差异。甲骨文的特点在于以特定的文字语言方式，将占卜过程中的内容、结果及语言明确记录下来。但作为殷周王室新创造的文化形式，它只在王室内极少数卜筮者中使用，因而并不像传统器物符号传播方式那样广泛流行，在当时，甲骨文并不是一种被大众认识、使用、通行的交流传播手段。这一点从甲骨文字自身的契刻及使用特点就可以看出。甲骨文字一般字形都很小，不像青铜器那样可以供之于大厅、庙堂而供众人祭祀观享，仅能供卜者一人所用，特别是西周甲骨文，字形酷似微雕，以至于不借助放大镜都不易发现。可见甲骨文字作为一种新兴的信息记录与传播方式，在那一时代只是在王室极少数人中使用，并不占有通行的文化传播地位。甲骨文所创造的以字、词、句组成文的表达方式的真正流行，应当是在甲骨文字逐渐脱去它的卜筮色彩，并逐渐脱离卜筮者和王室以后。就这一特征看，殷周甲骨文其实是由符号向文字演变的一种过渡形态。因而对殷周历史文化及其渊源的研究，除甲骨文、金文外，还应从传统器物符号的角度，对青铜器、玉石器、陶器等其他器物进行研究，揭示出这些器物的社会属性及符号文化内涵。

新石器时代中国先民以器物及纹饰符号表现天地宇宙万物的观念及其宇宙模式

考古发现的中国符号文化传统与记载中国器物符号文化传统一样十分古老。这就是中国各地考古发现的新石器时代以来大量遗址及陶器、石器、玉器。特别是那些分布较广，延续时间较长，在遗址遗物中有明显地域特征并流传有序的文化传统。仔细研究这些文化遗存及器物纹饰的产生、发展、变化及它们与相邻文化遗存的关系，将这些古老文物遗存与中国古代文化传统相对照，从而确定其文化族属及身份，可能会对认识记载中的古代文化及其对应的考古文化遗存有所帮助。

（一）中原仰韶文化彩陶的割圆术与伏羲女娲开天辟地的规矩

1. 半坡彩陶人面鱼纹盆口沿割圆符号的规矩特征

西安半坡遗址是 20 世纪 60 年代中国新石器时代最重要的考古发现之一。遗址及所出土器物对认识中国历史及文化有十分重要的影响。特别是遗址中出土的彩陶及彩陶人面鱼纹，至今仍是学界热议与争论的话题。半坡出土彩陶人面鱼纹盆为圆底，只在圆形口沿及内腹画彩。内腹彩绘纹饰为两个头戴尖帽、口衔双鱼的人头相对，与另两条鱼以四组纹饰均匀分布在陶盆内腹一周，并与口沿符号有对应关系。人面鱼纹盆圆形口沿上也均匀分布八个符号，其中四个为 | 形，四个为 ∨ 形。而四个 | 形符号正与腹内两个人头及两条鱼纹形成的四组纹饰相对应。而口沿上的四个 ∨ 形符号与四个 | 形符号均匀分布，形成了将人面鱼纹盆口沿圆形均匀八等分的器形与纹饰布局。如果将人

面鱼纹盆口沿的四个丨形分割符号连接，就形成了一个╋状符号。而如果将口沿的另外四个∨形符号连接，就形成了一个※状符号。无论就半坡人面鱼纹彩陶盆口沿丨形和∨形符号分割陶盆口沿圆形的分割意识及分割符号的形状看，都与传说中中华文明始祖伏羲女娲开天辟地的传说及所持开天辟地工具十分相似。迄今发现的画像石及其他伏羲女娲画像中伏羲所持开天辟地工具为规，为丫、∨形，女娲所持开天辟地工具为矩，为⊤、∟形，这与半坡人面鱼纹盆口沿八等分圆的╋、※状符号不仅形态相同，而且用途也相近。即都有开辟分划浑圆的功能。因而我们推测后世有关伏羲女娲的形象及传说，其源头可能就是半坡人面鱼纹盆口沿的丨和∨形及组成的╋、※的割圆符号（图1）。

图1　半坡人面鱼纹盆口沿符号与伏羲女娲手执规矩

2. 庙底沟彩陶的立体割圆法

半坡人面鱼纹盆彩陶以｜和Ⅴ形符号分割器物圆形口沿的方法在半坡时代已广泛分布于秦岭南北及关中平原各地。到庙底沟时代，即三四百年后，不仅分布更广，且形成以＋形和✕形分割符号为骨架的更为复杂的彩陶纹饰。半坡期彩陶纹饰多画在陶盆口沿及内腹，而庙底沟期彩陶则多画在口沿及外腹。庙底沟期彩陶纹饰也多画在陶盆上，其对圆形陶器外腹的分割更细致更突出，为与半坡彩陶分割方法区别，我们称庙底沟彩陶为立体割圆。这一时期彩陶往往由几个单独纹样构成一个单元纹样，再由几个单元纹样以连续或反复的方式形成完整的彩陶装饰。由于这一时期的彩陶纹饰布局十分严谨，纹饰结构复杂，不仔细观察就不易看出它的布局方法和纹饰骨架。但实际上，庙底沟期彩陶仍然承袭了半坡彩陶的分割与绘制方法。

庙底沟彩陶中有种较典型的纹饰，一般称之为勾叶圆点纹。它以两条或三条斜线作为两个或三个单位纹样的主体，以两个弯月形纹样在斜线两端相背形成的。这种看似很随意的绘制方法，其实是以更严格、更规整的分割法作依据的。这种勾叶圆点纹多数由三组纹饰连缀而成，我们以为它是先将陶盆外腹三等分并规划出三个相连的长方形纹饰带，这三个长方形的对角线就成了三组纹饰的肩架线。但是对陶盆外腹的圆形进行等分是较难掌握的，而从口沿割圆并将分割线引向陶器外腹就比较容易，所以庙底沟期彩陶这种勾叶圆点纹仍然是以半坡彩陶的分割陶器口沿的方法为基础的。只是半坡期彩陶口沿上的分割点，到庙底沟期彩陶中不那么明显或被陶隐蔽起来。由于单位纹样的复杂化，单位纹样之间的连接更加严谨，因而现今人们在称赞它的技艺成就时，往往忽略了对它的绘制方法的观察。这种以口沿割圆法为基础再分割陶器外腹，并以呈 S 形的斜线作为单位纹饰骨架的方法，对后起的甘青地区马家窑文化彩陶有较大的影响（图2）。

最能代表庙底沟彩陶的是一种被称为花瓣纹的纹饰。这种纹饰充分利用了露底与彩绘相互穿插、对比的方法，使纹饰极富变化而又十分统一和谐。那耀人眼目的花，既似由弧形三角形黑纹构成的，又似由露底的空白形成的。这种以虚当实、虚实相生的艺术手法和传统，在庙底沟彩陶中已经比较成熟了。这种黑白相间，虚实相连的花瓣顶端一般都有明显的黑点，如果我们将绕陶盆一周的花瓣展开，就会发现，这些连缀花瓣的点正好构成了一个十分严格的纵横交织的方格网。而花瓣顶端的点在网上的分布则呈现出有规律的变化。我们只要把这些点用内弧线连接起来，然后将弧线以外涂以黑色，就会出现黑白都是花的效果。

庙底沟彩陶中的这种花瓣纹大约也是先从陶盆陶罐口沿进行分割，并以此为依据分割陶器外腹而形成的。如果不是这样，要在陶盆外腹的鼓形面上等分布局这样复杂的纹饰是十分困难的。由于陶器的口沿部位自然形成了一个横截面，在平面上分割则是比较容易的。而这种以分割陶器口沿为基础进而分割陶器外腹的方法实际是两次割圆法，这种两次割圆形成的立体割圆法是半坡彩陶口沿平面割圆法的进一步发展。这种发展和演变的痕迹从半坡彩陶发展的晚期也能清楚地看出来。

图2　庙底沟彩陶勾叶圆点纹以S线分割示意图
　　（注：1、2、3陕县　4郑州　5邳县　6天水　7民和县　8大通县出土）

半坡中晚期的彩陶多数也画在陶器外壁，人面鱼纹已为各种鱼纹和变体鱼纹替代。这些鱼纹和变体鱼纹或作三组或作四组规则地环绕陶器外腹一周，同一陶器上的三条或四条鱼的长度、宽度、头、尾几乎完全相同，这种似乎完全是重复出现的鱼是怎样绘制的呢？联系人面鱼纹的绘制方法就可以看出，如果将分割陶器口沿的定位点引向陶盆外腹就可将陶盆腹部等分。而这一时期的陶盆都有比较突出的垂直的肩部，正好形成了绕陶盆一周的装饰带，而从口沿引下的垂线就可以将这一规则的装饰带等分。而在几个相等的长方块中画出相同的鱼纹则是比较容易的。以往的研究者都指出了半坡彩陶鱼纹向图案化演变的现象，然究其原因，似乎当时的人们是为了借图案化的鱼来表现＋字和类＋字的分割符号。陶盆口沿的＋字和类＋字纹符号前面已经论述，半坡中晚期到庙底沟期那些画在陶器外腹的纹饰，也往往是以＋字和类＋字的✕形符号作纹饰骨架。如山西芮城出土的一件彩陶盆，陶盆外腹一周画着二十四个阴阳三角纹，这二十四个阴阳三角纹正好由三个✳形"米"字状符号作骨架。河南淅川县出土的一件彩陶钵外壁一周画着三十二个阴阳三角形，这三十二个阴阳三角形则由四个"米"字状符号作骨架。这种以"米"状符号将一个方形等分成八个三角形的原理，与半坡人面鱼纹盆上以"＋"和"✕"相重合的"米"状符号八等分陶盆口沿的规律是相同的。庙底沟期的花瓣纹其实也是以"米"字形符号纹饰作为骨架的，这从它以"米"字网格定位点分割可以看出（图3）。

3. 从割圆到割球

庙底沟期彩陶中有一种彩陶盆，其造型比较奇特。它从肩部以下的下腹急剧收缩，形成了上大下小的造型特征，而在下腹部却常常画着纹饰。这些画在下腹的纹饰只有将陶盆倒置时才能看到，因而有人推测这种彩陶盆有可能是倒置使用的。对于这种彩陶盆最初的用途和使用方法，我们在这里暂不探究，但从其纹饰的构成规律看，我们认为它是从口沿和下腹两面分割布局纹饰的。即先从口沿分割形成一个纹饰的肩架，再倒过来从陶盆底面分割，形成第二个纹饰布局的肩架。这两种纹饰肩架可以是统一的，也可以是不统一的。半坡彩陶以后的庙底沟和马家窑彩陶的丰富和多变的纹饰，一方面是单位纹样的丰富多变形成的，同时也和这种多次分割形成的多重肩架有关。如马家窑文化马厂类型彩陶的一件单耳大口罐，口沿内绘六组连弧纹，口沿

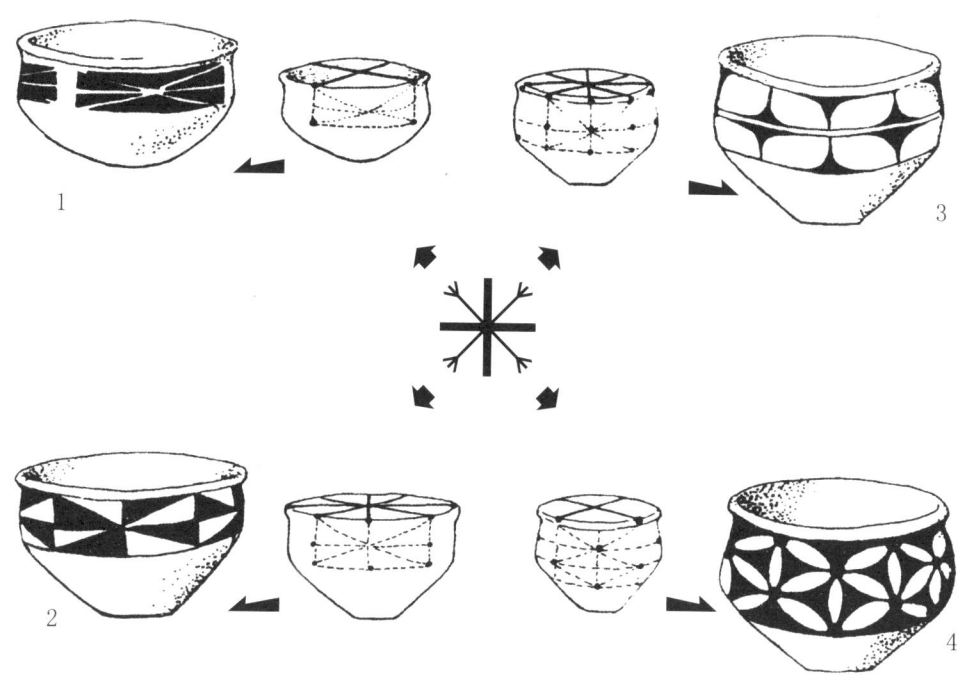

图3 庙底沟彩陶花瓣纹分割陶器器腹示意图（注：1半坡 2芮城 3秦安 4陕县出土）

外绘四组直线纹，腹部绘六个菱形方块，而下腹一周作露底的六个三角形。很显然，要将这四组纹饰布置在一件陶器上，需要对四个装饰面进行不同的分割和设计。这种从口沿、腹部、底部对陶器的通体分割实际上已接近了对陶器球体的分割。因为这些彩陶器的形制无论是盆还是壶或钵都极近球形。值得一提的是，黄河下游的大汶口文化中有一种彩陶钵，它小口小底而鼓腹，造型极似扁状的球。这种彩陶钵的口沿外有四个等距的点，而在近底部的外腹也有四个对应的点，特别是中间鼓起的腹部一周有八个等距点，其中四个与口沿和下腹的四个点对应，其余的四个点又将陶器腹部再次四等分。这种分割实际上也呈现出以"米"状符号做骨架等分球体的趋势。如果我们将这种彩陶钵看作一个扁状的球，以口沿为一极，以底部为另一极，则口沿和底部的四个等分点与间隔点正好形成了等分扁状球两极的两个"米"状骨架。而腹部的八个等分点不仅与口沿与底部的四个等分点对应，另又将陶器腹部再次四等分。我们以为，这种彩陶钵上彩陶纹饰的分割与布局明显体现了黄河流域古代居民绘制彩陶时表现出的分割陶器圆形球体的割圆与割球意识。

事实上，这种从彩陶上表现出的割圆意识确实导致了对球的分割。

虽然从旧石器时代到新石器时代，黄河流域各地都发现过石制或陶制的至今仍不知用途的球，但是，对球的明显分割目前仅在长江中游的屈家岭文化中有发现。屈家岭文化的彩陶不仅受仰韶文化的影响，而且陶球的分割方法与仰韶文化彩陶中的分割法也是一派相承的。以湖北松滋县出土的陶球为例，这种陶球体积很小，但十分精致。球体中空，内装沙粒或小石子，摇之有声。球体外表是以锥刺三角形等分陶球的。这种陶球通体被等分为二十四个等腰三角形，而每两个等腰三角形又合成一个菱状花瓣。更令人惊讶的是由这二十四个等腰三角形合成的十二个菱形等边花瓣，正好构成了以"米"字为骨架的六个花状纹饰，而这六个花状纹饰中的任意对应的两个都可分别作为陶球的上下两极，其余四个则环绕陶球一周。因此，这六个花状纹正好是将圆形陶球完全等分的。大溪文化这种发达的数学与几何学知识及高超的分割圆球的技艺，显然是在半坡人面鱼纹盆以来彩陶绘制的长期分割陶器圆形球体的实践中逐渐形成的（图4）。

通过以上叙述可以看出，半坡仰韶文化彩陶从它产生的时候开始，就表现出明确的规矩方圆的意识，而这种意识愈向后发展，就愈清楚地呈现出对球体的分割意向。在仰韶文化这一广阔的地域里，在长达两千多年的历史发展中，这一地区居民顽强地、一代接一代地传承并发展这种割圆术的动力是什么呢？是制陶工艺及彩绘技艺本身的需要驱使呢，还是这种割圆术中蕴含着一种足以使当时人们不顾一切追求并传播它的某种力量呢？这将是我们面临的重要课题。要回答这个问题，并不是一件轻而易举的事，因为那个时代距我们太遥远了。语言的分化，人群的迁徙，历史的变迁，都给昔日真切的现实蒙上了一层层迷雾。尽管如此，我们仍然可以借助现有的考古资料，窥视到那一时代人们艰难跋涉的足迹。

4. 半坡彩陶人面鱼纹盆口沿规矩符号与古代中国先民的宇宙观念及宇宙模式

仰韶文化彩陶中流行的圆与割圆现象及其所包含的与宇宙人生相关的重要内容，使我们自然联系到在中国广为流传的天地开辟的传说。传说开辟以前的宇宙形同圆球，用形象的话表示即是"天地混沌如鸡子"，因而这种圆球是有生命力量的。不仅天地开辟以前的宇宙形同圆球，中国不少民族的起

图4 仰韶文化彩陶分割陶器球形器腹与割球示意图
（注：1正宁 2邳县 3永登 4天门出土）

源也都与富有生命力的圆状物相关。中国第一个王朝夏的生民传说是"禹母修己吞薏苡而生禹"。这里"薏苡"是指既可食用又可入药的薏苡孕育在圆形籽实中的观念体现。继夏而兴的商族有"契母吞玄鸟卵而生契"的说法，契是传说中商的先祖。有关夏商两族起源的传说中有"天地混沌如鸡子"的宇宙起始于薏苡、鸟卵等圆形中的说法，我们是否也可以有这样的设想，即这些有关圆的传说，其实是黄河流域古代居民的宇宙观念的形象比喻。也就是说，人们本来要表述的是宇宙间万事万物都在进行着周而复始的运动，这种运动很像一种轮回的圆周运动。但是假如把它直接说成是一个圆，显然比"天地混沌如鸡子"这样的比喻逊色得多，而且后者还带有亲切神秘的感情色彩。这种亲切神秘的感情正是人们从亲身实践中对昼夜交替、日月运行、寒来暑往、四季更替及随之而来的草木枯荣、生命延续这些自然规律已经感知但却不能理解时候的产物。而这种比喻、隐喻的方式在传统文学及民间文艺作品中，乃是一种普遍使用的方法。叙述到此，我们已经将天地开辟和宇宙的传说与黄河流域仰韶文化彩陶中的圆及割圆术联系起来。如果彩陶中的圆及割圆确实是仰韶文化古代居民对宇宙认识的阐述，那么在人们相互交流的时候，在他们向后代传授的时候，他们又是怎样表达的呢？可以想见，那混沌如鸡子的说法自然是十分恰当的。还不仅因为鸡子是一种孕育生命运动的圆形，而且其必然变为鸡的规律也可以使人们对想要解答但却无法解答的问题，即天地运动、日月交替、万物枯荣生发的现象得到解答。黄河流域古代居民将对宇宙的认识融化于一圆之中的习俗对后世的中国文化影响很大。八卦以圆形及其变化表述宇宙图式自不必说，中国古代还直接称天为乾或斡、管。斡、管均指旋转之物。《说卦》："乾为天为圆"。圆今音读还，古音读旋。可见在古代中国人的眼里，天体宇宙正是一个旋转着的圆形。而《汉书·贾谊传》中还称天为大钧，大钧即陶轮。可见彩陶文化的旋圆现象与中国古代天体宇宙观念的密切联系。而这也使我们能够理解中国古代许多重要文化现象都与圆有关的原因。如皇帝四面而称轩辕（音同旋圆），道家的至尊大神称太元天尊等。太元及大元、尊天为大圆与称天为斡、管、大钧、陶轮是相同的。因而，黄河流域彩陶中流传几千年的圆及割圆现象，大约就是当时人们以象征手法表述宇宙观念的一种符号模式。

　　如果说混沌一体的圆形是天地尚未开辟时的一种状态，那么割圆的现象则可以看作是开辟的标志。中国传统文化认为天为阳、为圆形，地为阴、为方形。而方圆的创造是因规矩而成的。《孟子·离娄上》："不以规矩，不能成方圆。"但过去的研究者多将规矩认为是制器的工具，与开天辟地无关。而我们认为，开天辟地的工具规矩就是仰韶文化时代人们制作陶器绘制纹饰的制器的规矩，它们都与彩陶中的割圆现象有关。仰韶文化时代的彩陶制作是十分规整的，特别是大彩陶盆，最大口径可达60厘米，而壁厚只有3~5毫米。能将这种圆形大盆的圆形口沿、腹部的圆形曲线与底部的圆做得十分规整，且为同心圆，不仅需要比较发达的圆的知识，而且还要借助于规矩方圆的工具。正因为这种制器时使用的规矩方圆的工具代表着当时人们具有的先进知识和技术，蕴含着人们的天地方圆的宇宙观念。而这些知识技术及观念又是人们认识及改造周围世界的有力武器，因而它才能集两重重任于一身。

据闻一多先生考证，中国古代开天辟地的大神伏羲和女娲是葫芦和瓜，而瓜、葫芦与陶器的密切关系是众所公认的。更重要的是作为开天辟地、创造人类的大神伏羲女娲，他（她）们使用的工具却与彩陶中的割圆符号有关。有关伏羲女娲的传说在民间流传十分广泛，汉代以来画像砖画像石上常出现他们的画像。这些画像多数腰以上为人形，着衣戴冠，腰以下为龙蛇之躯，而他们的尾巴都紧紧地缠绕在一起。从画像可以看出他们为一男一女，男的手持丫形或Ψ形工具符号，一般称"规"，女的持丅形或⌐形工具符号，一般称"矩"。有的画像中男的一手举着太阳，女的一手举着月亮。如果我们将画像石伏羲女娲手中开天辟地的工具符号与半坡人面鱼纹盆口沿的※、-|-状符号比较，两者确有惊人的相似之处。不仅割圆形状相同而且功能一样，即都有规矩方圆的功能。从彩陶人面鱼纹盆口沿规矩方圆的符号与流传下来的伏羲女娲传说及图像遗存的对比中可以看出，关于伏羲女娲执规矩及开天辟地的宇宙观念至迟大约在公元前 4000 多年以前的半坡时代即已产生。也就是说，远在公元前 4000 多年以前，中国古代文化史上天地不分、人兽杂糅的时代已经结束，一种以陶器及彩绘符号为代表的文明已经在渭河流域率先出现。伏羲女娲及开天辟地的传说就是这一文明的产物。

（二）红山文化祭坛的方形、圆形及象征天圆地方的文化传统

考古发现，早在公元前 4000 多年前后的新石器时代晚期，中国南北各地都流行着以方圆代表天地的宇宙观念及模式。除上述半坡彩陶人面鱼纹盆口沿符号外，东北地区红山文化区内也十分流行以圆坛、方坛建筑祭祀天地的文化现象。其中规模最大、保存最好的是辽宁喀左东山嘴遗址和辽宁凌源牛河梁遗址。牛河梁遗址发现有巨大的以山为庙坛的遗址及众多的女神像等陶制遗物，而东山嘴遗址则发现了保存很好的一组以石堆砌而成的祭坛建筑。建筑包括主体建筑及附属建筑，并和周围地形相呼应，表明这种祭示观念已十分稳定成熟。特别是其主体建筑由一组方形祭坛与圆形祭坛筑建构成。方坛在北，圆坛在南。学界以为是表示南天北地，天圆地方的观念[①]（图5）。

[①] 陆思贤、李迪：《天文考古通论》，紫禁城出版社 2000 年版，第 39 页。

（三）良渚文化玉璧、玉琮与良渚人天圆地方的观念

良渚文化主要分布于江苏南部和浙江北部。出土遗物中以玉器最为突出，其数量之多、种类之繁、制作之精细在同时代考古文化中十分突出，特别是墓葬内常有大量玉琮和玉璧出土。玉璧和玉琮是重要的礼仪用器。《周礼》中记"以苍璧礼天，以黄琮礼地"。因而圆形的玉璧可能与天圆观念有关，而方形玉琮可能和地方观念相合。而良渚人以圆形玉璧和方形玉琮代表的天地方圆观念也同半坡仰韶文化、红山文化一样，表现了中华民族十分古老的天圆地方的天地宇宙观念。只是良渚人的表现方式既不同于半坡仰韶人，也不同于红山人。它的最明显、突出的特征是有以圆形玉璧和方形玉琮表示天圆地方的天地观念。良渚文化的时代大致为铜石并用时代，年代大约在公元前2000年前后。年代虽晚于仰韶文化和红山文化，但是玉璧玉琮的源头及天圆地方观念却也可以追溯到公元前4000多年以前的河姆渡文化时代。[1] 由此可见中华文明不仅起源很早，而且很早就形成了统一的观念及符号表现模式。尽管在不同地域不同文化之间存在一定差别，但相同的观念及大体相近的表示方式却十分明显，因而中华民族早期融合的历史也是十分久远的（图6）。

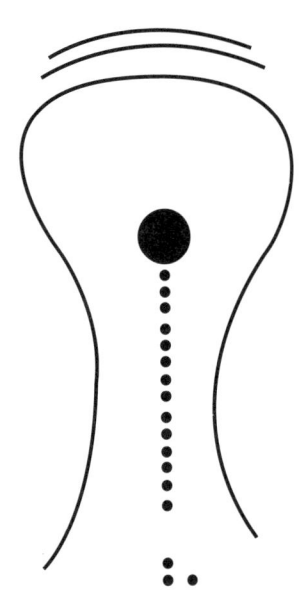

图5 辽宁喀左东山嘴红山文化时期祭坛遗址天圆地方的宇宙模式

夏代王名器物符号的辨别与夏王室文明的探索

（一）说文字

甲骨文以来的中国文字传统其实是文的传统而不是字的传统。也就是说甲骨文以来的文字传统其实是以文为主的而不是以字的符号内涵为表意特征的。即它是以词、句、文来记录信息交流思想感情的。尽管中国的方块象形

---

[1] 陆思贤、李迪：《天文考古通论》，紫禁城出版社2000年版，第47页。

引论 符号文化传统与夏商殷周文明研究 019

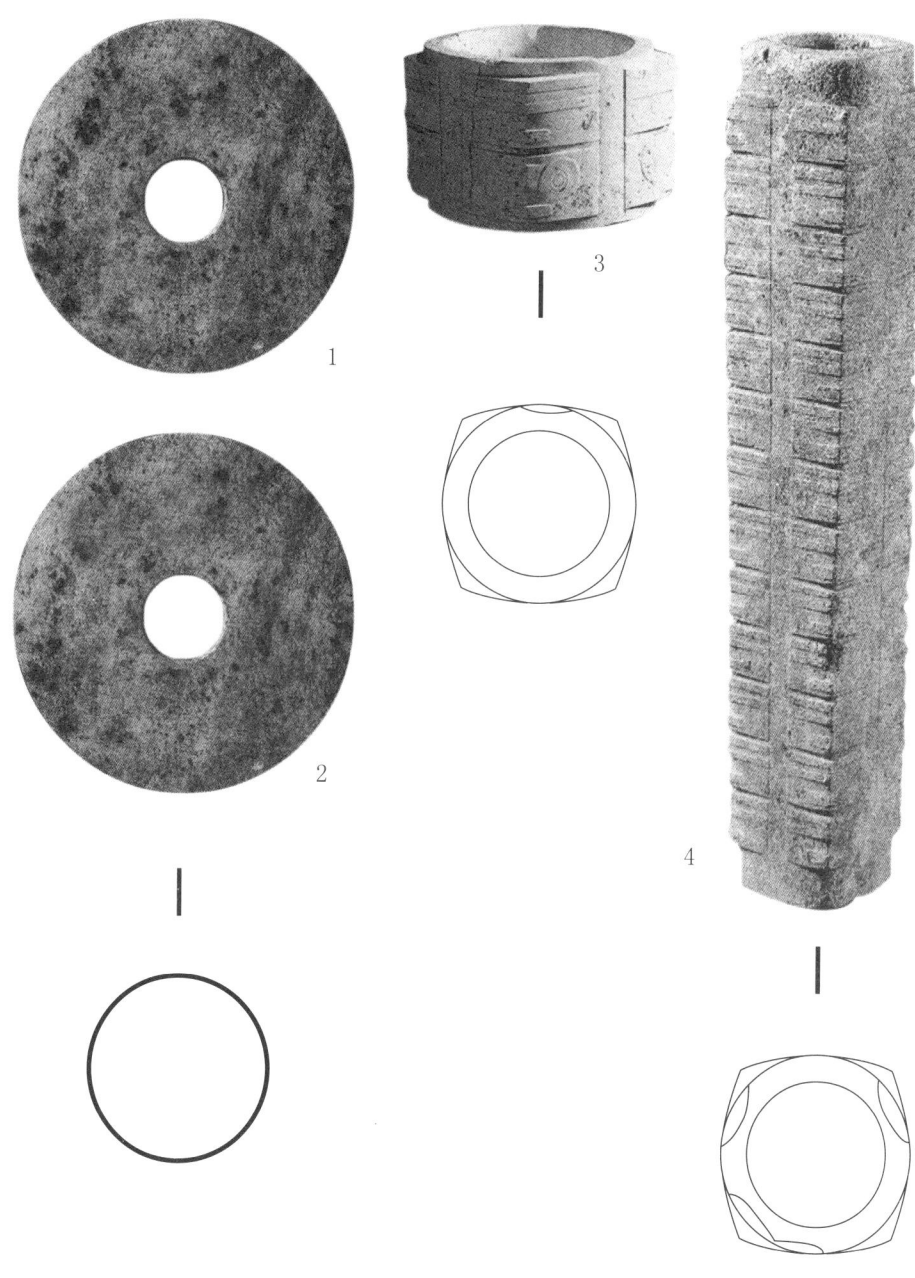

良渚玉璧　　　　　　良渚玉琮

图6　良渚文化玉璧、玉琮与良渚人天圆地方的观念
　　（注：1、2吴县草鞋山　3余杭　4常州武进出土）

字是世界上唯一的象形文字，但甲骨文中字的象形功能已被词、句、文章的表达方式所限制、削弱，因而理论上还是要将文和字，特别是象形字区别开的。因为甲骨文字的字在许多时候已失去中国象形文字以符号记录情感信息的特征。

传统中国文化中的象形字，应当是"观象制器"观念下的器物符号，是在"仰观""俯察"下具有天、地、人、文等多重内涵的，绝不是一般意义上的对自然物象的模写或抽象。因而从器物符号传统到甲骨文字的产生并不是简单的字的积累、词句的成熟，而是观念与表达方式的变革与转换。

从大量考古遗物看，自新石器时代以来的许多陶制器物，石制、玉制器物和青铜器等都具有祭祀的特征。也就是说文字符号传统中的字其实是能内涵天地、代表特定人群并用以沟通天地的神物。正像古籍记载仓颉造字时"天雨粟、鬼夜哭"那样，符号文字时代的字，并不是像现今人们把文字作为工具，可随意驱使。即使到了甲骨文、金文出现的殷周时代，作为与符号时代截然不同的文化传播方式，甲骨文与金文依然保留着它的神秘性。例如殷墟甲骨文多见于占卜记录，并一定伴随占卜祭祀的仪式，而西周甲骨文必须用放大镜才能看清的特点似乎也并不是单供人认识学习的。金文也是这样。殷周发现不少金文都铸于人们极难看到的地方。如殷代青铜爵的铸文就铸在青铜爵的鋬手内壁。西周一些青铜铭文铸于器物内底，极难看到。例如宝鸡发现的西周早期青铜何尊，铭文就铸于高近 40 厘米、口径仅 28 厘米的器物内底，以致铭文是在器物发现很长一段时间后清洗器物时才偶然发现的。尽管如此，甲骨文及金文以来的文字由于词、句的严格关系及组合而使语言的表达更准确而清晰，但却也因此限制减弱了器物符号内含的多重功能特征。因而对于甲骨文字的研究，特别是对与甲骨文字字源的研究及中国文字起源的研究应当从观念上有所改变，注意寻找并发现与甲骨文字有密切关联的并很可能演变成了甲骨文字的器物及纹饰符号，或虽然与甲骨文字没有联系，但却具有器物符号特征，并在中国古代典籍中能找到相关线索的考古发现的器物和纹饰符号。

（二）玉器作为器物符号向甲骨文字的演化

中华民族是以龙为主要标识的民族，但是几千年来对龙的起源却众说纷纭。自 20 世纪初闻一多关于龙是多种动物综合体的说法出现以后，似乎人们对龙的认识已达到一致。然而 20 世纪后半叶的考古发现又将龙的起源探讨引向高潮。其中尤以北方红山文化玉雕龙的发现最为人们关注。

红山文化的玉龙多呈 C 形盘曲状，光素无纹，只在头部对眼、嘴及发须作简单划画。其 C 形中心有一穿孔，说明玉龙是用来佩戴或供悬挂的。红山文化玉龙头部的形态，据辽宁省考古研究所郭大顺先生介绍，有猪、鹿、熊的特征。这一观点可以补充先前关于龙的构成说法。其实中国龙文化是一个复杂漫长且变化多端的文化现象，在不同时代、不同地域、不同民族中，龙的形态及龙的动物原型都各不相同，且表现方式也不一样。但是红山文化的玉龙明显与甲骨文"龙"字有十分密切的关系。红山文化玉 C 形饰之所以称为龙，主要因为甲骨文龙字多呈 C 形，而且只在头部有修饰。而甲骨文"龙"字也因红山文化玉 C 形龙的发现而被证实，从而使我们了解到甲骨文"龙"字的渊源及甲骨文"龙"字与玉 C 形龙所体现出的器物符号文化传统。

尽管红山文化玉 C 形龙与甲骨文"龙"字有着不可隔离的血缘联系，但要证明它们之间的关联，依然十分困难。红山文化是距今 6000 多年的文化遗存，比甲骨文字早两三千年，在这长达两三千年的时间里，红山文化那些创造 C 形玉龙的人们是怎样将他们的创造保存、继承、传播到殷墟时代并被殷王室卜人用作卜辞中的文字的呢？在红山文化以后的考古发现中，再很少有玉 C 形龙的文化遗存，而到殷墟时代，不仅甲骨文中有 C 形龙字出现，而且殷墟墓葬中发现不少 C 形玉雕龙，其形制几乎与红山玉龙相同，只是加工更细致，龙身上纹饰更多。可见甲骨文字确实与中国早期器物符号是有密切关系的，但由于它们的形态多种多样，其转换、传承方法又千差万别，须认真仔细针对具体的器物符号进行大范围、长时段的器物、纹饰的搜集排比方能进行。由于玉器通常会随身佩戴，特别是小件玉器，因而我们不排除红山 C 形玉龙保存至殷墟时代的可能。因为最近的考古发现，在陕西韩城梁带村和宝鸡凤翔的春秋早期墓葬都出土有红山文化 C 形玉龙。[①] 至于梁带村出土红山玉龙墓的主人出于何种原因、通过何种途径得到并保存这件红山文化玉龙，我们已不得而知，但如果殷墟甲骨文的龙字及殷墟出土的 C 形玉龙真像

---

① 陕西省考古研究所等：《陕西韩城梁带村遗址 M26 发掘简报》，《文物》2008 年 1 期，第 18 页，图三三之 4。

梁带村的玉龙一样，是被传承下来，或是用红山文化玉龙原件重新加工创造的，那么殷墟时代这位保存并拥有红山玉龙的人很可能不是单纯的赏玉、爱玉，极有可能是红山文化玉龙部族的后裔，并在殷墟王室具有一定地位。因而才能在甲骨文出现的殷墟时代按甲骨文字的方式，以他们族群的符号器物为基础，创造出甲骨文的C形龙字（图7）。

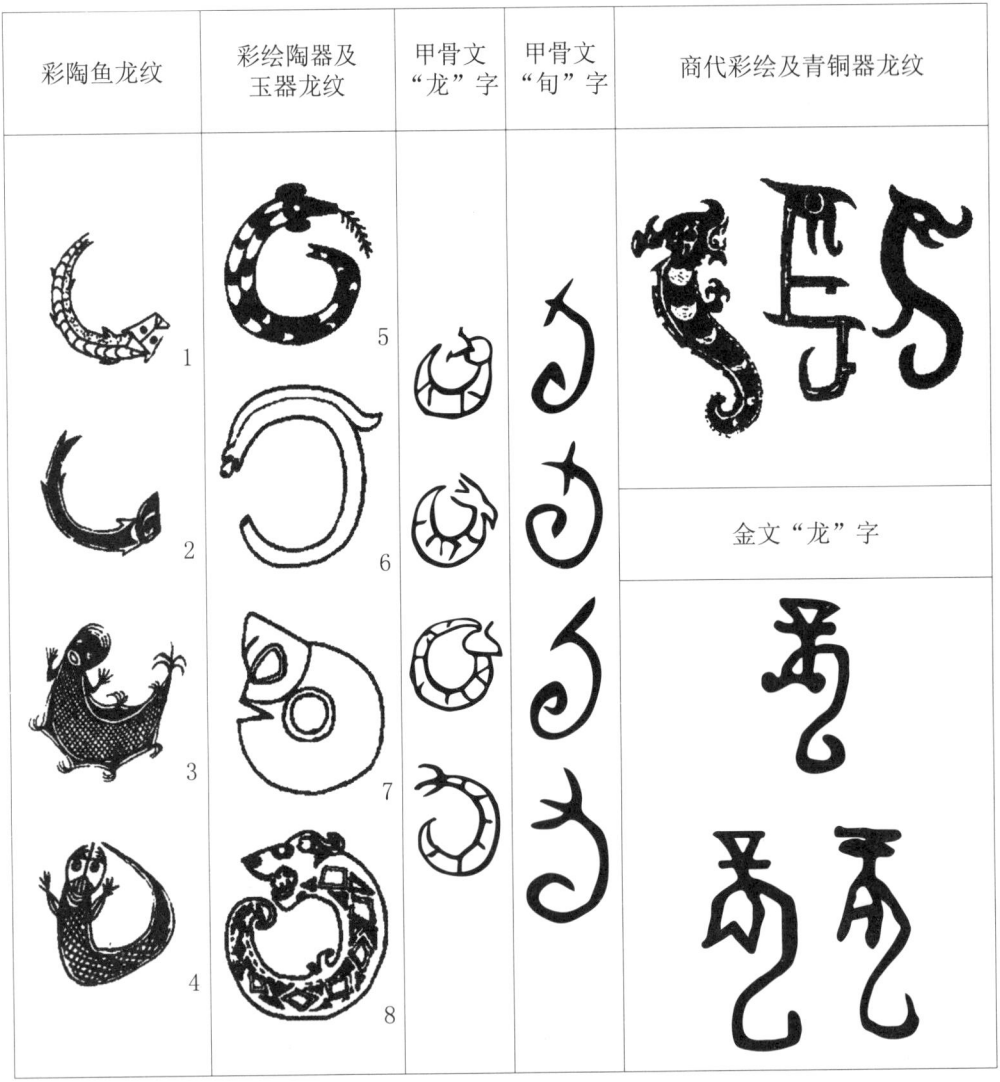

图7　仰韶文化彩陶龙、红山文化玉龙与甲骨文"龙"字C形传统
　　（注：1北首岭　2武功　3、4甘肃　5襄汾出土　6、7红山文化玉龙　8商代玉龙）

(三)王亥一族的器物符号文化传统

距今 3500 多年前的殷墟甲骨文不仅完整记录了殷商自大乙汤开国到最后一王帝辛的 30 位王名,而且还发现了自王亥以下经上甲微到大乙以前的 8 位先王的名字。其中王亥就是最引人关注的一位商殷先王。

殷先公王亥之所以特别引人关注,不仅因为它是商殷先公中流传故事最多、甲古文中对它祭示最隆重的人物之一,而且还是人们用甲骨文与古籍记载相互印证商殷祖先起源的最重要的例证。甲骨文中殷先公王亥亥字以著名古文字学家胡厚宣《甲骨文所见商人鸟图腾崇拜的新证》一文影响最大,文中统计甲骨文王亥的亥字共有 12 例。这 12 个亥字造型十分奇特,它与甲骨文其他亥字造型不同,其他亥字只是豕亥形象的独体字,而殷先公王亥亥字却是上为鸟、下为豕亥的鸟豕合体字,甲骨文中王亥的这 12 例字无一例外。[①] 然而对于甲骨文中殷先公王亥亥字的解释,迄今为止,多数学者们仍依古代传说"天命玄鸟,降而生商"来解释,只注重玄鸟的意义,而忽视了甲骨文王亥亥字下部的豕猪形象。因而我们可以依据甲骨文王亥字形的猪鸟合体形象,结合出土的有关器物符号文化系统,校正前人认识的不足,并对王亥及代表的殷人先祖文化进行深入探讨(图8)。

古籍中关于殷商先祖的神话见于《楚辞·天问》《吕氏春秋·音初》《史记·殷本纪》及《山海经·大荒东经》。前三条中说的是商先妣简狄吞玄鸟卵而生商,明显是除了玄鸟与卵外,还有简狄。狄音近毼、豕,亦即猪,而《山海经》也称王亥两手操鸟,食鸟之头,也明显有玄鸟之外的另一人物。可见古籍记载中商殷先妣先公王亥的形象与甲骨文中王亥亥字为猪鸟合体文字是可以互证的。这就是商殷之先妣为玄鸟,而先公为豕亥。这与古籍记载中商殷先妣先公是亥鸟卵生,玄鸟在上,简狄在下吞食鸟卵相同,也与甲骨文王亥亥字都是鸟在上豕在下的造型相同。这种传说与甲骨文构形的严密契合,反映了王亥亥字作为殷商民族的神灵先祖,是沟通天地,护佑这一民族生存繁衍的,所以人们对它顶礼膜拜,对公认的它的形象符号代代传模,延续不变。以至到甲骨文中还常用牛祭祀商殷先公王亥及上甲,足见王亥的神圣地位。但是在对商殷先公王亥的起源及时代研究上,由于不少学者局限于

[①] 胡厚宣、胡振宇:《殷商史》,上海人民出版社 2003 年版,第 126 页。

目前对夏文化的结论,而把商殷文化的起源探讨与目前认为的夏文化二里头文化相联系,因而一些商史学者在论述商族起源时,常常根据《史记·殷本纪》说法,以为商族的始祖契大约与夏禹同时,若按传统认识将夏代年代定在与二里头对应的公元前2500年前后的龙山时代,则这一时代从文字及器物符号角度,都较少有能确认的王亥文字或猪鸟合体的器物符号。相反在更早的大汶口文化、大溪文化、仰韶文化中,却能找到分布广泛、流行时间很长的猪鸟合体陶器或猪鸟合体纹饰。特别是大汶口文化绵延千年,分布广而且强烈影响周边文化的精制的鸟兽形陶鬶,应当就是商殷先公以鸟猪合体形象为标识的王亥一族最重要的文化遗存。这些陶鬶制作精细,上端流作鸟喙形,下有三个乳袋状足以象猪兽。这种鸟在上猪在下的鸟上猪下合体结构与记载中甲骨文王亥猪鸟构形十分契合,特别是在大汶口文化南面的安徽含山凌家滩遗址中出土的一件玉器,整体作玉鹰展翅状,鹰的翅膀向两侧伸展,而两个

图8 甲骨文王亥亥字鸟上猪下形象结构
　　(注:胡厚宣《甲骨文所见商人鸟图腾崇拜的新证》附图)

翅膀却化作两个猪头，像展翅的鹰鸟骑着猪一样。

大汶口文化鸟上猪下的陶鬶形象还不是最早的猪鸟合体形象，目前所知最早的猪鸟合体形象发现在距今7000多年前的磁山文化遗址中。磁山遗址出土了许多由陶盂和陶支座组成的器物。这种器物以一个陶盂和三个陶支座组成，盂身上窄下阔，体成卵圆形，下用三个陶支座支撑。有趣的是这些支座都呈猪嘴形，以致考古界多称为猪嘴形支座。而在陶盂上刻划着连续的向下的圆弧纹，这种连续的下弧纹很像展翅飞旋的鸟。因而，鸟飞在上陨卵，猪嘴向上吞之，这就明显体现出商殷人关于"……玄鸟坠其卵，简狄吞而取之，因孕生契"的器物符号观念及记录方式。将磁山文化的飞鸟陶盂猪嘴支座与大汶口鸟兽状陶鬶相联系，我以为商殷族群先民正是凭依着这种用陶制作的猪鸟器物，通过一定的礼仪形式，代代相延地传承并传播着它们祖先的文化传统。① 只是在甲骨文出现的时代，商殷王室的卜者巫师虽然在祭祀与占卜之时仍沿袭先公王亥鸟上猪下的合体形象，制作器物，但卜者也按甲骨文的契刻习惯，将王亥的猪鸟合体的符号形象契刻在甲骨上。因而即便在甲骨文流行的殷墟时代，青铜器中仍然有不少与王亥形象相关的青铜器物，最典型的是湖南湘潭出土的鸟猪青铜尊。这件青铜尊整体作雄状的大公猪形象，猪背以鸟作盖，作鸟踞猪背之象，造型雄伟华丽。值得注意的是，青铜猪鸟尊器在前后腿上部都有一穿孔，有的学者以为可能是举行某种仪式时穿杠抬着鸟猪铜尊行走的。可见晚至公元前1400多年的殷墟时代，王室占卜虽然已经使用甲骨文，但王室内外仍然流行传统的铸鼎象物、观象制器的器物符号文化传统。因而远在殷王室千里之外的湖南湘潭，可能仍然居住着一支与殷王室内王亥部族有同一血缘的王亥的后裔，他们仍然沿袭着祖先世代相传的鸟上猪下、以猪鸟相组合的形象为祖先祖灵的器物符号传统，在青铜时代来临的时候，将他们的祖灵——王亥的猪鸟形象制作成华丽严肃庄重的青铜猪鸟尊，并在适当的日子抬着猪鸟尊举行盛大的祭奠活动。可见即便在甲骨文、金文已经流行的殷代晚期，传统的器物符号文化仍然以强大生命力在殷王室内外流行传播（图9）。

---

① 钱志强：《中国古代猪鸟合体造像探源》，《古代美术与中国文明起源研究》，中国社会科学出版社2007年版，第144页。

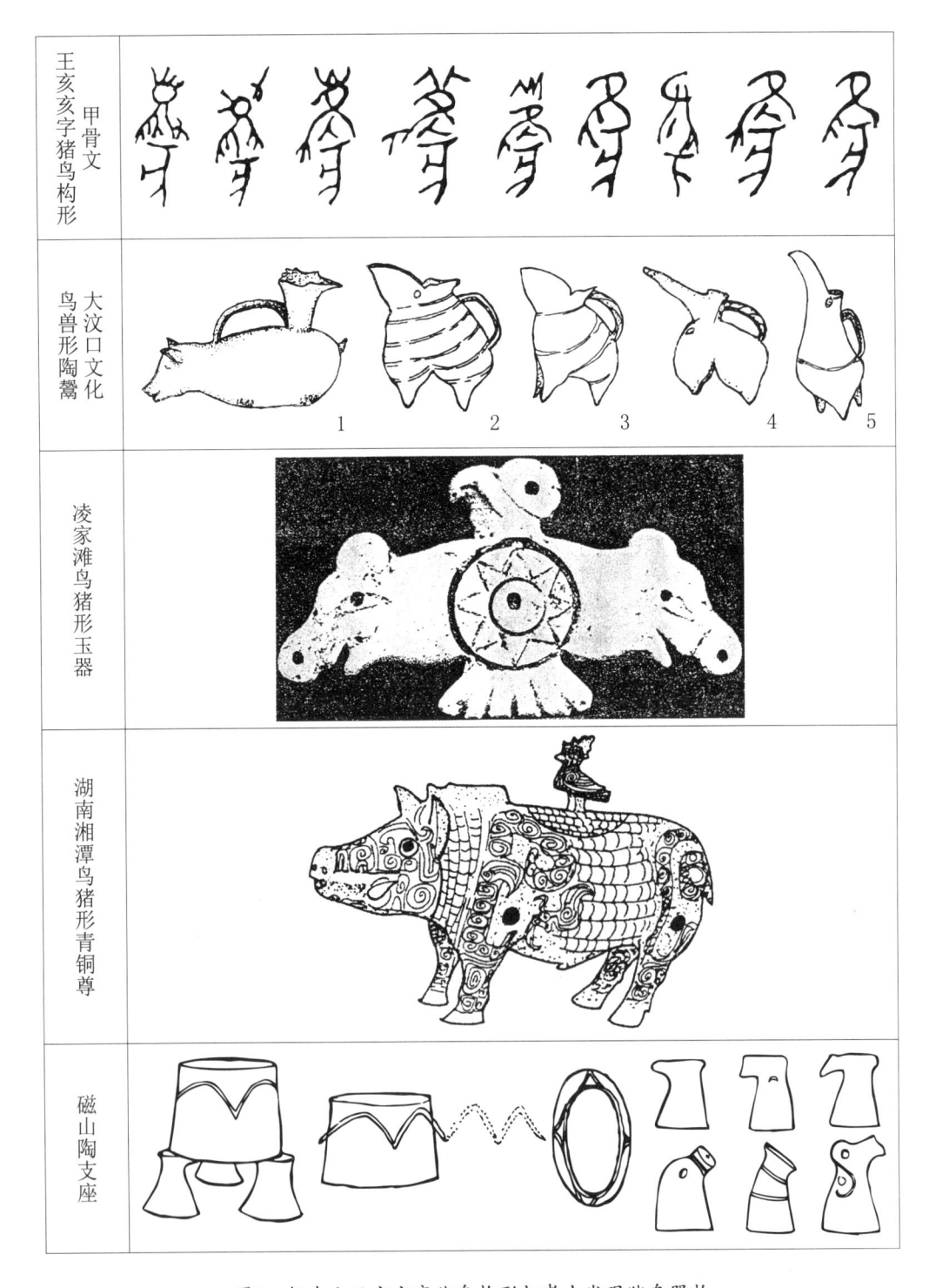

古代美术与夏商殷周文明研究
——夏商殷周王名研究

甲骨文王亥亥字猪鸟构形	
大汶口文化鸟兽形陶鬶	1　2　3　4　5
凌家滩鸟猪形玉器	
湖南湘潭鸟猪形青铜尊	
磁山陶支座	

图9　殷先公王亥亥字猪鸟构形与考古发现猪鸟器物

（四）商殷王室与中原仰韶文化的联系

迄今为止，人们并没有从甲骨文中找出有关夏人和夏文化的线索。我以为这主要和以往人们的文字观念有关。人们希望用甲骨文以来的文字观念看待甲骨文以前的文字并希望找到像甲骨文一样的商代早期或夏代的文字。这种做法并不利于对文字起源及商代早期文化和夏代文明的探索。如果我们改变思路，从器物符号角度入手，参照甲骨文以来的文字并结合古籍记载，或许能打开夏商文化的研究思路。

从前面论述可以看出，作为商殷王室最重要的族群，王亥族群的某一分支长期生活在东部地区，而从器物符号的角度看，它们用猪鸟合体的符号形象记录着自己族群文明的历史，并且在甲骨文之前已传承了5000多年。[①] 因而商殷早期文明及与王亥相关的其他族群，特别是与商殷相关联的夏王室族群应当可以找出蛛丝马迹。

从苏秉琦先生指出的甲骨文酉字与仰韶时期在中原及西部广泛流行的陶制尖底瓶的关系看，中原地区以陶制尖底瓶为标识的这一族群必定在殷代甲骨文流行时的王室仍占有一席之地。因为考古发现的尖底瓶在中原地区龙山时代早期已经消失了，在马家窑文化中也只延续到马家窑时代，它们的年代都在公元前3000年以前。而目前所知甲骨文的最早年代却在公元前1300年左右，两者相差1700年。如果甲骨文酉字造型只是甲骨时代占卜人的创造，和仰韶时代陶制尖底瓶并无关系，那这种机缘巧合实在不可思议。因为甲骨文中酉字的造型多数呈喇叭口、束腰尖底形。这种样式的尖底瓶只在仰韶文化庙底沟晚期的遗址中存在，而且束腰尖底瓶又主要出现在原来半坡类型分布的关中地区，考古学家将其称为亚腰尖底瓶。它制作精细，个体巨大，有许多高度在80厘米以上，而在民间收藏的陶制尖底瓶，有的高度在1.2米左右，并且有明显的祭祀迹象。这与以往认为尖底瓶是实用背水器的说法相去甚远。而以尖底瓶形状为依据的酉字，在甲骨文中作十二支之酉，并作奠基之奠，部族首领酉豪之酉。从酉字在甲骨文中的重要地位及尖底瓶在仰韶文化陶器中的重要性看，它可能在很长时间内就是当时人们的祭祀用器。

关中地区仰韶文化晚期的亚腰尖底瓶与甲骨文中酉字的联系，向我们提

[①] 钱志强：《王亥的亥字与商人八千年文明史》《古代美术与中国文明起源研究》，中国社会科学出版社2007年版，第144页。

出了一个尖锐的问题：既然亚腰尖底瓶在甲骨文出现前的1700多年就已经消失，那它又是以怎样的方式被人们传承着，并在甲骨文出现时被契刻成甲骨文字的？因为尽管一般认为陶制尖底瓶可能和龙山文化时代的陶斝兴起有关，但是陶斝造型和尖底瓶毕竟相差很大。因而甲骨文中酉字的亚腰尖底瓶的造型特征只能来源于关中地区仰韶文化晚期的亚腰陶制尖底瓶。其实不仅是亚腰尖底瓶和甲骨文酉字，我们前述的殷人先公王亥亥字也存在这种情况。因为大汶口时代大量流行的猪鸟合体形陶鬹，才是与甲骨文王亥亥字构形最近的。而大汶口文化年代大约在公元前3500年，距殷墟甲骨文的时代相距也有2000多年。可见中国"观象制器"文化传统时代以器物符号为祖先神灵的人们，有着今天人们难以想象的顽强传承祖先文化遗存的坚韧精神。而这种精神在今天的一些少数民族地区依然能够看到。

（五）夏代王名器物符号的识别与夏王室文明的探索途径

1. 考古发现新石器时代先民以天象历法为中心表现宇宙方圆模式的符号文化传统

不论从古籍记载及传说或者考古发现的遗物看，中国古代先民的天圆地方的宇宙观念是十分广泛而特征鲜明的。但是这种观念的实质是什么呢？显然在生产力尚不发达的新石器时代，人们肯定不会为了一种和生存无关的观念而消耗举族之财力物力。因而这种有关宇宙方圆及天地启辟的观念一定与当时人们的生存生活休戚相关。我以为这就是天体宇宙所内含的天文历法内容。在人类从蒙昧走入文明的漫长时代里，人们一直是遵从着天体运行的规律而生存的。所谓"逐水草而居"和"春种秋收"明显都是与日、月、星及天体的变化引发的地上草木枯荣相关联的。而人们长期遵循日、月、天象变化生存的结果使得天体宇宙观念成为人们最重要的精神支撑。仰韶文化半坡人面鱼纹盆代表的仰韶文化陶器流行的圆底、圆腹、圆形口沿及上面的纹饰符号，红山文化的圆形、方形祭坛，良渚文化的玉璧、玉琮等多数都与古代人们对天体宇宙的认识特别是日、月、星象的认识有关。因而古代先民遗留下来的这些器物及纹饰符号，可能就是当时人们表现自己对天象认识相关的器物符号文化遗存。

2. 十日名王与夏代文明的探索

中华民族有着十分丰富而悠久的天文学传统。这和我们论述的伏羲女娲开天辟地传说及考古发现的大量新石器时代有关遗存是一致的。因而探讨中国文明的起源，特别是文字的起源也应当从这一角度入手。最值得我们注意的有关夏代文明的探索中，文字的起源特别是十日名王的起源应有十分重要地位。因为夏商殷的王名都以代表太阳的十日为名，这不仅预示着文字的出现，而且以十日名王将人王与天上太阳相联系的文化传统，也使得夏商殷王名文字具有地上人王和天文学上的日月星神祇的双重内含。因而从天文历法的角度探索夏商殷王室文化，特别是从王名反映的十日记录历法的角度探讨文字代表的文明起源是十分重要的。因为天象观察的目的在于制定历法，而历法的标识与记录历法的文字符号息息相关。商殷王名不仅在司马迁《史记》中有完整的记录，而且也为出土的甲骨文字证实。同样在司马迁《史记》中也有完整记录的夏代及诸王王名，虽然它们迄今仍无确切出土物得以证明，但应当相信它是存在的。本书正是从对夏代王名及其所含的文字与天象历法的双重内含着眼，探讨夏代文明、夏王室文化及与之相联系的商殷西周王名及王室文化问题。

从甲骨文对商殷王名的记录与司马迁《史记》对照推测，夏代王名当初极有可能是有记录依据的。但是夏代王名的文字特征究竟是什么，历代的学者们都在思考与探索着。在甲骨文字的记录中，对商殷历代先王及先公的祭祀都是极多而且极隆重的。如果夏代作为中国王朝文明的开端，它的文字记录也一定是以对夏王名号的记录为最明显最重要的。也就是说，如果甲骨文以前的夏代真有文字文明，那么夏代王名可能就是中国出现最早的文字。而夏代王名在古籍记载中也是有一些线索可资追寻的。

人们对商殷王朝的认识，主要是以前辈学者王国维在甲骨文中发现商殷王名及系统作基础的，而商殷王名都是以十日即十个天干字命名的。这十个天干字就是甲乙丙丁戊己庚辛壬癸。对于这十个天干字的造型来源及商人何时以它命名，迄今的研究仍然很少。但是值得注意的是商人以十日名王的十个天干字，却能为我们探索夏王室文化提供很多帮助。

商承夏制这在古籍中是有明确记载并且也为现今学者所承认的，而夏人才是十日名王的开创者，因而商人十日名王的传统很可能是学习夏人而来的。

如果这样，甲骨文中商殷王名的甲乙丙丁等十个王名字也很可能与夏代以来的王名字符有重要联系。因而参照商殷王名的文字符号，在与古籍记载和考古发掘相关的有可能是夏代文化遗存中，寻找那些分布广、延续时间长的遗存、遗物及纹饰符号，这或许可以从器物符号的角度对识别夏文化有所帮助。迄今为止，在考古发掘中并没有发现与商代甲骨文相同的发达的文字记录。结合前面我们对殷先公王亥亥字及其他甲骨文字渊源的叙述，我们将从器物符号的角度寻找夏代王名及探寻夏王室以来的中国早期文明。

第一章 /
半坡彩陶人面鱼纹盆与夏文明研究

夏人建都西安说

（一）西安半坡人面鱼纹盆口沿的癸甲十日符号与夏王启

1. 从十日名王的王名符号探索夏代文明

夏文明的起源长久以来一直是中华文化研究中十分重要而最具歧义的问题。但近年来，随着史前考古的发展，学者大多把中华文明的诞生与夏代国家的建立相联系。依照目前占主导地位的说法，夏代建立的时间大致在公元前 2500 年，其地点为晋南豫西一带，尤以偃师二里头夏代文化为代表。这种观点与典籍记载中夏代立国的时间、地点比较相符，也以巨大的宫殿及城郭建筑遗存与传统观点认为的国家定义相符。但是就中华文明最具特色的文字看，要肯定这种说法仍然需要时间和新的发现。因为被认为是夏代文化的晋南、豫西龙山文化中并没有能够被确认为标志夏代国家的文字或相似功能的遗存物发现。正因如此，我以为从文字的角度出发，探讨夏代文明及夏商文明的起源，也许还可以找到别的途径。其中当以对建立夏代国家的夏启的探讨更具关键意义。

种种迹象表明，夏代应是已有文字记载的文明时代，特别是典籍记载中"癸甲生启"的说法表明夏启与癸甲十日相关，而且也很可能以癸甲为标记。这和甲骨文中商殷帝王皆以十个天干日命名的传统相一致。因而在史前遗物中寻找夏启时代的文字遗存，考察其夏代诸王的文化遗物，也许能有助于拨开人们在夏代文明研究中的许多疑云。由于典籍记载中商人是承袭夏人传统的，特别是十日名王的传统。而商殷王名在甲骨文中都有发现。我们前面也以王亥名字为例分析了商殷王名的器物符号文化传统，因而以商殷王名的癸甲两字为依据，寻找甲骨文之前的癸甲器物符号文化及系统，并与周边的其他考古遗物及古籍记载相对照，也许能从中辨认出夏王室王名的器物及名字符号。

甲骨文中商殷 30 王中以甲字为王名的有 7 位，以癸字为名者只有商汤灭夏前的主癸一位，但是商先妣中也有以癸为名者。遍观商殷王名中的甲字，都是一横一竖的十字形，横平竖直。而癸字全部都是斜交的※状文字符号，每个斜划的两端另有一个小十字状。商殷王名中甲字与癸字的这种规范固定的格式可能不仅是甲骨文时代文字规范的需要，而有可能它与其他的天干字一样，由于都代表商殷王室的不同群团，是这些群团祖先祖灵的标识，因而有着比较严格规范的形状。这种情况可以从甲骨文中用活人及活牛祭祀先公先王中看出。如甲骨文常以多头牛祭祀上甲，以多人祭祀大乙，而且青铜族徽中也有人跪在甲字形符号前跪拜的图像符号，按照殷先公王亥亥字的字形与此前陶器符号传统对照，则商殷王名的十日字形及先公的事迹也许能从相关的考古发现中寻找到根源。特别是如果真是商承夏制，商代十日名王传统是受夏人影响的，那么我们也可以循着这种器物符号特征探寻夏王室器物及夏代文明。

2. 西安半坡人面鱼纹盆口沿的癸甲符号与夏王启

从目前考古发现看，甲骨文以前分布范围广而且延续时间长的具有一定数量的十状甲字和※状癸字符号的考古文化主要发现在龙山时代以前的新石器时代文化中。如北方红山文化遗存中偶有在器盖上以划纹构成的十字状装饰，但数量极少，看不出连续发展迹象。河姆渡文化、崧泽文化及大溪文化中也有少量以十字装饰器物的情况，但数量也较少，而且缺少连续性。只有东部大汶口文化、甘青地区马家窑文化和中原地区仰韶文化出土有较多十字或 × 状符号作装饰的器物。大汶口文化发现了一些在陶觚上装饰十字状镂空装饰或在器物底足有十字状足饰的器物，但数量也不多，而且缺乏癸字的※形文字符号装饰。甘青地区马家窑文化中，从马家窑到半山、马厂的 1000 多年中，三个不同文化类型都流行彩绘十字形或※字的纹饰符号，但是却极少见到甲癸两种符号重合的器物。而且，甘青地区也缺少夏人立国和夏王室文化的记载。因此，仰韶文化的＋状甲字和*状癸字形彩陶纹饰符号就作为我们探讨夏代王名的重点。

在仰韶文化的考古发掘中，发现了不少在陶器上以十字状或*状刻划符号或彩绘符号作为装饰的，根据甲骨文和金文以来的文字传统，*状十字符号大约是与甲字有渊源关系的文字符号，而*状符号可能是与癸字有渊源关系的文字符号。关于开创以十天干名王传统的夏代开国之王夏启的王名，记载中说夏启之父禹是"辛壬娶妻，癸甲生子"。可见夏启立国明显与十天干之辛壬癸甲有关。特别是"癸甲生启"说明夏启建立夏王朝不仅以十日名王，而且夏启之王名可能是与癸甲两个王名符号密切关联的。而这种现象只是在仰韶文化半坡类型的半坡彩陶中才有发现。

1956 年发掘的西安半坡遗址是我国第一个新石器时代古文化遗址，犹以考古发现的人面鱼纹盆最有名。50 多年来对人面鱼纹盆含义内容的探讨曾经出现过多个高潮。虽然对它的内涵专家学者至今仍持不同意见，但对人面鱼纹盆口沿以八个符号均分圆形口沿并对应人面鱼纹的认识却是统一的。仔细观察人面鱼纹盆均分口沿的八个符号，它们其实是由四正四隅两组符号组成的。细审这四正四隅两组符号，它们正是由十天干的癸甲两个字重合而成的。而半坡人面鱼纹盆口沿的癸甲两字由四正四隅八组两种符号在陶盆的圆形口沿重复构成，正说明了半坡人面鱼纹盆口沿符号表现十日、十天干的这一特定观念的原创性。而且四正四隅的＋形和×状形态正与甲骨文以来甲字＋形、癸字*形的严格的正隅形状一脉相承。人面鱼纹陶盆上癸甲两组符号以八方之形分布在穹窿形的圆形陶盆口沿上，正合于癸甲指代十天干，十日即天的观念。也合于以十天干字名王的夏商殷帝王中唯一以癸甲两字为名的夏代第一位君王夏启。从甲骨文记载看，商代从大乙立国起到帝辛为武王取代历 30 王，无有以癸甲为名者。但大乙前之商先王有主癸，而夏代最后一个帝王名履癸。然而这两位名癸的帝王都无以癸甲两字相连的说法。唯有夏代第一位君王夏启在多种记载中都有癸甲之说。

《虞书·益稷》："予创若时，娶于涂山，辛壬癸甲，启呱呱而泣，予弗子，唯荒度土功。"《史记》："辛壬娶涂山，癸甲生启。"《吕氏春秋》："禹娶涂山氏女，不以私害公，自辛至甲四日，复往治水，故江淮之俗，以辛壬癸甲为嫁娶日也。"尽管古今论者对"辛壬癸甲"四字解说各异，但癸甲生启在典籍记载中是确切不疑的。按夏商殷以十天干日名王之习，我以为半坡人面鱼纹盆口沿的癸甲符号就是夏启立国的见证。

夏代诸王中有名胤甲、孔甲、履癸者，商殷王中也有名上甲、主癸、大甲、小甲、河亶甲、沃甲、阳甲、祖甲者，但从未有以癸甲两干连名者。殷王有以庚丁两干连名者，但也不是癸甲两干。而以癸甲两个符号相重成八方之形在半坡以来的考古发现中也仅有半坡出土的人面鱼纹盆和人面网纹纹盆两例而已。此种符号以后未再重复出现，即便是姜寨人面鱼纹盆，汉水人面盆，有的其口沿虽呈八方之状，但从不以癸甲两种符号相重。这也犹如商代帝王名甲者八，名乙者七，而他们也都各有区别，从不重复一样。半坡彩陶人面鱼纹盆口沿的癸甲符号及以后不再重复出现的现象也是值得我们深思的（图1-1）。

3. 启母十子与天干十日

夏启以癸甲为名，实际开创了中国夏商帝王以天干十日名王的先河。而夏人以十日为王名似乎与其先妣涂山女娲关系极大。《淮南子》云："有神十人，名曰女娲之肠。"肠或为子。女娲生十人十子的说法是十分明显的。女娲或称涂山氏，启母涂山氏化石生启之说又与女娲炼五色石补天之石即十字谐音。因而夏人以十日名王不仅反映出夏王室文明与开天辟地的伏羲女娲之关系，而且也表明夏王室可能是十日十天干符号的创造者。因而夏人不仅以十日之名与人王之名号合一，也开创了中国古代帝王以天为名，称天子的真实含义之传统。可见中国帝王以十天干为名确实是起于夏代，而且是从夏启开始的。

4. 说台桑

人面鱼纹盆口沿癸甲符号还可以与禹妻启母涂山氏的"桑林"说法相证。记载中说"禹与涂山氏通于台桑"。桑当即桑林，而有名的扶桑神树正是十日的栖息之地。甲骨文、金文中十字作"丨"状，为棒柱之形，与人面鱼纹盆口沿构成甲字的四个丨形符号相同，而甲骨文、金文中桑字作"䍂"状，与癸字及构成癸字的丫状䍂符号相同。可见人面鱼纹盆口沿上的癸甲符号正是禹与涂山通于台桑创造十日并生启之地。而我还以为禹与涂山通于台桑之台，正是癸甲符号所在的人面鱼纹盆的口沿。甲骨文金文台字下从口上从以，即以在口上，以又为夏人姒姓之姒所本。夏人姓姒与夏启癸甲符号在盆

	甲	癸
甲骨文		
金文		
秦汉简书		

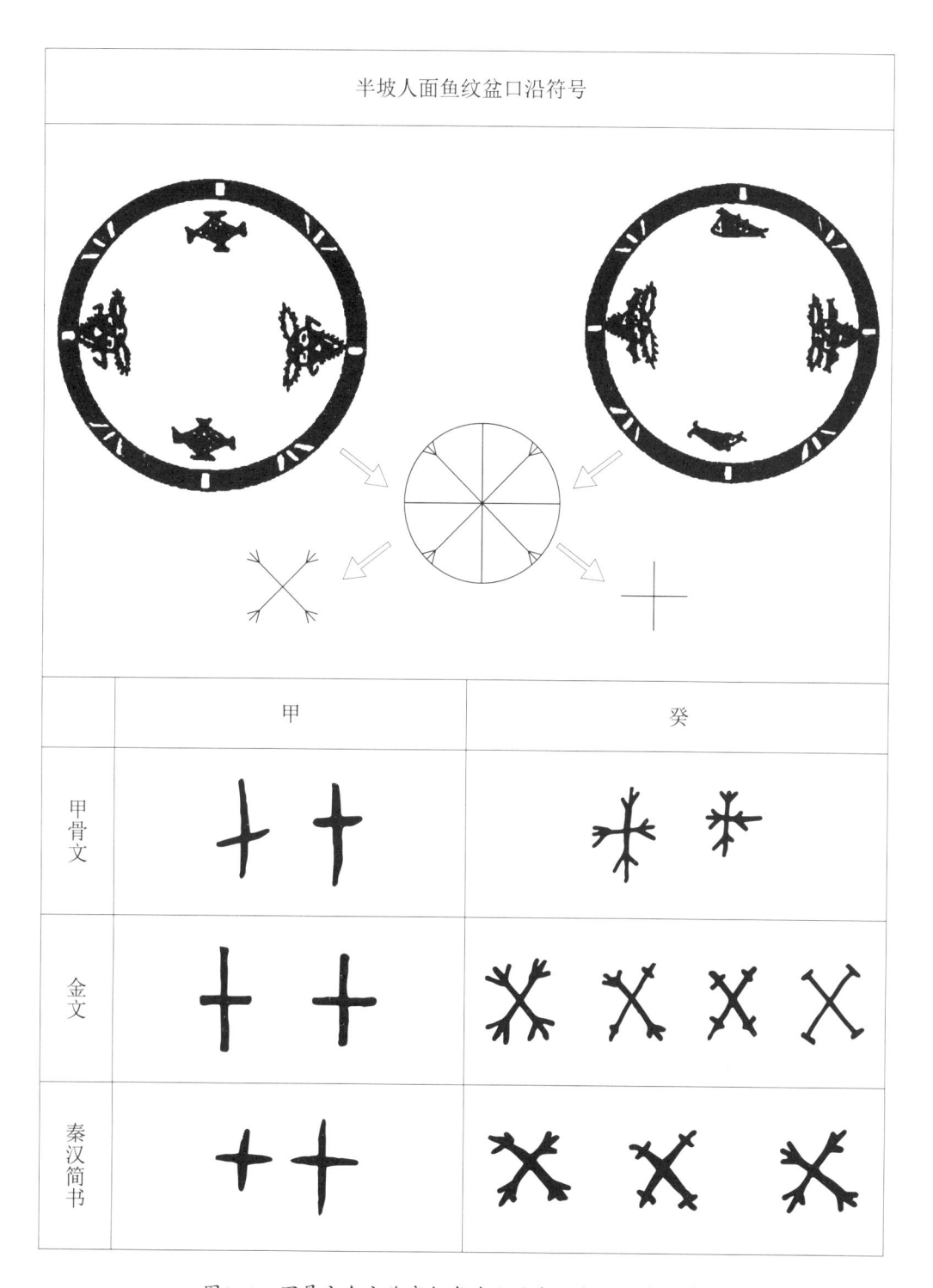

图1-1 甲骨文金文癸字与半坡人面鱼纹盆口沿癸甲符号

口沿上形状相符，这种巧合正说明了有关夏启的古籍记载其源在于半坡时代的人面鱼纹盆及纹饰符号。对于启母涂山氏之名过去很少解释，从半坡人面鱼纹盆口沿符号看，涂山氏与癸字※状符号有密切联系。※状符号在人面鱼纹盆上是由四个丫符号构成的，丫即扶桑神木之扶桑。因而涂山氏族群的遗物应当与以丫状符号作装饰的陶器、青铜动物或人物有关。它们可能与桑林、桑木神话有较密切的关系（图1-2）。

5. 说甘

禹与涂山通于台桑生启与半坡人面鱼纹盆上的癸甲符号之密合，还可以从甘字证明。中国第一部史书夏书之第一章即是甘誓，是因夏代第一王夏启与益战于甘而得名的。古来论家多以甘地在陕西鄠县有甘亭解，其说大致不错。但应当说明的是甘其实原本不是地名，而是器名。就是半坡人面鱼纹盆代表的在仰韶文化特别流行、制作十分规范的圆形陶盆、陶钵。甲骨文金文甘字作日，从口含一状，对它的字形含义过去很少说明，我以为一或即丨。从字形看，一与丨形状相同，仅横竖之别，一横为壹，一竖为拾，然拾数起于一，至九复归于壹，可见横一与竖丨之拾就其在十天干中之地位是相关联的。因而启益战于甘从半坡夏启癸甲盆的器物符号角度解释，也反映了启益时代人们创造一至十的十日符号时代启益两族的融合与冲突。因而夏启癸甲十日盆口沿及符号仍然在甲骨文甘字中有所表现。这里需要说明的是甲骨文金文口字皆从日，即都作弧度向下的半圆形，多数解释都说象口形。但从甲骨文造字特征看，随意模仿自然形物造字的可能性很少。因为甲骨文字的占卜、祭祀的神秘性及仓颉造字时"天雨粟，鬼夜哭"都说明中国文字字形符号大多都有十分神秘久远的传统。而仰韶文化红陶钵在新石器晚期文化中是分布最广、流传最久的。而且常用作儿童瓮棺葬具。并且常在口沿外一周装饰红或黑宽彩带，有的还刻有特殊符号。多数陶钵可能即是当时人们饮食的碗或供祖先神灵饮食的碗具。在陶钵口沿装饰可能正是突出口沿的重要性的。联系人面鱼纹盆与夏启的关系，我们推测启益战于甘的甘大约和这一时代流行的圆形陶钵有关。就目前的考古发掘看，半坡人面鱼纹盆及口沿上的癸甲状分割符号似乎是宽沿盆中最早的器物。而这种在腹内作定点彩绘分割纹饰的做法明显来源于前仰韶文化的圆底或三足圆底内彩饰。人面鱼纹盆除继承了前仰韶彩陶的内腹定点分割外，在钵的口沿加上宽沿并以癸甲两组纹饰八

图1-2 半坡人面鱼纹盆口沿癸字符号与甲骨文癸字、桑字及画像石扶桑阳鸟图比较

分圆形盆的口沿,表示以十日代表在穹窿状的天空有十日在四面八方分布。由于半坡人面鱼纹盆是用作小儿瓮棺棺盖的,棺盖在上,不正像人们头顶上的苍穹吗?内葬小儿,大约是以小儿为祭天地之物。半坡人面鱼纹盆这种用癸甲十日作四面八方分布于天穹状的陶盆及口沿上的做法,不仅反映了半坡时代即夏代初年人们记录事件的特殊方法,还必定影响夏代中期后期及商代周代的历史。也即是说,远在公元前四五千年的夏代早期,人们在记录历史事件时,是用特定的纹饰符号与特定的器物结合一起来表示一种内容复杂的事物的(图1-3)。

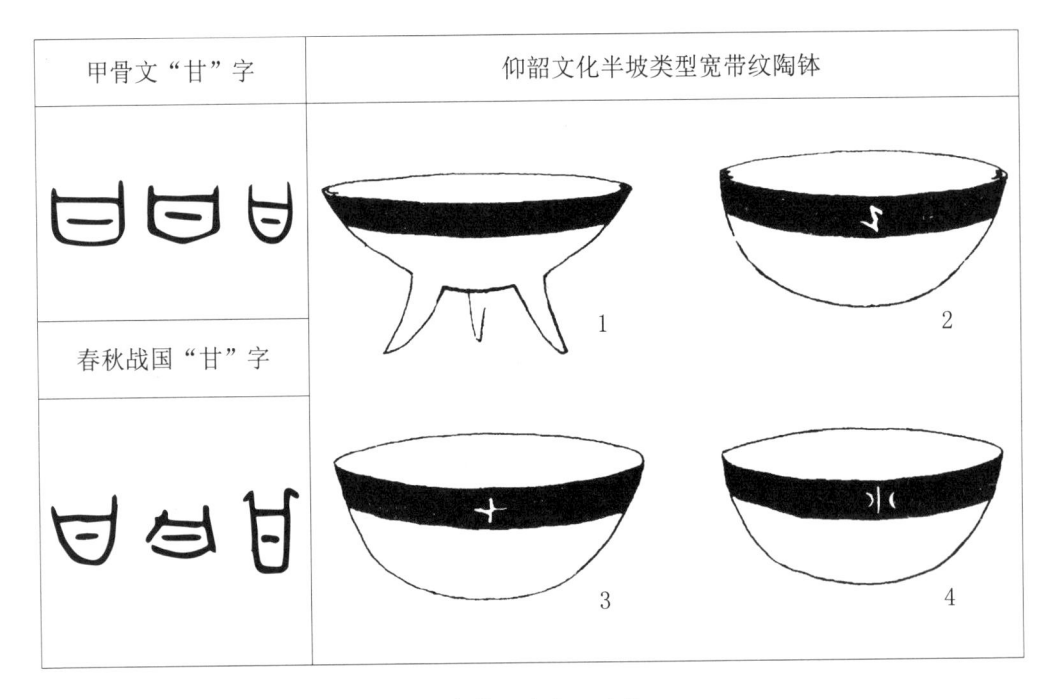

图1-3 甲骨文甘字与半坡仰韶文化宽带红陶钵及刻符
　　(注:1秦安出土　2、3半坡出土　4姜寨出土)

6. 启名建、余与半坡人面鱼纹盆

古籍记载中夏代第一王夏启还有建、余两名。《太平御览》卷八十二引《帝王世纪》:"帝启,一名建,一名余,德教施于四海,贵爵而上齿,养国老于东序,养庶老于西序。"甲骨文无建字,但建字所从之聿甲骨文作𦘒,从手挚丨形棒柱,与人面鱼纹盆口沿甲字形符号所从之丨相同,或作𦘔,从手

挚ㄓ形，也与癸形符号之ㄓ相同。甲骨文余字作♀形，上从角巨形，下从ㄓ，而半坡人面鱼纹盆口沿癸形符号ㄓ上也有角巨形，作♀状。从文字符号的角度比较，夏启之名建、余及甲骨文建字、余字与半坡夏启人面鱼纹盆口沿癸甲符号十分相似。而夏启何以名建名余呢？天以十日为建，建字从手挚丨，即拾字，十日字是其本义。又何名余，当是以十日纪年有余日之意（十日与余日本书另有论述）。可见《帝王世纪》所记夏启名建名余之说自然也是言之有本的。

7. 说启母石与半坡聚落中心广场石柱

以往学者多以嵩山启母石证明夏启立国于河南嵩山之伊洛附近，其实嵩山启母石应是比较晚的说法了。我们认为最早的启母石在夏启立国之地的西安半坡遗址。2002 年半坡遗址博物馆重修时在遗址的中心广场中央发现了高约 1.7 米的中心石柱遗存。此石柱以天然竖石稍加加工而成，立于向心式聚住村落的中心广场中央，随同发现的还有成排成行整齐排放专门为祭祀而作的陶器。石柱的重要性是不言而喻的。这种对石柱的崇敬，也可与启父禹"跳石，误中鼓"及"石破北方生启"相印证。

（二）说夏人先祖与鱼

1. 说鲧与鱼

从夏启人面鱼纹盆看，夏启一族最明显的标志是鱼。人面四周以鱼护卫，又以鱼推动着人面运动。而且在以人面鱼纹盆为中心的仰韶文化半坡类型区域，最多而且最具有代表性的彩陶纹饰就是鱼纹。从目前考古发现看，半坡彩陶鱼纹分布以西安为中心，西达陇西，东到洛阳，南到汉水，北到内蒙古南沿，延续时间长达 1500 多年。这种以鲜明的鱼纹为部族标志的特征正与夏人部族特征相吻合。

在古代中国诸多古老部族中，夏人是与鱼关系最密切的。夏人的祖先，夏启之祖父鲧据记载就是以鱼为特征的。《说文》云："鲧，鱼也，从鱼系声，此未详为何鱼。此禹父之字，古多作骸。"《礼记》："鲧释文作鳏。广韵曰，"禹父骸，尚书本作鲧。按鲧乃鲧伪。"《山海经·海内经》："黄帝生骆明，骆明生白马，白马是为鲧。"而记载中的白马往往与"河伯"及鱼相互演化。从夏人先祖鲧字从鱼从系的文字符号看，鲧字为旋转的鱼，这与半坡彩陶大量旋转追逐的鱼纹形意想通。周人在许多方面受夏人及夏文化影响，周人的先祖往往也以鱼为吉祥物。《淮南子》："后稷龙在建木西，其人死复苏。其半鱼在其间。"汉高诱注："死而复苏，或化为鱼。"后稷是周人之祖，以半人半鱼为特征，这正和周人母家姜炎氏族以人鱼互化特征相同。《山海经·大荒西经》："有互人之国，人面鱼身，炎帝之孙名曰灵恝，灵恝生互人，使能上下于天"。可见夏人及周人先祖以人面鱼身，以鱼为族属标志，其目的是通过自然物的鱼而与天神沟通。因而在夏人及周人的眼里，鱼自然是神异之物，是吉祥之物。有趣的是，直到周初武王灭殷纣时，也以鱼为吉祥之兆。《史记·周本纪》："白鱼跃入王舟中。"《书·小史》："武王东观兵至于盟津，渡河中流，白鱼跃于王舟中，史臣曰佚，纪之文字，是为鱼书。"考古发现宝鸡地区周代有以鱼为名的鱼国，三门峡虢国贵族墓往往在墓内以大量铜鱼为随葬品的现象都表明鱼在夏周人心里极重要的地位和根深蒂固的文化传统（图1-4）。

2. 禹与羽刀及腹生

夏启的父亲为大禹，关于大禹的出生，也有一段十分奇异的传说。《国语·晋语》："昔者鲧违帝命，殛之于羽山，化为黄熊以入于羽渊。"《楚辞·天问》云："永遏在羽山，夫何三年不施？伯鲧腹禹，夫何以变化？"《山海经·海内经》："鲧复（腹）生禹。"以上记载中都说禹非母生，而是其父鲧剖腹所生。鲧之被剖腹，是因为违背了舜帝治水之命，治水不成，舜帝以吴刀亦即羽刀剖开鲧腹使禹得以出生的。按照我们以上对鲧以鱼为标志的结论看，以羽刀殛鲧的说法也是有其图形符号为依据的。半坡彩陶鱼纹一开始就呈现出图案化的特点，这是大家公认的。而向三角形图案化是重要特点之一，这种图案化的三角形，极似齿状的刀锯状，特别是许多体形较大的鱼纹，背腹两边有明显的羽状或月状弯刀形纹样，弯刀刃部正对着鱼的腹部，这不正是以羽刀剖鱼鲧之腹的形象写照吗？虽然这些以刀刃鱼腹的彩陶纹饰都是禹启时代的器物，但禹启时代仍然相延并传述祖先的故事应当也是正常的（图1-5）。

3. 说鲧与崇伯

夏人的兴起始于鲧。鲧曾被封为崇伯。崇作为地名，古代有两种说法。一说在西安附近，以文王伐崇作丰为证。一说在今登封附近的嵩山。本文认为，

第一章
半坡彩陶人面鱼纹盆与夏文明研究

图1-4 仰韶文化鱼纹分布与发展示意图

1~6 秦安大地湾出土　19 武功游凤出土
7~10 北首岭出土　22~26 姜寨出土
11~21 半坡出土　27 芮城东庄村出土

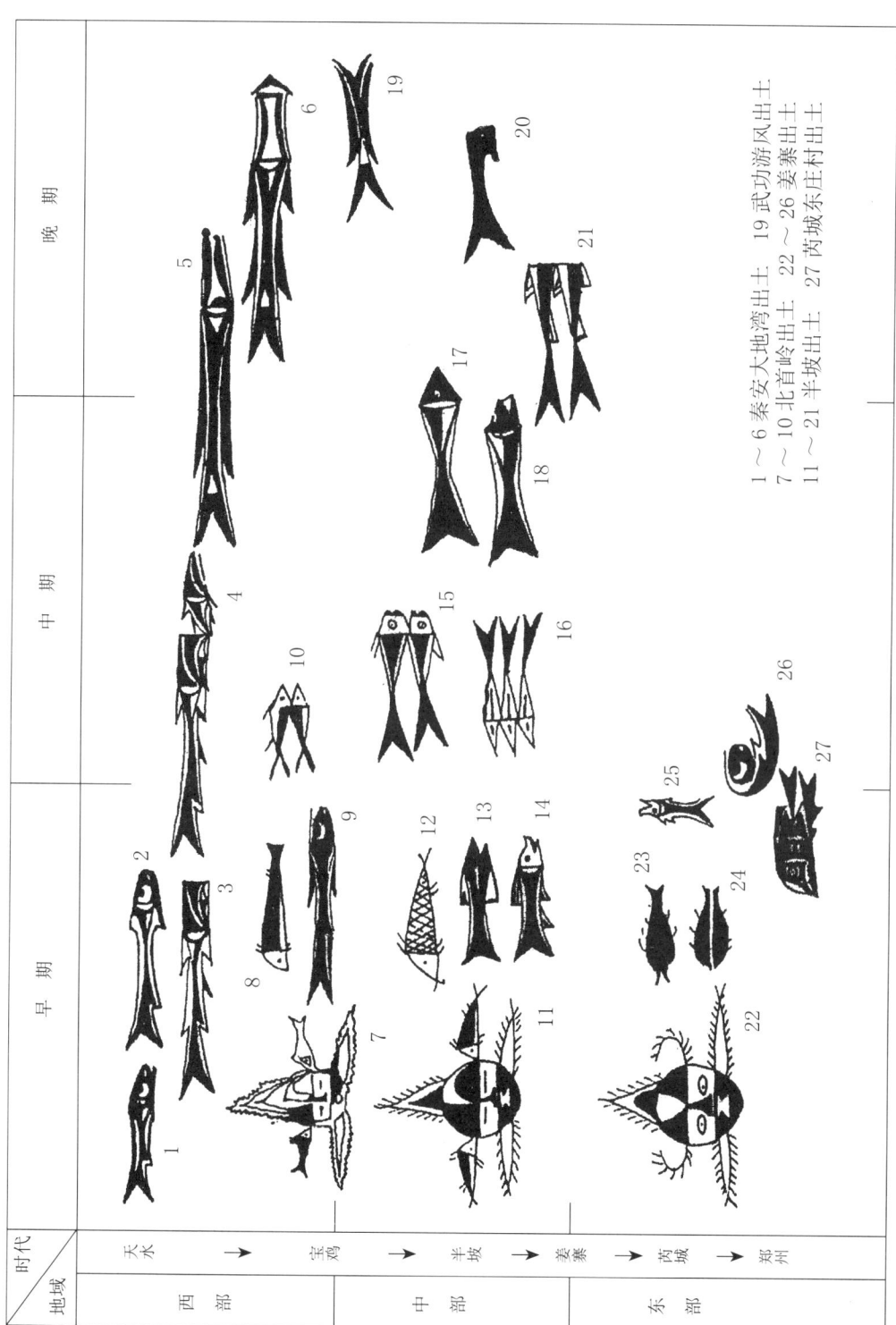

崇伯鲧的始封地不在河南，当在西安，与以半坡为中心的鱼纹区相应，其中心当在西安附近。而河南之崇是随夏文化东迁出现的。中国古代地名是十分复杂的，因为中国各民族都有十分久远的传统。许多民族都在他们生存迁徙时将他们居住地的地名带往各地。因此要找出始居地名是十分困难的，但是只要结合大量考古遗存，并且以部族探讨为中心，还是能找到其相互关系的。

  古籍记载中说"昔夏之兴也，融降于崇山"，崇为高山之象。而在半坡彩陶中，作为鲧禹族标志的鱼具有明显的三角形山石状特征。特别是鱼的头部往往简化作△、△△、△△△状，我以为这就是鲧封崇的传说之依据。崇字从山，山字甲骨文、金文均作⌒形，半坡时代不仅彩陶鱼纹头上作山石之山形，而且还流行以山石状三角纹作装饰，因而夏人的先祖崇伯鲧的时代，已明显以彩陶之纹饰作为记录人名王名形态的标志，并已经被广泛地传播开来了。鱼头上以山石状作装饰，这大约和石器时代以来人们长期对石制工具的依赖有关。特别是石制刀斧。因为它是当时人们生存生活中最重要的工具。以鱼为图腾的鲧部族，大约是最早发明三角凿状石器或石刀，并最早以彩陶三角符号作记录的部族，所以才有崇伯的称号。这也和夏人先

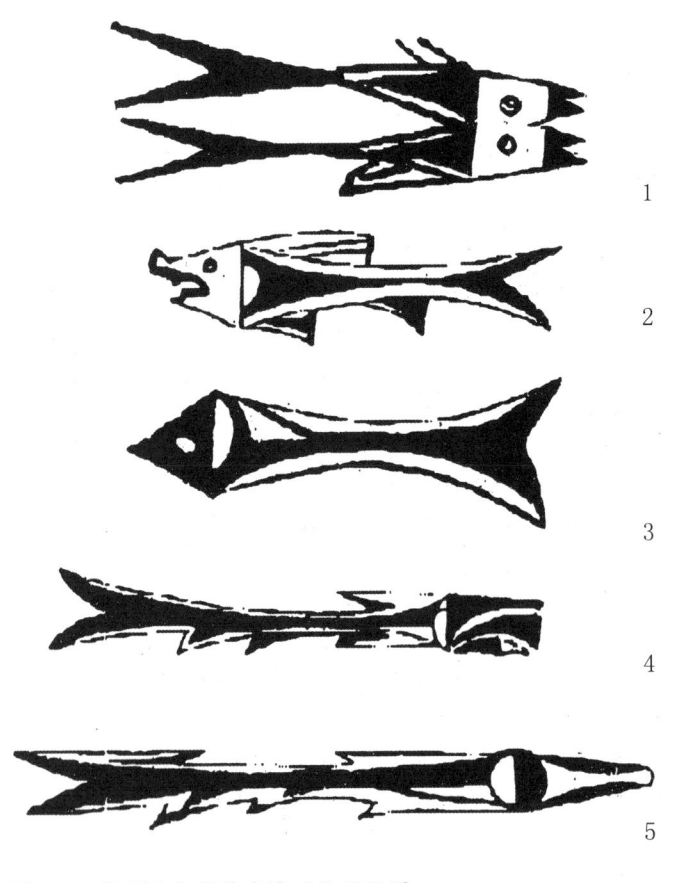

图1-5 仰韶文化彩陶鱼腹刀状羽纹图
（注：1、2、3西安半坡 4、5秦安大地湾出土）

姒女娲名涂山及女娲炼石，夏启以石破北方而生的山石文化传统相一致。虽然夏人的先祖鲧及夏人的事迹在殷人甲骨文中很少发现，但是他们的故事却被他们的子孙时刻铭记并传承着，并在殷周或以后，得以用文字转录下来，从而使我们可以将传说与考古遗物相印证，对几千年前人们的历史及社会生活予以复原（图1-6）。

4. 从鲧封崇说禹都阳城本于天干十日的创造

前面我们提出夏人之先祖鲧与鱼的关系，并以半坡鱼纹图案化作三角形纹饰及鱼头上的△△△状山形纹饰符号判定其为夏鲧封为崇的符号标识，因而鲧封崇之地名来源于鲧部族创造的三角形山石彩陶符号，并由此再转化为地名，而后又随部族迁徙将崇名传播于他地。因而河南嵩山之崇为夏代晚期夏文化东迁所致，因而嵩山附近之阳城被指认为夏禹所都也是较晚的。因为禹都阳城之地名也本于禹及夏启以十日十天干的创造，所谓阳城实即为阳成，就是天干十日之开始。这里还涉及禹治水的大事，以往对禹治水多从治理大洪水的角度解，我以为所谓治水很可能是先民逐水草的生活及水草因太阳光照影响的春夏秋冬四季交替及草木荣枯而言的。因而才出现有禹治水与"地平天成"的说法，天成明显是十日为标识的历法的成功，而历法从来都是中

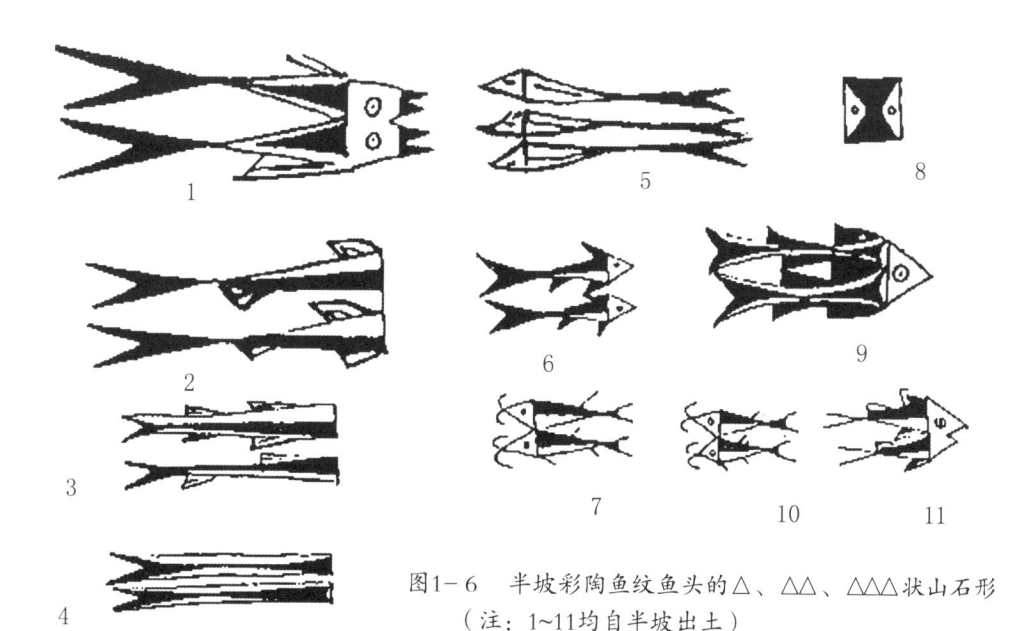

图1-6 半坡彩陶鱼纹鱼头的△、△△、△△△状山石形
（注：1~11均自半坡出土）

国古代王者的标识。因为古代王者居王位以后的首要工作是分正朔。这是古代人们生存的根本所在，因而我以为禹都阳城其实质是因夏初禹及夏启开创的十日制历法的成功而得名的。也就是说夏禹所都阳城，从器物符号角度观察，在夏初也是在西安东郊的以半坡为中心的这一区域。在鲧时名崇，而在禹时可能称阳成、阳城。尽管我们目前还不清楚西安附近古代是否有地名阳城的，但是西安周围以阳城、阳平为名的地方却很多。如晋南临汾古代称平阳，潼关以东河南灵宝有阳平，现为阳平镇。而宝鸡市东陇海路旁也有名阳平的古镇。宝鸡越秦岭通四川的宁强有阳平关，这些以阳成、阳平命名的地名也许能从一个侧面启发我们对禹所都阳城与西安半坡夏代早期遗址的思考。

5. 从禹都阳城说禹治水与历法而非大洪水

上节我们已经说到传说中国古代禹治洪水的事很可能是后人的一种误传，正如前面我们所论述的，它很可能是古代人们逐水草而居的游猎生活的一种说法。游猎时代人们总是追逐水草丰美之地的，中国传统文化中心的黄河和长江地带都有明显的四季差别。即春夏多雨，冬季干旱。而引起这种现象的原因显然和气候及日照相关，人们在长期的生存实践中逐步了解并适应这一规律，并用十日历法纪日、纪年从而确定与农牧相关的日期。半坡时代的夏人很可能汇聚了许多部族的经验，开创了十日制历法传统，并以十日名王。因而古籍记载中禹治水的成功是与地平天成相提并论的。《尚书·大禹谟》中有一句不为人注意的话："即帝赞大禹治水成功曰：'俞，地平天成，六府三事允治，万世永赖，时乃功。'"对于这句话，古代的解释是："水土治曰平，五行舒曰成。"作为治水成功后水旱协调，使水、火、金、土、木五行相序的结果看，这种解释大致不错。但是我以为"地平天成"的说法很可能和大禹之子夏启开始的十日纪历法并十日名王有关。因为不仅大禹治水，禹妻涂山氏女娲也与治水有关。女娲为了治水，断鳌足以立天之四极，从而使因四极废而引发的洪水被治理住。从四极废引发洪水的原因看，洪水是与天之四极相关的。天之四极自然可以理解为春夏秋冬之四时四至，特别是冬至与夏至之极冷极热、极干旱与大雨极多之时。女娲不仅炼石补天，也因石破北方而生了夏启，因而创制十日纪日纪年历法的大禹、涂山氏女娲及其子夏启，正是以十日历法指导人们因时而动，趋利避害的，特别是夏季大雨可能导致的洪水灾害。因而人们才会将十日历法之成，即将天成与治水之地平相联系。可见古代大禹治水之说虽然有早期人们逐水草而居的生活依据，但可能与真正的大洪水发生无关。而从目前考古发现看，还不能确认尧、舜、禹时代全国性大规模洪水灾害那样的考古遗存。因为从现有的考古资料看，从公元前6000年以前的前仰韶文化起一直到甲骨文出现的公元前1300年左右止，长江及黄河各地考古发掘中还很少发现重大的因水患导致的遗存异常状况。只有属仰韶晚期的青海东部喇家遗址有明显的洪水泥石流现象，由于它地处西部，亦属个别的现象，显然不足以引起尧舜禹时代中国古代全国范围的洪水及治水传说。而现在被认为属龙山时代与夏代相当的各类型龙山遗址中也较少有这种现象的报导。特别是晋南、豫西、冀南、鲁西、豫东这一龙山文化中心区域。许多遗址如山西襄汾陶寺、河南偃师二里头等都是延续几百年的大遗址，很难与大洪水的传说相关联。而恰恰又是我们认定的半坡夏文化中的彩陶纹饰中，却十分流行曲折水波形纹饰，并对周边影响很大。

这种纹饰以数道至十多道波折线、水波纹装饰在盆钵尖底罐、葫芦瓶及其他陶器上，如果仔细分析，会发现有些水波纹还与草木纹、山石纹及鸟兽足迹纹融合在一起，特别是夏启人面盆上的癸甲符号，也明显有草木、鸟兽足迹与鱼水的痕迹，它也与大禹治水、随山浚川的记载相吻合，而其实质则是人们长期逐水而居的游牧生

图1-7 半坡彩陶流行的各种折线水波纹
（注：1正宁宫家川 2半坡 3、4临潼姜寨出土）

活经验的记录。由于彩陶水波纹曾在仰韶文化及毗邻的广大区域流行，并延续了很长时间，所以这种记录人们心理的鸟兽足迹及水波符号才会被周边部族认同，并迅速扩大。而逐水草，治历法的符号在传播过程中可能会逐层逐次放大，最后逐渐演变为治水的传说与神话（图1-7）。

（三）说太康

1. 太康五子与姜寨人面鱼纹盆

夏代自启立国以后，继启而立的是夏帝太康。史籍记载夏帝太康以五子为突出特征。《史记》云："夏后帝启崩，子帝太康立。帝太康失国，昆弟五人，作五子之歌。"《尚书·夏书》以"甘誓"为夏启之记，而以"五子歌"为夏帝太康之记。"五子之歌"云："太康失邦。昆弟五人须于洛汭。作五子之歌。"按照史籍记载夏帝太康以"五子"为其突出特征，结合对夏启癸甲与半坡人面鱼纹盆的考察，我以为陕西临潼姜寨遗址出土的人头上有×状五字符号作标记的人面鱼纹盆即是夏帝太康的标识物。半坡出土的口沿有夏启癸甲标记的人面盆共两件，一件为人面鱼纹，一件为人面网纹。姜寨出土的头上有×状五字标记的人面鱼纹盆也有两件，口沿标记也相同。人头上以×状五字符号作标记，五人之意十分明显。而人面盆内画两个人头，一个人头为五人五子，则两个人头为十人十子。这也和其父启以癸甲十日为名，其祖母女娲生十人是一脉相承的。我以为姜寨人面鱼纹盆人头上的×状五字符号还有表示太康为第二王的意义，夏启为夏王朝开创者，为第一王。太康为第二王，×状五字作两划相交状，说文"×"五下云："五行也，从二。"因此，我们有理由相信姜寨太康人面鱼纹盆人头上之×状符号既有传承涂山夏启以来的十日十天干意义，又表示太康为夏启之后，为第二王的意义。虽然太康人面鱼纹盆口沿的⼗状甲字符号改成了旋游形态，并没有明显的第二标识，但五子之说却可以弥补这一点，因而它仍然有记录夏王序次的意义（图1-8）。

2. 太康"盘游"说

史籍中对夏代第二王太康的记载还多有"太康失国"之说。而太康失国的原因是因"盘游无度"造成的。《尚书·夏书》《五子之歌》"太康失邦"，下注："启子也，盘于游田，不恤民事，为羿所逐，不得反国。"《正义》

甲骨文"五"字
⋈ ⋈ ⋈ ╳

人头顶及口中五字	鱼纹与五字

图1-8 姜寨人面鱼纹盆人头上的五字状符号（注：1~3半坡人面纹　4~7半坡鱼纹）

云："启子太康以游畋弃民为羿所逐失其邦国……"《史记》："……帝太康失国"下引孔安国注："盘游于田，不恤民事，为羿所逐，不得反国。"如果我们将夏启以癸甲标记的人面鱼纹盆与太康五子人面鱼纹盆口沿符号相比较，就会发现，夏启人面鱼纹盆和太康人面鱼纹盆口沿都有八等分口沿符号，都以人面和鱼为特征，但到夏帝太康时，原来以癸甲两个符号八分陶盆口沿的两个符号已经有所改变。╬状甲字符号仍然存在，而※状癸字的四分四方之形为四组斜向旋游符号所取代。我以为这种旋游符号就是史籍记载的太康因盘游失国的游之符号。因为比起夏启人面鱼纹盆口沿的╬状甲字符号和※状癸字符号，姜寨五子人面鱼纹盆口沿的心状符号明显有旋转游动之态。从考古发现与史籍有关夏帝太康的传说记载相比较，可以看出中国古代器物符号文化的符号传承多么持久（图1-9）。

3. 说太康逸豫

《五子之歌》还有："太康尸位以逸豫"之说法，注云："盘乐游逸无法度。"何以以癸甲符号为标记的人面鱼纹盆，至太康时将癸字符号标记改为四组旋游状符号标记即出现太康失邦之大事件呢？从记载中可以看出，构

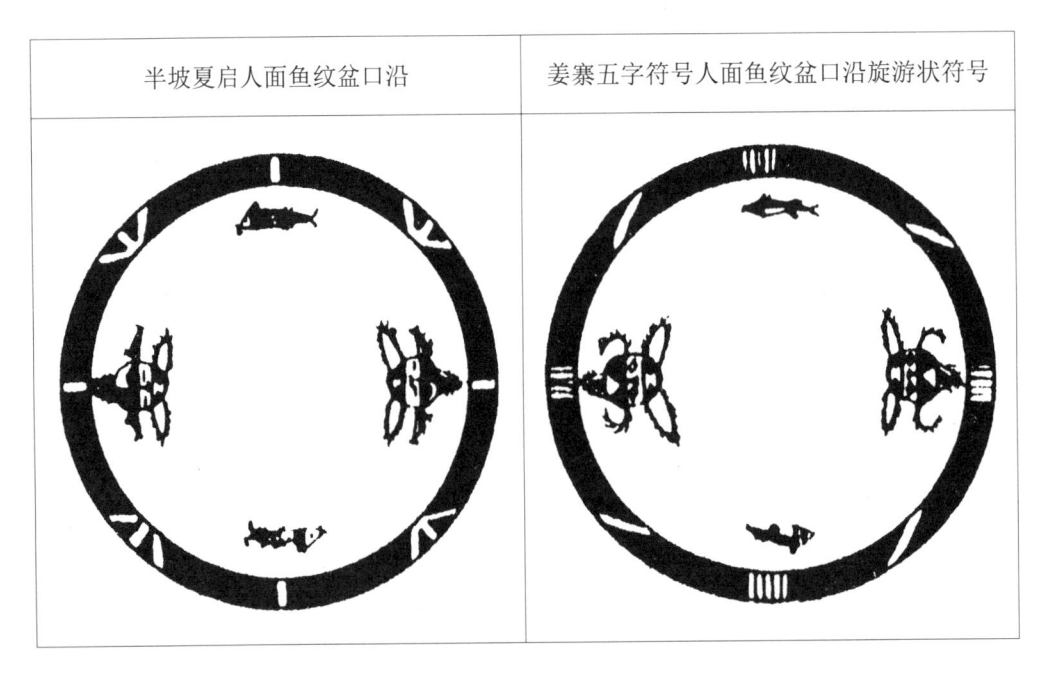

| 半坡夏启人面鱼纹盆口沿 | 姜寨五字符号人面鱼纹盆口沿旋游状符号 |

图1-9 太康"盘游"说与姜寨人面五字符号人面盆口沿的旋游状符号

成夏王室的两大部族为以鲧禹为代表的戎族和以涂山氏为代表的辛族。而在夏王朝初建之时，构成夏王朝的两大主要群团辛群和戎群之间仍不断发生冲突。辛群即商之父族帝喾（帝癸）高辛氏，亦周之父族帝喾（帝癸）高辛氏。而古语有"癸一足"之说。癸字作쯈状，癸之一足作丫状，与辛字作𐊀近。亦即夏之母族涂山氏之标记。而作为商周两族之父的高辛氏，在夏则为鲧之妻，为夏人之母族，其婚姻关系不同。从姜寨太康五子人面鱼纹盆口沿符号可以看出，到夏帝太康时，作为夏母族高辛氏标记的쯈状辛癸符号被变为♋状旋转游动符号。而这种改变不仅与"太康盘游"的记载相同，也与"五子携母"说一致。可见由于变动了商父族高辛氏癸的标记，因而引起与商群的冲突，而商群的群标记就是玄鸟。古籍记载中自太康起直到少康复国，与夏王朝发生冲突几乎使夏政倾覆的正是羿，是一个持弓善射并以鸟为标记的民族。半坡彩陶中有夏族标识的鱼纹与商族标识的鸟纹很多，而且也多有鸟鱼两种动物融合的纹饰。值得注意的是，原来以鱼纹与人面纹为特征的纹饰到姜寨遗址的彩陶葫芦上却改为以鸟纹与人面纹结合，鸟明显取代鱼的地位。古籍记载中还有"勤子屠母"说。《天问》云："启棘宾商，九辩九歌，何勤子屠母，而死分境地？"而启母禹妻正是涂山氏女娲。此涂山氏女娲也正是前面我们说的癸一足之有辛氏。夏启何以屠母呢？从两族婚姻角度看，其实是两族之间的冲突。可见夏人的父族正是商人的母族，而夏人的母族则是商人的父族。从而也可看出，太康失国到少康复国与羿的冲突，其实正是中国古代夏商两个婚姻群团由松散的联盟到比较统一固定的联盟再到夏代国家雏形的转变过程。这种联合而又冲突的特征从这一时代大量的鸟纹与鱼纹分而又合、合而又分的纹饰中可以比较明显看出。而因癸字符号的改变引起的太康逸豫盘游失邦之说，大约也是帝癸帝喾高辛氏群的说法。因为癸字在古书中均作"揆度"、度量，法度解。癸字《说文》云："冬时水土平，可揆度也。"律书曰："癸之为言揆也，言万物可揆度。"律历志曰："陈揆于癸。"又曰："癸承壬，象人足。"可见癸甲两字其实质即是十数之指代，不仅是十日的标识，也是量度天地万物的度量制度。前面我们在"说台桑"一节中曾论述过人面鱼纹盆口沿的癸甲符号就是禹与妻涂山通于台桑之地，这也从考古发掘彩陶符号证明了夏商两族之间的婚姻结合。而至太康时，五子人面鱼纹盆口沿的癸字符号失去了方正的揆度形态，而成了旋游状态。不管癸字的变形是因对方群

团的逼迫，还是自身度量与记录的进步，它的"盘乐游逸"无法度的说法却是我们确定姜寨五子人面鱼纹盆就是夏帝太康遗物的重要证据。

（四）中康与半坡鹿纹盆

1. 中康"乱甲乙"与鹿纹盆以癸为标记

司马迁《史记》有"太康崩，弟中康立，是为帝中康。帝中康时，羲、和湎淫，废时乱日，胤往征之，作胤征"的记载。孔安国曰："羲氏，和氏，掌天地四时之官。太康之后，沉湎于酒，废天时，乱甲乙也。"从"禹通涂山，辛壬癸甲"看，十日之序似乎以甲为首，以癸为尾。夏启癸甲人面鱼纹盆和太康五子人面鱼纹盆都以人首、人面对着盆口沿的-|-状甲字符号，明显具有以-|-状甲字符号为首为先之意。而半坡遗址出土的彩陶鹿纹盆不仅没有了人面和鱼纹，而且以四只鹿纹对着※状癸字符号。原来以甲为十日之首的规律被打破了，原来以甲为正，为先，对着人头人面，※状癸字符号总是空间着的状态被反过来。不仅恢复了太康五子人面鱼纹盆口沿无※状癸字符号的状态，而且以癸字符号对着鹿纹，使-|-状甲字改变了形态。即半坡鹿纹盆口沿以|||状三个竖划组成一组≡状符号代替原来的-|-状甲字符号。因而也改变了夏启，夏太康以甲为首的传统。这是否即是"中康乱甲乙"的记载之源呢？夏帝中康在记载中突出事件是"胤征"，《尚书·夏书》有"胤征"篇，记"羲和湎淫，废时乱日"。中康时的"乱日""乱甲乙"与半坡鹿纹盆口沿符号的变化相对应，考古发现和史籍记载的这种巧合，促使我们必须重新认识这些考古发现的古代文化遗物（图1-10）。

2. 鹿纹盆以三记甲与夏帝中康时代王位序次的标志法

半坡出土的鹿纹盆以腹内四个鹿纹与口沿癸字符号对应作中康时代标记，而原来的-|-状甲字符号明显改变作≡状，我以为这即是甲三出，或第三个甲的符号标记。夏启以癸甲表示第一个十日，为第一王。太康以五子表示第二个十日为第二王。则鹿纹盆以≡状三甲符号表示第三个十日为第三王大致可以确定了。从夏启到夏帝中康的这种用一、二、三表示夏代王位世次次序的方法和后来的王世表示法大致相同。可见，远在公元前四五千年前的夏代初年，夏王室就以这种器物与文字符号结合的方法记录王世并传达夏人记录夏王世次的信息了（图1-10）。

半坡彩陶鹿纹盆及口沿符号变化

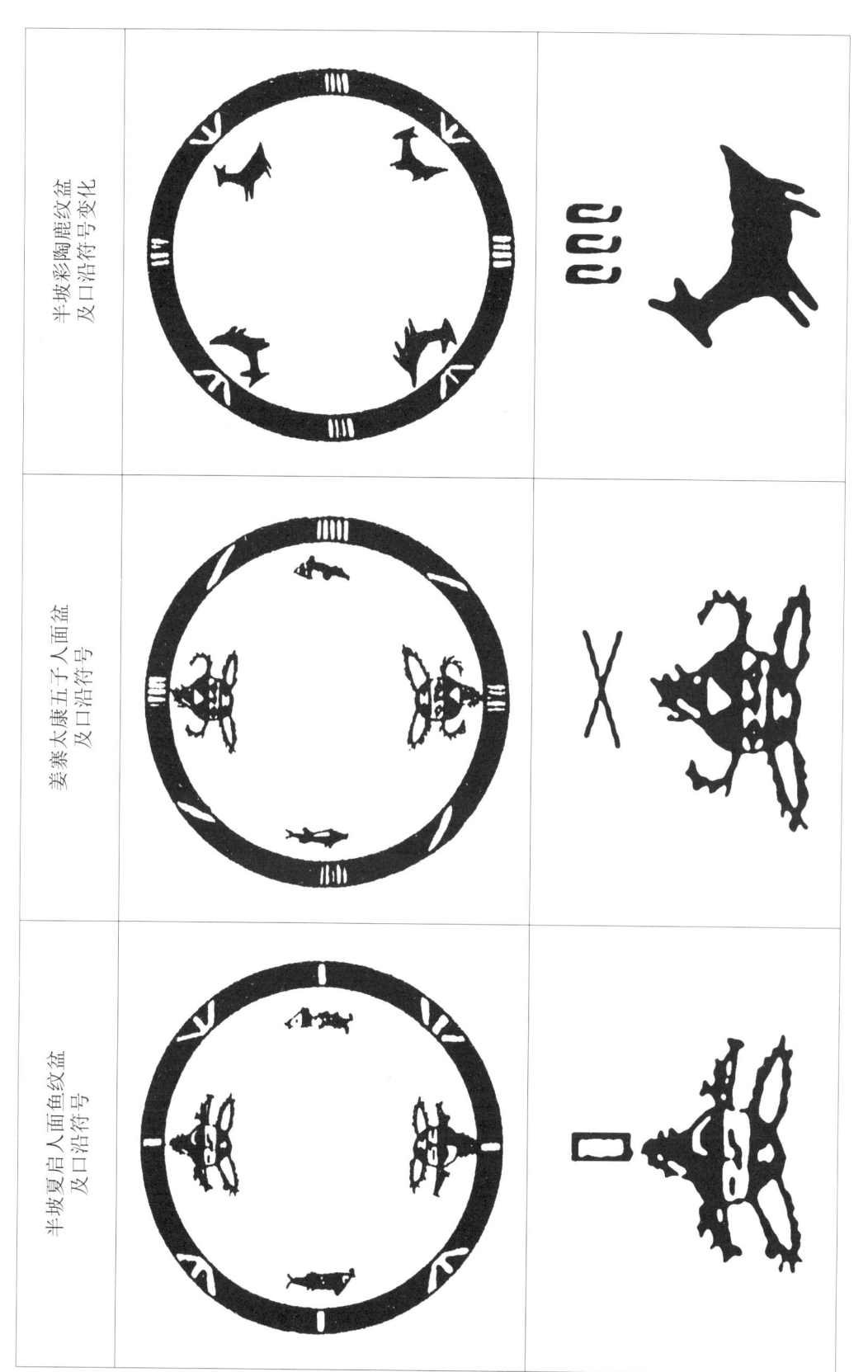

姜寨太康五子人面盆及口沿符号

半坡夏启人面鱼纹盆及口沿符号

图1-10 半坡彩陶人面鱼纹盆口沿符号与半坡彩陶鹿纹盆口沿符号比较

3. 姜寨鱼蛙纹盆与羲和乱日

《尚书·夏书》"胤征"篇有"羲和废时乱日"之说。而羲和或称姮娥、嫦娥。嫦娥奔月化为蟾蜍之说是民间广为流传的神话。迄今经考古发现最早的蟾蜍纹是临潼姜寨的鱼蛙彩陶盆和一件泥塑陶蛙。比姜寨时代稍晚的庙底沟遗址及马家窑彩陶也有不少蟾蛙纹。经考古学家研究，蟾蛙纹确实与月亮有关。[①] 而庙底沟彩陶的蟾蛙纹、马家窑彩陶的蛙纹从纹饰演变的角度看都与临潼姜寨蛙纹有承继关系。姜寨遗址出土的鱼蛙纹盆口沿以三条||状纹为一组符号九等分彩陶盆口沿。而夏启到太康、中康人面鱼纹彩陶盆都以四正四隅八分之状表示癸甲十日。从鱼蛙纹盆口沿等分纹为|||状符号，与中康鹿纹盆以|||记录夏代第三王中康相同，但却不是八等分的形状，而是九等分。这是否就是夏帝中康时羲和乱日之说所指呢。鱼蛙纹盆九分陶盆口沿及以后六分、十分、十二等分陶盆口沿的出现打破了夏初规正的八分陶盆口沿的格局，这可能也是夏中康时，羲和乱日，胤往征之说法的实物遗留（图1-11）。

（五）姜寨睁目人面鱼纹盆与夏王相

1. 夏王相与睁目人面鱼纹盆

陕西临潼姜寨遗址还出土了一件睁目人面鱼纹盆。所谓睁目，是指这件人面鱼纹盆两个人头的双目均作张开状，瞳孔居中，像盯视他物的样子。而夏启人面鱼纹盆、夏太康人面鱼纹盆人均作闭目状。闭目为不视，睁目为视，而两人作睁目颇有两人相视状。因而我以为这件睁目人面鱼纹盆大约和夏王帝相有关。《说文》云："相，省视也。"《释诂》《毛传》皆云："相，视也。"从目木。姜寨人面鱼纹盆既作睁目相视状，自然可以作相解，而人头顶之三角形，耳部之双角形饰物及人口两侧之鱼身上的齿状装饰都十分像草木之形。这是否就是夏王帝相从目从木的依据呢？如果我们把姜寨睁目人面鱼纹盆的人面装饰与夏启人面鱼纹盆、夏太康人面鱼纹盆人头上的装饰作比较，就更能肯定这一点。半坡出土的夏启人面鱼纹盆，人头顶三角形，人耳部之双角形装饰及人口两侧的鱼纹齿状装饰作直线状，像鱼的骨刺。而太康人面装饰为连绵的小点如粮粟，这种粮粟点装饰当和太康盘游于田有关。

[①] 严文明：《甘肃彩陶的源流》，《文物》1978年第10期。

半坡中康鹿纹盆及口沿符号	姜寨鱼蛙纹盆及口沿纹饰

图1-11 半坡中康鹿纹盆与姜寨鱼蛙纹盆口沿纹饰变化

而姜寨遗址出土的这件睁目人面鱼纹盆人面的齿状装饰极像草木之叶芽生发状，这正是夏王帝相从木从目的特征所在。也就是说，姜寨夏帝相人面纹盆的人睁目及与人头周围的草木谷物纹饰提示我们，相字"从目木"其本义可能是夏王帝相人面纹盆体现出的人以目观察草木及谷物的生发成熟表示。这也证明甲骨文金文的文字有极久远的渊源及社会文化内涵。

2. 从睁目人面鱼纹盆看夏王命名规律及夏王室以甲纪王世王谱的方法

姜寨睁目人面鱼纹盆又改变了中康鹿纹盆以口沿癸字符号对应腹部纹饰的特点，又回复到以腹部人面及鱼纹正对口沿的甲字符号，但甲字符号呈状，比中康以川即以三记第三王多丨，明显有以⫼为一、二、三、四之四记录夏帝相为第四王的意义。这样从夏启建立夏朝，以 ╋ ✕ 状四正四隅两个符号相重的癸甲名王为第一王，太康以 ✕ 状五子符号为第二王，中康以状甲字符号记第三王，至帝相以状甲字符号记第四王。因而从夏启到帝相以甲连续记王未曾中断。而夏人这种以甲连续不断地记王之法颇有些像殷墟甲骨文反映出的商殷王朝合祭上甲之法，即从上甲起依次连续不断的记录祭祀诸王。如甲骨卜辞有"自上甲六示""自上甲十又三示""自上甲廿示""自上甲至武乙"等。"自上甲六示"，即是自上甲到主癸依次先后的六位先王，"自上甲十又三示"，则是自上甲经大乙到小甲共计13位商王。虽然上甲以后诸王并不都称甲，但以甲名开始，按序数合祭先王则是明显的。这种以甲开始，有序次的祭祀数位先王的方法十分类似以上我们叙述的夏王室从夏启癸甲开始，经大康、中康、帝相的虽不以甲名王，但却以十状甲字符号的丨、乂、丨丨丨、丨丨丨丨序次排列记录夏王的方法。可见从夏代开始，王室中王之序谱即有以甲连续记录之法。特别是自夏启癸甲开始，到帝相以四甲记，明显反映出夏代以人面鱼纹盆口沿之甲状符号及变化记录王名王序的规律。

商代王名还反映出乙丁两群隔代出现的规律。① 而夏代王名癸字似乎也有隔代出现变化的规律。如启以癸甲名王，夏启人面鱼纹盆口沿癸甲两个符号重合出现，作八方分布。而太康人面鱼纹盆口沿上癸字符号消失，变化为盘游纹。到中康鹿纹盆癸字符号又出现，而到帝相人面鱼纹盆口沿癸字符号复又消失。半坡和姜寨人面鱼纹、鹿纹盆反映出夏代前四王癸字符号隔代显隐的现象也极像商殷王名以甲乙与丁辛两群隔代出现的规律，只是半坡彩陶盆反映出夏代是以癸隔代出现的。如果以古籍记载，夏启以辛壬癸甲始，似乎是辛配壬，癸配甲。按这一顺序，则辛癸为一群，壬甲为另一群。如此，则夏王名的癸甲变化是十日干群中甲、丙、戊、庚、壬之五个奇数与乙、丁、巳、辛、癸五个偶数之间的变化。这与商代王名以甲乙为一群不同，而与丁辛为一群相似。夏代以癸隔代出现，癸辛一群，正与商殷王名丁辛一群与甲群隔代出现相合。从夏代初年标志夏启至夏王相的四王器物出土情况还可看出，夏初王室不仅分为两大群团，而且不在一地居住。第一代夏王夏启癸甲人面鱼纹盆出土于西安半坡遗址，而第二代夏王夏太康人面鱼纹盆则出土于临潼姜寨遗址，第三位夏王中康鹿纹盆又出现在西安半坡遗址，而第四位夏王帝相睁目人面鱼纹盆又出现在临潼姜寨。可见夏初王室政权不仅隔代从一群转移到另一群，而且可能还伴随着从一地转往另一地。这种状况大约正是后来商殷王室内两大干群虽同居一处但却轮流执政的早期形态。这也反映出半坡时代的夏王室虽然不同族群部落已经形成了较稳固的联盟，但是联盟的盟主不仅在不同族群间转换，而且这些不同族群可能并不在一地居住，而是

---

① 张光直：《商王庙号新考》，《中国青铜时代》，生活・读书・新知三联书店1983年版，第135页。

居住在相邻地域。这种政权的转移方式和古籍记载中尧舜禅让的制度十分吻合。这也许就是距今6000多年前的中华传统国家政权的最初形态。

从出土遗物还可看出,辛癸一群在夏初居地似略偏东,临潼姜寨出土一件五鱼纹盆口沿只有一个※状癸字符号,而人面鸟纹彩陶葫芦瓶也出土在姜寨。因而辛癸一群与记载中倾覆夏政的东方鸟羽后裔大约有着比较密切的关系(图1-12)。

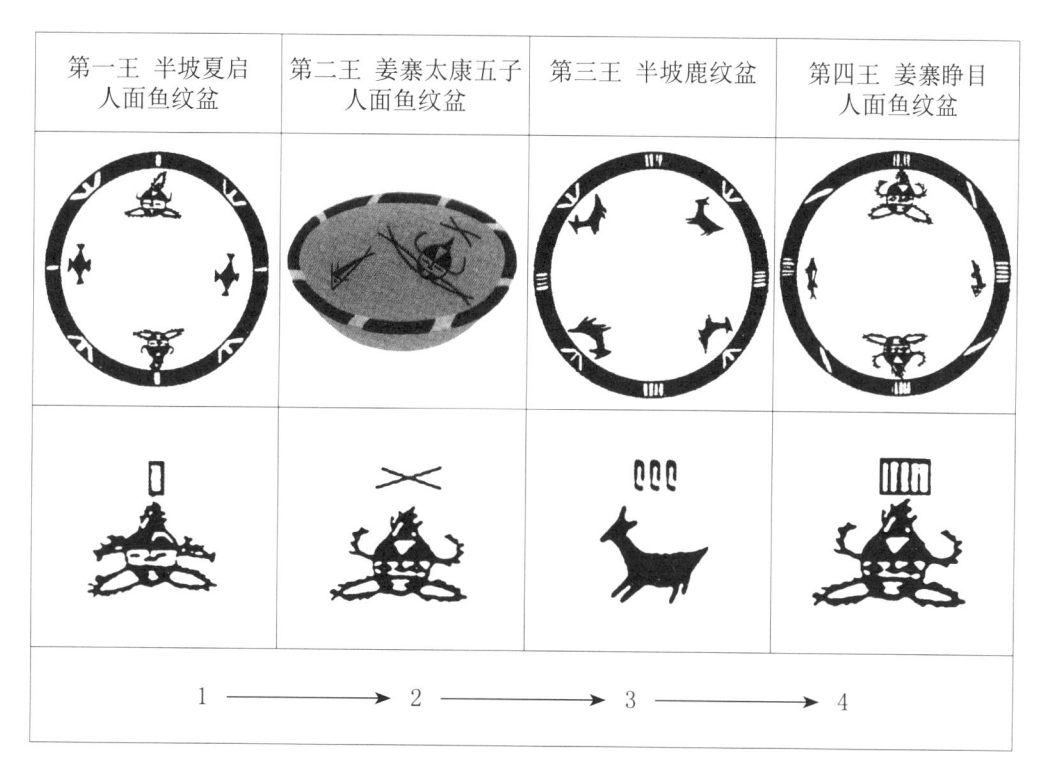

第一王 半坡夏启 人面鱼纹盆	第二王 姜寨太康五子 人面鱼纹盆	第三王 半坡鹿纹盆	第四王 姜寨睁目 人面鱼纹盆
1 →	2 →	3 →	4

图1-12 姜寨睁目人面鱼纹盆口沿纹饰与夏王室以甲名王并记王世次的方法

3. 睁目人面鱼纹盆辨方定位之作用

从夏启癸甲人面鱼纹盆开始,彩陶盆内四组纹饰与盆口沿之四面八方的对应关系十分规范,似乎显示了这些夏代遗物标志天地四方的特定含义。癸甲十日的圆天意义十分明显,而四面八方之状又象天地之形。因而我推测半坡人面鱼纹盆口沿的四正四隅八个方位有四面八方的方位标识作用。由于半坡类型彩陶人面鱼纹盆都是用作小儿瓮棺葬葬具的,因而这可能是夏代初年以小儿即初生儿祭祀天地的一种习俗反映。睁目人面鱼纹盆▦状甲字之四组纹饰中有三组为四个柱状纹，而另一组却在对应一个人面纹的头顶部位为五个柱状纹，与其他三组不同。这可能表示帝相时代人们祭祀天地时祭祀者使用时的所在方位，是一种方位标记，而不是人们制陶时的疏忽。半坡时代彩陶盆口沿常常出现这种记其一端，在一端作特殊标记的器物。如姜寨出土的一件半坡类型四分口沿彩陶盆和另一件六分口沿彩陶盆，都在一端作特殊标记。陕南龙岗寺遗址出土的一件彩陶盆口沿为十八等分，而陶盆口沿又有两组豆荚状纹饰为其两端，似有特别标明互相对立的两端之意。这种特殊标记，大约体现出彩陶盆在其使用中的方位意义。因而它实际上标明了当时使用者所在的具体方位（图1-13）。

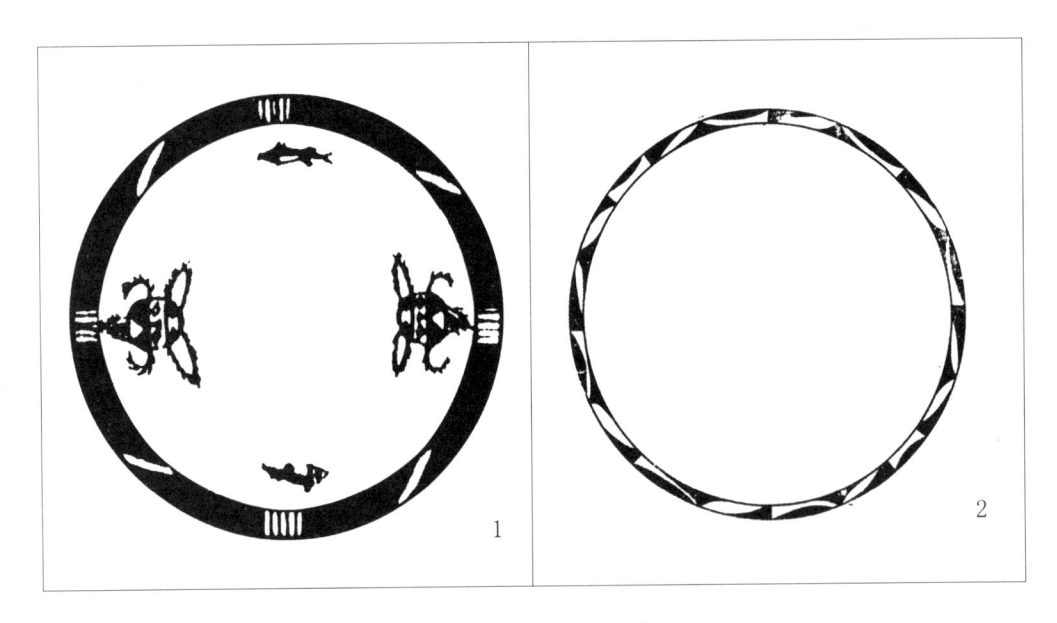

图1-13 姜寨出土夏帝相睁目人面鱼纹盆口沿分割符号方位标志
（注：1姜寨出土　2龙岗寺出土）

（六）羿代夏政与姜寨人面鸟纹葫芦瓶

1. 从人面鱼纹到人面鸟纹与羿代夏政

史籍中多记羿代夏政之事，尤以《天问》所记最详。《天问》云："帝降夷羿，革孽夏民，胡射夫河伯而妻彼洛嫔？"《山海经·海内经》："帝俊赐羿彤弓素矰以扶下国，羿是始去恤下地之百艰。"《左传·襄公四年》："夏训有之曰……昔有夏之方衰也，后羿自鉏迁于穷石，因夏民以代夏政，持其射也。"在前面论述中我们已经指出，夏人是以鱼为其主要标识特征的。夏初的人面鱼纹彩陶盆反映出夏王朝初建时以夏族先祖鲧为代表的鱼族群在夏王室中具有主导作用。因为考古发掘表明，西安以西直到甘肃天水的渭水中游地区是出土彩陶鱼纹最多的地区，夏王室最初就是以人面鱼纹盆为主要特征的。而临潼姜寨出土的人面鸟纹葫芦瓶则一改夏王室人面鱼纹盆的传统，在小口葫芦瓶两面各画一组人面鸟形纹饰，并且将原来的圆形人面改为方形人面，承接了夏帝相在人面中突出眼睛的特征。《帝王世纪》记载羿代夏政是在夏后帝相之时。（《太平御览》卷八十三引）《帝王世纪》："帝相一名相安，自太康以来，夏政凌迟，为羿所逼，乃徙商丘，依同姓诸侯斟鄩斟寻氏。羿遂袭帝号为帝羿。"考古发掘也证明，人面鸟纹葫芦瓶时代晚于半坡姜寨人面鱼纹盆。如果史籍关于羿代夏政传说的记载原有所本的话，我以为姜寨人面鸟纹葫芦瓶可能即是其第一手资料。因为人面鱼纹是夏人的标志物，羿代夏政，将夏人的人面目与自己的鸟羽结合，从而形成了羿以人面鸟身为标志的文化遗物，神话传说"东方句芒，鸟身人面"与后来青铜器之鸟身人面纹及战国秦汉出现的人面鸟身神人纹都应是后羿一族的文化遗物，其目前所知的最早遗物就是姜寨彩陶人面鸟纹葫芦瓶。

姜寨人面鸟纹葫芦瓶不仅以人面鸟纹取代人面鱼纹，而且将鱼纹画在葫芦瓶一侧的器耳上下，从而说明羿与夏之冲突主要应是鱼与鸟两大群团的交融与冲突。鱼为夏人的主要标志，如启之祖父鲧为大鱼，"禹治水，见人面鱼身之神"等，而鱼又常为河伯使者。《淮南子》"说林训"云："鸟有沸波者，河伯为之不潮。"注：鸟，大鹏也，翱翔水上，扇鱼令出，沸波而食之，故河伯深藏于渊。《天问》云："帝降夷羿，革孽夏民，胡射乎河伯而妻彼洛嫔？"王逸曰：传云"河伯化为白龙（或白鱼）游于水旁，羿见射之，眇其左目。河伯上诉天帝，曰为我杀羿。天帝曰，尔何故得见射？河伯曰，我时化为白龙出游。天帝曰，使汝深守神灵，羿何从得犯？"从以上传说明显可以看出羿与河伯，即鸟族与鱼族之矛盾冲突主要反映在争夺人面人眼目的"作目"上。从半坡彩陶纹饰发展看，在半坡彩陶时代，夏启一族可能是人面鱼纹盆彩陶的主要制作者，人面人眼目的绘制创造似乎主要是夏人鱼族所为。但考古发掘材料似乎证明，鸟族之羿与鱼族河伯对人面人目的争夺似乎也有充分理由。因为早于半坡时代的河南新郑裴李岗文化舞阳贾湖遗址不仅有刻划的类眼目状日字出现，而且还有◉状眼目刻划符号出土。而舞阳贾湖遗址出土的数支以鸟趾骨制作的骨笛竟然可以准确吹奏出与现今相当的七个音阶。仅这一点，就可以证明这大约是一支与鸟有密切关系的、文化十分发达的部族。考古发现还证明，裴李岗文化一支曾向西迁徙，并在仰韶文化时代融合于仰韶文化半坡类型中。虽然这支从东方西迁的鸟部族此时力量还不足以在鱼部族的中心地带替代鱼族，但是他们之间争夺对人面人眼目的创作应是理所当然的（图1-14）。

图1-14 姜寨出土人面鸟身葫芦瓶纹展开图

2. 说羿弓射十日的代夏政意义

如果说人面鸟纹葫芦瓶以人面鸟纹替代人面鱼纹仅是羿代夏政的孤证，而人面鸟纹葫芦瓶的两个弓形耳与鸟羽同器出现，恐怕就不能不使我们认真考虑羿持弓善射而代夏政的传说的真实性。姜寨出土的人面鸟纹葫芦瓶将人面鸟纹放在正面的显著位置，使标识夏族的鱼纹不仅失去了人面，而且还将鱼纹绘制在双耳所在的侧面。一正一侧，足可见彩陶葫芦瓶上反映的鸟族与鱼族地位的变化。更值得注意的是人面鸟纹葫芦瓶还将鱼纹置于弓形器耳的上下位置，器耳的弓形与鱼的结合可能也就具有了射鱼、射夏、射河伯，代夏政之意义。联系到临汝闫村出的鹳鱼石斧图缸上鹳鸟食鱼图画，可以想见在仰韶文化期，从西安到郑州的广大地域鸟鱼部族之间的斗争都十分激烈。

由于夏启以癸甲十日名王，因而夏人、夏王就象征天上的十日。但羿却以射十日之传说著名。虽然羿射十日之事是帝尧时代之事，但尧时之羿当和代夏政之羿为同一族群。可见羿与夏两大群团之融合与冲突可能经历了相当长的时间。羿持其弓射而代夏政，也意味着羿以耳弓代表十日，从而取代了夏人以陶盆圆形口沿及癸甲两字代表十日的做法。但从夏人之圆形陶盆、圆形口沿代表天穹十日，变化为羿以葫芦瓶两侧弓形耳代表十日，从做法上看，弓形耳似乎更简练。而从人面鸟纹葫芦瓶的内涵看，它也具有与夏王室人面鱼纹盆同样的计数记事方法。葫芦瓶两耳为人两手所持。手为五指，两手为十指，则合于夏启癸甲的天干十数。弓为半圆形，也可象征天穹，因而也可以指代天上十日。可见远古记载传说中的有穷后羿，不仅持弓善射，而且以所持之弓作为象征符号，使其具有象天象日内含和记数功能，并使之成为与夏启族群区别的另一文化传统。

3. 说羿与山岩

古文字中羿字上从羽下从双手，此字虽然晚出，但仍保留了人面鸟纹葫芦瓶上羿以两手挚弓耳指代十日射十日的痕迹。而人面鸟纹葫芦瓶人面人头顶上的山岩之状更可和史籍中羿居山岩的记载相印证。史籍记载羿为山间所养。《太平御览》三五〇引《括地图》："羿年五岁，父母与入山。其母处之大树下，待蝉鸣，还欲取之。群蝉俱鸣，遂捐去。羿为山间所养。"又《山海经·海内经》云："海内昆仑之虚，在西北帝之下都，方八百里，高万仞。非仁羿莫能上冈之岩。"《天问》云："阻穷西征岩何越焉？"林庚注："阻，阻截，穷，有穷氏，后羿率领的部落。"《左转·襄公四年》："……昔有夏之方衰也，后羿自鉏迁于穷石。"林庚注："后羿这一族，自鉏迁于穷石的西征，一是要取代夏王朝的；二是其征途是舟行的，而且遇见了山陵的阻碍。""岩何越焉"即是。人面鸟纹葫芦瓶在两侧的人面上都有一组由三个三角形组成的纹饰，我以为这即是"鉏穷西征，岩何越焉"的山岩之标记。甲骨文金文山字均作ᨈ状，象山岩形，与人面鸟纹葫芦瓶人面上的山石相同。后羿一族是善于弓射的民族，其以弓形器耳表示弯弓，而山岩之含义我以为当和箭矢有关，亦即是帝俊赐禹的弓和镞。《山海经·海内经》"帝俊赐羿彤弓素矰以扶下国"，我以为此下国即夏国。羿原本是帮扶了夏国的，而并不是一味冲突而至取代夏政。而传说中羿代夏政与羿扶夏国的矛盾，其实正反映了半坡彩陶时代以鱼为标识的夏族与羿鸟羽为标识商族的融合与冲突。由于历史上后羿一族是善于弓射的民族，它们用弯弓形弓和三角形箭头记录他们部族的经历与功绩是十分自然的。而半坡时代及青铜时代之前人们使用的箭头多是以石制作的，因而后羿一族当是最早发明弓和箭头的民族。正因为如此，他们才世代以弓弧形和山石状记录他们部族发明弯弓和箭镞的历史。但是值得注意的是，以鸟为标识的商之玄鸟族和以鱼为标识的玄鱼族在半坡彩陶纹饰中体现出对人面目纹山石纹的争夺和冲突，而半坡彩陶人面纹和山石纹与鱼纹夏族鸟纹商族的对应联系只出现在半坡时代的彩陶中，因而据此与古籍记载相对照，即可证明后羿一族与夏王室的冲突大约是在半坡时代，从而亦可证明我们对半坡人面鱼纹盆与夏王室关系的判断。可见，自夏启癸甲人面鱼纹盆开始，当时的王室即以彩陶及文字符号记载王名及与王名相关的重要事件。人面鸟纹葫芦瓶的器形纹饰符号与羿代夏政，即鸟羽人面、以弓耳、以人面头上的山岩以及葫芦器形彩绘纹饰符号即是当时人们记录羿鸟部族及相关的重要事件的遗物。而半坡时代夏王室及鸟羿部族记录这段历史事件的器物符号虽未能在甲骨文时代被记录在甲骨文中，但却被他们的后代传承记录并在其他古籍中得以保存。

4. 崇伯之崇与羿之山岩

从夷羿鸟纹葫芦瓶可以看出，鸟纹与山石山岩也有紧密的关系，而彩陶的三角形山石符号既可代表高山，也可代表刀刃及三角形箭矢。文献记载中说鲧封崇，为崇伯，又说尧赐羽彤弓素矢。鲧之崇山与羿之矢石均以山石状符号作记录,又都为帝尧帝舜所赐封。可见鱼和鸟两个民族远在半坡彩陶之前很久已经在许多方面融合并形成共同的符号文字记录了。羽之弓矢是一种武器,是杀伐之象,而鲧之吴刀大约也与夏初的刑罚有关。半坡时代的葬俗中往往有在陶钵中随葬人手指的习俗,这也许就是夏代初期的一种刑罚。甲骨文中上帝的帝字作果,果有多种形态,但是其上部之▽形始终不变,我以为这可能就是石器时代羽之矢及鲧之刀刃之石制工具文化传统之遗留。也是帝之威严所在。

5. 从鸟纹蛙纹西迁马家窑说羿与嫦娥

地处甘青地区的马家窑文化马家窑类型彩陶中,鸟纹与蛙纹是十分突出的题材。学者们对此已有公认,认为它受半坡类型鸟纹、蛙纹很大影响。特别是严文明先生指出半坡类型彩陶鱼纹、鸟纹、蛙纹向甘青地区扩展的时间与途径,并以为它很可能和传说中的羿及嫦娥神话有关。[①] 果真如此,则夏代文化显然不能在偃师二里头时代发生,因为马家窑文化的年代大致在公元前 3000 年以前,远远早于晋南豫西的龙山文化。而甘青之羿与嫦娥又是半坡时代羿族西迁后形成的,因而它取代夏的时间应当更早。

6. 从人面鸟纹说羿与洛伯

姜寨出土的人面鸟纹葫芦瓶为羿代夏政之物,明确记录了鸟羽族与鱼族争夺人面纹的斗争。鸟羿之族从羽,当是一种善飞的鸟。联系河南舞阳贾湖遗址出土的骨笛为鹤鹳类涉禽之趾骨,我以为有穷后羿一族的标识很可能是鹤鹳类鸟。因为郑州附近是鹤鹳类水鸟遗物出土最多的地方。如河南临汝阎村曾出土了著名的鹳鱼石斧图彩陶缸。这是一件稍晚于半坡时代的属于仰韶文化庙底沟时期的器物。画面上画着一只白色的大鹳鸟,嘴里叼着一条小鱼,鸟鱼之对面有一柄捆绑木柄的石斧,以鹳鸟攻伐鱼的意义十分明显。在裴李岗文化命名的新郑县还出土了属春秋时代的两个体型高大的鹤鸟莲花纹方壶。方壶的盖被做成盛开的莲花,而在莲花中央站立着一只展翅欲飞的鹤。春秋战国以至汉代在河南河北地区还多次出土鹳鸟叼鱼纹彩绘陶器。可见直到汉代,郑洛地带仍然是以鹤鹳类大鸟为标识的羿族生存繁衍的故事流传的地区。因而从公元前 6000 年左右的裴李岗文化起,

---

① 严文明:《甘肃彩陶的源流》,《文物》1978 年第 10 期。

经公元前四千年左右的庙底沟时代,一直到公元前 700 年前后的春秋时代的 6000 多年中,以鹳鹤类大鸟为标识的鸟羿族似乎一直盘桓在他们祖辈生活繁衍的地方。而葫芦瓶上的另一种鸟头上则明显有齿状冠作装饰,我以为这齿状冠的鸟可能与河伯鱼族之妻洛嫔有关。洛字从各,当为咯,即葛鸡人之族群标记。因而葛鸡可能是称鸡为咯鸡的音记,咯鸡当为可以报时打鸣的雄鸡。又洛与落通,有落下之意。因而鸡称咯、洛,落也与商先妣玄鸟有关。葫芦瓶上的两种鸟都作旋回如卵圆状。显然也与商先妣玄鸟卵生有关。而在宝鸡北首领遗址出土过在陶盘上放置鱼、鸡的遗物鱼骨与鸡骨,半坡彩陶鱼纹的鱼头常作三角装饰,还有还以并列两个三角,三个三角作装饰的,我以为这大约即是鸡族以雄鸡之冠作部族标识的反映。其名洛从各,大约即是雄鸡司明,母鸡咯蛋之各。其实鸡洛族与鱼夏族关系一直十分亲密。因为直到商王大乙伐夏桀时,仍先从伐葛伯开始。而与夏人同源于西方的周民族,其先也有与葛鸡人战争的传说。可见以鱼为族标的鱼族,以长羽的鹳鹤为代表的鸟羽族和以冠齿为特征的鸡族在夏代早期就已存在十分密切的姻亲关系及矛盾纠葛。原居郑州附近的羿族代夏政的向西方扩展,最先可能是与居住在豫陕交界的、以鸡为族徽的洛伯一族融合冲突开始的。这就是前面我们论述的羿越山岩说的由来。正因为羿跨越了咯鸡族的标识,即鸡冠饰的山岩障碍,从而夺取了原为夏鱼族之妻洛嫔,因而才能联合洛伯群团一度取代了夏人的政权。

(七)姜寨猪面葫芦与羿浞之争

1. 羿浞与鸟、猪部族

在稍晚于半坡姜寨人面鱼纹盆的姜寨二期文化遗址中除发现有人面鸟纹葫芦瓶外,还流行一种猪面、猪目葫芦瓶。这种猪面葫芦瓶几乎都有一个圆饼状的大圆头,因而也叫大头葫芦瓶。这种大头葫芦瓶在葫芦腹部多画三个连续的猪面。我以为这可能是与羿共同取代夏政后又杀羿的浞。关于羿的失败《左传》记载较详:"昔有夏之方衰也,后羿自鉏迁于穷石,因夏民以代夏政。恃其射也,不修民事,而淫于原兽。弃武罗、伯因、熊髡、龙圉而用寒浞。寒浞,伯明氏之谗子弟也,伯明后寒弃之。夷羿收之,信而用之,以为己相。浞行媚于内,而施赂于外;愚弄其民,而虞羿于田;树之诈慝,以取其国家。外内咸服。羿犹不悛。将归自田，家众杀而烹之，以食其子。其子不忍食诸，死于穷门。靡奔有鬲氏。浞因羿室，生浇及豷。"《帝王世纪》云："帝羿有穷氏，自鉏迁于穷石，寒浞杀羿于桃棓，遂代夏立为帝，寒浞袭有穷之号，因羿之室，生浇及豷。"杀羿而代有穷的寒浞为何物，从其子名豷从豕可以透露出一点信息。另外寒浞杀羿使用桃棓，桃棓即桃木棒。而出土的这种猪面猪目葫芦常在猪鼻部位画一棒柱形象，更有的葫芦瓶以双鸟头，猪口猪鼻及棒柱组成一个兽面纹。由此可见猪与鸟的纠葛和鸟与鱼的纠葛一样，都是中国夏代文明初始期时一个十分重要的现象。即具有早期国家形态的部落联盟之间或部落内部因婚姻、社会及政权形式的变化而引出的融合或冲突。寒浞以猪为族徽标志还可从其他记载中找到线索。《左传·昭公二十八年》云："昔有仍氏生女，黰黑甚美，光可以鉴，名曰玄妻。乐正后夔取之，生伯封，实有豕心，贪惏无餍，忿颣无期，谓之封豕。有穷后羿灭之，夔是以不祀。"究竟是羿部族射杀了猪豕部族，还是猪豕部族棒杀了羿部族，记载中的杀与灭，恐怕只能当作融合冲突中暂时的优势而已，抑或是并无优势只是出自各自立场的一种自我标榜。如同鸟羿部族与鱼部族一样，它们以不同的血缘部族长期相互融合，又互相冲突。因而杀灭之说，可能并不是历史的真相。因为不论是鱼族、鸟族还是以猪为标识的部族，考古发现其遗物遗存仍长期存在着。从以上记载中可见封豕为有仍氏之女，为羿射杀，而羿代夏时的夏王帝相之妻为缗，其母家也是有仍。《左传》云："后缗逃归有仍，生少康焉。"可见夏王帝相与后夔皆取于有仍氏女，而夏帝少康与封豕、伯封皆为有仍氏女所生。此可见猪豕部族在鸟部族与鱼部族的冲突中似乎充当了中间人的角色。它既与夏帝少康有同源之亲缘关系，而又为后羿所收养，因而他先助羿攻灭夏使羿在夏王室中取得主导地位，之后复又与羿族发生冲突（图1-15）。

2. 说寒浞猪豕部族与磁山裴李岗出土的石磨棒石磨盘

从以上论述可以看出，当以人面鸟纹葫芦瓶为标识的鸟羿族对夏初掌控夏王室中心的鱼部族取得优势以后，在鸟羿部族内又发生了部落内不同族群之间的争斗，其中以鸟部族与猪豕部族的斗争最为激烈。因为在姜寨二期鸟纹人面葫芦瓶出现的同时，形状类似的猪面葫芦瓶也一并流行。如姜寨遗址、大地湾遗址这些鱼鸟纹较多的地区都发现有猪面纹葫芦瓶。只是这种葫芦瓶都有一个饼状大圆头,而猪面纹的猪面部中央鼻子部位被画成一个上大下小的大棒形。特别是临潼马陵遗址出土的猪面兽面葫芦瓶不仅鼻子画成大棒形,而且棒柱上还向两侧生出许多枝杈,颇像生长的谷物。而这个兽面还长着三只粗大的牛羊之角。

图1-15 半坡彩陶猪面葫芦瓶

古籍中说羿为寒浞以大棒所杀。我们在前面也论述了寒浞就是以猪豕为族徽的部族,而猪面部突出的棒柱形鼻子应当就是传说中寒浞杀羿之大棒。而猪、棒、谷物的形象不由让人联想到裴李岗和磁山文化中出土的最有代表性的石磨盘、石磨棒及磁山遗址中出土的大量谷物遗迹。不仅如此,磁山遗址中还发现将石磨棒竖立在谷子中间祭祀的现象。① 这种石磨盘不仅象鞋足状,也象兽形。同时磁山遗址还出土了不少迄今所知最早的猪嘴形陶支座。因而我以为磁山、裴李岗出土的石磨盘或许就是在半坡猪面纹葫芦瓶在猪面、棒柱、谷物纹之前的猪部族的更早的器物标识。考古遗物说明,磁山、裴李岗文化有向四面扩散之势。其向北在红山文化中仍保留大型兽状石磨盘,向

---

① 卜工:《磁山祭祀遗址及相关问题》,《文物》1987年第11期,第43页。

南在大溪文化中有如磁山遗址中发现的猪嘴形支座，向东当和大汶口文化的猪鸟、兽鸟形陶鬶也有渊源关系，而半坡仰韶文化中的彩陶猪面纹、棒柱形及谷物纹则更准确形象地保留了磁山遗存中的猪兽、磨棒及谷物形象。

3. 从猪鸟纹葫芦瓶看半坡夏文化中商殷文化的痕迹

殷代甲骨文关于王亥的卜辞证明殷先公王亥的存在，然而王亥的亥字在甲骨文中多从猪从鸟形。以往的学者多相信甲骨文字王亥所从之鸟与"天命玄鸟，降而生商"的说法，但却忽略了王亥所从之亥，即亥字的豕、猪之形。王亥的亥字从猪从鸟，它可能是猪与鸟两个姻亲部族的符号记录。因为王亥虽有其人，它在每个时代都有所指。因而它也像伊尹等古圣先王一样是一个能跨越多个时代的并且散布在不同地域的部族之圣贤先人的共同名字。就像我国各地都有炎帝、黄帝，到处都有尧舜遗迹一样。而从磁山文化发现猪嘴形支座直到仰韶文化、大汶口文化、红山文化、大溪文化到良渚文化以及青铜器中的许多猪与鸟相关联的题材，大约都和这个部族的文化传统有关。目前考古发现中最早的猪鸟合体形象是磁山文化中发现的陶盂及支座。陶盂作卵圆形，上有刻纹如展翅飞翔之鸟。支座像猪头，嘴上顶。这种支座在后来的大汶口文化、大溪文化、青莲岗文化中均有发现，而与猪嘴支座并存的是大汶口文化中还有流行葬猪头的习俗。前仰韶文化及半坡文化，虽然没有发现猪嘴形支座，但在史家类型中却发现不少做工及绘制都十分精细的大头猪面葫芦，这种猪面葫芦只画猪头并突出猪嘴，其用意与东方流行的嘴向上的猪嘴支座相同。而这种葫芦的扁圆形的大头似乎也与猪嘴支座有异曲同工之趣。更为有趣的是，在猪面葫芦瓶流行的中心地区宝鸡北首领遗址，也有以猪下颌骨及猪牙随葬的习俗。不仅大头猪面葫芦与东方猪嘴支座有较多的内在联系，而且种种迹象表明，姜寨出土的鸟纹葫芦瓶也有较多的东方文化因素。首先是它的半月形的弓状双耳，其最早源头似乎与裴里岗文化中有两个半月形双耳的陶壶有渊源关系。裴里岗文化中的这种半月双耳壶双耳虽小，但半月状弓形十分工整突出，并且在弓耳上还有一个小孔。许多考古界专家都指出半坡葫芦瓶、尖底瓶与裴里岗细颈壶的关系，这是一种十分有见地的认识。应当补充的是，它虽与半坡彩陶相始终，但却孑然不群。特别是半坡文化中发现的双耳尖底瓶，也应当与鸟纹葫芦瓶同样与裴里岗半月双耳壶有密切联系。如果说半坡时代的猪面葫芦与鸟纹葫芦是受磁山、裴里岗文化影响的产物，那么大汶口文化的陶鬶体现出更多的猪鸟与弓射的因素。大汶口文化陶鬶常体现出鸟兽合体象，而以猪鸟形象最显著。陶鬶鸟嘴冲天，似有以嘴射天之意。而陶鬶背部的大弓形状把手其弯弓形象更十分明显。由于夏朝建立时即具有很多东方文化因素，羽浞代夏即是其证。因而自夏代初建时起，有关夏人及夏王室的传说也必然流行于陕西、河南、山东及江淮各地（图1-16）。

4. 从半坡彩陶旋鱼旋鸟纹说夏商先祖与玄鱼玄鸟

古籍记载中夏之先祖为鲧，而商之先妣为玄鸟。但对于鲧与玄鸟的解释歧说纷纭。对于夏之先祖鲧，一些学者解释为玄鱼。我们虽然还不能完全了解古代学者说法的依据，但玄鱼和玄鸟说却保留了夏、商两个民族先祖在初始时代曾经创造使用过鱼纹和鸟纹符号的痕迹。我以为夏之先祖鲧为玄鱼说根源于以关中平原为中心，在陕、甘、晋、豫诸境延续千年的仰韶文化彩陶鱼纹。而商先祖"天命玄鸟，降而生商"中

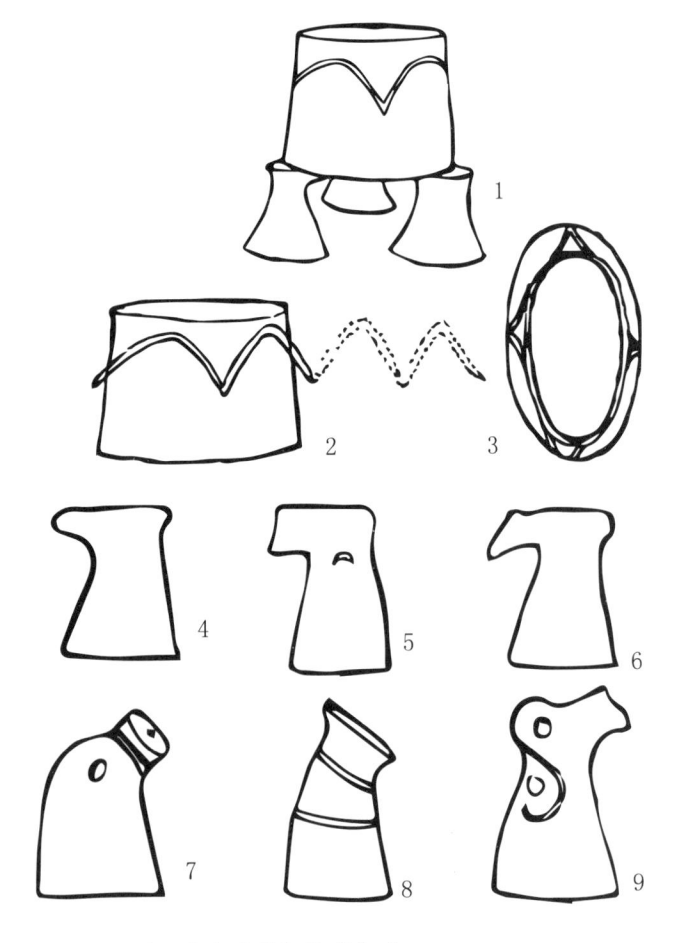

图1-16 磁山出土陶盂与猪嘴支座
（注：1《考古》1982.6，P623图二 2、3上纹展示及俯视图 4、5、6同1图三 7、8、9《考古与文物》1983.2）

的玄鸟，也根源于这一时代的仰韶文化中的旋回状的彩陶鸟纹。

　　考古发现以半坡为代表的仰韶文化遗物中有数量众多的彩陶鱼纹，这些鱼都被绘制在圆形陶器内腹或外壁，由于头向一致，明显呈现鱼与鱼相连的旋转形。不仅如此，有的彩陶鱼纹用一条鱼折头旋转，更体现出旋鱼的特征。彩陶鸟纹也是这样。既有与鱼一样追逐因而旋转的鸟，也有头身尾盘转而成回旋状的旋鸟。更值得注意的是彩陶纹饰中还发现有鱼身而鱼头内含鸟的，也有像鹳鱼石斧图那样鸟啄鱼的彩陶纹饰。因而我以为，夏人先祖与商人先祖的玄鱼、玄鸟说法正是以五六千年前在仰韶文化广大区域流传千年的鱼族与鸟族的彩陶符号图形作依据的。不仅如此，彩陶纹饰中的鱼头含鸟纹和鸟食鱼纹也证明，以鱼为标识的鱼部族和以鸟为标识的鸟部族之间的关系十分紧密，考古遗物说明它们的联系已经发展到你中有我，我中有你的难分难解的地步（图1-17）。

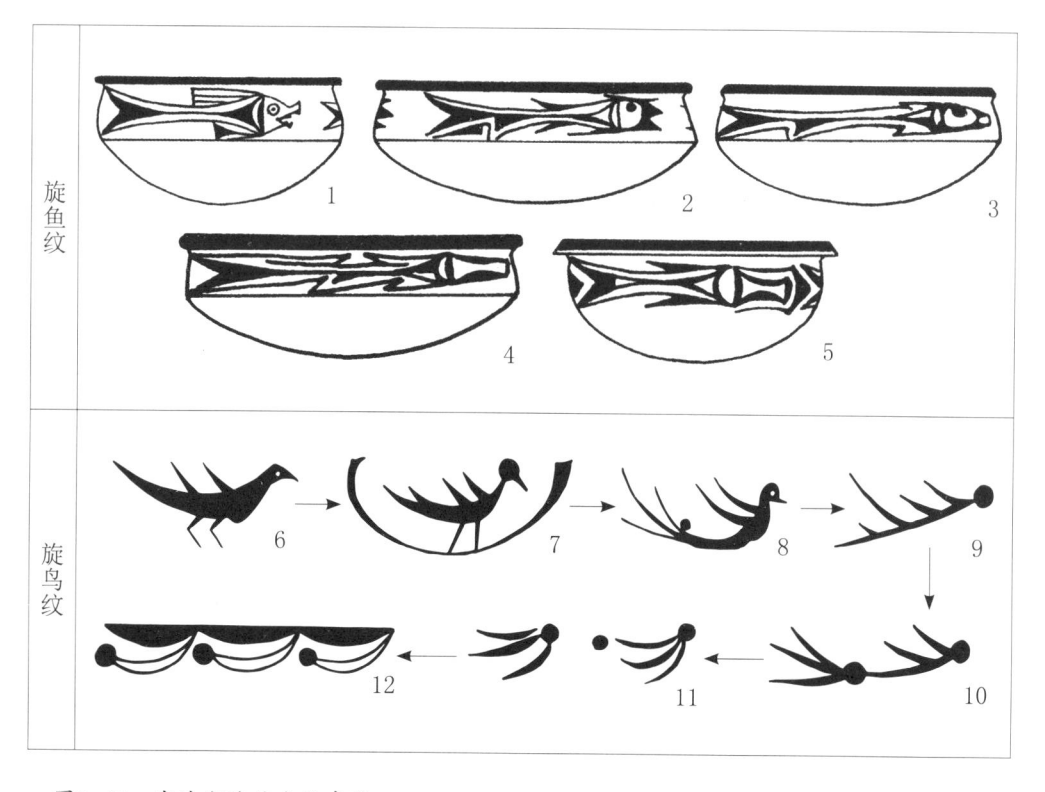

图1-17　半坡彩陶旋鱼旋鸟纹

　　（注：1西安半坡　2宝鸡北首岭　3~5秦安大地湾　6~11华县泉护村　12陕县庙底沟）

（八）说少康与帝予

1. 少康与姜寨花瓣纹彩陶大缸

从夏启人面鱼纹盆到夏帝相人面鱼纹盆，夏王室用来作为王名标志的器物都是彩陶盆，而且有成对出现的显著特征。这种成组成对的器物特征在半坡时代人面鱼纹盆彩陶上最为突出。但从人面鸟纹葫芦瓶器看，夏帝相时代人面鱼纹盆代表的夏文化传统受到了很大冲击，因而少康时代的夏王室必定具有较多的后羿一族的文化因素。我以为姜寨出土的花瓣纹彩陶大缸即是少康遗物。其理由有五：①姜寨遗址出土了一对大型尖圆底的大陶缸，但一个有彩陶花瓣纹，一个却无彩绘纹饰。虽然承袭陶盆成双成对特点，但却变而为一个为彩陶，一个为素面陶。②这对大陶缸口沿直径均为42厘米，与夏启至帝相彩陶人面鱼纹盆口沿直径均在40～42厘米相同。③这对大陶缸腹部都有一对小弓形耳饰。因而具有羿持弓的人面鸟纹葫芦瓶双弓形耳特点。④其口沿外侧都有一周长条形泥柱装饰，又与夏王器彩陶盆沿上以木柱状纹饰作分割符号相似。⑤其中一件彩陶花瓣纹缸的花瓣中有猪面葫芦瓶上的弯月形猪目纹，而记载中恢复夏王朝的少康其母后婚为有仍氏女，与猪豕部族有关，可见在夏王帝相到夏王少康之间，其王室代表性器物发生了重大变化，但细察其形制特征，仍能发现两者之间在许多重要特点上的相似（图1-18）。

2. 少康花瓣纹大尖底缸的男阳特征

史籍记载中夏王少康之母后婚为有仍氏女，因羿之乱而逃奔其母家有仍部落，因而生少康于有仍，少康因而为有仍部落之牧正。已往的研究者多认为牧正即为牧放牛羊之职，但是从当时的社会状态分析并结合姜寨时代社会状况看，我以为少康为有仍牧正，很可能与殷人先公王亥为有易牧竖一样，是牧而有婿士意义。即是在半坡时代农业定居时代的初期，游牧或迁居而来的氏族或部落，曾是以女婿的身份为妻家畜牧牛羊的。牧字甲骨文、金文都从男阳、雄性的特征十分明显。而姜寨出土的花瓣纹大尖底缸和此时流行的彩陶尖底缸如果反过来看，更像十分夸张巨大的男根之形。也许有人会以为这种观察是主观臆想，但联系仰韶文化中出土的其他男阳器物，我们就会发现，作为实用器物的尖底瓶尖底缸常常被赋予明显的男性特征。如现藏宝鸡市博物馆的一件陶尖底瓶残器，口沿外一周以两个女性生殖器与两个男性生

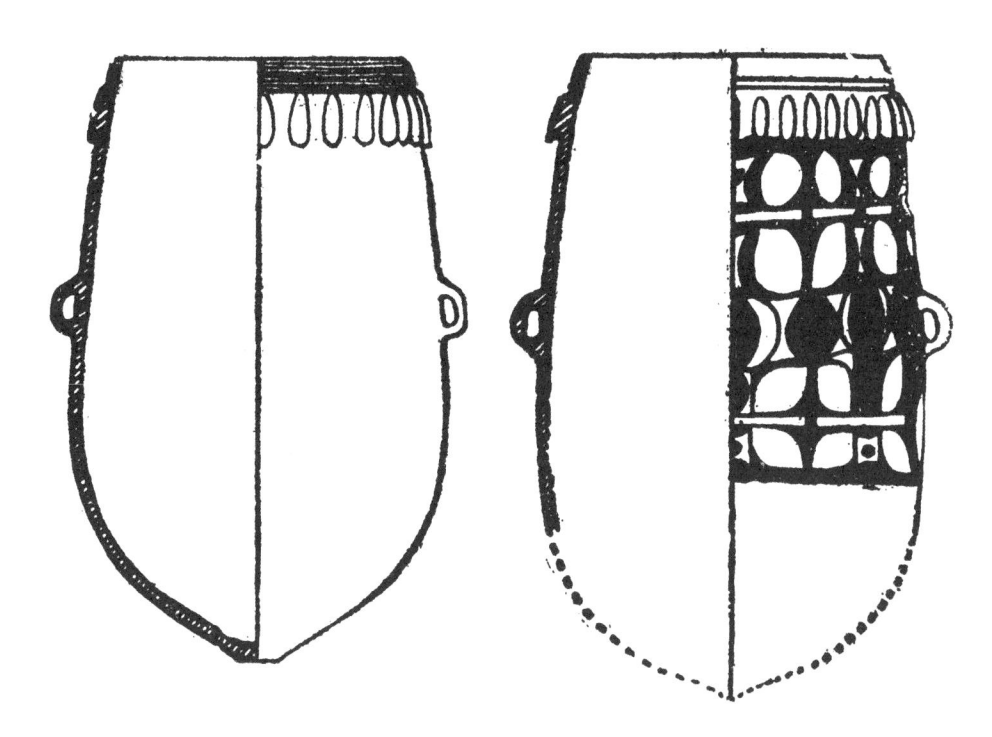

图1-18 姜寨出土少康大陶缸

殖器泥塑于尖底瓶口外四周，均匀分布，以尖底瓶象征生殖的特征十分明显。另一件出土于宝鸡县陈仓区的大尖圆底缸，通高达90厘米，反过来也像男性之阳根形状。可见仰韶时代流行的尖底瓶和尖底缸，原来也有标志男性生殖器的作用。因而它也可以佐证我们对姜寨出土大陶缸与少康及少康为有仍牧正的说法。少康时代还流行一种外侧画水波的彩陶尖底缸，其水波纹并不围满陶缸，而是在多层水波纹中留出一道上下接缝，也明显表现出尖底缸代表的男阳特征（图1-19）。

3. 帝予与姜寨腹孔大陶缸

姜寨遗址还出土了一对无彩大口陶缸。这对大口缸大小式样完全相同，高110厘米，比少康缸更高，但口沿直径略小，双耳及口沿外侧柱条状装饰与少康缸也相同，唯两缸之腹部中央一侧均有一穿孔。我以为这对腹部有穿孔的陶缸可能与夏少康之子夏王予有关。关于夏后帝予，记载较少。予或作杼。《太平御览》卷八十二引《帝王世纪》云："帝宁，一号后予，或曰公孙蔓。能率禹之功，夏人报祭之……"而禹之功在治水，这是否和这种大缸部有一穿孔可以利水、导水有关？有关夏帝杼的另一条记载为"柏杼子征于东海及王寿，得一狐九尾。"《山海经·海外东经》郭朴注引《竹书纪年》。帝杼或名宁，而从宁之字或有织意。如纾，《史记正义》云："纻织也。"而杼也有经纬交织意。《说文》："杼，机之持纬者。"《一切经音义十引·字林》："杼，机持纬者。"机者织，而织以经纬交织。少康与帝杼之大陶缸均在陶缸口外沿之上方有多道旋纹围绕，旋纹之下方与多个竖立之条柱状饰相接，明显有经有纬，有交织之意。而这种旋圆与纵横经纬交织又明显具有夏启癸甲盆以来在圆形盆口沿上以十状、×状符号纵横交织与分割的特征。如果说少康花瓣纹大陶缸以花瓣纹中的弯月形猪目及缸的口沿直径尺寸与夏王盆口径而确定了它更近于中康为少康遗物，那么这两件与之稍异的大陶缸应当是少康之子帝予遗物。而它的腹部之穿孔也可能与杼名有关。《一切经音义九引通俗文》："汲出谓之杼。"《汉书·王褒传》："杼犹泄也。"现代考古学家以为这种大陶缸为酿酒器具。其是否与酒有关暂且不论，但腹部之孔具有的汲、泄之功能却十分明显。值得注意的是帝予之后的夏王还有名叫帝泄的。这或许表明少康以后夏王的命名曾经和有孔大陶缸的酿酒之酒具的汲、泄功能相关。从以上对姜寨出土帝予陶缸口沿外旋纹、泥柱纹与帝予的经纬交织记载和缸腹孔洞与帝予汲泄传说的记载可以看出，姜寨帝予陶缸器型纹饰与帝予记载的密和，不仅给我们确认帝予玉器提供了可能，而且说明不论是夏启盆体现的彩陶符号还是帝予缸上的泥条泥孔，作为当时人们器物及纹饰符号表情传意的内含却是一致的（图1-20）。

4. 从夏王太康彩陶盆到夏王少康陶缸说夏王以康庚命名特征

夏初王名多用康，如太康、中康、少康三王。康名有何含意？与夏初人面鱼纹盆有何关系？我以为康之意与人面鱼纹盆口沿八分圆周有关。人面鱼纹盆是由癸甲两个符号八分陶盆口沿的，而癸甲两个符号各为四分圆周的两个符号，即癸字符号四分圆周，甲字符号亦四分圆周。因而癸甲两个符号都有四方四正之状，加上中央一方，癸甲符号各有四方及中央一方的五方文化内含。癸字符号有五方，甲字符号也有五方，合为十方，因而与癸甲十日之数亦相合。夏启人面盆口沿癸甲符号开创的五数五方含义更有汉水出土的五人面盆作证。这件五人面盆以五个人面纹十字分布，中央也有一个人面。因而夏王以康名王的含义可能与五有关。《尔雅释宫》："五达谓之康"，"释名释道";"五达曰康"。所谓五达,实指五方或通五方之意。这与人面鱼纹盆以癸甲两个符号指示四面八方与中央相合。甲骨文无康字,而康当即甲骨文之庚字,庚字甲骨文字作 ⍊、⍋ 状,从反口,内有纵横交织状。反口或谓穹窿顶状,与人面鱼纹盆圆口、圆底,而用作小儿瓮棺时反扣形状相同,而癸甲之八方纵横交织也与甲骨文庚字口内纵横交织笔画相同。典籍中庚字常常与更通用。《礼记·月令》:"其日庚辛",注"庚之言更也"。《史记·孝文本纪》"大横庚庚","索隐":"庚庚即更更"。而更意通改、通革,即取变更、革新之意。这与夏启人面鱼纹盆以癸甲十日出现后,至太康、中康、相虽仍用八方表示,

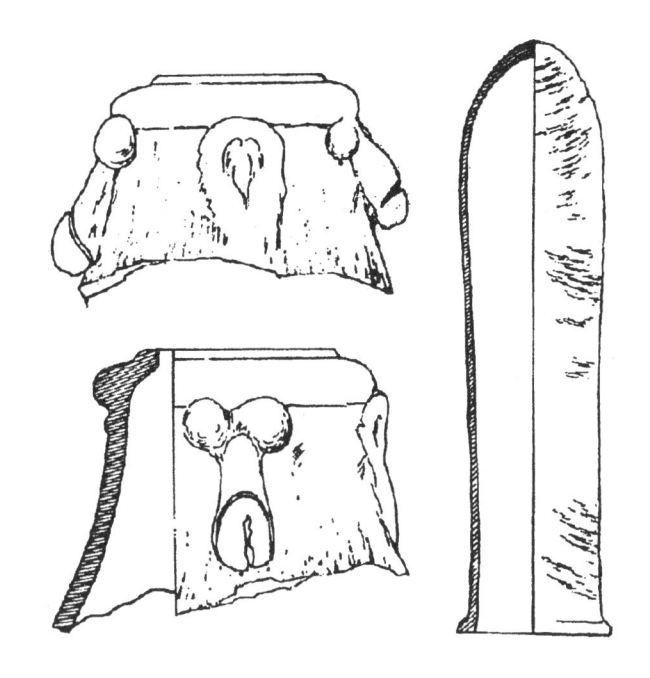

图1-19 宝鸡双碌碡遗址出土男祖女妣陶尖底瓶及陶缸

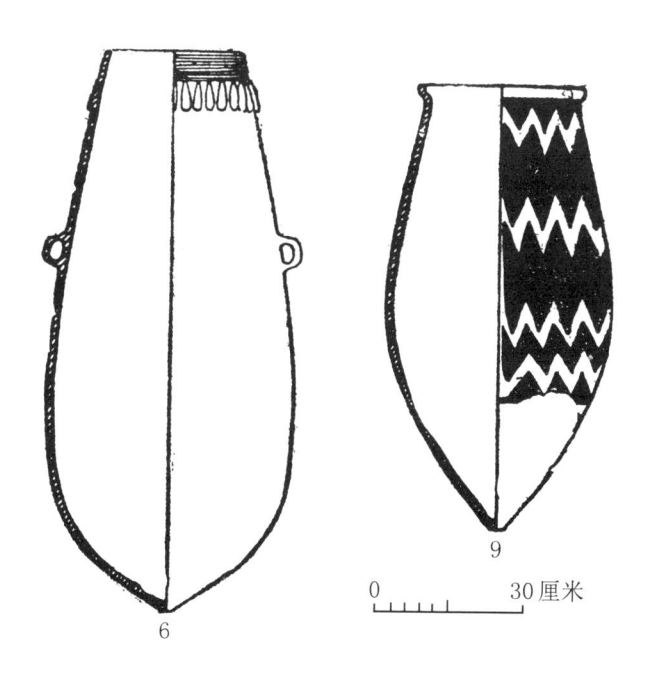

图1-20 姜寨出土腹部有孔的一对大陶缸

但王名皆不重复出现的对器物纹饰符号的更改有关。因而夏王名康庚也就有更改之意。亦即夏王室王名的唯一性及不重复出现的规律。甲骨文亦可见商殷王名绝不重复，即便是甲乙丁辛同群之王也一样。如大甲、小甲，大乙、小乙等王名虽同为甲、乙，但都有前序字以示区别。因而从夏王室早期王名多用康更可以看出，这种王名改更而不重复的传统至迟在公元前4000多年前以人面鱼纹盆为代表的夏代初期即已比较成熟了（图1-21）。

5. 从夏王大康、中康、少康陶盆陶缸质疑半坡母系社会说

历史界与考古界多用母系和父系社会说来界定新石器时代的仰韶文化与龙山文化，并推而以为夏代为父系社会不可能在仰韶时代的母系社会出现，而只能在龙山时代的父系社会中去寻找。其实中国古代社会特别是夏商周三代及以前大约既不单是母系，也不单是父系，而始终是两系并存，并始终有明显的两系共主特征的。如从记载看，夏王朝虽已为父权制社会，但夏人的母系在夏王室中仍占重要地位。如夏启之母涂山氏女娲有生子十人的记载，"有神十人，名曰女娲之肠"。女娲生十子，而启即以十日开始名王，可见夏初王室王名就可能源自其母族。商殷王室更不可能为母权制，但商殷王名更有不少王名从母名而来的例子。如商王大乙之妻为妣丙，继大乙为王的大乙之子就名外丙，与妣丙同名。再如商代第十六王祖丁有四个妻子，分别为妣甲、妣庚、妣乙、妣癸，而祖丁之子继位为王的就有阳甲，盘庚和小乙三王之名与祖丁的三位妻子同名。我以为这就是夏商时代仍很流行的子从母名的传统。因而即使在夏商文明时代的王室，王之妻族在王室中仍有很大的影响力。因而从半坡夏代开始，中国社会其实已进入两系共主政权的新的社会形态中。不仅记载中能找到夏商殷周王室王名从母名的例证，而且考古发现证明，那种以为半坡时代属于母系时代的说法也是值得考虑的。因为考古资料已经向我们表明，半坡时代最流行的出现频率最多的陶钵、陶盆、陶缸，它们都有可能具有表示男女两姓即男女两系的作用。如西安半坡遗址的圆底陶钵，有时出土在女性人骨两条大腿骨架中间，口沿向上，这可能有以圆底陶钵圆口表示女阴，即命门、生育之门、生育之口的意义。然而同样的圆底陶钵陶盆在做儿棺时圆底确是向上的，而在向上的圆底中心还常刻划一个圆圈纹并将中心点敲破为一圆孔，除可以作让儿童灵魂出入解释之外，我以为也有表示儿父的男性性器作用。即生育儿女与父母男女有双关的作用。如前

图1-21 半坡人面鱼纹盆口沿符号及五方含义

（注：1汉水人面纹　2、3庙底沟十字花纹　4大汶口八芒纹　5姜寨村落布局　6城廓廓字　7殷墟墓葬格局　8、9亚甲字　10行字）

面叙述的宝鸡福临堡遗址出土的一件红陶钵残器，在残器内壁保留有完整的男生殖器形状。而宝鸡陈仓区也出土有男阳女阴的尖底瓶残口器。因而这一时代的陶钵、陶盆、陶缸，如果从正反两面观察这些陶制器物，其具有男女阴阳的两系寓意是十分明显的。因而从单一的母系、父系及父系取代母系的说法简单地理解考古发现的中国新石器时代文化现象显然在许多方面看是不合适的。

（九）汉水人面纹盆与夏文化南迁

种种迹象表明，以人面鱼纹盆为代表的夏代早期文化向西向南的拓展远远大于其向东向北的拓展。目前所知的考古资料中，临潼以东尚未发现人面鱼纹盆，在渭河以北的泾水流域目前也没有发现人面鱼纹盆，即使半坡类型文化遗物异常丰富的甘肃秦安大地湾遗址，迄今也未见半坡人面鱼纹盆的报导资料。相反，远隔秦岭的丹江及汉水流域却有不少半坡人面鱼纹资料发表。如西安东南越秦岭的丹江上游的商县紫荆遗址虽然没有出土完整的半坡类型人面鱼纹器物，但却有几例人面鱼纹陶器残片。汉江流域的西乡县何家湾遗址出土了两件完整或可复原的半坡人面纹盆，同时还有几件人面纹陶残片[①]（图1-22-1）。此外南郑县龙岗寺遗址还出土了一件半坡人面纹尖底罐。如果将汉水流域的人面纹与半坡、姜寨遗址的人面鱼纹相比，汉水流域的人面纹旁没有鱼纹，并且从残缺的陶盆口沿看也没有半坡人面鱼纹盆口沿的规整的八分迹象。而何家湾遗址的发掘报告说明汉水流域的人面纹盆似乎比半坡、姜寨人面鱼纹盆时代略晚。半坡、姜寨的人面鱼纹盆均在半坡一期，而汉水流域的西乡何家湾人面纹盆在半坡二期，约当姜寨二期。从前面论述可知，姜寨二期时，夏文化中心之一的姜寨出现了人面鸟纹葫芦瓶，而内彩人面鱼纹盆减少或消失；而汉水流域却在此一时期出现了以内彩人面纹盆为代表的夏早期文化传统。这就不由使人联想到在人面鱼纹与鸟纹的融合冲突中，以内彩人面鱼纹盆为代表的夏人的一支越秦岭而南迁。这从秦岭南侧的商县紫荆，汉水西乡、南郑常出现的彩陶人面纹及大溪文化经常出土在人嘴两边衔鱼的随葬习俗即可证明。而在西面更远的甘青地区马家窑文化马家窑类型

[①] 陕西省考古所安康水电站库区考古队编：《陕南考古报告集》，三秦出版社1994年版，第133页。

中侧有更发达的变形人面鱼纹内彩盆遗物。顺便提及的是汉水及西南一隅商周以至战国秦汉仍流行以人头人面作装饰的传统。汉水流域的城固县曾出土不少商代人面形和兽面形青铜器物，特别是四川广汉三星堆出土大量商代的青铜人像及人头像说明以人头人面及人形为题材制作器物大约是秦岭两侧或西南一隅人群固有的文化传统。考古发现的西乡何家湾遗址的内彩人面纹盆一件为四人面，一件为五人面。四人面的人面头顶饰物，两耳饰草木状均与夏帝相时的草木状饰物相近。如果这件四人面盆与夏第四王帝相同时，则那件五人面盆当与第五王少康时代相当（图1-22-2）。从汉水流域的人面纹盆不仅可以看出夏代初期以人头人面为标志的文化传统，而且还可以看出其用一、二、三、四之序数记王及用四人面、五人面记第四王、第五王的传统。而南郑龙岗寺出土的人面纹尖底罐，姜寨出土的人面鱼纹尖底罐及半坡出土的外彩四人面鱼纹盆残片也可说明随时代的变化及夏文化从中心向外部的扩展而形成的从人面鱼纹向人面鸟纹、从盆向尖底缸、从内彩向外彩的陶器形制及彩绘纹饰的转变。龙岗寺的人面尖底罐和甘肃正宁宫家川的人面（兽面）葫芦瓶的人面似乎均由对鸟即双鸟相对组成，这也与人面鸟纹取代人面鱼纹相符合。而姜寨人面鸟纹葫芦瓶的人面之下也由双鸟构成，可见羿代夏政即鱼与鸟之融合冲突大约是以鱼和鸟为代表的两大部族在较长时期，在广阔地域上进行的，并延续了相当长时间，只不过在夏中康与帝相时这种冲突与融合表现得最为激烈。其结果最终改变了过去夏王室以鱼为主的局面，而代之以鸟为主或两者势均力敌的一种均等联合状态。考古资料表明，甘青地区的马家窑文化延续了半坡夏王室早期文化中的内彩和人面鱼纹盆传统，而且异常发达。这一时期的人面纹还逐渐演变为人形纹，特别是舞蹈人纹，而舞蹈人纹在公元前3500年左右的马家窑文化时向西远达青海西宁的大通县及青藏交界区的青海同德县。这也说明了在鱼部族和鸟部族的冲突中，属于西部的鱼部族、蛙部族向西扩展的速度远比向东要迅速得多（图1-22）。

（十）癸甲溯源与华夏民族的早期大融合

1. 夏启癸甲盆源于前仰韶文化

尽管目前我们还不能确切说明半坡出土的以夏启癸甲人面鱼纹盆为代表的夏代初年遗物是怎样由前仰韶文化的彩陶发展来的，但是在主要的文化特

1 汉水流域何家湾人面纹陶器	2 汉水流域龙岗寺人面纹陶罐	3 甘肃马家窑文化舞蹈纹彩陶
何家湾遗址 半坡类型晚期人面纹 	龙岗寺遗址 半坡类型人面纹陶罐 	甘青马家窑 彩陶舞蹈纹 

图1-22　汉水流域人面纹陶器与甘青地区彩陶舞蹈纹陶器

征上它们明显是一脉相承的。前仰韶文化彩陶多为圆底内彩钵，而半坡人面鱼纹彩陶盆为圆底内彩盆。它们的共同特征均为细泥红陶、圆底、内彩；前仰韶文化圆底内彩钵口沿均有一周红或黑彩带饰，半坡人面鱼纹彩陶盆口沿也有一周黑彩带饰；半坡人面鱼纹盆内彩四分法也与前仰韶文化的内彩四分法相同。半坡人面鱼纹盆口沿组成癸字的\/状彩绘符号在前仰韶文化彩陶钵内已经出现，而以]状符号组成甲字的方式在前仰韶文化彩陶钵内也较成熟。因而可以判定，半坡夏文化彩陶是在前仰韶文化的基础上形成的。也就是说，启之父禹、禹之父鲧的文化遗物也只能在半坡文化的前身前仰韶文化彩陶中去寻找（图1-23）。

2. 夏启立国与华夏民族的早期大融合

夏代的建立应当是不同血缘氏族部落融合的结果。是以不同血缘关系及原居住在不同地域的氏族或部落在长期的接触接近及交往融合中逐渐形成了具有相同地缘及祭祀、生活生产、文化习俗的氏族或部落联合体的过程。史籍所称的尧、舜之禅让制是大体与半坡时代夏代初期的社会、经济状况相吻合的。因此夏代初年只能是较前有更稳固的地缘关系的部落联盟。因为半坡时代农耕经济的快速发展，相对稳定的村落格局都为联盟制的稳定创造了条件。但若干万年遗留下的血缘纽带仍然存在并不时与联盟制发生冲突。这从夏代第二王太康起便与羿浞发生冲突可以证明。然而农耕、定居与联盟终究是那一时代进步的标志，不同血缘群团之间的交往、融合仍是

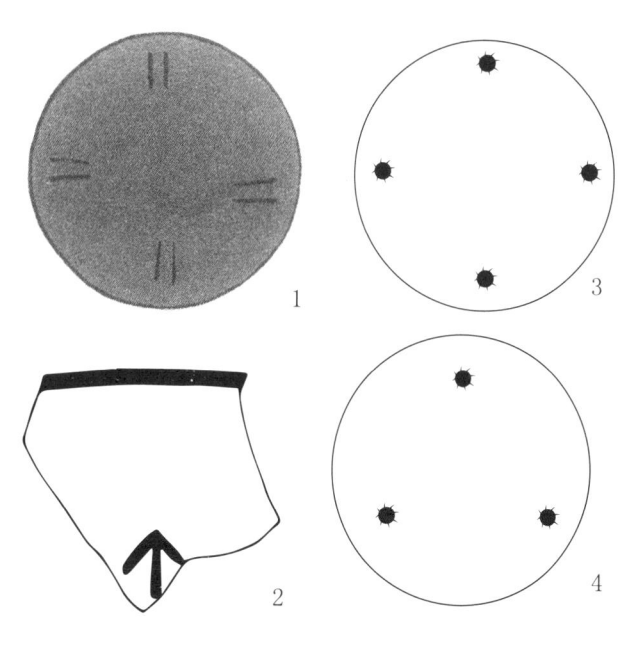

图1-23 前仰韶文化彩陶符号
（注：1、2秦安大地湾　3、4临潼姜寨出土）

大势所趋。前仰韶文化的三个类型，即大地湾类型、李家村类型、老官台类型，虽已形成大致相同的文化面貌，但各自的文化差异也反映出它们原本具有各自不同的文化渊源。大地湾文化具有较多的陕甘交界区以圆底宽带钵为特征的文化特色。自半坡庙底沟以后，这一区域流行一种很具地方特色的圆底、黑彩、圆口沿彩陶变体鱼纹盆，它的口沿一周黑彩不作分割及盆底圆底特征说明，它可能是前仰韶文化圆底宽带钵的直接继承者。它特有的鱼纹、鱼尾纹饰说明它当是夏启之祖鲧部落即玄鱼部落的特殊标志（图1-24）。

地处关中东部的老官台文化则具有较多的东方磁山裴李岗文化因素，它的细颈壶明显来自东方，而这种细颈壶正是半坡时代与夏文化相始终，但却超然不群，不施彩绘的双耳尖底瓶的前身。从姜寨出土的人面鸟纹双耳葫芦瓶，庙底沟二期陕甘交界区出土的有羽字状白彩的尖底瓶及流行于马家窑的尖底连旋鸟纹瓶看，它们的祖源很可能是有穷后羿一族。最早的形态大约是裴李岗文化区的双半月耳细颈瓶（图1-25）。

李家村文化李家村类型及以后的半坡类型中出土的三足鼎形器及随葬龟的习俗表明它与裴李岗文化及大汶口文化的联系，而印纹白陶证明它与大溪文化及以南的洞庭湖区有比较密切的联系。特别是李家村半坡文化出土的较多大头猪面猪目葫芦瓶及猪头器表明它与老官台区、大地湾区在半坡时代都流行这种大头猪面猪

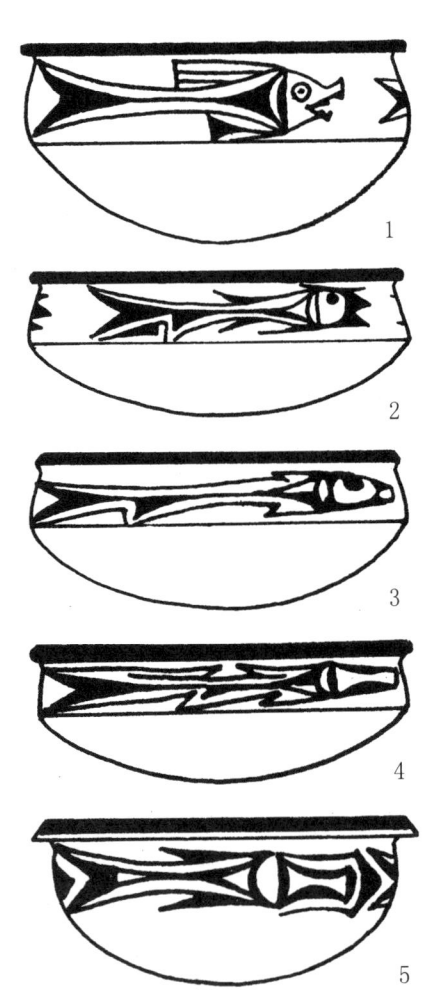

图1-24 半坡及陕甘地区鱼纹彩陶盆及演变
（注：1西安半坡 2宝鸡北首岭
3、4、5秦安大地湾出土）

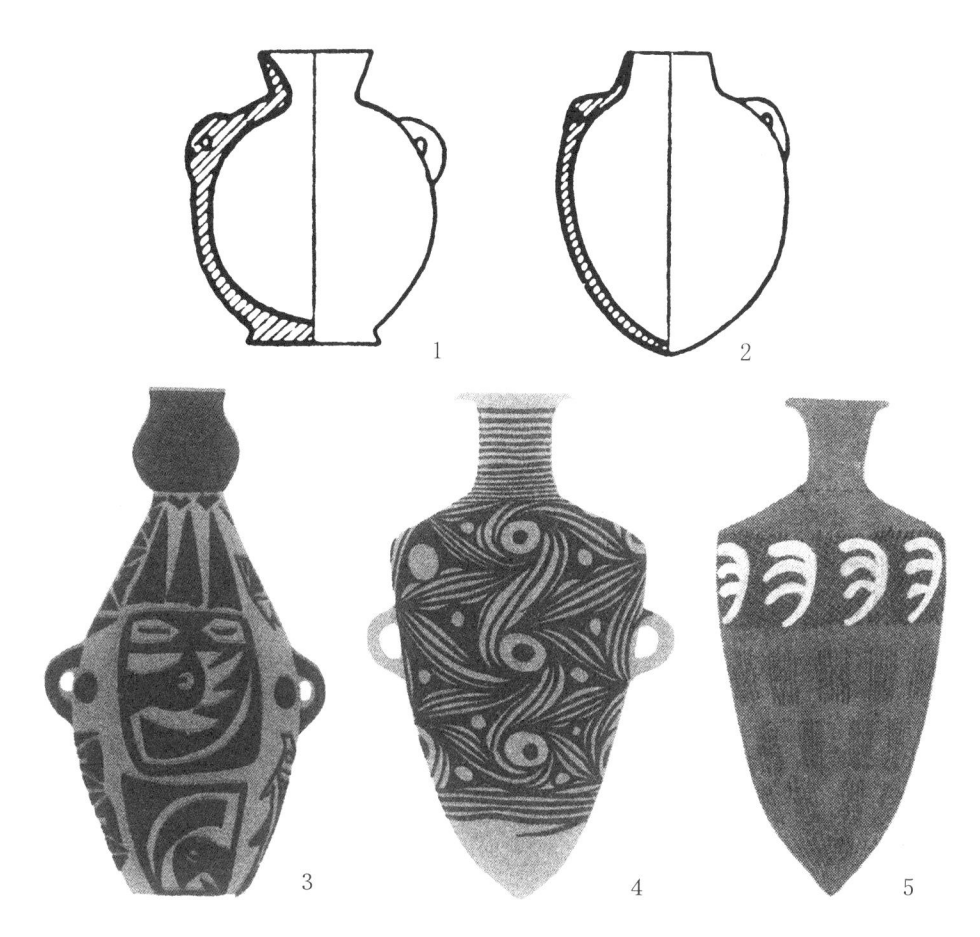

图1-25 仰韶文化鸟羽纹尖底瓶及纹饰演变
（注：1、2裴李岗　3临潼姜寨　4甘肃陇西出土　5甘肃庄浪）

目葫芦瓶，它们与鸟纹葫芦瓶大约同时出现，同时消失，因而它很可能是助羿代夏之寒浞一族。它们的祖源当与磁山猪嘴支座有关。磁山猪嘴形支座突出猪嘴椭圆前吻；大头葫芦的大扁状头与之相似，同时猪面上也突出椭圆猪鼻与两个鼻孔。磁山支座三个一组，猪面葫芦多画三个猪面，值得注意的是，磁山出土的一个猪嘴陶支座在猪嘴支座的上部刻划出一个弯月形纹，这也与仰韶文化区的彩绘猪面纹的弯月形猪眼相似，而且很可能是其前身。但从出土情况看，猪头葫芦在大地湾区及李家村区较多，略偏西南，而鸟纹葫芦在西安及临潼之偏东区稍多，稍偏东北。从大溪文化常常出土猪嘴形陶支座看，猪头葫芦似乎经汉水、大溪文化、江淮区与大汶口文化猪嘴支座及猪形陶鬶文化相联系。而陕豫晋境直到洛阳郑州一线，自磁山裴李岗文化以后很少出土与猪嘴支座相类似的器物，反而流行大量的鸟形陶塑及鸟形彩绘纹饰，这也应当与羿浞代表的猪鸟两支文化群团的冲突有关（图1-26）。可见仰韶时代半坡夏文化的形成，是在前仰韶文化三大地方类型基础上实现的。而这三个类型几乎与当时出现的北方红山文化区的兴隆洼文化，中原磁山裴李岗文化及东方大汶口文化，南方大溪文化及河姆渡文化都有十分密切的联系。以距半坡文化中心最远的南方浙江余姚河姆渡为例，在与半坡同时的几大文化区中，唯独河姆渡遗址出土了与半坡相同的V状刻划纹或彩绘纹符号，而夏启癸甲之癸字正是由V状符号组成的。同时V又是夏启之祖父鲧娶有莘氏之辛字所从之符号。可见禹会诸侯于会稽，越为夏少康之庶子的记载也是自有依据的。另外河姆渡遗址出土的猪纹方钵上猪腹部的豆荚状纹也与半坡文化姜寨类型流行的猪纹大头葫芦之大头上的豆荚状纹相似，它们也是这一时期几大文化区中所特有的。而这种豆荚状纹与后来中原仰韶文化庙底沟类型流行的花瓣纹有十分密切的渊源关系（图1-27）。再以距半坡文化中心最远的北方红山文化区之兴隆洼文化为例，兴隆洼文化以猪鸟形玉雕最为突出，其出土的两头三孔猪形玉雕也与姜寨猪头葫芦三猪面或三圆形猪目葫芦有其形象及数字文化内蕴之联系（图1-28）。而姜寨之猪面大头葫芦，河姆渡之猪纹方钵，兴隆洼文化之三孔猪形玉雕及青莲岗大汶口文化，大溪文化的猪嘴支座似乎都与磁山文化出土的由三个猪嘴支座与盂组成的这种成套的猪形文化遗物有其内在联系。即使这几支文化中的猪形器不是由磁山文化的猪嘴支座传播产生的，它们也可能有其共同的祖源。由于姜寨猪头葫芦与代夏政之羿浞有关，因而夏以外其他区域的猪鸟文化遗物可能为羿浞之同血缘群团之文化遗物。羿射日而取代夏政及被猪浞（或曰逢蒙朱明）所杀的传说之所以在东北、东南、中原及西北各地流行，应当与历史初期以猪为原型，以玉雕、彩绘刻划为表现手法的，这一具有血缘关系群团的广泛分布有关。由此可见半坡时代夏王朝的出现，是以当时最进步的定居农业为基础，汇聚了来自四面八方的最进步的定居农业传统而在渭河流域的关中地区形成的相对稳定的多个部落之间的联盟。它们最先在原来相互游离的血缘氏族之间形成了以婚姻和地域为纽带，相对固定的新的社会形态。而这新的社会形态又是在定居农业基础上所产生的。定居农业的产生，手工制陶制石的相对专业化，

图1-26 汉水流域龙岗寺、半坡类型遗址出土猪纹彩陶和陶塑

图1-27 河姆渡遗址出土猪纹方钵及有丫形刻符的兽形纹

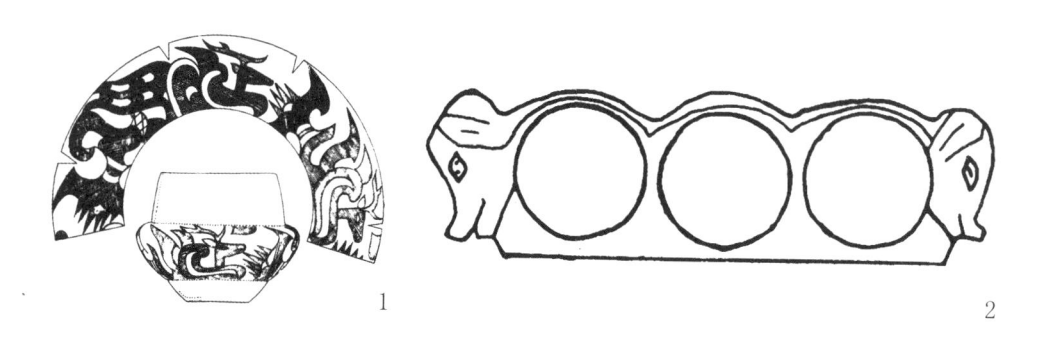

图1-28 赵宝沟文化和红山文化出土猪形、鹿形陶器
（注：1 赵宝沟文化鹿形、猪首纹陶器　2 红山文化双猪首三孔玉器）

畜牧业的兴起，来自四面八方的人群都将他们各自文化及生产的优势集合在这一地区。虽然夏初的半坡文化在某些方面可能并没有构成他们的几支文化的原产地发达，但其综合发展及新的社会经济形态，即氏族、部落、文化间的大碰撞、大融合所产生的发展动力是其他地区不可比拟的。特别是以彩陶盆为标识的、系统的彩绘器物纹饰代表的器物符号文化已远远超出了其他地区，从而创造出了中国以王名为核心，王名与天文、历数合一的符号文字文化系统。从考古发现看出半坡时代的夏初社会是目前所知的中华民族第一次不同文化群体之间最大范围及规模的大融合，而此前的若干万年以来血缘氏族及与之相适应的逐水草而居的游牧生活所形成的根深蒂固的传统决定了有鲜明地域特征的定居农业这种新的生产方式的建立与发展的艰难与反复。因而这一历史时期，即由逐水草而居的游牧生活方式向定居农业生产生活方式的过渡是十分缓慢曲折的。

河南临汝彩陶缸与夏王室中心东迁

（一）说夏王孔甲

1. 临汝洪山庙遗址出土彩陶四人头缸与夏王孔甲

种种迹象表明，夏王室自少康以后，王室文化中心有向东南迁移的趋势，特别是河南临汝一带出土的彩陶缸似乎和夏王朝晚期文化有十分密切的联系。我以为临汝洪山庙遗址出土的人头纹彩陶缸就是夏王孔甲的遗物。临汝洪山庙出土的这件彩陶缸在缸腹中部有一周白彩带，白彩带上画四组人头形纹，每组两个人头画在一个白色椭圆框内，两个人头用棕色画出，共八个人头。而四组人头形纹又以彩带上沿的四个柱状錾等距离间隔。[①] 四组人头与四柱状錾形成八分状格局的方法与夏初半坡人面彩陶鱼纹盆口沿八分法相类。人头、人面彩绘是半坡类型夏文化彩陶特有的标志，而汉水流域及西安半坡都出土过四人面纹彩陶器。因而这件彩陶缸上的四组人头纹可能与夏代初年夏人彩陶传统有关。从考古发现看，以嵩山为中心的临汝类型文化与半坡类型有十分密切的联系，特别是与姜寨二期类型。它们的相同点首先是像姜寨一

[①] 袁广阔：《河南临汝洪山庙遗址发掘》，《文物》1995年第4期。

样以彩陶缸为代表，而不是以半坡一样的彩陶盆为代表；其次是这种缸口沿外侧多鸟嘴形或柱突状装饰；最后是与姜寨一样的瓮棺葬习俗。因而我以为临汝类型正是夏王室以缸为标识的少康以后文化的承继者。而闫村一带可能是夏王室晚期东迁以后的文化中心。

关于夏王孔甲的记载，古籍可资研究的材料很少。东汉王充《论衡·指瑞》有"夏后孔甲畋于首山，天雨晦冥，入于民家，主人方乳"。或曰："后来之子必大贵。"这段记载所述之事虽然不十分清楚。但是孔甲畋于首山的首山，学者以为即是嵩山附近的首山。而首山之名很可能得之于夏人的彩绘人面人头纹饰。因为古代称人群领导者为首领、头领，称兽之健者也为头兽、头畜，如头羊的说法大约即原于此。而造成头领、头畜、头羊之称的原因大约还与人畜之初生，是以头首先出来有关。因而不仅半坡夏文化中猪以头面代表，鸟鱼也以头最显著。而且若仔细观察人面鱼纹盆的人头人面，人头上的牛角或羊角状痕迹仍然比较明显。可见，夏文化彩陶中的人头、鱼头、鸟头及猪头猪面纹，其实可能也具有表示首领、头领的意义。像前面我们叙述的一样，地名其实是因人名而起的。由于人群的扩散，同一地名就会随人群迁徙而传播到许多地方。夏侯孔甲所畋之首山，大约也是随夏王室人面人头纹的迁徙而成的。从夏王室以癸甲十日名王的传统看，从夏启开始，甲字符号都是以四个丨状符号在陶盆口沿形成十状甲字。临汝洪山庙出土的这件四人头彩陶缸在彩陶缸口沿外侧，人头彩带上部的四个木柱状錾在陶缸圆形口沿外作垂直状十形甲字分布，也明显继承夏王室王名甲字的特殊符号文化传统（图1-29）。

2. 洪山庙遗址出土泥塑蜥蜴陶缸与孔甲食龙说

古籍记载中有"孔甲食龙"的传说。《史记·夏本纪》："帝孔甲立，好方鬼神，事淫乱。夏后氏德衰，诸侯畔之。天降龙二，有雌雄，孔甲不能食，未得豢龙氏。陶唐既衰，其后有刘累，学扰龙于豢龙氏，以事孔甲。"而洪山庙遗址与这件孔甲人头彩陶缸同出的陶缸中，就有一件以泥塑作出两条爬行的蜥蜴四足龙。更为有趣的是，古籍记载孔甲所食之龙"河汉各一"。而目前考古发现除临汝洪山庙陶缸泥塑蜥蜴龙外，陕西汉中南郑县汉水边上的龙岗寺仰韶遗址出土了一件残陶缸片，其上也以泥塑出一条四足蜥蜴龙，旁边有一长喙的鹤鹳类水鸟。可见夏代晚期王室文化中心确有从关中向东南移动的痕迹。不仅如此，汉水出土陶缸上的蜥蜴与鹤鹳相斗相争的文化传统在楚文化区的长沙帛画中还可找到印证。长沙陈家大山战国墓中出土的"龙凤人物"帛画画一贵族妇人对着龙凤祈祷。而此龙四足，极像夏代中晚期的四足蜥蜴龙，而画面上风的却为鹤，与汉水鹤斗蜥蜴纹相似。蜥蜴纹在新石器时代的仰韶文化中也是非常流行的，特别在郑州以西的黄河两岸及渭河两岸，甚至在更晚的马家窑文化中都十分流行。这表明在以彩陶鱼鸟纹为代表的仰韶文化中，蜥蜴所代表的人群也是一支不可忽视的力量。而它在临汝洪山庙遗址与孔甲人头彩陶缸同时出土也约略能使我们触摸到孔甲食龙所指的龙族及龙文化的踪迹（图1-30）。

3. 从孔甲说夏王室陶器之孔

从半坡彩陶上的鱼纹与夏人的先祖鲧与旋鱼，到羿代夏政的鸟纹葫芦瓶上的羿与旋鸟，仰韶文化彩陶器物及彩绘纹饰符号及图像都有较多的社会文化内含。因为这些图像、符号甚或各种器物都可能曾经是记载那一时代的具有文字功能的符号。至今仍在少数民族中大量保存的符号指代物以及甲骨文、金文中大量的动物及工具器物文字就能证明这一点。因而夏代的第十三王孔

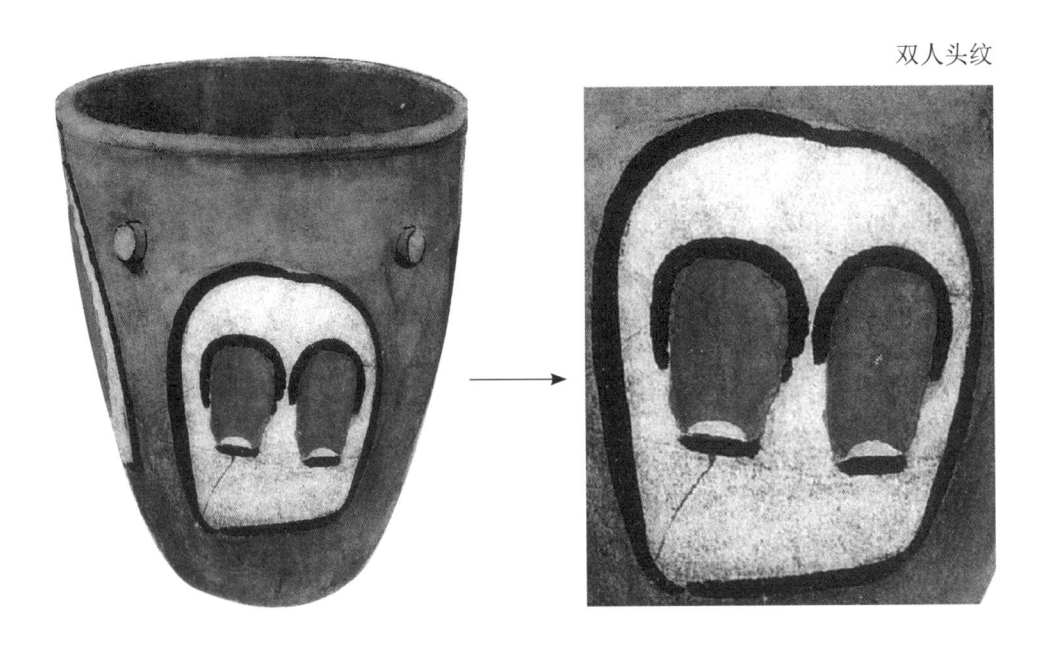

双人头纹

图1-29 临汝洪山庙出土彩绘人头纹陶缸

临汝洪山庙

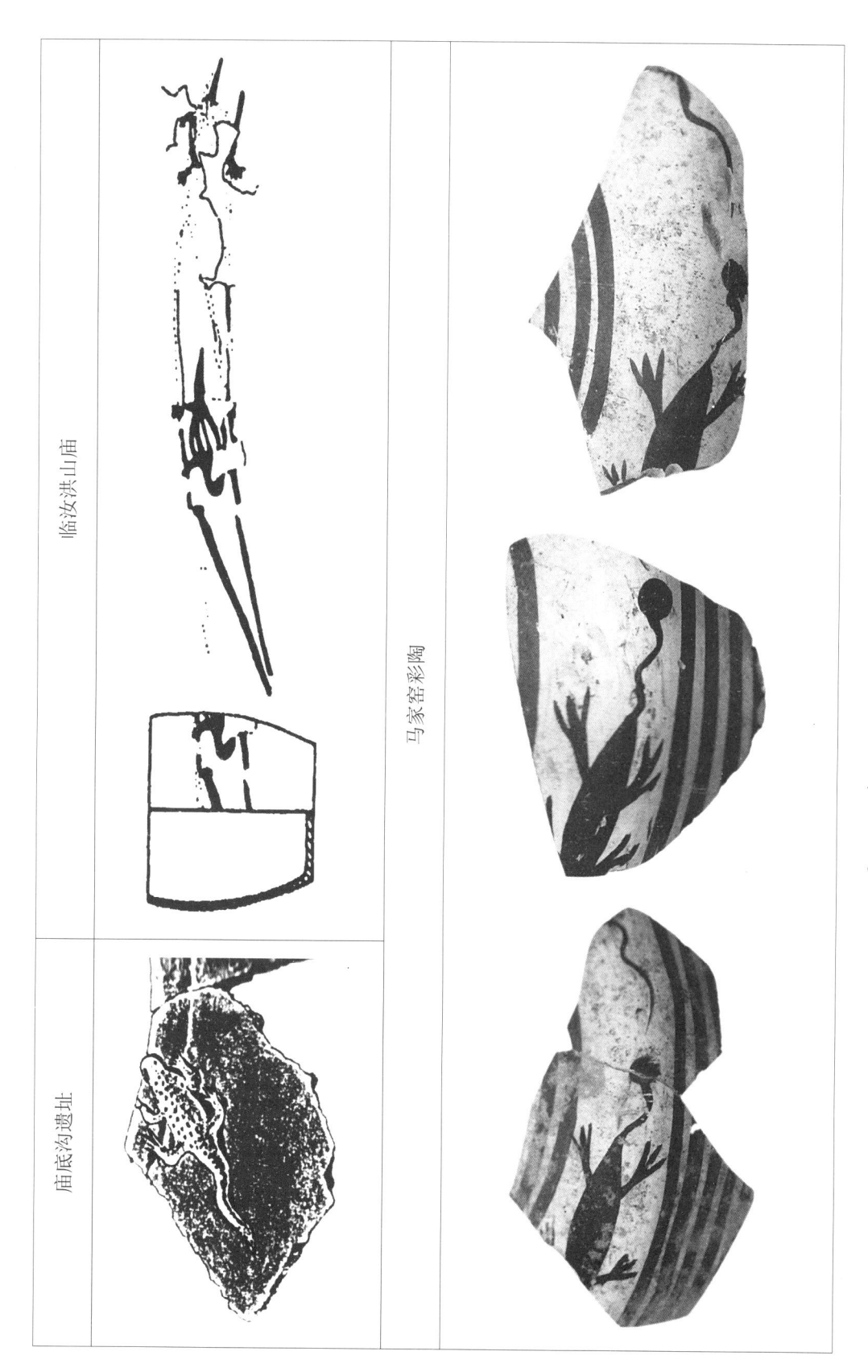

马家窑彩陶

庙底沟遗址

图1-30　黄河流域新石器时代出土蜥蜴纹

甲之以孔名或许就与少康以来王室陶缸上的孔洞有关。半坡夏王室彩陶中最早发现的孔是在人面鱼纹彩陶盆上。当时人们是在烧好的陶盆底部以硬物敲打出一个小孔，有的小孔一周还有烧前在底部刻划的圆圈。到了稍晚的姜寨期，夏王室器物由盆转变为陶缸以后，则在陶缸腹外侧留一烧前钻好的孔。半坡早期夏启及诸王的人面鱼纹盆，都是用作小儿瓮棺葬葬具的，而盆底都有硬物敲破的不规则的洞，学者们认为是用来供小儿灵魂出入的。姜寨有孔陶缸没有迹象表明是葬具，但是作为滤酒器并以酒祭神的祭祀功用应当与作为小儿瓮棺葬的彩陶人面鱼纹盆有相似之处。从半坡人面鱼纹盆在器物烧造后敲洞到陶缸烧前钻好孔洞，可能与人们祭祀观念的固定及器物的功用更专门化及制陶的专业化有关。河南临汝底部有孔的陶缸及作为葬具的特征在许多方面都与半坡夏王室文化及葬俗有联系。而底部有孔的精致陶缸在临汝区域常常为身份特殊的成人的葬具。可见从半坡夏启彩陶盆在盆底用硬物敲孔，到少康陶缸在器腹部作孔，再到临汝陶缸在器底作孔，其有孔及具有的祭祀丧葬功能一脉相承。因而这件以彩绘画有四组人首，口沿外有甲字形泥柱状装饰，底部留有孔洞的陶缸仍然继承先祖帝予的命名方法，以底部的空洞和口沿外的泥柱状甲字形特征命名为孔甲是极有可能的。

（二）说夏后皋

夏代继夏王孔甲而立的是夏后皋。关于夏后皋，史籍记载很少。《太平御览》："帝皋，一曰皋苟。"《左传》"皋墓在殽南陵"。从皋、皋苟、殽诸字看夏后皋字本义可能与勾、纠、求诸音义有关。字书皋又常与睪通用，而睪即男性之阴丸。这就不由使人联想到洪山庙出土的另一件由三组六个男阳相勾交的彩陶纹缸。这件彩陶缸底中心也有一孔，口沿外由四个鸟嘴饰等距成甲字形，类似孔甲缸。但外腹一周白彩带上画三组男阳纹。每组男阳纹由两个男阳根相互倒置作勾纠状，男阳之顶端作两半相合。[①] 我以为这既符合皋、苟、匀、交、纠之本意，又象其男阳相交纠之形。应当说这是夏代晚期以男阳之象指代人祖，并伴有求其子嗣及王权传承的意义，这也与前面我们叙述的夏王室陶盆、陶缸反过来观察有表示男阳之象的说法相统一，同时

---

① 河南省文物考古研究所：《河南临汝洪山庙遗址发掘》，《文物》1995年第4期，第7页，图五之2。

还与《史记》所记"帝孔甲立,好方鬼神,事淫乱"的"淫乱"记载相吻合。夏帝孔甲以人面人头为标志,与夏启开创的以人头人面为标志的传统相符合。表面看似乎与夏后皋以男阳纹饰表现差别很大,但以人头代首、代上、代祖先,与以男阳代男且、代祖先还是相通的。半坡时代夏初人面鱼纹盆用作小儿瓮棺,而小儿即子嗣。临汝夏晚期以男阳纹作成人瓮棺,以男且求子嗣,它们之间的文化内含及传承关系是十分明显的(图1-31)。

图1-31 河南临汝洪山庙遗址出土男性阳且纹相勾交彩陶缸

(三)说夏后发

洪山庙出土夏后皋器,以两个男阳纹相交,表示祖先并乞求子嗣的方法到夏后发时发展到以泥塑出蹲踞的人形,并用泥塑出男性之阳根,更突出人祖之意。这种蹲踞状的正面人祖形象就其内涵看是继承夏代初年人面鱼纹盆作小儿瓮棺葬具的祭祀祈祷意义。但从符号文字角度看,它可能是目前所知最早的大、天位亦即王位、祖先之位的器物符号文字形态。临汝洪山庙出土的这件泥塑正面蹲人缸虽然残缺,但一侧的人体下半身尚在。与此正面大人蹲坐形象同时出土的还有另一件彩陶缸上画一侧面小人像,发掘者称这种小人像有奔走状,与之同一画面的还有一鹿一龟,均作奔走状。我以为这或许即是一种舞蹈场面。《北堂书钞》卷八十二礼仪部引《竹书纪年》:"后发即位,六年,诸夷宾于王门,再保庸会于上池,诸夷入舞。"从大汶口、青莲岗文化葬龟习俗看,龟应当是东夷文化的重要的标识。在迄今已发现的新石器时代考古资料中,侧面人形的材料发现极少,而甲骨文金文中东夷的夷字就是侧面站立的人形。夏代晚期洪山庙出土的这种画有人与鹿、龟同舞的彩陶纹饰与"竹书纪年"对夏后发时代诸夷舞于王门的记载间的联系是值得我们重视的。彩陶纹饰中龟、鹿及侧面小人并舞状固然陪衬出尊坐大人的伟岸，但也反映出夏代晚期东方大汶口文化、青莲岗文化对中原文化的影响并已经进入夏王室的事实（图 1-32）。

（四）鹳鱼石斧彩陶缸与夏王桀

1978 年，在河南临汝阎村遗址出土了一件彩陶缸。这件彩陶缸以缸口沿外侧之四鸟嘴錾及缸底之孔与洪山庙夏文化缸相同，但并不在缸腹一周绘彩，只在缸一侧大约二分之一的位置画一带柄竖立的石斧和一只直立衔鱼的白鹳鸟。对于这件彩陶缸内涵的解释尽管多种多样，但大都一致肯定这是一位首领人物专用的葬具。依据我们对夏文化及洪山庙彩陶缸的分析，我以为这件鹳鱼石斧彩陶缸就是夏朝最后一王夏桀时代的遗物。

史籍记载中谓夏王发及桀均为夏后皋之子。如《世本》云："帝皋生发及履癸。履癸一名桀。"也有桀为帝发之子的说法。不论发及桀均为夏后皋之子，还是桀为夏后发之子，夏代最后两王的名字似乎都与足有密切关系。前一节我们叙述了夏后发的泥塑之人首、人身、人阳根及蹲座状的四肢手足，特别是蹲座状的两足与发字从两足相合。而桀字上部所从之舛也有两足之意。《说文》云："舛，对卧也。谓人与人对而休也，引申之为足与足相抵。"可见夏桀之桀字上部所从之舛也有两足之意。夏后桀又名履癸，履也有足履之意。而癸字从米之形也与鹳鱼石斧缸上鹳鸟之足作丛状相类。这大约就是夏后发与夏桀两位夏王名字虽都从足但却有显著区分的标志吧。鹳鱼石斧图为夏桀遗物，不仅以鸟足象履癸，而且鸟以足直立也与桀走鸣条的说法相关联。桀败而走鸣条的说法在有关夏桀败亡的记载中几乎都有。但关于夏桀走鸣条的解释多从地名的角度而颇多争议。如果将鹳鱼石斧图中的鹳鸟及石斧作为符号文字看，鸟与鱼之争明显与半坡早期开始流行的夏王室鱼鸟相关的彩陶纹饰及所包含的夏商两个部族之间冲突有关。而且鸟羿之族在回归原居地裴李岗文化区后其优势更加明显。由于考古发现仰韶文化彩陶鱼纹和鸟纹的分布以西安为界，向西多鱼纹、向东多鸟纹。而随着夏王室中心东迁，鸟部族的标识愈多且愈显著。如阎村出土的这件鹳鱼石斧彩陶缸上以斧作征伐的符

汝州洪山庙男裸泥塑残陶缸

汝州洪山庙彩陶男阳纹

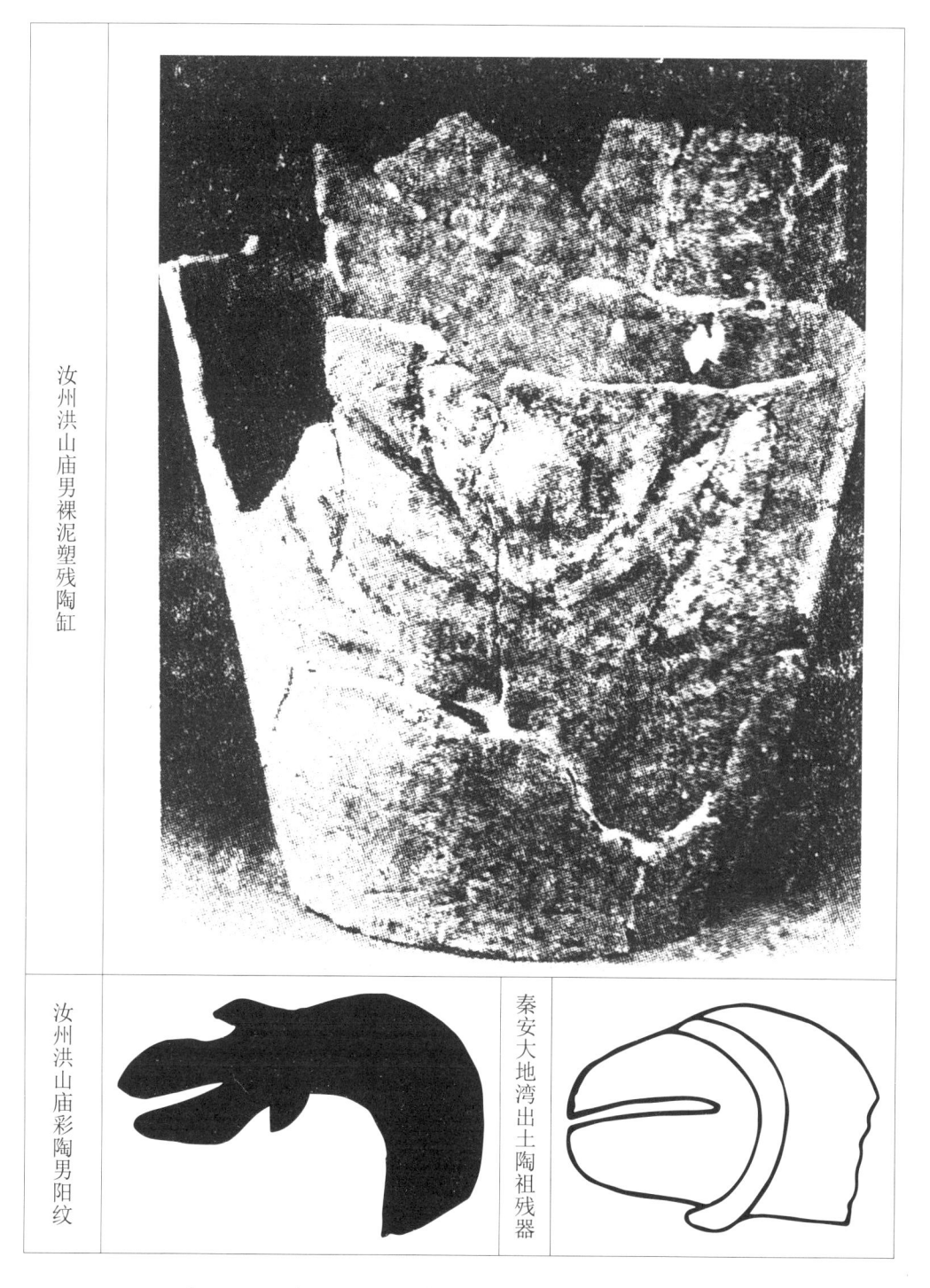

秦安大地湾出土陶祖残器

图1-32 河南汝州洪山庙遗址出土男立尊人裸体泥塑残陶缸

号，以大鹳鸟嘴里叼鱼表示鸟大鱼小，鸟强而鱼弱的含义十分明显。因而随着夏王室文化中心的东移，以长颈、长足、长羽、善鸣、善飞的鹳鸟类水禽为标识的鸟羿部族力量越来越强。所以当夏败亡时人们就以这种直立善飞善鸣的鹳鸟食鱼表示鱼夏败亡和商人玄鸟的胜利。所以古籍记载中"桀败走鸣条"，当与鹳鸟双足立而有走意有关。甲骨文金文中鸣字从鸟从口，似乎和鹳鸟善鸣，其喙长为特征有联系。因而，所谓鸣条，其实指鹳鱼石斧图这幅画中的直立的鹳鸟及足而言的。鹳鸟之足从丛，象草木枝杈状，而条、條字书也解释为树之细长枝条。《诗·秦风·终南》有："终南何有，有條有梅。"《周南·汝墳》："遵彼汝墳，伐其條枚。"传曰："枝曰條，干曰枚。"鹳鸟之足细而长与画中鹳鸟长足作枝杈状相同。而鹳鸟与其足称作鸣條，又与中国传统文化中十分流行的"鹤鹿同春"文化相吻合。中国古代"鹤鹿同春"文化是以鹤的北归与麋鹿之角初生代表春天归来的。因而古籍记载中的條风正是立春之春风。《淮南子·天文训》："距日冬至四十五日，條风至。"注："艮卦之风，一名融。""初学记三，易通卦验"；"立春條风至"。可见，夏代最后一位王夏桀即履癸是与有两足三趾状直立的鹳鸟有关的。其本意也兼有王名与立春的历法意义。可见同为夏王室主要部族的鱼族和鸟族虽长期共融，但仍然存留着各自根深蒂固的氏族部落文化传统。西方夏族以鱼为部族标识物，就物候历法而言可能和鱼龙之"春分升天，秋分潜渊"有关。而以鹳鹤候鸟为部族标识的商族可能正是以鹳鹤的北归南去为春分秋分标识的。虽然标识物不同，但其所代表的历法内容却是相同的（图1-33）。

（五）从鹳鱼石斧彩陶缸说伊尹与夏桀及商汤之纠葛

鹳鱼石斧缸为夏桀时代之遗物还有一证，即屈原《天问》有："帝乃降观，下逢伊挚。"伊挚即伊尹。伊尹为夏桀之臣，史书有明确记载。对于"帝乃降觀"的觀字，以往解者多解为天帝视察、巡访。但从考古资料看"帝乃降觀"可能是"降鹳"，即可能是指从天而降的一只大白鹳鸟而言的。而这只大白鹳鸟当是伊尹群团的标志物。由于他原本是夏桀的重臣，后又弃桀而奔大乙汤，帮助大乙取代夏桀。因而"天乃降觀"的说法与商人的"天命玄鸟，降而生商"的说法异曲而同工。伊尹群团与鹳鸟的联系还可从《天问》得到印证。《天问》在"帝乃降觀"之前还有"缘鹄饰玉，后帝是飨。何承谋夏桀，终以灭丧。"晏按："鹄古鹳等"，《逸周书·王会解》："伊尹朝献商书，受命为四方令曰，臣请正南以翠羽菌鹳为献。鹳为鹤同。"传说伊尹以味道特别好的羹汤劝说大乙，得到大乙的宠信。而这汤即是鹄鸟、鹳鸟之汤。既为夏臣却又助商灭夏的伊尹在古籍记载中与鹳鸟的多种联系使我们对"鹳鱼石斧"彩陶缸与伊尹的联系及与夏商之交的夏桀与大乙之斗争冲突有

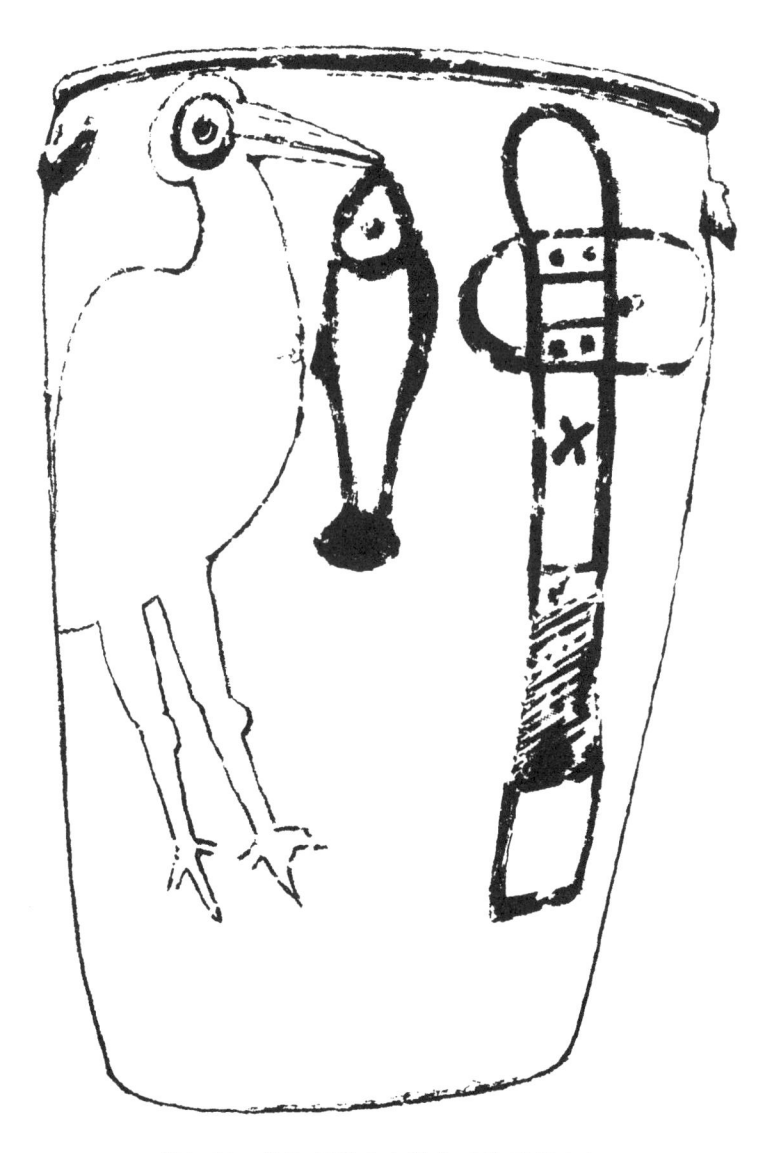

图1-33 临汝闫村出土鹳鱼石斧图彩陶缸

了考古发掘的器物符号之证据。而从伊洛地区自原始时代到战国秦汉不断出土的鹳鹤鸟遗物看，出土鹳鱼石斧陶缸的伊洛流域及其南，很可能是鹳鸟伊尹群团的故地，关于伊尹之出生有"水滨之木，得彼小子"的说法。可见鹳鸟、鱼、水及鸟足与草木仍是伊尹群团的特定标志物，只是当夏桀时夏王室中以鱼为族群标志的鲧禹一族势力大减，而伊尹的鹳鸟族群在夏王室中已有很大势力，因而鹳鸟的形象才十分鲜明、突出。而古籍记载中伊洛之南的丹水流域也是帝尧放子丹朱之地。丹朱或谓鹳头，亦为食鱼之大水鸟。邹汉勋"读书偶识二"云："驩兜、驩头、驩朱，鹏吺、丹朱五者一也。《神异经》云："南方有人，人面鸟喙而有翼，手足扶翼而行，食海中鱼，一名鹏兜。"《尚书》有"放鹏兜于崇山"。又有"无若丹朱傲，唯慢游是好，无水行舟，朋淫于家。"此"无水行舟，朋淫于家"与羿代夏政时羿浞杀羿而妻其室也可证明鹳鸟丹朱族可能即是与鱼夏部族长期冲突融合的有穷后羿族。丹朱被放之崇山一般认为即今之嵩山。临汝不仅出土了桀时之彩陶鹳鱼石斧彩陶缸，新郑县还出土了有名的春秋时代之鹤莲方壶。至西周昭王时昭王娶南阳附近之房国女为皇后，因而有梦见神人丹朱之奇闻异事。可见嵩山附近的伊洛汝颖及丹水地区，确为鹤鹳等大水鸟部落长期盘踞之地。古籍中记有大乙汤伐桀时东巡帝尧之台，因而有"天乃降观"之说。《汲冢琐语》云："汤乃东至于洛，观帝尧之台，下所云帝乃降观，下逢伊尹是也。"字书解释观字有游之意。又有视之意。可见这种白色大水鹳既为部落的标志，也是部落奉示与崇拜之神。《经籍篡诂》，"觀，视也""常视曰视，非常曰觀"。又"觀、视也""游也"，即游观之也。这与尧子丹朱之漫游嗜好，尧赐羽彤弓素矢以扶夏国，而羿及继起之浞、浇都有无水行舟，漫游原野之嗜好相同。可见，夏桀时代鹳鸟与鱼之题材，乃是有夏一代自始至终不曾中断的题材。它们应当是夏王室初建时就有的最重要的两个部落。羿代夏政而射河伯与鹳鸟食鱼即可证明这两个部落相互依存又相互斗争的心理，只不过鱼部落中心偏西居渭河流域，而鹳鸟部落居东在伊洛汝颖之域。

（六）从孔甲御龙看夏王室东迁的途径

临汝出土的夏代晚期文化彩陶缸明显与西安半坡及姜寨夏代早期文化有传承关系。但其传播途径及细节目前仍不十分清楚。这或许与西安至郑州、洛阳间这一时段的考古资料尚未被识别或这一时段的典型遗址发现较少有关。但是从陕县三门峡庙底沟遗址似乎可以看出这一过渡的粗略轮廓。庙底沟遗址出土的蛙月纹彩陶残片明显晚于姜寨鱼蛙纹彩陶盆之蛙，庙底沟出土的鸟头陶塑也极像姜寨出土的鸟头陶塑，它们大约就是临汝陶缸口沿外四鸟头装饰的源头。而恰恰就是在姜寨遗址，还出土了相当多的在口沿外装饰四鸟喙的陶罐。这种四鸟喙陶罐上的四面分布的鸟喙饰明显和临汝缸极显著的四鸟喙装饰有传承关系。继姜寨二期之后的陕西华阴南城子也有四鸟喙装饰陶缸出土，由此可见临汝缸与姜寨夏文化之间的联系可能是沿渭河南岸东进的。半坡和姜寨遗址都未发现蜥蜴纹饰，而目前所知最早的蜥蜴纹陶塑也是在庙底沟遗址发现的。因而庙底沟遗址极有可能是夏文化中心东移的一个中间环节。庙底沟遗址出土的蜥蜴纹陶塑还提示我们，这里大约就是孔甲得豢龙氏之前豢龙氏之居住地。因而也可能是孔甲之父胤甲居住地。而从半坡人面鱼纹盆在汉江、丹江流域出现的事实，也不排除夏文化的另一支经丹江南下或沿汉江东进的可能性。因为以临汝阎村、洪山庙遗址为代表的文化遗存十分流行瓮棺葬二次葬俗。这种葬俗在河南中西部，嵩山西南伊洛流域及南到湖北北部及淮河流域有很大的分布空间。而它的源头可能就是以姜寨为代表只出现在姜寨以东的临潼、渭南及华县、华阴等地的二次葬俗。虽然分布于两地且时代不同的这种葬习其间的联系之具体环节还不十分明确，但其间的传承关系是十分明显的。考古学发现的这种独特的、严肃庄重的氏族部落之文化传统也为我们论述的夏王室内鱼鸟两部族之融合和冲突及夏王室东迁提供了佐证（图1-34）。

（七）夏王室文化中心东进与鸟羿部族的回归

1. 从舞阳贾湖出土鸟趾骨笛与阎村鹳鱼石斧图再说羿与鹳鸟部族

前面我们论述羿代夏政时曾提及以鸟为族徽的有穷后羿一族其祖居地可能与嵩山附近的裴李岗文化有关。因为考古资料表明，这里在公元前6000多年前的裴李岗文化时代的贾湖遗址就出土了有七个音阶的用大型水鸟类趾骨制作的骨笛，它表明这里人们的生产活动和文化精神活动已经达到相当高的程度。特别是到公元前3500多年的仰韶文化阎村类型鹳鸟石斧图陶缸，说明这里不仅活跃着一个以鸟为族徽的部族，而且这鸟很可能就是鹳鸟类大型涉禽。因为直到春秋时代，在裴李岗遗址所在的新郑县，还出土了非常著名的莲鹤纹大方壶。这一地域不仅一直有鹳鹤类鸟的遗迹器物出土，而且传说中这一带就是帝尧之子丹朱的祖居地，丹朱就是以鹳鸟为标识的古老部族。《山海经·大荒北经》有："颛顼生鹳头，鹳头生苗民。"又："大荒之中，有人名曰鹳头，鲧妻士敬，士敬子曰炎融，生鹳头。"以鱼为标识的夏人先祖鲧却能生下以鹳鸟为特征的鹳头。记载中鱼与鹳鸟间这种血缘相关的联系可与半坡仰韶文化彩陶中鱼纹鸟纹之间不可分割的联系相印证。

2."夏之兴也，融降崇山"的崇山地名本于西安说

一些文章在解释临汝出土的鹳鱼石斧彩陶缸时常将鹳鱼石斧中鸟与鱼的图像说成是夏初建时的鹳头与鲧，并以此论定阎村附近的嵩山即鲧所封之崇山，亦即《左传》所云"夏之兴业，融降崇山"的崇山。这种观点我以为是值得商榷的。从前面论述我们知道，虽然鹳鸟部族是一个十分古老的部族，但从符号文化角度看，作为其鹳鸟与羽翼标识的鸟羽符号只是在其从裴李岗文化向西扩展到达鱼文化中心西安附近的临潼一带时才以彩绘鸟头鸟身形及鸟羽状符号明确地表现并传达出来，从而明确显示出它以鸟羽为特征的形象。因而只是在半坡夏文化时这一部族才十分明确地开始以彩绘的鸟和鸟的飞羽作为这一部族的图像符号标识。正因为此，我们才将它与夏初代夏政的羿部族相联系。而此前裴李岗文化流行的有两个半弓耳的陶壶则表明这一时代它们仍然是以弓矢善射为特点的，以至在半坡代夏政以后仍然留恋弓射狩猎的生活。由于夏代目前并无明确可资考证的文字资料，因而对于夏代文献中崇山的说法也多有歧义。即便如此，目前作为主流的以现今河南嵩山为崇山的说法也是值得再讨论的。因为嵩山其本当为崇山，而崇山的崇字所从为两个山形相叠。从文字符号的角度看，崇山之崇所从之山形符号可能是最早的。而目前所能见到的最早的山形符号多出现在与鱼和鸟相关的半坡夏代彩陶纹饰上。特别是姜寨出土的人面鸟纹葫芦瓶上的鸟纹，在人面头上有明显的▲▲▲状山石形纹饰符号。而鸟纹上的山形符号之更早形态，是在半坡彩陶鱼纹鱼头上。到姜寨时原来人面人头上的山形符号之所以转而与鸟纹结合，我以为即是因为羿鸟族取代夏政的原因。或者说在部族融合中，鸟羽部族与鱼族在半坡时代都是以山石符号记录与表述事物。可能鱼部族最先以彩绘彩陶山形符号表现出来，而当鸟羽部族力量强大之后，他们也以彩陶山形符号

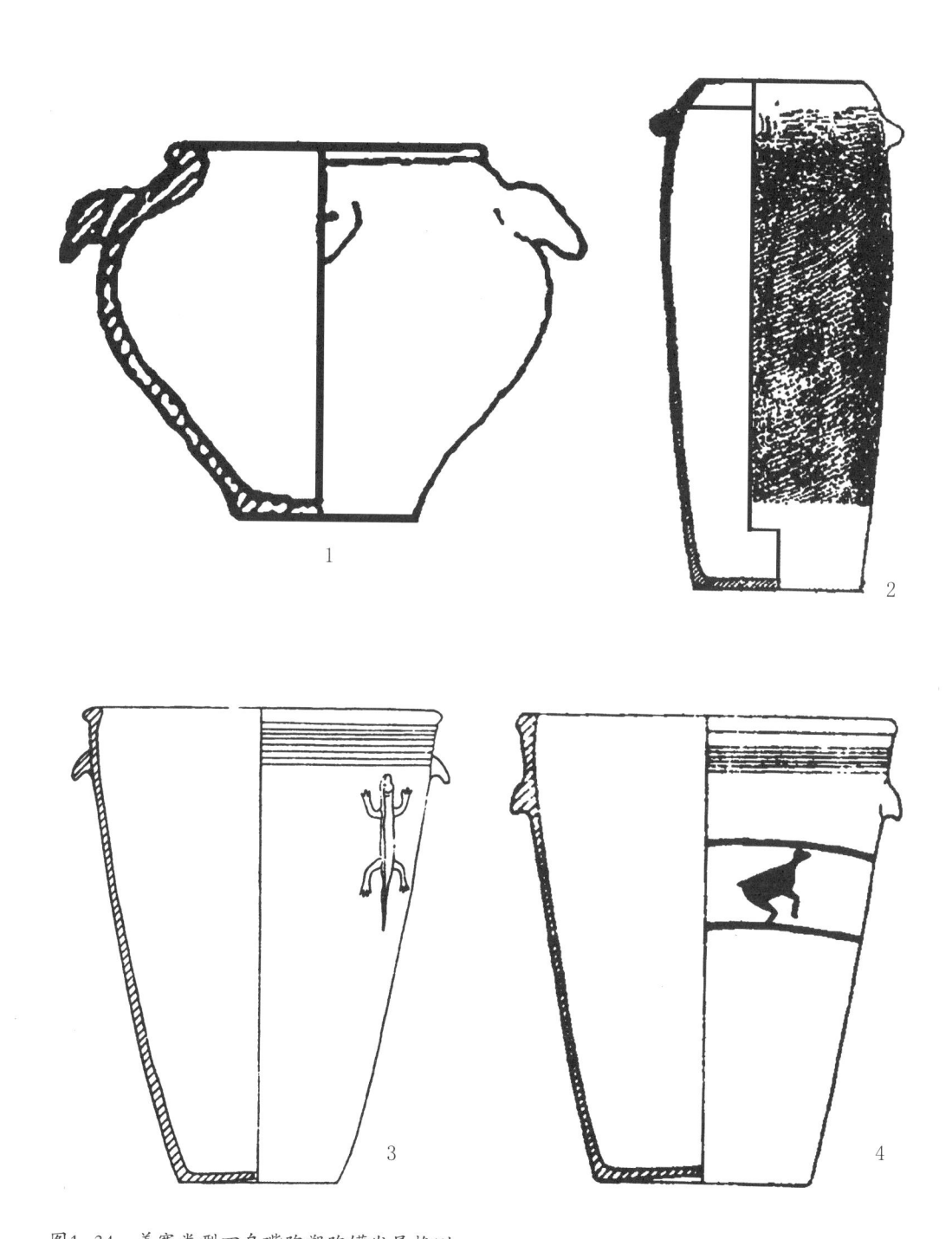

图1-34 姜寨类型四鸟嘴陶塑陶罐发展推测
（注：1姜寨出土四鸟嘴饰陶罐 2华阴南城子出土四鸟嘴饰陶缸
3、4临汝出土四鸟头饰陶缸）

作为自己部族的创造，并在它们返回东方原居地，即裴李岗文化区时将鱼及山形符号的故事一并带回。因而，河南嵩山的崇山之名要晚于西安半坡夏文化早期，因为那里是夏人祖先鲧始封崇山之地。西安半坡附近虽然较少有夏鲧初封之崇山地名，但从古籍记载中仍然能找到一些线索。《史记》西周文王在建国之前有"伐崇、作丰"之说。这崇就是殷纣时仍居于西安附近为殷属国的崇侯虎。文王所作之丰在今西安西面的沣河附近，为文王所建之丰京。而在半坡东边 10 千米左右的老牛坡商代遗址，一些考古学家以为即是文王所伐之崇侯虎之崇国的文化遗存。由于老牛坡遗址在灞河入渭处，而半坡在其西边 10 千米左右的浐河东岸上，距离很近。可见也像鸟羽部族一样，虽然经历几千年，但以鱼族为代表的夏鲧部族后裔仍然在始封地半坡附近固守着先祖的封地崇山之封号。

第二章 /
大河村彩陶与商汤建国

大河村彩陶ᘂ纹罐与商王大乙

（一）大河村遗址出土秦王寨类型ᘂ纹彩陶大罐与商王大乙

1. 大河村遗址出土ᘂ纹彩陶大罐与商王大乙

1972年至1975年，郑州大河村遗址发掘时出土了一件彩陶大罐。这件大罐高61厘米，口沿直径62厘米，是这一时代罕见的彩陶大器。我以为其上彩绘的S纹就是商王大乙的文字符号。我们之所以指认郑州大河村彩陶罐的ᘂ纹为大乙时代遗物，理由有三。一是考古发现大河村仰韶文化秦王寨类型是与临汝阎村仰韶文化大体同时的两类既有联系又有差别的文化遗存，既然阎村遗存与夏代晚期及夏桀文化遗存有关，那么距阎村最近且具有一定规模、时代相当、文化遗存接近的大河村秦王寨类型自然是我们寻找商王大乙文化最为关注的。二是大河村为代表的秦王寨类型最突出的彩陶纹饰是ᘂ状彩陶纹饰符号。而这种纹饰符号与大乙的乙字构形相同，而且流传有序。而其原始的旋鸟纹又与商之先祖"玄鸟生商"说十分相近。三是这种ᘂ形纹彩绘大乙符号其实是乙、丁两个天干文字符号的合文，而乙丁两群正是甲骨文中商殷王室最重要最显赫的大乙之乙群和伊尹丁群的天干名称。前文中我们已经论述了阎村彩陶缸鹳鸟纹与伊尹的联系，而伊尹又是夏王室的重臣。甲骨文中的伊尹是在丁日进行祭典的，因而伊尹族群的天干名号应当是丁。因而大河村ᘂ纹大乙彩陶缸上的ᘂ纹正是S状乙字符号和●状丁字符号的乙丁两个天干字的合文符号。因此，我们有理由以大河村彩陶为目标去辨别商汤伐夏桀及商代早期的商王室事迹（图2-1）。

2. 说玄鸟、乙鸟与大乙ꙋꙋ纹符号

商朝的建立缘于商王大乙，而我们指认的大河村大乙彩陶ꙋꙋ纹饰符号正是由半坡彩陶纹饰中旋转的鸟纹演化来的，因而商人生民传说以"天命玄鸟，降而生商"的旋鸟，玄鸟，其最初的旋转的鸟纹是在半坡仰韶文化彩陶中形成发展的，而到大乙的ꙋꙋ状旋转符号已是它的晚期形态。古籍对"玄鸟"的解释多为"乙"，即乙鸟，可见商人先妣玄鸟就是建立商朝的以乙鸟为标识的部族。由于商人玄鸟之记载传说可以从夏初半坡彩陶中找出，而且它也是构成夏早期传说与神话的重要组成部分。夏人先祖鲧名之所以从玄鱼，商人先祖之所以名玄鸟，从考古发现资料看，它们的原始依据很可能是半坡彩陶中流行的旋转的鱼纹和旋转的鸟纹。大约在距今6000多年以前的半坡时代即已被当时的人们用彩陶纹饰记录了下来，由此我们也可以对商人始祖契的始封地重新加以说明。

传统说法中商人的始封地原本就在陕西关中。"契始封商"在古籍中多以陕西商洛解。而随着对夏文化夏王朝认定为晋南、豫西的龙山文化观点的盛行，因而对商文化起源观点也有了很大改变，转而被认为是在洛阳以东的河北、山东、河南东部地区，即夏文化以东地区。其实就商人最早的玄鸟传说和符号记录看，玄鸟之旋转而降的鸟的记录符号还是应当在夏王朝文化中心区的西安东部地区寻找，因为正是在这一带出现了目前所见最多最早的飞翔旋转的彩陶鸟纹。

随着夏文化中心东移，作为夏王室文化重要一支的鸟羿部族也随之东进。郑州一带的大河村文化与汝颖伊洛一带的阎村类型就是继承夏文化中以半坡为代表的鱼部族文化与以姜寨为代表的鸟部族文化相对立又融合的。由于商人先祖以玄鸟名，而大乙

图2-1　郑州大河村出土ꙋꙋ纹彩陶大罐

的乙字也以玄鸟解。如《说文·乙部》"乙，玄鸟也。"先祖以天降玄鸟，而大乙又名天乙。不仅我们从彩陶纹饰中找到流行的乙字状旋转鸟纹，而且古籍记载中大乙确有飞鸟之印迹。《史记·殷本记》："帝武丁祭成汤，明日，有飞雉登鼎耳而响"。可见直到殷武丁时成汤仍有飞鸟之像。而这种飞鸟，即天降之鸟或玄鸟实为乙鸟，即为商王室内乙鸟群团的图像标识。因而河南郑州大河村遗址出土的ᘓ纹彩陶罐就是商王大乙的遗物，ᘓ状彩陶符号就是商王大乙的乙字的符号形态。这种早期的乙字明显还带有乙鸟即玄鸟旋回飞翔的痕迹。而这种旋回飞翔的乙鸟追根朔源，其实与羿代夏政时即半坡时代的玄鸟纹和人面鸟纹葫芦瓶有关。

半坡时期的彩陶纹饰中常流行旋鸟纹、旋鱼纹、旋兽纹的连续旋转的纹饰。这显然是一种具有多元文化因素的新文化形态。我们前面已经论述过这种新的文化为夏启建国以后的夏文化。旋鱼纹应当是夏之先祖鲧的文化因素之反映。而玄鸟纹就是商先妣简狄所吞玄鸟卵的玄鸟之符号记录。过去解释玄鱼玄鸟之玄多解为幽、黑之意。其实玄当即旋，为旋回圆转连绵不绝的彩陶符号。它既有宇宙万物，包括人在内的生死轮回的哲学意义，又有死而复生连绵不断的希冀与认知意义。即以它们具有的天文历法意义说，鲧以玄鱼，旋转的鱼表示，商先以玄鸟表示，当和《易·系辞》的"鱼，春分升天，秋分潜源"及"玄鸟春分来秋分去"有关。尽管夏人和商人这种认识及说法即玄鱼玄鸟之说起源可能更早，但目前考古发现最早的最明确的，最多的有符号文字可证的记载当属半坡之夏代初期。（图 2-2）考古材料表明，半坡葫芦瓶上的旋鸟纹至少与后来的两支彩陶文化有关。一支为马家窑文化彩陶的勾连形花羽鸟纹，它仍然保留着鸟之旋转连绵不绝的形态，传达着玄鸟群的人们希望子孙连绵不断的心理。但纹饰更繁纷复杂，有的甚至多达三层、四层连绵的旋鸟花羽布满器物表面。（图 2-3）而另一支就是在庙底沟期广为分布的考古学上习惯说的勾叶圆点纹彩陶盆。如果从视觉形态上仔细观察，还可以看出马家窑彩陶的勾连形花羽纹更近于北首领和武功游风镇出土的旋鸟与鱼组合的纹饰，而庙底沟的勾叶圆点纹则更近姜寨出土的人面与双鸟组合的纹饰。庙底沟类型流行的这种勾叶圆点纹由三组双鸟逐珠或逐日纹构成，双鸟头亦近半月状弯弓形，与我们前述姜寨人面葫芦瓶之羿射日，射河伯代夏政相吻合。（图 2-4）更可注意的是姜寨人面鸟纹葫芦瓶人面上有三个尖

旋鸟纹

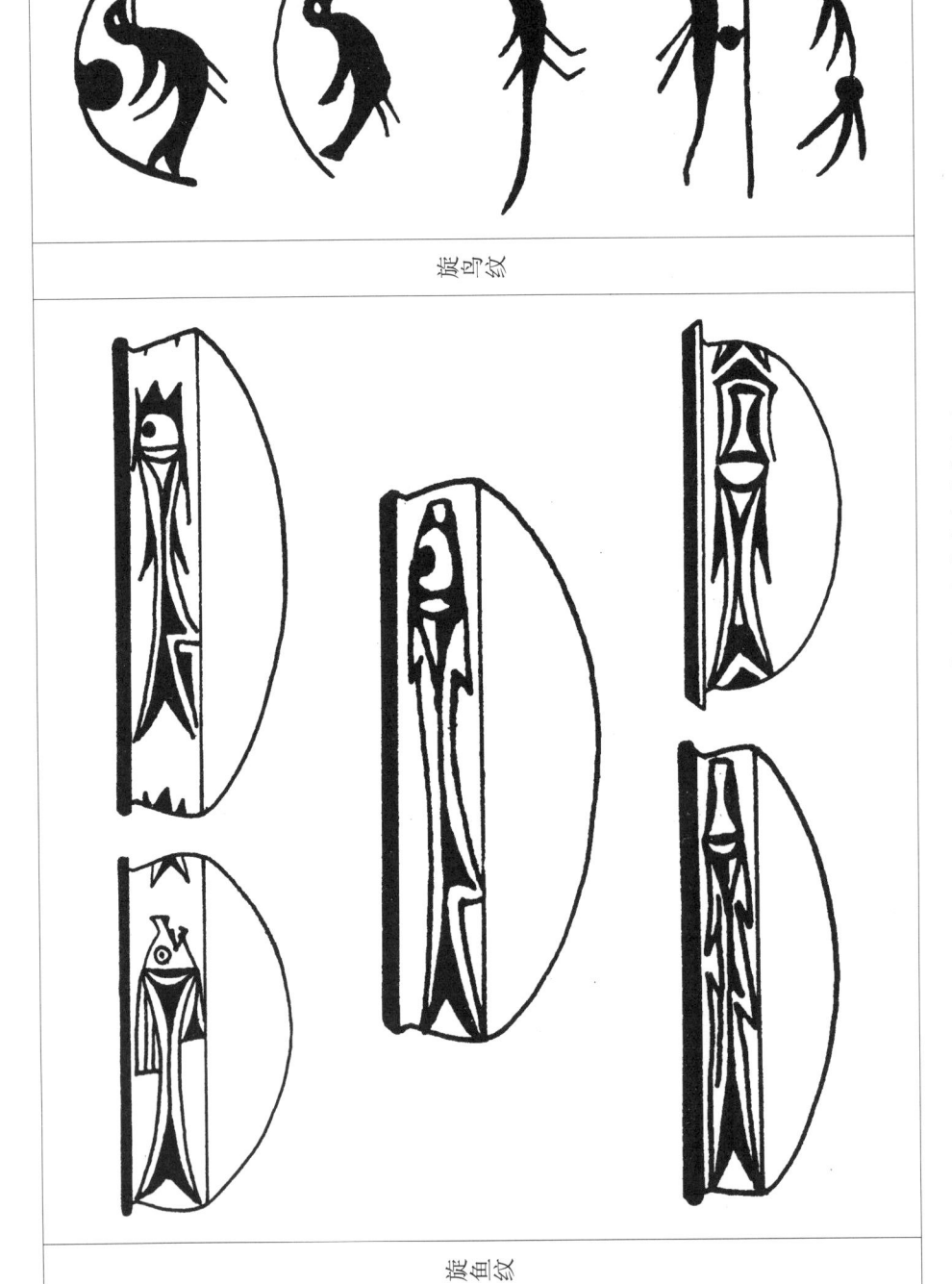

旋鱼纹

图2-2 仰韶文化彩陶旋鱼鱼旋鸟纹路

图2-3 马家窑彩陶旋鸟变化模式

(注:1姜寨出土半坡型双鱼双旋鸟彩陶瓶 2石岭下类型彩陶旋鸟瓶 3马家窑类型旋鸟彩陶瓶 4~7马家窑各式旋花鸟纹花变体鸟纹)

图2-4 姜寨双鸟纹彩陶与庙底沟类型彩陶勾叶圆点纹演变推测

（注：1姜寨出土双鱼旋鱼纹彩陶瓶 2、3、4庙底沟勾叶圆点纹）

状三角纹，而两组人面上有六个尖三角纹。有趣的是庙底沟彩陶盆中，唯独这种勾叶圆点纹彩陶盆口沿以两组六个顶端错置的三角纹构成纹饰，这种联系显然反映了它们前后相承的传承关系。尽管这种勾叶圆点纹彩陶盆在庙底沟时期分布很广，流传时间很长，但是它由三组双鸟逐日纹构成腹部纹饰，由两组六个三角错置构成口沿纹饰的基本格局始终保持着。像马家窑的勾连花羽鸟纹由简到繁一样，庙底沟的旋鸟勾连纹也经历了由简到繁的发展过程。只是前者向西发展，后者向东演进，前者在兰州一线发展到最繁纷的高峰，后者在青莲岗陶钵中发挥到极致。前者在向半山彩陶过渡时由繁到简简化为半山彩陶流行的勾连四圆纹。后者在大河村遗址明显表现出简化分解的迹象，并最后分解演化为以∽为中心的×、∽、ᚠ状的三组合样式，而∽即为大乙的乙字最初形态。（图2-5）可见，建立商朝的大乙，或者说商王朝初建时的王室中的乙群文化，虽然是在郑州一带的大河村文化中形成的，但是它的∽状符号文化原形却是在西部的夏王室文化中生成并流行过。尽管在从西向东与夏王室文化东迁的过程中不断汇合本族群文化，但其在夏王朝初创时的以如卵圆状旋飞的鸟形记录本群团的图像纹饰或符号虽经几千年仍顽强保留着，并在建立商朝时终于演化成大乙的乙字。可见，像夏代王名以十天干的癸甲为标记，以癸甲名王建立夏朝一样。商汤也是以十天干的乙字名号为名建立商朝的。在这一点上夏与商都是相同的。虽然商王大乙其先祖曾在夏王室并也以十天干十日名王，与夏王室有相同的以十日名王的文化特征。但是不同的是夏王室王名从癸甲开始，以十天干的癸甲两个干名相连名王，在半坡彩陶上是癸甲两个符号相重构成米状复合符号。而商王室的大乙却从乙名开始，并以乙、丁两干名相连名王。而大河村秦王寨彩陶纹饰中以乙、丁两个符号相重合构成∽状的乙丁复合符号。并以乙丁两干代表十日，从而取代夏人的以癸甲两干代表天干十日。大乙商文化与夏王室文化的这种不同应当具有很深刻的内含及久远的文化传统。

3. 汤出见网与商汤祷桑林囚钧台

郑州大河村出土的这种有∽字状纹的彩陶罐口沿部位常有一周网状纹带，这也和汤与网的说法相合。《史记·殷本记》："汤出，见野张网四面，视曰：'自天下四方皆入吾网。'汤曰，'嘻，尽之矣'，乃去其三面。"不管汤所见之网是四面还是留其一面，汤与网之说法却与这种∽字状纹彩

图2-5 庙底沟与大河村及马家窑彩陶鸟纹演变推测图
（注：1芮城大禹渡村 2华阴西关堡 3陕县庙底沟 4洪洞 5夏县 6、7大河村二期 8-13大河村3-4期 14-19华县泉护村 20陕县庙底沟 21、22大河村三期 23、24大河村四期 25天水杨家坪 26秦安田家寺 27兰州红山大坪 28、29东乡林家出土）

陶罐颈部都有一周网纹带相符合。

大乙汤还有祷于桑林之说。《左传襄十年》："宋公享晋候于楚丘，请以桑林。"注："桑林，殷天子乐名。"《淮南子·主术》记："汤之时，七年旱，汤以五事自责，身祷于桑林之际。"桑林即扶桑木，亦即十日所出之木。夏启癸甲十日以两木构成。一为十状甲字，其构成符号为|，像木棒，即古籍之扶木。另一为癸字之氺状，其构成符号为\/，像枝杈木，亦即古籍记载之扶桑木。而大河村商汤之乙丁纹陶罐上除乙丁纹符号，网带纹符号外还有两组由九根棒柱状纹组成的纹饰。这种有大乙ഗ状纹饰的彩陶罐一周由三层纹饰组成，口沿下为一周网带纹，中间为两组由九个|状棒柱组成的纹饰，最下层由两组×、ഗ、⋀状纹组成。我以为三层纹的中间纹饰九根棒柱状纹即大乙汤祷桑林说之由来。扶桑十日之说是众所周知的。而天以十日为代表，十日依次临照人间，一日居上枝，九日居下枝，这大约就是大河村大乙彩陶罐上九个柱状木作纹饰的意义。可见夏商王朝虽然均以十日名王，但是他们表现十日的方法是不一样的。夏启以氺、十即癸甲两个符号文字相重合代表十日，而商王大乙用十天干的乙日名王，并以乙、丁两个符号重合构成ഗ状文字符号，而且用九个柱状木表示其余九日。从大乙以身祷桑林而建立商王朝也可见夏启之母塗山与禹通于台桑之桑木，桑林，也是癸甲十日的通俗说法。汤之桑木十日与启母台桑十日相互印证，可见在仰韶文化半坡类型到大河村遗址之秦王寨类型的一千多年中，在从夏到商的王朝交替中，这种传统文化，这种以十个天干符号文字记录王名王权的传统方法依然被承袭延用（图 2-6）。

从半坡夏启癸甲盆以后，中原仰韶文化庙底沟类型大量流行彩陶纹盆形器。纹饰繁褥，连绵不断。而秦王寨类型的彩陶纹饰却呈明显的符号化的简化趋势。我以为这即是桀因汤于钧台，已而释之的说法之由来。因为只有在郑州大河村秦王寨类型的彩陶大乙之ഗ状符号时，夏代，即庙底沟类型流行的勾叶圆点纹之繁褥纹饰才逐渐解体，大乙的ഗ形纹饰符号才逐渐解放出来，表现出独立符号的自由洒脱之象。而且一改夏启癸甲盆以十、氺状符号分割进行彩陶纹饰绘制的方法及对称与连绵不断的纹饰形态。可见，和以旋转的鸟纹称为玄鸟勋卵，以猪嘴支座嘴向上称吞玄鸟卵的说法一样。古籍记载中关于许多夏商王室及部族之源的说法似乎都有最初的器物及图形符号文字作依据。正因为它们之间具有的这种从符号向传说或文字转换的联系，我们才能从这些考古发现的彩陶器物及纹饰符号上找出它们与古籍记载相联系的痕迹来。

4. 大乙桑林与汤始都亳

前面我们从器物符号角度分析了郑州大河村出土的ᒣ纹彩陶罐并提出了它与商王大乙的联系。而这件ᒣ纹大乙彩陶罐上的九柱桑林神树也可证明汤始都亳的亳地可能即是郑州大河村一带。因为从文字符号的角度看，大乙彩陶罐上的九柱纹扶桑神木和甲骨文亳字是有内在联系的。所以我以为汤之都亳实因汤王大乙彩陶罐上的九根柱状木，即桑林之故。桑林或称扶桑、博桑、博木，甲骨文的亳字似乎还留有以扶桑木记录商王大乙都亳的痕迹。商汤始都之亳或以景亳连称，《左传》昭公四年："夏启有钧台之享，商汤有景亳之命，周武有孟津之誓。"可见商汤大乙始都之亳亦可称景。而甲骨文景京两字通，实为太阳照地有影之本字。京字与亳字在甲骨本中均从高台建筑上有木柱状。似乎有以木竖立高台观日影的作用。甲骨文京字作畲，畲象高台建筑状，其下之|像观日之柱状表木，仍有扶桑木即阳木遗痕。甲骨文亳字

图2-6 大河村出土大乙彩陶罐上的乙字符号与网带纹及九柱纹

（标注：网格带纹、九柱纹、旋乙符号）

作㿜、㿝状，㿞同样为高台建筑，其下丫、半当为桑林遗俗。① 因为甲骨文桑字作桑，从丫。可见大河村大乙汤始立之国虽然远在公元前3500多年前，但是晚于它2000多年的殷墟甲骨文的景亳文字却仍然能保留大河村时代的某些遗迹，这也再一次证明夏商王族在以器物符号记录与传承它们祖先名号时的认真与坚韧，证明商汤最早的都城亳就在仰韶文化秦王寨类型区域的郑州大河村附近。

（二）说商王外丙、中壬

大河村遗址出土的秦王寨类彩陶中还有一类乙字状纹彩陶罐，其乙字状纹抒展拉长，其两面有两个相互倒置的ᛕ状纹饰，我以为ᛕ就是丙字的早期形态。甲骨文丙字作内形，也有的作囗形、冂形，殷墟出土的朱书丙字作入形，均象鱼尾。因而我以为这件彩陶罐就是商王外丙遗物。② 按照夏启至太康、中康，夏王相四王以甲字序次的Ⅰ、Ⅱ、Ⅲ、Ⅳ记数规律，大乙以大乙所代表的一日与彩陶罐上九木为标志为首王看，商王外丙器以两个ᛕ形丙状纹饰符号在乙状符号两侧，并且纹饰带上还用◁▷状标记，因而其Ⅱ即为表示继商汤之后的第二王外丙为第二王的标记。

大河村另一类型乙状纹彩陶罐乙丁纹更为自由洒脱，乙状纹饰符号盘曲扭转，一侧有纹饰✕，我以为这即是商王中壬遗物。✕纹即✕纹，为两弓相交状，这当是彩绘弓字符号的早期形态。甲骨文中字从中，从弓从射，所谓"射中的"即是。而这件彩陶罐的✕纹和ᔕ纹带上都有Ⅲ状纹一组，我以为这就是商汤开创的商王室记第三王的Ⅲ状第三文字符号，即商王室在大乙外丙之后的第三王中壬。如果将大河村遗址出土的大乙、外丙、中壬三件彩陶罐的纹饰作对比，就会发现，它们的口沿下都有"汤出见网"的网带纹饰，网带纹下都有记王世次的记数符号。只是大乙罐以九柱木记录大乙"以身祷桑林"。而外丙以◁▷记第二王、中壬以Ⅲ记第三王。大乙彩陶罐从右起为ᔕ状乙丁纹，中间为ᛕ状丙字符号，左边为✕状两弓相交的弓状符号。由于标识大乙、外丙、中壬的三个符号齐全，表明大乙时

---

① 中国社会科学院考古研究所编：《甲骨文编》，中华书局1982年版，第245、246页。
② 中国社会科学院考古研究所编：《甲骨文编》，中华书局1982年版，第547页。

代不仅创造了大乙纹饰符号，而且可能还规定了外丙、中壬即其后的王名纹饰符号。而外丙彩陶罐在ⵑ状大乙符号外以两个ʎ、Y状丙字符号上下颠倒，显示出大乙的尊贵地位及外丙的上下变化。而中壬彩陶罐只以X、ⵑ两个符号作装饰。比较外丙彩陶罐和中壬彩陶罐。它们虽都有与大乙彩陶罐同样的网带纹饰记王数符号，但外丙彩陶罐只有大乙ⵑ状纹和外丙ʎ状符号，无中壬X状符号。而中壬彩陶罐也只有大乙ⵑ状纹和中壬X状符号，无外丙ʎ状符号。其间的共性及差异是明显的。史籍记载外丙、中壬均为大乙之子，而在十干群中以丁日出现的伊尹不仅是帮助大乙灭夏桀的重臣，而且一直到商王大甲时仍是左右商王室的重要人物。因而在大乙、外丙、中壬遗物上把乙丁即大乙的乙和伊尹的丁两个符号重合，放在重要位置是十分自然的（图2-7）。

（三）商王大乙ⵑ状纹饰结构与伊尹佐汤

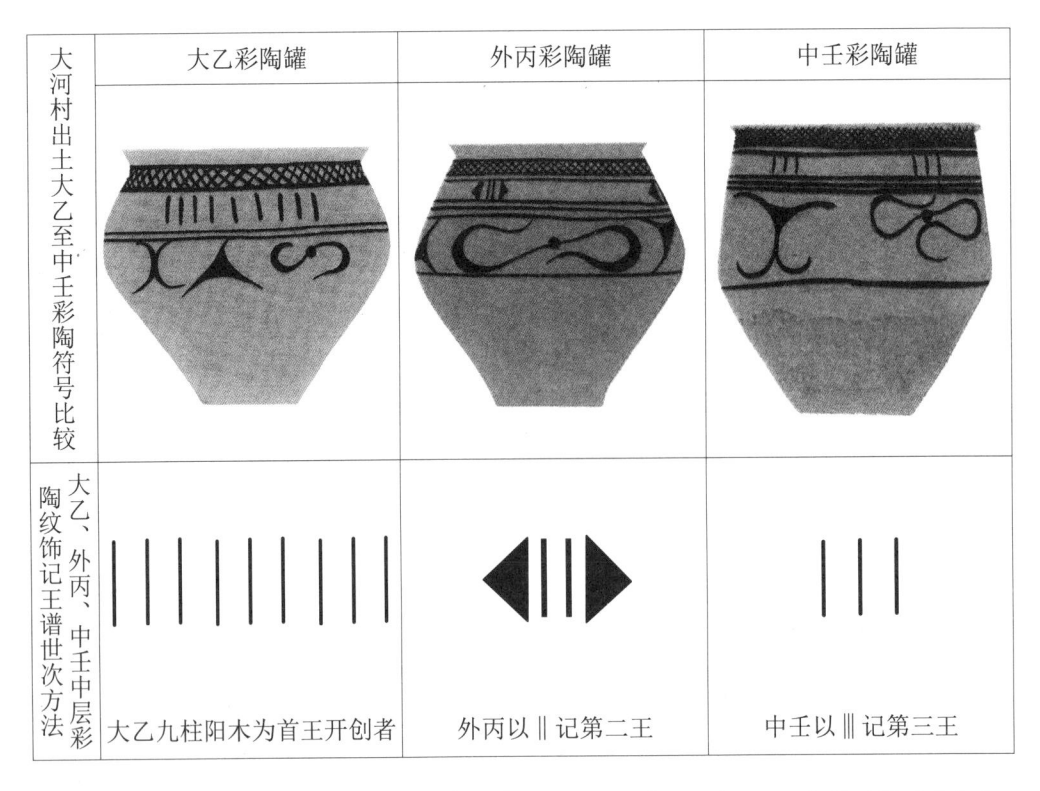

大河村出土大乙至中壬彩陶符号比较	大乙彩陶罐	外丙彩陶罐	中壬彩陶罐
大乙、外丙、中壬中层彩陶纹饰记王谱世次方法	大乙九柱阳木为首王开创者	外丙以‖记第二王	中壬以‖‖记第三王

图2-7　大河村出土彩陶纹饰的外丙、中壬符号及大乙、外丙、中壬三王记录王谱世次方法

郑州大河村彩陶秦王寨类型普遍行∽状乙字形彩陶纹，但目前多见大河村遗址出土的∽纹中央有一圆点，作ಀ状，而别的地方较少见到。我以为这即是乙丁两字合文的文字符号。因为∽状纹饰即是大乙的乙字原始符号，而乙字中间的一个圆点实即丙丁之丁字的符号形态。与夏启人面鱼纹盆的癸甲合文相比，前者带有较多图形的因素，后者更接近甲骨文及金文的徽铭符号文字。史籍记商朝建立者为商王大乙，而伊尹在大乙代夏的过程中有举足轻重的作用，甚至大乙以后的四代商王在许多时候都不得不听命于伊尹。而甲骨文可证伊尹为丁群，其祭日多在丁日。① 由于以丁日为名的伊尹部族在商建立过程中起到了重要作用，因此大乙建立商王朝，以ಀ状乙丁两个符号结合，以合文合体字记录并标志商朝的建立是不足为怪的。这种传统从大河村彩陶看，至少从大乙开始一直持续到外丙，中壬三王。如果说夏朝的建立是以"禹通涂山，辛壬癸甲"，以癸甲生启的癸甲合文格式奠定了夏朝，特别是夏初各王以盆缸口沿的四隅四正的癸甲器物符号布局模式，那么史籍及甲骨文所见商代王名以乙丁两群隔世出现的规律无疑源自商王大乙娶莘女并得丁群之伊尹。而大乙之乙群与伊尹之丁群结合并有明确符号记录的，应当就是大河村大乙彩陶罐的ಀ状乙丁合文符号。

（四）说大甲

商朝建立之初，王室内部各群团之间的斗争当是十分激烈的。大乙死后，其子大丁当继王位。这从甲骨文对大丁祭祀的隆重即可看出。但是继大乙而立为王的却不是大丁，而是外丙。但甲骨文中却较少见到外丙的记载。这大约就是商朝初建时王室内部部族间斗争的反映。对于大丁未继王位的原因，史籍记大丁未立而卒。我以为其原因可能并不是大丁未立而卒，而是以乙丁两大族群为主的各群团之矛盾斗争的结果。对于商殷王室内分为不同干群及其之间围绕权力的斗争，近代以来不少学者作了详尽的研究。以为商殷王室十日干群可分为甲乙群与丁辛代表的两大干群。以大乙为甲乙群的代表，伊尹为丁辛群的代表，两个干群隔代为王。② 从大丁与外丙同属丁辛群这一点看，大丁虽未继王位，

---

① 张光直：《中国青铜时代》，生活·读书·新知三联书店1983年版，第178页。
② 张光直：《中国青铜时代》，生活·读书·新知三联书店1983年版，第145页。

但外丙继王位仍代表丁辛群掌控王室。不仅如此，即使在同一干群中的不同族群，也有许多令人不解的矛盾情形。如甲骨文记载辅佐大乙灭夏的重要人物伊尹为丁群，同属丁群的大丁之所以未立为王，可能正是由于大乙与伊尹两群之间仍有矛盾冲突所致。同时伊尹虽属丁辛群代表，但却是大乙所娶辛群之附属。史籍记伊尹佐汤伐夏桀，伊尹未登王位，但伊尹在甲骨文中被祭祀之隆重，及记载中灭夏之功甚至超过大乙。以至直到继大乙、外丙、中壬后的第四位商王大甲时伊尹仍能放逐大甲，可见其权位之重及反映出商初王室各群团矛盾斗争之繁杂。因而伊尹与大乙的特殊关系及在商初的重要性更能证明我们确定的ᴜก状乙丁纹符号为大乙建立商王朝时的标志，因为它实际是大乙代表的乙群与伊尹代表的丁群共同建立商朝的记录。

伊尹虽然在商王朝具有举足轻重的地位，但官方记载中却只说他佐汤而立商，而且与伊尹同属丁群的大丁应继王位但并未继王位。可见商朝初立的大乙时代，大乙代表的甲乙群在商王室中地位高于伊尹代表的丁辛群。但至大甲时，伊尹能以大甲不明而放大甲，则反映了到商朝第四王大甲时，丁辛群的势力似乎已超出甲乙群。放大甲可证商王室内主导族群及文化已发生了变化。我以为临汝阎村出土的口沿外侧有四个柱丁状泥塑饰的盖缸即是商王大甲的文化遗存。其理由有四。一是带盖大缸在仰韶文化中较为少见，而此带盖缸口沿外四个泥塑柱状纹饰在缸口外成四方垂直分布，象甲字符号形。二是此缸出土地正是前述夏桀鹳鱼缸之出土地。天问有"天乃降鹳，下逢伊尹"之说。因而此地当与伊尹有关。而且伊尹本来就是夏臣。可见在商王室内部冲突中，大甲缸出现在夏王室故地是有其文化背景的。三是伊尹放大甲于空桐。空桐或说在嵩山附近，或说在陇山一带。而这种口沿外有四柱状柱饰作甲字状四面分布的带盖缸目前仅发现两件。一件在临汝阎村，地近嵩山之桐。一件在甘肃秦安大地湾，地近陇山之桐。而且它们的时代大体相同，形状相似，尺寸亦十分相近。四是从商初王室器物演变规律看，大乙彩陶罐是由庙底沟彩陶盆演变而来，大乙彩陶罐仍带有较多庙底沟勾叶圆点纹彩陶盆的大口小底的盆形因素，但到外丙、中壬，逐渐向直筒缸形器变化。因而至大甲时以缸为王器并不是偶然的。而从盆到缸的演变还可看出盆和缸两类器形所代表的不同群团的力量之消长变化。夏初从启起到夏后相四王皆以彩陶盆为标志物，而经羿浞之变至少康改为以尖圆底缸为标志，到孔甲以后均以缸为标志物。大乙初立，以近盆形陶罐为王室标志器物，到大甲复又以缸为标志物。因而，大甲缸的出现，标志着以缸为代表的群团在商王室地位越来越重要。因为像夏初夏王室内两大群团中，鱼部族中心在西安半坡，而鸟羿部族在临潼姜寨一样，在大乙建立商朝时，也是以大河村秦王寨类型与临汝阎村类型代表的两种文化统一对立的。即以居于大河村的大乙部和居于伊洛阎村的伊尹两大群团联盟为主形成的。由于伊尹代表夏王室内反夏助商的力量，但仍以夏王室陶缸为标识，而随伊尹族群的夏文化因素在商王室地位逐渐扩大，陶缸作为商王室的标识器物开始显现。从大乙到外丙、中壬，再到大甲，商初王室标识器物由盆罐到缸的变化就是商王室内不同群力量变化及其标识器物变化的反映。

（五）从ഗ状大乙纹符号追溯商先王报乙、报丙、报丁

从标志商王大乙ഗ状纹符号的发展过程看，在ഗ纹符号形成之前，即大河村彩陶的秦王寨类型之前，大河村彩陶中的庙底沟类型勾叶圆点纹明显有一个解体过程。勾叶及圆点明显有一种分离状态。我以为这种解体过程中的几种纹饰可能与商先王报乙，报丙，报丁有关。从ഗ状大乙符号看，大乙的乙字是以∽状符号为特征的。大河村彩陶中有一种双勾状很突出的纹样，这种由两个双勾状构成的纹饰正好构成一个中间以柳叶状为中心的∽纹样。我以为这即是商先王报乙的标志。而另一种突出鱼尾状丙字纹样的纹饰，我以为即是商先王报丙的标志。而与报乙报丙纹样一样，大河村彩陶中由庙底沟勾叶圆点纹简化而来，在两组鱼尾丙字状纹样间以红色园点为鲜明标志的可能即是商先王报丁的器物符号标识。

庙底沟期十分盛行的勾叶圆点纹何以在大河村文化与秦王寨类型时代迅速简化分解呢？这从商先王报乙、报丙、报丁的三报之报或许能得到一点解释。商先王报乙、报丙、报丁的报字甲骨文均作匚形。说文以为是竖置之方框，而这方框的含义是什么呢？我以为即是北斗七星的标志。报通𠬝，与苞牺通伏牺类。而苞瓜之于瓢枸又与北斗称枸同。甲骨文斗字其上正从匚，作ᕯ状。可见北斗斗字上部所从之匚状大约是北斗七星的尾三星标识。因而商先王报乙、报丙、报丁之三报名很可能本于北斗七星的尾三星。从形成这种纹饰符号的庙底沟彩陶勾叶圆点纹纹饰形状看，勾叶圆点纹的基本纹饰为一

个勾勾状拖着一个类三角形尾巴的纹饰。勾勾当即北斗七星斗头。而三角形尾巴即为斗尾三星的简化形态。商先王三报之报从匚明显是以此尾三星形状并与斗头从四星之方围状相区别的。由于甲骨文的刻写需要，彩陶纹饰中的弯勺状勾叶纹在甲骨文中被刻成了方框凹曲状。北斗七星在中国传统文化中具有十分重要的作用。太史公《史记》有"斗为帝车，运于中央，临制四方"的天帝与人王共制作用。而斗头与头尾在其中均有确定方位时令作用。依炭十四测定数据看，大河村时期的彩陶所属年代约为公元前 3500 年前后。依天文学家对公元前 4000 年前后北斗星隐现规律研究，公元前 4000～前 3000 年前后北斗七星在夜间高悬于中国北方天空，常显而不隐没。这与此一时代之商先王报乙、报丙、报丁以北斗尾三星形状为标识并以此命名不无关系（图 2-8）。

（六）说上甲与北斗

商先王报乙、报丙、报丁之前为商先王上甲。上甲虽已证明确为商之先王，但他命名的含义却很少有人谈及。参照我们以上对商先公报乙、报丙、报丁三先公与北斗七星尾三星的关系看，我以为在商先王中最重要的先王上甲可能与北斗七星的斗头有关。上甲或称上甲微，《天问》称昏微。昏有昏黑意，微有幽微意，皆与北方之昏黑幽微相关。从甲骨文上甲字形看，十状甲字与北斗斗字下所从十同，均与北斗斗头四面指向有关。而上甲作为王名，特别在十状北斗头外再加一方框，以斗头四星之四方状与斗丙三星相区别。甲骨文上甲甲字作囗状，内有十状符号，外有方框，因而从上甲王名造字特征看，十状甲字与囗状方围，方框状具有同样重要的意义。十分有趣的是，在郑州附近的大河村类型白庄遗址出土了一种外有边框的双钩十字状彩陶盆，我以为这即是商先王上甲的标识及遗物，彩陶盆上的彩绘❋形双钩十字纹及圆形外框可能就是商先公上甲微文字符号的原始形态。商先王上甲以北斗斗头为象，而报乙、报丙、报丁三王又都以北斗斗尾三星为标识，可见商代自上甲开始先王不仅继承夏启开始的以十日命名的传统，而且在十日之外又以北斗星象为标识。甲骨文上甲微甲字作田、甴或畾形，除以田为北斗方形斗头外，又加丨为特殊标记。我以为丨即数字十字，为十天干数字，这也正合于上甲为商族以十日名王的开创者之本意。而上甲微之所以称上，自然有内含的上天之十日和月、星的天象意义。
上甲微之微，可能有北方天空北
斗在幽黑中指示方向并作圆周回
转意（图2-9）。

（七）上甲甲字与北斗溯源

从前文不仅可以看出商先王
上甲之甲字符号与北斗星之关
系，而且从商先公上甲之甲字构
形也能与夏王启以来名甲者相印
证。因为以大乙伐夏桀上朔六王，
为商先公上甲，亦即上甲对应夏
代第十一王帝扃。夏帝扃之后为
帝孔甲，而夏帝孔甲约与商先公
上甲时代相当。因而从商先公上
甲甲字构形及来源上也许能追踪
到夏王名甲者甲字符号的踪迹。
由于北斗与甲之关系并不自商先
王上甲始，夏代的开国君王夏启
不仅以癸甲十日为名号，而且癸
甲之甲似乎也与北斗七星有关。

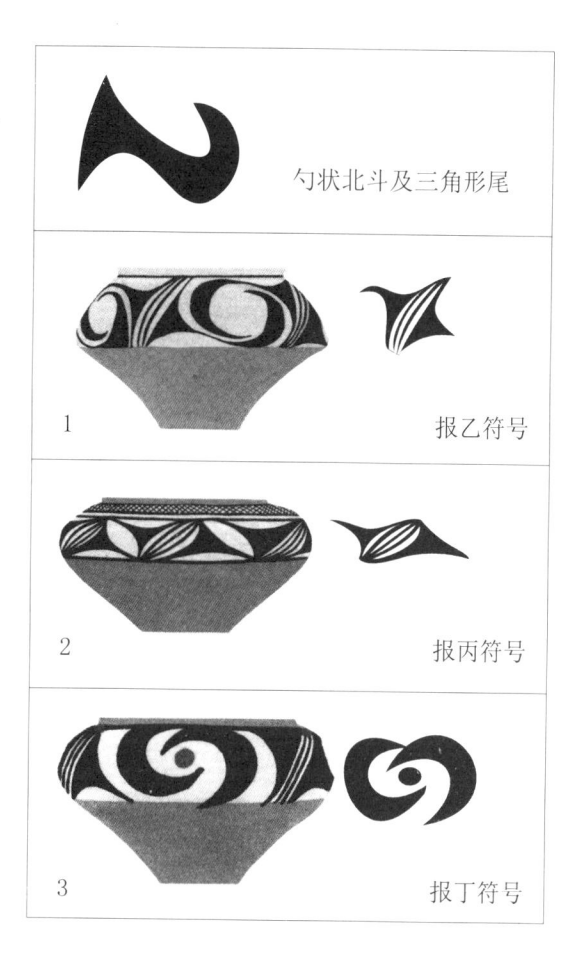

图2-8 大河村出土商先公报乙、报丙、报丁
彩陶纹饰符号与北斗七星形状比较

上甲微以昏微表示北斗所居之北方，夏启也以北方为特征。有"石破北方生
启"之说。不仅如此，半坡时代以变体鱼纹三角形构成的菱形十字花纹我以
为即是代表"临制四方"的北斗星形象。有趣的是，几千年以后的汉代画像
石，仍保留有不少北斗帝车以七条鱼或六条鱼驾驭的图像。这和夏启人面鱼
放盆以鱼旋动甲状十字符号不谋而合，而十状甲字在甲骨文字中又代表数字
七。可见，夏代夏启不仅以癸甲十日名王，而且也以北斗七星作为王权的星
象标志。这种代表王权星象的由三角纹构成的十字菱状纹饰与庙底沟期十分
流行的目状花瓣纹密切相关。这种目状花瓣纹多以四个弧线三角对顶构成四
瓣花状。即四个对顶三角构成花的四瓣，而弧线三角的八条弧线边又合成与

三角形花瓣相间的四个眼目形花瓣。我以为这是夏代王室以眼目观看北斗星象的传说之记录。古代典籍中有仓颉四目之说，而夏启以后的人面纹人之眼睛或作弯月形，或作圆日象，表示对月亮太阳的观察。而另一种作菱形的眼睛可能就是用来观察星象的。从史籍记载看，夏王室的重要一支有以斟为氏的，即夏史中常常出现的斟寻与斟灌。《史记·夏本记》记夏十二姓中有"斟寻氏""斟戈氏"，又引《竹书纪年》："太康居斟寻，羿亦居之，桀又居之。"而斟从斗从甚，《说文通训定声》释："斟，勺也，从斗甚声。可见至迟在半坡与庙底沟彩陶器物符号表示的夏代早中期，夏王室即以北斗七星作为制定历法、观测时令的重要依据。而北斗七星为勺的说法其起源相当古老。斟字现在仍用斟酒意，即注而使满，有挹取和倾倒两重意义，其明显是斗勺说法的实证。联系夏启人面鱼纹盆与癸甲字，我以为夏代以陶盆口沿十字或以陶缸口沿用泥柱布列十字状，均是与北斗七星之为斟相关的，也就是说在半坡代表的夏代早期，王室所用作标识物的陶盆与口沿的四面八方分割符号，其内涵之一就有夏王室表示北斗七星及宇宙天体的标识意义，而且以北斗斗头最明显。半坡夏代早期以后的夏王室的夏族及商族可能更注重以彩陶纹饰的符号含义作为表示思想感情及知识的主要方法。庙底沟期彩陶勾叶圆点纹，在∽状连线两端的两个勾勾状的纹样，正是北斗七星头四星、尾三星合成的勺形的图像。商先公上甲和报乙、报丙、报丁三王正是继承了夏文化时代的北斗文化传统。以上甲甲字符号表示北斗斗头，以报乙、报丙、报丁三报表示北斗尾三星的。

（八）半坡夏启盆口沿癸甲符号与甲骨文上甲甲字文字符号比较

前面我们已经分

● 上甲甲字符号　　　＋ 甲骨文上甲甲字

图2-9　郑州白庄出土有甲字形彩陶符号彩陶盆

析了甲骨文中商殷先公上甲微甲字的文字符号形态，从中可以看出上甲甲字符号的基本结构特征，即以十状十字与口状方围结合，形成具有四正思维及四面八方含义的符号形态。就这一形态及含义看，它与郑州白庄出土彩陶有✣状花瓣纹的形状十分相似。① 据此我们将甲骨文上甲甲字与郑州白庄十字状花瓣纹及半坡夏启盆口沿癸甲十日符号比较，它们不仅形态构成相似，而且都有开创十日名王的意义。半坡夏启彩陶盆口沿以十状符号表示四正的十状符号，即甲字。以✳状符号表示四维四隅的✳状符号即癸字，这与甲骨文上甲甲字作⊞形有异曲同工之趣。由此可见中国古代符号文化的传承力多么坚韧。从半坡到白庄，从彩陶到甲骨文，虽然几千年风雨岁月，虽经夏与商的朝代更替，可是符号文化的传递却从未中断。虽然其形态略有差异，但其基本结构和文化内含仍能传达出它们之间的血缘联系。

大汶口彩符陶缸与商王室东迁

（一）大汶口⛬纹陶缸与商王沃丁

1. 陶缸溯源

我们前面叙述夏及商初用作王室标志性陶器主要有两类，一类为彩陶盆，另一类为彩陶缸（少数不带彩）。夏代早期夏启到夏后相的标志性陶器为细泥红陶彩陶盆，少康及最后的孔甲，皋、发、桀均用桶腹圆底或平底陶缸作王室标识器。夏代帝予以后帝槐、芒、泄、不降、扃、廑六王的器物虽不清楚，但从商先王上甲、三报及其前身庙底沟勾叶圆点纹看，多数都用细泥红陶盆作标识器。而从大乙到大甲四王器物明显能看出从陶盆向桶腹陶缸转化的痕迹。因而是否可以认为，从夏开国到商王大甲止，在整个仰韶文化的半坡、庙底沟为代表的中原新石器彩陶文化区，最重要的两种陶器，即盆与缸常常是被用来作王室的标志器物的，而陶盆与陶缸又很可能代表大甲以前的夏商王室的两大群团。依据目前所能看到的考古资料判断，细泥红陶彩陶盆很可能与前仰韶文化的细泥红陶彩陶钵有继承关系。而细泥红陶钵及细泥红陶盆的早期产生地很可能在华山以西的泾渭流域。虽然前仰韶文化期关中地

---

① 钱志强：《古代美术与中国文明起源研究》，中国社会科学出版社2007年版。

区就流行一种与陶钵共存的三足桶腹罐,到仰韶文化时代整个仰韶文化区几乎都流行细泥红陶缸,但陶缸的原生地,特别是常常用作王室器物的尖圆底陶缸其原产地当在东部。因为从目前考古资料看,中原后岗一期文化和东部的大汶口文化区的北辛文化大约在公元前5000年就发现有尖圆底的陶缸。[①]夏朝建立以后,从第二王夏太康起就发生了与羿的斗争,从后羿代夏政起,王室文化的标志性器物也由陶盆转移到夏少康和帝予的尖圆底陶缸为王室的标志器物。这可能就和有穷后羿一族的东部文化陶缸进入夏王室有关。十分有趣的是,少康缸口沿的弦纹及泥条装饰与后岗一期文化的圆底缸十分相似,而我们指认的姜寨出土的花瓣纹大型尖圆底彩陶缸为夏帝少康的遗物,而同样形状、同样花纹的尖底缸在大汶口也有出土,只是比姜寨缸小,纹饰也简单,较少王者气象。但就它们接近的程度看,目前尚无一处与之相比。而且这种少康花瓣彩陶缸目前为止只在姜寨和大汶口出现,其他地方尚未发现一例。可见河北南部、河南东部及山东一带关于夏帝少康的各种说法也当自有所本。因为那里本来就是少康尖底陶缸的老家。从夏文化的东移,直到夏商在郑州南北一线的对峙,颇有些陶缸文化的认祖归宗意味。而大汶口陶缸及刻划符号证明,商王沃丁、太庚、太戊、雍己诸王正是陶缸文化回归本土以后的遗物(图2-10)。

2. ⚶符号陶缸与商王沃丁

如果说商王大乙纹饰已近于符号化,已从繁复的纹饰装饰逐渐进化到简约的符号记录,则大汶口陶缸上的刻划符号更近于甲骨文及金文中的徽铭及合体文字。目前所知,大汶口刻有⚶状符号的陶缸共发现7件[②],多数纹饰符号残缺不全。其纹饰大体可分三种,即⚶状、⚶状及⚶状。从纹饰构成看主要分两部分,即上面圆形〇状,下面⋁、⋁、⋁状火焰纹或⚶状火焰纹及山岳形。对于这种符号的含义讨论较多,多数认为已是中国最早的文字,但其为何字及何含义尚有争论,但对符号的特征及表示的事物则意见基本一致,即认为上部是太阳即日,下部⋁为火,⌒⌒⌒为山峰状。我以为这种符号即是商王沃丁的符号文字标记,亦即中国最早的以独立合体符号所作的王名

---

① 苏秉琦主编:《中国通史·二卷·远古时代》,上海人民出版社1995年版,第63页。
② 王树明:《谈陵阳河与大朱村出土的陶尊文字》,《山东史前文化论集》,齐鲁书社1986年版,第249页。

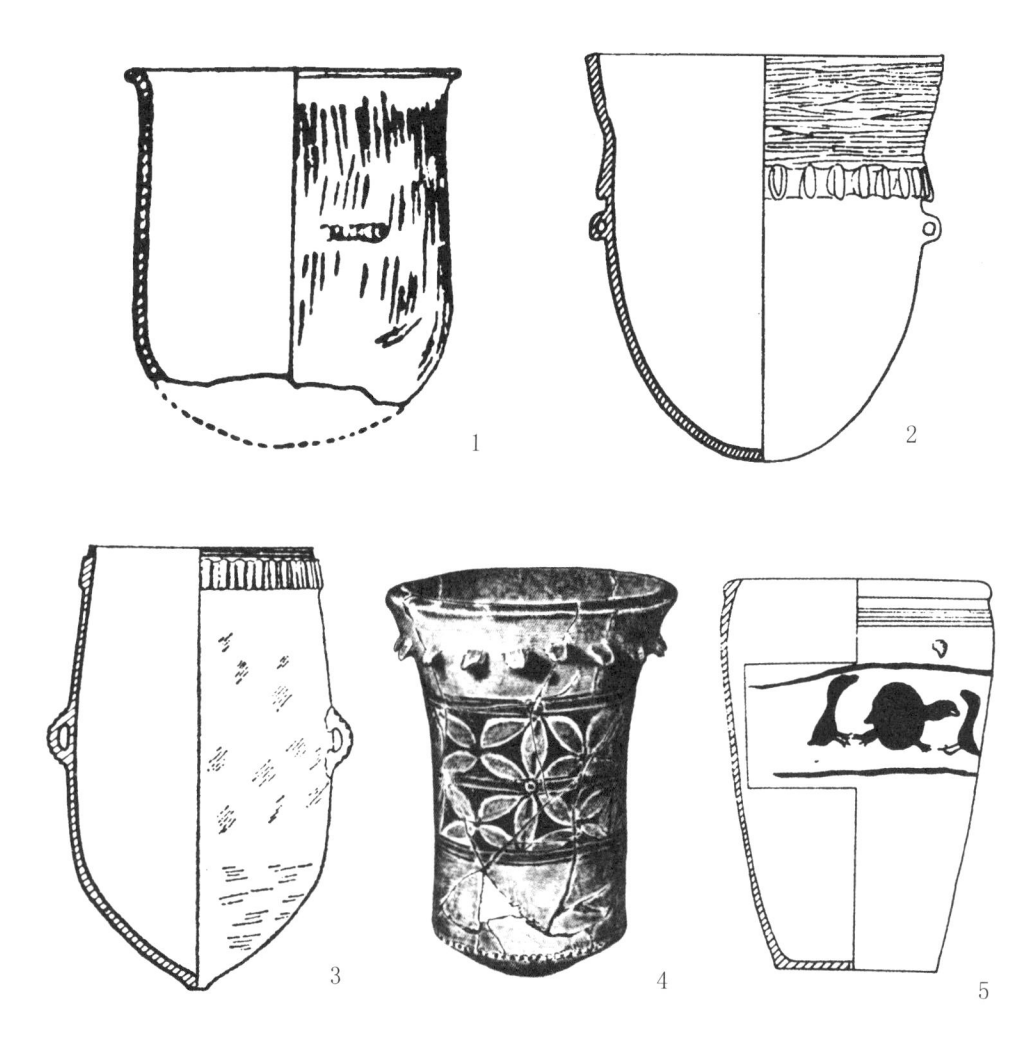

图2-10 陶缸演变推测
（注：1临潼姜寨　2秦安大地湾　3龙岗寺　4山东　5临汝洪山庙出土）

标识。从夏启癸甲及商王大乙分别用癸甲日和乙日标记夏启及商王大乙看，🔥状符号上部从0为丁日标识。因为日数10，甲、乙、丙、丁至癸十干名均可代表十日，即甲日、乙日，丙日，丁日，此为沃丁之丁日标记。前述启之癸甲，大乙之乙丁可见。因此它是沃丁的丁日之标记。符号下从火，火音或读煜，炟，音近沃，意为火日，即商王沃丁以火日为丁日。所谓火日，实为大火星出没之日。可见沃丁以大火星出没之日为王名丁日标记。商人以大火记日记时在古籍中多有记载。《左传》昭公元年："昔高辛氏有二子：伯曰阏伯，季曰实沉……迁阏伯于商丘,主辰。"《左传·襄公九年》说:"陶唐氏之火正阏伯居商丘,祀大火,而火纪时焉。相土因之,故商人祀大火。"阏伯之阏音与沃音通,古语之五,吾,语,音相通可证,从而可以判定古史记载的阏伯可能与以主大火星的沃丁有关。而从大汶口的🔆状陶尊文字可见商王沃丁时代大火星在王室文化中具有十分重要的意义,因而这很有可能是商王沃丁主要依大火星偕日出没来定农时季节。而两种形态的🔆和🔆状符号可能分别代表大火星偕日出和偕日落山标志。另据陆思贤先生研究,公元前3000年前后,"大火星是在春分前后晨出东方,在秋分前后昏没西方"。[①]为晨昏东方和西方天空十分明亮的星。这也与大汶口陶缸时代年代相合(图2-11)。

3. 大汶口陶缸🔆状符号与鸟柱方坛及咎单作沃丁

太史公《史记》之"殷本纪"在记叙殷王大甲之后的沃丁时有"……沃丁立,帝沃丁之时,伊尹卒。既葬伊尹于亳,咎单随训伊尹事,作沃丁"之说。伊尹为商王室丁群,以丁日祭奠伊尹在甲骨文中常见。前述商初大乙汤之都在郑州附近,而成汤曾在那里得到伊尹的协助。司马迁有"成汤东巡,得彼小臣"的记载,可见伊尹部族大约本来居住在郑州东南一带。《吕氏春秋·本味篇》有"有侁氏女子采桑,得婴儿于空桑之中"的记载,此生于空桑中的婴儿即为伊尹。可见佐大乙灭夏的伊尹丁族同样有与桑木十日相关的故事。更值得注意的是文中还有伊尹"母居伊水之上……故命之曰伊尹"说法。这也与我们分析伊尹与夏王室晚期伊洛汝颖流域十分突出的缸文化有关的论述相一致。甲骨文伊尹的尹字从𠂇,从手挚拾状。此丨即代表十日之木柱,或即汤谷、扶桑十日传说神话之本。而伊尹在十日中特重丁日。虽然丁群之伊尹在商王室中有举足轻重作用,但大乙至大甲四王均在郑州附近,均不以丁名王,独沃丁迁大汶口区后即以丁名王,因而伊尹丁群的文化分布可能是在郑州以东以南地区。从考古资料看,大汶口陶缸是与伊尹部族伊洛汝颖陶缸文化一致的,而且沃丁的🔆状符号后来也流行于东南沿海一带。而陶缸上面的🔆状刻符后来逐渐在陶器、玉器上演变为鸟柱方坛形刻符。这种鸟柱方坛纹一度流行于江淮各地,后来主要发现于良渚文化玉器上。陶缸及玉器上的鸟柱方坛纹饰以鸟立于柱上,柱下为有台阶的方坛,坛上仍保留有大

[①] 陆思贤:《天文考古通论》,紫禁城出版社2000年版,第151页。

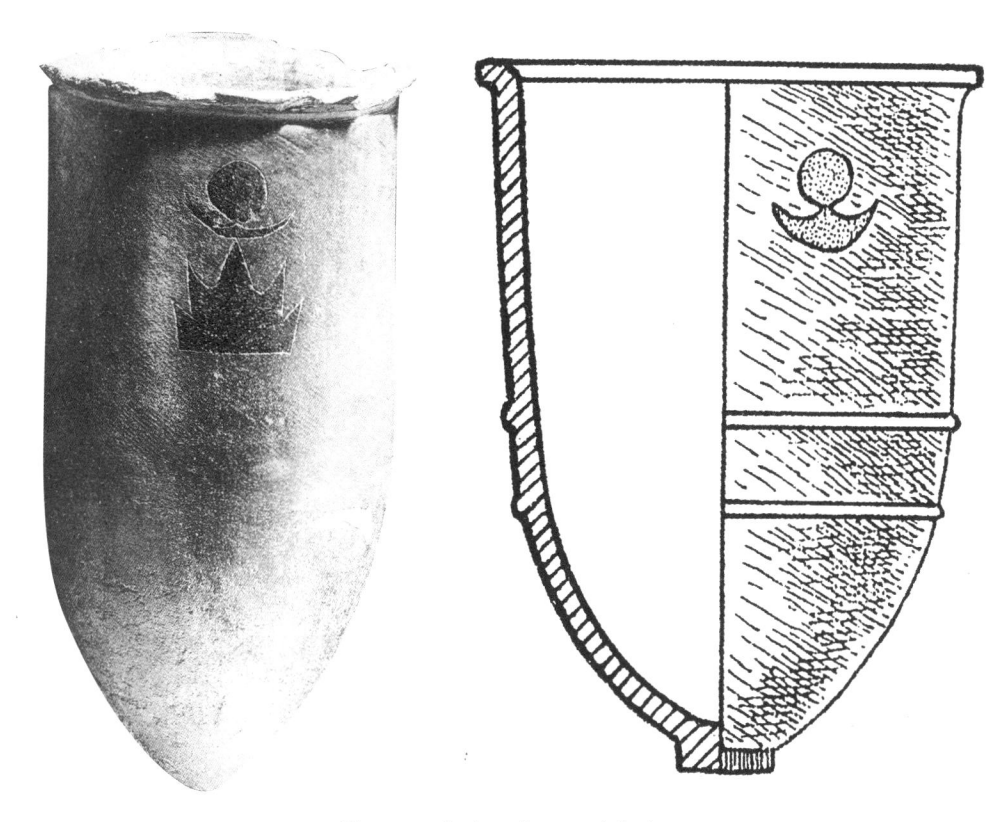

图2-11 大汶口有沃丁刻符陶缸

汶口沃丁纹的&状鸟火纹样。对于这种方坛立鸟纹的内涵近年有多种说法，我以为它和伊尹代表的丁群以鸟为主要标志有关，而它的名字当是古籍记载中所说的鸠单，亦即是太史公所记"作沃丁"的"咎单"。鸟立于台自然可称鸠台，鸠台音通鸠单，咎单。因而，从大汶口沃丁⿳刻符以太阳、鸟与山岳纹符号记录曾"训伊尹事，作沃丁"的咎单，到良渚文化的鸟柱方坛纹，其实都是鸠单一族，即司马迁《史记》中作沃丁的咎单一族的文化遗存。鸠单一族的文化延续几千年，在大汶口文化商王沃丁时曾为商王沃丁制作王室陶器并创制出火日鸟山符号，因而大汶口日火刻纹缸就是沃丁为王时商王室器物的遗存。大汶口沃丁时代的鸟火山岳刻划符号陶缸到大汶口文化晚期曾在江淮一带流行并演变为鸟柱方坛符号，这种鸟柱鸠坛上还保留下大汶口沃丁刻符的五齿状，不过已演变成五个台阶。而这一地域的鸟柱玉雕及鸟柱刻划符号和鸟柱铜器不仅分布广泛，而且一直延续到战国秦汉时代（图2-12）。

4. 从沃丁󠀠状刻划符号的大火星象说商王室的星火历法

夏人创立了十日纪历的方法，并开创了以十日作为夏王名号的将日名与王名合一的文化传统，这一传统为商人先公上甲一族继承，并在先公上甲以后演变成为商人名王的传统。但是商人的王名文化并不是简单地对夏王室文化的学习和继承，而在许多方面对夏王室文化有所改进。夏人虽然开创了十日名王传统，但记录十日的文字符号目前看并不完全。从夏初的夏启盆看，可能只有口沿的丨状符号，即壬字，∨状符号，即辛字和※状癸字，及由丨构成的╋状甲字的辛壬癸甲四个符号文字，亦即古籍中的"辛壬娶妻，癸甲生启"的辛壬癸甲。而在十日顺序中，可能是以癸甲两字作首尾字，四辛四壬，即以辛壬两日重复四次加上癸甲两日构成十日的。而太康之名，即庚字其实极可能是夏初有穷后羿一族的创造。如前文中我们叙述的庚字造型与覆倒的陶盆状及夏代中期以后陶盆盆腹加长而向缸形演化及王室器物演变为以陶缸代替陶盆都可见东方缸文化一族对夏初王室文化的改进。

就符号文字的角度看，商王大乙之所以为商人开国之君，我以为和他创造了十日中的乙日之乙字符号有关。夏人王名如前面叙述，可能只有甲癸、辛壬、庚五个干名。而大乙部族的乙族和伊尹的丁族则可能是乙丁两个王名符号的创造者并且它们也一同开创了商王朝。因此，商王朝一反夏人癸甲十日的顺序，改为以大乙的乙日为首。商殷王名中也以乙丁两群名王者最多，这都显示了乙、丁两干群在商殷王室中的主导作用及突出乙、丁两日的特征。

从前面我们对大乙乙字纹饰符号的演变过程论述可以看出，商人的乙鸟部族有明显的注重对月亮观察的传统，而伊尹的丁群则有明显对星象即沃丁代表的大火星观察传统。可见以大乙和伊尹代表的商王室文化不仅继承了夏人十日名王传统和对太阳的观察及记录，而且还特别注重对星象及月像的观察和记录。

5. 󠀠状符号溯源

从考古材料可以看出，商王沃丁用作标识的󠀠状符号与仰韶文化庙底沟彩陶纹饰有十分密切的关系。特别是&状日火纹更可看作从庙底沟夏文化中继承而来。庙底沟彩陶中十分流行&状纹饰符号，有时画有三柱状足，它们在庙底沟的花瓣纹和勾叶圆点纹中特别突出。这种日火状弧边三角圆点纹饰均用黑彩画在繁复的花叶纹中，似有日光照耀草木之意，又由于它极似日中

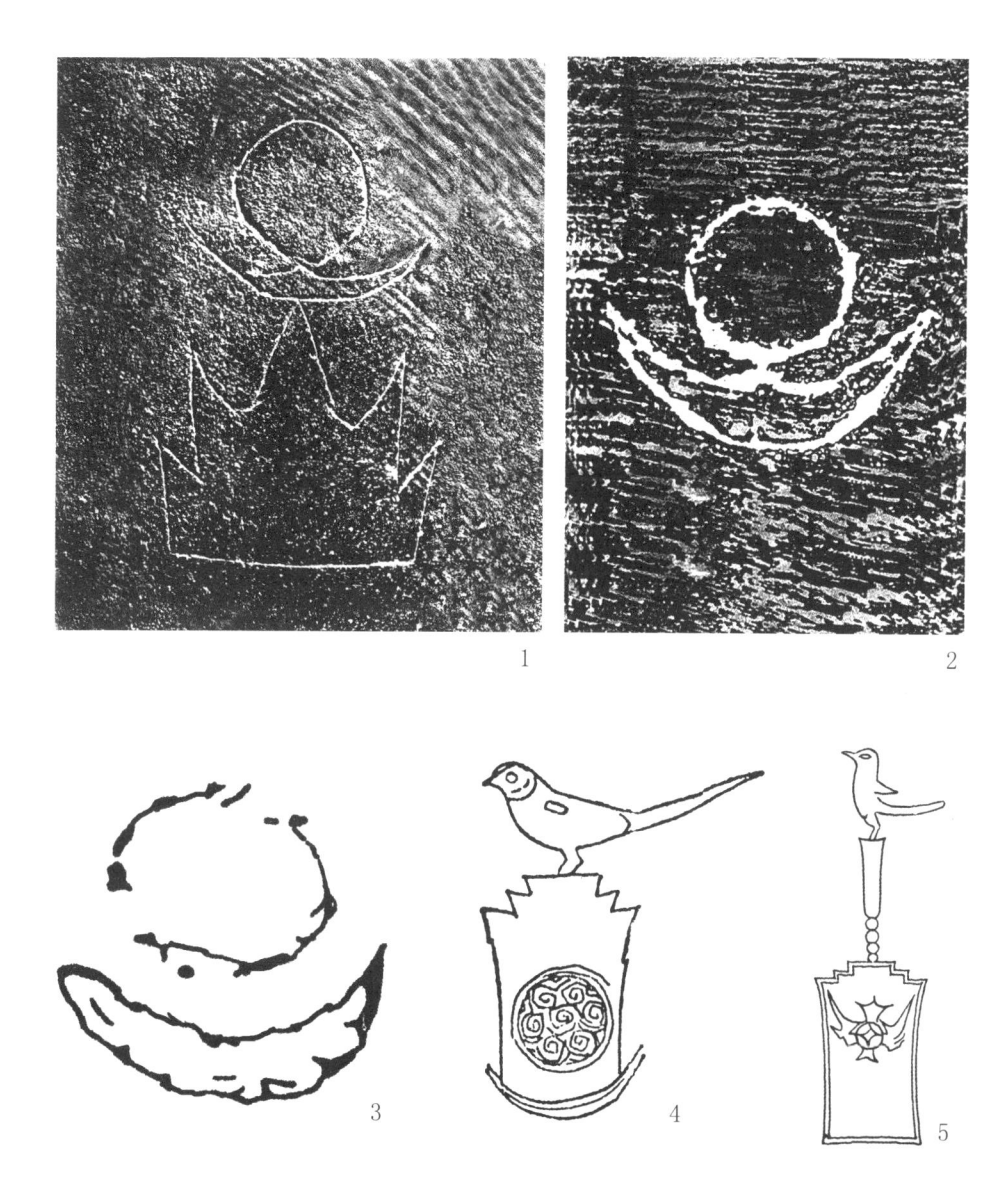

图2-12 大汶口沃丁陶缸刻符与良渚玉器上鸟柱鸠坛刻符比较
（注：1、2大汶口沃丁陶缸刻符 3、4、5良渚玉琮刻符）

之飞鸟，无怪乎许多文章径直称其为飞鸟纹。这种日火状鸟纹经历了从无足到三柱足，到五柱足再到多柱足的长期发展过程，到大河村时期演变成 形倒置状，以密集的柱足向上，圆点在下并以红色画出，而火焰状三角弧形拉长后极像梳子状，又像展翅的飞鸟或像牛羊羝角形。大河村的这种火日飞鸟纹也不画在圆形日中，而画在◠形半弓形的半日之中，这是否与我们前述的偕日出没有关呢？它以半弓向上或半弓向下，极有可能代表着东方日出与西方日落的形象。这也许就是大汶口陶缸上的火日两种刻划符号一种下边有山，一种下边无山的原因吧。可见商文化的乙丁两干群之在王室者，虽然本出于东方，但很早即已西迁，夏初即与夏王室文化共处，在夏代中期以后不断东归，并最终在伊洛以东的郑州地区之秦王寨时代建立了商王朝（图2-13）。

（二）大汶口⋈纹陶缸与商王大庚、小甲

大汶口还发现了三个分别刻有)(、⋈、⊐状符号的陶缸。三个纹饰都为四边四方形状，前一个高而竖长，后两个相近，四边而方。王树明先生认为这种符号为一种军事用的吹奏乐器，释为凡字，并引裘锡圭先生以甲骨金文中庚字作 、 ，从庚从凡作证。① 我以为这种意见很有见地。但应当明确的是这种刻符陶缸就是商王太庚及小甲的遗物。裘锡圭先生还进一步推论甲骨文中的麃即庸，用，麃即 下之⊐，本是筒、桶一类东西的象形字。我以为这种类筒、桶一类形状的东西或许就本于大汶口陶缸上的这种方形刻划符号。考古学上一般称大汶口这种缸为桶腹缸，以其缸身如圆桶状。大汶口文化这种桶形缸就其器形而言，可能与红山文化的无底圆桶状彩陶缸，良渚文化的方柱形筒状玉琮，大溪文化的彩陶筒形器及中原地区仰韶文化区的泥堆箍纹红陶缸都可能是以陶缸为标识的统一文化群团的不同支系。而西部马家窑文化中很少出现这种器物。因而陶缸形器的原产地当在东部地区。从我们对夏启以来甲字与夏帝太康、仲康、少康及孔甲的器物符号分析中看出，作为王名的甲字和庚、康字都有以十字形的方正纹饰符号作标识的特征。这种器物符号或以彩绘符号作四方排列状，或以柱状泥塑布列在陶盆口沿或陶缸口沿一周。特别是夏帝少康以后，王室器物多以陶缸作为王的标记物。因而商王太庚和小甲在陶缸上刻划四边方形以表示甲与庚康的四正四方之本意是可以理解的。它不像商王大甲及夏帝孔甲那样以泥柱形朔出；在很大程度上是器物符号文字的演进，即由作器到刻划、书写的由繁趋简，便于记录所使。这也和大汶口沃丁刻符是由庙底沟繁复多变的彩陶纹饰逐渐简化分解为大汶

---

① 王树明：《谈陵阳河与大朱村出土的陶尊文字》，《山东史前文化论集》，齐鲁书社1986年版，第249页。

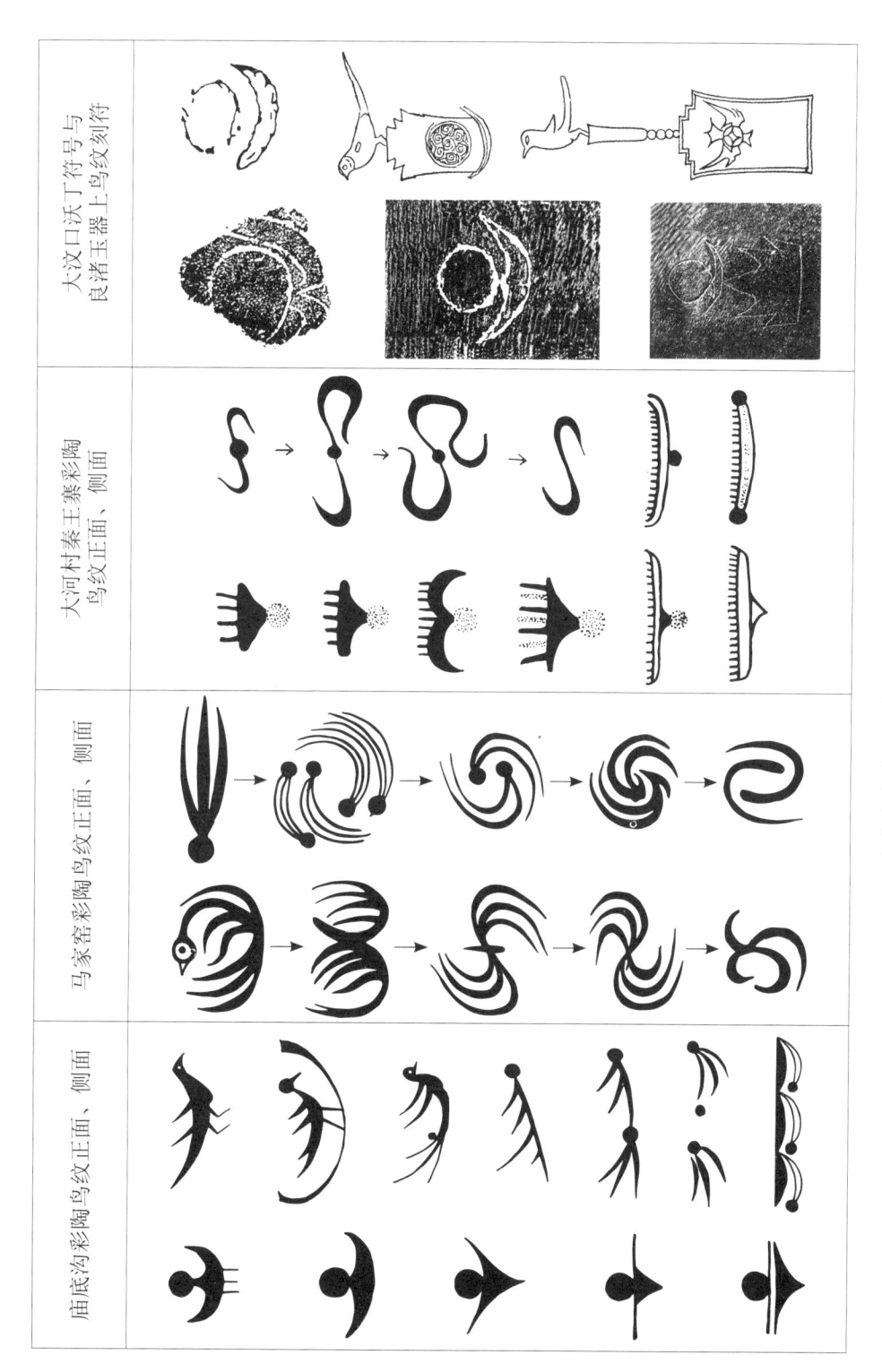

第二章 123
大河村彩陶与商汤建国

图2-13 庙底沟彩陶盔状鸟纹与大汶口沃丁盔纹比较图

口单一符号的规律一样。尽管这三个四边形刻划符号同样表达了四方四正的甲与庚字之本意。但该怎样区分三个符号哪种是庚，哪种是甲呢？我以为莒县陵阳河那件刻划高而竖起的四边形刻符为商王太庚遗物。从前文可以看出，甲骨文中的 、 状庚字，其下所从之∑正是一种长方四边形符号，与陶缸上高竖而长方的四边形)(状刻划符号相近，因而它可能是商王太庚名号的记录。而从我们前面对于上甲与北斗斗头关系的分析可以看出，商代第一位以天干十日命名的先王上甲的甲字皆由指示四方的十状甲字和口状方框两个符号表示四面八方而成。因而创立十干名王的上甲极有可能是以十和口状两个四方符号表示甲字含义的。因为十为一纵一横相交作四方状，而口也为四方状。从半坡时代夏启所从之甲字以陶盆圆形口沿为外边，以四条短直线垂直分布作⊕状，而夏王孔甲也以陶缸圆形口部为外边，在口沿外腹以四个泥柱作四方垂直分布。可见夏王名甲者与商王上甲虽然具体表示甲字的方法不同，但以方正之方形作为甲字符号的形状是相通的。因而我以为大汶口陶缸上另两个近似方形四边形刻划符号的陶缸可能为商王大庚之后小甲的名号记录。值得注意的还有刻划小甲符号的两个近方形四边形刻划符号都刻在陶缸的近底部，这不仅与大汶口目前发现陶缸上的刻划符号都刻于陶缸口沿外侧之上部迥异，而且从上甲、大甲到小甲，商王室甲群之王名法则已有上、大、小或上、中、下之区分。因为根据我们上面探讨所知，如果郑州白庄遗址出土的商先王上甲纹饰符号是彩绘在陶盆外腹上部可视为上；而临汝闫村大甲四泥柱在陶缸口沿外侧视为中；那么大汶口小甲近四方形符号刻划在陶缸腹外近底部则为下。这与商殷王名以大小、上下等区别王的先后顺序的方法是相同的。而从商王大甲、小甲之甲群以不同甲字符号及在器物的上、中、下不同部位记录同干王名可以看出，虽经时代变迁，地域之转换。但作为王室文化，作为十日群的商代王室子孙们仍然谨记着他们先辈们的名号特征及位置先后次序而认真恭谨地进行记录（图 2-14）。

（三）从大庚、小甲再说庚、甲文字符号

在本书开篇的夏启与太康两节中，我们就提出了太康与大庚及康与庚又通罡的观点。而四方四正为罡，为夏启癸甲器物符号之变化形态。这种观点来源于我们对公元前 7000 年左右夏代初年记录夏王室甲、庚王名的人面鱼纹盆的口沿符号变化的分析与考察。从甲骨文的庚字中我们似乎也能看出半坡时代夏初符号文字演变的痕迹。甲骨文庚字均作 羊、丰 形，∩ 古以为穴，其穹顶状其实更近于倒置圆底向上以象征天穹的半坡时代人面鱼纹盆的覆盆形的侧视形态。而 羊、丰 状树木状符号也极像人面鱼纹盆八分口沿的纵横垂直之 ∣、丫 状树木状符号。夏启癸甲之 ⊕ 和 ✷ 状，亦即 ＋、✕ 为人面鱼纹盆口沿的俯视形态，为甲字、癸字及上甲 ⊞ 状四面八方形态的字源。因而甲骨文庚、康字所从之 角 形实即有分割符号的半坡彩陶盆的侧视形态的痕迹。

大汶口陶缸刻符　　　　　姜寨器口泥条饰刻符陶缸

临汝四鸟头陶缸　　红山文化筒形器　　大溪文化筒形器

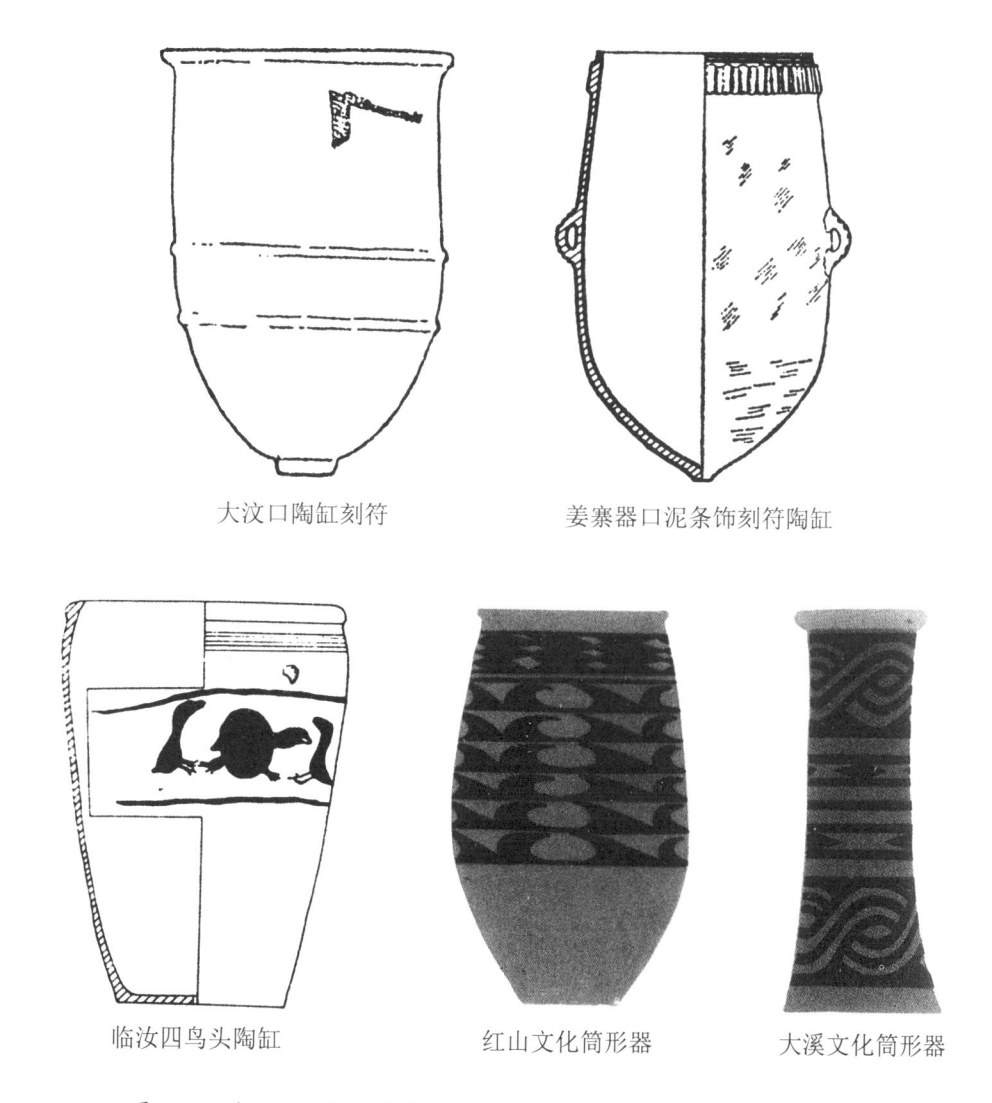

图2-14　大汶口陶缸与仰韶文化陶缸、红山文化、大溪文化筒形器比较

因为人面鱼纹盆均为幼儿瓮棺葬具,是翻扣在装有尸骨的陶瓮之上,因而这即是覆盆之说的依据。另外庚有更意,有再而三之意,有改换之意。也合于7000年前人们迄求幼儿死而复生和王数的改换的意愿。正由于夏代初年夏启癸甲符号与大康、中康、少康之康庚符号图像的相近性及由甲到庚的演变更换的连续性,因而我们才由此联系到它与大汶口时代商王太庚与小甲的四边形刻符的近似性。

(四)大汶口陶缸🗝状刻划符号与北斗及七星

1. 🗝状符号与北斗七星及七星符号

前文我们在叙述商先王上甲及报乙、报丙、报丁时已论述了他们与北斗七星的关系。上甲以十字状四方形象征北斗七星的斗头四星,还特别在十状外加一方框口作四方标识,同时以⊞状独特的上甲之甲字表示北斗七星及日光之临照四面八方之意。而报乙、报丙、报丁三报则分别代表北斗七星的尾三星。大汶口陶缸上的🗝状刻符上⋀形状像斗柄,下▭形像梯形之方状斗头,合起来很像一把带柄的勺子,而勺头上所刻四圆圈明显代表斗头四星,勺柄上所刻三圆圈则是斗尾三星,因而它也明显有表示北斗七星的符号含义。相比之下北斗七星的符号表示已比上甲时代更具体明了。大汶口陶缸上的🗝状刻符更具体演变为带柄的方斗形状,更在方斗上刻划斗头四星和尾三星,明确传达出这一时代人们对北斗七星的认识。即已经将北斗七星形象化为带柄的方斗状,并在斗上刻划七星。大汶口出土的另两个刻符方形斗头上仍刻四星,斗尾只刻一星,而这一星可能正是北斗七星头部四星与尾三星相连接的星,即北斗之第五星衡。北斗七星名称依《春秋运斗枢》称:"斗,第一天枢,第二旋,第三玑,第四权,第五衡,第六开阳,第七摇光;第一至第四为魁,第五至第七为勺,合而为斗。这种分北斗七星头四星为魁,尾三星为勺的方法与🗝状符号下边方斗状头上刻四星,而路标式的斗尾上刻三星完全吻合,也与甲骨文斗字作⋤状相符。从符号角度看甲骨文⋤状斗字,斗尾也在上,作⊏形,表示三星,斗头在下,作十字状四面四方形,也与商先公上甲与报乙、报丙、报丁三报表示的北斗七星形状相同。如果按照商先公上甲以来王名与北斗七星的表示方法看,则从大汶口时代的公元前3500年左右,已经以明显的🗝形符号表示北斗斗尾三星上指,斗头在下指示的特定的夏至节令。《淮南子·时则训》有："仲夏之月，招摇指午……仲冬之月，招摇指子……"招摇即北斗第六七两星开阳与摇光。实即斗柄所指。照这种说法，斗柄仲冬指子，子位正北，则斗头在上，斗柄在下。仲夏指午，位在正南，则斗头在下，斗柄在上。这与大汶口🏛状北斗刻符尾上头下相合。更明显的还有《夏小正》所记："正月斗柄悬在下"，六月"初昏斗柄正在上"，足见大汶口陶缸刻符不仅记载的是北斗，而且特别标明为夏季的夏至之日，并以北斗七星斗柄正上指为其标记。

2. 🏛状符号与商王雍己

大汶口有🏛状刻符的陶缸以🏛状刻符代表北斗七星及所指示的特定的夏至季节上面已有论述，但有这种刻划符号的陶缸为哪一王呢？我以为可能与商王雍己有关。商代王名以己名者仅雍己一王。甲骨文己字作己状，从两方相继相背形。我以为甲骨文己字即象北斗七星，头尾上下相纠葛，与商先王三报之报作匚同，也与🏛状符号所标北斗七星以头四星四方，尾三星三方相合。只是己字明显为北斗七星图形的一种简化形态。又己音近其、期，与七音近。而己有纪意。《国语·越语》："纪犹综理"，《国语·周语》《后汉书·邓禹传注》："纪，纲纪也。"己字所从之纪字所以有通四时，系纲纪，综治理之意，自然是与北斗七星以头尾所指定时节，布阴阳，调农时相关的。即《史记·天官书》所谓："斗为帝车，运于中央，临制四乡。分阴阳，建四时，均五行，移节度，定诸纪，皆系于斗。"北斗七星可定诸纪，系于斗，则斗与纪、己相通应该是可以理解的。另外，以十天干与五行相配之法，以中央为"戊己中央土"，也合于己为北斗，"运于中央，临制四乡"的传统记录。甲骨文发现的商王雍己己字作🅱、🅱形，吴其昌先生早已证明它是口与己的合文。这也与我们所说🏛状符号下为北斗斗头，以四方状口表示，上以⌒形表示尾三星。可见大汶口时代的🏛状陶缸刻符尽管与甲骨文雍己之己字形态不同，但其己字与北斗的关系及与大庚、小甲的关系仍然使我们相信它可能就是商王雍己时代的遗物。

另外🏛符号与甲骨文亯（享）字极相近，字作亯、亯、亯、亯形，而亯为献祭鬼神之所，或为宗庙一类建筑。《说文》："亯，崇也，象台观。"《古籀补》："亯，古享字，象宗庙之形。"大汶口时代的王室建筑有无这种样式虽不得而知，但是后来的王室建筑其覆斗状的大屋顶形却极似北斗七星的斗状头部。王之宫室为天下之中，号令四方之所在。这和"斗运中央，临制四乡"用意相同。可见它们应该是相通的。种种迹象表明，从昝单作沃丁以后，鸠柱方台符号向东南沿海青莲岗、良渚文化发展的时候，雍己北斗状纹饰刻符在东南沿海良渚及其他文化上也有反映。安徽、浙江、江苏等地的大汶口晚期及龙山、良渚文化玉人常出现头戴上大下小的方斗状的帽子。也表明这支崇尚北斗的人群不仅以斗为王名，以斗象宫室，而且还以斗形为帽饰。可见从商王先公上甲、报乙、报丙、报丁的彩绘勺状北斗起，到大汶口商王雍己的勺状北斗刻符，再到良渚玉人头戴方斗形帽饰，商王室崇尚北斗的文化传统有愈晚愈烈之势（图 2-15）。

（五）说大戊

1. 戊状石斧刻符与商王大戊

商代王名中，名戊者也仅一见。据我们对商王沃丁、大康、小甲及雍己的分析，我以为陵阳河出土的带柄方刃石斧刻符陶缸可能是商王大戊遗物。

陵阳河发现的陶缸上石斧刻符一些学者释斤，一些学者释戊，而考古发现甲骨文戊字与新石器时代东南沿海特别流行的有肩方刃石斧形状极相似。从文字符号角度看，陵阳河陶缸上方刃石斧刻符可能即是戊字的早期形态，因为它仍然带有这一时期早期文字——刻划符号注重以符号形象表达含义的特征。陵阳河遗址发现在同一陶缸上刻划两个不同符号的器物共两件。一件刻🗻状符号和方刃石斧戊状刻符，位置在陶缸颈部两侧。依上述🗻状刻符为商王雍己名号，而大戊正为雍己之弟。同一王器的陶缸上刻划雍己和大戊兄弟两人的王名符号，其用意是可想而知的。另一件陶缸在颈部刻🗻形符号，而在近底部刻近方形的四边形符号。若按上述近方形刻符为小甲名号看，则小甲与雍己也是前后相继的两代商王。可见，大汶口沃丁时代的商王记名方法还出现了先前未有的形式，以先后两代王名同刻于一件器物上的习俗，即小甲与雍己王名符号同刻一器，雍己与大戊王名符号同刻一器的连续记录王名符号的特征。依太史公《史记》所记，小甲、雍己、大戊皆为商王大庚之子，三人皆相继而立为王。这与小甲与雍己名号同刻一缸，雍己与大戊名号亦同刻一缸这一兄弟相继的记载亦十分吻合。（图 2-16）

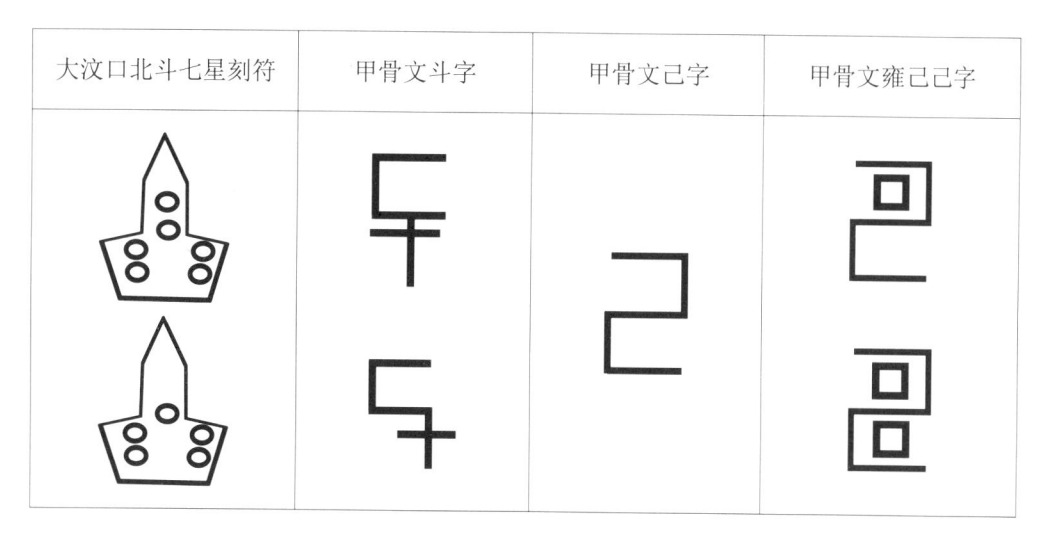

大汶口北斗七星刻符	甲骨文斗字	甲骨文己字	甲骨文雍己己字

图2-15 大汶口陶缸卤状刻符与商王雍己

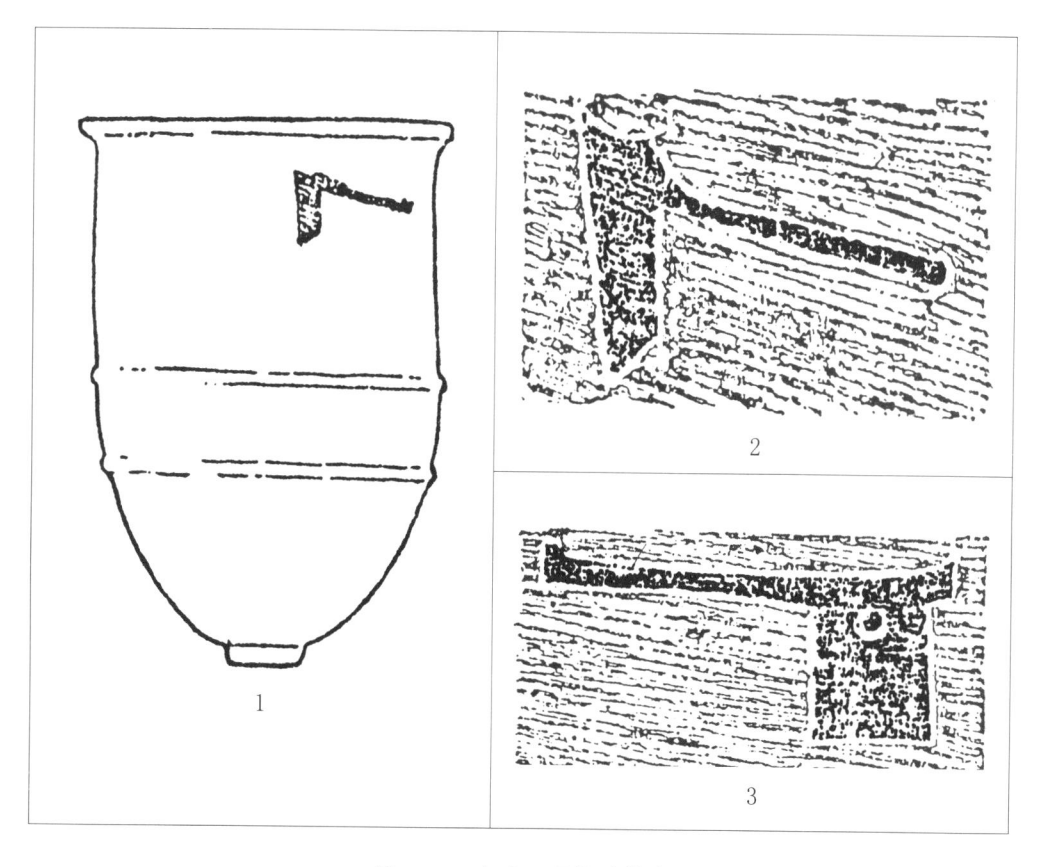

图2-16 大汶口卣状刻符陶缸

2. 大戊、桑谷与大汶口陶缸🌳、🍶状刻符

从《史记》记载看，商王大戊在商代前期诸王中是一位较有作为的帝王。《史记·殷本记》："帝雍己崩，弟太戊立，是为帝太戊。帝太戊立伊陟为相，亳有祥桑穀共生于朝，一暮大拱。帝太戊惧，问伊陟。伊陟曰：臣闻妖不胜德，帝之政其有阙舆？帝其修德，太戊从之，而祥桑枯死而去。……殷复兴，诸侯归之，故称中宗。"从太史公所记看，太戊之兴，其原因在"亳有祥桑穀共生于朝"，由于奇异以致商王太戊也十分惊惧。令我们感兴趣的是不仅甲骨文商王太戊之戊形符号与陵阳河方刃带柄石斧刻符相同，而且陵阳河遗址还出土了几件有🌳状桑木符号和🍶状谷物符号的陶缸。王树明先生以为🌳是植树于社，有社祭意义。🍶状符号是以谷物酿酒的滤酒图像，当与以酒敬享鬼神有关。[①] 联系前述商王沃丁以大火星偕日出没及雍己以斗定农时节令现象，我以为太戊之时桑穀共生于朝，其实质可能是大戊时期以戊斧形符号表示农时节令的春社和秋社习俗的反映，即春种秋收之节日祭庆在王室陶缸上以刻划符号所做的记录。

（六）仲丁迁隞与姚官庄五乳丁纹陶鬶

自沃丁以后，商王室在山东大汶口文化区内是以尖圆底陶缸及刻划符号为标志的。从考古材料观察，大汶口文化中期偏晚阶段，一种被称作鸟形鬶的大汶口典型陶器其器型明显发生变化，陶鬶如鸟头的嘴流，鸟颈开始加粗并被制作成直筒状。而当大汶口文化晚期直筒颈形陶鬶形始流行的时候，正是大戊以后以陶缸为标志的商王室文化突然消失的时候。我以为造成这种变化的原因就是原本并不十分显赫的陶鬶文化，因其逐渐发展强大，并逐渐吸收了陶缸的直筒状造型特征，最终取代了陶缸在商王室的主导地位，变成以陶鬶为商王室的器物标志。

考古及历史学界习惯将大汶口陶鬶文化看作东夷鸟族系统文化的代表，有的还进一步认为它们可能和"郯子"所说的少昊有关。少昊名挚，其官职皆以鸟名。这自然有可能和大汶口特别多见的鸟形陶鬶有联系。从名字考察，少昊名挚，而挚从手作捉挚状，这与陶鬶始终在鸟背上作弓形把手以挚也相

[①] 王树明：《谈陵阳河与大朱村出土的陶尊文字》，《山东史前文化论集》，齐鲁书社1986年版，第249页。

同，又少昊之昊或写作皋，皋音又通敖。因而我以为《史记》商王"仲丁迁于敖"，其本来是指商王室文化在商王仲丁时代由以陶缸为标志物转移到以陶鬶为标志物的王室器物转变而言的。虽然陶鬶所代表的少昊群团不是仲丁时代才出现的，在此以前它已经过了一个相当长的发展阶段。但只是在商王大戊时代它才发展到在商王室内强大到以陶鬶替代陶缸作为王室的标识性器物。种种迹象表明，大汶口文化中流行的鸟形陶鬶可能和伊尹族群有关。甲骨文中伊尹是商代早期最有影响的人物，他不仅佐汤灭夏，而且伊尹还有与鸟的形象相关的及记录。《天问》有"天乃降观，下逢伊挚"，可见伊尹名号为挚，其像似为鹳鸟。甲骨文可证伊尹在十天干群中属丁群。而陶鬶的形状不仅像挚鸟，而且背上或嘴两侧常有泥丁状做装饰。这种挚鸟形并有圆形泥丁装饰很符合伊尹鸟形并属于十天干群之丁群的特征。依太史公《史记》所言："帝太戊立伊陟为相。"《集解》孔安国曰："伊陟，伊尹之子。"而陟音同于挚。可见在大戊时代为相的伊陟在大汶口文化区，其部族的标识物极有可能就是大汶口十分流行的鸟挚形有泥丁装饰的陶鬶。而仲丁迁敖表明伊尹丁群在大戊之后又一次在商王室居于主导地位。同时这也证明，伊尹及十天干群的丁群名号通常是一个族群长期世代沿用的名号。在每一个具体王朝，具体时代它都可能有具体所指的人物，但他们的名号可能是相同的。因为伊尹在大乙之前曾为夏臣，至大乙经沃丁而到大戊，历经10王其子伊陟仍然为相，可见伊尹一族的古老、兴盛及中国夏商时代王名人名的世代沿袭而微加区别的基本规律。由此我们认为大戊以后"仲丁迁于敖"的事件其实质仍然是指王室权力更迭，王室标识器物变化的。由于在商王仲丁时代伊尹丁群以陶鬶取代陶缸成为王室标志物，大汶口晚期陶鬶不但鸟形鬶颈加粗成直筒状，而且在鬶的流部两侧或弓形把手两侧均加贴泥圆饼形装饰，这可能是当时普遍流行的丁群文化之标记。而潍坊姚官庄出土的一件陶鬶，在鸟形陶鬶背上有三排乳丁，每排有五个乳丁，我以为这件陶鬶很可能是仲丁迁敖时的遗物。

在大乙以后商殷王室的30位王名中，以丁群在王名中出现最为规律。从大乙到中丁，似乎每隔五王必有以丁为名的王出现。按丁群五代在商王室出现的规律计算，从大乙到沃丁正好五王，大庚到中丁又五王。外壬到祖丁虽为六王，但有河亶甲和沃甲两甲重复，实际仍为五干。南庚到武丁亦六王，亦有南庚，盘庚两庚重复，也是五干。祖庚以后此规律似被打破，而大乙以前似乎也有丁群五出的规律。甲骨文虽然以报乙、报丙、报丁排列商先王三报名次，但是这种排列明显与商王名号以甲乙为一群，以丁辛为另一群相隔出现的规律不合。若按甲骨文排列法，则上甲与报乙不为一群。若按太史公《史记》排列，则报丁到主癸不仅符合丁群在商殷王室五世出现的规律，而且符合商王名号的甲乙群与丁辛群隔代出现的规律。而伊尹之尹甲骨文作﹖，从手挚杖状，杖当权杖，为主事者之标志。｜又为数之十，又为手，手为五指，五数。尹之尹表示的五数拾数是十分明显的。十天干亦十数，十天干为两五之合，这与商代王名以伊尹所代表的丁群为标志，以丁群五代而出的规律是统一的。因此，按太史公《史记》对商先王三报的排列法，以上甲之后为报丁，则正合于伊尹丁群在大乙前已事五王，而大乙时代伊尹到沃丁之时死亡，正好也为五王。因而我以为潍坊姚官庄出土的陶鬶背上作三排五个乳丁表示丁群已出现三次，每次经历五王，已历15王的数字符号记录。甲骨文中已发现商殷王室普遍流行合祭商殷王的习俗，合祭最早起自上甲，甲骨文有"自上甲二十六示"，自"上甲至于大乙"等。我们前面也叙述过夏初以甲字及｜、‖、‖‖、‖‖‖、即一、二、三、四按序次排列记录夏王的现象。而大河村商汤彩陶乙丁纹陶罐对商汤大乙、外丙、仲壬也有以｜、‖、‖‖即一、二、三序次排列大乙以后商王的现象。夏启癸甲以｜、‖、‖‖、‖‖‖、记录夏王数，商王大乙以｜、‖、‖‖记录商王数，均合于甲骨文以一、二、三、≡记录和合祭商王的方法。而丁群的伊尹可能是以●丁记数的。即●为一，●●当是二，姚官庄五乳丁纹陶鬶以●●●●●即五个乳丁表示五王、三排乳丁均五数，合为15个乳丁，为15王，正好合于上甲以后的报丁到仲丁15王。而大汶口时代的沃丁纹﹖状符号记当是以●为丁群标记，以﹀为所主之火，而以﹝﹞表示规律出现的五位之数，虽与五乳丁稍有差异，但五位、五丁、五子的含义仍很明显。可见伊尹代表的丁群与大乙代表的甲乙群虽然已相互融合，但却仍然顽强的保持和使用者本部族传统的以●状丁形符号标识和记数的方法（图2-17）。

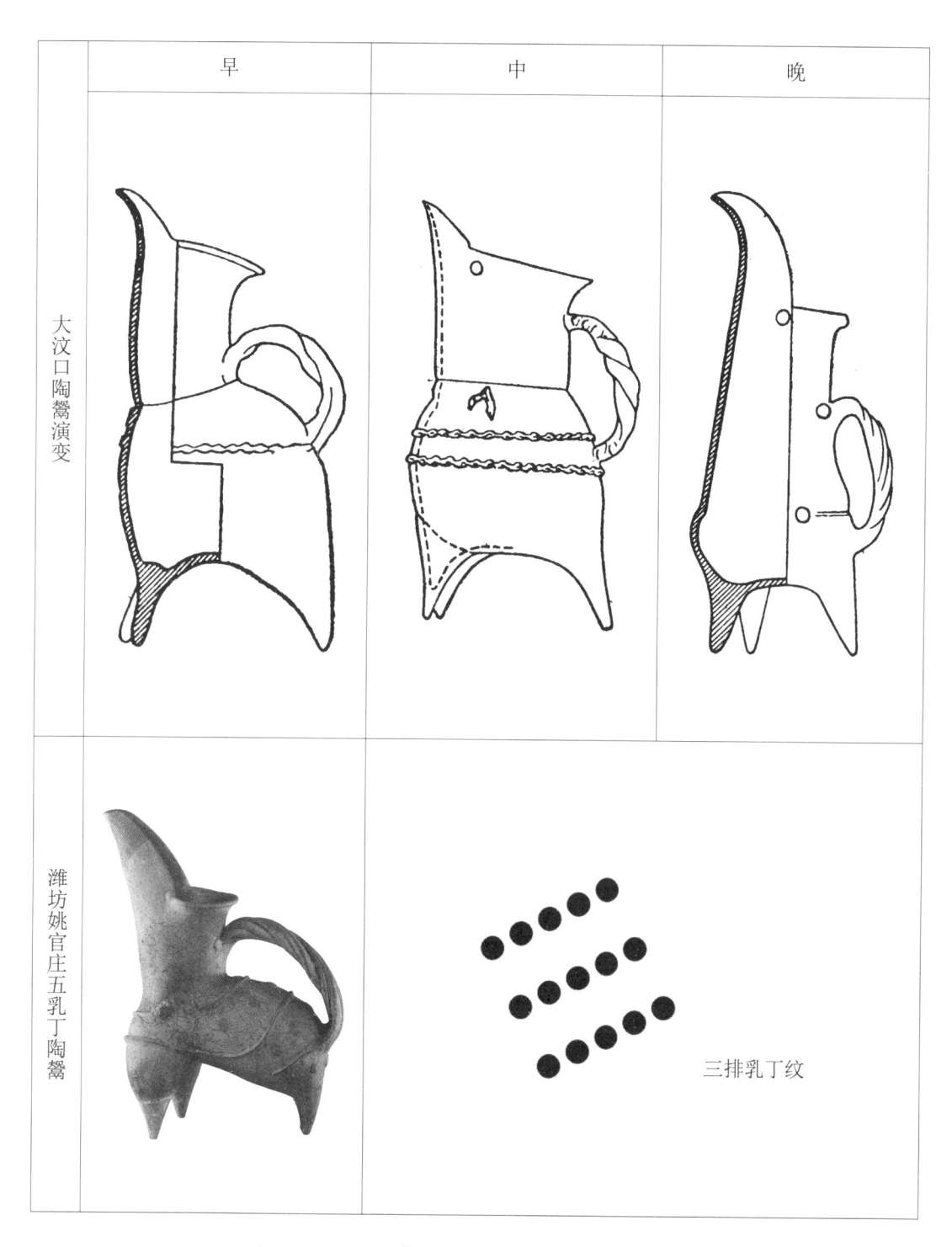

	早	中	晚
大汶口陶鬶演变			
潍坊姚官庄五乳丁陶鬶		三排乳丁纹	

图2-17 潍坊姚官庄五乳丁纹陶鬶与大汶口文化陶鬶

山西襄汾陶寺彩绘龙盘与商文化中心西移

（一）商王祖乙与陶寺乙纹彩绘陶瓶

1. 陶寺彩绘乙纹瓶与大汶口陶鬶同源说

在前面我们论述大乙∽状符号祖源时，曾经叙述过大乙∽状纹本于半坡早期彩陶葫芦瓶上的旋鸟纹，即天命玄鸟的玄鸟。作为夏初曾经取代夏政的羿，它有以彩陶葫芦瓶双耳为羿所持弓箭的特征。到庙底沟时代，旋鸟纹明显分化为西迁的一支与东进的一支。东进的一支后来成为建立商朝的大乙群的主体，而留于晋陕及西进的一支其后代中有一部分经石岭下、马家窑汇聚成陶寺彩绘瓶所代表的祖乙群。从半坡到陶寺，虽经几千年的分化，但陶寺彩绘陶瓶仍以乙状乙丁符号构成连续彩绘纹饰，仍然与大河村大乙的∽状乙丁符号异曲同工。而陶寺的乙状乙丁纹及陶瓶造型都明显与陕甘地区庙底沟西界及马家窑早期的S状旋鸟纹有关。特别是陕西宝鸡福临堡出土庙底沟晚期尖底瓶上的白彩乙状连旋纹几乎与陶寺彩绘瓶上的乙状连旋纹别无二致。甘肃平凉泾川一带出土的石岭下类型鸟羽状S连旋纹平底折肩喇叭口彩陶瓶无论从器型或纹饰上也都明显与陶寺彩绘陶瓶有其内在联系。而甘肃青海一带的马家窑彩陶尖底瓶其形制与花纹也都与庙底沟及半坡彩陶鸟羽纹有明显传承关系。特别是半山期甘青彩陶中的鸟形壶，更与大汶口陶鬶极为相似。而这种鸟形彩陶壶在红山文化区也有分布，可见鸟羽纹所代表的乙群的一支在西北区域分布由来已久，而当大汶口仲丁代表的鸟羽乙丁群受南下的良渚、屈家岭文化压迫时，王室文化不得不向西北迁移，而陶寺可能就是最佳迁移地。因为陶寺出土的彩绘乙鸟纹彩陶证明它们与大汶口文化鸟形陶鬶可能本质上是同宗同祖的。因而陶寺出土的祖乙彩绘瓶不仅与商王大乙同祖，而且也与大汶口陶鬶同源。

大汶口文化陶鬶是大汶口文化中期开始出现的一种新器型。考古资料证明，陶鬶很有可能是由裴李岗文化的双月耳三足喇叭口壶演变而来的。虽然由于半坡和大汶口文化东西背离，带来了鸟羿这一族系东西两支间的文化差异，但是它们都保留了羿鸟的飞羽及所持弓矢的这一基本特征。半坡时代的羿鸟以旋转鸟身表示玄鸟与卵，并突出其翅膀及尾部的毛羽。其头顶上的尖三角形当是羿射之矢，而双弓形耳表示羿所持弓。大汶口陶鬶虽不以彩绘表现，却以更立体的鸟形为特征，而其早期卵圆状的身体也体现出玄鸟与卵的本意。陶鬶鸟身两侧泥齿形錾当为鸟之羽翅。只是鸟背上的一只大弓与半坡两弓区别。这大概就是传说中西方之羿与东方之羿，夏后羿与夷羿的区别及由来。后羿之所以为后，夏后之所以为后，当与夏王室兴起时代以盆（钵）等圆底陶器为标志物有关。后羿一支在夏文化中的庙底沟时期曾经长期以勾叶圆点彩陶盆为标志物，而从文字符号角度看，司、后所以从之口可能正是圆底的陶盆陶钵等器物的符号记录。而夷羿之所以称夷，正像夷字从大从弓一样，陶鬶自始至终在鸟背上有一大弓。陶鬶不仅以鸟背上弓形把手表示羿之大弓，而且以鸟形陶鬶之嘴的尖三角形表示羿之矢。可见在大汶口的商王大戊与仲丁时代，在刻符陶缸与鸟形陶鬶的矛盾冲突中，在仲丁取得王位以后，以鸟形陶鬶为王室器物的仲丁迫于南方部族的压力，不得不向西北方向寻求其本族本宗的支持（图2-18）。

2. 仲丁迁徙探因

仲丁以后商王室中心向陶寺转移的重要原因除以上所述与陶寺祖乙同源外，还由于大溪文化及良渚文化的北上所压迫。夏文化中晚期，中原原本十分兴盛的文化有逐渐分化衰弱的趋势。这一时期明显表现出西边马家窑文化、东边大汶口文化、南边大溪及良渚文化向中原涌进的状况。在商王朝的中心地带的山东沿海的莒县、诸城、潍坊一带大汶口晚期文化明显受到北上的良渚文化的强烈冲击。就在离莒县陵阳河商王室中心地不远的南边，江苏新沂花厅遗址中还发现了良渚文化大墓，并出土了大量典型良渚文化玉器、石器，特别是一些墓中都以大汶口的妇女及儿童作为陪葬。[①] 联系沃丁名号刻符在青莲岗陶缸及良渚玉琮上出现，大戊方仂石斧、玉斧在良渚文化中常被用作仪仗用器，而大戊时代王庭出现的桑谷纹刻划符号本来就是河姆渡文化的传统刻划纹。因而，在中丁改变大戊及先王以陶缸及刻划符号为王室记事及祭典的传统以后，大戊及其本族群的人们北上争夺、报复是自然的。而仲丁本是玄鸟乙群的后裔，不得不远走他乡，寻求其同根同源的祖乙群的庇护与支持。

由此可以看出，虽然同在大汶口一个文化区内，尖圆底陶缸与鸟形陶鬶从血缘上并不属一个群团，因而它们之间的融合与斗争是不可免的。这也像夏文化中人面鱼纹盆与泥条齿轮饰陶缸，商初大乙时代大乙与伊尹的斗争一

[①] 苏秉琦主编：《中国通史·远古卷》，上海人民出版社1995年版，第267页。

样，政权的更迭，王室中不同部族间势力的消长都可能导致统治中心迁徙。山东沿海地区的发掘证明，尖圆底陶缸早在公元前6000年以前的北辛文化时代就已经很成熟了。它所代表的可能是大汶口文化区最早的部族，而陶鬶所代表的乙鸟、鸟羽、羽弓族人群很有可能是由磁山、裴李岗文化东进造成的，因而陶缸文化在大汶口区地理位置略偏东南而陶鬶文化略偏西北。由于陶缸常与猪头随葬，可知陶缸与猪族关系密切。而鬶在多数情况下显出鸟形，因而可知陶鬶文化的主体民族以鸟为标识。大汶口文化这种猪与鸟关系极密切又常有冲突的事实使人自然联想到殷先公王亥。甲骨文王亥亥字上为鸟形，下为豕亥字，表明殷人先公王亥其实是由以猪鸟为标志的两个不同血缘的群团构成的。而这两个群团如前文所述，它们融合冲突的历史延续了几千年，因而仲丁的迁徙很可能是由于商王室中心部族间冲突及与周边部族力量的态势形成的。

（二）祖辛与彩绘龙盘

1. 陶寺龙盘与红山猪龙、半坡盘龙

从祖乙彩绘陶瓶看出，在中原龙山文化早期，陕甘及晋豫交界区由彩陶彩绘玄鸟纹演变的勾叶圆点及勾连鸟羽纹在晋南汾浍流域聚拢，而红山文化中的猪龙文化也在此时南下，共同形成了陶寺文化的繁荣局面。陶寺大墓常出土精美的彩绘龙盘。龙盘中绘制的龙在盘内作盘曲状，头在外，身向内，尾在盘底中心。从陶寺龙盘龙的蟠曲状及双排鳞甲看，几乎与红山文化的刻划盘龙纹如出一辙。而这种盘龙明显与红山文化的猪头玉龙有关。从形态看，它们都盘曲成近圆环形，玉龙之吻及两耳都看出有猪的特征，陶寺龙盘中龙头两侧也有两大耳。但陶寺龙盘又明显继承半坡彩陶蟠龙的特征。宝鸡北首岭出土的半坡类鸟龙葫芦瓶之龙明显与陶寺龙也有承继关系。可见陶寺遗址所表现出的空前的繁荣局面，正是在西部甘青马家窑文化、北部红山文化、东部大汶口文化一部与晋陕区域的土著文化交融汇聚形成的（图2-19）。

2. 陶寺龙盘龙口屮纹与祖辛辛字符号

从以上叙述明显看出，陶寺彩绘龙纹有猪的特征，而猪与鸟是合成殷先王王亥亥字的两个基本符号。从胡厚宣先生"甲骨文所见商先公王亥"一文所举的八个亥字看，上边均从鸟，下边均从猪亥字。因而以往认为商人起源

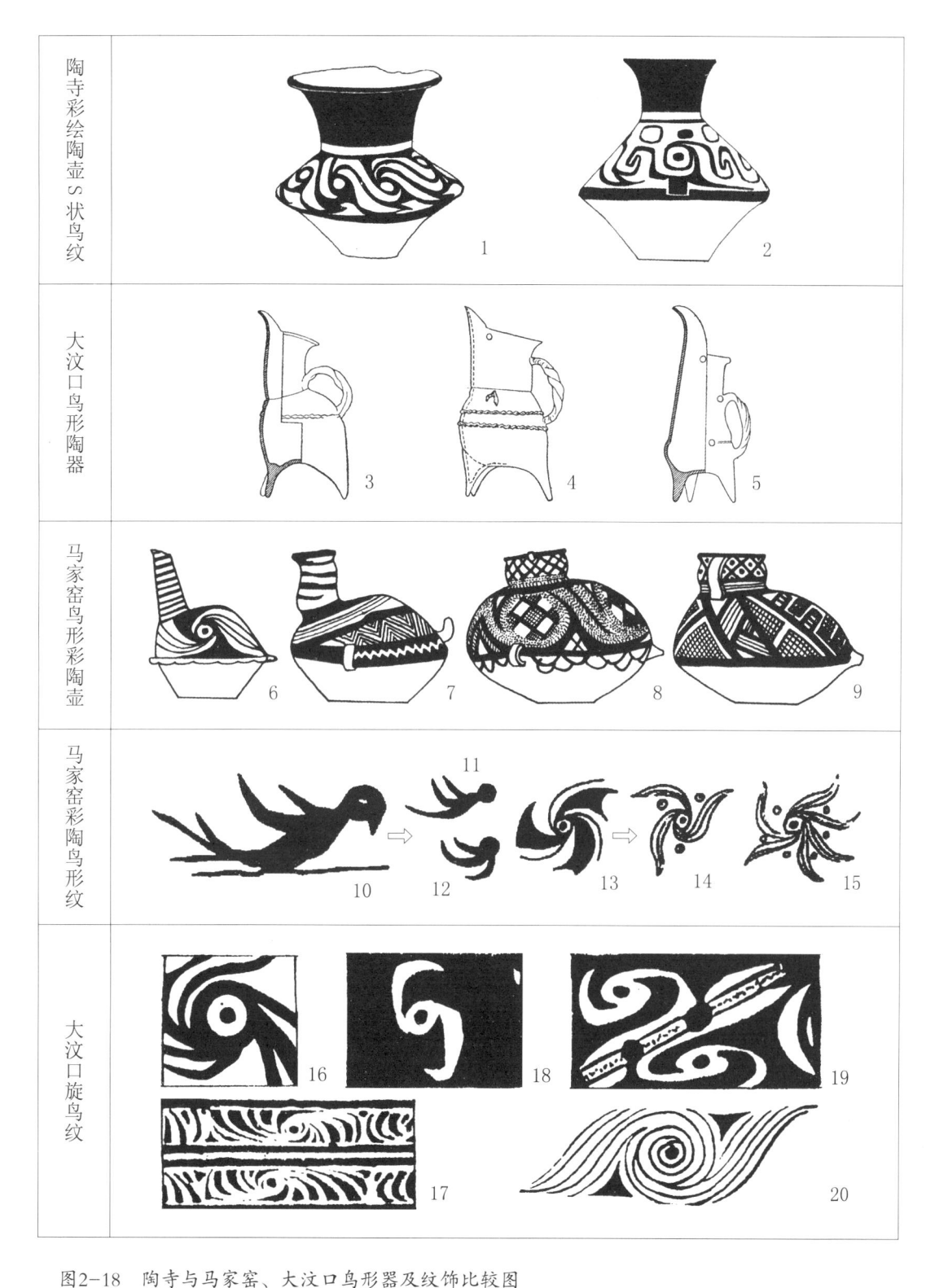

图2-18 陶寺与马家窑、大汶口鸟形器及纹饰比较图
（注：1、2襄汾陶寺 3~5山东 6天水 7康乐边家林 8永靖红城寺 9永昌鸳鸯池 10~12华县 13~16甘肃 17~20山东）

于鸟的"天命玄鸟"的说法并不全面,或者说在民族起源上商与殷是有区别的。即商人以玄鸟著称,而殷人以猪亥为显著标识。而"玄鸟陨卵,简狄吞之"才合于王亥亥字上从鸟下从猪之商殷先祖本意。因而考古资料发现的猪鸟合体的纹饰、陶器及甲骨文王亥亥字都证明,商殷先公王亥其实是由猪鸟两个群团合成的。而甲骨文祭王亥多在辛日,因之陶寺龙盘的猪龙很可能是商王祖辛的标识。甲骨文辛字从竿状,上从▽,下从丫。△为三合三聚之象,其形同直角之巨,因而应当通巨、纠、皋、高。下边丫为谷物,草木、材薪字,因而竿当为高、辛两字的符号标识。猪龙口中衔¥状草木正合以王亥配十天干之辛,¥应当是辛字丫的繁体和早期形体。王亥在商殷先王中十分有名,因为它有牧于有易之事,即史书所说"王亥作牧"。牧与¥状草木也相合。但从考古资料分析,王亥所象之猪鸟都与农业的发明有十分重要的关系。传说中国农业发明者为炎帝,神农部落,神农尝百草而发明种植谷物。其后姜嫄之子后稷就名柱而植百谷。考古材料中有不少鸟与谷物的材料,炎帝以鸟衔九穗谷在不少文章中被引述,而猪与谷物的联系却少有人提及。但无论在红山文化或半坡彩陶中,彩陶猪纹与玉刻猪纹多由三个猪头猪面组成,这与炎帝连三氏文化传统十分吻合。特别在半坡彩陶猪纹中,猪的面额部常画作¥状棒柱与谷物形。而这种棒柱谷物及猪的彩陶纹饰可能与磁山文化有较多关联。磁山文化常出现三个一组的猪嘴状支座,猪嘴支座上有时刻划弯月状纹饰,纹饰外又加戳一周小点纹,似谷点状。而磁山遗址出土了大量炭化谷籽,在埋有谷籽的方坑内有时还竖置石磨棒,有的还用整猪压在谷籽上。[①] 这与半坡彩陶猪面纹上绘棒柱谷纹、陶寺猪头龙口中衔谷物纹其内含是极一致的。

3. 从祖辛说商王室辛群在陶寺的复归

如前文所述,虽然高辛氏部族在夏商殷周王室中都有十分重要的地位,但作为与有仍即有戎氏对立的两个极古老又分支众多的部族,有辛氏在夏商殷周早期王室却较少记载。从夏代王名中迄今并未发现有名辛的可以看出一点端倪。而禹妻涂山女有"归我子"之说,似乎也反映出其与有戎禹族的斗争。考古材料表明,在公元前5000～前3000年,王亥代表的猪辛族其大本营似乎在河北武安磁山、山东大汶口和红山文化区一带。这一区域出土有较多的

[①] 卜工:《磁山祭示遗址及相关问题》,《文物》1987年第11期,第43页。

猪形陶器、玉器或猪形刻划纹饰。虽然商王大乙在郑州大河村文化区建立了商王朝，但大乙代表的族群却以玄鸟一族为主导。考古资料表明，仰韶文化时期以半坡为代表的仰韶文化和继起的庙底沟仰韶文化向东北扩展时曾迫使大汶口文化、红山文化迅速退缩。这也和夏代王名没有出现以辛为名的情况相符合。尽管大乙东巡、娶有莘氏女，但却重用伊尹丁系。而商王室早期除先公有王亥外，经上甲、大乙直到陶寺时代的祖乙，即先公七王，大乙以后至祖乙十三王，合计共二十王都没有出现以辛名王的，而猪亥辛系在先公王亥之后作为王名在商王室出现要晚到祖乙以后。而商王室王名中迟迟未有以辛为王名的情况恰与考古材料反映仰韶文化代表夏及商早期文化向东推进情况相合。这也是我们从器物符号的观点出发，认定陶寺猪龙纹陶盘可能为祖辛遗物，是红山文化猪龙及大汶口猪亥部族与西迁到晋陕的猪面葫芦纹代表的高辛氏部族后裔在陶寺重新聚合、并在王室中取得重要地位以后的标识物。

4. 从祖辛说王亥与有易之争实即猪鸟两族群之争

我们在前文中分析商殷先公王亥亥字的猪鸟形象时曾指出王亥亥字的猪鸟合体形象其实代表了以猪为标识的族群和以鸟为标识的族群相互融合但又必然矛盾斗争的事实。而史籍记载中王亥与有易之争其实就是以猪鸟为代表

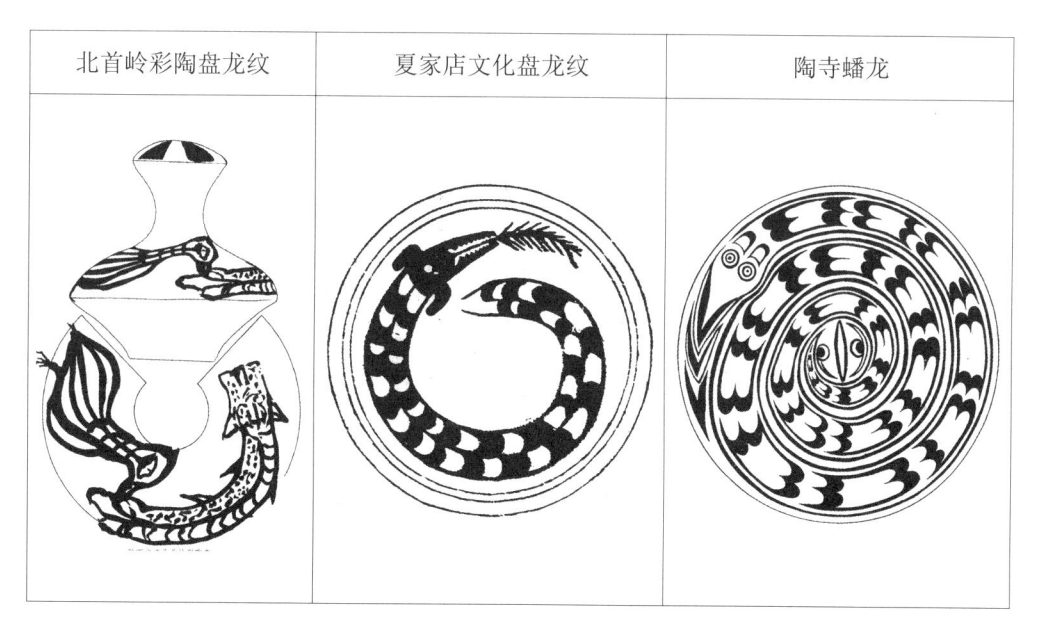

北首岭彩陶盘龙纹	夏家店文化盘龙纹	陶寺蟠龙

图2-19 宝鸡北首岭彩陶蟠龙、夏家店文化蟠龙、陶寺龙盘龙纹比较

的两个部族之间的斗争。甲骨文表示猪的亥字与王亥亥字下部表示猪的亥字也相同，因而作为商殷先公王亥的专用字由猪和鸟两个部族的形象简化结合而成的字，显然不能以以往的偏重于上面的鸟形解释而忽视下面的亥字符号代表的猪豕形象及表示的猪豕部族。《山海经·大荒东经》："有人曰王亥，两手操鸟，方食其头。王亥托于有易河伯仆牛，有易杀王亥，取仆牛，上甲微假河伯之师伐有易，有易迁出，为国于兽。"甲骨文中上甲微为王亥之子。可见以王亥为名的猪鸟两部族曾经有过比较激烈的冲突。从现存有关王亥猪鸟部族的遗物中也可看出当初激烈争夺的痕迹。大汶口陶鬶多数呈现鸟的形状，但有的却作成猪兽形，而在猪背上竖有一个长喙高颈的鸟头，成为上有鸟，下有猪的鸟猪合体的极像甲骨文王亥亥字的合体器物符号。特别是安徽含山凌家滩出土的一件猪鸟形玉器上刻划有一只展翅勾喙站立的猛禽，在双爪下摄拘一只两个头的猪。殷墟青铜器纹饰中也有为数不少的兽面纹，但兽目却极似鹰隼的眼睛，这眼睛像刀匕，也像羽翅一样，有的还在刀匕状羽翅下刻有猪亥字纹样。而湖南湘潭出土的青铜猪鸟尊，在大公猪背上蹲骑着一只小鸟，猪鸟的关系又明显表现出猪部族占优势的情形。

从以上论述可以看出甲骨文王亥亥字与陶、铜、玉的猪鸟器物符号之间的联系与差别。而与猪部族对立的鹰鸟部族大约就属有易、有狄的玄鸟部族。因而有易首先是以鸟为标识的人名部族名，而不是地名。那种把王亥与有易之争的有易作为地名固定在河北易地的说法是值得商榷的（图 2-20）。

5. 高辛溯源兼说中国古代辛戎（壬）两大群团的融合

甲骨文中商殷先公王亥以十天干的辛日举行祭祀，这应当本于帝喾高辛氏之娶有戎氏女简狄而生商殷之民的说法。以商契至大乙十三王算，契正相当夏少康时代。则契之先妣有戎简狄与契祖高辛当在夏帝相以前。周人之兴似乎也基于辛戎两系。周之生民本于姜嫄履高辛之迹。商人父族高辛与周人之父族高辛应为同一血缘群团之不同支系，而姜嫄当为姜戎族系的一支。从这一点可以看出，商周族群在起源上有许多相同处。即其母系皆为有戎，而其父系都是高辛。不仅商周，夏人族源也与辛戎两系有关。夏之兴在鲧，鲧为崇伯。崇戎嵩当通，这与鲧子禹有戎禹之说法相通。史籍记载"鲧纳有辛氏女曰姒"，"禹娶涂山氏女，通于台桑"。鲧明显以戎为男系，以辛为女系。禹亦以戎为男系，以涂山、台桑为女系。这与商、周同源于辛戎两系相同。

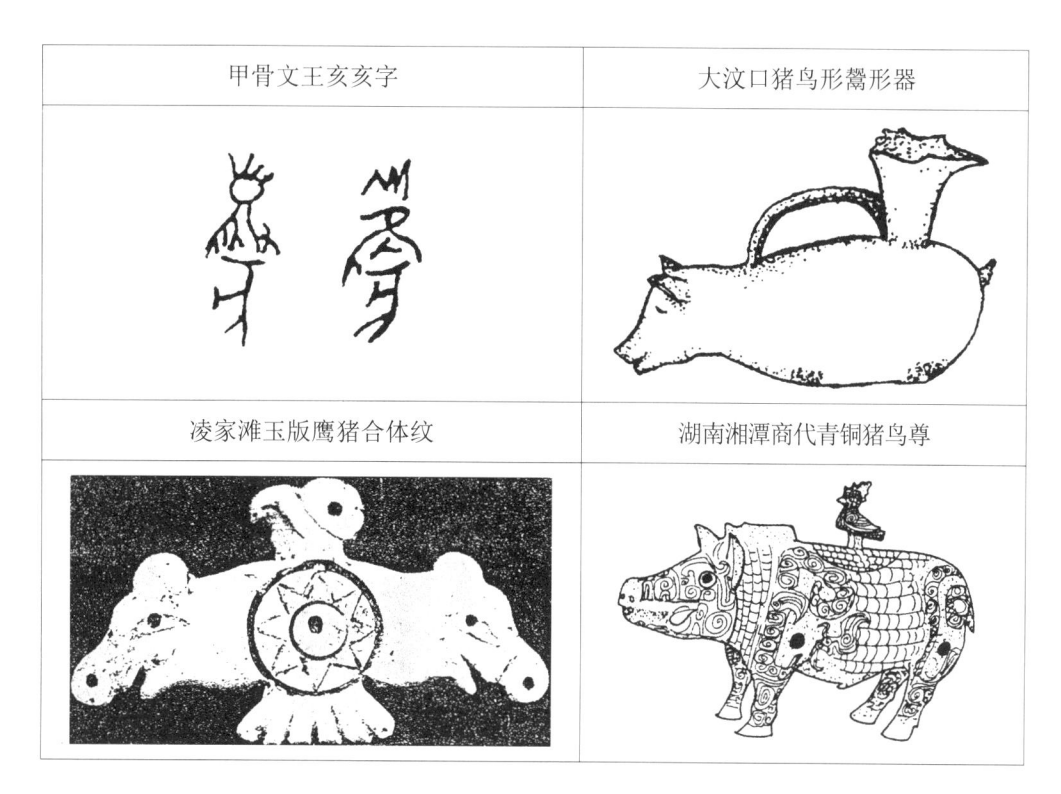

甲骨文王亥亥字	大汶口猪鸟形鬶形器
凌家滩玉版鹰猪合体纹	湖南湘潭商代青铜猪鸟尊

图2-20　甲骨文王亥亥字猪鸟合体形象与出土的猪鸟合体器

但夏人与商周以戎为母系，以辛为父系不同，而是以戎为母系，以辛为父系。可见几千年的中国文化追根溯源，大约最主要的是基于辛戎两大族群为主的不同血缘集团的姻亲融合。我们在探讨夏启立国与半坡人面鱼纹盆时曾论述过，半坡人面鱼纹盆即夏启盆口沿符号为癸甲两字，而构成癸甲两字的两个符号丨和丫应当就是壬和辛两字的早期形态。壬字甲骨文作丨，其实是10与1的明显标识。其早期形态当即丨，即壬。壬通任，又通仍，因而丨即戎系戎字最初形态。以竖置之木棒木柱表示端、正、直的意义。其更古老的意义可能是驱赶牛羊的鞭棒。因而夏启盆上以丨构成十状甲字有四端四正的罡正形态，更包含着四面八方的意义。而辛字以丫构成丳状癸字的四斜四隅形，因而帝喾即帝癸，它的族标是高辛氏，以丫为标记。如果我们仔细观察夏启人面盆上构成癸字的辛字符号，它的组成与甲骨文辛字十分相似。甲骨文辛字作丫形，而夏启盆上的辛字作丳形，丫用黑色画出，而▽▽以留底空出。也许有人以为留底的▽▽状符号是无意而为，但是在半坡彩陶盆口沿和陶钵纹饰中，确有不少以黑色画▼形符号。因而我以为夏启人面盆口沿的辛字作Ψ状，还遗留着帝喾帝癸的先辈高辛时代追逐鸟兽之迹的形态，也就是我前面所说的"观象制器"时代的观鸟兽之迹的特征。因为人面盆上的Ψ状符号与半坡时代流行的水波草木状折线三角纹关系密切。这大约就是夏代之初人们对逐水草而居的习惯及逐鸟兽以为食的狩猎生活之记忆。▽状符号正像偶蹄动物之足，如猪、牛、羊、鹿等，与王亥亥字符号下面从猪相合。Ψ则像鸟足，亦与王亥亥字上面从鸟相合。周之生民有姜嫄履迹说，或巨迹说，这也与以鸟兽之足迹符号构成辛癸文字符号相吻合。而癸字就是四隅相交合的，即交五、聚鸟兽足迹状。高辛作Ψ，上以直角巨，下从鸟足，也是巨之迹象。我们之所以认定夏代最后一王夏桀与临汝阎村出土的鹳鱼石斧缸之关系，也正是因为夏桀缸上以鸟足Ψ形构成丛状类癸字符号的原故。

商殷先公王亥与十天干辛日相配，大概因为它出于高辛氏。而从甲骨文王亥亥字上为鸟形，下为猪的形态分析，王亥说法很可能与大汶口陶鬶有更为密切的关系。大汶口陶鬶常作鸟形，其下有兽乳袋足。而胶县三里河出土的一件猪体陶鬶背上以鸟嘴作流，明确表现出鸟在上猪在下的特征。而从大汶口文化中猪鸟形陶鬶制作之细致，分布之广，延续时间之长都可以反映出大汶口文化可能长期曾是王亥部族的主要居住之地。而从我们对夏启彩陶盆口沿符号及甲骨文王亥亥字分析可以看出，夏代仰韶文化区的高辛氏曾以鸟兽之足迹状彩绘符号作标记，而大汶口文化区商殷之先公王亥则以鸟猪（兽）合体陶鬶形像作标记。因而大汶口区商殷先公王亥更近于商人玄鸟陨卵，简狄吞之的生民传说。而周人的姜嫄履大人足迹说法似乎更近于夏禹与涂山"通于台桑"的鸟兽之迹、山水之象的符号记录。虽然夏、商、殷、周王室可能最早都出于辛和戎两个血缘集团，但文化传统却有差异，很早就迁居各地，并形成了各自表现与记载的差异性。然而它们毕竟是具有同一血缘关系的，因而当与别的血缘集团发生冲突时，它们仍然能顺利地取得同一血缘族群的支持，并重新汇聚融合。

（三）陶寺龙盘与沃甲及龙角携北斗

1. 陶寺龙盘与沃甲及龙角携北斗

从大汶口陶缸刻划符号可以看出，至商王沃丁时代，商王名号已有以相连的两个王名同刻在一件器物上的方式出现，如小甲与雍己，雍己与大戊。我以为陶寺龙盘可能就是祖辛与其弟沃甲两王以彩绘盘龙为标识的两王名号相连的遗物。

前文我们在叙述商先王上甲名号时，曾论述甲骨文及彩陶纹饰甲字符号四方之外框与其内的+状文字符号的北斗斗头的含义，而陶寺出土的彩绘龙盘以龙身蟠卷于盘内，成斗枓状，我以为这可能与沃甲甲字名号有关。由于商王室王名以甲字与北斗相通具有北斗正四方，定四时节令的意义，因而甲骨文中的斗字作𠃍形，又近似勺。中国古代文化中常称北斗作枓作匜。《诗经》中就有"维北有斗，不可挹酒浆"，因而，陶寺龙盘龙身蟠曲成斗枓形，不仅沿袭商人自上甲以来甲字与北斗的关系，而且明显将北斗与角龙联系在一起。在中国古代天象历法中龙常与北斗相携而出。《史记》即有"斗携龙角"的记载。《礼记·明堂位》有："夏后氏以龙勺。"过去论者多以勺上装饰龙纹解释，但从陶寺及殷墟青铜龙盘看，当是以龙成斗枓之形，并以龙蟠曲于盆盘之内代表龙角携北斗。这种斗携龙角的文化传统在中国古代十分悠久。

宝鸡北首岭蟠龙纹彩陶葫芦瓶上龙头有双角，龙头又呈方斗状，极像北斗斗头。殷墟出土妇好龙盘上龙头也呈方斗状，嘴两侧还特意刻划出枝杈状之龙角。这是明显的北斗偕龙宿而出的形象记录，也是标明王者临位的星象标志。斗携龙角，不仅能解释沃甲名字的来源，还能说明沃字从龙宿及心火星宿的本意。大乙以后商代30个王名中，只有两个王在名字前冠以沃字的。一个是大汶口时代的沃丁，我们已指出它的沃与火及偕龙宿之心火的含意，而陶寺的沃甲龙盘不仅更明确地画出了龙，并且还进一步画出了如牛羊角状的龙体，点明了此北斗携龙角之龙与沃丁一样的牛羊角的特定意义。中国古代以二十八宿之东方苍龙龙角始见为春天到来之征候，即所谓二月二日龙抬头。因而陶寺龙盘龙角携斗及口中之谷物草木可能正是斗指东方，龙角始显，草木生发，一年初始的记录，也是商王祖辛沃甲时代制定历法、指导农事的星象依据（图2-21）。

2. 从商王沃丁、沃甲说商王室羌羊部族的牛羊龙角文化传统

商王室沃丁与沃甲两王在司马迁《史记》中称沃丁、沃甲，而在甲骨文

中却都写作羌丁和羌甲①，丁与甲的干名不变。何以《史记》冠以沃而甲骨文写作羌，造成这种现象的原因是什么呢？依据我们指认的、考古发现的大汶口沃丁缸的🐂状符号和陶寺出土龙盘的牛羊角形龙，可以看出甲骨文以羌羊角形字冠在沃丁、沃甲王名前写作羌丁、羌甲是有出土物作根据的。然而司马迁的《史记》却也保留了羌丁、羌甲两王名字的深层的历法内涵。前面我们已经论述了大汶口沃丁符号和陶寺沃甲龙盘以龙形角所表示的东方龙宿的星象意义，而龙宿的角、亢、氐、房、心、尾、箕七宿中常以角和心两宿来代指东方苍龙星座。而心宿又以其大火星最有名，称火或心火。商主大火在古籍记载中是最有名的部族与星宿相关联的记载，而商部族主管大火心宿的人名叫阏伯。因而我以为《史记》中的沃丁、沃甲之沃其实就是阏伯阏的同音字。记载中商人先祖中主管苍龙星宿的阏伯其后裔与甲骨文的羌丁、羌甲两王相关，而以考古发现的大汶口沃丁陶缸和陶寺龙盘的角龙器物纹饰符号证明，它们明显显示出了以牛羊角与苍龙星宿结合并作为部族标识的特征。它们可能属于古老的姜羌部族，并以

图2-21　陶寺龙盘龙以牛羊角盘曲成枸状口含谷物图

他们对苍龙星座的详细观察而曾在商代王室拥有较高的地位。

3. 从祖辛沃甲两王同器说夏商王室内不同群团的融合

陶寺龙盘龙头以兽的口牙及草木纹表示商王祖辛而以牛羊角形龙身表示商王沃甲的两王合用同一纹饰符号的现象，其实是我们论述的半坡夏文化以来比较普遍的现象，如我们论述夏王室文化的羽代夏政时的鸟羽部族与鱼部

---

① 陈梦家：《商王庙号考》，《考古学报》1954年第8册。

族融合时出现的鱼鸟合体的鱼鸟纹，鱼与猪兽合体的鱼猪纹，鱼与羊合体的鱼头羊角纹等。而商殷先公的王亥之亥字在甲骨文时代仍保留有鸟与猪为族徽的两个部族在融合时的合体的双关的符号形象。因而这些具有双关或多关的纹饰符号，其表示的人群或部族含义应该是多重的。但由于历史的原因，或出于后人的不理解，都会对这些古代遗留下来的器物纹饰符号的内含作出错误的或不全面的解释。如商殷先公王亥多以鸟解，忽视猪的形象等。这种现象在中国古代文化历史的研究中是最应注意而也最难把握的。如前面我们论述大汶口沃丁⊍状符号时将⊍状符号之W纹作牛羊角解，但在追溯其起源时发现它与大乙时代大河村大乙旋鸟纹丫即⊍状鸟纹确有融合之情形。其实这其中就包含着鸟部族与牛羊部族长期相依相存互相融合的内容。由于鸟部族与牛羊部族的融合，因而⋂、W形纹饰符号既有鸟展翅飞翔的形象，又有牛羊头角的含义。而何时为牛羊，何时为鸟或兼而有之就需要分辨何轻何重并结合当时的具体状况进行分析而定。它们实际上是自夏代建立以来以地缘关系为主体的，不同血缘群团之间逐渐融合，以致慢慢消融氏族血缘标识的表现。应当明确的是由这种多种动物合体的形象正像中华文化中的龙一样，是中华远古时代部族融合的反映。

（四）陶寺圆点纹陶罐与商王祖丁

陶寺大墓不仅随葬彩绘龙盘，有的墓还随葬以朱红色圆点作纹饰的折腹大口罐。考古工作者对这种陶罐有如下描述："大墓中随葬彩绘木器、陶器等，也盛行涂饰红色。……有些随葬的大口罐或折腹罐，或上腹器表绘三个朱红色大圆点，或上腹磨光，绘朱红色大圆点三个。"[①] 我以为这种有三个大红色圆点的陶罐，当是商王祖丁遗物。我们在前面论述商先王报丁和商王沃丁时，都论述了商殷王室丁群常以彩绘圆点作为丁群的符号标记的。而大汶口仲丁之丁则是以圆形泥饼饰为丁的标记。可见在甲骨文丁字出现以前，商殷族丁群人们是习惯以泥塑或彩绘圆点作为丁字的符号使用的。而甲骨文以口状方块作丁字，大约是方形比圆形更易契刻。如果陶寺出土陶罐大红圆点为丁字，则三个大红圆点就可能为三丁之记。这就不由使人想到甲骨文中的商

[①] 王文清：《陶寺遗存可能是陶唐氏文化遗存》，《华夏文明》北京大学出版社1987年版，第106页。

王三祖丁。甲骨文有多处三祖丁的记载，陈梦家先生在他的"商王庙号考"中依商王名字排序指出甲骨文的三祖丁就是商王祖丁。可见我们前文推断仲丁陶鬶以三排15丁记录自报丁至仲丁15王，也是本于商王丁群有以丁纪王名的文化传统的。而甲骨文将祖丁记为三祖丁是由于大乙以后，丁群名王者从沃丁起，经仲丁到陶寺祖丁时代商王室出现了三位以丁名王的丁群人物的。虽然从沃丁起到祖丁已经历十二王，但这种只记同一干群王名的做法在我们前述夏王名和甲骨文商殷王名中也是常常出现的。如甲骨文中不仅有三祖丁，还有四祖丁。又如商王名号中的上甲、大甲、小甲和大乙、小乙等都明显有只以甲或乙等干群干名排序甲群之王或乙群之王的。因而从商殷王室王名的排序规律看，既有只以甲或乙等不同干群干名之王排序的，如三祖丁，上甲、大甲、小甲、大乙、小乙等。也有将十日干名所有王名按先后综合排序的，如"自上甲六示""自上甲十示又二"等及我们所论述的潍坊姚官庄仲丁陶鬶以背上三排共15个泥丁记录自上甲到中丁前之15王的（图2-22）。

（五）从陶寺祖辛祖乙说角祖与陶缸溯源

1. 甲骨文且字与大汶口刻符陶缸及表示的龙角与且角字

从甲骨文中商殷王名可以看出，商殷王室开始在王名前冠以且字是从祖乙开始的。对于王名前的且字，有的学者以为是祖先之祖，也有的学者予以否定。如陈梦家先生在"商王庙号考"中就否定且字在王名前为祖先之祖字，但具体含义并未说明。我以为商殷王室从祖乙时代开始在王名前冠以祖字，虽如郭沫若等前辈学者以为有像男性生殖器的内含，但却主要体现的是中国天象历法中四矩星宿的东方苍龙角宿的角、且含义。东方苍龙星一般以为有7个星宿，即角、亢、氐、房、心、尾、箕，而龙宿中的第一宿角宿和第五宿心宿常常被用来代表整个苍龙星座。我们前面在论述沃丁陶缸时已经说明了沃丁刻划符号表示的龙宿心火星的含义，并和高辛氏之火正主大火星相联系，而沃丁ᛘ状星火纹饰有时也作ᛝ形，明显有牛羊角的特征。而我们前面论述大庚、小甲及雍己时已指出了它们与北斗七星的关系。因而大汶口时代沃丁王室的标识性器物陶缸器形也表现出像王名纹饰符号一样的龙宿及北斗星的含义。有趣的是，大汶口这种形状的王室陶缸的腹部都有两道弦纹。如果将这种陶缸倒置，明显即是甲骨文中且状且字的原形，而陶缸腹部的两道弦纹，

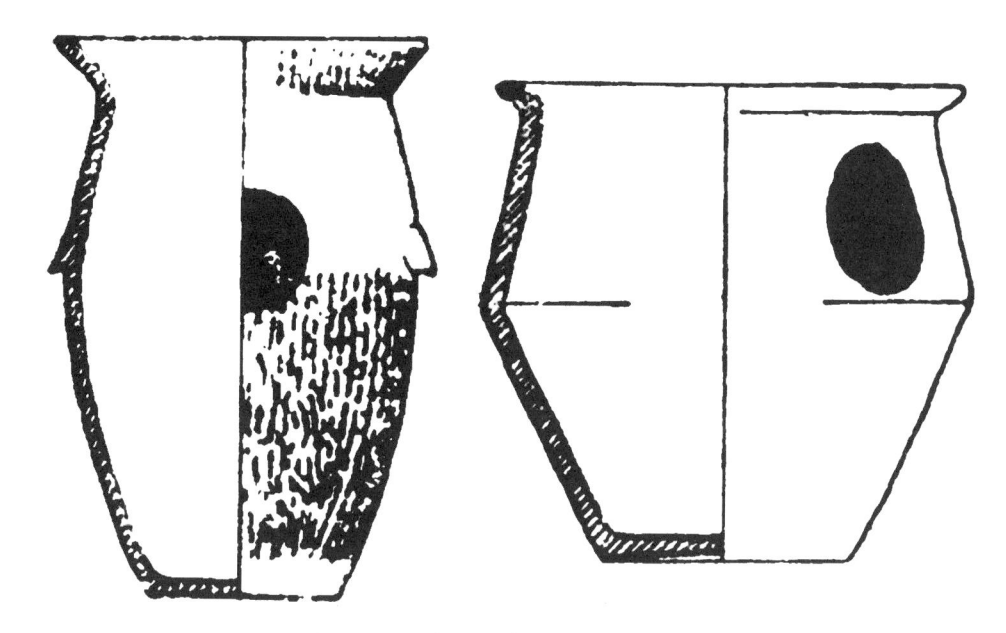

图2-22 陶寺出土有红色彩绘大圆点的陶罐

我以为即是表示龙角角宿是由上下两星构成的,是表示角宿两星的。而目前所见的龙宿之角星在星象图中也都被画成上下两星相连成一个柱棒形,因而我以为大汶口这种腹部有两道弦纹的陶缸即是龙角的角柱,即且角、柱角字。而陶寺祖乙、祖辛、祖丁之所以在王名前冠以且字,显然继承了大汶口沃丁以来王室极重视苍龙星宿特别是角星和心星以及它与北斗星的文化传统。而陶寺的祖辛沃甲龙纹盘,龙身更明显表现出牛羊角状的大龙角形和蟠曲成瓢勺状的龙角携斗状,这种龙角携斗的器物纹饰符号又明显与后来古籍中王室制历的主要依据即龙角携斗有关。而龙盘中龙口的植物纹又正好和龙角提携着北斗星从东地平升起时正是春天来临的标识一致。我们之所以将陶寺祖乙、祖辛和祖丁王名前祖字与大汶口陶缸联系,一方面是陶寺龙盘明显的龙角特征;另一方面是记载中祖乙正是中丁之子,而沃丁又是大汶口商王室用且角状陶缸符号表示龙角的直系后裔,特别值得注意的是沃丁在甲骨文中写作羌丁,有羌羊之像,而这不仅与沃丁符号及陶缸的角且状相通,而且与陶寺牛羊角龙纹盘的角龙内含十分吻合。从陶寺以后,殷周青铜器的龙纹不仅龙身呈角形,而且龙头上的角也明显具有大汶口陶缸的且角龙角特征(图2-23)。

2. 大汶口陶缸与且字器物符号溯源

前辈学者在谈到甲骨文且字时，多指出了它的男性生殖器的形状。但应当说明的是甲骨文中王名前的且字，并不是甲骨文时代依据男阳而创造的象形文字，其主要原因是王名前冠以祖字是祖乙时代出现的，而以十干名王的商殷王室并不是所有的王名前都冠以祖，并也以大小上下作区分排序的字。而甲骨文中从祖乙时代出现的祖字，可能是由大汶口且字形陶缸传承下来的。尽管关于它的传承方式也像我们前面叙述的甲骨文酉字与仰韶时代陶制尖底瓶等器物符号一样，对于它们是怎样转变成甲骨文字的也许会永远是个谜，但这种器物符号作为基因在甲骨文产生时代而转化为甲骨文这一点是肯定的。

我们在前面讨论夏末商初嵩山周围夏王室文化晚期的陶缸时曾指出过其与大汶口陶缸间的亲缘关系，而这种陶缸作为夏王室中期以后的王室标识器物，确实常常表现出是与男性生殖器相近的一些特点。如我们指为夏桀时代的临汝洪山庙陶缸不仅有彩绘的由两个男性生殖器符号首尾相连构成的彩陶纹饰符号，而且还有一件残陶缸上用泥塑出一个裸体人，人作蹲踞状，男性生殖器十分突出。陕西宝鸡县双碌碡庙底沟晚期遗址中出土了一件细长型的陶缸，高度达90厘米，著者称其为陶祖，以为是祭祀用器。[①] 除这种陶缸外，仰韶文化区流行的一种水波纹尖底彩陶缸也具有明显的男性生殖器特征。这种彩陶缸在口沿以下腹部绘波折状水纹，尖底不着彩绘，十分突出，反置也极象圆底缸表示的男阳之象。特别是腹部的水波纹并不贯通，只在一侧露出一道接缝，更像男性生殖器的形状。可见具有天文历法含义的牛羊角状陶缸同时也具有男女生殖繁衍的含义。但它并不是当时所有族群使用的，也不是单一的表示男性祖先含义的。它可能只是以牛羊角为部族标识的人群使用的，因而在陶缸器物符号上不仅有部族的牛羊角形烙印，也有牛羊及人丁繁衍的意义，因而龙角星象的天文历法含义也是商殷王名前冠以祖字的重要含义之一（图2-24）。

3. 陶缸男阳与父系说质疑

在以往的一些关于新石器时代考古和历史著作文章中，常常将看到的男且图形或象征男阳的器物作为男性父系的标识，并以此作为父系社会代替母系社会的论据。这种观点是值得探讨的。从理论上说，男并不等同于父及父系，也

[①] 官波舟：《北首领人》，三秦出版社2007年版，第86页。

不见得与女对立，如兄妹，还有舅父等，因为古代传说中有一种说法就是人类是由兄妹繁衍而来的。而考古发现中还有在陶尖底器口沿同时既有男生殖器形作装饰，也有女生殖器装饰的。因而即便是那些尖圆底极具男阳特征的大陶缸，也并不一定是父系代替母系的标识，似乎有更多的男方客于女族、即男方宾于、婿于女族的迹象。

我们在论述夏初少康陶缸时曾指出少康缸口沿一周的柱状泥饰与夏启人面鱼纹盆口沿的草木柱棒纹饰的关系，少康陶缸口沿的泥柱装饰表示少康持木棒即持鞭的放牧牛羊的身份。《左传·哀公元年》："……昔有过浇杀斟灌以伐斟鄩，灭夏后相。后缗方娠，逃出自窦，生少康焉，为仍牧正。"由于少康母后缗为有仍氏女，因而少康实际是在其母家长大的，亦即是在其舅父家长大的。这种状况实际很像西南少数民族中仍然保留的子

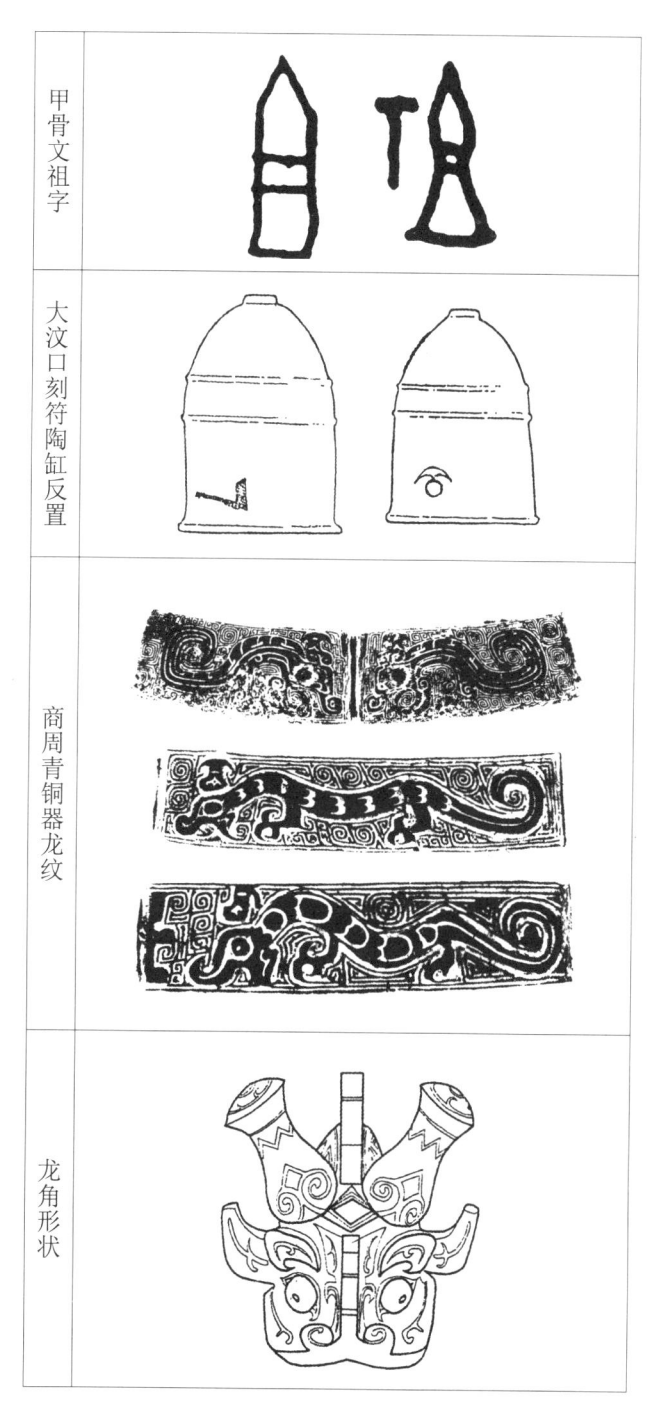

甲骨文祖字	
大汶口刻符陶缸反置	
商周青铜器龙纹	
龙角形状	

图2-23 甲骨文且字与大汶口刻符陶缸及龙角的角且字形

从母居的习俗。因而少康缸的男阳之象并不一定就是父系的标识，而很有可能是母家、舅父的标识。因为少康母家为有仍氏。仍与任、壬通，壬在甲骨文中作丨形，实即木柱大木，为十日的壬字形。可见从夏代早期少康起，陶缸作为当时人们传达信息的器物符号就带有较多的有仍、有任的大木柱棒特征内含，虽有男阳之象，但却并不只是父或父系社会及代替母系社会的标志，而且还具有放牧牛羊的牛羊角及母家或舅父的含义。不仅夏初夏王少康，商殷先公王亥当初似乎也以牧人身份婿于女家的。《竹书纪年》："殷王子亥，宾于有易而淫焉，有易之君绵臣杀而放之。"记载中说"王亥为有易牧竖"，山海经直说"宾于有易，而淫焉"，可见王亥一族而不是一个人，很可能是以客婚的身份，依傍于有易，并为其放牧牛羊的。因而陶缸既具有男阳的牧人的特征，又具有婿士的客婚之意，同时又有牛羊大角的期盼牛羊强壮繁衍的含义是十分明显的。

4. 半坡夏代初期少康从母居婚俗与"兄妹葫芦"生人说的实质

对于广泛流传于西南地区的大洪水后人类灭绝，唯有一对兄妹在葫芦中幸免于难而生育人类的说法，一般以为是群婚时代的产物和遗说。这种说法可能自有依据。但从考古材料看，我以为它更可能是中国古代社会两系婚姻传统的男女两系之反映。

中国古代社会中两系婚姻传统是十分突出的，我们前文所说少康从母居就是两系婚中子女从母系而居的反映。因为子女从母居，必然导致两系中的子女均与其母族同居而与父族分离。记载中的夏禹的"勤子屠母""有易杀王亥"及"姜嫄弃子"都可能与这种两系婚姻及子女从母或从父的矛盾冲突有关。这种状况在殷墟甲骨文中也有反映。张光直先生在《中国青铜时代》一书中在研究甲骨文商殷王名的规律时指出："商殷王名依先后顺序分为甲乙与丁为首的两大群团。两群王名都有隔代出现规律。"[①] 这种前代与后代不同干名，即子不与父同干名，而祖与孙同名的状况其实质反映出从母制的特征。因为甲为王必娶丁女为王后，而甲王之子却名为丁，并以丁名而为王，这是与甲之父名丁者同干名的。这种父子不同干名而祖孙同干名的特征，其实质是为王者是以娶与自己不同干名的父亲之女为妻，因而此父在本质上可能是岳父。因而丁王之丁名是从其母舅家的丁群而得的。可见直到殷墟时代，殷王室仍然具有浓厚的

---

① 张光直：《商王庙号新考》，《中国青铜时代》，生活·读书·新知三联书店1983年版，第135页。

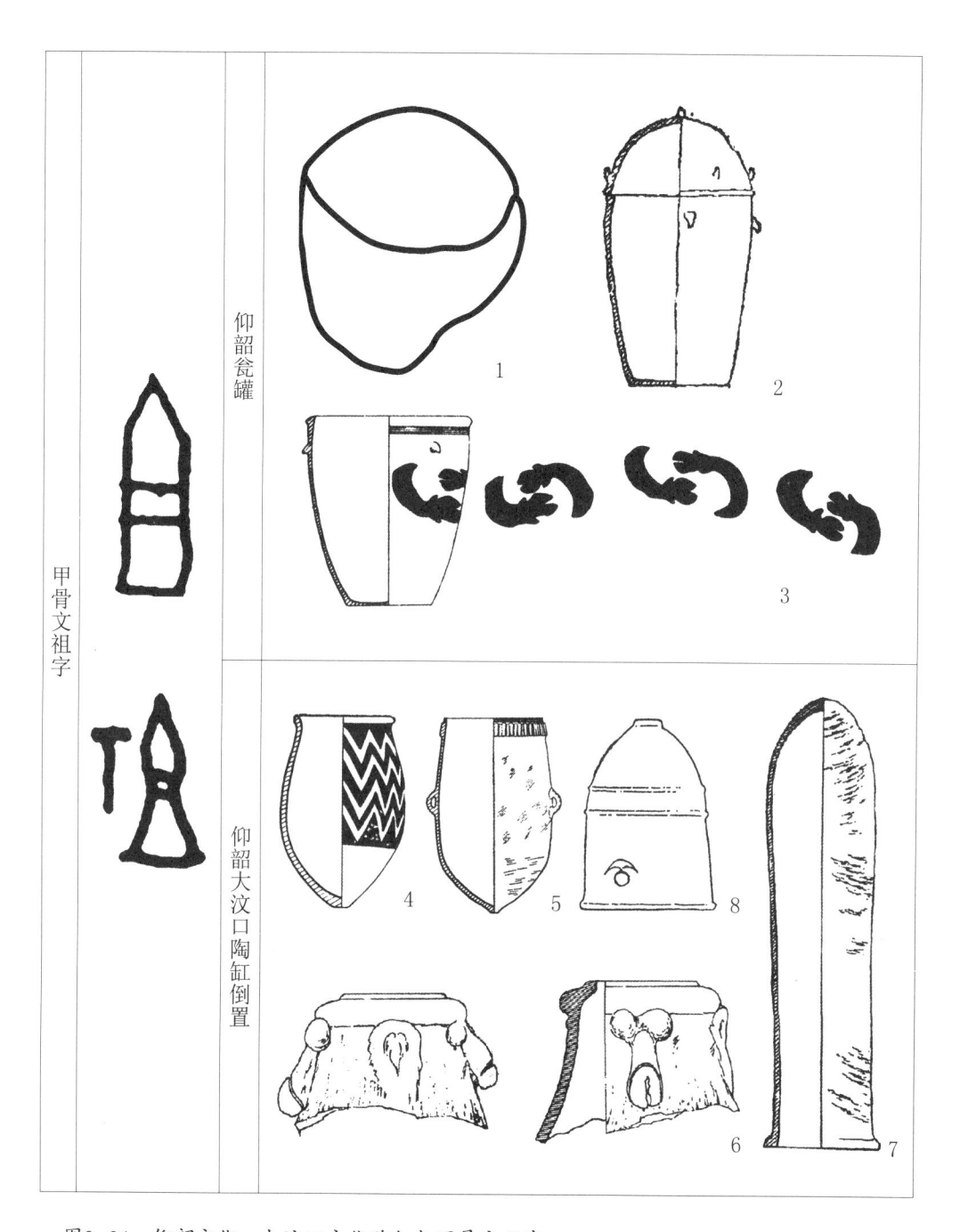

图2-24 仰韶文化、大汶口文化陶缸与甲骨文且字

（注：1仰韶文化半坡类型儿童瓮棺 2临汝类型文化成人瓮棺 3临汝洪山庙出土陶缸及纹饰 4仰韶文化彩陶尖底罐 5仰韶文化成人瓮棺 6尖底瓶及口沿外之男、女生殖器泥塑 7仰韶文化圆底罐倒置 8大汶口文化刻纹尖底缸倒置）

两系婚姻及子从母居的特征。因而习惯于用秦汉以来的父权制观点研究夏、商、殷、周的中国早期文化传统显然有许多方面是不合适的。

我们之所以对兄妹葫芦生人说源于群婚的观点提出质疑,是因为从目前考古材料看,至少在距今 7000 多年前的仰韶文化时代所反映出的婚姻状况已远比群婚进步得多。更值得我们关注的是在甘青地区马家窑文化半山类型彩陶中出土有大量的画有葫芦和男性生殖器纹样的彩陶器。这种画有葫芦纹的器物口部还常作成人头形,葫芦与人祖的含义明显。细看这种纹饰,其实是由一个葫芦和一个内有人形的男阳状纹样构成连续纹饰。这种分布十分广泛,流行时间达几百年的人祖葫芦纹样,不仅和传统文化中祖先葫芦祭祀文化有关,其实质我以为即是像仰韶文化中陶尖底器以一男一女两种生殖器表示的两系婚具有同样含义。而两系婚中的男与女、兄与妹,或姐与弟其实并不是群婚时代的血缘兄妹,而可能是如姑表、舅表、姨表等有一定血缘关系的兄妹,也有可能就是那一时代并无血缘联系的不同族群间男女的称呼。而一般认为现今的西南少数民族中的很大一部分就是从西北甘青高原南迁而来的,因而我以为西南民俗中的兄妹葫芦文化可能与新石器文化传统,特别是马家窑文化半山类型的祖葫芦器物符号文化有关(图2-25)。

图2-25 马家窑彩陶葫芦与男性阳根彩陶纹饰

第三章 /
盘庚迁殷与二里头文化

二里头文化与盘庚迁殷

（一）二里头陶方鼎为阳甲盘庚王器说

1. 陶方鼎八芒纹与阳甲及盘庚

二里头遗址出土了一件陶制方鼎[1]，方鼎四面腹壁上方有两道弦纹，下部有W状泥条纹装饰，若将四壁的W状泥条纹相合，就构成了一个以方鼎器口为中心的✵状八芒状纹饰。这种八芒纹在学术界一般认为可能与太阳以光芒照耀八方有关。而甲骨文中也发现了一个在八芒纹中有甲字状的文字作✵形[2]，甲骨文中的这个文字符号其八芒纹不像东南沿海玉器与陶器上的八芒纹在八芒中心有明显井字状方格，更像以四组M状的八个芒角相围而成，因而更近于二里头陶方鼎四壁的八芒纹饰，其中心之甲字，更表明它不仅是八芒纹，是普照四面八方的太阳，而且可能与十状甲字符号相关。因此我们推测这件有M状泥条装饰的陶鼎可能就是阳甲的遗物。这件陶方鼎作为器物符号文化遗物，以方鼎腹部八芒纹饰作为阳甲的标志，而以方鼎四角四隅的长方形表示盘庚的庚字符号标识。表示甲与庚的器物符号仍然继承大汶口时代大庚与小甲以正方与长方，以四正与四隅表示甲与庚的传统。我们在分析大汶口大庚四方刻符时，曾缓引裘锡圭先生以甲骨文✹状庚字以其下所从四边

---

[1] 邹衡：《夏商周考古学论文集》，文物出版社1980年版，图版25之图1。
[2] 中国社会科学院考古研究所编：《甲骨文编》，中华书局1982年版，第930页，佚六二一。

长方形作论证，以证明庚与四隅的关系。而陶方鼎一反此前陶器多作圆形的习惯，改作方形，突出四角，因而也有更突出十天干之庚群与甲群的意义，因而也有更重视四面八方观念。这一传统，其实就是夏商以来王室十天干群中甲庚群团渊远而深厚的甲庚群团文化传统之反映。甲骨文盘字作盘状，学者以为盘字从凡得声。甲骨文凡或假为风，甲骨文也常有四方风连名之记录。凡通风通方，因而盘庚或即凡庚、方庚，有更强调庚字的作方含义。再看盘字上部右半，以手持卜，卜明显为直折角状。甲骨文四方风以东方曰折。传说中东方之神曰句芒，句通巨、角，芒也有芒角意。而甲骨文方字作㫃形，像以刀、匕作方巨之工状。我以为这即是东南沿海新石器文化陶器、石器、玉器多作方折有棱角器的文化传统。而二里头陶方鼎以有四隅四方巨角的方鼎形器及方形四面的M形泥条装饰表示阳甲、盘庚的作器象物之方法，虽然与半坡夏代以来的以彩绘纹饰符号传情达意的方法有所区别，但是其以器物及纹饰符号表意传情的方法还是相通的。从考古发现看，八芒纹在东南文化区比较流行，有陶器彩绘八芒纹，刻划八芒纹，玉器刻划八芒纹。迄今发现最早的八芒纹出现在湖南洞庭湖区的安乡县汤家岗遗址的白陶盘上，距今约6000多年。而迄今发现最早一件方形陶器为东南沿海河姆渡遗址的猪纹黑陶方钵。山东大汶口文化的黑陶斛、黑陶高柄杯其底足多有三个或四个方趾足，而良渚文化的方仞石斧，方巨形玉琮更十分发达。特别是良渚文化玉琮以四正面为界隔，而在四角四隅都有一个额鼻有棱角的兽面形，似乎更注重四角四隅的文化内涵。二里头八芒陶方鼎为阳甲和盘庚器还可从阳甲盘庚的名号得到证明。《竹书纪年》称盘庚为盘庚旬，《大荒北经·郭注引纪年》称阳甲为和甲，和音近回、围，也同于陶方鼎之方回形，商先公上甲微即以十状甲字与其外的口形方框而又有微围之名。因而阳甲的方回之名也与盘庚名旬的十日一旬有相通之处。可见二里头盘庚阳甲的方形陶方鼎与八芒纹饰符号也以独特的陶制器物符号继承了夏商以来王室王名的十天干即十日轮回之文化传统（图3-1）。

2. 从阳甲、盘庚都殷说仲丁以来"九世之乱"

在论述夏初文化时，我们已经论述过夏王室夏启以后王名中的大康、中康、少康的康、庚干群在十天干群中的突出地位及对夏启人面鱼纹盆为代表的癸甲文化传统的明显改变与传承。而山东大汶口沃丁时代的大庚小甲将庚

图3-1 二里头陶方鼎及纹饰与东部沿海地区八芒纹器对比图

（注：1二里头陶方鼎及八芒形器形，二里头出土 2大汶口文化彩陶八芒纹，山东宁阳大汶口出土 3马厂类型彩陶八芒纹，青海柳湾出土 4红山文化八芒纹，内蒙古敖汉旗小河沿出土 5大溪文化白陶刻印八芒纹，湖南安乡汤家岗出土 6崧泽文化陶壶底刻八芒纹，上海青浦崧泽出土 7江淮区大汶口文化玉片刻八芒纹，安徽含山凌家滩出土）

甲符号刻于一件陶缸，更表现出庚甲两个群团之间联系的紧密，而偃师二里头阳甲盘庚陶方鼎更使我们对庚甲两群团在商殷王室文化中的地位倍加关注。庚甲群团在夏、商王室十天干群的这种突出地位首先使人容易想起《史记》中司马迁笔下的"太康失国"及太康、中康、少康以康庚为名的同一干群的三王及这一时代夏王室标识器物由夏启开创的癸甲人面鱼纹盆演变为口沿装饰泥柱的大圆底陶缸的事实。而沃丁以后商王室大庚小甲和盘庚、阳甲的甲庚王名异动也可以从太史公《史记》中找到一点线索。《史记·殷本纪》在叙述中丁以来殷王室王位传承时有"自中丁以来，废適而更立诸弟子，弟子或争相代立，比九世乱"。《史记》对于中丁以来的王位更替认为是没有严格按"立嫡长子"的王位传承法，其实立长子之法应当是秦汉以来才逐渐确立的适合于中央集权的封建制政权模式。而夏商直至殷周王名反映出的王位顺序，王位不仅不是传于嫡长子，也不在同一父系群团传承，反而常常传位于王妻所在的群团，并有王名不随父而随母的情况，这一点我们在以后章节还要详细论述。单就太史公的"中丁以来比九世乱"的记载看，也确实反映出商殷王室王权在中丁以后的异动情况，这就是大庚小甲到阳甲盘庚表现出的庚甲两干连续频繁出现的情况。如果我们仔细比较商殷王名，就会发现自上甲以后，商殷王名出现明显有一个规律，即每隔五世五王，必有名丁的王名出现，特别是大乙以后。而且这五王的干名从没有相同两干重复现象。如报乙到主癸有报丁、大乙到沃丁、大庚到中丁这三段五王均有以丁名出现为第五王，即以五王为一王名单元的现象。但中丁以后的外壬到且丁却变成六王，而其中就因为河亶甲和沃甲两甲重复；而南庚到武丁也为六王，其中也因为有南庚和盘庚两庚重复。中丁以后甲庚两干重复出现的状况打破了商殷王名以丁为标识的五王为一个王名单元的规律。其原因我以为可能是我们叙述的东南方的以八芒符号代表的庚甲群团从大汶口沃丁时代以后不断北上进入商殷王室，并与王室中原来的庚甲群团联合，从而打破了原来以丁为标识的以五王为一王名单元的文化传统。我们在论述中丁迁隞时曾提出过仲丁之迁与南方良渚类型文化北上的关系，但是在大汶口文化区及江淮流域以鸟鸷代表的鸟族与陶缸代表的畜兽为主的畜兽族文化已经交融得难分难解。虽然也有冲突，但从陶寺到二里头仍然可以看到有东南文化融入王室的迹象，而从陶寺文化后南迁的盘庚，其南迁于二里头的重要原因大约仍是与东南文化的庚甲群团有关。

3. 从商殷王名中名丁者五出规律说伊尹丁群以五丁记五王

我们在论述中丁和上文的阳甲盘庚时都叙述到殷墟甲骨文及《史记》商殷王名表现出王名中每隔五王即有丁名出现的规律。而丁群之最著名的人物应当就是佐汤灭夏桀的伊尹。甲骨文常把伊尹与大乙同时祭典，大乙以乙日祭，而伊尹在丁日祭。伊尹的尹字甲骨文作⺸，象手擎木柱丨形，而丨在甲骨文中为数字之十数。《史记》"索隐"孙子兵书："伊尹名挚。""集解"孔安国注曰："伊尹名伊挚"。因而伊尹可能是以挚十数，即十日之数著名的。特别在夏代晚期，很可能由于掌握夏王室十日文化制传统的伊尹叛夏归汤，对汤建立商王朝起了很大作用，因而在商文化早期，伊尹几乎与大乙汤有同等重要的地位。伊尹既是掌握十日制王室文化传统的，而十日又很可能分为两个五日。由于伊尹为丁群之首，因而以丁日作为五王出现规律是打上了伊尹丁群烙印的，《史记》记伊尹"五事桀，五事汤"正是以五为规律出现的。特别是从伊尹佐大乙到沃丁时伊尹亡，正好为五王，而且作为大乙之后第五王的沃丁也以丁为名。因而可证所谓伊尹五事汤实际是伊尹丁群是掌握五王为一王名单元的五王制文化传统的。

我们在论述郑州大河村大乙彩陶罐时特别提出大乙罐上的九个木柱状纹饰，而丨形木柱也与伊尹一族有关。《吕氏春秋》："有侁氏女采桑，得婴儿于空桑，母居伊水，命曰伊尹。伊，正也，谓汤使之正天下。"以上可见伊尹生于桑林，因而伊尹也与扶桑九日九木有关。《史记》："伊尹处土，汤使人聘迎之，五反然后肯往从汤，言素王及九主事，汤举任以国事政。"这里的伊尹之言"素王"我以为即数王，是王位及王数之记录方法。而九主可能即是九柱，即扶桑十木、十日的王室十日十天干传统。可见在夏末商初伊尹的"素王""九主"与大乙汤以身祷桑林其内容是相通的。虽然九柱木桑林是伊尹带给商汤大乙的，还是它本来就是大乙的我们已很难分清，但是记载中他们共同具有的扶桑木与十日制的王室传统文化却与我们指出的大河村大乙彩陶罐上的九柱木纹饰十分吻合。

4. 从阳甲盘庚陶方鼎再说庚甲两群团的方巨文化与北斗

在二里头阳甲、盘庚陶方鼎以前，方矩形陶器十分稀少，目前发现最早的一件就是浙江余姚河姆渡出土的猪纹黑陶方钵。方形陶器出现较少的原因从制陶工艺看，恐怕主要是方形陶器较难制作而且不大方便使用的原因。但是从山东大汶口文化区域出土的一些黑陶鬶，其盘形器足下往往有三个或四个方巨形足趾仍然可以看出东部沿海区人们表现方巨形文化传统意识的强烈。这从玉石器文化传统也可看出。东部沿海地区从东北红山文化，大汶口文化、江淮区域文化直到东南太湖流域的河姆渡崧泽和良渚文化，方巨形石器和玉器都特别发达。考古学上称作有肩石器的石斧、石钺、石铲及玉器多数都出土在这一带。特别是方巨形柱状玉琮在太湖流域的良渚文化中特别繁荣。对于玉琮的含义及用途学术界比较一致的认识是它们具有明显的祭祀礼仪用途，有的学者还提出是通天的神器。从良渚玉琮的方矩形状，特别是在墓葬中放置时总是大头向上的习俗看，我以为可能和北斗七星的斗头崇拜有关。因为玉琮本身是方矩形，但又是一端小一端大，按墓葬的大头向上看，其形状明显为大头向上的梯形。北斗斗头的四方梯形十分突出，而且斗口向上的用意也比较明显。北斗七星指示季节是与北斗七星的斗头斗尾有关的。《史记·天官书》："斗为帝车，运于中央，临制四乡，分阴阳，建四时……皆系于斗。"《鹖冠子·环流篇》更明确说："斗柄东指，天下皆春；斗柄南指，天下皆夏；斗柄西指，天下皆秋；斗柄北指，天下皆冬。"从玉琮斗口向上看，斗口向上是与斗柄西指所指示的秋季相一致的。因而玉琮反映的可能是北斗文化，特别是对北斗斗口向上的秋天，即秋季收获节令的重视。这从良渚玉器上出现的许多人兽纹上也可以看出。良渚玉璧、玉三叉形器及玉牌饰上常刻有极细线组成的人形纹或人骑兽纹。玉人的头皆为方矩梯形，而且梯形大头向上，人头的四周还有密集的放射线纹，极像谷物的枝干。特别是人胯下所骑的兽，多数学者认为是虎。这也和斗口向上指示秋季，而白虎为秋季代表相一致，再联系到玉琮的柱状形及与大汶口、中原仰韶文化陶缸的角柱龙星特征，我以为它的含义也不仅与北斗星象与西方白虎有关，而且有明显的牛羊角的角节特征，即是同时有龙角即东方苍龙星特征。因为东方苍龙与西方白虎虽然各有自己的职司，但它们从来都是相互关联而不能断然分开的。古籍更明确记载它们都是帝喾高辛氏之子，是日相干戈但都形影相随的（图3-2）。

5. 二里头陶方鼎八芒纹与盘庚迁殷

从器型及纹饰看，偃师二里头出土的阳甲，盘庚陶方鼎及鼎腹部由M形

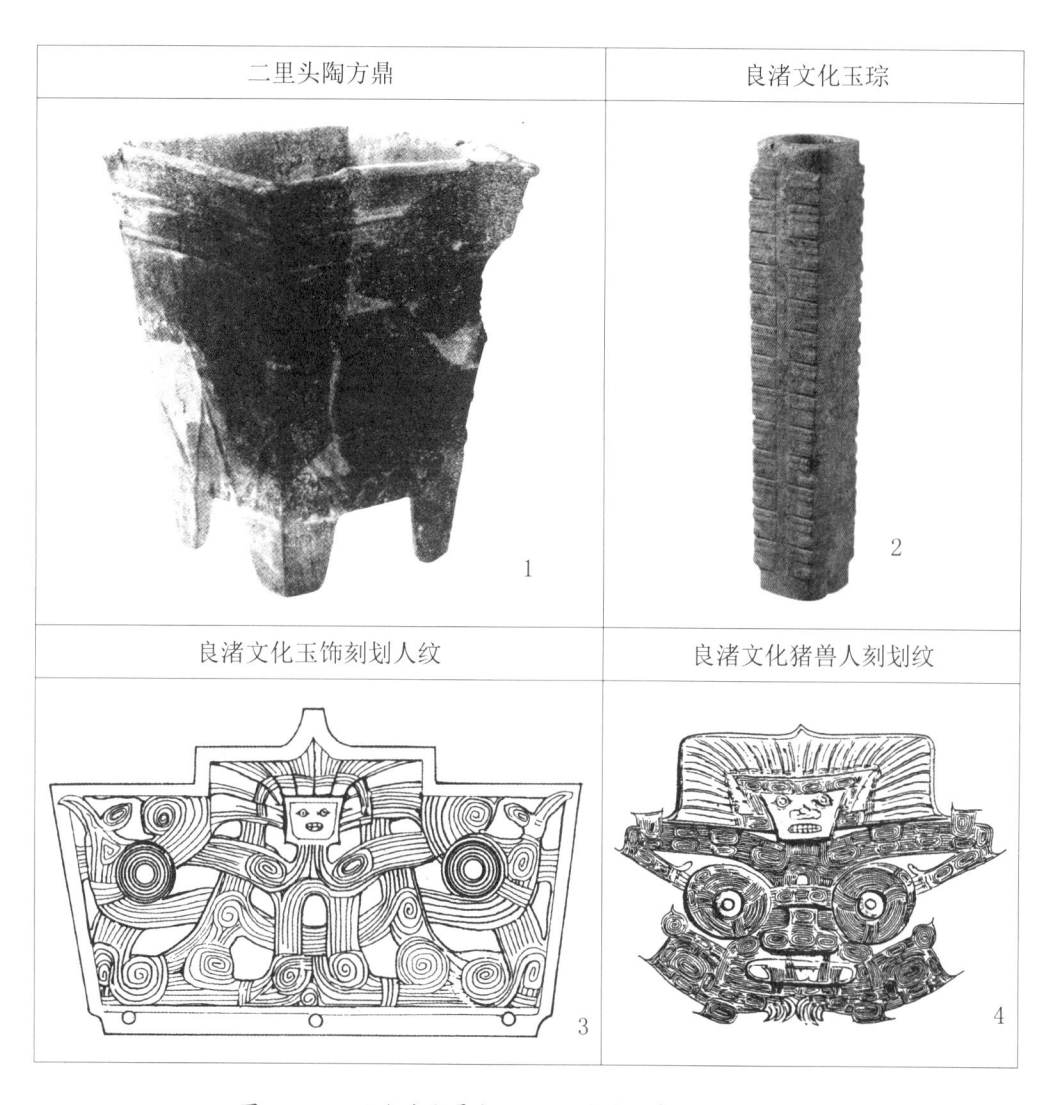

二里头陶方鼎	良渚文化玉琮
1	2
良渚文化玉饰刻划人纹	良渚文化猪兽人刻划纹
3	4

图3-2 二里头陶方鼎与玉器及刻划纹饰的方巨形及北斗含义

泥条组成的八芒文化明显来源于东南方八芒纹的族群文化传统。它似乎与以猪、犬为标识的畜兽部族文化有很密切的关系。甲骨文无殷字，而商殷王室的殷在典籍中有时作衣。对于《史记》"盘庚迁殷"的殷地，学者之间争议颇多。传统观点中以司马迁《史记》所说"帝盘庚时，殷已都河北，盘庚渡河南，复居成汤之故居"。孔安国"集解"以为是"盘庚渡河南居西亳"，即今偃师。但近现代以来的观点多以现殷墟为盘庚所迁殷地。我以为像前面所述地名大多以人名及族群名而来并随之转移迁徙的规律一样，殷本来并不是地名，而是人名，是部族之名。因而名殷之地不仅有安阳殷墟，在古代历史中它当不在少数。如史籍常以亳殷联称，殷地现有偃师、殷墟两说，而亳则有四说或五说。因而从考古材料分析，我以为殷本来是以猪、犬为标识的部族之名称。甲骨文殷写作㐁，过去多作衣服之衣解，其实并不完全，其本意当为衣兽衣。即以猪犬为图腾的部族在长期狩猎活动中食兽之肉，并用兽皮毛制作衣服的符号记录。因而衣字上所从八像兽牙芒齿状，下有卷曲的毛尾。因而我以为殷字可能是猪、犬等兽类皮毛的象形字。公猪有獠牙、犬有犬齿，它们都是人类最早驯化的动物。特别是犬在人类逐水草而居的古代一直是人类最好的助手、朋友和生活之源。而犬更以其牙齿及卷曲的尾巴为其特征。史籍解殷通衣、围。殷、衣既与猪、犬有关，围更让人想到古史中常见的豕韦氏。豕作猪解，猪又是我们论述的殷先公王亥部族的标识，因而殷王即衣王，殷王子亥即衣王子亥。是以猪犬皮毛作衣服的部族之符号记录。这一部族与殷先公王亥关系密切。在东方王亥以猪兽、猪鸟文化区的大汶口青莲岗文化中常以猪头随葬或以整猪整犬与人随葬。这都反映了东方崇尚方形北斗的民族又与犬及猪有密切关系。特别是安徽含山凌家滩出土了一件鹰猪合体的玉雕器。这件玉器上部为一只昂首展翅的雄鹰，下部有一只两头的大猪，中间却刻划有东南沿海新石器时期时代流行的八芒纹饰，因而这件玉雕的猪鹰图像符号，不仅把八芒纹和王亥一族联系在一起，而且把八芒纹和河姆渡猪纹方钵联系在一起，这就使我们有理由将二里头的八芒陶方鼎和殷及阳甲盘庚迁殷联系在一起。因而从二里头陶方鼎的器物符合文化角度分析，盘庚所迁之殷可能就在偃师二里头而不在他处。

（二）二里头铜圆饼饰与殷王小辛

出土甲骨文及史籍记载都证明，上甲是商殷王室以十天干名王的第一人。因而甲骨文多有从上甲开始合祭商殷先王的刻辞。所谓合祭，就是按顺序逐个排列所有商殷王名而祭的习惯。甲骨文有"自上甲六示""自上甲廿示""自上甲至于武乙"等合祭刻辞。[1]"自上甲至于武乙"证明，商王不仅有祭直系先王，即有选择的祭祀与时王关密较亲密的先王的习惯，也有不加选择，

---

[1] 胡厚宣：《殷商史》，上海人民出版社 2003 年版，第 22 页。

按顺序合祭所有先王的习惯。"自上甲至于武乙"足见商王合祭上甲可以排列到从上甲至武乙的33位先王。依我们前面论述，二里头期的偃师二里头已为盘庚迁殷以后的殷王室中心，因而二里头时期可能会有合祭商殷先王上甲的记录。二里头遗址曾出土过一件铜圆饼形饰物。在圆形铜饼上按圆周排列两圈镂空甲字状十形纹饰，每圈13个，共26个十状甲字符号。我以为这可能即是为合祭上甲所作的铜礼器。前文我们论述伊尹丁系时，论述了伊尹以丁字及圆丁形符号记录王名的方法，而上甲是商殷王朝以十状甲字开创十天干名王的人。由于他属于十天干的甲群，因而用十状甲字符号表示商殷王世、王次，突出甲群的特征应当是自然的。因而这件圆铜饰以十状甲字符号围成圆形一周，明显是以上甲起合祭商殷诸王的记录。按铜饰上每圈13甲，两圈26甲，正合于上甲至于小辛26王。而小辛为武丁之父小乙之兄，甲骨文中也有武丁合祭上甲的记载。因而二里头有26个甲字状符号的圆形铜饼饰大约是武丁父辈小辛合祭上甲所作器物（图3-3）。

（三）二里头五乳丁纹铜爵与殷王小乙

1. 二里头五乳丁纹铜爵为武丁祭小乙及成汤器

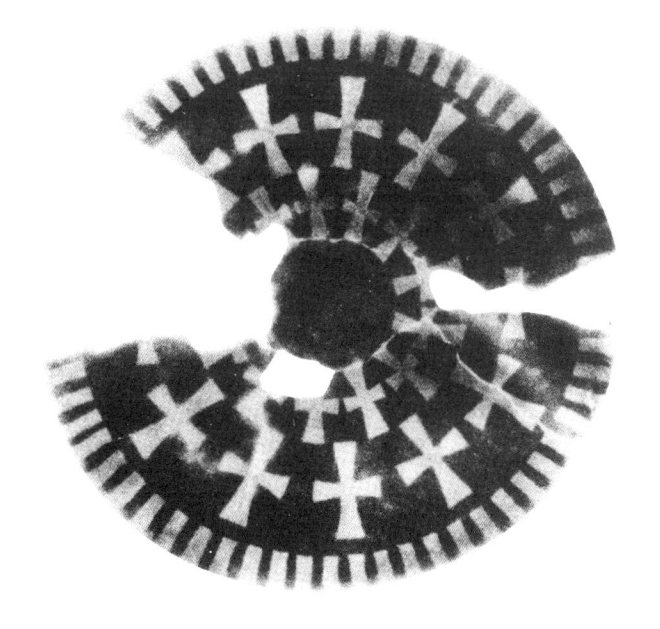

偃师二里头遗址曾采集到一件乳丁纹铜爵。这件铜爵是目前所知二里头遗址最大的铜爵，铜爵通高22.5厘米，自流至尾长31.5厘米，极像长嘴长尾长足之鸟。最有特色的是铜爵腹部一侧有一排由五个乳丁组成的纹饰，我以为这可能是武丁为祭其父小乙及先祖成汤所作器。从记载及甲骨文可以看出商殷王室中乙丁两群极紧

图3-3 二里头遗址出土铜圆饼饰及两圈十字纹

密而又极矛盾冲突的关系。先王中报丁与报乙前后序次之争，大乙与伊尹之争，中丁以乙鸟与乳丁纹陶鬶出现，祖乙以ᘒ状乙丁纹出现都可见商殷王室乙群与丁群之关系。《史记》有"帝武丁祭成汤，明日，有飞雉登鼎耳而呴，武丁惧"之记载。武丁祭成汤，何以有飞雉出现，武丁又为何惧飞雉？论者以为武丁祭成汤大乙，是近异姓祖先乙群而远同姓祖先丁群，不遵守近同姓远异姓之习惯，故有灾异而惧。而这件乳丁纹铜爵从乳丁纹装饰看有明显丁群痕迹，但铜爵象乙鸟，有更明显的乙群之符号形象。武丁祭乙群之成汤，并作铜爵象乙鸟，确有近乙群先祖之嫌。但武丁却同时在铜爵腹部作一排乳丁，象其先祖伊尹以丁群之丁形符号明确记录丁群之王，并没有远此近彼，而是兼顾乙丁两群的。我们之所以指认这件乳丁纹铜爵为武丁祭成汤及其父小乙器，即是以爵形乙鸟与乳丁纹代表丁群而判定为乙与丁两群共同标识的。按陶寺商王祖丁时代以沃丁、中丁、祖丁为三丁记录，则从大乙到武丁、丁群名王者正好第五次出现，因而武丁在二里头铜爵上以五乳丁纹饰记之。大乙虽为乙群，但伊尹以丁群佐汤而有天下是众所共知的。所以武丁虽然以铜爵象乙鸟，祭先祖大乙及其父小乙，但也以丁群之乳丁数单记丁群在王室出现的次数。只是方法与上甲合祭方式相反，只记名丁之王，即为伊尹（丁、伊尹佐大乙）、沃丁、中丁、祖丁、武丁正好五丁。可见在二里头时期的殷王室，在小辛合祭上甲，用铜圆饼饰记26甲之时，武丁也以丁群后裔祭祀其丁群之最有影响的先祖伊尹及相继出现的沃丁、中丁、祖丁五王（图3-4）。

2. 从五乳丁纹铜爵说鹳鸟与羿及伊尹之丁系族群

二里头遗址除五乳丁纹铜爵外，还出土了不少铜爵，从而可以看出铜爵所属的乙丁群团在中国青铜器初始阶段

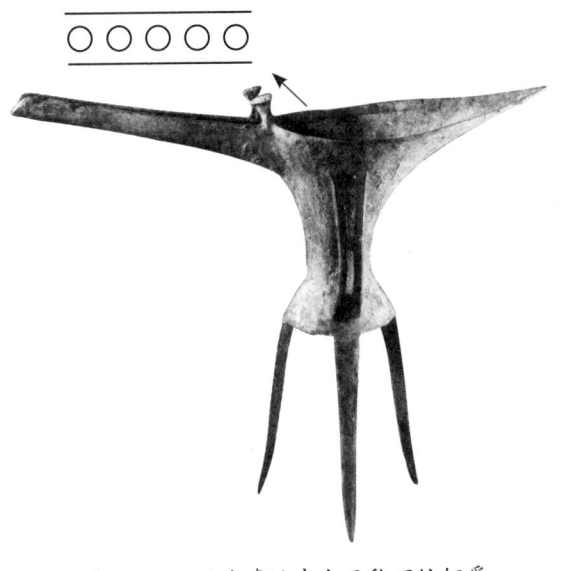

图3-4 二里头遗址出土五乳丁纹铜爵

的二里头有极重要的地位。二里头遗址出土的铜爵从其造型看，确实受大汶口陶鬶不少影响。特别是其流、尾、弓形鋬及三足，都有不少陶鬶的特征。但铜爵三足细高，不像陶鬶的三乳袋足状；铜爵长嘴长尾平展，不像陶鬶伸颈引上的感觉。从器物符号的角度看，我比较同意大汶口陶鬶更像鸡，即引颈长鸣的雄鸡的观点。而二里头铜爵其细长的足，特别长的嘴则更像鹳及鹳鸟类涉禽。

如果留意考古资料，我们就会发现伊洛郑州及以南地区在文明初始的中国古代似乎总活跃着以鹳、鹤等水鸟为族徽的一个群团。最著明的就是临汝阎村出土的鹳鱼石斧缸。此外陕西汉水南郑县龙岗寺遗址出土的残陶缸片上也以泥塑出鸟斗蜥蜴的图像，此鸟鸟身细长如棒柱，嘴也细长极像鹤或鹳鸟。而龙岗寺的鹳鸟身体作棒柱形，当是夸张鹳、鹤水鸟的细长脚。这也与我们前述"天乃降鹳，下逢伊尹"时以鹳鸟象伊尹的论述相合。从这一地区活跃着鹳、鹤等水鸟的这一事实，就会明白为什么大汶口以雄鸡与兽乳袋足为特征的陶鬶一到伊洛郑洲地区的二里头时代，就变成这种细长腿，细长嘴的铜爵。从而也就会明白为什么裴李岗文化有细长三足及双半月形耳的壶，向东发展就逐渐变成了昂首挺颈，有三乳袋足的陶鬶。古籍记载中伊洛地区及其以南也是鹤仙传说较为流行的地区。如王子乔化鹤升天之事就发生在河南缑氏县。而进入商晚期和春秋战国时代，这里也不断有以鹤为题材的铜器出土，如湖南出土的四羊方尊，其四羊之前腿部位明显有四只细线刻出的长嘴水鸟，极像鹤。而长沙楚墓还出土了同样有羊骑鹤的漆画纹饰。特别是河南新郑出土的春秋时代的莲鹤方尊，更被誉为开春秋思想解放先河的典型器物。鹳鹤既与伊尹有关，伊尹属十天干之丁群，因而我们将鹳鸟认为丁系族群之标识。而鹳鸟与鱼之题材，又是我们在论述羿代夏政之夏代初期极突出的。即鸟即羿，鱼即为河伯，是夏之先祖鲧、禹的主要内涵。依此分析，则鹳当为代夏政之羿，亦即持弓射之羿。这也合于伊尹本为夏臣之史籍记载。在夏代晚期以鹳鱼石斧缸与大河村大乙群团的对峙中，鹳鸟群团中伊尹一支与大乙群结合，而其他支系则向南迁徙，这大概就是夏桀奔南巢说之由来。而二里头出土的五乳丁铜爵极有可能是鹳鹤鸟族群在故地重新汇聚而形成的。可见虽然从夏到商、殷，朝代更迭，世事变迁，但从夏初时即在王室的一些古老部族仍然活跃在二里头时代的殷王室内。他们利用当时最先进的材料即铜及制作技术，制作出精美的青铜礼器鸟形铜爵，祭祀并记录着他们祖先的历史。正是从这些虽有差异，但仍然有着极密切的内在联系的器物符号上，我们才有可能寻找出中华民族各部族早期历史演变的轨迹（图3-5）。

3. 说洛伯与商人先祖玄鸟乙鸟族群

《天问》有"何羿射河伯而妻彼洛嫔"之问，联系半坡时代的夏代羿代夏政时之彩陶纹饰看，与羿之弓鸟纹饰常一同出现的还有一种头上有冠齿的鸟。我以为这可能是河伯之妻即与鱼部族互婚的洛伯，它是以鸡为族徽的另一部族。从姜寨出土的我们认为是羿代夏政时遗物的人面鸟纹葫芦瓶看，人面下有两种鸟，它们都呈旋转形，但上面之鸟头上有冠齿，下面之鸟纹则没有。

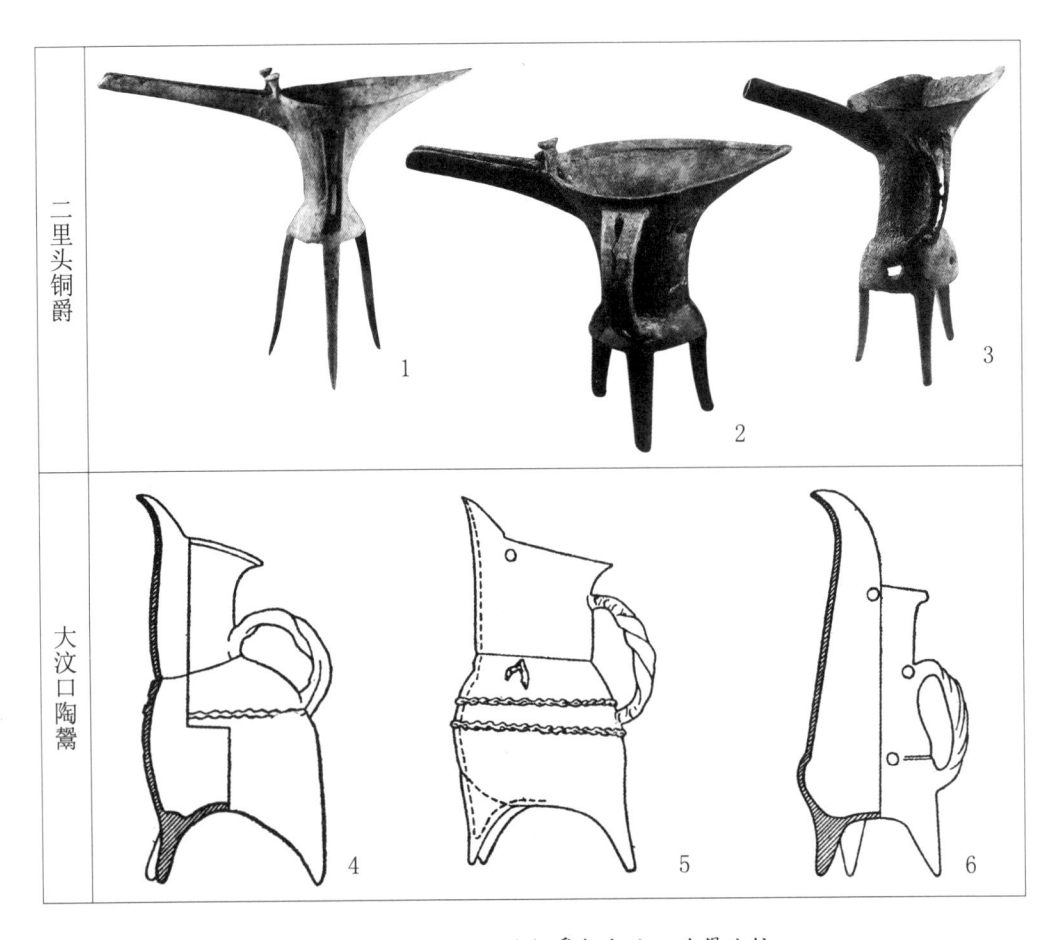

图3-5 二里头铜爵与大汶口陶鬶比较

而本来在陶器中居于重要位置的代表夏鲧部落的鱼纹在姜寨这件人面鸟纹葫芦瓶上不仅没有与人面结合，而且被画在器侧的双耳上下。相反，鸟纹不仅与人面结合，而且由两种鸟头向相反上下旋回，更有鸟羿以弓耳射鱼族河伯，夺得原本与鱼结合的人面纹，并夺得其妻洛嫔。而羿与洛嫔的洛可能是夏初时活跃在夏王室的与鱼鲧部族同时存在的两个以鸟为图腾的部族。羿部族以弓羽为显著标识，可能与鹳鹤及鹰有关，而洛嫔可能是以鸡之冠齿为特征的部族，它原本与鱼鲧部族为两个互婚部族。但在后来羿与鱼部族的斗争中，以鸡为图腾的洛嫔首先与羿部族联合，这大约就是"羿射河伯，妻彼洛嫔"说法的由来。因为在半坡彩陶鱼纹中有不少鱼纹以两个三角或三个三角作为头部装饰，而这种三角多齿状装饰，除可能表示犬及齿兽之牙外，还可能被用来作鸡之冠齿纹饰符号。中国文字的起源常被归于"河图洛书"之出现，所谓河图可能与图画的纹饰符号有关，当为仰韶半坡时代鱼蛙之河伯群团注重，而洛书可能与契刻符号有关。在半坡夏代初期流行的在圆形，圆底，口沿有黑色环带的陶钵口沿外之黑色环带上刻划符号之习惯，可能与商人的先祖商契有关。而契为玄鸟所生，圆钵及口沿之环带均表示圆，这与商人天命玄鸟的卵生之说相通，玄鸟在半坡彩陶纹饰中多为旋转飞翔的鸟，也与降而生商的降、落相通。落与洛通，而洛字从各，各字甲骨文字写作♀状，像鸟从上而下落到一个圆底器物内的形状，亦与玄鸟勋卵含义相合。因而商人生民说中的玄鸟乙鸟很可能是与鱼鲧部族共同主政夏初王室的洛伯、洛嫔。有趣的是，商人生民传说的玄鸟不仅与半坡彩陶旋鸟纹相近，而且商契所封之商在传统说法中正是在陕西东南之商洛一带。今天商洛地区的洛南县不仅是伊洛流域的洛河的发源地，而且洛南县北秦岭北侧还有一条北洛河。考古学界通常把半坡时代彩陶纹饰中的鸟鱼两大族群的分界定在华山一带，而这里正是南洛河与北洛河的相交之地，也是半坡彩陶鱼纹较少，而鸟纹出现最多的地区。因而从器物符号的角度考察商人生民的传说及与夏人的关系，我以为商人的玄鸟可能是与半坡彩陶有冠齿的鸡纹相符合的，也就是说它可能就是大乙之玄鸟乙群在夏初的符号记录。姜寨出土的人面双鸟纹葫芦瓶上的人面双鸟纹与后来庙底沟流行的勾叶圆点纹有明显的渊源关系。勾叶圆点纹盆口沿上的三个三角齿状纹均分陶盆口沿，仍然保留有姜寨葫芦瓶上鸟的三个冠齿状装饰。而这种口沿有冠齿饰的勾叶圆点纹发展为后来大河村大乙的乙字符号形态，因而可以认为大乙的乙鸟族群其本体可能是鸡。亦即十天干的乙群玄鸟族可能是以鸡为主体的部落群团，它们很可能是最先驯化家鸡的民族。考古发现中国古代对鸡的驯化很早，陕西宝鸡北首领遗址曾出土在陶豆上放置鸡骨和鱼骨的遗骸，考古学家以为是以鱼和鸡祭祀的。在契封商的华山以东河北武安磁山遗址也有不少鸡骨出土，而远在浙江及湖南等地新石器时代遗址出土的头上刻有乙状头饰的鸟形纹饰表明这种以鸡即乙鸟为族徽的群团在公元前5000年以前已广布于中国南北各地。特别是河姆渡遗址出土的双鸟朝阳骨饰，鸟极像鸡，头上有乙状纹饰，过去多以为是带冠羽之鸟，其实是鸡族系的乙状符号。如果按我们前面论述，鹳鹱为丁群，此鸡则为乙群。而河姆渡出土"双鸟朝阳"骨雕在双鸟之间有太阳及鸡冠齿状之芒齿，更表明雄鸡司日的主题。而大乙鸡群的雄鸡司日与鹱鸟丁群的以弓射日，其形象及职司差异是明显的。如果我们将这件双鸟朝阳纹骨饰之双鸟朝阳纹与庙底沟勾叶圆点纹比较，其双鸟朝阳及乙状符号，有三角鸡冠齿装饰都极相似。这表明它们之间虽有差异，但关系却很紧密。考古发掘表明半坡彩陶鱼鸟纹曾向西对马家窑文化有较大影响，而马家窑彩陶流行的羽状花瓣纹以黑彩圆点为中心，向四周放射状的毛羽也极像雄鸡颈上展开的美丽羽毛，而这种纹饰的结构骨架也是S状乙字符号形。可见虽然相距遥远，但是它们仍然顽强保留半坡时代的鸡的特征。我们在论述陶寺时代祖乙乙状纹饰时，将它与陇山东西仰韶晚期的S状鸡羽纹相联系，也是基于这一分析的。此外仰韶晚期到龙山早期在马家窑陶盆、罐及大汶口陶鸡形鬶上都流行冠齿状錾手装饰，考古学界称其为鸡冠錾是名符其实的。我以为它不仅象鸡的冠齿，而且也以半月形弓状表明它曾经与有穷后羿族有十分密切的关系。而殷墟晚期至西周早期流行的头上有乙状符号的青铜鸟纹及这一时期青铜器上流行的齿状扉棱现象也表明，直到殷周青铜器时代，它们之间的密切关系及极顽强的传承脉络。

4. 有穷后羿部族的三大鸟族说

前面我们在论述夏初文化时已经论述了从半坡人面鱼纹盆的夏启时代起，活跃在夏王室的两个以鸟为标志的群团，即以玄鸟乙鸟为标识的鸡群和以鹱鹱为标识的丁群。而从考古资料看，以鹰枭为标志的族群很早也已活跃在夏王室，而且也以弓羽为标志特征。因此我以为古代传说中的有穷后羿一族内，可能至少有三个以鸟为标志的群族。在我们论述的华山以东的与鱼蛙族群相对立的鸟族中心,在华县柳枝镇仰韶文化遗址曾出土了一件鹰形陶鼎,这件鹰形陶鼎是新石器时代极少有的大型陶塑象形作品,器高36厘米,鹰双足有力,目光锐利。同出的还有一件枭即猫头鹰面盘。尽管只用陶作出猫头鹰面盘,但却十分鲜明地表现猫头鹰双目瞵瞵、尖喙锐利的特征。而在仰韶时代从天水以东到郑州附近流行的陶缸,常在陶缸口沿一周用泥塑出了四个对称的鹰头。由于我们在前面论述过大乙群是以连旋纹彩陶盆与鹳鱼陶缸表现出族群文化的差异,而据此可以看出鹰枭族群似乎和鹳鸟族群关系更亲近。即大乙的乙鸟群其彩绘纹饰符号发达,而且多画在陶盆上,这一点与夏王室早期鱼族以鱼纹盆为标识相近。而鹳鹤族与鹰枭族似乎更习惯在陶罐上以泥塑作装饰。从考古资料看在伊洛之南的大溪,屈家岭文化遗址中发现不少以玉制作的玉鹰,玉鹰常立在玉柱上。而在东部沿海地区,鹰形器物出土也很多。如红山文化出土大量玉鹰,鹰皆作展翅状,与前述安徽含山凌家滩玉鹰站在双头猪上的鹰姿相同。特别是稍晚的屈家岭和良渚文化中常发现这种展翅的玉鹰其双爪下摄提两个人头的,足见这一族群的霸悍之气。我们在论述大汶口陶鬶时侧重论述了它与鸡的联系,其实在许多时候,它常常又显示出鹳鸟长足与鹰枭尖利嘴喙的特征,这可能正是因为这三个以鸟为族徽标识的部族之间有很密切的联系,因而它们的器物符号有时相伴而出,有时相互融合。而这也体现出古代氏族、部族、群团从冲突到融合,直至它们之间文化差异磨灭消失的规律。有鹰形图形的器物在太湖周边也多有发现,在太湖附近的崧泽和良渚遗址中出土一种黑陶单鋬杯,杯口作鹰头状,但鋬形明显有弓形含义,与大汶口陶鬶的弓耳相同。值得一提的是河姆渡出土的双鸟朝阳骨雕,器物作半圆的弯弓形,双鸟头也有鹰形的特征,并相对拥簇着发光的太阳,而在弓形双鸟周围有九个钻孔作三组分布,我以为这表明枭鹰族群也可能与羿射十日中其九日的神话传说有关。因而从新石器时代以来的出土遗物看,半坡夏代以来的王室文化中,至少存在以鹳鹤羿族、乙鸟鸡族及以枭鹰为族徽的三个鸟族集团。它们可能正是古代传说中的羿或后羿的原型。

(四)殷王武丁与二里头铜牌饰

1. 说武丁之武与足形铜牌饰

河南偃师二里头遗址晚期曾出土过几件铜牌饰,牌饰以铜为底,上面以绿松石小方块镶嵌成类兽面状和鹰枭面状的纹饰。从牌饰两侧有两个穿孔小耳看，可能有装饰作用。我以为这种铜牌饰可能与殷王武丁时代记录武丁的王名有关。

武丁是商殷王中第一位在王名前冠武的人，因而他可能是商殷王室中最早发明、创造与武字相关的器物和符号文字的人。从对商殷王名的分析中可以看出，商殷时代的王不仅以十天干之甲乙丙丁戊己庚辛壬癸十个字区分王室的不同王，而且又在同一王名的干字前面再冠以区别字来区分同一干群的不同王。如上甲、大甲、小甲；报乙、大乙、祖乙；报丁、沃丁、中丁、祖丁等。武丁即是商殷王室丁群中第五位做王的人，而他则可能是以武字与商殷王室丁群先前的四王相区别。甲骨文、金文中武字均从戈从足形，所谓"止戈为武"即是。而武字所从之足明显是人足。二里头铜牌饰为长圆形而亚腰，极像鞋底，我以为这即是武字所从之人足。铜牌饰何以做成鞋底形而不做出人之五根脚趾头，其原因大约有三。一是人手五指，脚五趾是人所皆知，只要做出亚腰之脚的基本形状，人们自然能心领神会，未必需要做出脚趾。二是以亚腰宽板人足与鸟兽足区分。三是牌饰之足象穿鞋之足，即履足字，而履足之事在夏商周人的先祖事迹中均有出现。可见武丁之武所有的文化内涵相当古老。因为夏代最后一位王名桀，也名履癸，我们已以鹳鸟足论述过，但此为鸟足，更像癸字，虽有履踩之意，但并无人足之履形。商代开国之王大乙也有履之名。特别是周人始祖履足之说最为流行。《史记·周本纪》："姜嫄出野，见巨人迹，心忻然悦，欲践之，践之而身动如孕者，居期而生子。"此即姜嫄履迹而生后稷之说。但是帝喾高辛之辛字从㔾象鸟兽迹，姜字从羊及后稷之生得益"牛羊腓字之""鸟覆翼之"看，姜嫄履迹似乎也以鸟兽足显，而并无明显的人足迹象。与二里头铜牌饰比较接近的鞋底形器是此前很早的裴李岗、磁山文化的鞋底形亚腰石磨盘。它不仅像亚腰鞋底人足形，而且有三足或四足之分，肥状的身躯又像牛羊猪等畜兽。我以为这即是古代人们逐水草，驱畜兽，驯服鸟兽的文化历史之写照。人足而驱牛羊猪兽，在狩猎时代当如黄帝之"驱虎豹熊罴"者，在农牧时代当为"牧夫牛羊"者。商先王王亥为有易作牧，周之文王也有"秉鞭作牧"之说。石磨盘人足而像牛羊，明显有作牧、即放牧牛羊或畜养牛羊之意，而牧字从牛从⊥，⊥即丨，为棒柱形，实驱赶牛羊之鞭杆，或系拴牛羊之木柱。磁山、裴李岗出土鞋底兽形石磨盘上都放置一个棒柱形石磨棒，此鞋底人足形及牛羊兽形和棒柱形皆与二里头铜牌饰相合。二里头出土两件牌饰中心都以绿松石镶出一个直柱形，一件纹饰象牛，另一件纹饰象鸟与兽。而象牛头形的纹饰上为斧钺形武器，正与斧为干戈、足为止的武字相合。可见二里头时代新出现的武丁铜牌饰仍然用器物符号的方法继承了磁山、裴李岗的文化传统。不仅如此，它还反映出商殷十日名王的同一干群王名前的区别字，是有实际的同一族群内不同支族力量变化含义的，而不是随意区别的。像武丁虽为丁群，但作为区别字的武丁，却代表了磁山裴李岗一支极古老的文化群体在二里头晚期这一时代的显现（图3-6）。

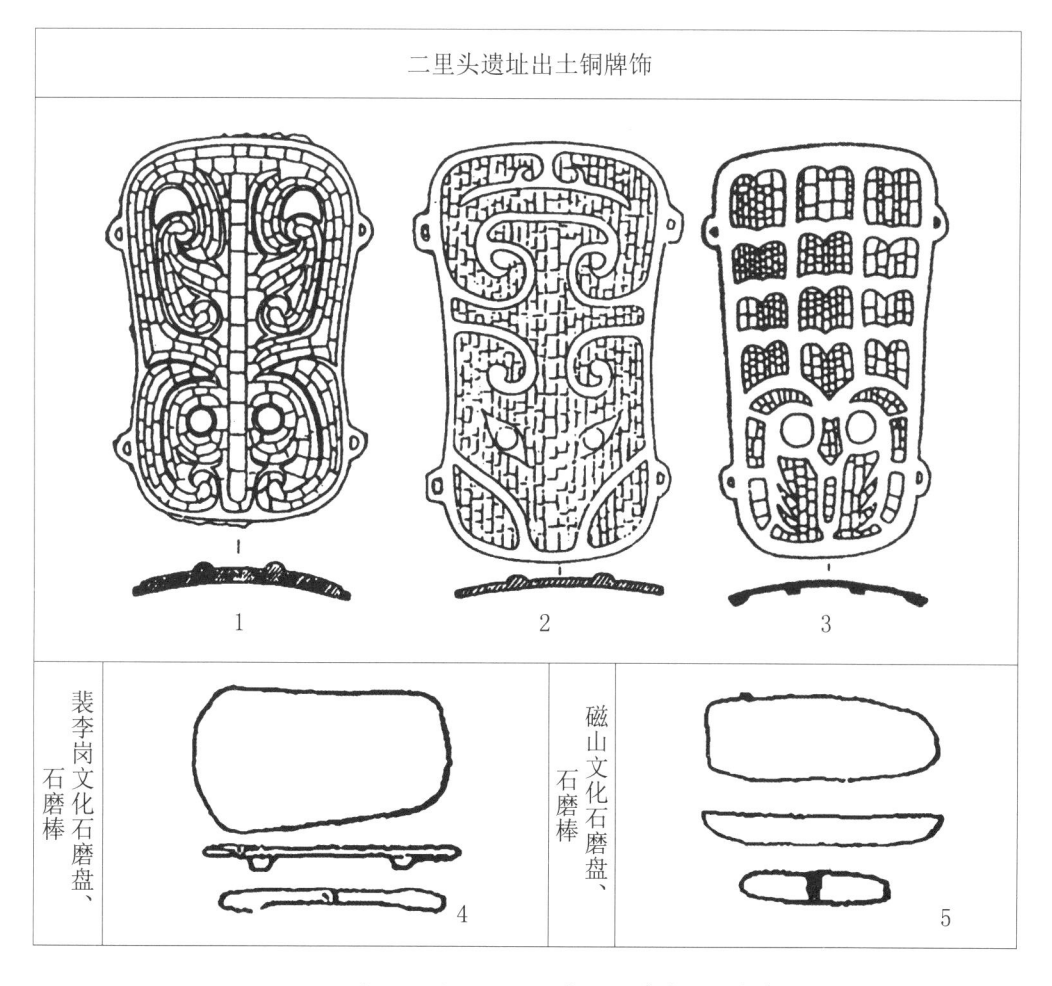

图3-6 偃师二里头出土铜牌饰与石磨盘

2. 武丁鞋底形铜牌饰溯源

二里头出土武丁鞋底形铜牌饰之鞋底形明显与磁山、裴李岗文化鞋底形石磨盘有渊源关系。但是裴李岗、磁山与二里头年代相距 4000 多年，二里头鞋底形铜牌饰的直接源头在哪里？我以为可能与北方的陶寺、后岗龙山文化及夏家店下层文化有关。特别是夏家店下层文化。考古发现夏家店下层文化的石器工具中流行一种亚腰形石锄，极似鞋底形。而这种亚腰石锄很可能来自红山文化的鞋底形石犁（有说石斧者）。红山文化与磁山文化的关系及磁山石磨盘与红山大石犁（石斧）的联系是比较明显的。二里头鞋底形武丁铜牌饰上的鸟兽纹饰也与夏家店下层文化中的一种陶罐上的纹饰极为相似。二里头遗址出土的在陶片上刻划的多齿龙纹也说明与红山及夏家店文化的关系。可见盘庚虽已迁居黄河以南，与屈家岭、良渚文化有十分密切的关系，但是也仍然与北方的晚期龙山文化及更北的夏家店下层文化有密切交往（图 3-7）。

3. 武丁与付说

武丁是商殷王室中较有作为的一个帝王。其使王室复兴似乎和一个名叫付说的贤臣相关。我以为武丁得付说可能就是武丁丁群得到了以人脚为徽标的群团的支持。付说或曰付险、付严，而付字古文从甫、搏、即十日所居之搏木，与伊尹生于桑林十日神树相通。伊尹的尹字以 ⺻ 形手挚棒柱形，而以手挚捧柱放牧牛羊与以脚步表示追逐驱赶牛羊在这里是相通的。但武丁在丁前加足形武字以武、足为名，以脚步为像，从而改变了前代以手挚棒柱的做法，而改以脚步，以脚挚棒柱，以脚板形与棒柱代王言表示天干十日，这大约就是武丁得付说的真实内涵。而付说代表的部族很可能是与裴李岗、磁山脚形磨盘族系相关或由脚步之说传伪而成的。甲骨文金文武字从足从戈，并不从棒柱。但是棒作为王权之象征，也可作武器刑具用，因而与戈之作武器是相通的。因而我以为二里头足形铜牌饰应当是较早的武字的器物符号的形象资料，是武丁时代的创造，而甲骨文武字从足从戈则是殷墟时代器物符号向文字演变的结果（图 3-8）。

（五）甲骨卜辞产生于二里头说

1. 卜辞之卜与武丁得付说之付

甲骨文或称甲骨卜辞，因为它实际是当时人们占卜的记录。对甲骨卜辞

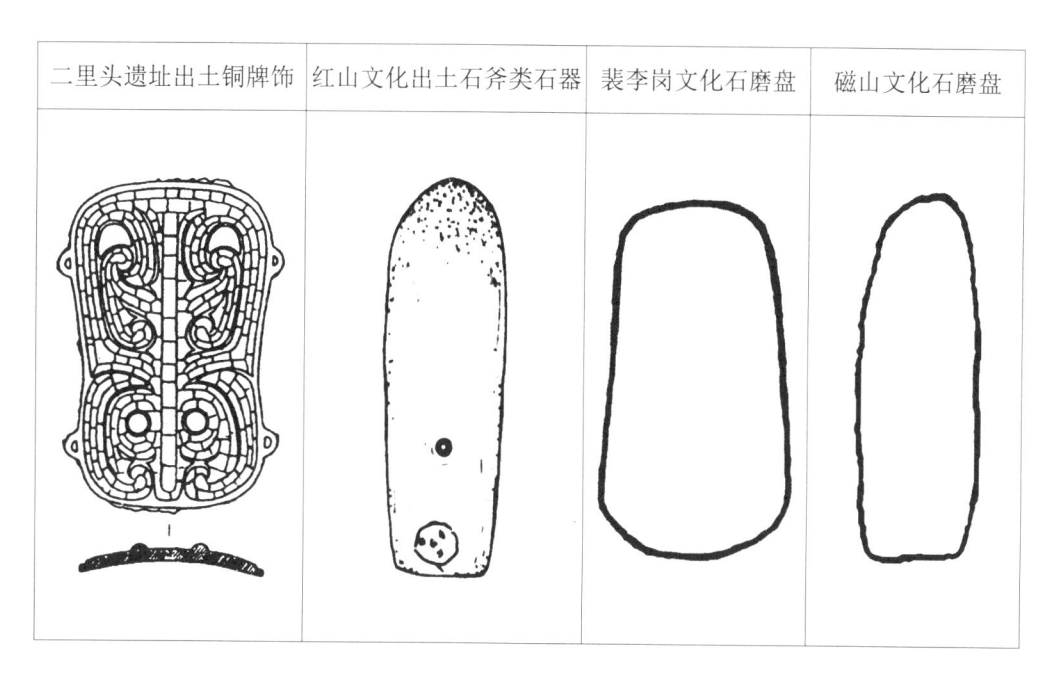

图3-7 二里头铜牌饰与红山文化石锄及夏家店文化石器

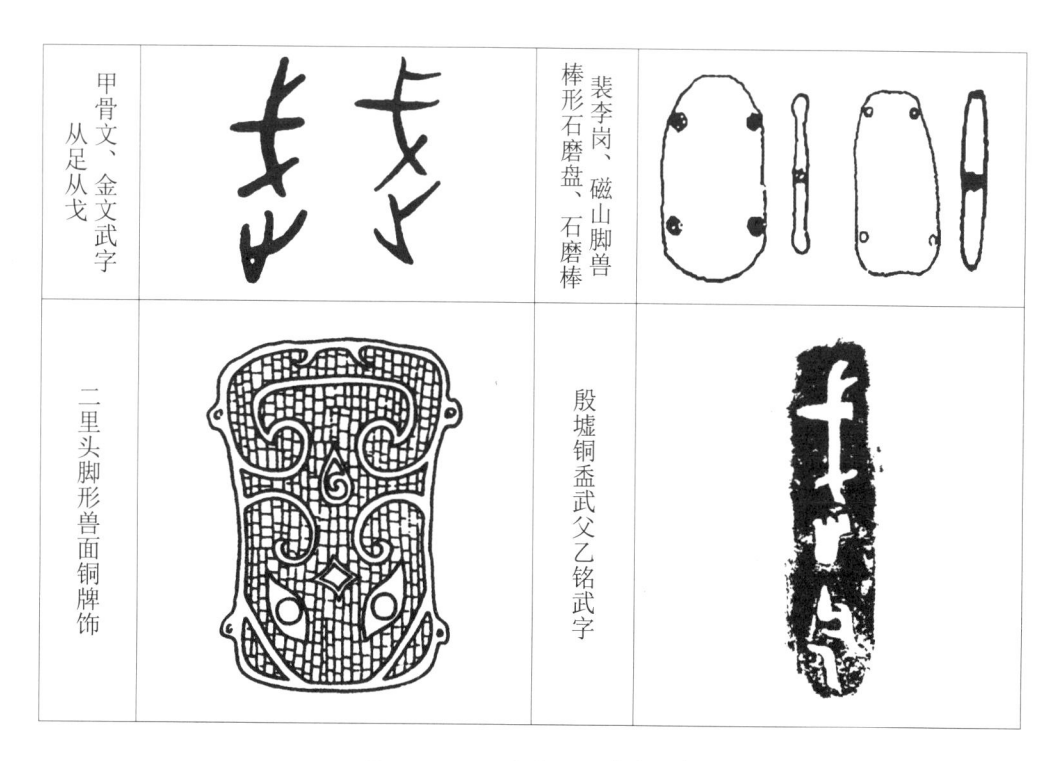

图3-8 二里头武丁铜牌饰与武字溯源

产生的时代，现今一般认为是在安阳殷墟前后，因为那里发现了大量甲骨卜辞遗存。纵观中国古代器物符号文化及器物符号的发展水平，我以为武丁时代的武丁所得之付说极有可能与甲骨文的发明有关。甲骨卜辞是殷王室占卜的记录，卜辞之卜字有的学者以为即是占卜时龟甲兽骨烧灼后所显之卜形灼兆状，因而甲骨文产生的背景应当与以甲骨占卜的文化传统有关。而以兽骨龟甲占卜的习俗比较流行的时代是在中原龙山文化早期。参照引论中我们对甲骨文酉字与仰韶亚腰尖底瓶等其他关系的分析，中原龙山文化早期各地的器物符号系统在二里头汇聚并进而演变为一种新的甲骨卜辞形式是极有可能的。否则从仰韶经龙山到二里头、二里岗再到殷墟时代，亚腰尖底瓶早已消失，人们很难再创造出这样一个象形字来。而我们分析的武丁足形铜牌饰的足与牛羊纹，可能象征着用牛羊骨占卜的人们在这一时代的汇聚与对甲骨占卜传统的创造与发展。记载中有武丁立，"三年不言"，而从"三年不言"到得付说极有可能是从原来传统的兽骨龟甲占卜没有文字符号记录到得付说以后变成既有占卜祭示仪式又作占卜记录，即从占卜而无卜辞，到占卜而有卜辞的既占卜，又有语言、又有文字记录的历史事件的反映。因而付说之付可能即是卜辞之卜，武丁得付说当是占卜而兼有语言及记录的一种全新的王室文化现象的反映。

2. 卜辞之贞字、鼎字与二里头陶鼎、铜鼎

由于甲骨卜辞是占卜的记录，所以甲骨卜辞常用"某……卜贞……"或"某……卜贞"的语句形式。除以上我们用卜字与武丁得付说证明甲骨卜辞可能产生于二里头时期外，卜辞中之贞字也可能和二里头时代有关。甲骨卜辞中的贞字作𭂦形，极像器物中的圆形铜鼎。但二里头文化之前，铜鼎尚未发现，而陶鼎却没有在口沿加竖耳的。如果甲骨文的贞鼎字是在二里岗以后到殷墟时代创造的，则贞鼎字应当像王室大方鼎而不是小圆鼎。而小铜圆鼎恰恰是在二里头出现的。二里头文化之后的二里岗及殷墟王室的大铜器主要是大方鼎。二里头文化中新出现的是铜圆鼎，三足两耳都与甲骨文贞字极为相像。由于二里头文化中不仅出现口沿上加器耳的陶鼎，而且口沿有立耳的铜鼎也首次出现，这也和史籍中关于武丁祭成汤"雉飞鼎耳"的记载相合。而这也从一个侧面说明，武丁时代不仅有得付说的甲骨卜辞的占卜记录语言的出现，而且也出现有立耳之鼎，并已经以耳鼎作祭祀器物。甲骨卜辞不仅

以卜贞两字作卜辞之起首字明显表明卜辞和有立耳之鼎具有的相互关联的痕迹，而且最早的甲骨卜辞学者认为是在盘庚迁殷以后，而以武丁时代最多。这也和我们判定二里头为盘庚迁殷到武丁时代的遗存相吻合。既然甲骨文产生的时代可能是在偃师二里头的盘庚到武丁时代，为什么大量甲骨卜辞遗物是在安阳殷墟发现的？我以为这是因为甲骨卜辞既是殷王室占卜的记录，作为与以往龟甲兽骨占卜传统差异很大的新的用以记录占卜的文字形式，它具有较大的初创难度和新的文字形式的隐秘性。由于占卜者即是文字记录书写者，而这是需要较长时间的学习培养的，作为一种专业性很强的知识技艺，由此产生出极强的保密性，甲骨卜辞反映出不少贞人都有世代相延袭的特点即是证明。正是由于这些原因，很有可能占卜后的卜辞是集中于王室或由贞人保管并作为王室秘密档案长期保存的。由于和原来的陶器相比甲骨卜辞较轻便、因而王室迁移时它可能是随王室一起迁移的，这可能是它集中于殷墟并被大量集中发现的原因之一。

二里岗文化与殷王室东迁

（一）杜岭方鼎与殷王祖庚祖甲

1. 从方鼎再说庚、甲

从考古资料看，二里岗文化与二里头文化的承继关系是明显的。而它们的前后演变关系似乎又与小乙及武丁两群团中土著文化曾长期繁衍生活在郑州地区有关。前面我们已经论述了小乙铜爵与鹳鹤等水鸟的关系，而考古资料证明郑州附近曾是以鹳鹤为标识的族群最重要的栖息地之一。而二里头人足形铜牌饰与磁山、裴李岗文化的关系如前所述也十分密切。郑州大河村仰韶乙丁纹彩陶罐又是我们论述的商王大乙和伊尹开创商王室的故地。由此可见，二里头文化向二里岗文化的演变可能是一种文化回归现象。二里岗文化最有代表性的器物是青铜方鼎，其器物之大，铸造技术之成熟表明中国青铜器已发展到十分成熟的时代。而二里岗青铜方鼎无论从其造型、文化内涵或铸造技术与二里头都有密切关系。二里岗铜方鼎就其口大底小的方斗形状看与二里头有W状纹饰的陶方鼎极为相似。而铜方鼎以乳钉纹为装饰的特征明显与二里头乳钉纹铜爵之规范的以成排乳丁纹装饰传统有关。二里岗铜方鼎以圆棒柱形为鼎足，也可能受郑州附近伊尹群团以棒柱为标识的群团文化之启发。而二里岗青铜大方鼎又奠定了殷代以青铜大方鼎为王室标志性重器的文化传统。因而以青铜大方鼎为王室标识性器物的殷王室文化，其初始阶段与二里头有密不可分的联系。值得注意的是，按我们对商殷王室庚甲两群团与方矩形关系的观点，二里岗青铜方鼎传统的创造者正是继武丁之后的商王祖庚、祖甲。而庚甲两个天干群以方形及四正四隅形为特征的文化我们前边已多次论述过。如上甲所从之 ⊞ 以十与 □ 为四正四隅；大庚与小甲以 ⌒ 与 ⌓ 刻划符号表示方矩四面八方；二里头之陶方鼎与阳甲、盘庚也已如前述；因而我以为二里岗铜方鼎代表的殷代王室青铜方鼎文化传统，是由二里头阳甲、盘庚陶方鼎创始，经二里岗早期祖庚、祖甲定型并从此沿袭下去的。也就是说，二里岗时期王室青铜大方鼎的繁荣，就王室十天干群看是与武丁以后的祖庚、祖甲两干群有关的。而庚甲两群团在中丁以后异军突起打破了此前商王室以丁群为代表的五王王谱规律。从太史公《史记》以"九世乱"贬庚甲群团看，太史公的观点明显有以大乙和伊尹丁群代表的乙丁两群为王室正宗观点的痕迹。

2. 从商殷合祭先王的传统说杜岑方鼎与祖庚、祖甲

甲骨文有明确的商殷王室合祭先王的传统。从对考古资料的分析中，我们也已指出陶寺时代商王祖丁与三组丁及二里头圆铜牌饰小辛以 26 个十状符号合祭上甲，武丁以铜爵五乳钉祭大乙等合祭先王的事实。按照这种合祭先王的传统观察二里岗期铜方鼎，我们推测杜岑出土的两件铜方鼎大约是商王祖庚与祖甲的遗物。

杜岭方鼎依考古发现编号称杜岭一号和杜岭二号。杜岭一号通高 100 厘米，口径宽 62.5 厘米，长 61 厘米，略带长方状。杜岭二号通高 87 厘米，口径之长宽均为 61 厘米，为正方形。杜岭一号略大，二号略小，两鼎造形结构基本相同，特别是环腹部一周宽带装饰及腿部装饰也相同，但乳钉纹布局略有差异。巧合的是按我们前述商殷王室天干群中庚与甲的差别看杜岭两件方鼎，一号口沿略带长方形，具有我们前面论述的十天干群中庚群突出长方形的特征，当为祖庚遗物。二号口沿为正方形，与甲的正方形特征相同，当为祖甲遗物。杜岭出土的两件方鼎在方鼎四面都以乳钉纹组成 ⊔ 形纹饰，而 ⊔ 形当即商王上甲所从之 ⊞ 及报乙、报丙、报丁三报所从之 ⌐，亦即商王

上甲开创的崇尚方形的传统及报祭先王的习俗。《说文》云："匚，受物之器，读若方"。方从矩来，矩即巨角直角形，当为⌐。或可斜置为▷，即祏字所从。而祏即为宗庙主。《说文》云："祏，宗庙主石"，《左传·庄十四年》杜注"宗祏，宗庙中葬主石室"，《释文》云，"祏音石，葬主石函"。以上可知祏、石、▷的方矩之形，明显是商殷王室甲庚两干群为代表的标识王室王权的器物符号。因而二里岗铜方鼎以乳钉成方形，更明确地表达了商殷王室庚甲两群团尚方，并以乳钉纹排列成方矩形的记录王位王数的传统。

杜岭出土的两件方鼎腹下边部都有五排乳钉纹，与二里头铜爵及大汶口中丁以五丁记录王位王数规律相同。祖庚祖甲虽不是丁群，但其父为武丁，因而继承二里头五乳钉纹铜爵传统，以五排乳钉计数也是自然的。按上述我们判断的杜岭一号鼎为祖庚遗物看，一号方鼎腹下部有五排乳钉纹，应当是继承武丁二里头铜爵的五乳钉纹饰，以乳钉的丁形符号表示自上甲以后的报丁，沃丁、中丁、祖丁和武丁自己的丁群的五位王名的。而每排的乳钉数为13个，从武丁上溯13王正为商王中丁。可见杜岭一号方鼎既有以五排乳钉记录自报丁以至武丁的丁群5王的方法，也有以每排13枚乳钉合记中丁到武丁13王的。由此可见，杜岭一号铜方鼎以其方形及乳丁纹饰记录并祭祀祖庚以前的诸位先王至前先公报丁时代。按照这种方法观察杜岭二号方鼎，也能发现二号方鼎与殷王祖甲的联系。杜岭出土的二号方鼎方形一面的下部乳钉纹每排为18个乳钉，从祖甲前的祖庚上推18王，正为商王大庚。另一面每排为16个乳钉，从祖甲上推16王为雍己，它们似乎都与大汶口文化有关。因而二号鼎大约是祖甲为祭其兄祖庚到大庚的18位先王。从杜岭出土的两件方鼎，即祖庚祖甲方鼎可以看出，二里岗时期合祭先王可能并不完全按甲骨文合祭至上甲的方式，而且也有合祭其同干群先王的特征，即丁至丁、庚至庚的特征。而杜岭出土的这两件方鼎，在表现方法上可能都是以方鼎口沿下兽面纹所正对的腹下边部乳钉的纵横数字表示的（图3-9）。

（二）向阳食品厂方鼎与殷王廪辛、庚丁

考古发掘资料证明，目前所发现的郑州二里岗期青铜器大致可分三组，即以郑州张寨南街窖藏坑出土的杜岭方鼎为代表的早段青铜器文化，以郑州向阳回民食品厂窖藏坑出土的铜方鼎为代表的中段青铜文化和以郑州南顺城

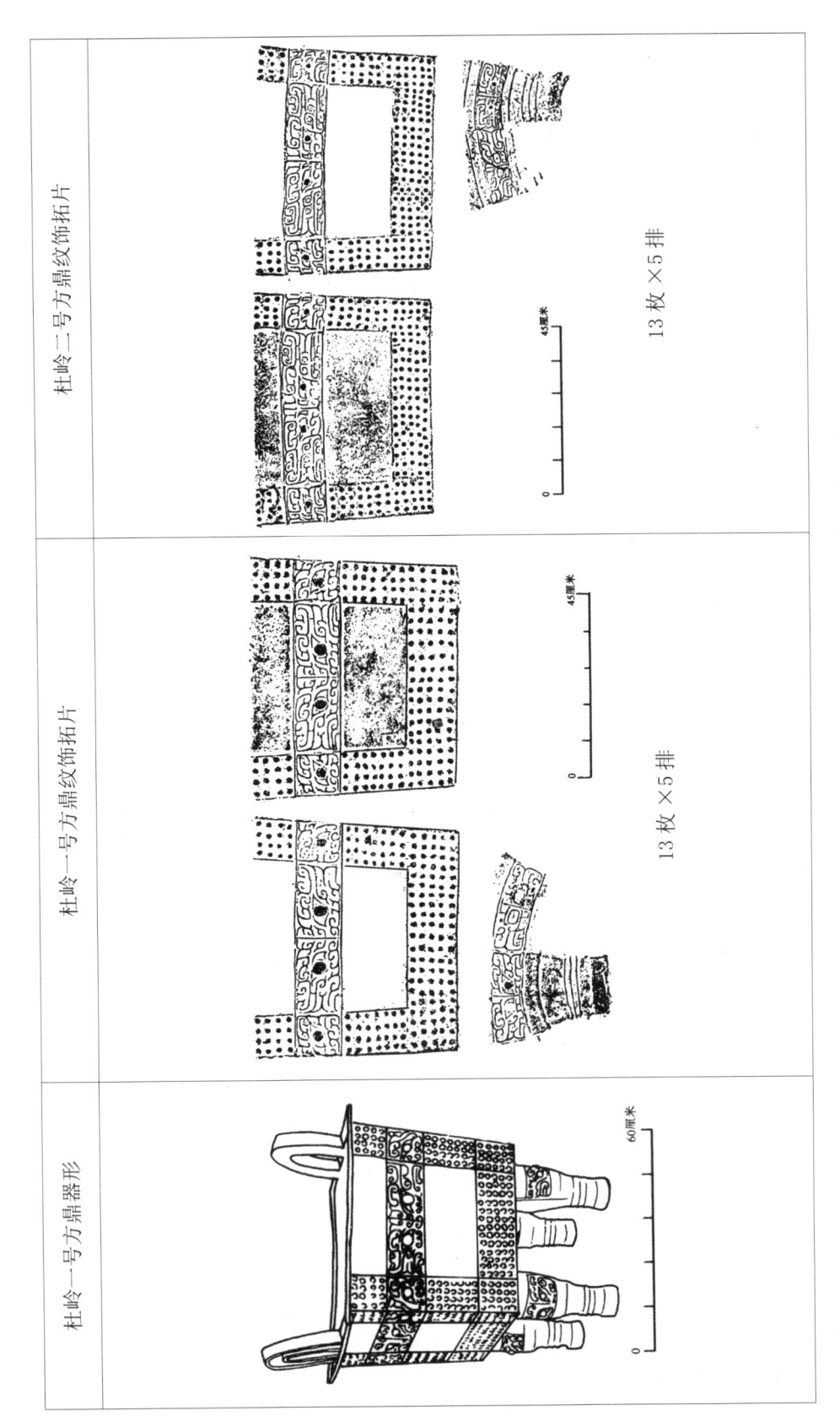

图3-9 杜岭出土两件方鼎的器形、乳钉纹与祖庚祖甲

街上层铜方鼎为代表的晚段青铜文化三个阶段。这就为我们研究并区分郑州地区不同时段青铜文化的归属提供了基础。向阳回民食品厂出土了青铜方鼎、圆鼎及尊、卣等青铜礼器多件，但从殷王室自二里头经二里岗到殷墟均以青铜大方鼎为王室标识器物看，向阳食品厂这一时段的殷王室仍以铜方鼎为殷王室礼器的代表。向阳回民食品厂也出土了两件青铜大方鼎，大小相近，但纹饰与铸法差别较大。以考古报告①插图编号为图63之方鼎1和方鼎2为例，方鼎1的乳丁纹饰环腹一周，兽面纹饰及鼎腿部纹饰也都同于杜岭两方鼎。考古报告认为方鼎1的铸造方法及铸造时用范数量都同于杜岭方鼎。而方鼎2环腹一周的兽面纹比方鼎1及杜岭方鼎有明显变化。它以兽面两侧明显的S型角状纹饰代替了方鼎1和杜岭方鼎兽面两侧的鱼尾形装饰，而且方鼎2的腿部也去掉了兽面纹装饰。因而我以为方鼎1近杜岭的祖庚祖甲鼎，可能是殷王廪辛遗物，而方鼎2可能为殷王庚丁遗物。按照我们前面对杜岭出土的祖庚、祖甲方鼎以方鼎口沿下兽面纹所对底边的乳丁纹记录祭示先王的特征分析，向阳回民食品厂一号鼎兽面下有四排乳钉，而廪辛是祖甲之子，因而廪辛1号方鼎腹部底边的四排乳钉纹饰大约是自同干群的小辛祭祀起，祭祀其祖小辛、小乙、武丁及祖庚、祖甲。因为祖庚祖甲为兄弟，祭祀时可能将祖庚祖甲兄弟计算为一位一世。而这四排乳钉纹的每排乳钉数是15个，按照前面每排乳钉数为合祭先王的方法，则向阳回民食品厂一号方鼎合祭先祖起自商王中丁。因为自廪辛前的祖甲算起，上追15王正好为商王中丁。庚丁是商殷王名中比较特殊的，其名为庚丁，在王名中使用了两个天干字。但在甲骨文中有时单称丁，有时单称庚，有时则合称庚丁。②向阳回民食品厂二号庚丁方鼎口沿兽面纹下底边也有四排乳钉，由于庚丁和廪辛为兄弟，祖庚和祖甲均为其父辈，这四排乳钉似乎和廪辛方鼎一样是祭示其前四世先王小辛的。而向阳回民食品厂二号方鼎口沿下每排乳钉数为17个，若按庚丁不计其兄廪辛并且将祖庚祖甲只记一世算，则每排乳钉的17数可能是庚丁合祭小甲或大庚的。从我们对杜岭方鼎及向阳回民食品厂方鼎的分析看出，杜岭祖庚鼎所祭远祖为武丁以上的13王中丁，杜岭祖甲鼎所祭远祖为祖庚

---

① 河南省文物考古研究所、郑州市文物考古研究所编：《郑州商代铜器窖藏》，科学出版社1999年版。
② 陈梦家：《商王庙号》，《考古学报》1954年第8册。

以上 18 王大庚。向阳回民食品厂廪辛方鼎所祭远祖也为商王中丁，庚丁方鼎所祭远祖为商王大庚或小甲。而这四件方鼎所记录祭祀的商王远祖都在我们论述的沃丁以后的大汶口文化区。从而可见二里头，特别是二里岗文化与大汶口文化的不同寻常的密切关系及商王室文化由陶寺南下二里头，再东迁郑州二里岗的原因（图 3-10）。

（三）南顺城街方鼎与殷王武乙

1. 向阳回民食品厂庚丁方鼎与南顺城街武乙方鼎

郑州二里岗商城遗址出土了迄今所知商殷王室最多最大的青铜礼器，特别是青铜大方鼎。除了杜岭和向阳回民食品厂外，南顺城街也出土了不少青铜器，其中一件制作规整的青铜大方鼎最引人注目。依据我们对杜岭方鼎和向阳回民食品厂方鼎的分析，我们以为南顺城街这件编号为 H1C:1 的 1 号方鼎是武乙时代王室遗物。从方鼎纹饰看，南顺城街这件方鼎与向阳回民食品

图3-10　向阳食品厂出土两件大方鼎的乳钉纹与廪辛、庚丁

厂的庚丁方鼎纹饰特征有较多继承性，而与向阳回民食品厂廪辛方鼎区别较大。向阳回民食品厂廪辛方鼎腹部四面纹饰及四足上纹饰均与杜岭两方鼎相近，而向阳回民食品厂庚丁方鼎腹壁四面兽面纹比廪辛方鼎繁复很多而与南顺城街方鼎形似。另外向阳回民食品厂庚丁方鼎四足上已没有了兽面纹，只在对角的两足有二道半周弦纹，另两足无纹饰。南顺城街方鼎四足虽有兽面纹，但兽头上有明显的大双耳，这与向阳回民食品厂廪辛方鼎及杜岭两件方鼎足上的兽面无耳差别很大。因而可以看出，到郑州南顺城街时期，原来在杜岭祖庚、祖甲和向阳回民食品厂廪辛方鼎上构成兽面纹两侧的类似鱼尾纹的传统也已经动摇瓦解。代之以向阳回民食品厂庚丁方鼎兽面纹中间为兽面，两侧明显有乙状S纹勾连角的新样式。而这种中间为兽面，两侧为乙状S纹勾连角的样式发展到南顺城街武乙方鼎时，方鼎四壁的兽面纹，兽面两侧的乙状S纹勾连角状纹饰更繁复多样，形成了上、中、下多层S纹组合的复杂样式。从而开启了殷墟青铜兽面纹上∽形勾连角形纹的先河。我以为这种乙状∽纹勾连角形纹饰就是殷王武乙时代在铜器兽面纹饰上突出殷王室乙群乙形纹饰符号的体现。另外从器形看，向阳回民食品厂廪辛方鼎器身呈方斗形，而庚丁方鼎器身略呈长方形。因而廪辛方鼎与杜岭两方鼎方斗形器身近而与庚丁方鼎远。郑州南顺城街武乙方鼎略呈长方形器身不仅与向阳回民食品厂方鼎近，而且可能是殷墟以后青铜方鼎均为长方形器身传统的先河。[①] 可见，从器物符号角度分析，郑州南顺城街武乙方鼎实际正是由二里岗向殷墟青铜方鼎演变的中间环节。依史籍记载，武乙为庚丁之子，因而南顺城街武乙方鼎继承向阳回民食品厂庚丁方鼎及兽面纹并强化兽面两侧乙状纹饰是自然的。南顺城街共出土四件方鼎。唯有一号方鼎纹饰造型承袭杜岑方鼎与向阳回民食品厂方鼎传统，而其余三件兽面纹与乳钉纹饰都较原始，似乎为较为后进文化者所做。南顺城街1号方鼎四面的兽面纹下也有四排乳钉，每排乳钉18个，当为武乙合祭其父庚丁至大戊或中丁所作（图3-11）。

2. 二里岗铜方鼎乳钉数的递减规律与武乙方鼎

从目前考古发现所知，自二里岗杜岭祖庚祖甲方鼎起，殷王室就以青铜制作的大方鼎作为王室重器，并在方鼎上以乳钉纹作为构成方鼎的重要因素，

[①] 河南省文物考古研究所、郑州市文物考古研究所编：《郑州商代青铜器窖藏》，科学出版社1999年版。

而方鼎上乳钉排列及数量的变化似乎有记录时王与先王的意义。因为商殷王室青铜方鼎乳钉纹的乳钉自二里岗杜岭一号祖庚方鼎起就明显呈现乳钉数依次递减的规律。从二里岗杜岭一号祖庚方鼎、祖甲方鼎、向阳回民食品厂廪辛方鼎、庚丁方鼎到南顺城街武乙方鼎，其乳钉数减少规律如下表：

王器名称	口沿四角上段	正面兽面纹下底边	四角中段与下段
杜岭1号祖庚方鼎	横4排竖4排（4×4）	横5排竖13排（5×13）	横12排竖4排（12×4）
杜岭2号祖甲方鼎	横3排竖4排（4×3）	横5排竖18排（5×18）	横12排竖4排（12×4）
向阳食品厂1号廪辛方鼎	横3排竖4排（3×4）	横4排竖15排（4×15）	横15排竖4排（15×4）
向阳食品厂2号庚丁方鼎	横3排竖3排（3×3）	横4排竖17排（4×17）	横13排竖3排（13×3）
南顺城街1号武乙方鼎	横3排竖3排（3×3）	横4排竖12排（4×12）	横12排竖3排（12×3）

从上表可以看出，从杜岭1号祖庚方鼎起，到南顺城街1号武乙方鼎，其乳钉纹数目明显有依次递减的规律，特别是口沿四角上段乳钉纹，不仅依次递减，而且横竖参差相错相连，表现出极严谨的相互传递规律。如杜岭一号祖庚方鼎上角为4×4，而祖甲方鼎为3×4，横排减少一排。而到向阳回民食品厂1号廪辛方鼎上角乳钉排数也为3×4，与祖甲方鼎相接，但向阳回民食品厂2号庚丁方鼎上角乳钉排数又减少一排为3×3。到南顺城街1

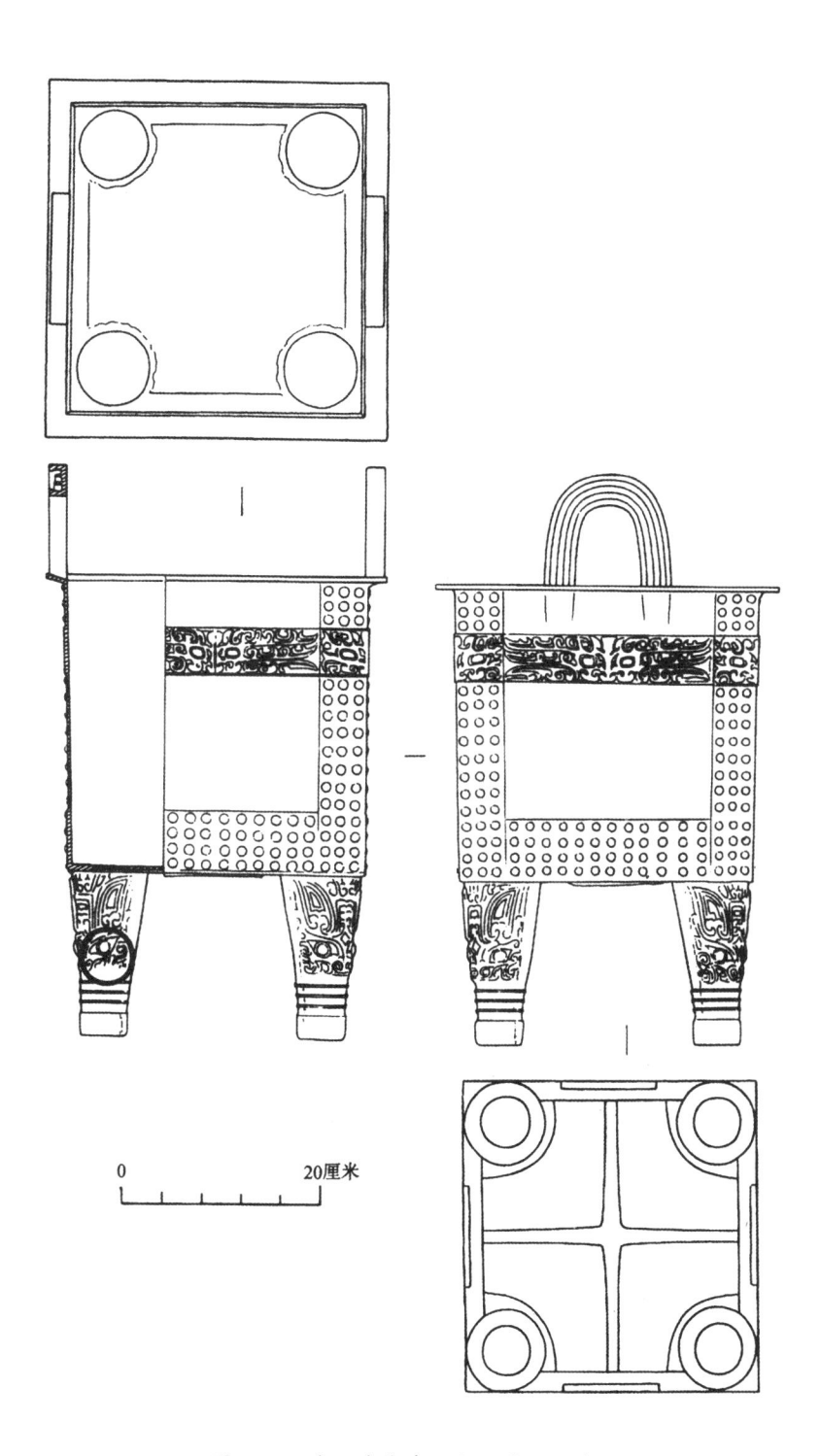

图3-11 南顺城街武乙大方鼎及纹饰

号武乙方鼎上角乳钉又与向阳回民食品厂2号祖庚方鼎相同均为3×3。二里岗青铜器方鼎口沿上角乳钉纹横竖乳钉数字排列呈现出的这种十分严谨相接并依次递减的4×4—3×4，3×4—3×3，3×3的严格规律，究竟出于何种目的，是制作时的无意而为，还是有意识的设计制作？我倾向于后者。因为青铜器方鼎作为王室礼器及王权的象征，其形制纹饰应是十分严谨规范的。何况三个不同地址窖藏出土的不同时段的五件器物，乳钉纹饰制作时的无意巧合几乎是不可能的。基于以上分析，我以为南顺城街1号方鼎应当是继向阳食品厂2号庚丁方鼎之后，为武乙时代王室的祭祖重器。

3. 二里岗乳钉纹铜方鼎与殷墟司母辛鼎

从上表可以看出，不仅二里岗铜方鼎口沿四角上段的乳钉纹有依次递减特征，而且二里岗铜方鼎四面兽面纹下底边的乳钉排数也有依次递减趋势。如杜岭祖庚祖甲方鼎兽面纹下的底边有五排乳钉纹，而回民食品厂廪辛方鼎，庚丁方鼎及南顺城街武乙方鼎底边只有四排乳钉纹，到殷墟出土的司母辛方鼎底边只有三排乳钉纹饰。表现出乳钉纹由五排到四排再到三排的递减规律。依史籍记载，祖庚祖甲为兄弟，这与杜岭两方鼎以五排乳钉纹为装饰是相同的，它们是继承二里头武丁铜爵腹部一排五乳钉的传统。但二里岗铜方鼎明显将乳钉纹饰装饰结构数阵化、复杂化并用以表示更多更复杂的观念。廪辛庚丁亦为兄弟，这与向阳食品厂两方鼎相合，依次递减一排乳钉，用四排。但武乙为庚丁子，南顺城街方鼎为何也用四排乳钉？其原因大概与武乙时代的特殊原因有关。南顺城街反常地还出现了与武乙方鼎的成熟规整极不协调的、纹饰排列极不成熟的三件方鼎。[①] 而记载中武乙时有"射天"之怪异说。因而武乙虽为庚丁子、但不减少乳钉数，仍用父辈之数为反常的事件。二里岗方鼎不仅方鼎⊔状乳钉数阵乳钉纹之底边乳钉数有依次递减的规律，而且⊔状乳钉数阵两侧竖向乳钉纹也有依次递减的趋向。杜岭一号祖庚鼎与二号祖甲鼎⊔状乳钉数阵两侧均为竖向四排，数目相同。但一号鼎口沿上角为横四竖四式，而二号鼎口沿下的一段为横三竖四式，比一号鼎减少横向一排。向阳食品厂一号廪辛鼎⊔状底边比祖庚祖甲鼎少横向一排，只有四排，但竖向两侧四排与祖庚祖甲相同。而口沿上角为横三竖四式，比祖庚鼎少，而与

---

① 河南省文物考古研究所、郑州市文物考古研究所编：《郑州商代青铜器窖藏》，科学出版社1999年版。

祖甲鼎同。向阳食品厂二号庚丁鼎仅⌐形底边与廪辛鼎同，均为上下四排，但两侧皆为竖向三排乳钉纹，比廪辛鼎减少一排。南顺成街武乙方鼎⌐状乳钉纹饰与向阳回民食品厂庚丁方鼎全同，底边四排，两侧三排。由此也可见从杜岭方鼎、向阳食品厂方鼎再到南顺城街方鼎在四角乳钉纹竖向排数上体现出的十分严谨、依次相连递减的规律。而二里岗殷王室方鼎乳钉纹饰随王权更替依次递减的规律似乎与殷墟青铜方鼎也密切相关。因为迄今殷墟发现青铜大方鼎共有三件，一件为司母戊大方鼎，方鼎上没有数阵形乳钉纹饰，因而与二里岗乳钉纹铜方鼎不同，属特例，故暂不归入对比范围。另外两件为妇好墓出土司母辛方鼎，其口沿四角上段乳钉纹饰已经消失，而这是合于二里岗从杜岭经向阳食品厂到南顺城街乳钉排数依次递减直到消失规律的。司母辛方鼎⌐状乳钉纹底边有三排乳钉，两侧也有三排乳钉，底边乳钉排数比南顺城街武乙方鼎又减少一排。依乳钉纹方鼎乳丁排数减少规律看，应该排在南顺城街武乙方鼎之后。但是从武乙方鼎到司母辛方鼎的乳丁纹饰之间，似乎还应该有一个过渡的环节（图3-12）。

4. 关于晋南平陆前庄乳丁纹方鼎与新干虎耳乳丁纹方鼎的时代问题

迄今为止，殷代青铜大方鼎主要发现在郑州二里岗和安阳殷墟遗址中，其他地方较少发现。唯出土于山西晋南平陆前庄和江西新干大洋洲的两件大方鼎，堪与二里岗和殷墟王室青铜方鼎媲美，而其乳丁纹数阵形装饰也证明它们与殷王室不同一般的联系。

山西平陆前庄青铜方鼎为殷代早期器，器高82厘米，从其器形及纹饰看，应当介于二里岗杜岭方鼎与向阳食品厂方鼎之间。特别是数阵形乳丁纹饰与杜岑方鼎更为接近，因而应当是祖庚祖甲时代的器物。从我们对二里岗铜方鼎分析看，杜岭一号祖庚鼎与杜岭二号祖甲鼎⌐状乳钉数阵底边乳钉皆横列五排，与平陆方鼎相同。但杜岭祖庚方鼎与祖甲方鼎⌐形乳钉数阵两侧皆竖列四排乳钉，而平陆方鼎为三排乳丁，比祖庚祖甲方鼎减少一排。因此按二里岗方鼎乳丁数阵乳丁纹依次减少规律，平陆方鼎应当排在祖庚、祖甲之方鼎后。向阳回民食品厂方鼎⌐状乳丁数阵底边均横列四排乳钉饰，但一号鼎两侧为四排乳钉，二号鼎为三排乳钉，依照乳丁依次递减规律，一号鼎为廪辛器在前，二号鼎为庚丁器在后。而平陆方鼎⌐状乳丁数阵两侧为三排乳钉与庚丁器同，但底边为五排乳钉却与祖庚祖甲同，因此我以为从乳钉纹饰排列看，平陆方鼎时代应当晚于杜岭祖庚祖甲，但可能早于向阳回民食品厂廪辛、庚丁或与廪辛同时。

　　江西新干大洋洲出土的双耳卧虎方鼎，就其器形及纹饰看，应当晚于向阳食品厂廪辛庚丁方鼎和南顺城街武乙方鼎，而早于殷墟出土的司母辛方鼎。因为从乳丁纹饰看，向阳食品厂 2 号庚丁方鼎和南顺城街武乙方鼎⌐状乳丁数阵底边皆横列四排乳丁纹饰，与大洋洲方鼎相同。两侧竖列三排乳丁纹饰，也与大洋洲方鼎相同。但庚丁武乙方鼎口沿上角均为横三竖三之 3 排 × 3 排乳丁纹，而大洋州方鼎为横二竖三 2 排 × 3 排乳丁纹，比前者减少了一排。因而江西新干大洋洲出土的双耳卧虎乳丁纹大方鼎应当排在庚丁武乙方鼎之后，而排在司母辛方鼎之前。因为包括殷墟司母辛方鼎在内，所有殷墟直到西周的乳丁纹青铜方鼎其口沿上角均没有用乳丁排列装饰的。而按照杜岑乳

图3-12　司母辛方鼎与纹饰

丁纹大方鼎以后方鼎四角上段乳丁数阵排列看，依次呈现出祖庚鼎4×4，祖甲鼎4×3，廪辛鼎4×3，庚丁鼎3×3，武乙鼎3×3的依次递减规律，江西新干大洋州方鼎口沿上角乳丁为横二排、竖三排，为2×3乳丁数，正好排在武乙方鼎3×3之后。而到殷墟期，方鼎四角上段的乳丁纹装饰已经消失，无论司母戊方鼎或司母辛方鼎，王室大方鼎口沿上角均无以乳丁排列作装饰的，因而大洋洲方鼎在乳丁纹饰上也呈现出从二里岗方鼎向殷墟方鼎的过渡形态。而从殷王室乳丁纹青铜方鼎发展看，二里岗应当是最繁荣的时期，它所表现出的乳丁数阵之规整、繁复，前后相连之严谨，是其他区域无法相比的。殷墟出土的司母辛大方鼎从乳丁纹饰看，应当是殷王室大方鼎的最后形态。因为司母辛大方鼎的乳丁数阵装饰方式一直持续到西周再无改变（表3-1、图3-13）。

王器名称	口沿四角上段乳丁排数	四角中段乳丁排数	底边乳丁排数
二里头武丁铜爵	铜爵腹中一排五乳丁		
杜岭一号祖庚方鼎	4×4	4×12	5×13
杜岭二号祖甲方鼎	4×3	4×12	5×18
晋南平陆大方鼎	3×4	3×8	5×13
向阳食品厂1号廪辛方鼎	3×4	4×15	4×15
向阳食品厂2号庚丁方鼎	3×4	3×13	4×17
南顺城街1号武乙方鼎	3×3	3×12	4×12
新干虎耳纹大方鼎	2×3	3×10	4×19
殷墟司母辛大方鼎	无	3×7	3×18

表3-1　晋南平陆方鼎、新干虎耳方鼎与殷王室大方鼎乳丁纹数阵装饰比较表

5. 二里岗乳丁纹铜方鼎的乳丁纹规律与商殷王名中丁群五世出现的规律

从以上论述可以看出，二里岗青铜方鼎的乳丁纹饰，无论其口沿四角或底边的乳丁排数都呈现出依次递减的规律。而这种递减似乎又有以五数为起点，即以五乳丁的丁为起点，表现出5-4-3-2-0的倒计数状。而这种以五排

乳丁为起点的乳丁数阵方式很容易使人联想到我们前面已经论述过的商殷王名中名丁者总是每隔五代即出现一次的规律。而这一规律及其变化又与《史记》太史公所记自中丁时有"九世之乱"相吻合。因为商殷王名自商王大乙到商王中丁时以丁名王者是每隔五王就出现一次，即大乙到沃丁，大庚到中丁。而自中丁以后这种情况出现了变化，变化为以丁名王者每隔六王才出现。这即是外壬到祖丁六王，其中名甲的多出现了一次；南庚到武丁六王，名庚者多出现了一次。而《史记》所指的"九世之乱"正是以丁名王的五世出现规律被打破的时期，这一时代就是我们论述的自大汶口五乳丁陶鬶代表的中丁迁敖经陶寺到二里头又出现五乳丁铜爵之时。而二里头五乳丁铜爵又是我们论述的武丁祭其父小乙的器物。而二里岗自杜岭祖庚祖甲青铜方鼎开始的，以五排乳丁纹为数阵依次递减的规律似乎仍然记录着中丁以前以丁名王者五世出现的规律。

6. 从商殷王名名丁者五世而出规律说夏商殷王名与王谱

从商殷王名及二里岗青铜方鼎乳丁纹规律，我们似乎可以看出，以五乳丁为记，即商殷王名名丁者五世、六世出现的规律，我以为可能即是商殷王室的王谱及记录。而所谓王谱，实即是王名的有规律出现和记录方法。前面我们已经多次论述过在商殷王室中，以丁为名的族群在商代早期是以伊尹为代表的。而伊尹之尹字，甲骨文作ᄏ形，象手持棒柱丨形，而丨为数字之十，手为五指，亦代表五数，因而伊尹尹字以手所表示的五数和以丨为代表的拾数明显表示以五、十而递进的规律。记载中伊尹佐汤灭夏桀，又能放逐商王大甲，因而伊尹丁群以丁为商王室制定王名王谱自然是可能的。而伊尹丁群以五丁纪王，也可能是佐汤灭夏以前的传统。因为伊尹本为夏臣，记载中就有"伊尹五事桀五事汤"的记载。《史记》中伊尹死于沃丁之世，而大乙至沃丁出现正好为五王，依此推算，伊尹在夏代末期为夏臣时也可能是以丁系的五丁标识并服事于夏王室的。在本书开始论述夏初半坡夏启人面鱼纹盆时，我们曾论述过从夏启到大康、中康、相的夏王室彩陶人面鱼纹盆口沿甲字形从╋一╬一╪的甲字符号依次增加重叠记录王名的特点，即丨、‖、‖‖的一、二、三依次记王特点。而经过羿代夏政以后，夏王室王器由彩陶盆改变为圆底或平底陶缸，但其口沿仍以柱状泥条作装饰，仍然传承着夏初彩陶盆口沿以丨状纹饰装饰口沿的传统，而这种以╋状甲字状纹饰符号依次记录王名可

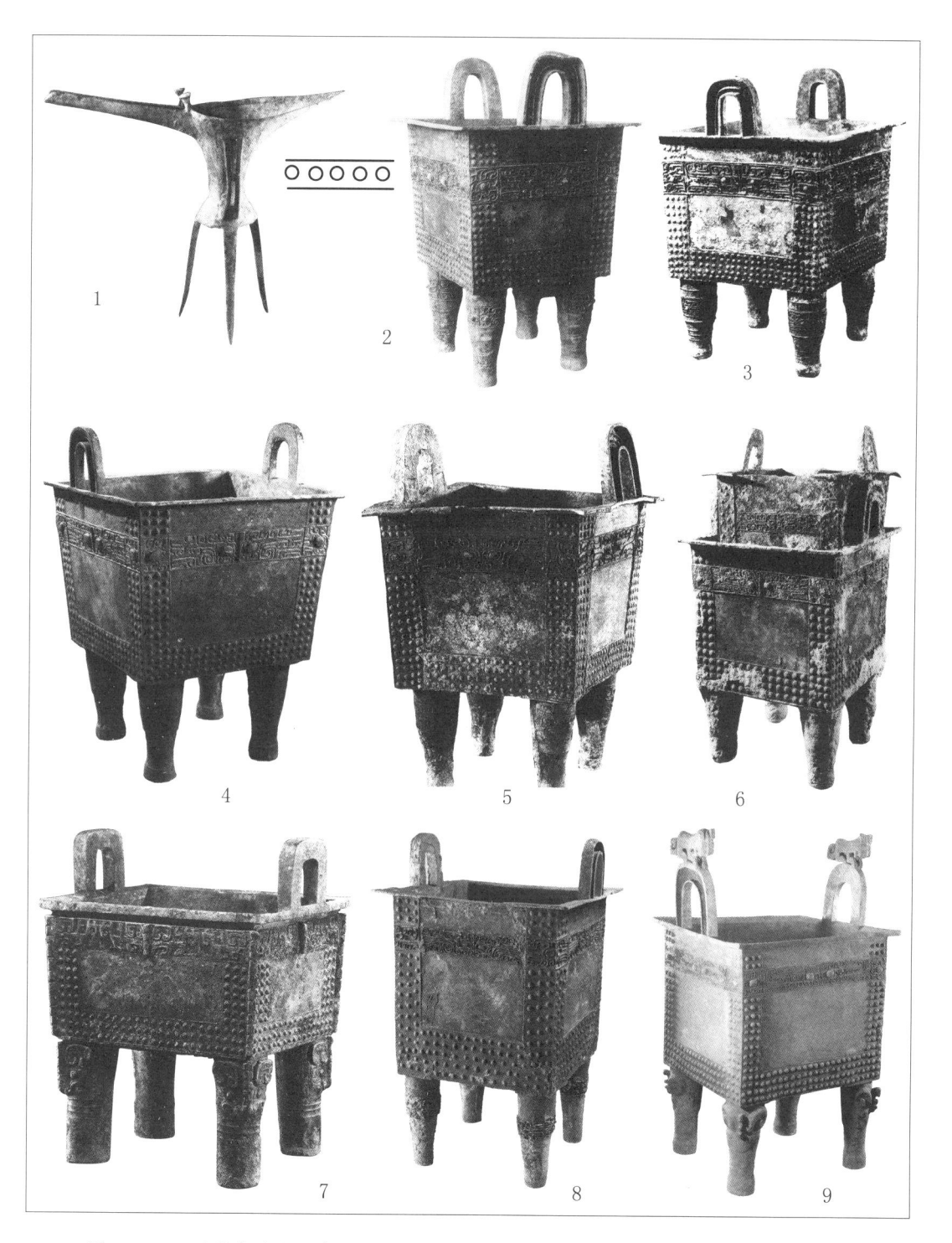

图3-13 山西晋南平陆方鼎、江西新干虎耳乳丁纹方鼎，乳丁纹与殷王室方鼎
（注：1二里头遗址出土五乳钉纹铜爵 2郑州张寨南街出土杜岭一号方鼎 3郑州张寨南街出土杜岭二号方鼎 4郑州向阳回民食品厂一号方鼎 5郑州向阳回民食品厂二号方鼎 6郑州南顺城街大方鼎 7殷墟出土司母辛大方鼎 8山西平陆出土大方鼎 9江西新干虎耳乳丁方鼎）

能曾是夏人的王名王谱。只是由于年代久远或夏代初年记录与表现方式尚不严谨完善，或者由于出土遗物的局限，夏代王名王谱的连续性仍存在许多缺憾。但联系到商殷王名王谱及商人以十日名王来自夏王室，因而夏王室是极有可能有王谱制度存在的。在郑州大河村商初大乙彩陶罐大乙纹饰中，我们也分析了大乙、外丙、中壬三位商初商王彩陶器上以◀▶－◀▮▶－◀▮▮▶状符号为标识的特征。有趣的是，大乙、外丙、中壬商初三王以｜-‖-⫼的柱状纹饰依次递进增加表示第一王、第二王、第三王的方法与夏启开始的以甲-╎-╪=╬╪表示的第一、第二、第三的王名王谱方法相同。除此之外，二里岗乳丁纹铜方鼎的乳丁纹纪录殷王室王名传统在青铜方鼎及乳丁数阵中得到更大发展，其严谨连续性达到了高峰，这种传统一直持续到殷墟晚期。对照殷墟甲骨文和司马迁《史记》中商殷王名表现出的以丁名王者五世而出的规律，我们明显可以看到夏商殷王室王名中很有可能是有王谱存在的。因而自公元前4000多年以前的夏代开始，夏商殷王室不仅以十日名王，而且还有记录王名和王次的王谱并相延相继。可见，在中国夏商殷周及此后的历史发展中，王室可能一直延续着记录王谱或王年的谱牒存在。即如《史记》司马迁所述"历人取其年月，数家隆于神运，谱牒独记世谥"的谱牒存在着。

殷墟遗址与武乙迁河北

（一）殷墟遗址与武乙之迁

1. 殷墟新出土的武父乙铜盉与武乙迁河北

武乙迁河北之说见于太史公《史记·殷本记》："帝庚丁崩，子帝武乙立，殷复去亳，徙河北。"太史公的说法被现行的观点淹没。现在的史学界及考古界一般都认为殷墟是商殷第19王盘庚所迁，此后直到帝辛殷纣为周所灭。而最近的考古发掘似乎提醒我们对《史记》说法应加以关注。《考古》2001年5期公布新发掘的安阳小屯村东北大型建筑基址出土一件铭文为"武父乙"的铜盉，时代为殷墟早期。发掘者以为是武丁之父小乙器。[①] 但迄今为止无论古籍记载或甲骨卜辞均未发现称武丁之父小乙为武父乙的。据陈梦家"商

---

① 中国社会科学院考古研究所安阳工作队：《河南安阳殷墟大型建筑基址的发掘》，《考古》2001年第5期。

殷王室庙号考"中对甲骨文小乙之称谓研究，小乙在甲骨文中有"父乙、内乙、且乙、小乙、小祖乙"等称谓，并无武父乙或武乙之称。商王十干群之乙群从报乙以后六王中，唯有庚丁之子武乙和帝纣之父帝乙有在乙前冠以武字的习俗。如卜辞中武乙称谓有"父乙、武乙、武且乙"和单称武的。帝乙在甲骨卜辞中有称父乙和文武帝的。① 但"武父乙"盉出土于殷墟文化早期，因而不可能晚到帝乙帝辛时期，因而我以为它极有可能是帝太丁祭其父武乙器。因而也能证明殷墟文化早期遗存大约和太史公所记武乙迁河北有关，而不可能早到盘庚时代。

商殷王室从大乙建国到帝纣亡国的30王中，唯有武丁、武乙和帝乙（文武）三王在干名字前加用武字。前面我们论述武丁铜牌饰以亚腰鞋形作人足之形，并在足形铜牌饰上再饰棒柱形纹饰表示从足从干戈的武字象。而在足形铜牌饰上有牛首及鸟兽头像，表示二里头武丁时代的武字依然可能是具有人擎棍棒驱赶牛羊的器物符号的内含。而到武父乙铜盉上的武字，鞋足形铜牌已演变为有人足趾的人足形铜铭文字，棒棍也变成武器之戈字，因而武字也多了一些征讨、杀伐的意义，而少了早期文化传统中的追逐驱赶畜牧之象（图3-14）。

图3-14 殷墟出土武父乙铭文盉

---

① 陈梦家：《商王庙号考》，《考古学报》1954年第8册。

2. 二里岗殷王方鼎乳丁纹数阵规律之变与武乙北迁

前面我们已经论述过,二里岗时代的殷王室乳丁纹方鼎充分体现了殷王室以青铜方鼎为代表的礼仪王制的规整与严格。然而这种规整严格的王室礼仪在我们论述的南顺城街武乙方鼎以后却发生了重大变化。这首先表现在二里岗方鼎严谨的乳丁数阵规律到南顺城街武乙方鼎时与殷墟乳丁方鼎数阵中间存在的明显缺环。甚至还出现了像司母戊大方鼎这样不以乳丁数阵作纹饰的王室重器。因而从考古遗存反映的情况看,从二里岗晚期南顺城街武乙方鼎到殷墟,殷王室内部明显发生了重大变故,我以为这变故应当就是古籍记载的"武乙之迁"与"武乙射天"事件。这从二里岗方鼎到殷墟司母辛方鼎乳丁数阵的排列变化表中可见一斑。

王器名称	乳丁数阵及变化		
	口沿上角	正面兽面纹下底边	形乳丁数阵侧面
杜岭1号祖庚鼎	横、竖4×4	横、竖5×13	横、竖12×4
杜岭2号祖甲鼎	横、竖4×3	横、竖5×18	横、竖12×4
向阳食品厂廪辛鼎	横、竖3×4	横、竖4×15	横、竖15×4
向阳食品厂庚丁鼎	横、竖3×3	横、竖4×17	横、竖13×3
南顺城街武乙鼎	横、竖3×3	横、竖4×12	横、竖12×3
江西新干耳虎鼎	横、竖2×3	横、竖4×19	横、竖14×3
殷墟司母戊鼎	无	无	无
殷墟司母辛鼎	无	横、竖3×18	横、竖10×3

从表中可以看出,二里岗时代祖庚到武乙迁殷墟以前,乳丁数阵口沿四角上段,鼎腹下边及四角侧面形成的凵形乳丁数阵,其数字都有依次衔接、连接或递减的特点,但这种特点并不直接和殷墟相接,而是和江西新干耳虎方鼎相连。因而从殷王室青铜方鼎乳丁装饰看,殷墟司母辛方鼎的上角无乳丁,腹下和四角均为三排乳丁的形式是方鼎上乳丁数阵的最晚形式,这种形式与西周早中期乳丁方鼎的形式并无二致,因而在殷墟和二里岗之间缺少一个明显的过渡时期。从目前考古发现看,这一过渡时期很可能与以江西新干

大洋洲虎耳纹乳丁方鼎代表的南方青铜文化有关。因而武乙北迁很可能是与南方青铜文化北上有关的。

3. 二里岗殷王方鼎尺度规律之变与武乙之迁

二里岗乳丁方鼎与殷墟司母辛乳丁方鼎乳丁数阵之间的差异变化，从方鼎的尺度规律也可看出。二里岗时期殷王乳丁纹方鼎不仅乳丁数阵有严谨的承继关系和规律，而且方鼎的长宽高之尺度及重量似乎也有一定的规律。这种规律与乳丁数阵体现出的依次递减规律相似，也有依次减少的趋势。而殷墟目前所知的两件司母辛方鼎与司母戊大方鼎纹饰之间区别很大，司母戊鼎无乳丁数阵纹饰，司母辛方鼎有乳丁数阵纹但并不和二里岗武乙方鼎相接，而且它们之间在尺度上似乎也无明显规律可循。因而从二里岗到殷墟，殷王室虽然仍以大方鼎为王室重器，但是其尺度规律的变化也反映出武乙时代殷王室内部的变化，为了说明这种变化，兹将二里岗到殷墟青铜大方鼎尺寸重量列表如下：

王鼎名称	尺度及变化				
	口径（厘米）长×宽	耳高	足高	通高	重量（千克）
杜岭1号祖庚鼎	62.5×61	16	24	100	86.4
杜岭2号祖甲鼎	61×61	12	24	87	64.25
向阳食品厂廪辛鼎	55×53	10	22	81	75
向阳食品厂庚丁鼎	53×53	10	21	81	52
南顺城街武乙鼎	51.5×51.2			83	52.9
南顺城街2号鼎	44.5×43.5			72.5	26.7
南顺城街3号鼎	42.5×42			64	21.4
南顺城街4号鼎	38×36			59	20.3
江西新干虎耳纹鼎				97	
司母戊鼎	79.2×112				1.33
司母辛鼎	64×48			80.1	

从表中可以看出，二里岗时期殷王室乳丁纹方鼎的尺度变化似乎是有规律的，即先王大而后王小，并依次递减，重量也是这样。有趣的是，我们在论述南顺城街武乙方鼎时将1号鼎认定为武乙鼎。但是顺城街的其余三件方鼎虽然乳丁排列较凌乱，制作粗糙，但是尺度却与1号武乙鼎尺度严格相连，也依次递减。唯独从新干虎耳纹乳丁方鼎起情况有所变化。新干虎耳方鼎从乳丁纹饰规律看上接二里岗而下启殷墟司母辛方鼎。但在尺寸、重量方面，它都打破了二里岗殷王室方鼎的器形及纹饰规律。如殷墟司母戊方鼎双耳虎纹可能与新干虎耳方鼎双虎卧虎纹有关。新干方鼎，司母辛方鼎的通高也都不合二里岗杜岭鼎以后依次递减的规律。而这种变化我以为可能和"武乙之迁"有关。

4. 二里岗殷王方鼎以鼎象斗规律之变与武乙北迁

二里岗时期殷王室乳丁纹方鼎不仅乳丁纹数阵及铜鼎尺度、重量都有明显的规律性，而且青铜方鼎的鼎腹均为口大底小的方斗状。从前表可以看出，从二里岗杜岭祖庚祖甲方鼎一直到南顺城街武乙方鼎，殷王室青铜方鼎鼎腹都体现出明显的方斗形状。而殷墟出土的司母戊方鼎和司母辛方鼎，鼎腹却为明显的长方形。二里岗方鼎口沿长宽基本相等，底部长宽也基本相等，口和底均呈正方形，但口大底小，总体象梯形之方斗状。而殷墟司母戊鼎和司母辛鼎口沿长度与底部长度相同，总体为上下相等的长方箱形，两耳所在的两边短。从二里岗到殷墟，殷王方鼎形状的变化原因是什么？我以为可能和王鼎的内涵发生变化有关。前面我们已经论述了从二里岗到殷墟可能为武乙北迁之时，而王鼎形状的变化也许就反映了武乙之变在土鼎内涵上的变化。有趣的是，王鼎由方斗形演变为长方形，其最早的变化目前看也可以追溯到江西新干大洋洲出土的耳虎乳丁纹方鼎上。因为从乳丁纹数阵变化规律看，在二里岗武乙方鼎到殷墟司母辛乳丁方鼎之间似乎应有一个过渡，而江西新干耳虎乳丁方鼎不仅乳丁数阵与武乙方鼎衔接，而且鼎身也已演变为长方形。更为重要的是新干耳虎方鼎鼎耳之虎，似乎为我们理解二里岗以后殷王方鼎鼎身由斗形变为长方形提供了线索。

江西新干不仅出土了双耳上卧虎的虎耳乳丁方鼎，而且还出土了双耳上卧虎的虎耳圆鼎和双耳上立鹿的鹿耳圆鼎。而耳虎耳鹿之虎和鹿不仅使我们联想到中国传统文化中的龙虎文化及内涵的天文历法意义。虎与参的关系似不用说，而鹿角在古代文化中常常也是龙角的标识。果真如此，则我们前面将殷墟司母戊方鼎列在司母辛方鼎之前也和二里岗斗状方鼎经新干耳虎方鼎的长方形到司母戊鼎耳虎方鼎的长方形相合。其变化的含义我以为二里岗斗状方鼎可能表现了二里岗王室在天文历法方面更侧重于对北斗七星的尊崇，而殷墟时期的殷王室更看重以龙虎为标识的参宿、龙宿之四象文化。因而以双虎或双鹿作为鼎之双耳纹饰，并分列东西，变方斗状鼎为东西长方之鼎，以突出东西两方的龙星虎参之天象意义。因为比起二里岗的方鼎，殷墟时期的长方形青铜大鼎更明显突出虎参特别是龙角文化的特征。因为不仅司母戊鼎鼎耳双虎特征明显，而且司母辛鼎、司母戊鼎及殷墟其他青铜鼎也常用各种变形的鹿角龙角作纹饰。特别是鼎耳上铸以龙、虎，从器物符号角度看，明显有以双耳表示双手执龙、执虎的，以青龙角宿、白虎参宿为中心的天文历法及龙虎文化传统。

（二）从武乙射天再说商殷王室乙丁两干群之纠葛

1. 司母戊鼎为殷王太丁祭其母妣戊器

殷墟出土的司母戊鼎一般被认为是武丁时期器物，和司母辛鼎同为殷王武丁之妣戊妣辛所做。但如前所论，殷墟新出土的武父乙盉已证明了殷墟早期已是武乙时代，因而我以为司母戊鼎应当是武乙之子殷王太丁祭祀其母，即武乙之妻妣戊的器物。武乙之妻为妣戊，这在甲骨卜辞和殷墟青铜器中都有记载。① 而从青铜器器型及纹饰看，司母戊鼎在殷墟已出土的三件大方鼎（即与另两件司母辛方鼎）中时代较早。因为它两耳上所饰的双虎纹明显和江西新干鼎耳饰双虎传统有联系，而新干出土的双耳饰虎的乳丁纹方鼎从乳丁纹数阵分析应在二里岗南顺城街武乙方鼎之后，而在殷墟青铜器之前。就其与新干铜鼎上双耳饰虎的传统看，明显比司母辛鼎紧密。另外司母戊大方鼎反传统地不以乳丁数阵作方鼎主体纹饰可能也与记载中武乙射天及武乙时代殷王室内政权的异动有关，因而司母戊大方鼎之母戊应当是武乙之妻妣戊，是武乙之子太丁祭其母妣戊器，而并不是武丁时代的器物（图3-15）。

---

① 高明：《中国古文字学通论》，文物出版社1987年版，第301页。

2. 武乙射天与殷王室乙丁两群之矛盾纠葛

殷王武乙在史籍记载中通常被说为"无道"。原因之一在于有"射天"之事。即《史记》的"武乙为偶人，谓之天神，命曰射天"。我以为这可能隐含武乙时代王室的重大事件及变故。从记载及甲骨卜辞看，乙丁两群是商殷王室最主要的两大干群，也是关系最密切又最多矛盾冲突的群团。这从前面叙述的报丁与报乙顺序之争，大乙与伊尹丁群之争及小乙与武丁时之怪异现象可见一斑。武乙之父为庚丁，武乙之子为太丁，丁名在乙名之前与之后连续出现，这在大乙以来商殷王室中也仅在武乙时代才有。而且，按商殷王名丁群五出或六出规律，武丁之后，丁群在王室出现必须在第五王即武乙或第六王太丁时代，然而庚丁是武丁之后的第四王，按规律不当出现，因而武乙射天极可能是王室内乙丁两群因王权继承而发生的冲突。也就是说武乙射天，其实极可能是指与丁群提早在王室出现的矛盾冲突有关。因而射天应是与天丁群团的冲突。金文天字及甲骨文天字常作*形，为人伸展四肢状，人的头顶作圆或方形，极像丁字。可见人头即顶，头顶为天。又由于商殷王名中丁群是最有规律以五日、十日即十天干数出现，因而丁群很可能是商殷王室最能代表十天干的族群。从这一点看武乙时代乙群与丁群之争可能即是乙群与丁群天群之争。"武乙射天"之说大约由此而来。无论从考古资料或史籍记载看，商王室丁群最有影响的是伊尹，与东方大汶口、青莲岗文化关系密切。而大乙文化明显有西来的痕迹，而且与夏人早期文化关系密切，而乙群在夏初即有弓射十日的事迹，即"羿射十日"之事。射日自然可作射天说，因此"武乙射天"说其实是与其先祖乙群的射日射天文化一脉相承并有十分久远的历史与文化传统的。

3. 司母戊鼎鼎耳人首纹与武乙"射天"说

明白了人与天、丁的关系，进而理解武乙射天之意就比较容易了。殷墟出土的司母戊大方鼎一反二里岗期大方鼎以乳丁作纹饰的传统，不用乳丁作方鼎纹饰，而且在双耳上以双虎人首纹作装饰也是二里岗方鼎没有的。《史记》有："帝武乙无道，为隅人，谓之天神。"《索引》："偶音寓。"偶人既为天神，则见隅人即以人代天神，亦以人代天是明显的。司母戊鼎在鼎耳饰人头人首纹，而人首、人头自然可以代表人，代表从人从大的天字。由于鼎耳作弓形，因而以弓射人首、射天神的意义比较明显了。在殷墟中晚期

图3-15 殷墟出土司母戊鼎器形及纹饰
（注：1殷墟出土司母戊鼎及器耳双虎纹 2江西新干出土双耳立虎纹圆鼎
3江西新干出土双耳立虎纹乳丁方鼎）

青铜器中，常有以虎与人组成纹饰的。如安徽阜阳和四川广汉出土的蹲人虎纹铜尊，双虎在人头左右展开，人作蹲踞状，极似大、位、天字之状。因而极可能是与司母戊鼎耳双虎人首纹有渊源的纹饰。另外，虎或名於菟，於音通语、乌、隅，故武乙为"偶人"的说法也可能是武乙为虎人、虞人。即服虎、训虎兽之人说法的传讹。可见直到殷墟时期，虽然已有甲骨文字作为王室占卜记录，但铸鼎象物的王室记事传统仍在流传。而司母戊鼎耳双虎人首纹与"武乙射天"说法之吻合就是这种器物符号文化传统的证明（图3-16）。

4. 司母戊鼎耳双虎食人首纹为武乙之子殷王太丁标识说

对于司母戊大方鼎鼎耳上的双虎与人首纹的内含，不少文章以为是虎食人首像。考察殷墟时代的虎食人卣中的人与虎作拥抱状，其关系极亲密而且相互依赖。而安徽阜阳出土的龙虎纹铜尊中的双虎居于蹲人的肩头之上，似乎像是蹲踞着的人的装饰或标识。因而我以为司母戊大方鼎鼎耳的双虎与人首纹极可能是与虎关系极密切的部族之标识。它们或伏虎，或驯虎、畜虎并进而以虎为标识。而双虎中间之人首，可能是具有以虎为标识的首领王者之意。而这王者之首即是殷王太丁的标志。可见殷王太丁祭祀其母妣戊时不仅以铭文司母戊标明其母，也在鼎耳上作出人首观虎之像、作为太丁丁群的标志。

用动物作为部族部落标志在古代是比较通行的做法。如夏鲧以鱼为标记的半坡人面鱼纹，及鱼食人首纹。商人的玄鸟与考古发现的鸟擎人首纹，及殷王亥的鸟与猪合体纹等都是这一文化传统的反映。而殷王太丁以虎为标记的司母戊大方鼎大约说明了武乙太丁时代的殷王室，即二里岗与殷墟之交一支以虎鹿为标识的东南江西新干文化群进入殷王室，引发了王室内部关系的变动。"武乙射天"与后母戊大方鼎器型及纹饰的变化大约就是这一变动的反映。

（三）司母辛鼎为帝辛祭其母器

1. 司母辛鼎为帝辛祭其母器

安阳殷墟妇好墓出土的青铜器中，有两件有司母辛铭文的青铜大方鼎，方鼎纹饰近司母戊鼎，以装饰有鹿叉角的兽面纹为纹饰，但不同的是司母辛方鼎上有⊔状乳丁数阵纹装饰。这两件有司母辛铭文的青铜器我以为是殷王室最后一王帝辛殷纣祭其母妣辛的器物。这从我们对二里岗与殷墟司母辛乳

图3-16 司母戊鼎耳双虎人首纹与殷晚期双虎蹲人纹
（注：1殷墟司母戊鼎耳双虎纹　2安徽阜阳出土双虎蹲人纹铜尊）

丁数阵的对比排列中即可看出其是最晚的。而从武乙迁河北以后的四王中，由于司母戊鼎可证为武乙之配偶妣戊器，为太丁祭母戊之鼎。因而我们认为司母辛鼎可能是帝辛祭其母即帝乙之配偶所作器。依二里岗铜方鼎乳丁纹饰依次减少之趋势，司母辛鼎上凵形乳丁数阵左右与底边均为三行，且口沿上角一段乳丁纹已消失，因而是殷王室青铜大方鼎乳丁纹饰之最晚者。司母辛大方鼎上乳丁数阵装饰的形成在殷墟晚期比较流行，而且直到西周方鼎的乳丁纹仍沿用司母辛方鼎乳丁数阵纹饰而未有变化（图3-17）。

2．妇好为帝辛殷纣之妃即九侯之好女说

司母辛鼎既为帝辛祭母辛器，为何出于妇好墓中，且墓中多有妇好铭之青铜器？我以为妇好可能即《史记》所记帝辛之妃，九侯之女妇好。《史记》记："九侯有好女，入之纣。九侯女不喜淫，纣怒，杀之而醢九侯。"对于九侯之好女，史书很少解释。我以为即为名好之女。由于入帝辛王室为妇，因而又称妇好。前面我们叙述司母戊鼎耳之人头时曾论述其为太丁以人头作为丁群之标识，并以正面蹲踞之人与大、天、位字相对照，为太丁新创的王者之象。这说明了殷墟时代虽然已有甲骨文，但器物符号这一传统的文化传承方法仍在流行，并不断有所发展。从器物符号的角度分析妇好两字的符号结构，或许也对现解妇好铭文的内涵有所启发。妇好好字所从之女字是侧面屈踞蹲踞之妇女形。蹲踞通蹴，实即是跪着的妇女形象，跪音近蹴，九，因而好字形所从之女字的蹴、踞形象可能就是九侯族群的标识。而殷墟出土有司母辛铭方鼎的妇好墓实际就是殷王帝辛之妃，九侯之女妇好之墓。由于九侯之女为帝辛之妃，所以帝辛祭母辛之器得以在妇好墓中出土。细看铜器铭文中妇好妇字所从之女字，头上皆有刀匕之形。这可能就与"九侯女不喜淫，纣怒，杀之"说法有关。妇好为九侯之女，为侧面踞蹴之人，九侯大约就是正面蹲踞之人，即正面蹲踞之大、天、位字。可见帝辛时代的九侯部族，大约就是创造正面站立之人与侧面跪踞之人像，并以此字符记事的部族。这个部族我以为它们与位于殷墟西北的、有天字的铜器族徽之人群有关。现已发现西北甘、陕及晋之西北界出土许多带天字铭的时代为殷墟晚期到西周早期的青铜器。联系"武乙射天"，"武乙猎渭"死于西北的说法及西北出土的许多带天字铭的时代为殷墟晚期到西周中期的青铜器。我以为武乙所射之天族可能是殷王帝辛时代位列三公之一的九侯，鬼侯，鬼方族。即以天字为铭这一点看，它们可能也与殷王室的重要部族丁群有关。《方言》曰："自关而西，凡物壮大曰伟"。伟意近位。物状大曰伟，人壮大当亦曰伟。大人之伟同于ᐱ位字。而且铜器铭文之天族徽器字皆作ᐞ，为蹲踞形，与ᐊ状站立之人有别。而与妇好铭女字作侧面踞蹴而头上有刀匕的人形相通。因而它们可能分别为九侯族之男主与女主的标志，都是能通天地之巫师。而蹲踞之状就是他们作法，跳神或祷告时的姿态。正面蹲踞之人为天、大、立、位之本字。位音近伟，亦近巫，可能就是大巫。中国古代有"在男曰巫，在女曰觋之说。"ᐞ大约就有大巫、男巫意。而侧踞之ᐞ女字，其蹴、踞之意可能就是在女曰觋的女巫字。因而妇好妇字所从之妇女蹲踞跪地状，其实并不是以往一些学者所解释的是妇女地位低下所致，其实可能正好相反，而是作为女巫的妇女掌有祭祀大权的跪而祭祀的形象符号。其手中所执之ᐞ状帚，也是祭祀时的清扫工具而并不是妇女被迫清洁打扫的证物（图3-18）。

3. 妇好妇字人头上刀匕符号与殷墟青铜器刀匕状飞羽纹

前面我们已经论述殷墟青铜器铭文中妇字蹲踞之形实为殷墟时代妇女拥有至高的祭示权力的形象，而头上的刀匕可能就是掌握生杀大权之标识。联系妇好墓出土妇字铭文中蹲踞之侧面妇女头上总有一柄弯曲的刀匕状物，不由使我们联想到在殷墟期青铜器纹饰中十分流行的飞羽刀匕纹。我们之所以称这种纹饰为飞羽刀匕纹，是因为这种类型青铜器的兽面纹两侧的角状纹已不很明显。而向上，向左右都密密排列着既像飞鸟之羽翅，又像密布之刀戟

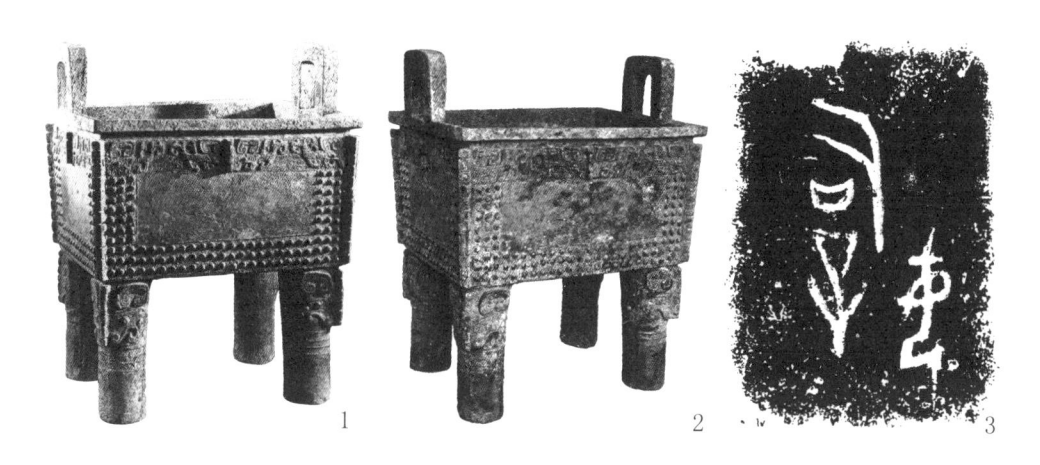

图3-17 殷墟出土司母辛方鼎及铭文
（注：1、2殷墟妇好墓出土的两件司母辛方鼎 3司母辛方鼎上的铭文）

图3-18 铜器符号铭文的妇女形象与甲骨文、金文男女字形比较

的刀匕状纹饰。而这种兽面纹不光在左右及上方有张开的鸟的刀匕状羽毛，而且兽目也一反常态，将兽目的内眼角变成鹰枭嘴之弯钩形，将外眼角变成刀匕形。这种飞羽刀匕状兽面纹从二里岗青铜器上开始出现，在殷墟期比较流行。如殷墟早期兽面纹斝，殷墟中期兽面纹壶等上的纹饰最具这种特征。这种刀匕状飞羽纹明显与良渚文化玉器纹饰有关，良渚玉器常常出现侧面人形或正面蹲踞的人形纹，其人头上或人手臂上也密密排列着这样的刀匕状的鸟羽纹。良渚文化玉器中还常常出现平展翅羽的正面飞鸟，而这种平展羽翅的飞鸟也极似殷墟青铜纹饰中刀匕目状兽面纹。可见殷代最后一王帝辛的配偶妇好，就是九侯之好女，是与以刀匕状飞羽为特征的鹰枭族群有关的。特别是与良渚文化的羽人纹有十分密切的关系（图3-19）。

4. 妇好妇字所从之𠂆与扶桑木、九日、地母说

妇好铭文中妇字所从之帚大体有两种形态，一作𠂆形，一作𠂆形。明显像树的枝杈形，我以为这大约和扶桑木神话有关。扶桑神木与十日的神话在中国古代广为流传，而扶桑的一支称若木，或扶桑又称若木。甲骨文有桑字，作※※状，像有三杈的树木，每杈又分三枝共九枝，其下有根。因而桑字明显带有古代传说中扶桑神木的特征，因而甲骨文中桑字明显与扶桑木九枝上有九日神话相关。甲骨文又有若字，甲骨文若作𠂆形，为一侧面跪踞之人举两手扶持头上之𠂆。过去论者多以𠂆为人头上之长发，其实应当也是扶桑神木，或名若木，因而妇好铭妇字所从之𠂆、𠂆应当就是扶桑若木字，而九侯之女跪踞在扶桑若木之侧，明显是对扶桑神木的祷拜，也是以扶桑神木为标识。这也表明九侯本是以扶桑木为族徽的部族。以扶桑神木为族徽的部族为什么又以刀匕状飞羽为其像呢？扶桑神木为日神所上下之神树，而十日之上下皆载于鸟，即所谓金乌载日。因而鸟的如刀匕状毛羽与扶桑木正是古代神话"羿焉毕日，乌焉解羽"之注解。只是"毕日"匕日并不是真的射日、杀日，而是以刀匕象征分割计数年、月、日以制定历法的本意。"乌焉解羽"也不是鸟之毛羽纷纷落下，而是像良渚玉器和二里岗、殷墟铜器上刀匕状鸟羽纹饰展开，遮天蔽日，是鸟羽族人们对太阳鸟神的崇敬夸张的表现。由于古时有十日同时出现在天空的说法，而羿以射九日著称，因之鸟羽族之人也可称九侯，或鸠侯。甲骨文中有一个尚不认识的字作𠂆，从蹲踞之人而且两手背后有毛羽形。江西新干出土的玉器中有一件玉人也作跪踞状，但却长着

妇好妇字	殷墟青铜器刀匕状飞羽纹
良渚玉器纹人头上芒状纹	河姆渡遗址出土写实羽身形骨匕

图3-19　妇好铭侧面蹲踞人头上刀匕纹与殷墟青铜器刀匕状飞羽纹

勾嘴的鸟头。最能说明扶桑九日和侧蹲之人的当是良渚文化余杭瑶山遗址出土的一件玉器。此玉器作三杈形，与若木巫若相同。每枝杈上又刻三枝，也与桑字及扶桑九枝相同。而且玉三杈器的两侧各刻一个侧面人像，人头上及三杈九枝上皆布满毛羽，两个侧面人面相对，中间为三杈玉器，与妇好铭文中有的妇字为两女对踞，中间有扶桑木神极为相像。因而妇好作为帝辛之妇，九候之女在殷王帝辛王室内执掌祭祀大权而又承担生育殷王的责任。从这一点看，九候之女妇好正像扶桑木有一日居上枝，九日居下枝的九日，亦即主管天地十日的大神女若女巫（图3-20）。

5. 妇好、九侯与鹰枭族溯源

以刀匕状毛羽为特征的鸟族从考古资料看，似乎是以鹰枭为标志的群族。我们在讨论夏及夏末商初文化时，曾叙述过以长颈、长足、长嘴为特征的鹳鸟所代表的鹳鹤族群文化及以冠齿为引颈长鸣的雄鸡为代表的鸡族群文化。而以刀匕状羽毛为特征的鹰枭群族似乎在二里岗到殷墟时期特别突出。这种刀匕状毛羽族文化与良渚文化关系特别密切。这是因为良渚玉器上的鸟纹与二里岗到殷墟青铜器上的刀匕状毛羽鸟纹特征极为相似，而且以目前所见到

图3-20 桑、若与汉画像中的扶桑木

的资料看，河姆渡遗址出土的一件以鹰枭弯钩状嘴及刀匕状的羽毛为特征的骨饰器当是较早的有刀匕状毛羽的资料。而良渚文化还流行一种扁足陶鼎，其扁状足在与上面陶盆连接处两侧常常有一对圆窝，并且有齿状弯钩饰。这种扁足可能就是刀匕状羽毛与鹰枭之弯钩状利嘴。殷墟出土的多数扁足鼎其三扁足也多显出带有弯勾咀的鹰鸟形状就是证明。而殷墟期十分流行、十分引人注目的枭形青铜器更以其粗大方折如钩的嘴和排列如刀匕的翼羽为特征。其中最大、作工最精美的一件枭卣就出土在妇好墓，并且上有妇好铭文。

从现有的考古资料看，殷墟时代的青铜枭卣其造型也与良渚文化的带流带錾平底陶罐有关。尽管良渚文化的带流带錾平底陶罐在什么时间、什么地点转变为青铜枭卣的我们并不十分清楚，但是它们之间在发展与传承上的源流关系仍然十分明显（图3-21）。

新石器时代的考古资料表明，鹰枭部族也是一个十分古老的部族。远在夏及商代早期，它们已散居于各地，但其主要的分支及发展轨迹仍然是可以追溯的。与良渚鹰枭族群关系最密切的是红山文化的鹰枭族，它们都以玉雕为特征。红山文化中以玉制作玉鹰玉枭小件饰品的鹰枭也是展翅式，双翼左右平伸，翼羽排列如刀匕。特别是玉枭饰品在枭的头上往往有两个枭的毛角状小突。相比之下，良渚鹰枭群较少枭的毛角突饰而较多鹰的特征。在红山文化之外，甘青晚期马厂和齐家文化也出土了许多枭形陶罐，这种枭形陶罐在口部有半圆形盖，半圆盖上有 Y 形、ΨΨ 形装饰，因而也带有 Y 状扶桑木特征。特别是半圆形盖的铸法与青铜枭卣十分相似。种种迹象表明，马厂和齐家文化与二里头、二里岗及殷墟文化也有极紧密的联系。红山文化出土的几件颇具甘青地区半山类型彩陶特征的S纹样的彩陶罐及鸟形壶陶器证明了红山文化枭鸟族与半山马厂文化枭鸟族的联系，而马家窑、半山及红山文化在陶寺的祖乙祖辛时代就已进入商王室，我们前面已有论述。殷墟出土的一件白陶印纹陶器上的折肢状蛙人纹就极似马厂文化流行的折肢蛙人纹饰。

除红山文化，西北甘青地区马厂齐家文化外，中原夏文化即仰韶文化也有鹰枭器出现。陕西华县太平庄出土的有名的陶鹰鼎，枭面盘都证明鹰枭部族在庙底沟仰韶晚期，即夏末商初时代在关中地区的繁盛。而这一时期关中仰部文化晚期流行的在口沿下饰有四个或三个鸟头的陶缸，其鸟头有两个大圆眼而且有尖勾嘴，很像鹰头。可见枭鹰部族是一个极为古老而庞大的族系。

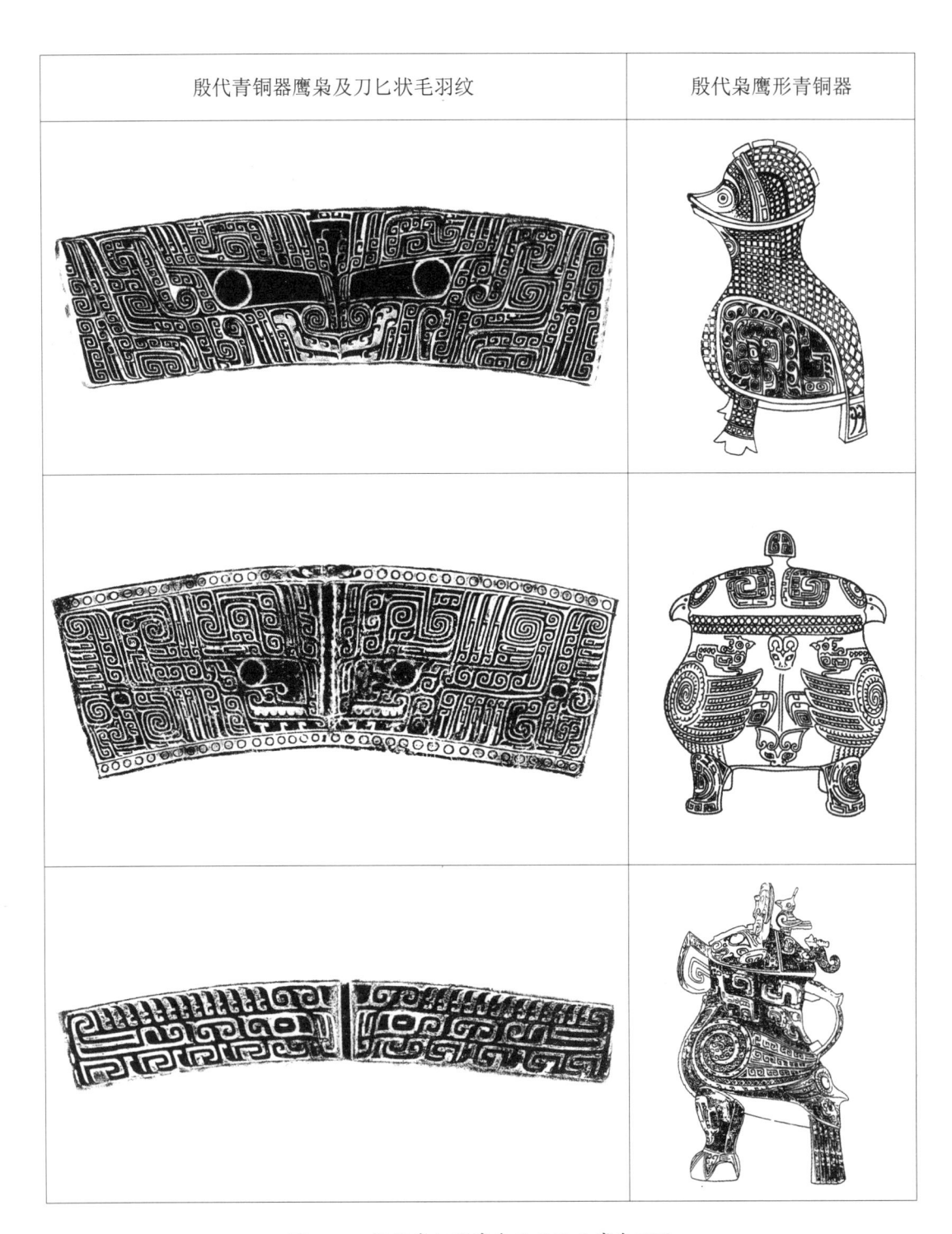

殷代青铜器鹰枭及刀匕状毛羽纹	殷代枭鹰形青铜器

图3-21 殷代青铜器鹰枭毛羽纹及鹰枭形器

它们很早就分居于西北、东北、东南及中原各地。而在中原豫陕交界的一支很早就进入夏商王室，散居各地的鹰枭部族也在以后商殷文化发展中陆序进入商殷王室。其中以东南良渚文化、屈家岭文化，以及山东大汶口、龙山文化以刀匕状鹰枭羽毛为特征的文化在二里头、二里岗及殷墟期殷王室最为突出。因而枭鹰部族各支系在夏商殷时代与王室文化的这种多次融合，应当也是中国古代即夏商殷周时代中国各部族文化冲突融合再冲突再融合的多层次交汇融合规律的体现（图 3-22）。

（四）从妇好说角鹿

1. 从妇好说角鹿

以上我们论述了妇好与有刀匕状毛羽族，即鹰枭族的关系，但妇好作为十天干之癸族即鬼侯、九侯之女其妇字所从 ⺖、⺕ 似乎还另有所指。妇好之婦字从帚从 ⺖、⺕、⺔，其基本符号为 ⺖ 形神木四枝的一枝。但扶桑神木作 ※，一枝为 ⺗，可见 ⺗ 与 ⺖ 为扶桑神木一枝的正面与侧面的两种形象。一枝为 ⺗，为正枝，另一枝 ⺖ 为侧枝。因而 ⺖ 是与 ⺗ 形正面区别的侧微字。西周时有名的微氏家族，其微字就作 ⺕ 形，象侧踞之人捧示 ⺖ 状神木扶桑树。有人以为西周微氏就是武王所封宋微子，为宋之祖。而宋字在甲骨文中作 ⾯，从 ※ 状三木。※ 状三木为三根大木，当为桑林神树变化字，其后人名微以 ⺕ 为字也是侧微、细小之意，有尊其先扶桑的桑林神木之意。而史籍记载桑林为宋社，可见妇好婦字所从之 ⺖ ⺕ 形符号并不是后来的持帚扫洒之帚字，而是女主女祖女巫梼祀桑林神木之象。即便在殷末帝辛时代，作为帝辛之妇，其持帚也当是洒扫以祭神祖，有除旧布新而非后来妇女卑微的洒扫之意。妇好为九侯之女，妇好妇字所从 ⺕ 为桑林神木之侧面形象，表明其为桑林神木十日族的一支，而其正支的桑林即桑字所从之 ※ 形符号，大概和鹿角族有关。由于桑林为宋社，而典籍中宋为商后，并以主心宿大火而著名。前面我们多次论述过中国古代星宿文化中四星象的龙虎两宿，而龙主火，以龙角为标识。因而宋人神社桑林十日神话中的桑字所从之 ⺗ 可能即是鹿角部族的鹿角符号。在对半坡夏初彩陶盆口沿符号的论述中，对十日的论证我们就是从癸甲两字开始的，癸字作 ※ 形，与桑字作 ※ 形十分相似。而癸甲十日又与桑林供十日上下相合。夏初人面盆人头上都有三杈状角，中康彩陶盆内又画

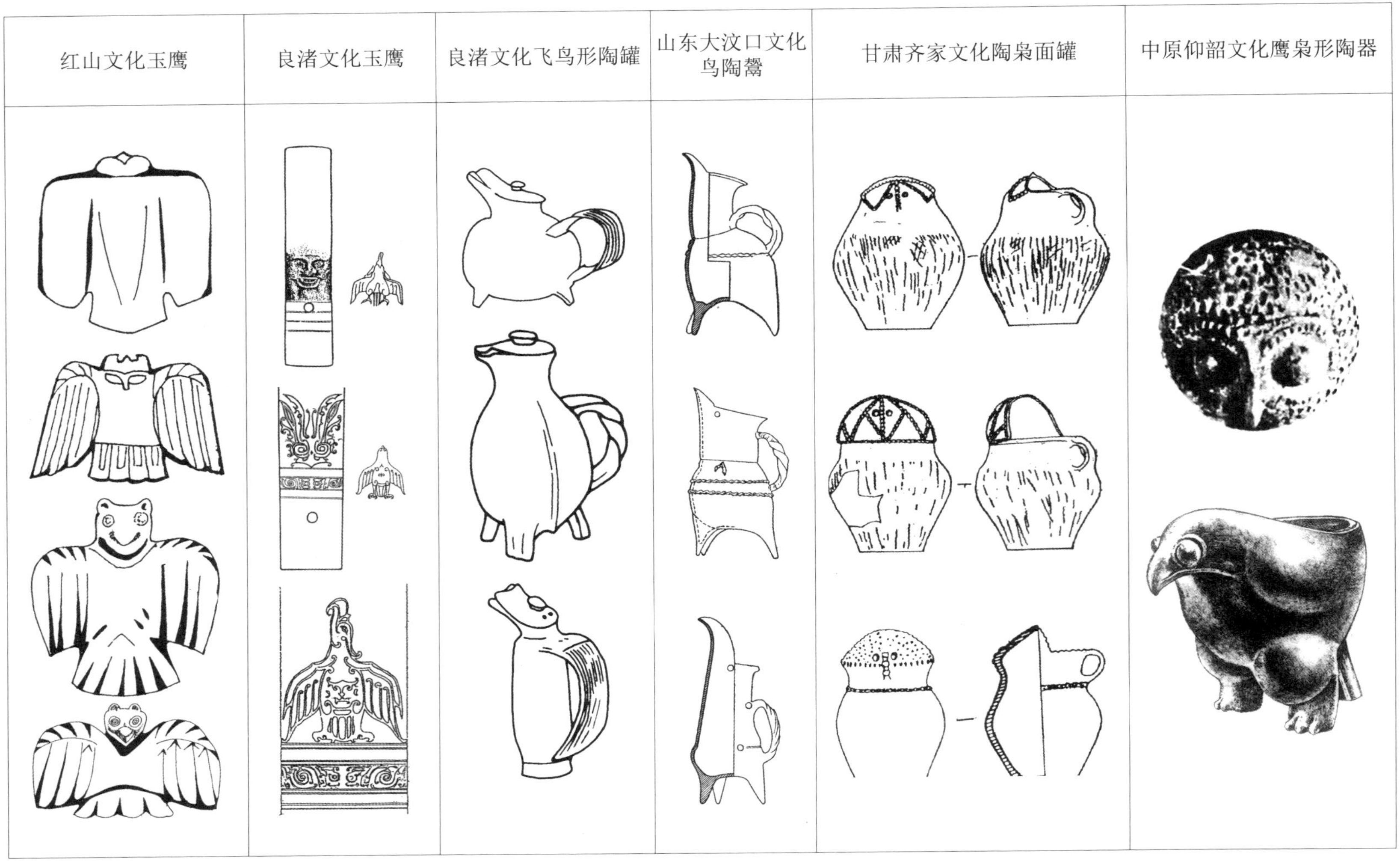

| 红山文化玉鹰 | 良渚文化玉鹰 | 良渚文化飞鸟形陶罐 | 山东大汶口文化鸟陶鬶 | 甘肃齐家文化陶鸮面罐 | 中原仰韶文化鹰鸮形陶器 |

图3-22 红山文化、良渚文化、山东大汶口、龙山文化、甘青马厂、齐家文化、中原仰韶文化鹰鸮形陶器及鹰鸮鸟纹饰

四只刚长出新茸角的奔鹿，楚文化中更流行在桑林十日上画鹿的图画，因而鹿角极有可能是九侯族用来表示十日神木的标识。从殷墟出土的司母戊和司母辛大方鼎上，也可以看出其兽面纹的兽头上有巨大的曲折状的枝杈大角明显是鹿角。而鹿角与如斗的方鼎正好也符合中国古代的"斗携龙角"的历法内容。因而以鹿角为标识的九侯部族，从半坡时代起就是构成夏王室文化的重要一支，夏启以癸甲十日为标识的癸字，禹与涂山通于台桑都可证明夏王室与桑林十日的关系。而到大河村大乙商汤时代，大乙彩陶罐上之九根柱状木及"汤以身祷于桑林"之说也证明商代初年九侯鹿角部族又是商王室文化的重要一支。可见以鹿角桑林为代表的鹿部族其文化传统十分悠久，在从半坡夏文化开始十日十天干部族的文化创造与延续中曾起到十分重要的作用。而殷墟出土的鹿方鼎与鸠方鼎似乎可以作为鹰枭族和鹿族相互关系的最好注释。这件鹿方鼎在方鼎的四个正面浮雕式塑造出四个正面鹿头，鹿头上有一对三杈状角作Ψ状。方鼎的四角无纹饰。而鸠方鼎却正面空缺无纹饰，四角饰四组共 16 个钩嘴鹰形鸟，鸟均侧面，面向四角。鹿方鼎与鹰方鼎上鹰枭与角鹿的这种四正四隅的纹饰布局，反映出枭鹰与角鹿共主四面八方的不同一般的关系（图 3-23）。

2. 角鹿族溯源

殷墟出土的鹿方鼎和鸠方鼎提示我们对鹿纹及其所代表的这一族群的注意。其实红山文化区域内，赵宝沟文化遗址出土的鹿、猪、鹰纹陶尊已向我们昭示了鹿部族及其与鹰部族的密切联系。赵宝沟文化陶尊上刻划的鹿作奔驰状，头上有平展的三枝状鹿角，因而红山文化出土的多枝杈状玉勾云器可能与赵宝沟陶器上的鹿角纹有关。这种多枝杈的鹿角还见于殷墟出土的妇好盘及其他龙纹盘的龙嘴两侧，作平展勾曲枝桠状。这种枝桠状的鹿角明显与二里头文化陶器上的同类刻纹及夏家店下层文化同类彩绘鹿角纹饰形状及内含有相通之处。而这些多枝桠的鹿角纹在殷墟时期特别流行，即使像司母戊鼎、司母辛鼎这样的王室大器，其兽面纹也以明显的枝杈状鹿角为特征。殷王室青铜方鼎的鹿角状纹饰似乎也与殷纣王与"鹿台"的说法相吻合。除红山文化、夏家店文化及北方其它地区出土的鹿饰物外，南方良渚文化中鹰枭纹与鹿角纹也十分发达。而良渚文化的玉三杈形器，其三杈形可能就是一种鹿的三杈角形饰。良渚文化的玉人面纹其头饰常在两侧以多层枝杈状作装饰，似草木枝权形，又象谷物枝叶状。这可能与桑林为春社，象征着草木生发有关。而以鹿的三权角象征桑林、草木正与我国古代的"鹤鹿同春"传统文化题材相通。"鹤鹿同春"与桑林的题材还见于大乙伐夏桀时，即大河村的秦王寨类型与临汝庙底沟晚期彩陶上。我们指认的代表夏桀的"鹳鱼石斧"缸其鹳鸟足作从形，为倒置之鹿角。从生物学角度来看，鹿之角对气候特别敏感，特别是一年四季太阳的位置移动。而鹿角之滋生与脱落就集中代表着鹿与太阳位置的对应关系。以逐鹿为生的先民大约很早就知道鹿角的脱落与新生是在夏至时节，而麋角的脱落与滋生是在冬至前后。如果说"鹳鱼石斧"缸上的鹳鸟足还不足以说明夏代人们以鹳鸟作为候鸟的迁徙与鹿角表示对时令、气候及历法的认识。而大约与此同时的临汝洪山庙出土的画有鹿、鸟、龟和太阳纹的彩陶缸其鹿、鸟与太阳的关系就是很明显的鸟、鹿与代表天象历法的太阳的反应（图3-24）。

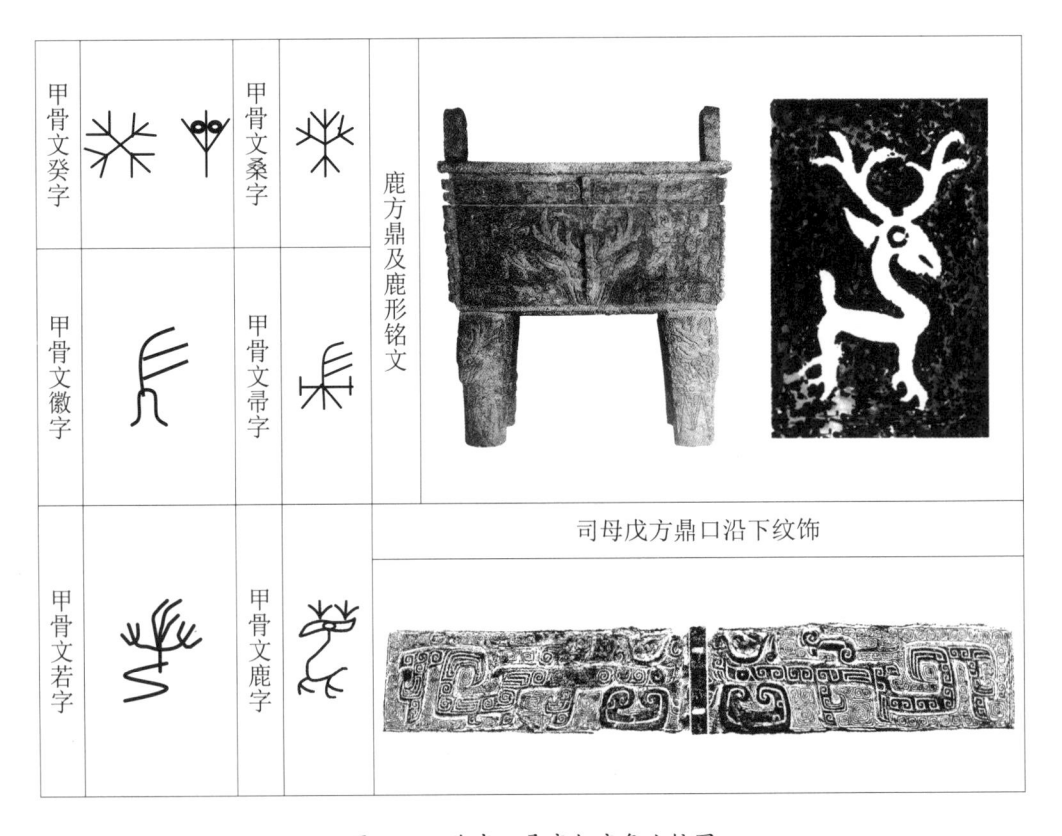

图3-23 癸字、桑字与鹿角比较图

图3-24 鹿角鹿龙纹发展示意图

3. 从角鹿说马家窑文化半山类型彩陶锯齿纹

马家窑文化彩陶的马家窑、半山、马厂三个类型间的承继关系是明显的，但其间仍有较大差异。特别是半山类型彩陶流行的芒刺或称锯齿纹，学界众说纷纭。我以为这种芒刺纹或许和以鹿角为标识的部族力量逐渐强大或加入有关。

红山文化的玉器中有以旋转勾齿状表示鹿角的，它可能传承了红山文化之前兴隆洼文化陶器刻划有猪、鸟、鹿形象的传统。如果我们留意北方草原文化出土的鹿形铜器铜饰中之鹿角，就会发现北方草原文化青铜鹿饰中的鹿角，有的为鹿角的枝杈形，但多数演变为盘旋状而有芒刺锯齿形的装饰，特别是北方草原鹿石文化中出土的鹿石上的鹿形纹饰，鹿角的锯齿纹更为强化，已经演变为如烈焰、如日光似的将鹿角枝杈与太阳的光芒融合为一的形象。而这种如火焰、如日光的鹿角，正和我们前面论述的鹿角携斗的鹿角龙所代表的苍龙星座突出角星和心火星极为相似。而马家窑文化半山类型彩陶流行的锯齿纹，有的也称火焰纹，它作为半山类型彩陶主体纹饰的连旋纹，其旋转且在外沿满布锯齿的形状与红山玉旋齿饰及北方草原鹿石文化的鹿角饰极为相似。因此我们有理由将两者相联系。而且从马家窑类型向半山类型的演变进程似乎也和我们论述的半坡夏文化早期向中晚期演变进程相似。半坡夏文化早期的以鱼鸟为主逐渐演变为以角缸为主，而马家窑彩陶纹饰继承夏早期半坡文化传统，早期也以鱼鸟蛙纹为主，而至半山期也演变为以连旋似日光火焰的鹿角纹为主。只是前者似为牛羊角，后者为鹿角；前者以角缸表示的牛羊角与男性生殖器的生殖用意明显，而后者以鹿齿角表示的鹿角与日光、火焰的意义更为强烈（图 3-25）。

（五）鄂侯与围及豕韦说

1. 鄂侯与邘、围

《史记》："纣有三公。"以西伯昌、九侯、鄂侯为三公。九侯即鬼侯，以癸字记，以扶桑木为特征。鄂侯所记为何物？我以为即是殷墟中晚期出现的有围、韦族徽的青铜器所代表的族群。"鄂"徐广注作邘。邘、韦、围音近意通。殷墟中晚期青铜族徽出现了不少从足从囗状的韦字，都从足从方框。囗状方框为城邑，周围有人足表示护卫。其形来源应当是自夏以来人们所居住的有壕沟，围栏，城墙的村落，都邑字。如邑字甲骨文像人踞于城邑之下

半山类彩陶锯齿纹	北方鹿石鹿角变体纹	北方青铜器及马厂彩陶鹿纹
俯视展开侧视		

图3-25 马家窑彩陶半山类型锯齿纹与鹿角纹的比较图

形象，城郭郭字作✡，中间作口，四面有望楼。而山东、河北一带至今仍称村寨为围子，字作墟、圩字的。因而，我以为纣三公之一的鄂侯、邢侯可能即是青铜铭文有围的族群。殷墟小屯还出土了一件在围字内铭有侯字的青铜器。这件青铜器墓与妇好墓相距仅20多米，且属同一时期，发掘者释为韦侯。我以为当即《史记》"纣有三公"之一的鄂侯。殷墟青铜族徽的足字有两种状态，一种脚板大而明显，一种脚趾突出。从青铜器铭文足字的发展看，脚板大的似乎为早期足字，脚趾明显脚板小者为晚期足字。因为从殷墟早期的武父乙盉铭看，武字所从之足字大而且脚板也明显大。而前述的二里头武丁脚牌饰更只有脚板或鞋底形而无足趾。如果按我们推定的二里头期为盘庚到武丁时代计，甲骨文足字大约与武丁武字脚牌饰是同时在二里头出现的。由于甲骨文的足字是一种抽象化了的脚及脚趾形，这自然是甲骨文字刻划特点所致，但武丁青铜脚牌饰则具有明显的铜礼器足形的尊贵及装饰性。及至二里岗与殷墟武乙时代，足字虽然已作为铜器铭文而不如先前的铜足牌饰那么显赫，但仍以其相对真实的足的视觉形象区别于甲骨文中契刻的足字。而只是到了殷墟晚期，在有围、韦字族徽的铜器上，铜器铭文中韦字所从之脚才与甲骨文契刻的足字相近，脚趾突出。因而从青铜器脚形器物符号与甲骨足字的演变、发展及形状内含的对比中，我们也可以看到器物符号与甲骨文字的相同与差异。

　　口状方框作为围、邑字在商殷王室中似乎有很久远的历史传统。商之先王上甲名微，音近围，而上甲甲字在甲骨文中均作田形，十字外有口状方框，但十字从不与方框相接，两者合而不同的意义十分明显。可见十为甲字，口当即微围字。但上甲时代之口还没有明显的以足作护围的符号，而从围之声，从方框围护之形已可会意。不仅上甲，上甲之后有三报，即报乙、报丙、报丁，皆从匚，也是方框状，报字过去论者多以服解，应当是抱、包字。即现今包围字，有护围之意。而郑州大河村遗址的方间排屋和郑州附近西山仰韶时代的城邑遗址大约就是上甲到大乙时代商王室辗转往来的都邑之所在（图3-26）。

　　2. 豖韦与上甲、王亥溯源
　　口状方框形为围字，这使人不由联想到古史及传说中的豖韦氏。豖，甲骨文作兽形，有人以为猪。但应当是尚末训化时的野猪及犬、虎等有突出牙

甲骨文金文足字	青铜器足形徽铭

图3-26　青铜徽铭足形与甲骨文足字比较

齿的野兽。也与牛、羊、鹿等从角之食草之畜相区别，因为甲骨文有猪之专字作豕字。巧合的是商殷先公王亥所从之亥也从猪或从猪鸟合体字。史籍记载王亥之子即上甲微，而上甲甲字奇怪地写作⊞状，为囗状方框的围与十状甲字的合体字。从中可见猪、豕与围的亲缘关系。王亥与上甲的渊源关系似乎可以追溯到夏初即半坡时代的史家类型仰韶文化，亦即夏羿代夏政之少康时代。因为与羿鸟彩陶葫芦同时流行的还有一种猪面彩陶葫芦瓶。这种葫芦瓶有大而突出的扁圆形头，圆口很小，而在大圆形头内常以彩绘绘成⊠状纹饰，⊠即甲字状四齿纹的符号形状。这种有圆形外圈的花瓣状甲字符号在庙底沟时期有明显的演化过程，最后演化成我们指认的大河村彩陶上甲字的甲字符号（图3-27）。豕既为野猪、野犬、及虎豹等齿兽，必以其食肉性而威协人类。因而人们以环壕、围拦等御护人们所居之地，这就是囗作围的本义。而殷墟青铜器围字铭文用脚环围，护围的意义明显可见。豕既害人，人亦猎兽，即围而捕之。如羿擒封豨于桑林。豨或作豕，因而豕韦氏也可能是古代最早驯化猪等动物的群族。这从古籍记载豕韦氏"世续天地"掌天文历法就可以看出。我们前文论述二里头陶方鼎时论述过的阳甲八芒纹与兽齿的联系在这里也可进一步得到论证。而陶方鼎的八芒齿纹绕陶方鼎四面一周与二里岗、殷墟铜方鼎四面八方并以兽面纹环绕的意义也是明显相关的。特别值得注意的是二里岗后期开始，青铜器上兽面纹的口与牙齿日益明显突出。牙以上下各一对即四个尖利的犬牙或虎牙、獠牙作上下咬合状。这与豕字头部以▷状，虎头作▷状，猪、犬字头部也作▷状明显有关。▷、▷竖置即∧，与芒齿纹的△△、△△△状，八芒的✳状明显也有关联。而大汶口盛行的随葬猪下颌骨的习俗，过去以为是作财富的象征，其实应当还有牙祭之俗，即崇拜、习尚并以猪、犬、虎等齿兽为标识的族群的崇拜与祭祀文化传统。这也可以从大汶口一带流行拔牙风俗证明。特别是良渚文化、石家河文化及山东龙山文化流行的玉人面纹，人均作方口，有上下两对四个尖利的牙齿作咬合状，这种人面的方口獠牙与良渚文化流行的玉琮兽面及山东龙山、石家河的兽面方口与獠牙十分相似，因而可能同是围、韦，即豕韦部族遗物。

良渚、石家河以及山东龙山文化流行的这种方口四獠牙人面兽面纹其源头也十分古老，从考古资料看，它大约与洞庭湖区远古文化有关。因为这种口牙形兽面刻划纹饰在湖南黔阳高庙遗址的陶器上就已出现，时代距今约6800年。而大约与湖南黔阳高庙下层同时代的河北兴隆洼文化也出土了一件刻有方口四獠牙上下对咬的兽面纹圆形玉饰，可见豕韦族群的人们是以方围之形和齿兽之猪、犬、虎等食肉动物为标识的，并有明显围猎特征的族群。他们的主体大约在距今7000年起到殷墟时代的公元前1000多年前的5000

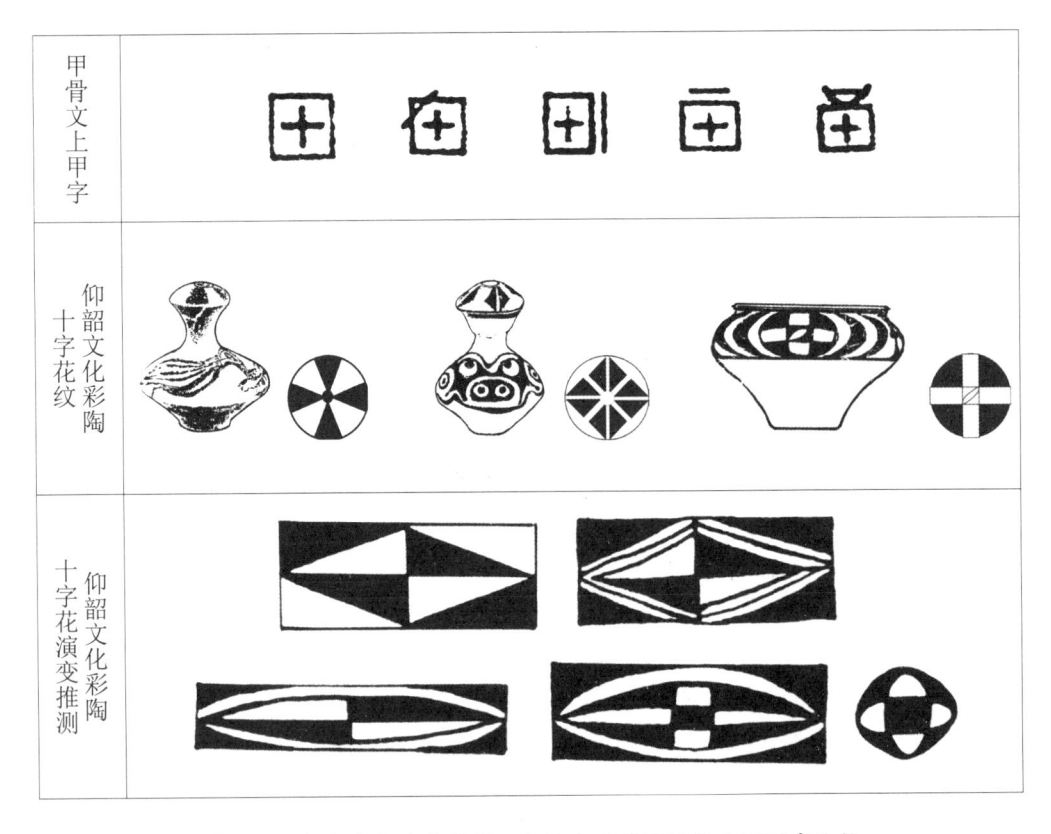

甲骨文上甲字	
仰韶文化彩陶十字花纹	
仰韶文化彩陶十字花演变推测	

图3-27　仰韶文化猪面葫芦口上的齿状花瓣纹与上甲甲字比较

多年间，长期居住在从北至渤海，南到杭嘉湖一线的东部沿海地区，而其最兴盛的时代是在良渚文化到殷墟晚期的2000多年间。但在羿代夏政的仰韶文化半坡类型中期，即史家类型阶段，豕韦氏的一支也与乙鸟、玄鸟的一支一起进入夏王室文化圈，并在夏文化东进过程中不断融合其本族文化，并终于在大河村、秦王寨文化类型时代与玄鸟族一起代替了夏文化（图3-28）。

（六）从殷墟青铜大鼎说商与殷之别

从商王大乙起到殷纣灭亡的这一段历史，在古籍记载中有称殷的，如司马迁《史记》即写作"殷本纪"。也有将盘庚迁都以前称商，而将盘庚迁都以后称殷的，如皇甫谧《帝王世纪》有"帝盘庚徙都殷，始改商曰殷"，而周人似乎习惯商殷连称，如《诗经·大雅·大明》"挚仲氏任，自彼殷商"。我倾向于《帝王世纪》以盘庚之迁为界，前者称商，后者称殷。原因在于古籍记载中商之名因于玄鸟，即"天命玄鸟，降而生商"。因而从器物符号角度看，商代王器似乎应该体现出较多的以玄鸟为主体的文化特征，而这种特征与我们论述的半坡夏文化中鱼鸟文化之争及大河村大乙彩陶乙鸟符号是相符合的。也就是说商人玄鸟部族的一支在半坡时代的夏代早期即已进入夏王室，其融合与冲突在记载中即是东方有穷后羿代夏政之传说，而在考古发现中即是半坡时代鱼纹鸟纹及鱼鸟合体纹饰符号的大量流行。但直到大河村时代的大乙鸟纹彩陶罐，才标识着大乙代表的玄鸟部族替代夏而建立商。相反，自盘庚迁于二里头，经二里岗直到殷墟，作为王室祭祀用器的青铜器却较少鸟形题材，而主要是兽纹方鼎。特别是殷墟目前所见最大的三件青铜大方鼎，即司母戊鼎和两件司母辛方鼎，它们虽然在纹饰装饰上有较大差别，但就鼎为方形及方鼎上的鹿角兽面纹饰看仍有较多的同一文化传统，但却极少在王室大方鼎上以鸟为主体纹饰从而体现商人玄鸟文化传统。虽然殷墟出土了不少有鸟纹的青铜器，如鹰枭尊、卣等鸟形青铜器，但鸟纹却始终未作为王室青铜大方鼎的主体出现。这是与商人玄鸟文化极不相符的，相反却与"殷王子亥"的猪兽文化传统相合。正像商人玄鸟文化曾在半坡夏王室居重要地位，但在当时并未取代夏文化一样，殷墟殷王室虽然仍保留了前代商人玄鸟文化的许多因素，但其王室器物仍然主要表现出殷人王亥一族突出牙齿类猪兽为主体的族群文化传统，因而我以为就商殷族群的文化传统看，它们之间是有比较大的差别的。

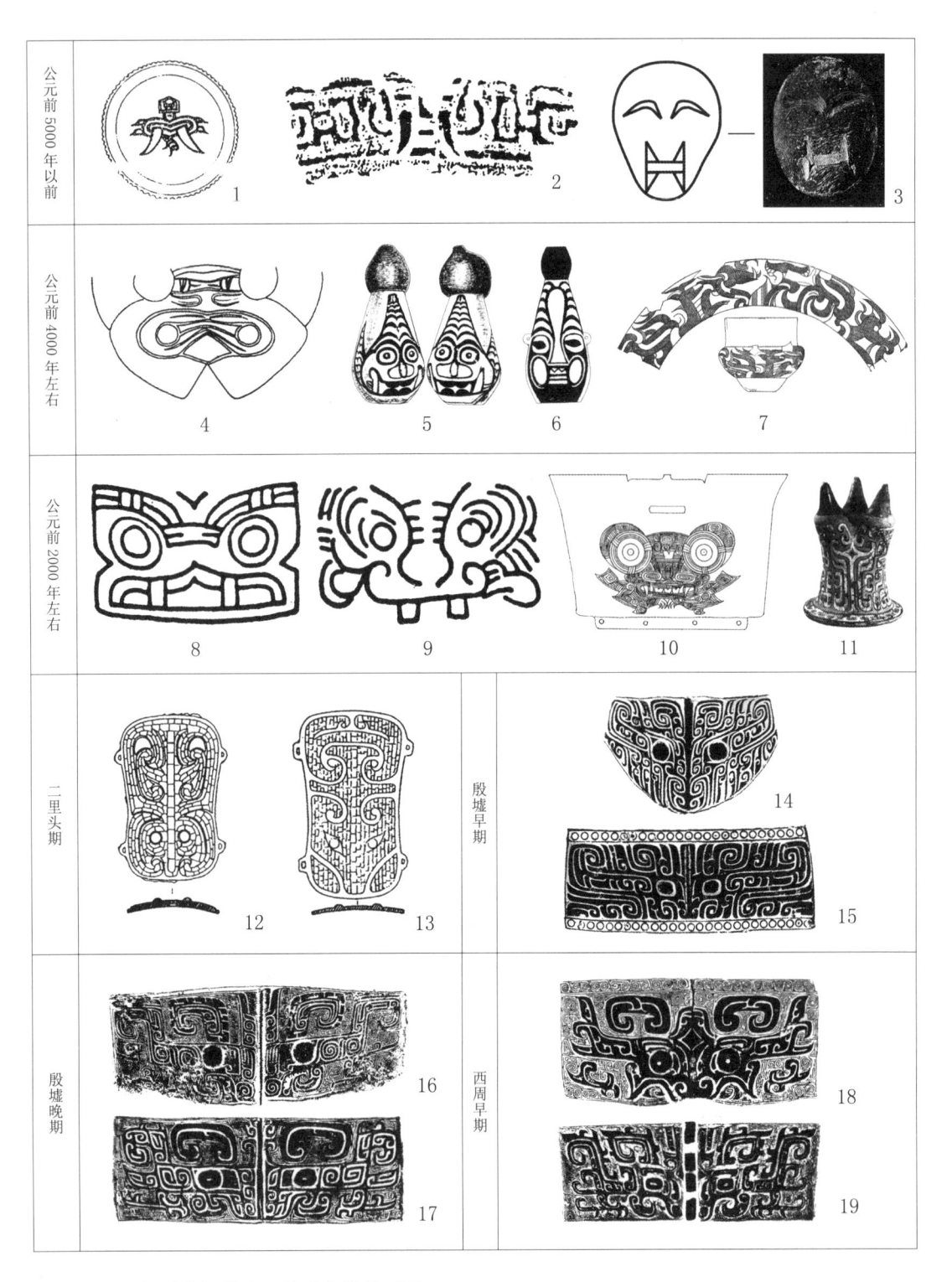

图3-28 殷周青铜兽面纹兽牙发展推测图

（注：1、2湖南黔阳 3内蒙古 4红山文化彩绘及雕刻龙形展开图 5临潼马陵 6甘肃正宁 7赵宝沟 8、9、10良渚 11夏家店 12、13二里头 14、15二里岗 16、17殷墟 18、19西周青铜兽面纹）

（七）殷墟出土妇好龙盘与殷王室两种龙角携斗文化

1. 妇好龙盘与牛羊角龙文化传统

殷墟妇好墓出土的一件有妇好铭文的龙纹铜盘，龙头上有两个短角，而龙嘴前又有一对曲折似角的纹饰。我以为这与前面我们论述司母戊鼎、司母辛鼎上的角鹿纹饰是相符的。龙头上的短角为鹿角初生的茸角状，而嘴前多枝杈的大角则是即将脱落的老角。盘中龙头为方斗形，代表北斗，因而这件有妇好铭文的龙盘以鹿角与龙头方斗形表示的龙角携斗的文化意义与司母戊鼎、司母辛鼎以方鼎及鹿的枝杈角纹饰表示的鹿角携斗相同。然而这件龙盘的龙身盘曲旋转，极像牛羊盘旋的大角，并不是一般认为的是蛇身。因而龙盘上体现出的与鹿角龙携斗文化并存的似乎还有以牛羊角龙携斗的文化传统，这在我们论述陶寺彩绘龙盘时已经论及。比陶寺更早的斗携牛羊角龙纹饰符号发现在半坡夏文化中，宝鸡北首领遗址出土的鸟啄龙纹彩陶壶上，彩陶龙头明显为方斗状，而且方斗状头上还有牛羊初生之短小的角。陶寺遗址出土的彩绘蟠龙盘上，龙身也极像盘角羊的大盘角。继陶寺之后的偃师二里头遗址出土了一件以绿松石镶嵌成的龙形器，龙身扭曲也极像牛羊的大角，而其龙头也作方斗状，与北首领和陶寺的牛羊角龙相同。因而出土遗物证明，龙角携斗的文化传统在中国出现的历史十分古老，而且古代传统的龙角携斗文化中，明显存在着鹿角携斗与牛羊角携斗的两种不同的角龙携斗文化。而牛羊角龙携斗文化传统似乎居于陕晋豫区域，地域上偏西，鹿角龙携斗文化传统则略偏东，似乎集中在郑州安阳南北一线及东部沿海地区（图3-29）。

2. 妇好墓出土的龙盘虎盘与殷王室四星象标识

殷墟妇好墓中与有妇好铭文的龙盘同时出土的还有一件龙盘，其龙头为侧视形，有大耳、口有獠牙，龙周围有兽纹，有鱼纹。这件龙盘之龙纹从其头部形态看更似虎，其大耳及口内之獠牙都与司母戊鼎之虎头相近，而龙身之火焰状纹也与司母戊鼎虎尾纹及其他青铜器虎尾纹相同。另外，虎身的盘曲方向也与龙盘相反，这是反映了龙与虎代表的相反方向及星宿位置。因而妇好墓出土的这两件铜盘应该分别称龙盘与虎盘，这种龙虎文化传统在江西新干铜器上也有体现。新干出现的乳丁纹大方鼎双耳上饰虎纹，而另一件四足鬵双耳上饰双鹿，因而这种特定的器物及龙虎文化其核心内容应该是与部

218 | 古代美术与夏商殷周文明研究
——夏商殷周王名研究

妇好龙盘与两种龙角携斗

牛羊角龙携斗　　　　　　　　　　　　鹿角龙携斗

牛羊角龙携斗　　　　　　　　　　　　鹿角龙携斗

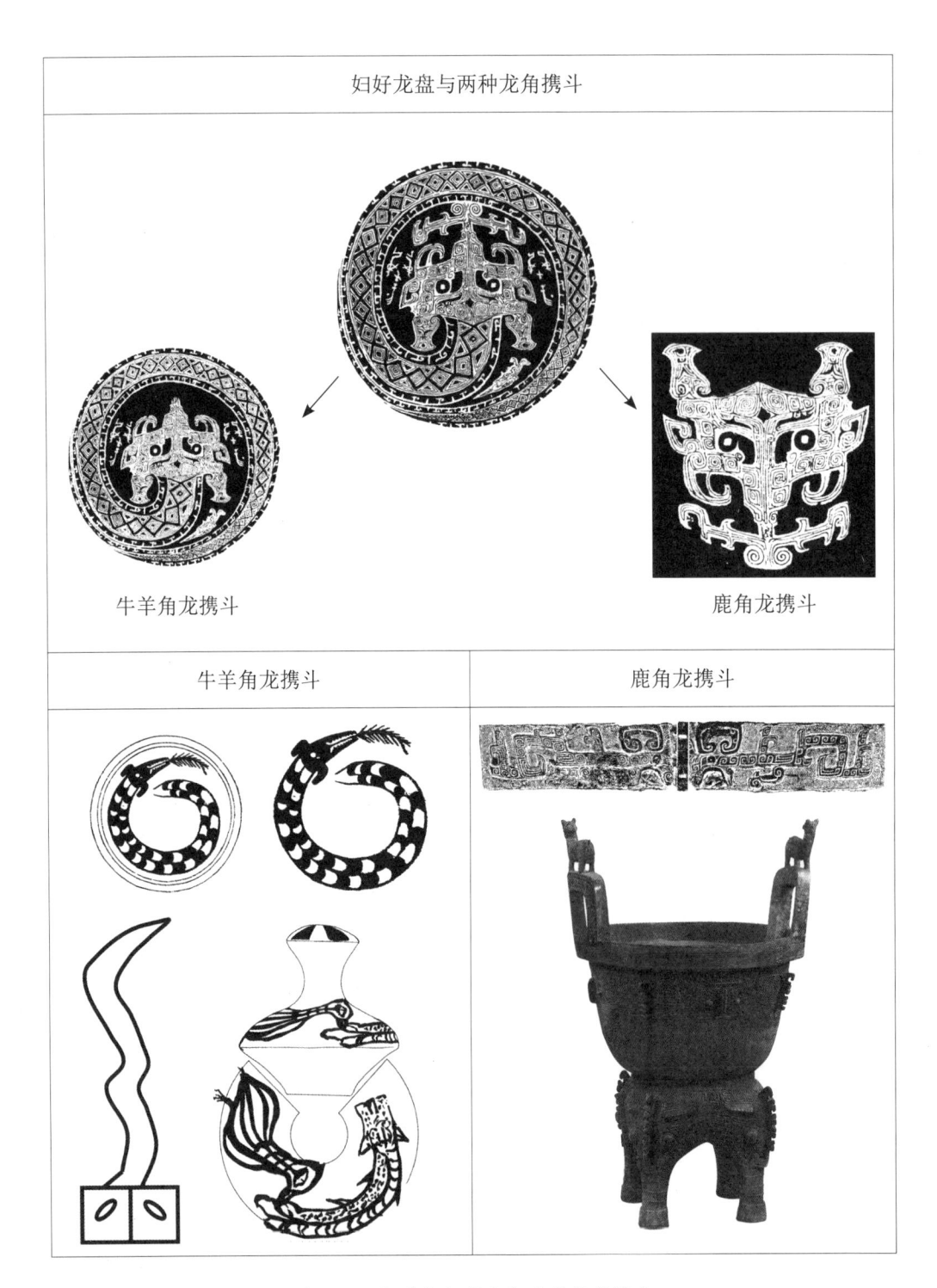

图3-29　殷墟妇好龙盘与两种龙角携斗

族标识及历法内容相关的。因此它同殷墟出土的司母戊鼎在鼎耳饰虎纹、在鼎身饰鹿角纹表现的是龙角、虎参与北斗的天文历法文化的传统是相同的。这种以龙代表东方苍龙角宿，以虎代表西方虎与参宿及其与北斗七星关系的文化在中国古代有十分悠久的传统。因为河南濮阳出土了距今6500年前的人驭龙虎的蚌塑形象，可见中国的龙虎文化及其星象历法内含传统至迟在距今6500年前的仰韶文化时代就已经比较成熟了。其实从殷墟出土的另外两件青铜龙盘纹饰上可以看出，至迟在殷墟时代，中国传统文化中以龙虎为标识的二十八星宿中的龙、虎、朱鸟、玄武四星象标识已经出现了。这两件龙盘龙形与有妇好铭文的龙纹相同，龙身盘曲、龙头像方斗，但其一周却都有鸟、鱼、兽作纹饰环绕铜盘一周。如果我们仔细分析就会发现，两件铜盘上斗携龙角四周的纹饰其实是由鱼、鸟、兽三个动物为一组重复出现组成的。如果把鱼鸟兽三个动物形象与中心的龙角携斗相联系，龙、鱼、鸟、兽与北斗明显具有四星象与北斗代表的二十八星宿文化意义。如果以铜盘中心的龙角为东方苍龙，则鸟纹与南方朱鸟相合，兽纹与西方白虎相合，唯有鱼纹与传统四星象文化中的北方玄武的龟蛇图像不符。但是有趣的是这两件龙盘及妇好墓出土的虎盘上鱼纹的鱼身上都有8状纹饰符号，极像旋转的X形五字，这种旋五符号是否有旋五玄武的意义呢？从玄武代表的北方与水的观念看，鱼也属水，与龟蛇相同，而鱼与北斗及北方的关系古籍也有记载。如庄子《逍遥游》中"北冥之鱼"。另汉画像石中也有鱼为北斗车之驭也表明鱼属北方。因而我以为妇好墓出土的这几件青铜盘明确反映了至迟在殷墟时代中国四星象文化已经成熟定型，只是北方玄武是鱼而不是龟蛇。因而龙盘的四星象顺序可能是中心龙角第一，代表东方苍龙，鸟第二代表南方朱鸟，虎第三代表西方白虎，鱼第四代表北方玄武（图3-30）。

（八）商殷王名反映出的商殷王室王名不从父族而从母族母名的传统

1. 商殷王名从母名的特征

在商殷王名中，我们发现有王名从母名的情况。所谓从母名，就是王的名字与父亲所名的天干字不同而与母亲所名的天干字相同。依北京大学高明先生《中国古文字学通论》所列商殷王名及王妣名就可以发现，商代开国之王大乙时代就有其子从母名的特征。史籍记载大乙曾娶有莘氏，并以伊尹为媵臣。甲骨文虽然没有大乙妣辛的文字，但从甲骨文关于大乙与伊尹及伊尹在甲骨文中受到与大乙同等的祭祀看，大乙娶于有莘氏应当不是妄说。伊尹为有莘氏媵臣，甲骨文伊尹为丁群，多在丁日祭祀，可见大乙建立商朝之初，丁辛两干群在大乙时代的商王室作为母系具有很强的影响力。这从伊尹放逐商王大甲也可以看出。甲骨文记载大乙长子为大丁，但大丁却未继王位。大乙之子按理说应以其父大乙从乙名，但大丁却偏未从父乙，而从母家有辛氏之伊尹之丁名。这明显有大乙时代大乙之子从母族母名的特征。大丁未继王位，古代典籍说大丁早亡，其实从大乙时期乙丁两群关系看，大概另有隐情。甲骨文及古籍记载都说继大乙而立的是商王外丙。而甲骨文中大乙有妣丙的记载，但外丙之丙名也并不与大乙同，而与其母相同。可见外丙之名也是从母族妣丙而来的。大乙长子大丁虽未继立为王，但其丁名却与大乙妻族伊尹丁群相同，而大乙妣丙、继大乙立为王的又是名外丙的，外丙之名也与大乙妻族名丙相同。可见商初王室王子大约是从其母家干名命名的。至于大丁未立之原因，可能是妣丙是正妻，是法定配偶，而大丁之母却不是。大乙时代这种子从母名的习俗在许多少数民族中是常见的，因而可能是中国古代十分流行的子从母居从母名的婚姻习俗的遗留。只是人们在论述夏商以来的王朝时，往往习惯于用秦汉以后父子相传的王制特点解释夏商时代的王制特征，而忽视了古代，包括夏商王室仍然存在的子从母名的母子联名传统在中国古代王制文化中的巨大作用。

2. 商殷王名隔代相传的传统与商殷王名从母名的特征

商殷王名不仅有像大乙之子大丁及外丙从其母族干名命名的现象，而且从大乙到帝辛的30位王，其名号几乎都反映出父子异名、异干群，而隔代即祖孙同干群的特征。张光直先生在《中国青铜时代》一书中通过对商殷王名的分析，认为商殷王名中存在以甲乙为一群团、以丁为另一群团的现象。而父子异干群，隔代同干群的特点实质反映出以甲乙和丁为代表的两大干群以互婚为特征的王室王制特点。[①]即这种祖孙同干群就婚姻关系看，其实极可能是外祖与外孙。因为继立之王一般须娶上代王族之女为妻，而所生之子须与其母族干名相同。因而祖孙同名实质上是与外祖父同名同干群的。由于伴随这一规律的是即位之王必娶另一群团之女为妻，而王子

[①] 张光直：《商王庙号新考》，《中国青铜时代》，生活·读书·新知三联书店1983年版，第135页。

妇好墓虎盘、龙盘

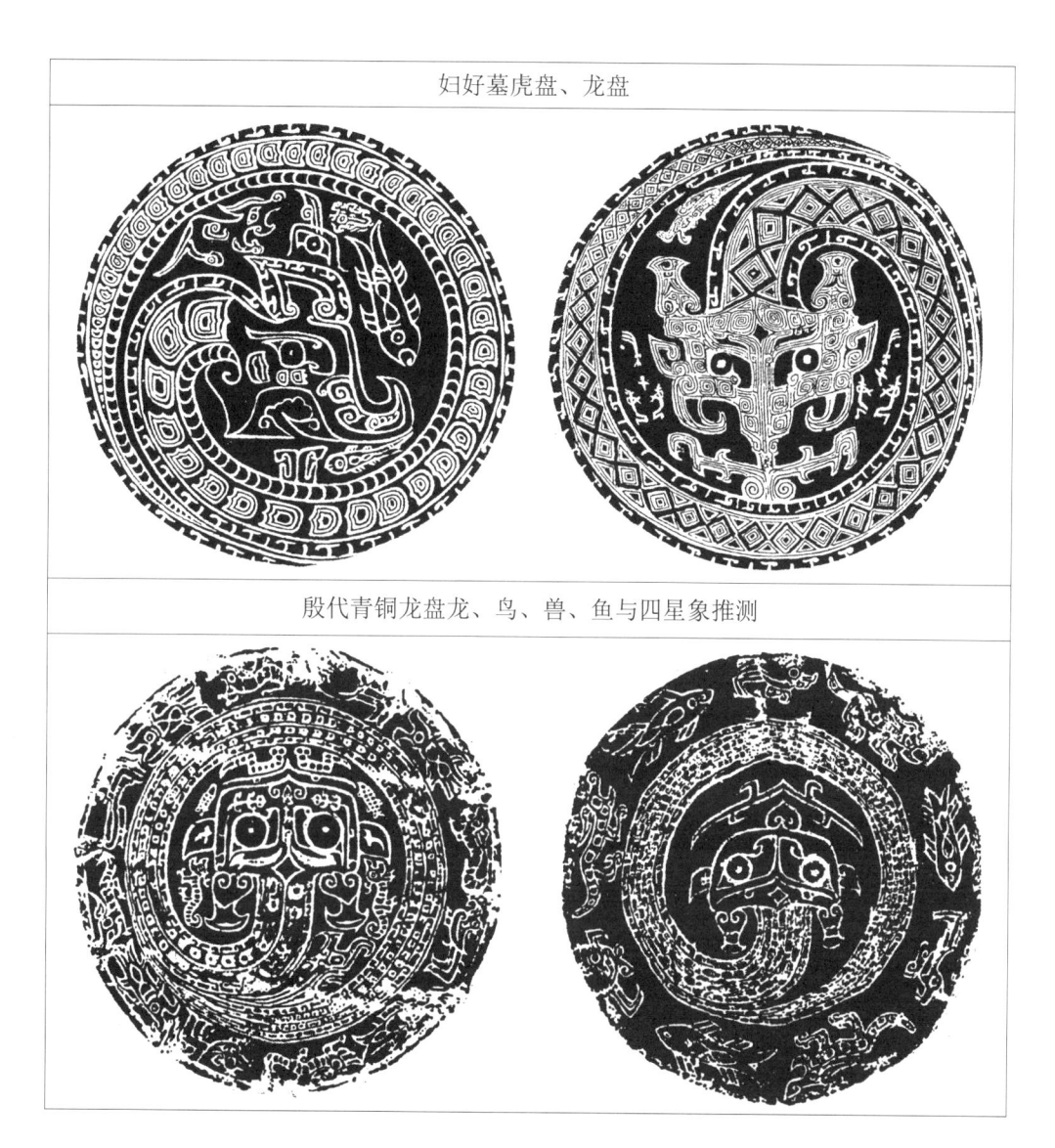

殷代青铜龙盘龙、鸟、兽、鱼与四星象推测

图3-30 妇好墓龙盘虎盘与四星象标识

虽不一定与其母同名，但多与其母所在群团及相关的群团干名相合。如大乙为甲乙组娶辛，以伊尹之丁群为媵臣，其子名为大丁，大丁之丁名虽与大乙所娶之辛群不同，但却与作为辛群女子的媵臣的丁群伊尹相同，实有从娘从舅的特征。商王大甲为甲乙组，大甲妣辛，其子为沃丁，也反映出大甲娶辛，其子名以丁辛组的子从母名特点。商王大戊为甲乙组，大戊妣壬，壬为丁组，其子名中丁，也反映出子从母名母族群的特征。商殷王名从母名或从其母干群的特点，我们不应当用"母系制过渡到父系制"父系制比母系制先进发达这样的观点看，而应当结合中国悠久的多民族多元文化融合特点及从半坡时代开始的夏王室的十干群联盟民主制传统看。正是这一特点形成了中国古代从夏之前即已开始的部族间婚姻联盟的多干群联盟执政的王权传统，而表现在每一王权时代的男与女、王与妻即王族与妻族，王族所在群团与妻族所在群团乃至其外衍群团的民主制共权特征。这一特点的本质正是十天干群团的每一干群都可执掌王权，但其前提是先以女为王妻，从而生子从母名并接替其父之王权。而这种王权的传承方式也是与传说中尧舜禹禅让的公天下的传统符合的，因而它极可能也是夏商殷时代的王权传承的主要形式。

3. 甲骨文父字、母字字形符号特征与古代从母居的风俗

前面我们已经论述了商殷王室子从母名的传统应当是古代社会十分流行的子从母居传统的反映，而这种子从母居的传统可能源于夏商以前遥远古代流传下来的习惯，这种习惯其实是与那一特定时代人们的生产方式和生活方式相关的。从我们论述的半坡夏文化和郑州大河村商王大乙文化看，这一时代虽然农业定居已成为社会发展的主流，但狩猎游牧生产仍占一定的比重。但无论是农业还是狩猎，男女间的自然分工形成了妇女多居住在定居点，操持生活、生养子女，并进行简单的采集、耕种或养育小畜的任务。而成年男子则外出农作或狩猎放牧。这一特点从甲骨文字中仍然能发现一些踪迹。如父字，甲骨文的父字作夂形，从手持棒，有明显的以杖棒驱赶牛羊等牲畜的痕迹。这也与记载中西周"文王秉鞭作牧"，殷王子亥"牧于有易"和夏少康"为有仍牧竖"的说法吻合。可见直到殷周时代，王室男子仍有牧而离家并有淫于异地异族的风俗。这实际是从母居时代男子不仅外出游牧，并且与异地异族女子实行外婚制的现象，因而以往对父字的解说以为所持棒柱为男性生殖器之象征是不完全的。明白了甲骨文父字符号所包含的社会学意义，母字作毋状就容易理解了。父字只用手和持棒显示了那一时代男子在外劳作和游牧的辛劳，而女字作全身蹲踞状，则鲜明表示了妇女代表的居住与定居意义。以往那种将女字的侧身蹴踞状态解释为女卑的观点是值得商榷的（图3-31）。

甲骨文、金文父字		甲骨文、金文母字	
甲骨文父字	金文父字	甲骨文母字	金文母字

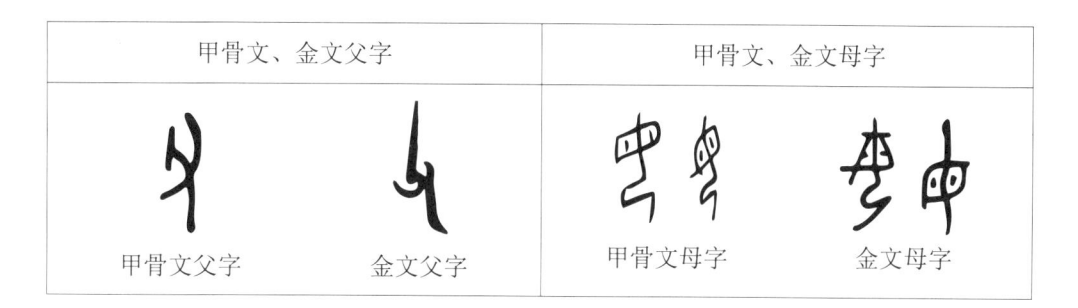

图3-31 甲骨文金文父字母字

（九）夏商殷王室的两分制王权特征

1. 典籍记载中夏、商、殷王室辛戎两大干群的婚姻联盟

前面我们论述夏文化时，以半坡夏启彩陶盆口沿的癸甲符号开始对夏商殷十日制王名的探讨。因而从半坡夏启开始，已经有了比较规范的十干群共同执掌王权的形式。而从典籍记载中我们似乎可以看出十干群中以辛壬（戎）两大群团最为突出。

《史记》正义及《系本》等典籍记载中夏人之祖先"鲧娶有莘女，谓之女志"，而鲧为有娀氏。继鲧之后的禹古籍也以为是有娀氏，其妻涂山氏或以为是有莘、有侁氏，即涂山氏。可见夏人之先祖鲧和禹都是以有戎氏和有莘氏两大群团互为婚姻主体而形成的。商人之先祖也以辛戎两群团为主体形成。《史记》明确记："殷契，母曰简狄，有戎氏女，为帝喾次妃。"帝喾正是高辛氏，因而商之先，其主体也为辛娀两大群团形成。殷先公王亥也是这样。王亥在甲骨文中以辛日祭祀，因而也可能属有莘集团。"王亥嫔于有易"的有易或作有狄、有戎，可见殷人也是以辛戎两系为祖先的。周人之先妣姜嫄属羌戎系统，而"姜嫄履帝喾之迹生后稷"反映出周人先祖也是以辛戎两大群团互婚组成。辛为十干群之辛，而戎作仍，或作狄，实即十天干之壬字，亦即自半坡夏文化开始我们多次论述的以丨形棒柱符号为标志的族群。因而古籍中叙述夏启生日为"辛壬癸甲"或解释为辛取壬，癸娶甲的十干群互婚制是合理的。只是在夏人先祖中鲧戎为父系，有辛为母族，而商及殷周似乎都是有戎为母族而有辛为父族。尽管夏与商殷周的父系与母系有别，但是自夏王朝开始，夏商殷周王室文化中以辛壬两系为基础，两大群团互婚为主的两分制王权模式相沿不变。

2. 夏商殷王室王名反映的十干群联盟制及变迁

如果我们分析夏商殷王名变化情况就会发现，夏代王名现知的以庚甲为多。特别是庚群中大康、中康、少康几乎相继出现，反映了夏王室早期庚群具有很强的实力。而商王大乙彩陶上的乙丁符号记录了商王大乙初建商朝时乙丁两大干群为商王室主体的现象，这也是与甲骨文商殷王名规律相符的。夏人是以辛壬癸甲为十日之始名王的，夏启以癸甲生，很可能夏人王名以癸甲为起始。而商王大乙则改为以乙日为起首，但商人王名似乎不排斥夏王室的甲群而排斥夏王名中的庚群。这也与商殷先公上甲微以甲开始的十日名王有关。而商殷先公中王亥属辛日，与其后的上甲、报乙、报丙、报丁、主壬、主癸共七干。因而商先公时代在十干中少了戊己庚三干，三干中己姓昆吾为夏王室主干成员，为商王大乙所伐，即"昆吾夏桀"。由于庚群在夏王室地位十分显赫，如前所述，因而商殷先公自王亥辛群及其子上甲开始七位先公中缺少戊、己、庚三干，这极有可能因为此三干群曾为夏王室主干群并与商殷主干族群对立的。庚群在商殷王室王名出现的频率变化也能反映这一情况。庚群自王亥开始，到大庚名王为第十三位，即自大乙建立商后第六王才出现以庚名王的，而大庚以后十二王才有南庚出现。但盘庚迁殷前后以庚名王者稍多，而且有打破以丁群为标识的名丁者五王而出的商王室王名规律。[1]可见这一现象正是太史公《史记》所说的"比九世乱"所指的时期，大约夏王室以甲庚群为代表的群团，在大乙建立的商王室是不受欢迎的，直到盘庚迁殷时代的殷王室，庚群才又恢复了在王室的强势地位。

盘庚迁殷时代不仅有甲庚两干群打破商王大乙开始王室五王有名丁者出现的规律，而且自大乙开始，王名反映出王室内干群逐渐减少的趋势，这也表现出自夏人开创的十干群代表的多部族联盟之王权逐渐集中于少数几个群团之中的情况。如从大乙算起到帝辛的30王中，大乙至中丁十王用乙、丙、壬、甲、丁、庚、己、戊八干，而自外壬至小辛十王中只有壬、甲、乙、辛、丁、庚六干。而从小乙至帝辛的最后十王只剩下乙、丁、庚、甲、辛五干。可见到殷王室时代，王室十干群中一些部族已被融合或排挤出王室，王权逐渐集中于少数干群之中，特别是廪辛以后只以乙、丁、辛三干群最为突出。

---

[1] 详见后文。

3. 考古发现夏、商、殷王室居址由异地而居到同地而居的联盟制王室文化特征

考古发现的自半坡夏代开始的王室居住遗址似乎有不同群团异地而居的特征,我们在论述夏代半坡王室文化时以西安半坡遗址和临潼姜寨遗址出土的彩陶人面盆有相继交替出现的规律。如西安半坡人面鱼纹盆和网纹盆为夏启标识,而头上有X状五字符号的太康人面盆却出现在临潼姜寨。这种跨越两地的王室政权联盟制形式,大约就是夏代早期王室政权仍保留有较多部族联盟制传统在居住地上的反映。因而虽是同一王室,王权却由分居两地的两大部落群轮流执掌。考古发现也证明半坡时代的半坡和姜寨虽同为夏代仰韶文化半坡类型,但却明显有不同的文化渊源。半坡遗址文化特征与西安以西泾渭区域文化遗存特征相近,而姜寨遗址具有较多的陕晋豫区域的文化面貌。①

在商王大乙创建商王朝的早期,以大河村秦王寨类型为代表的大乙早期商王室文化与临汝阎村,洪山庙等遗址为代表的夏桀文化之对立似乎也反映出夏末商初的王权形式仍然保留着异群异地而居的联盟制王权形式。到大汶口沃丁时代可能是一种过渡形态,因为到陶寺祖乙祖辛和二里头盘庚迁殷时已明显呈现出异群同地同居的都邑形态。这种王室王权从异群异地而居到异群同地而居的变化,也反映出中国古代不同部落群团之间由异地联盟到同邑而居的完全融合为一的漫长而艰难的过程。

4. 从考古发现夏商殷王室居址说王室迁徙与资源消耗

从考古发现看,自半坡时代的夏王室起,直到殷纣帝辛灭亡,作为夏商殷王朝所在的都邑都经历了相当长的时间。如半坡与姜寨遗址的半坡期历时300年到400年,大河村遗址秦王寨类型也历时200年到300年,大汶口、陶寺到偃师二里头及郑州二里岗和安阳殷墟都经历了几百年时间。考虑到当时的生产力水平、都邑人数及周围的土地山林及其他资源,我以为从半坡时代的夏王朝起,夏商殷王都迁移的最主要和基本的原因可能并不是人们过去常说的冲突及战争,而是因为人们赖以生存的资源长时间过度消耗所致。以半坡和姜寨遗址为例,考古材料说明当时的一个聚落人口大致在300人左右,即使300人的人数保持不变,历经200年到300年,周围的资源消耗肯定相

---

① 严文明:《半坡类型的埋葬制度和社会制度》,《仰韶文化研究》,文物出版社1989年版,第262页。

当大。而且半坡时代仰韶文化村落遗址相当密集,因而几百年时间必定会使一大片区域的土地、植被及人们赖以生存的生态资源过度消耗,人们迫于生存压力不得不从一片区域转移到另一片区域,因而不得不进行长途迁徙。而陶寺、二里头、二里岗及殷墟遗址反映出当时的王都都有较大规模和较多的人口,因而生活及生存资源的消耗应当也是商殷王朝都邑迁徙的最主要原因。而从人类社会发展角度看,这种迁徙也是远古时代人们一种惯常的生活方式,即游牧时代遗留下来的逐水草而居的游牧生活传统的改变及延续。由于农业、畜牧业的产生及农耕时代的到来使人们原来的生产及生活方式不断发生改变,但这种改变并非像现代人们理解的居住地一成不变,而是仍然按追逐水草丰美地方的规律,待生态资源不能支持人们足够的生存所需条件时便作较大规模的迁徙。而考古发现的新石器时代晚期以来各地域文化类型间常常出现的缺环断层或间隔,如仰韶文化区半坡与庙底沟之间,马家窑文化区马家窑类型与半山类型之间的缺环或许也是由于这种原因造成的。

(十) 从司母说石母、十母与桑母、萨满

1. 司母与石母、十母

殷墟出土的司母戊和司母辛大方鼎,其司母的含义我以为至少有三层,一是作为儿辈对母亲的祭祀;二是表示母戊、母辛的子嗣;从甲骨文反映的商殷王名从母名或从母群干名的习惯看,司母明显也具有嗣母的承继意义。第三,司母之司字甲骨文、金文作 形,上从石字,下从口。殷墟时代的殷王为何称其母作司母呢?联系从夏启时代开始的夏启之母涂山氏与石母、十子的传说,殷墟青铜器司母的名称或许能够得到解释。古籍记载中夏启之母为涂山氏女娲,有"石破北方生启"的说法,女娲也有"炼五色石"补天之说。因而夏启开始的十日、十天干名王也是与女娲因石生十子生十日的传说相合的。因而商殷先公上甲继承夏人十日名王的传统也可能同时继承了夏人十子、石母及十母的说法及内涵。有趣的是,民间志怪小说的封神演义讲到殷纣亡国原因时也讲到殷纣亵渎女娲之神灵,这也许对理解司母铭与石母、十母的关系有所启发。

2. 石母、十母与桑母、萨满

前面我们论述司母辛大方鼎的墓主妇好时,对妇好的妇字,即 形进行过论述,以为 的内含代表了殷纣王室内之王妇实即扶桑十日神的代表,亦即十巫的代表,是握有祭祀大权的女祭司,因而妇、糸也是供十日上下的桑母。纣之王妇为桑母,在王室主持祭示,糸大约像十日上下的扶桑木,也是符合拥有祭祀大权的王妇洒扫祭祀的身份的。而石母之称,可能与远古女权制石器时代氏族、部族女族长以石刀分割食物而形成的石母文化有关。因而夏商殷王室的石母、十母、桑母的女巫祭祖文化传统我以为可能和萨满文化有相关之处。萨满是我国北方乃至整个北方草原区广为流行的一种巫教民俗文化。唐嘉宏先生以为北方萨满文化和先秦即夏商殷周的职官司马相关。我很赞同唐嘉宏先生的观点,但我以为司马可能即司母、石母之音衍。母与马音通,北方俗称母为妈,因而义也同,而十母、桑母祭祀的职司也相同。因而我以为北方地区流传的萨满教可能就和殷墟司母戊、司母辛鼎代表的王室女巫十日祭祀文化有关。出土遗物也能为我们提供它们之间联系的线索。1973年辽宁喀左北洞出土一件青铜大方鼎,形制及乳丁数阵纹饰均与司母辛鼎相同,但略晚于司母辛鼎,时代在殷末周初,而殷墟王室有乳丁数阵纹饰的大方鼎的样式与西周王室大圆鼎差异很大。因而很有可能殷王室文化的重要分支在武王建立西周王朝时向北方转移,并逐渐衍生出萨满文化。

3. 殷墟青铜器亚若铭与王若曰及巫傩文化

在论述妇好铭文的妇字时,我们已论述过妇字所从之糸字与桑木神树的状桑字的正与侧的相关互联但又有区别的形意关系。妇字之糸为扶桑神木的侧视形象,而若字也是扶桑神的正视形象。若字甲骨文作形,像人举手而长发飘举形,而扶桑神木又称若木。如屈原《天问》:"羲和之末杨,若华何光?"《淮南子》也有"若木本有十日,其花照下地"。可见若木也是一种能供十日出入上下的神木。殷墟出土青铜器中有一件有亚若铭的青铜器。亚若铭是在亚形方框内有状若字,因而我以为这件青铜器亚若铭的若字也是殷墟时代殷王室十日巫卜文化的反映。只是它们之间可能因人群不同、地域差异演变为不同名称或不同形状器物纹饰符号从而形成了不同风俗。但在殷墟时代,它们之间的联系仍然十分明显。从文字符号形态及夏商殷王室文化传统看,我以为典籍中尧舜时代及西周铜器铭文中记载帝王说话前的若曰、王若曰,其实质也表现了尧、舜及西周之王都曾经是十日神巫的化身。因为状若字符号明显为人身人手而头上有桑木十日之形,因而所谓王若曰,自然是王以十日神口气说话的意思。典籍记载有"若曰稽古帝尧"之语首词,西周铜器铭文中也常有"王若曰"语，对若曰之若的字义学界说法较多，但从其文字符号形态及其内涵的延续看，我以为也是殷墟亚若铭代表的王室巫若文化一脉相承的文化遗存。

在民间巫术文化中与北方萨满文化相对的是中原及南方各地流传的傩文化。从西周铜器铭文中王若曰的王若曰习惯看，我以为西周王室的王若曰文化可能就是傩文化的源头。西周青铜铭文中有王若曰的王若之称与周礼中周王室傩神说法有相通之处。其实傩可能就是若的同音异形字。如果没有殷墟亚若铭的若字及西周铜器铭文中的王若曰的若字的字形及神巫内涵，我们是很难弄清楚至今在民间仍流传的巫傩文化及流变的。也像萨满与夏商殷王室的十母、桑母、神巫文化之间的关系一样，大量的考古资料及其器物符号传统，不仅能让我们逐渐解开它们所代表的古代历史及文化谜团，而且也能溯源清流，对研究后续历史及民间文化提供很大的可能（图3-32）。

（十一）司母、桑母反映的夏、商、殷王室观象制十日制王室卜巫与歌舞祭祀文化

1. 司母、桑母与夏、商、殷王室十日制卜巫祭示文化

考古发现证明，自半坡时期的夏代开始，十日制王室王名王权文化似乎就与祭祀文化密切相关。因为目前已经发现在半坡村落遗址一周的向心室居住房屋中心有一个广场，广场正中还竖立着一根两米左右高的石柱，在石柱旁边的土坑内埋有专为祭祀用制作成排成行摆放的100多件陶器。而半坡姜寨流行的小儿瓮棺葬，一些学者以为是用小儿祭祀太阳神的习俗。这一观点虽然还不能确定，但是遗址发现的许多被称作割葬的原因不明的葬俗，也应当归因于夏初十日制王权初创时代的艰难困苦而致。半坡遗址发现的许多墓葬中，在随葬的陶钵陶罐中有割掉手指随葬的习俗，但被割者不是别人，而是墓主。这也反映出十日制卜巫文化早期人们的心理更为虔诚。犹如记载所说商汤时天大旱"汤剪发爪，以身祷于桑林"一样，是王室显贵以自身的残损痛苦，祷求上天之神带来福音的。这也迥异于殷墟时代殷王室以他人为牺牲，杀他人而祭祀的文化传统。记载中夏启之父禹与其母涂山氏有争夺儿子的说法。即禹之"归我子"，"石破北方生启"及"涂山氏之歌，是为南音"，从中隐约透露出夏初王室不同婚姻干群间为争夺子女权的斗争，其中心自然

甲骨文、金文桑、帚若与扶桑神木相关字		
甲骨文若字 金文亚若铭	甲骨文、金文帚字	甲骨文桑字
甲骨文十天干癸字	甲骨文生字	甲骨文姓字

汉画及画像石、砖十日扶桑神木	
马王堆汉墓帛画扶桑树	汉瓦当汉石刻中的扶桑树

图3-32　甲骨文若字与扶桑十日神树

是神权与祭祀权。因而从商殷王名反映出的子从母名或从母所在干群看，不同干群间虽然有轮流执政的十日制民主形式，但争夺王室控制权的斗争始终存在，并与联盟联婚制形成不可分割的王权接替规律。考古发现这一时代的陶摇响器、陶哨、骨笛等证明，夏初十日制王权的巫卜文化可能也与音乐相伴而有着严肃庄重的祭祀仪式。从半坡人面鱼纹盆演变而来的汉水五人头纹及马家窑彩陶的五人舞蹈纹也反映出自夏代开始的王室卜巫文化所具有的祭祀、祷祈与歌舞等相互交映的形式。自然，比起殷周时代，这一形式虽然还显原始，但其祭祀、音乐、歌舞相伴的基本形式已经形成。

2. 殷墟祭祀文化与殷纣亡国

殷纣亡国的原因已如前面我们所述，殷墟时代王室几百年对安阳周边的自然生态消耗是重要原因，另外就是杀殉祭祀造成的人心的压力与不同群团之间的隔阂与对立。半坡时代的夏代早期，祭祀主要是以谷物、种籽及割指等物祭祀的，到大河村、大汶口、陶寺的商代已有不少以猪、狗等动物及谷物随葬或祭祀的。从理论上讲祭祀天地神祇是与祭祀祖先有区别的，但实际上在中国夏商殷周历史上，祭祀天地诸神远比祭祀祖先帝王少，也没有祭祀帝王隆重。其原因我以为从半坡夏王室甚至更早开始，传统文化中的人间之王是与上天之神合一的。十日名王的十日制王权就是证明。因而人间之王就是天上之神，王死随葬器物也应该看作是祭祀上天神祇的，并非单纯是祭祀人的。这从考古发现遗物可以证明。例如红山文化、大汶口文化和良渚文化中，首领人物的墓葬往往是埋在以山修造或人工以土堆成的祭台上的。直到殷墟时代，王的名字仍是十日十神之名，并且是从其母族或母亲所在群团来的。因而可见殷墟时代中国王室文化表现的仍然是神权至上的神本文化特征。这种神权至上的神本文化从夏代的半坡仰韶文化开始，经大汶口、陶寺，发展到二里头、二里岗，特别是殷墟时代，已经达到登峰造极的地步。从殷墟甲骨文所见的王室每事必卜及对先公先王的连日不断的大规模祭祀，特别是大量宰牲、杀人及大量铸青铜器随葬都使祭祀文化所赖以存在的人心及物质资源耗费达到极限。记载中武王甲子日一天即打败殷纣，推翻殷王室，其实正是由殷王室自身在祭祀中过度消耗导致的虚弱衰败造成的。也正是由于殷墟时代王室大肆消耗人们赖以生存的物质资源，特别是大量捕杀异族祭祀，破坏了自夏代以来王室不同血缘群团间的联合关系，从而导致殷王室核心群团联盟关系的解体，致使殷王室政权十分孤立。

第四章 /
西周王鼎说

殷方周圆的殷周王鼎之差异说

（一）殷方周圆的殷周王鼎差异

1. 殷方周圆的王器器型差异

西周王室文化与殷王室文化的差异表现在王室青铜礼器上，就是殷王室最大的青铜器多是方鼎，如郑州二里岗发现的杜岭两方鼎，向阳回民食品厂两方鼎以及南顺城街方鼎，都是遗址中最大的青铜器，殷墟出土的司母戊方鼎和两件司母辛方鼎也是现今所知殷墟出土最大的方鼎。而西周正相反。就目前考古发现所见，西周发现的最大青铜器多是圆鼎。如㝬鼎、长安新旺大鼎、淳化大鼎、大盂鼎、㝬鼎、师𫘧鼎、多友鼎、毛公鼎等。虽然西周青铜器中也有不少方鼎，其中不少在形制及纹饰方面明显都是殷王室方鼎的延续，但是很少发现大方鼎。而殷代青铜器中，从二里岗到殷墟也发现不少青铜圆鼎，但青铜圆鼎在殷代青铜器中也很少有大鼎。以往在青铜礼器研究方面往往忽视了殷周王室王器器型差异的特点，而从器物符号的角度看，殷周王室王鼎的方圆差异及其源头的追溯，却能够帮助我们寻找出殷周王室文化的异同及变迁。

2. 殷乳丁周纹饰的王器装饰差异

殷周王室大鼎不仅有明显的方圆差异，而且装饰纹饰也有明显的区别。殷王方鼎如前所述，从二里岗到殷墟，殷王室大方鼎几乎都以⌐形乳丁数阵纹作装饰，乳丁数的变化也很有规律。仅有一例不合规范，比如司母戊鼎。

司母戊鼎虽为殷王室大方鼎，但却没有凵形乳丁数阵纹饰，而且其纹饰装饰特征及双耳饰虎的特征倒和西周王室圆形大鼎纹饰装饰手法相近。而司母戊鼎我们认为是与西方周人有密切联系的殷王武乙时代的。因为《史记》明确记载武乙有射天的特异活动，特别是因游猎于西方周人河渭地区而被雷击身亡，即《史记》："武乙猎于河渭之间，暴雷武乙震死。"因而武乙时代的殷王室司母戊鼎不以乳丁装饰是有其历史根源的。与殷王室大方鼎的凵形乳丁数阵纹饰装饰不同，目前发现西周王室大圆鼎无一例用乳丁数阵排列作装饰的，而只以三组或六组兽面装饰在圆鼎口沿下一周。因而殷周王室大鼎的形制与纹饰差异绝不是随意而为的无足轻重的制作，而可能是有严格规范并按此规定设计制作的，因而其器型的方圆及纹饰差异的真正原因大约也是殷王室主导族群和周王室主导族群悠久的传统文化差异所致。殷墟和殷代青铜器中也有圆鼎，周代青铜器中也有方鼎，但其形制和纹饰差异也十分明显。这说明殷周王室主导族群之间有密切的关系，而且双方的一部分可能都曾为对方王室的重要成员，但殷方周圆的王鼎形制差异及纹饰装饰的不同，也说明殷周王室主导族群的殷人和周人之间深层的文化传统之不同及久远的历史渊源（图4-1）。

3. 殷王鼎方偶、周王鼎圆奇的形数差异

殷周王鼎形制与纹饰的差异已如前所述，而仔细分析殷王方鼎和周王圆鼎的器形特征，就会发现它们的形制格局有明显不同的形数规律隐藏其中。如殷王方鼎方形口沿一周都有八个兽面、即四角四个，四面正中四个。鼎腹下四角有四条柱状足，呈现出方形及组成方矩之形的四正四隅的四面八方之四、八之形数特征。加上四足，就明显呈现四、八、十二的有十二个兽面的以方形、偶数为特点的形与数统一的数形规律。而周王圆鼎腹下为三条兽足形足，足顶三个兽面，圆形口沿下有三个或六个兽面纹，因而呈现的是圆形及组成圆形的圆与三、六、九的奇数相关联的数形特征。殷周王鼎在形制及与之关联的数字系统上的特征差异也从一个侧面揭示了作为殷周两个王室的主导族群，其文化传统的各自鲜明的特征（图4-2）。

4. 西周王鼎形数溯源——关于炎帝连三氏文化

上节我们提到，殷周王鼎形数差异反映的不同族群文化及久远的历史传统。殷王方鼎形制及乳丁纹饰与大汶口、江淮及良渚文化的联系前已论述，

殷王室大方鼎

周王室大圆鼎

图4-1 殷王室大方鼎与周王室大圆鼎比较
(注:1社岑出土方鼎 2郑州向阳回族食品厂窖藏坑出土方鼎 3郑州南顺城街H1上层铜方鼎 4司母戊鼎 5司母辛鼎 6长安新旺大鼎 7淳化大鼎 8外叔鼎 9大盂鼎 10牍鼎)

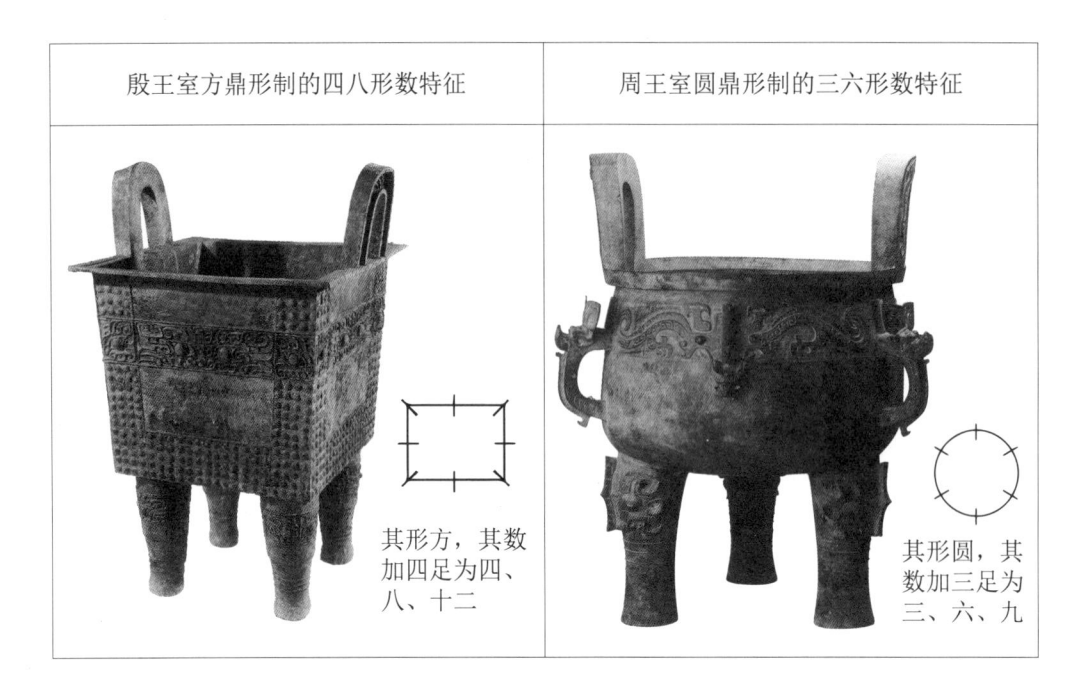

殷王室方鼎形制的四八形数特征	周王室圆鼎形制的三六形数特征
其形方，其数加四足为四、八、十二	其形圆，其数加三足为三、六、九

图4-2 殷周王鼎形制方圆的形数差异比较

而周人圆鼎的圆形及与三、六、九的形数特征最早可以追溯到宝鸡北首岭半坡时代的夏代早期。北首岭出土的三鱼纹内彩彩陶盆是较早体现出圆形与以三为基数的符号文化特征的。这件彩陶盆在盆内腹画出三条方向相同、相互追逐的鱼，而其口沿以╋形十字符号将陶盆口沿四等分，每份再分为3段，合计为12段。北首岭三鱼纹彩陶盆这种以三鱼代表的以三为基数的三、六、九、十二依次增减变化的文化传统可能就是周王圆鼎形数传统的早期形态。记载中周人先祖为姜炎部族，炎帝或称为烈山氏，从周人王鼎的器物符号的形数特征看，烈山、连三大约都是炎帝时代的炎帝集团文化标志。因为北首岭不仅出土了口沿为三、六、九至十二等分的三鱼纹彩陶盆，而且还出土了不少以小三角形堆集成大三角形的彩绘纹饰。这种彩绘纹饰的三角形或倒或立，一般顶部起首为一个三角形，依次排列，第二排两个，第三排三个，最多排到第七排七个的，体现出明显的以三角形为基础的形、数、位三位一体的发达的数学特征及社会内含。目前学界多以偃师二里头为夏文化，而将炎帝黄帝时代文化定在仰韶晚期到龙山时代，宝鸡北首岭炎帝连三文化与周王圆鼎连山文化传统的高度一致，促使我们重新审视周人及祖先的历史。

北首岭以后，具有明显周王圆鼎三、六、九文化特征的考古文化遗存当数马家窑文化的马家窑类型彩陶。马家窑类型彩陶是中国彩陶纹饰最为纷繁精致的时代，最有代表性的是水波纹内彩旋纹盆及勾连花瓣纹尖底瓶。它们的纹饰结构都体现出以弧形三角形相关联的三、六、九及三、六、九、十二的以形数为纹饰绘制结构的文化特征（图4-3）。

图4-3　周王室圆鼎三、六形制来源推测

5. 从西周王鼎形制纹饰来源说周王族与殷王室文化关系

虽然西周王鼎形制纹饰与殷王鼎差异很大，而且自有其悠久的文化传统，但种种迹象表明，西周王室青铜圆鼎文化并不是居于陕甘区域的周人土著文化自己发展产生的，而是受殷王室圆鼎文化影响或者就是在殷王室内孕育发展并最后分离西迁与居于陕甘间的周人土著文化结合形成的。因为古籍记载周人先祖后稷是农耕种植的发明者，有"自夏以上祀之"的说法。因而周人连三氏文化很早就进入夏商殷王室并作为夏商殷王室文化的一部分一直延续下来。考古发现也证实，不仅周王圆鼎，还有殷王方鼎体现的特征鲜明的器物符号文化，无论在自半坡开始的夏文化中，还是在大河村的商王大乙文化中；无论是在沃丁代表的大汶口文化时代，还是祖乙开始的陶寺文化中，都相依相存共同存在的。特别是二里头、二里岗和殷墟，其在青铜器中的表现更为突出。这也和我们前面论述的夏商殷周王室都是以辛娀两大干群互婚的历史有关。虽然辛娀两系中是辛父娀母或是辛母娀父的父系母系有所差异，抑或其在王室文化的地位不同。但夏、商、殷、周王室文化由辛娀两大干群为主导的基本构成则是相同的。而从考古发现可以看出，自半坡时代夏代开始，王室文化就并不是居于关中的某一族群文化形成的，显然是由东西南北周边族群与关中土著夏人文化共同组成的。正因如此，半坡人面鱼纹盆口沿的癸甲符号及四、八格局才带较多的异域色彩，并能与后来居于东方的殷王方鼎相近而与比邻的宝鸡北首岭及周人王鼎差别较大。可见，虽然夏代的建立可能是在以鱼蛙等纹饰代表的、关中土著部族文化基础上建立的，但主导的王室文化却并不等同于当地的土著文化，而且土著文化也并不是单一的氏族成分组成。因而从不同血缘构成看，中华民族初始期的夏商殷周王室的文化传统是相承、递变而非革命式推翻的文化传统。正是从这一点观察周王鼎文化，就会发现西周王鼎的形制、纹饰虽然有其土著文化的深厚传统，但却明显是从殷王室圆鼎发展而来的。记载中西周的建立正是由于武王之祖王季娶殷王室之女大任，武王之父文王娶殷女有辛氏大姒从而兴旺发达的。因而记载中武王甲子日一天早晨攻灭殷纣可能并不是攻灭，更多的是一种政治、经济及文化之必然自然的递变。

（二）从殷方周圆的王鼎形制说夏商殷周文化传统之差异

1. 殷墟王鼎纹饰的非商人玄鸟文化传统

从郑州二里岗青铜方鼎看，王室最重要的礼器是以兽面纹饰为主体的。发展到殷墟以后，司母戊方鼎和司母辛方鼎以兽面鹿角作装饰的特征更加鲜明。如果按照现在流行的以殷墟为盘庚迁殷以后的殷王都，而郑州二里岗为大乙建立的商王朝国都看，这两地的青铜文化中商人以玄鸟为其先祖的文化特征并不突出。对比之下，我们从器物符号纹饰的角度看半坡的夏王室彩陶盆，夏人先祖鲧与鱼的关系及夏初羿代夏政的鱼与鸟的纹饰之联系就十分突出，十分符合夏王室的文化特征。西周王鼎也是这样。西周王室大圆鼎虽然也以兽面纹为主体纹饰，但是却一反殷墟方鼎兽头生有鹿角的特征转而以牛羊大角为鲜明周王室文化特征，这也是与周人先祖姜嫄以牛羊为族徽标识的文化特征相符合的。联系到商人先妣以玄鸟而生的传说，我以为商人玄鸟标识的最鲜明的文化体现正是在半坡时代与夏人鱼文化交融冲突中孕育壮大，并最终在大河村的秦王寨类型时代取代夏而建立以玄鸟、乙鸟为符号标志的商王朝的。如果我们对大河村彩陶大乙纹饰符号发展演变进行分析，就会发现，代表商王朝创始者的大乙玄鸟族群的文化符号，正是从夏王朝早期半坡时代开始，由象形的两只旋转的鸟逐渐简化、符号化而成的。更为有趣的是有乙鸟纹饰的彩陶盆还呈现出口沿三分，腹部也由三组纹饰组成的与周王室连三文化相似的特征。联系到记载中周先妣姜嫄为帝喾元妃、商先妣简狄为帝喾次妃的说法以及周代甲骨文中记载的周人在周塬祭祀大乙及帝乙的甲骨卜辞，周王室文化与商王室文化中大乙族群的相同性特征便可以理解了。

2. 殷王方鼎的对鼎特征与夏殷文化传统

考古发现商周文化具有较多的同一性，而考古发现也证明，夏殷王器也呈现出惊人的一致性。如夏王室标识性器物人面鱼纹盆和陶缸，其口沿都有明显的对称并四八分割构成纹饰或以四组泥塑作装饰，而且王室器物成双成对出现的特征也很突出。如夏启盆、大康盆、帝相盆均为两件，其器型一致，纹饰略有差异。姜寨出土的少康缸、帝予缸也都是一对。与夏王器物对器特征相同的还有郑州二里岗和殷墟青铜方鼎，不仅对器特征相同，而且都呈现出四面八方的以四八偶数为特征的文化传统。这与商王器周王器都以三、六、九为特征的奇数文化传统明显不同，而且商王陶器和周王圆鼎也极少发现成对的。这是否说明在不同时代不同地域出现的夏商殷周王室文化中夏王室文化传统与殷王室相近，而周王族文化传统却与商王族关系更为紧密，而夏与殷，商与周王室之间关系的亲疏？其深层的原因，可能主要是因王室主要族群的构成形成的。可见自距今6000年前的半坡夏代开始，一种十日制新生的，由氏族部落联盟形成的王制文化模式已经逐渐取代原有的氏族、胞族或部落文化传统。尽管同一族群人们的血缘关系仍十分紧密，但是分离的倾向已十分明显，因而无论是夏人的鱼族徽，还是商人之鸟，殷人王亥之猪及周人之牛羊族徽都表现出复杂的融合或分离状态。而这种融合与分离状态，正是中华先民原本的氏族、部落标识逐渐消亡，而以共居地域为特征的新的文化共同体形成的体现。

3. 从圆三方四的文化传统说炎帝与黄帝

前面我们论述的商周王器的连三特征与夏殷王器的四方特征不由让人联想到记载与传说中的炎帝和黄帝。记载中炎帝和黄帝本为兄弟，但炎帝名烈山氏，或叫厉山氏，连三氏，我们已以宝鸡北首岭彩陶以小三角形堆集成大三角形的彩陶纹饰与烈山氏之名称相比，因而炎帝烈山氏大约是较早制作利用石器工具，并最早以彩绘三角形符号标识自己的部族。虽然北首岭彩陶可能是烈山氏最早用形象的山石之彩绘符号标识烈山氏部族的一支，但种种迹象表明，烈山氏部族的连三文化特征在北首岭时代即已分布于南北各地。而记载中黄帝名有熊氏，黄帝又有四面和驱虎豹熊罴四兽的说法，这种特征则和夏人的四方王器特别是殷王方鼎四方四兽文化传统十分符合。因而我们有理由将夏商殷周王室文化与古代的炎帝黄帝文化相联系。而半坡夏文化说明，炎黄文化传统应当比半坡更早，但自半坡时代的夏王朝十日制王名文化开始，炎黄文化就一直是夏商殷周古代王室文化的核心。只是因其主导族群的文化差异而形成夏商殷周不同时代的王器及王室文化面貌。

西周王鼎说

（一）长安新旺大鼎与周文王

1. 文王与牧羊

夏商殷之王多以十天干名，特别是商殷之王，无一例外者，而周王几乎无一以天干名称王。从前面对夏王及商殷王名号的叙述分析可以看出，夏商殷时代的王名王字，几乎都有与之对应的各种记载与传说。这大约就是古代口头语言与符号及文字记录的语差所致。也就是说，夏商时代的符号文字，记录是十分简略有限的，即便如殷墟出土的甲骨文，语言记录也十分简略。因而与符号或文字记录对应存在的可能同时还有以语言留存的更复杂的形式。而在符号或文字消失后，语言记录仍然在人群中传播。这其实是一种常见的文字记录的简约与滞后现象。一般来说，口头语言总是先于文字记录并发达于文字记录。而文字记录语言时虽然比口头语言简略得多，但由于其文字的结构比口头语言相对稳定，因而这种差异随时代变迁会形成记载同一事物时口头语言与文字记录的错位脱节出现的变化差异。如与殷代甲骨文和西周金文比，殷代和西周的口头语言必定比简约的甲骨刻辞和金文要发达丰富得多，这可以诗经记录为证。虽然古代的口头语言和文字记录差异较大，但凡有过文字记录的口传语言，必定与原先所记所说的文字或器物及纹饰符号之间有某种对应的依存关系。特别是王室对某些重大事件的文字记录，必有其对应的传说在后代的史籍或传说中保存。即使周王不以十天干名，也应当是这样。

西周王朝的开创者为周文王，有关西周文王时代王室的文化遗物确可指者目前很少。我以为如果以古代关于文王的记载传说和考古资料参照，文王时代王室文化遗存应当是有迹可循的。

《史记·周本纪》有崇侯虎谮西伯于殷纣，"帝纣乃囚西伯于羑里"的记载。"羑里"古来论者多以地名解，我以为换一个角度，"羑里"或可作为一种记录纣囚文王的事件的文字或符号解。羑字从羊从久。羌、姜皆从羊，周人之老祖母即以姜嫄名。而文王也有望羊、牧羊之说。屈原《天问》："伯昌号衰、秉鞭作牧。""何令彻彼岐社，命有殷国？"可见文王与羊有密切关系，或可说文王有牧夫牛羊之象。因为"秉鞭作牧"，注家多以为文王以牧人之事以服事于殷纣王。其中以王逸注最为明确，王逸注云："伯昌，谓文王也，秉，执也。鞭以喻政。言纣号令既衰，文王执鞭持政，为雍州之牧也。"可见牧当即文王之政。牧夫牛羊，当是文王之政的记录，也是文王之象。这就不由使我们联想到长安新旺村出土的西周大圆鼎。这件大圆鼎于1973年出土于长安沣西新旺村，现藏西安市文物中心。鼎通高83厘米，为西周早期大器，发掘者称勾连纹大鼎，因为这件大圆鼎腹部遍饰勾连纹。腹部遍饰勾连纹的青铜大鼎在西周是极罕见的，在目前发现的西周大圆鼎中也是绝无仅有的。仔细观察所称的勾连纹，其实更像编织而成的篱围。而大鼎口沿外侧一周的纹饰，明显为一上一下的牛羊角首形状。因为牛字作𤙈，从角上者。羊字作𦫳，从角下者。因此这件西周大圆鼎以篱围牧守牛羊的用意是十分明显的。以篱围栅护牛羊为守护字，也可释为厩、囚之意。而用此象征文王则可称囚、羑。因而沣西新旺村出土的勾连纹大圆鼎腹的篱围牛羊纹的厩囚、羑囚牛羊的用意就十分明显。而这种象征喻意则和有关文王秉鞭作牧的说法十分吻合。同时羑囚牛羊也就衍而为羑囚文王，从而也就有了"纣囚文王于羑里"之说。

2. 说鞭与编、册其及王权象征

古籍以文王秉鞭喻政，所谓以秉鞭喻政，就是以挚鞭作牧代表挚掌政权，而这种以鞭作牧的传统十分悠久。史籍记载有"王亥作牧""夏少康作牧"等，因而以鞭牧喻政大约是远古畜牧牛羊时代因生产生活的特点产生的。从文王鼎看，文王鼎不仅以木柱牧畜牛羊，而且还以鼎腹栏栅纹栏畜牛羊，因而文王鼎的王器符号上鞭与编都有畜牧牛羊的意义。就畜牧牛羊的意义看，鞭赶牛羊之鞭与畜栏牛羊之编在牧羊牧牛上是相通的。因而鞭也可通编，皆与牧正相通。甲骨文金文多有象栏栅的册、典之字。册字作𠕋、𠕋形，前者半封闭，后者合围作全封闭状。又有典写作𠔽，亦为全封闭下有手作供奉状，而册、典之字多为王室策封祭奠之记录，因而也为册封祭典之象。以往对册典字的解释多以为是以编、册、策，即以绳串竹木简而为书卷象，现在看来其本源实是以栏栅圈养牛羊或鸡禽的象形兼会意字。其更古老的根源大约是狩猎围猎时代及畜牧驯养牛羊的记忆。因而甲骨文中的典、册字应当就是人们古代狩猎、蓄养生畜的文字符号记录，而与后来有书卷简牍含义的册字典字无关。殷代青铜器也有以木篱编织纹作纹饰的，但是像文王鼎这样，以栏栅和牛羊纹在青铜礼器大鼎上有这样明确的表现，这在殷周青铜礼器中是特别突出的。编、栏栅、圈又可与封闭之封相通，而封又通赐封建典，即开启新国之意。因而文王秉鞭作牧及作丰之说我以为或即此封、册、典之象。而此后西周铜器铭文末尾常用的羊册、鸟册等作册字大约都与文王鼎鞭牧牛羊的纹饰符号相关（图4-4）。

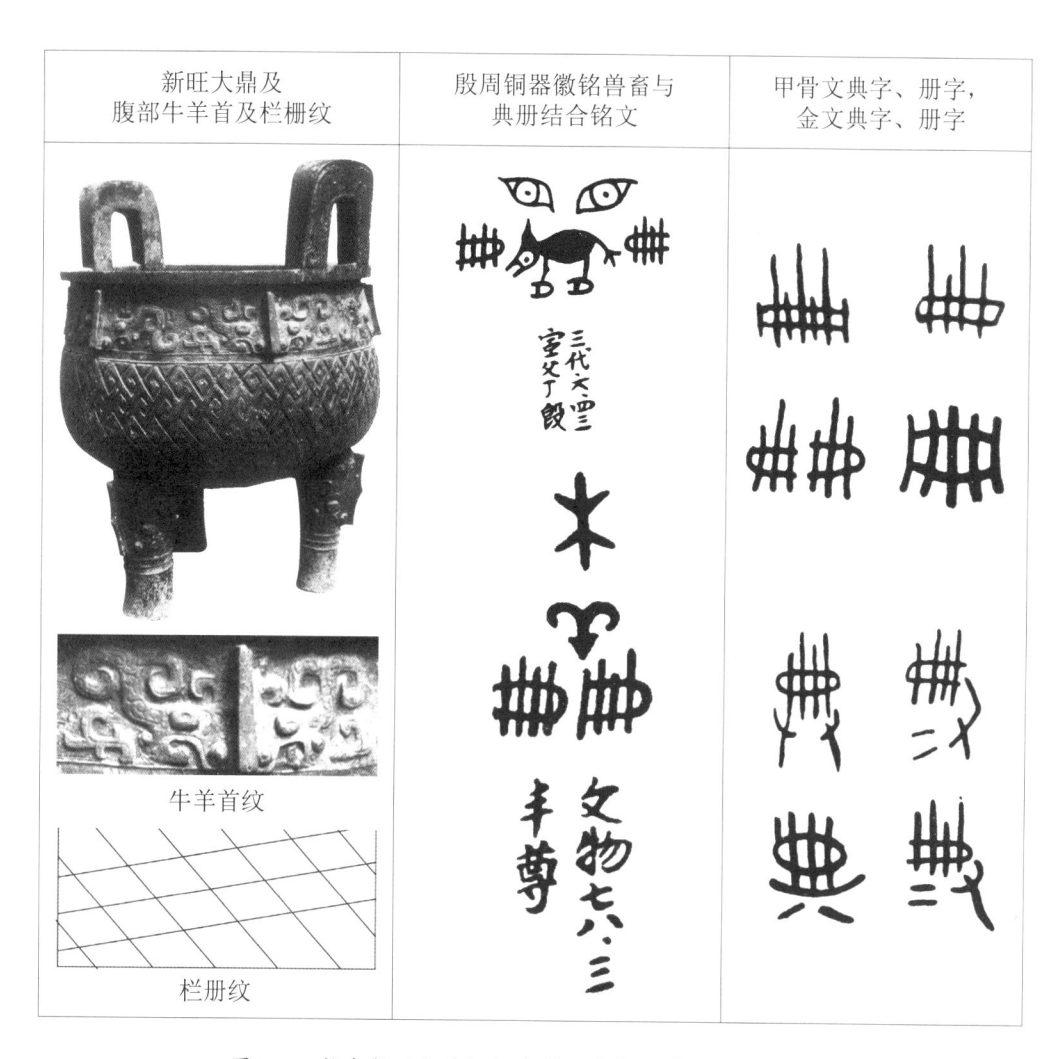

新旺大鼎及 腹部牛羊首及栏栅纹	殷周铜器徽铭兽畜与 典册结合铭文	甲骨文典字、册字， 金文典字、册字

图4-4　长安新旺大鼎栅栏牛羊之象与甲骨文金文典册字

3. 文王牧羊溯源

文王鼎腹的勾连纹与牛羊头纹以木篱栏栅牛羊的器物符号，其文化传统是十分久远的。它的早期形态当是牧羊，或木羊，即有明显的执鞭驱赶牛羊意义。而执鞭放牧牛羊的器物符号在殷代青铜器上就很流行。如殷代青铜兽面纹兽头上常有牛羊角状，而兽面之鼻部常有一根木棒状饰物，有的棒柱上部两侧有双手，作左右手共执棒柱状的⊕形符号，其以棒、鞭放牧牛羊的意图也很明显。更早的牛羊角纹和商王祖乙、祖辛时代陶寺彩绘龙盘的龙纹有关。这种龙纹其实明显以盘曲的大羊角构成，龙头口衔草木枝叶状，也有草木与牛羊的用意。从陶寺龙盘到殷代青铜器上的棒柱木羊符号,其过渡形态在二里头的玉雕羊首玉柱饰上表现十分明显。这件羊首玉柱饰在玉柱上部作盘角羊首状雕刻,下为棒柱,以棒柱牧羊的意义也很明显。我们前述二里头武丁时代的足形铜牌饰更以足、棒柱、牛羊首三种形象符号构成牌饰,更明显表示着以人之足步驱赶放牧牛羊的意义。商初大乙时代大河村遗址也出土了几件绘有羊首木柱的彩陶纹饰,纹饰突出羊的盘角,盘角上有竖立的直线柱状纹饰。而商王大乙时代的这种木柱羊角纹明显来源于夏文化时代关中地区庙底沟彩陶中的勾叶圆点纹中的一种纹样。庙底沟的这种彩陶纹样早期像取展翅飞翔的三足鸟形,到大河村时代即象正视之飞鸟,也象牛羊之角首形。这种有牛羊和飞鸟的双重含义的纹饰符号与我们前述的西周金文末尾常用的羊册和鸟册符号可能有某种文化传统上的渊源联系。可见周人虽然在夏、商之后很晚建国,但其文化传统却历夏王室而商王室流传有序,渊源有自。这也和周祖后稷自夏以上祀为农神有关。农耕和畜牧,即种植作物和训化畜物是文明时代的重要标志之一。据此可知周人不仅重农,亦擅家畜驯养。而周人之祖姜嫄履帝喾高辛氏之迹而生后稷与商人之祖简狄与帝喾与玄鸟卵事也可见周人的文化传统与商人的文化传统无论在考古材料或传说及记载中都是有极亲近的血缘联系的。

迄今所见最早的以棒柱与牛羊畜共存的器物为磁山、裴里岗遗址出土的石磨盘与石磨棒。石磨棒作为碾磨谷物皮壳的工具常在磁山遗址中竖直于谷坑中可证。① 而磨盘或作三足形,或有四足,极像兽畜。而石棒常放置于磨盘上可能也有牧牛牧羊之意。周祖后稷正是被奉为柱神的,这柱可能就是主谷物,又主牛羊畜兽的棒柱。比磁山裴李岗稍晚的夏启时代的半坡彩陶中也流行一种在兽面鼻子正中画一棒柱物的葫芦形彩陶瓶。这种兽面纹常有明显的牛羊形角,鼻子作柱且形,棒柱两侧常有向左右弯曲的枝杈,极像树木或谷物之形态。其实在这种彩陶瓶之前的夏启及太康、中康人面彩陶盆、人面纹人头上也常有牛羊状角,而这种角形饰又常有草木枝叶形态,有的还以密集的小点作装饰,颇有表现谷物籽实的意图。特别是半坡出土的中康鹿纹饰盆内有四只奔跑的鹿,而盆口沿的癸甲八分符号也

---

① 卜工:《磁山祭祀遗址及相关问题》,《文物》1987年第11期。

十分接近畜养牛羊的栅栏符号和文字。可见古史关于商周先祖皆在夏启建夏以前已受封赐姓，并辅佐夏国不是虚无妄说，很可能是有夏代以来的器物符号作传说依据的（图4-5）。

4. 以秦汉简册解释甲骨文金文典册字质疑

从前面我们对文王鼎木羊纹饰的论述及与栅栏牛羊传统的追朔可以看出，殷墟甲骨文的卌、卌卌状册字，卌状典字及西周金文的样册，都是以文字符号记录并追述殷周及以前的狩猎及畜养牛羊的历史传统的。因而甲骨文中以栅、栏形态出现的文字符号，是从人们生存生活中凝炼出来用以象征国之大事、王之政权的，并没有作为书籍、书卷用的简册内容。而且考古发现迄今最早的竹木简册都在战国以后才出现的，这种在竹木简上书写文字的方式很可能是殷周王室具有神秘、庄重的王室器物符号文化及文字随王权衰落，文字普及于民间以后出现的新的比较流行的文字记录方式。尽管它们在形态上很有相似之处，但绝不是后者影响前者，而很可能后者是在前者的启发影响下产生的。因而用战国秦汉以后的竹木简牍样式解释甲骨文和金文中册字、典字的符号含义显然是不妥当的。

（二）淳化大鼎为武王鼎说

1. 淳化大鼎腹部三弓耳与武王三射三发

1979年，淳化县史家塬出土了一件西周青铜大圆鼎。这件青铜大圆鼎为目前所见西周最大的一件青铜器，鼎通高1.22米，口部直径83厘米，重226千克，一般称为饕餮纹大鼎。但将这件大圆鼎特殊的造型及纹饰意义作进一步分析，并和西周早期诸王的记载传说相参照，我以为淳化大圆鼎可能为武王伐纣即位称王所作。

这件青铜大圆鼎造型最奇特的地方是腹部有三耳。而腹部的三耳皆作弓形，弓耳上的兽嘴作箭之矢镞状，三弓与三射的意义十分明显。而三弓三射之事与武王伐纣有关。《史记·周本纪》："武王至于商国，商国百姓咸待于郊。于是武王使群臣告语商百姓曰：'上天至降休。'商人皆再拜稽首，武王亦答拜。遂入，至纣死所。武王自射之，三发而后下车，以轻剑击之……武王又射三发，击以剑，斩以玄钺。"纣已死，武王仍射三发，自然是武王以三弓、三箭之三射为自己伐商立周的象征。而三弓三射的事在商殷周诸王

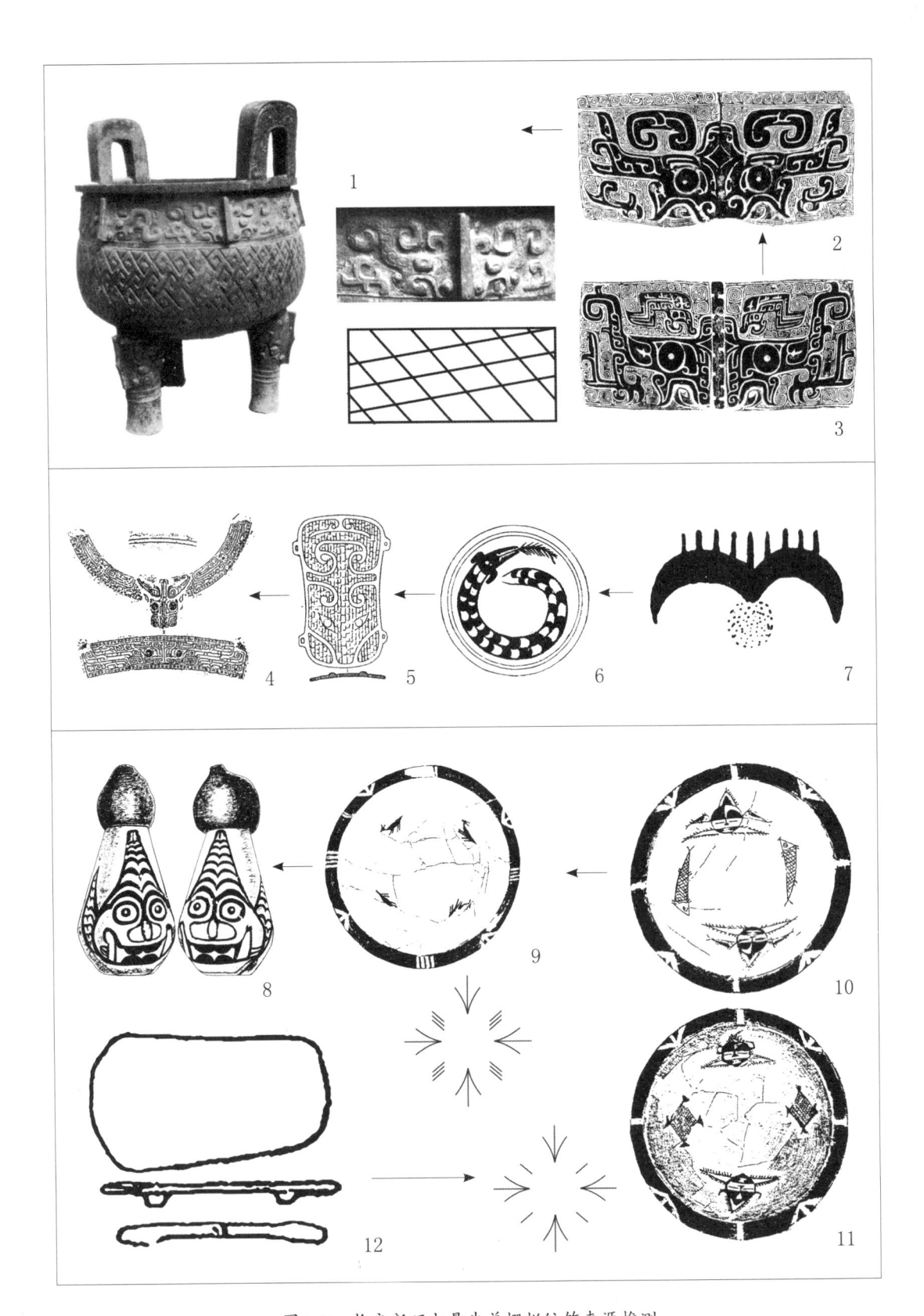

图4-5 长安新旺大鼎牛羊栅栏纹饰来源推测

中似乎仅仅是武王灭纣时特有的事,而这件西周早期大圆鼎恰恰就有三弓三射出现。这种巧合是令人深思的。武王以弓矢见著的记载还见于屈原《天问》。《天问》云:"何冯弓挟矢,殊能将之?即擊帝切激何逢长之。"王逸注:"冯,大也,挟,持也,言后稷长大,持大强弓,挟箭矢⋯⋯言武王能奉承后稷之业,致天罚,加诛于纣。"可见,武王伐纣而立为王,确是以强弓大矢为其象征的(图4-6)。

2. 淳化大鼎钺形兽角与武王

如果三弓三射仅仅是淳化大圆鼎器形及纹饰符号与武王伐纣事件的一种巧合,那么,淳化大圆鼎兽面纹兽头上特别显著对峙的钺形双角与武王之联系就不好再用巧合解释了。淳化大圆鼎与西周大圆鼎一样,也以六分鼎腹为特征,但却以三弓耳三分大圆鼎腹部,并再以三组兽面纹再三分鼎腹。这三组兽面纹兽头上竖立着刃部向上,特征十分明显的斧钺形利器。斧钺为征伐之象,主杀伐,因而也是王权的象征。而商殷周诸王中,也唯独武王伐纣时有许多关于钺的说法与记载。仍以《史记·周本纪》记载为例,在对武王伐纣的记载中,用钺的记载就有五处之多。"二月甲子昧爽,武王朝至于商郊牧野,乃誓。武王左杖黄钺。""武王亦答拜,遂入,至纣死所⋯⋯以轻剑

图4-6 淳化大鼎

击之，以黄钺斩纣头。""武王又射三发，击以剑，斩以玄钺。""其明日，除道，修社及商纣宫……周公旦把大钺，毕公把小钺以夹武王。"从以上记载看，武王伐纣时，以弓射，斧钺为明显特征。三弓三发与淳化鼎三弓耳三矢射的特征合，而"周公旦把大钺，毕公把小钺"，以两钺一左一右，夹护武王的特征也与兽面纹兽头上两钺形仞角上立，左右对峙相符合。另外武王武字从止从戈，武王鼎腹之龙形头有斧钺、足爪为五趾状也与武王以武字称王相符合。因而我以为淳化大圆鼎可能为武王伐纣即位所作器。

3. 淳化鼎三弓耳与文王木主

淳化出土武王鼎明显表现出与长安新旺文王鼎的密切联系，这也与武王"师修文王绪业……为文王木主，载以车"的记载相合。前述文王秉鞭作牧与长安新旺鼎以木篱狩牧牛羊相合，而武王鼎的弓箭射猎亦通牧狩。文王鼎腹部遍饰篱笼编织纹，而武王鼎腹以三弓三射与三兽突出狩兽的形象，特别是武王鼎腹三组兽面纹兽口下都有一个小牛头纹，证明武王鼎仍然继承文王鼎以腹部的狩牧牛羊纹饰符号象征王权的特征，只是稍有差异。

4. 武王鼎三弓耳及斧钺溯源

武王鼎以三弓耳装饰于圆鼎腹部的传统似乎和关中地区龙山文化流行的三耳器有关。关中地区龙山（或称客省庄）文化常出现一种大口束腰罐，在罐外饰扁状三弓形耳饰，而这种三耳罐也流行于陕甘青地区的齐家文化中，在其他地区很少发现。可见周人重圆鼎及武王鼎以三耳饰的习俗明显有陕甘及西部地区浓厚的传统文化意味。而相比之下，武王鼎兽面纹的钺形饰却又带有强烈的东方文化成分。因为这种长有钺形角的兽形纹在殷墟青铜器中就很流行，而司母戊鼎鼎耳上的双虎纹上，虎耳就是一个大钺形。联系东方沿海大汶口及良渚文化中十分流行的玉钺文化习惯，我以为武王鼎上的钺形纹及钺在武王伐纣中的重要地位表明，西周的建立并不是单一的西方土著文化的结果，东南方沿海地区的大汶口文化、良渚文化及其在殷墟王室文化中的钺因素，特别是江西新干大洋洲铜鼎耳上装饰虎纹的传统，表明武王时代的周王室，其实是由许多不同文化因素共同构成的。

5. 殷墟出土鹿头方鼎、四鸠方鼎为帝纣末年器说

从武王鼎的纹饰及造型特征与《史记》关于武王伐纣记载的说法看，它们之间的特征是十分吻合的。这也启示我们以《史记》关于帝纣的记载来辨

别武王伐纣时的帝纣器物特征。

前面我们已经指出过司母辛鼎为帝纣所作器，但司母辛鼎可能是帝辛初即王位时为其母即帝乙之妣辛所作。因而司母辛鼎是帝乙与帝辛之交时的青铜器，而武王鼎为帝辛末年武王初立时的青铜器，以《史记》对武王伐纣时殷王帝纣的记载看，我以为殷墟出土的鹿头方鼎和四鸠方鼎可能就是武王伐纣时代帝纣所作青铜器。

鹿头方鼎出土于安阳西北侯家岗，时代为殷墟晚期，方鼎四面各铸一个完整的鹿头形。鹿的头、耳、眼等五官都十分清晰，两只鹿角均为三枝状。同区域墓还出土一件四鸠方鼎，鼎四面各铸四只勾嘴鹰鸠。与鹿头方鼎不同的是，鹿头方鼎鹿头居于方鼎四面正中，其四正的意义十分明显，而四鸠方鼎每面四只鸠都分两组，面向方鼎四角，尾在正中，突出方鼎四角即四维的意义十分明显。因而从殷墟晚期的这两件方鼎可以看出，从二里岗开始的合四正与四维于一体的代表四面八方的王室方鼎，在这时已经解体。鹿与鹰即四正与四维各自独立，而鹿与鹰鸠之象正与《史记》中太史公对于帝纣的记载相合。《史记·周本记》有武王伐纣时，"麋鹿在牧，蜚鸿在野"的记载。牧与木合于鹿之枝杈角，又鹿头木在鼎之四正方位，也合于牧正之说。而蜚鸿或可为飞鸿、鸿鹄，在野又合于四鸠在四角、四维、四隅之状。《史记》又有"纣反走，登鹿台，入火自燔"之说。鹿台为何物，我们自然不排除纣之宫苑建有鹿台，而纣之宫室何以建有鹿台？就鹿台本身看，殷末帝纣时代鹿可能就是殷王室的标志性动物。这一点殷墟大方鼎上都装饰有繁复规整的鹿角纹就可证明。但鹿头方鼎似也可以作鹿台看。另外鼎作为礼器，本来就是祭祀之物，如果置于祭祀的台坛之上就更可称鹿台的。鹿头上的枝杈角象鹿头载木，木生火。故有纣登鹿台火死，武王伐纣岁以淳火之说。《史记》还有武王伐纣时"散鹿台之财，发巨桥之粟"之说。此说当与武王伐纣时"麋鹿在牧、蜚鸿在野"说同出一源。纣时既有鹿之角木，又有鸿鸠在野，武王逐鹿驱鸠实际就是伐纣之说。所谓散鹿台之财，此财可能并非财而为材木，所谓巨桥之粟，巨桥当为巨雀之伪。巨雀即巨鸠、雎鸠。四鸠方鼎鸠嘴明显作勾巨状，而且殷方鼎的传统正是在四角四隅以乳丁作数阵记王事，因而所谓发巨桥之粟，实指殷纣时代王鼎上的鹰枭纹及谷粟状的乳丁数阵装饰。可见武王伐纣，正是以破坏殷纣鹿头方鼎、四鸠方鼎代表的四正四维之八方四面的殷王室文化传统为其象征的,这也是西周王器用圆鼎不用方鼎,用三、六、九数及纹饰而不用四、八数及乳丁装饰从而以圆鼎文化传统取代殷人方鼎文化传统的原因(图4-7)。

(三)洛阳出土鸟册四方鼎与周公摄政

1. 鸟册方鼎与周公摄政

周人是以大圆鼎为王权象征的。然而在成王初年却因"三鉴及武庚"之乱发生了变故,周公摄政以代成王即为周初一件大事。我以为洛阳出土鸟册方鼎可能是周公摄政成王时所作器。这种有鸟册作徽标的方鼎共出四件,形状大小纹饰均相同,铭文也一样,可见为一组器物。周公摄政一事多种史籍均有记载,但其确实可指的出土物证却很少。我以为这一方面是由于西周至今的文字衍化所致;另一方面,西周时代的王室,仍然将制器、观象作为文化记录及传承的重要手段,即仍有所谓"铸鼎象物"之习俗,从而使记载传说与铭文相距愈后愈远,如文王秉鞭作牧、作丰(封)事、武王弓射及斧伐

鹿方鼎	牛方鼎

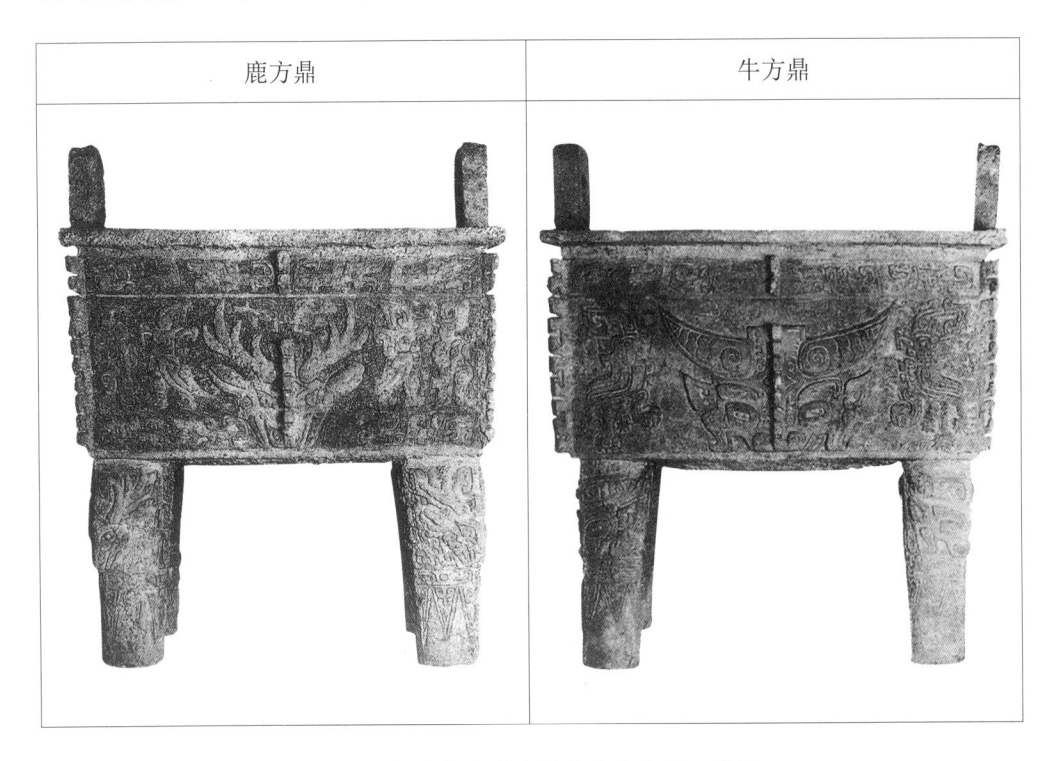

图4-7 殷墟出土鹿方鼎牛方鼎上的四鸠纹

事等。周公摄政成王也应从器物符号角度出发，从对王室器物的器形及纹饰分析入手。我们之所以指认鸟册方鼎为周公摄政成王器，一是因为鸟册方鼎以方鼎及乳丁纹为饰的习俗与西周文王、武王以来王室圆鼎传统差异很大而与殷王室的文化传统相近。二是鸟册方鼎突出的鸟形纹饰及鸟册铭文符号似乎和周公父子及族源文化有关。因为周公名旦，其子伯禽，似乎和鸟有关。又旦或可为旦明、旦晨，而以鸡司晨当是十分久远的文化传统，鸡也是人们较早驯化的鸟类。周公名其子以伯禽，可能与鸡为众禽之首相关。禽又为已驯化的鸡鸟类，鸟册铭符号之意以册栏笼围鸡鸟也与文王武王鼎以篱栏圈养牛羊具有一样的含义。可见从文王鼎以编织栏栅围栏牛羊，到武王鼎以弓矢狩护牛羊再到周公成王时鸟册方鼎以栏栅合圈鸡鸟的一脉相承的文化传统及器物符号表意方法。其实文王和武王鼎上已有了鸡鸟的雏形，只是并不处于显著位置。文王鼎在兽面两侧有类鸟禽毛羽与趾爪的纹饰，到武王鼎上鸟的趾爪已十分明显，并长在牛羊角状兽身上。而到周公鸟册方鼎上，就发展为以鸟代兽，鸟居于主要地位，以鸟和册作主要符号标识（图4-8）。

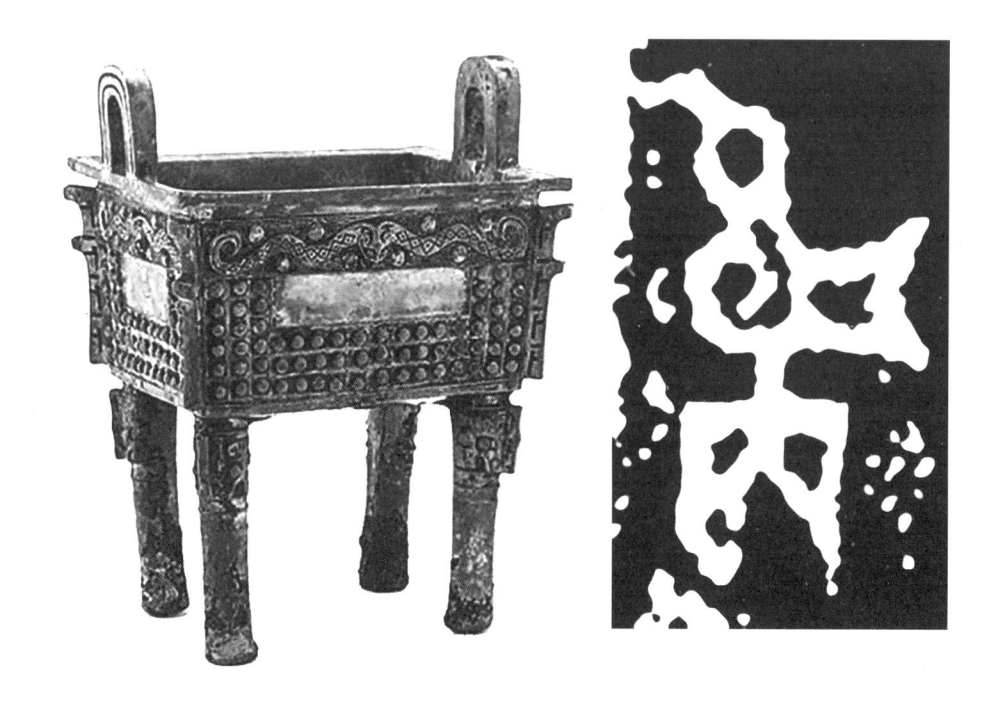

图4-8　鸟册方鼎及铭文

2. 从鸱鸮诗看周公族的鹰枭特征

周公族系的鸟禽特征不仅从周公名旦，以司晨之鸡与其子伯禽通，而且记载中周公也有明显的鹰枭特征，这可以从周公作鸱鸮诗代武王受病看出。《诗·鸱鸮》孔疏云："鸱鸮，周公救乱也，成王未知周公之志，公乃为诗以遗王，名之曰鸱鸮焉。"周公言志而以鸱鸮自喻，这也许反映周公族系本来就和鸱鸮类猛禽有关。因而以为鸮枭是单指殷武庚说并不准确，它很可能也是周公族系或其一支系的特征，即以鹰枭鸷鸟为其族徽的。因而就鹰枭鸟形特征看，周公族系可能与殷王室的这一支系有较多的关系。周公为辅，周公辅成王极似伊尹佐汤。而伊尹亦名挚，当通鸷。伊尹字从尹为挚木柱形，因而伊尹挚木柱代表执政，也与周公鸟册相符合。文王、武王两代周王都以牧牛牧羊表示王权，至周公却以鸟牧鸟册代表王权，这大约就是周公摄政后又归政成王之说的根源所在。从西周早期铜鼎也可看出，文王武王之后到周公摄政时代，周王室圆鼎文化传统似有衰弱之势，而殷人方鼎及鸟形纹饰开始明显强盛起来。前述卌、卌卌为文王起始之秉编作牧（木），以牛羊木象挚政状，而鸟册方鼎以鸟册作铭，因而以铭文的文字形式记录周公辅成王，这种以铭文文字符号在王鼎王器上记录王事大约也与周公有关。

前述文王鼎时已追述过牛羊兽木器物符号历夏商殷而周的悠久的文化传统。其实鸟鸠为牧主为政的传统也十分古老。前述帝纣时以"飞鸿在野"即是以鸟（鹰鸠）与郊野牧为帝纣之象的。我们在论述二里头小乙与武丁文化时也叙述过武丁祭成汤有"飞雉登鼎耳而鸣"之事，鼎为王权之象，飞雉登鼎，实即鸟鸠之政。《诗·玄鸟》也正是以玄鸟象征商王大乙的。然而以鸟柱、鸟木、鸟牧为政自夏初即亦十分流行。最有名的当是羿代夏政事。羿代夏政是因太康"盘游于田"，史书或以为太康醉心于射猎，不惜民事。而前述夏启、太康、中康皆以牛羊兽木，即牛羊牧正为标志。可见羿代夏政实际也是以鸟鸠族群势力渐强，取代夏启盆的牛羊首文化为特征的。亦如周公以鸟鹰文化取代文王武王之牛羊兽文化，以方鼎改变文王武王圆鼎王室文化一样。由此可见夏商殷周以来王室一直存在以鸟和兽为代表的两大文化群团的联合与斗争。如果说羿为东夷群团首领，那么这也与大乙时成汤东巡，娶有莘女而得伊尹及周公封于鲁十分吻合。而这种绵延不绝的文化传统又和大汶口十分繁盛的鸟鬶文化及良渚石家河的鸠柱文化和鹰鸷人首文化传统十分一致。因而，周公代武王、辅成王及东征讨乱之说或许就因为周公族系与东方的鸟族群团有十分密切的文化族源联系。而武王与成王之交抑武王、成王，而褒扬周公之说或许与周初商殷文化中的鸟禽族通过周公群系大量进入周王室有关。

3. 鸟册符号与周公摄政的记载及传说

鸟册铭的图形符号上从鸟，下从典册，并以鸟册表示周王之政典，其以鸟作标识表示执政事已很明显。由于鸟在上，典册在下以鸟的足挚政，因而又可称摄提。可见此鸟册方鼎的鸟册符号挚、摄均与周公挚政之象有关。《史记》有"武王病，天下未集"。而周公救乱，其目的在于集武王成王之政。这也与鸟册方鼎之鸟集于牧政之上，木册编列齐整，表示周公辅成王执政之象明显。因而史籍记载周公质、摄、集政之说都可能是以鸟册方鼎及鸟册符号为本而各有其异的说法之记录。因而鸟册方鼎这种以器物及符号记录表示事物的方法，与文王鼎、武王鼎铸鼎象物，以器物及符号记事的传统一样，在周代初年仍很盛行。

（四）鸟册、羊册为周公、召公两族标识说

1. 召公与牧羊族系

周公召公两系世代辅佐周王，这在史书中多有记载。尽管学者们多认为周公与召公都是周王室同姓弟兄，但是他们的文化差异是显而易见的。种种迹象表明，周公及家族大约与鸟册族徽有关，他的族源本于东方沿海地区。而召公及家族似乎与木羊册族徽有关，其族源出于陕甘之西部。

周公族群与鸟册族徽的关系已如前述，而召公族群与牛羊册族徽的关系从召公作保之保字亦可分辨出来。牛羊册或牛羊木不仅是自文王以后周王室王鼎的主要纹饰图像，而且牛羊与牧木即牧夫牛羊大约也是一个十分古老的文化群团世代相沿的传统说法。这在前述文王牧羊中已经论及，而召公族群的创始人召公奭就与木羊册有十分密切的联系。

从西周青铜器中木羊册铭可知，西周初年以木羊册为徽号的族群其先祖为抱子族群，字作🖼。而召公世代为周王之保。此保不仅被解作保子，保辅幼年之王，而且🖼状保字的文字符号也有明显的人抱负幼儿状。而🖼字的更早形态作🖼，更具体描画出大人背负小儿形。而此保字明显与木羊册族徽的抱子、举子族徽有密切关系，只是一为侧面背子抱子形，一为正面抱子举子形，但其形与意应当是相通的。因而西周以抱子为特征的召公族群可能与殷代晚期出现的举子族及西周的举子木羊册族群当为一个更大的血缘群团。十分有趣的是，北京房山琉璃河为周初燕国即召公封地，那里也出土有举子族徽的铜器。学者们多认为举子木羊册族曾服事于燕侯，可见召公封地出土举子族铜器或许也是与召公族群相同或相近的血缘群团，因而也被与召公同封于燕土的。

2. 召公抱子与马厂彩陶蹲人纹及马家窑文化

从器物符号角度分析召公保字作人负背小儿状，其关键在于举子抱子的状族徽。举子形族徽最突出的特征一为人蹲踞，二为举子抱子状。而这种特定的族徽图形似乎和西北甘青地区马厂文化十分流行的蹲人纹有关。马厂文化的下限在公元前两千年前后，而此后在山西、陕西北部及甘肃东部地区经常出现有天字铭文即大人、蹲人为族徽的群团，他们可能与马厂蹲人纹文化有密切的关系。亦即举子木羊及召公抱子族徽大约与这种有天字铭文的大人氏族有密切的血缘关系。

马厂的蹲人纹陶罐多以两人相对，以上肢手臂及下肢双腿左右曲折伸展环抱陶壶。从葫芦陶壶生人的传说看，这种蹲人抱葫芦、抱陶壶可能就有人抱子的祈求子孙繁衍的含义。这种含义可能是举子族群团符号的本来含义，而后来的抱负、辅佑王子当是晚出的内含。马厂彩陶流行的蹲人抱葫芦、抱子形的推测还可从蹲人纹的演变得到证明。这种蹲人纹在较早的马家窑期彩陶中已露端倪。甘肃临夏出土的一件马家窑到半山期彩陶壶一周画三个蹲踞形人，明显有早期蹲人的幼稚形态。而马家窑到半山彩陶时期还十分流行一种以男性生殖器官即阳祖与女性生殖器形与葫芦纹构成的纹饰，明显表现出人们对人口的繁衍，即祈求子孙绵绵的心理和愿望。

考古资料表明，马家窑文化受半坡彩陶很大影响。而马家窑彩陶的人形纹、人祖纹的出现及马厂蹲人的流行与召公保子、木羊册举子纹等其实都与半坡早期夏初时的人头人面纹盆大量西迁有关。迄今在陕西临潼以东尚未发现典型的人面盆纹，而在西安南面的秦岭南侧及以西的宝鸡都发现为数不少的典型人面纹盆，特别是马家窑彩陶中人面纹盆和人形纹（舞蹈纹）盆也十分流行。目前所知最远可达青海西部，已接近西藏地区。因而，尽管从半坡到马家窑、半山、马厂，其间文化差异很大，但人首、人形、抱子、求子的习俗却不绝如缕。特别是半坡夏启人面盆的癸甲生子与人头及牛羊角结合，并作为小儿瓮棺葬具，明显具有祈求人及牛羊繁盛的意图。因为人与牛羊一样，生子时先以头出，人面盆以人头纹与牛羊角纹表现的人头、牛羊头意义大概即此。而以人头人首为人群之最、为首领，以牛羊头为牛羊之首、为头羊头牛大约也与此有关。可见直到公元前1000多年的周代，召公及举子族群仍然保存夏初以人子及人与牛羊为族徽的久远的文化传统。因而周代王室内周公召公分主周之东西，其实是周王室以东方鸟系的周公和西方牛羊族系的召公两大血缘群团为主体主宰西周王室政权的表现（图4-9）。

3. 召公抱子族与文王之妻大姒及亡周之褒姒

从字形看召公抱子之保字作侧面背负小儿形，木羊册举子族徽举子作正面大人抱举小儿形，两者均作抱小儿，即抱子状。而子字在甲骨文为十二地支的巳字。郭沫若先生早就指出十二支中有两个子字，即第一字子和第六字巳。如果这样，召公作保的保字和木羊册举子族也可与抱巳相通。抱巳音通于褒姒，因而召公及举子族群可能就与古代的褒国族群或有姒、有巳族有关。而记载中的褒姒可能就是文字符号的抱子、抱巳之音记字。褒姒为西周幽王妃，从其可使周王室倾覆看，她与西周王权的关系也绝非一般。褒姒为夏姓国，而周人之兴也与姒姓有关。文王为西周王室王权的奠基者，文王所娶大姒，我以为就是举子族徽的举子字💎。上从子巳，下从大人，而灭商的武王正是大姒所生。周室之兴起于大姒，周室之亡因于褒姒。可见姒姓之巳与周王室的密切关系。

姒、巳与周人的关系还见于周人的老祖母姜嫄。姜嫄为有台氏女。我以为台氏或为抬，即抬举字。抬氏与抬巳、抬子、举子通。而巳、姒姓又是夏人之母。禹母修姒可见。因而举子族可能就是自半坡夏代就存在于💎王室的大子、大巳族（大姒）或抱子、抱巳族（褒姒）。可见周代的召公抱子族系实际也是历夏商殷而周的一个十分古老的文化群团。

4. 鸟册、羊册符号与西周金文的唯、用格式

西周金文的铭首常用唯字而铭尾常以用字结尾，这种格式的文化传统我以为可能和周公召公两族，即鸟册及木羊册符号有关。西周金文铭首常用唯字在语首，学者多以为是发语词，无实指。我以为唯字在语首而用字在语尾，

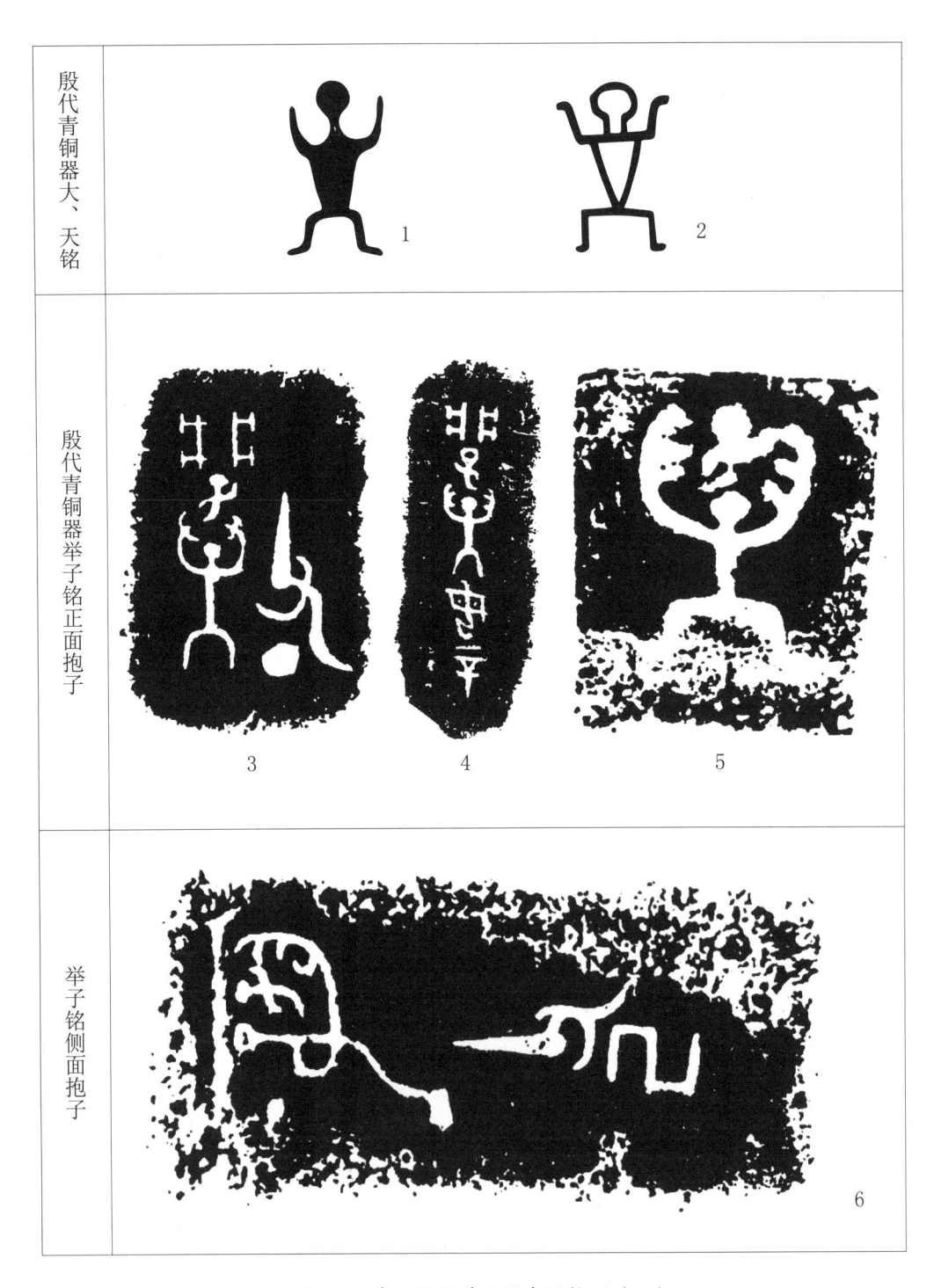

图4-9 青铜徽铭举子铭来源推测（一）

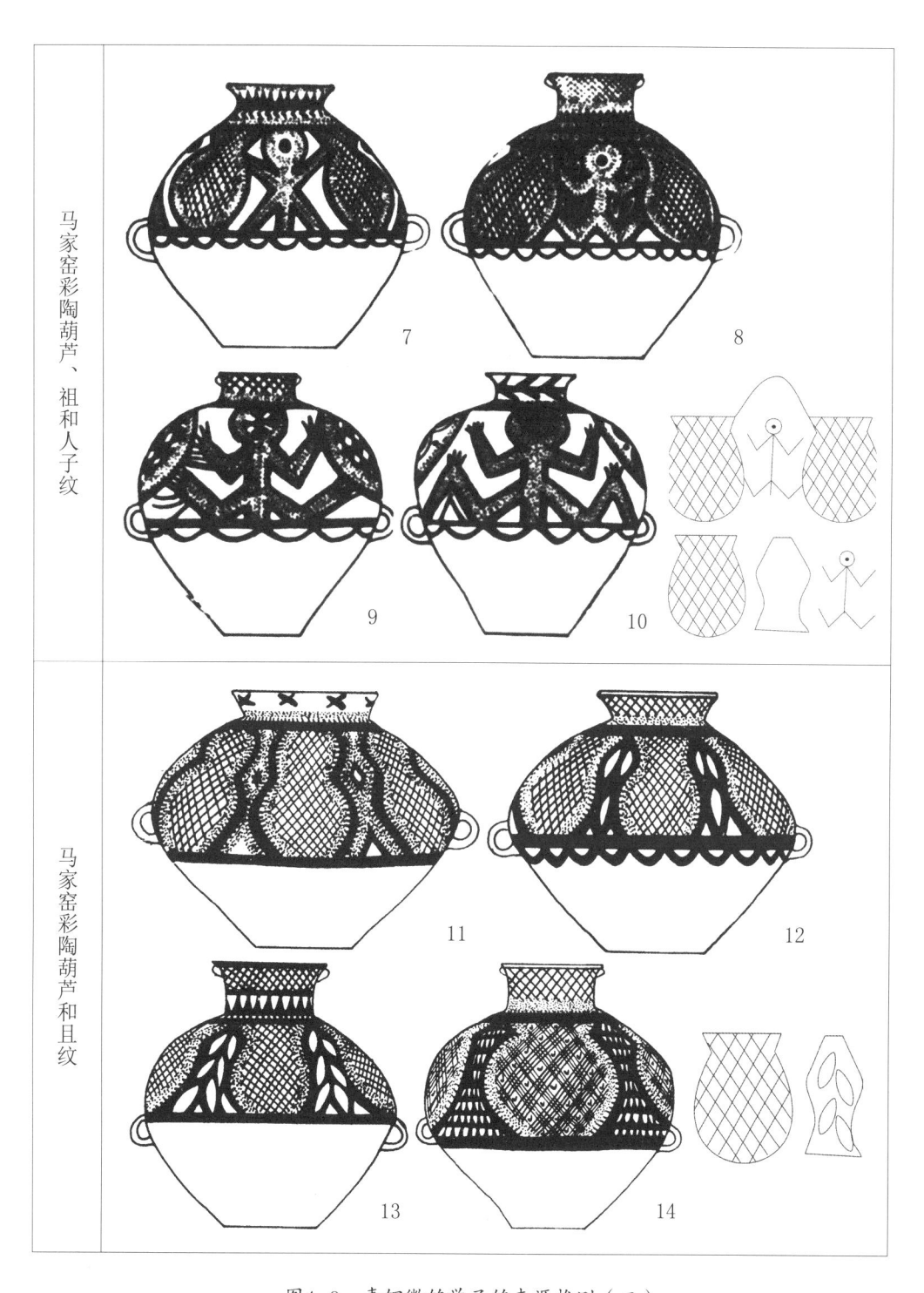

图4-9 青铜徽铭举子铭来源推测（二）

这样比较固定的格式，实际代表了周人天与地的观念及周公、召公两大族系主宰周王室文化的一种文化融合的表现。

唯在西周金文中作🐦，实即佳字，字书解为短尾雀，我以为即周公族系徽标之鸟册字的融合简化。周公族以鸟册、鸟与柱木作标识，而周公又有得"嘉禾"之事。鸟衔九穗谷，鸟衔嘉谷，则鸟为佳雀、嘉鸟有福佑人之吉祥意义是自然的。而形状为鸟的唯字音通维，与商殷以来青铜器上常主四角、四隅四维的鹰枭鸟又在形意上都相同。四维、四隅实代四郊，而郊祀祭天又与鸠鸟在天相合。再从铭文唯字字形看，鸟身作🐦状，与册字作卌几乎完全相同，因而周易之飞龙在天或指此鸠龙。

唯在金文文首作鸟形，通鸟册象，为通天人之嘉物。而金文末尾的用字实际也是总地人之美物。金铭末尾的用字象栅栏，但已规范为木构之方台形，而用音近容。西周微氏家族不仅以木羊册作徽号，而且正是主管威仪礼容之官。《史记·殷本纪》记载武王伐纣后，"表商容之闾"，索隐引郑玄曰："商家乐官知礼容，所以礼署称容台。"木羊册之祖入周以后，"以五十颂处"，颂，容通用。可见西周金文末尾的用字以木棒、木柱规矩或横竖交织为方台形，主四正，与铭首鸟、佳、唯之鸟册所主四隅四维相对，一主四正，一主四隅，为四面八方之形，亦即王权掌管天下四面八方的符号形态。而这又与我们前述帝纣时代殷墟出土的牛头方鼎及鹿头方鼎都在正面以牛头鹿头纹，而四角四隅以鹰鸠纹，即以牛头、鹿头主四面四正，以四鸠主四角四隅是一脉相承的文化传统。飞鸟代天，牛羊麋鹿表地，它们上下结合，前后相继，形成西周金文的完整、固定格式。虽然西周时代的金文以文字记录历史的文字记录方式已很明显，但其铭首与铭尾的文字符号及格式仍然透露着器物符号传统的痕迹。而且也表示着周公、召公两大族系左右西周王朝的真实历史（图 4-10）。

（五）成王鼎推测

1. 扶风巨浪村青铜鼎龙耳与成王鼎推测

目前发现的有成王铭文的成王鼎被收藏于美国纳尔逊美术馆，内壁有铭文成王两字。器高 28.5 厘米，口径 18.1 厘米。与我们前面论述的周公鸟册方鼎一样，这件有成王铭文的鼎也为方鼎，与文王鼎武王鼎为代表的

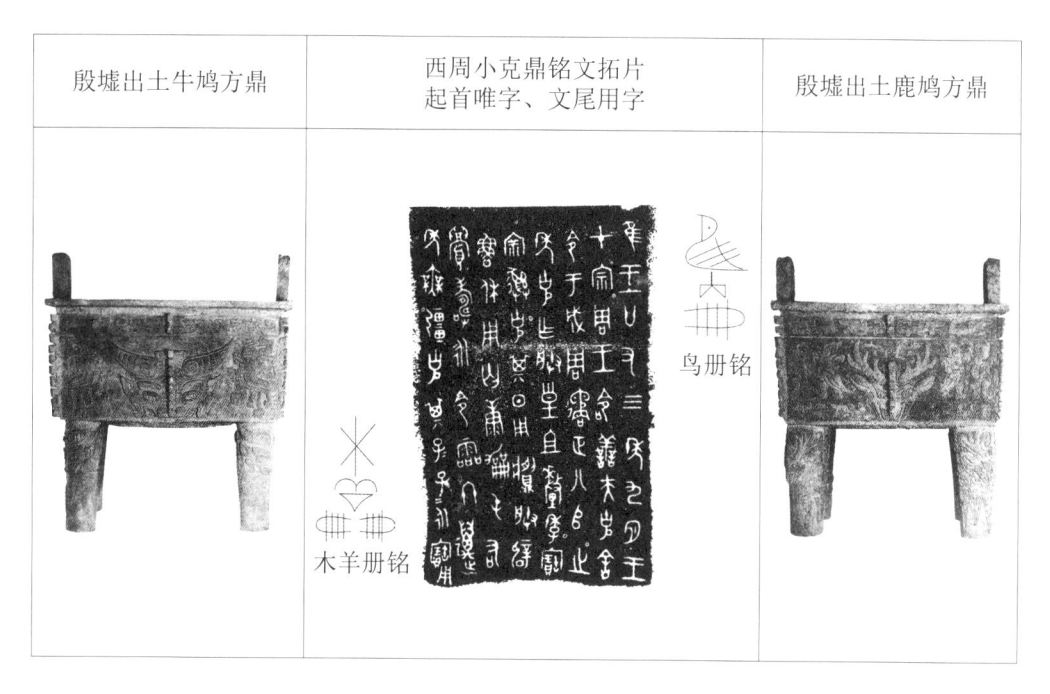

| 殷墟出土牛鸠方鼎 | 西周小克鼎铭文拓片
起首唯字、文尾用字 | 殷墟出土鹿鸠方鼎 |

图4-10　西周金文的唯、用字格式分析

周王圆鼎不同。同时这件成王方鼎腹部还以乳丁纹为装饰，极似殷墟王室青铜方鼎的特征而缺少文王鼎、武王鼎以大圆鼎为王鼎，不用乳丁纹作装饰的传统。可见记载中成王时代周室之乱与成王时代王室青铜器的器形及纹饰的变化是相一致的。陈梦家先生推断此成王方鼎为康王初年所作器，不管此器为康王祭奠成王所作还是成王自作器，从其器型大小推断，成王时代至少还应有与文王鼎、武王鼎大小相近的王鼎。我以为近年扶风召公镇的巨浪村出土的一件圆雕青铜龙构件为我们寻找成王大鼎提供了线索。这件青铜龙构件据有的考古学家推断为青铜鼎耳饰。按现在能见到的成王方鼎及属成王时代的大保方鼎鼎耳两侧的立体爬龙推断，此鼎仅耳饰之立体青铜龙就高60厘米，重19千克，其重量远比目前所知最大的西周鼎淳化大鼎大得多。而淳化武王鼎通高1.22米，重226千克，是目前所知西周最大的青铜器。但武王鼎耳仅高28.6厘米，仅是巨浪鼎耳龙饰的一半不到。可见巨浪村青铜鼎之龙耳饰反映出这件铜鼎远远大于文王鼎和武王鼎，应当也是西周王鼎。如果这件青铜龙残件真是铜鼎鼎耳装饰，那么这件铜鼎在鼎耳的两侧均以两条立体的爬龙作装饰，明显承继了文王鼎和武王鼎在两耳上以双龙对踞的装饰传统。但是文王鼎和武王鼎的双龙都是以线纹在鼎耳外侧阴线刻出，而此青铜龙是圆雕形状爬龙，当是爬于鼎两耳外侧的。据出土西周青铜器观察，成王时期在铜鼎两耳外侧作圆雕爬龙似乎在王室比较流行。如成王方鼎、大保方鼎和㠱方鼎。这三件方鼎都在鼎耳外侧有两条圆雕爬龙作装饰。成王方鼎陈梦家先生定为康王初年。大保方鼎现藏天津艺术博物馆，1993年中国文物精华定为成王时器，陈梦家先生定为康王初年。㠱方鼎陈梦家先生定为成王时期。可见成王时期铜鼎器耳外侧不仅以立体的爬龙作装饰大约是比较流行的，而且也多方鼎。就这一点看，成王时代王室的两耳外侧有立体圆雕爬龙的青铜方鼎确有反文王鼎武王鼎的王室圆鼎传统。由此推断巨浪村青铜鼎耳的巨大立体龙装饰特征反映出它极有可能是成王时代王鼎耳上的饰物残留。因为成康以后，铜鼎耳两侧装饰立体爬龙的情形极少。

巨浪村的圆雕铜鼎耳龙饰件出土于西周遗址的灰层中，同出三件残件青铜器均为大器。这件成王大鼎是圆鼎还是方鼎，为什么会残损而被掩埋，其损坏的时间是在成王时代还是在以后，这自然都是十分有趣然而也十分难以回答的。但我以为它很可能是成王时代王室鼎耳上的饰件，它的巨大的气势，应当是经文王、武王两王之后西周王朝已极具实力的产物（图4-11）。

2. 从巨浪村青铜龙之棒柱形角说成王名诵

依史籍记载，成王名诵。诵音近用、颂、容。我以为这或许与巨浪村青铜龙之角为木棒柱形有关。木棒柱形角同于文王以木棒柱作牧正，而棒柱之直木形实即是君，尹所从之丨，从手挚木棒形，去手则为丨形，而丨当即十天干辛壬之壬字，壬通任，音通仍、戎、容、颂、诵。因而我以为从巨浪青铜龙角看，成王当有茸角之说法。茸角，总角或为童角，为兽角初生状，与古代幼儿以所扎发髻曰总角、童角形义相通。其实是模仿龙角星宿的茸角文化的。而成王为幼童，年少不能继武王之说我以为可能本于成王鼎耳龙的短小的茸角，或称茸，衍而为诵。畜之有角者初生以鹿为最，鹿角初生时称茸，即现在的鹿茸。自半坡夏以来的夏商殷周王室都以牛羊角或麋鹿之角为东方苍龙星宿的标识，具有定时节、制历法的作用，因而也常常作为王权的象征。据此我以为巨浪村成王鼎耳龙以鹿茸角为特征，不仅继承文王以来的牧正传统，而且改以鹿茸角与文王鼎的牛羊角，武王鼎的斧钺状角相区别。不仅如

| 巨浪青铜龙铜饰件 | 大保方鼎 | 成王方鼎 |

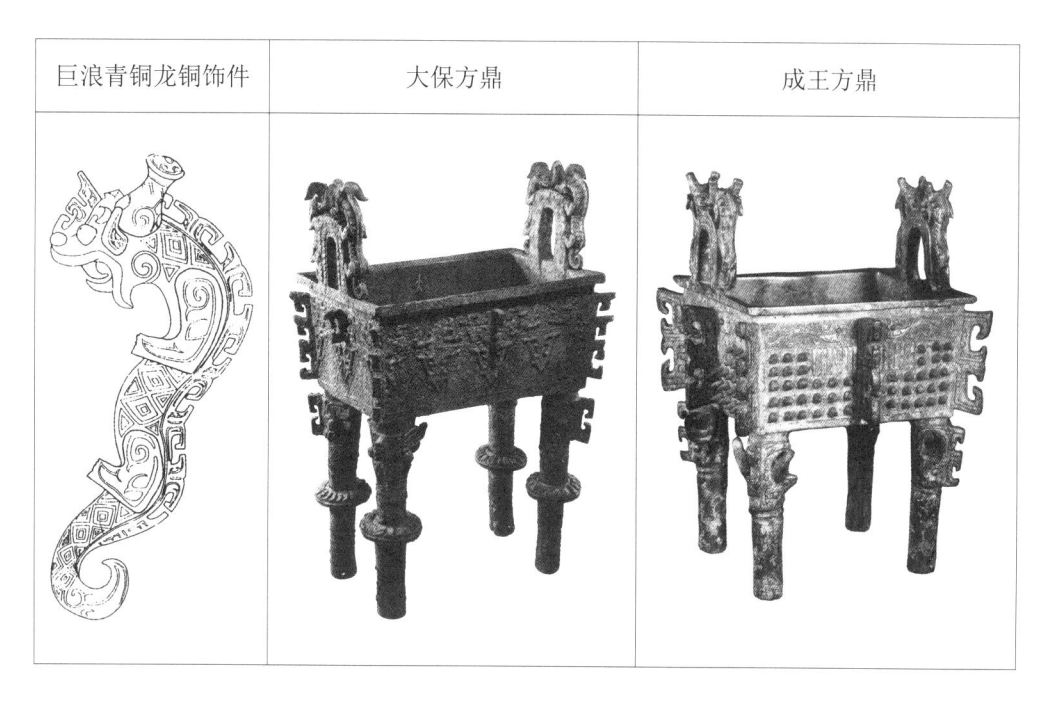

图4-11 扶风巨浪青铜龙饰件与成王方鼎耳饰龙比较

此，任、壬、仍也是夏商殷周王室两大群团，即有辛群团和有娀群团之一。周人之先妣姜嫄即属羌娀族系，而文王之父王季正是娶大任才生此文王的。因而我以为成王名之诵很可能为壬、任、仍之音记。其实当即茸角之柱状即丨状壬、任的符号记录之反映。

3. 武王死成王年幼说质疑

史传武王死时成王年幼，不能当即继位，政由武王弟周公代之。武王末年王位之继承曾发生过纷争，但成王年幼之说似可怀疑，这一点前辈学者早有人提出过。依"礼记文王世子"记载看，武王继文王位时已年八十四，后九年而崩。死时已年九十三岁。若此时成王尚年幼自然是大可怀疑的，因为即便武王死时成王为十二岁之幼童，武王生成王时年已八十有余。这当然是有悖于常情常理的。从中国宗法制传统考虑，传宗接代对普通人来说也是头等大事，何况西周王室，自然不可能让武王无子，直到老死时长子成王尚为幼童。即便"礼记"所说武王年龄有误，武王为壮年而亡，这种状况也值得怀疑。因为古时多早婚，男子十岁左右行成丁礼后即可行成人事。《淮南子》"国君十二而冠，冠而娶，十五而生子，重国嗣也"。《左传》也有相同说法。而《周礼》所记"男子十五而弁,女子十二而嫁"。男子该娶不娶,女子该嫁不嫁为国家刑律不许,要受到处罚的。即便武王四十岁左右夭亡,成王年幼的可能性也很小。另外据古今帝王婚娶记载看,帝王不但早婚,而且一般都多妻。甲骨文商殷王妣所记也证明商殷王的妃子不计在内,即便指定为法定配偶,能计入王室祀典者也大多是多妻的。因而成王继位时因年幼而以周公摄政之说是值得怀疑的。我以为从巨浪村出土青铜大鼎耳上龙之茸角看,成王幼童之说或许也像文王牧羊、武王三弓三发说法其实是文王、武王、成王王鼎的铸鼎象物之所象事物一样,是成王鼎所铸龙之茸角,并指代成王以茸角、童角并转为幼童之说法的讹传,并为后人所误解。或者武王与成王之交西周王室王位继承确有纷争,而成王年幼之说就是一种掩饰。这从目前所见文王鼎、武王鼎皆为大圆鼎,代表着有别于殷王方鼎的周人之文化传统。而我们前述周公鸟册鼎却是方鼎,成王方鼎、大保方鼎等也都表明成王时代却多方鼎,明显违反了文王武王以来的王室圆鼎传统。而巨浪村成王鼎只残留龙形饰件,这种情况,或许正是武王与成王之交周王室内部的王权变动争斗的证明。

(六)外叔鼎为康王鼎说

1. 外叔鼎纹饰的文王鼎、武王鼎传统

现藏于陕西省历史博物馆的外叔鼎为1952年岐山县丁童家出土,鼎为圆形,高89.5厘米,口径61.3厘米,鼎造型浑厚有力,纹饰健劲,颇有王器风范。学者们定为西周早期器,但关于此鼎的具体王属,说者较少。我以为这件铜鼎实为西周康王受命所作青铜器。由于成王鼎全貌无法得知,目前所见西周早期青铜大圆鼎中,只有外叔鼎无论在造型与纹饰的结构布局及纹饰形状都最接近文王鼎和武王鼎。外叔鼎鼎腹下垂外侈,底部胀大,这一点极像淳化出土的武王鼎造型。鼎两耳上也有双虎纹阴线装饰,明显与成王时代鼎耳两侧装饰立体龙形不同,而具有文王鼎和武王鼎的鼎耳纹饰传统。外叔鼎口沿下一周夔龙纹分成两个单元间隔各出现三次,两个单元的夔龙一个龙头在上,一个龙头在下,极似文王鼎的牛羊角一上下的特征。特别是鼎上腹纹饰虽为六分法,但是却分作两组,每组三个,也与文王鼎、武王鼎相同。而自外叔鼎以后的西周大圆鼎其腹部纹饰都演变为六个相同单元纹饰重复六次出现，因而与文王鼎、武王鼎、外叔鼎腹部纹饰虽六分而为三组的特点明显不同。因而我以为外叔鼎的形制及纹饰结构特点表明，外叔鼎是近文王鼎、武王鼎的周王室圆鼎器型及纹饰传统的。它极有可能是在成王时王室之乱后最早恢复文王鼎、武王鼎传统的，是康王时代的王室标准器。因为自康王外叔鼎以后，成王时代远周圆鼎近殷王方鼎的反常现象再未在王鼎上有所表现（图4-12）。

外叔鼎	耳上纹饰	腹部纹饰

图4-12 外叔圆鼎及鼎耳上和鼎腹部纹饰

2. 外叔鼎夔龙状兽面纹与康王"顾命"说

康王即位有"顾命"之说，学者以为成王临终命召公、毕公相太子钊立，因而召公、毕公为顾命大臣。但是《史记·周本记》集解引郑玄曰"临终出命，故谓之顾。顾，将去之意"却明显有成王临终不放心太子钊，因而有顾盼之意。但"顾命"不管是指成王顾而命，还是召公、毕公受顾而命，康王即位以顾命著称是真实的。这似乎与文王以秉鞭作牧，武王以三弓三发，成王与幼童的说法相似。我以为这或许也是康王即位时所作铜鼎纹饰的特征。顾有顾盼之意，即所谓回顾者。而外叔鼎口沿外的兽面纹其夔龙均作己字状回顾样，确实有回首顾盼之象，这在西周王室大圆鼎中不仅是首次出现，而且也是独一无二的。我以为外叔鼎回首状夔龙兽面纹可能正是康王即位"顾命"说的本源（见4-12）。

（七）大盂鼎，旟鼎为昭王鼎、穆王鼎说

1. 大盂鼎为昭王器说

目前所见西周的大圆鼎中，最近于文王鼎、武王鼎及康王外叔鼎的，当数大盂鼎和旟鼎了。大盂鼎和旟鼎的纹饰结构以外腹上一周六分为六个单元，虽然其六个兽面最近文王、武王和外叔鼎。但是文王鼎、武王鼎和外叔鼎外腹一周六分纹饰带为三组，每组两个纹饰构成一个兽面，而大盂鼎和旟鼎六个兽面为相同重复的六个单元。而从鼎耳上装饰的龙虎纹特征看，旟鼎是最接近文王、武王、成王及外叔鼎，但考虑到昭王丧师的变故传说，我以为定旟鼎为穆王器而大盂鼎为昭王器可能更合适。因为旟鼎双耳饰对龙纹，近于文王以来王鼎耳饰龙虎纹的传统。相反昭王大盂鼎耳无纹，并改变了文王鼎以来外腹纹饰带六个纹饰分为三组的做法，变成为六个相同兽面纹样重复出现，都明显有违于文王鼎以来的文化传统，就这两点看，定大盂鼎为昭王鼎是与记载传说相符的。

从记载中昭王丧师的特点看，似乎也能从大盂鼎中找出蛛丝马迹来。

昭王丧师于汉的说法，或和昭王鼎耳无龙纹有关。文王鼎以来王鼎双耳均有纹饰，如文王鼎和武王鼎双耳均饰双龙纹，而外叔鼎双耳饰双虎纹，中国古代有"龙从云而虎从风"的说法，龙与水的关系不仅记载和传说如此，商周时代的龙纹特别是巨浪龙饰件龙角柱一周都饰水波纹。大盂鼎耳无龙纹，在西周王室大圆鼎中是反常的，这是否与记载中"昭王丧师于汉"说法有关呢？龙属水，无龙即失龙、丧龙亦即丧水。昭王不仅丧师于汉，而且丧师是因梁折，此梁当桥梁。而青铜器之耳也有提梁、提耳之意，其形也近拱桥形。因而大盂鼎双耳无龙纹可能和昭王渡汉梁折，"丧师于汉"的说法有某种内在联系。

大盂鼎之盂字从于，而记载中昭王丧师时之近臣有祭公和辛于靡两人，辛于靡或作辛右靡，盂从于，与辛于靡之于字合，也与辛佑糜音近。因而我以为大盂鼎之盂或者就是助昭王之辛于靡（图4-13）。

2. 旟鼎为穆王器说

就旟鼎双耳饰龙纹的特征看，它更接近文王鼎以来的西周王鼎传统，这是与穆王中兴的说法相一致的。我们之所以定旟鼎为穆王器，还有一个重要的原因，我们以为旟可能就是记载中曾为穆王驭的造父。旟字从旗、游，为

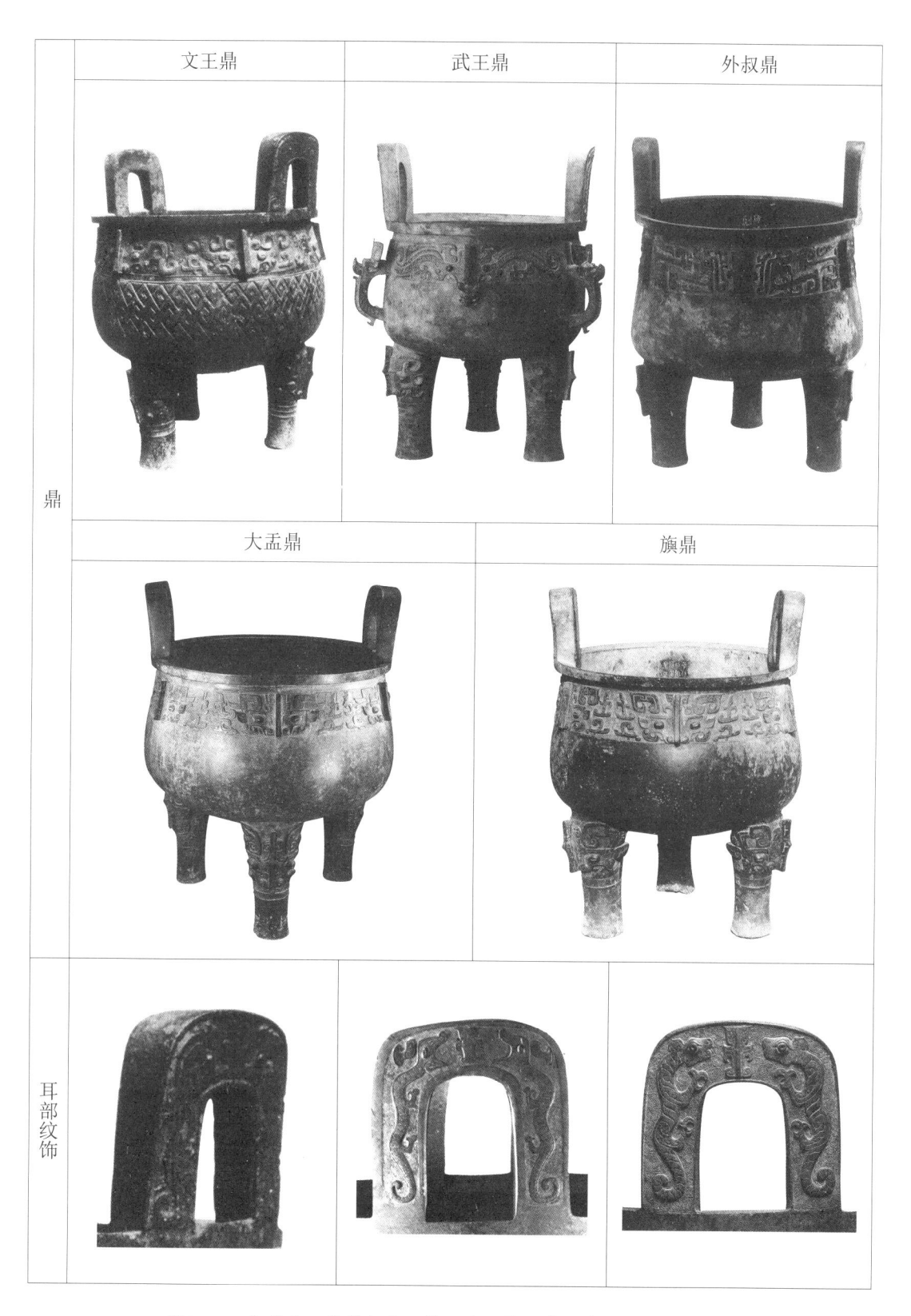

图4-13 大盂鼎、旂鼎与文王鼎、武王鼎、外叔鼎器型及纹饰比较

游旅之象，又从车，车下从双手，为驭车游旅写照，这正和穆王西游、造父为驭相合。因此旗字的含义与为穆王驭车马的造父相通，因而旗可能就是穆王时之重臣造父。旗鼎出土于陕西眉县杨家村，此地出土的盉器中有一盉驹尊，也证明这一族有长于养马驭车的传统（图4-13）。

（八）说西周王鼎器型及纹饰符号的两系隔代相承传统

1. 共王以后西周王鼎之推测

从西周文王至穆王王室大圆鼎的特征看，虽然迥异于殷王大方鼎，但其造型及纹饰仍与殷墟青铜器有密切关系。如文王鼎腹的篱栏纹，牛羊首纹，武王鼎腹的三组大兽面纹，其下的小牛首纹等皆可在殷墟青铜器中找出渊源。但是穆王以后的周王圆鼎，其风格在殷代极难找到源头。而且也与穆王旗鼎以前的西周早期王鼎有较大差异。这种现象一方面可能由于时代变化的缘故，距殷代越远，殷代铜器的影响越弱。另一方面也可能由于西方土著文化吸收东方先进文化以后，愈来愈表现出其土著文化的地域特色，并且周边文化也会不断涌入周王室中心文化圈，形成越来越明显的变异和土著色彩。

穆王以后可资辨认的西周大圆鼎有1974年扶风强家村出土的师𩛥鼎，清光绪十六年扶风任村出土的大克鼎，1980年长安下泉村出土的多友鼎，1933年扶风县康家村出土的函皇父鼎和清道光年间出土的毛公鼎等。这些鼎无论从器形或纹饰看，都摆脱了旗鼎以前及殷代铜器的影响，而呈现出独特的风格。这些铜器以器形及纹饰风格，大体又可分为两种类型。一种以师𩛥鼎为代表，有师𩛥鼎、多友鼎和毛公鼎。这类鼎造型简洁，多素朴无纹或少纹，其中又以多友鼎为代表，鼎腹下垂尖圆，三足稍矮，素朴少纹饰。另一种以大克鼎为代表，有大克鼎和涵皇父鼎。这一类鼎鼎足及满腹皆饰纹饰。腹部纹饰分上下两层，鼎腹稍方，鼎底略平，鼎足稍高。两者相比，前者不仅器型特别，而且无纹或极少纹饰的现象也比较特殊。而后者似乎更多继承了周代前期王鼎的传统风格（图4-14）。

2. 西周王鼎的两系隔代相承传统

联系穆王以后西周晚期王鼎的两种风格，我们似乎可以从文王鼎到穆王鼎中追溯两种不同风格的表现。若以大盂鼎为昭王器而旗鼎为穆王器看，昭王大盂鼎兽面纹角形明显，似有牛、羊、鹿类角畜的特点；而穆王旗鼎兽面

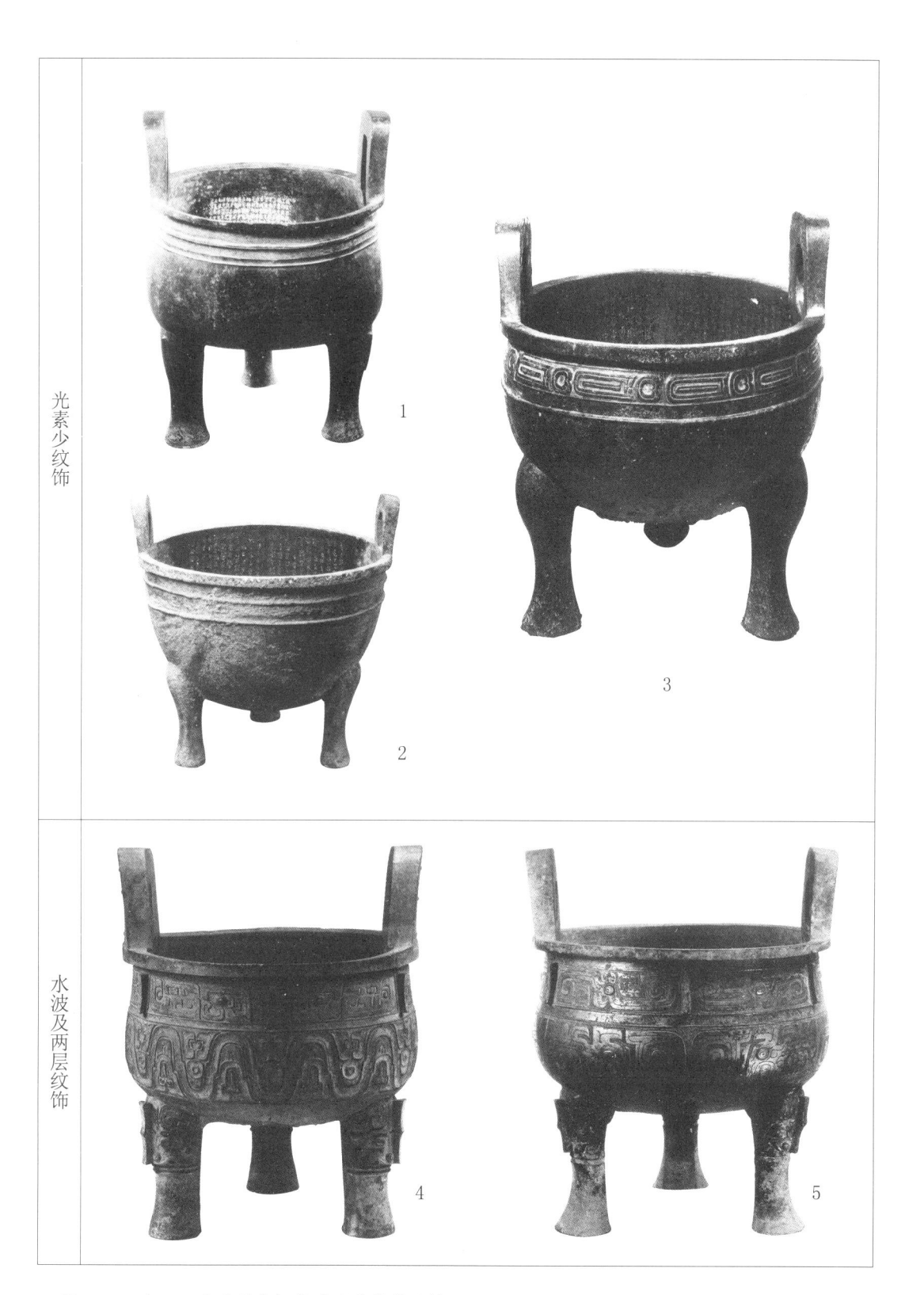

图4-14 共王以后西周青铜鼎的两种装饰风格
（注：1师𩜁鼎 2多友鼎 3毛公鼎 4大克鼎 5函皇父鼎）

纹大耳明显，似有猪、虎、犬等牙兽特点。如果从穆王鼎上溯，则可看到外叔康王鼎、武王鼎，都有这种大耳畜兽特征，特别是外叔康王鼎，鼎耳饰大耳虎纹。而从昭王大盂鼎上溯则可看到成王方鼎、巨浪海家铜龙及文王鼎都有角畜、角兽的明显特征。而这两种风格呈现出的文王、成王、昭王与武王、康王、穆王之两系隔代相承特征又明显与商殷王名以甲乙与丁辛两群隔代相承略同。这从另一个角度也可以增强我们对文王鼎至穆王鼎推断的可信度。

从以上论述可以看出，西周王室中以文王鼎、成王鼎、昭王鼎为代表的王鼎更近角龙系统，而武王鼎、康王鼎、穆王鼎更多虎兽文化因素。因而西周王室在统一的圆形王鼎中，又分别以角龙和齿虎为代表分为两大族群。而这不仅与周王室以辛姒两族系的王族构成有关，而且也与记载中的高辛氏之二子即主角龙火的于伯和主虎参的实沉相合（图4-15）。

3. 嬭鼎为王季鼎说

1940年扶风任家村出土的嬭鼎，是迄今发现时代为商代晚期，但却具有西周王鼎器型及纹饰特征的最大的铜鼎。从其造型及纹饰特征看，应当在文王鼎、武王鼎之前，而且应是周人王室用器。我以为嬭鼎应当就是王季之器。此鼎名嬭，嬭作何解释，很少有人论及，我以为大约与王季之丧有关。《周本记》有"太丁杀季历"。王季之丧当是周人的一件大事，古人每以大事为名，作器以记，这也是中国古代器物符号文化的传统方法。王季之丧虽在今人看来为不吉不祥之事，但也许正是周人以丧铭记其耻而发愤图强的记录。从文字角度看，嬭字右从桑，以桑字为本，亦通生字。而左边从女、母，与桑林十日、十母有关。也与夏禹通涂山与台桑相似，有求子求生存发展的文化意义。而在古人看来，死生也许并无界限，犹如扶桑之日，死而复生，出入皆宜。

嬭鼎无论从形制或纹饰看，都开创了西周王室圆鼎的先河，特别是规范的腹部六分，三足三分，及以三、六、九数而成圆天之数的特征都是周王室圆鼎最明显的特征。天数以九记，但是以十日之数为基础。史籍记王季娶大任，或名挚仲氏任。仲通中，或可通重，与司天之重主天数十日合。而任氏即仍氏、姒氏。商之先妣有姒氏为九成之台是尽人皆知的事，而周之先妣姜嫄也为有姒氏或称有台氏。可见嬭鼎及周王圆鼎之三、六、九数实与有姒氏为九成之台相关。因而嬭鼎之三、六、九数器形及纹饰应当是周文王之母、王季之妻大任所作。有姒氏女为九成之台，而有戎、有任氏曾为周王季之妻，

| 文王鼎系 | 武王鼎系 |

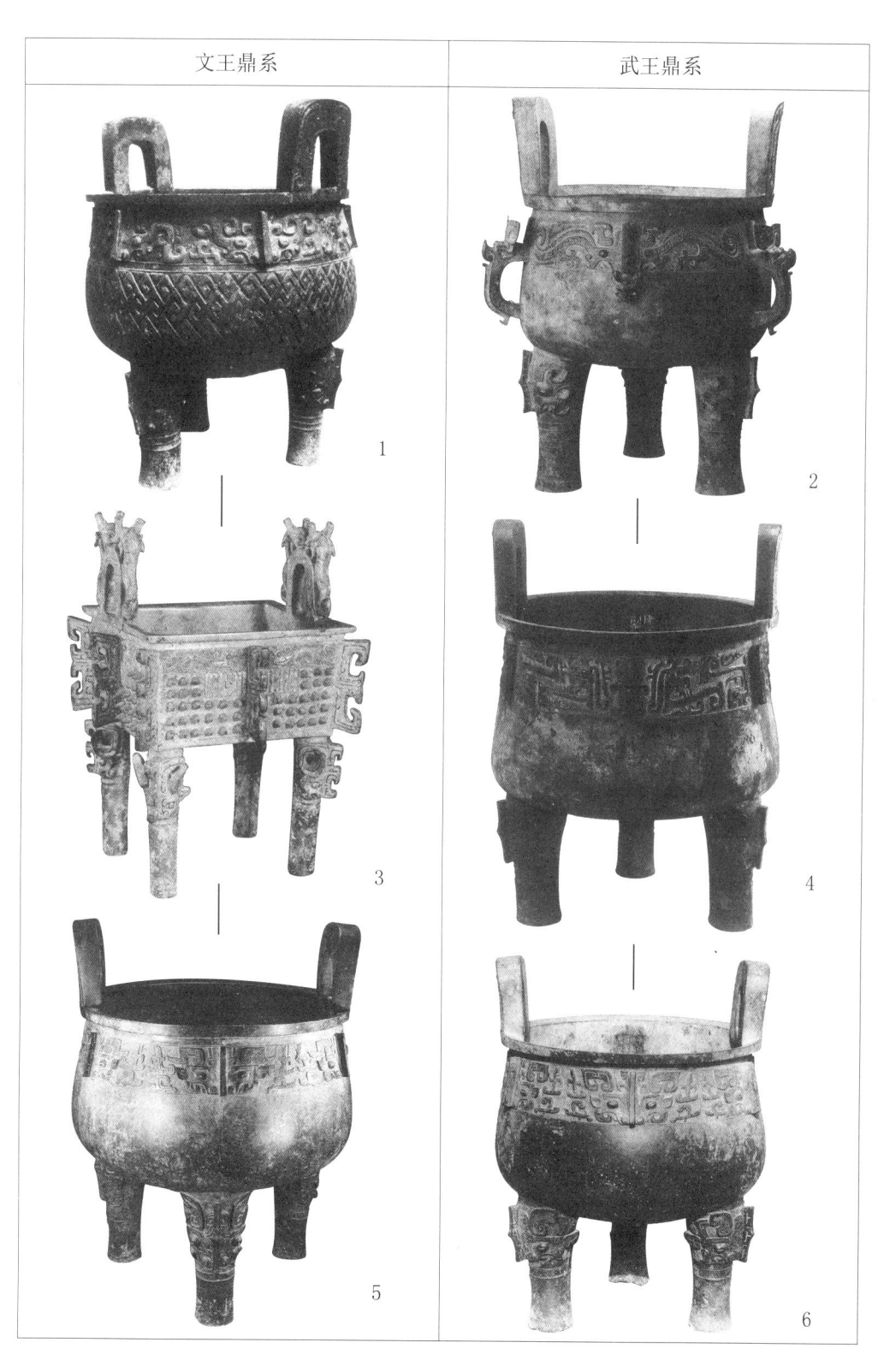

图4-15 西周文王鼎至穆王鼎的两系隔代相同的纹饰风格

（注：1长安新旺大鼎　2淳化大鼎　3成王方鼎　4外叔鼎　5大盂鼎　6㫃鼎）

且生文王。可见商周文化之间确有十分错综的血缘关系,但又有较大差异。因为从殷代即武丁以来的二里岗殷墟王室大方鼎观察,有戎氏及周人的三、六、九圆鼎圆天系统似乎并不占主导地位。而至西周以后,以大圆鼎为代表的三、六、九圆天系统才终于占据主导地位,直到西周灭亡。

媷鼎为王季鼎还可从丧字看出一点痕迹,王季之名因其排行为三。古公有三子,大伯、仲雍奔吴以王位让王季,而王季之季与三、叁通。而古文叁又与桑通,甲骨文之桑与丧皆从 状桑字,因此我以为媷鼎即排行第三的王季之鼎。而媷字兼有神树桑木和王母女巫的符号文字意义(图4-16)。

4. 朱马嘴铜鼎与古公亶父

从现今已出土的殷周青铜器资料中,我们可以对文王武王以前的西周王鼎进行分析,比如对文王之父王季和文王之母大任与媷鼎做对比分析。记载中古公亶父是西周王室的奠基者,是他率周人长途迁徙,摆脱与戎狄的争斗,迁居于关中西部水草丰美,土地肥沃而且宁静和平之地,从而为周族的兴盛强大打下基础。但是关于古公亶父时代的真实历史是什么样子,考古界历史界多种观点分歧较大。按照我们对西周王室王鼎器型及纹饰的分析,我们以为陕西礼泉朱马嘴遗址可能和记载中古公亶父从豳迁周有关。礼泉县朱马嘴遗址位于礼泉县最北端,隔泾河与古豳地的彬县、旬邑、淳化为邻。按照杨宽先生的观点,古公亶父率周族迁徙的路线正好经过礼泉北部。杨宽先生解释《史记·周本纪》"遂去豳,渡漆沮,逾梁山,止于岐下"时说:"梁山即今陕西乾县西北五里的唐高宗、武则天陵墓所在乾陵。这次周族的迁都路线,从豳(旬邑西南)出发,渡过泾水,向西南行,越过乾县的梁山,过杜水,沿漆水南下,再向西折,沿今渭河西行,定居到今扶风北……"[①]按照杨宽先生对古公迁徙路线的分析,礼泉朱马嘴遗址可能正是古公迁徙途中渡过泾水的第一个驻足点。1977年11月,朱马嘴遗址出土了7件殷代晚期青铜器。特别是两件大圆鼎,一件大甗是迄今所见殷代晚期少见的大型青铜器,而且这种大圆鼎的器形及纹饰特征正是与西周王室圆鼎风格相一致。朱马嘴遗址出土殷代晚期但具有强烈西周王鼎风格的青铜器物,而且正处在古公亶父从

---

① 杨宽:《西周史》,上海人民出版社2007年版,第42页。

图4-16 扶风出土㜏鼎及铭文（注：1㜏鼎 2㜏鼎铭文）

豳迁周的迁徙路线上，这显然不是巧合。不仅如此，我们论述的出土武王鼎的淳化史家塬也与朱马嘴相距不远，而且也属古豳地，因而这一地区在殷末周初的西周早期历史上，可能曾经是一个十分重要的地方。

文王鼎与易卦溯源

（一）从西周王鼎说文王与周易

1. 西周王鼎腹部六棱柱与周易之乾坤卦象

从器物符号角度分析，周王圆鼎与殷王方鼎在器形、纹饰方面具有十分鲜明的族群文化差异外，周王圆鼎的器形与纹饰似乎还可以找出其与周易的联系来。现存周易据记为文王被殷纣囚拘期间所作。值得注意的是现存周易易卦符号确实和西周王室大圆鼎的结构纹饰有相通之处，特别是易卦的乾坤卦象与周初文王鼎、武王鼎明显有相通之处。

西周王室大圆鼎基本承袭了殷墟时代青铜圆鼎腹部六分格局，但是从文王鼎、武王鼎看，腹部的六分格局明显改变为稍有差异的两组，因而形成两个三分的结构方式。如文王鼎，即长安新旺大鼎腹部的六个兽面分为两组，三个大角下弯，形似羊角，而另三个角上弯，状如牛首。而武王鼎则是三个兽面纹与腹部三耳也分为两个三组。周王圆鼎腹部一般都有以六个|形立柱将鼎腹等分为六段的结构模式，如果将这六个|形立柱抽象出来，组成六个符号，则可以变为||||||状的一组六柱纹符号，而|即是数字之十，又与周易乾卦符号相同，乾即干与十天干通。如果我们将||||||状符号的六个立柱横卧，则变为≡状符号，从而成为与文王制作的周易乾卦符号完全相同的卦象符号。按照这种方法，我们再看周王圆鼎腹部六个兽面的12只眼睛，则也与周易坤卦的12个短线合成六条断线的形式完全相同。而文王鼎、武王鼎明显地将鼎腹六分格局变为两个三组，则又完全与周易乾坤两卦的六阳爻与六阴爻分为两组，每组三爻完全相同。文王鼎、武王鼎鼎腹六柱及柱旁两乳丁与周易乾卦、坤卦这样高度吻合，也使我们更加强了对西周王鼎的分析和判定。与殷王方鼎腹部兽面纹兽鼻部的立柱上有明显的细小分划纹相比，西周王鼎腹部六个立柱形更鲜明突出，这大概也与周之先祖为烈山氏柱及其后代文王以先祖创造的|形柱状符号创立周易的阳爻、阴爻有关（图4-17）。

2. 半坡夏启盆口沿的癸甲符号与八卦探源

八卦是中国古代文化中最引人注目，最神秘，然而也最无定论的大问题。

自秦汉以来，说卦之书不下数百种。但多数仍恪守着以书解书的传统，较少利用近代以来考古发现的实物资料。这不能不影响对八卦内涵及起源的认识。我们认为，半坡夏启人面鱼纹盆口沿的癸甲八分符号就与古籍记载中伏羲女娲初造八卦有关。山东嘉祥武氏祠汉代画像石的第一石就是初造人类的伏羲女娲像，榜题为："伏羲仓精，初造王业，画卦结绳，以理海内。"刘歆在《汉书·五行志》中也说："虙羲氏继天而生，受河图，则而画之，八卦是也。"可见，在汉代人的眼里，八卦就是伏羲氏"初造王业"的标志。所谓"初造

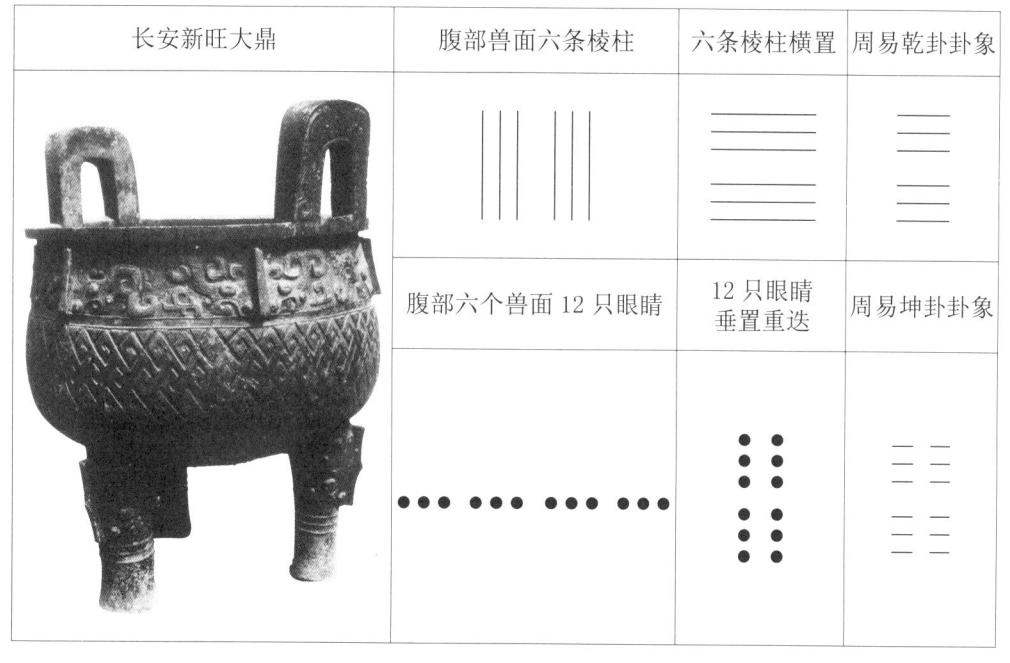

长安新旺大鼎	腹部兽面六条棱柱	六条棱柱横置	周易乾卦卦象
	｜｜｜｜｜｜	═══	═══
	腹部六个兽面 12 只眼睛	12 只眼睛垂置重迭	周易坤卦卦象
	●●●●●●●●●●●●	●● ●● ●● ●● ●● ●●	═ ═ ═ ═ ═ ═

图4-17 文王鼎腹六柱纹与周易之乾卦、坤卦比较

王业"，就是因创造了一种涵括宇宙万物的规矩符号而受到人们的普遍拥戴。中华五千年文明之源之所以以八卦为起点，开天辟地的功业之所以归于伏羲女娲，其奥秘就在这里。伏羲手执规而画八卦，规为"ψ""※"形，女娲执矩而造人，矩为"∟""十"形，矩与规与夏启盆口沿的癸甲符号之"ψ"及"十"状符号十分相似。《说文》："卦，画也。"画字商周金文为以手执笔画方块状，所画方块与规矩之形相同，而彩陶人面盆的两种符号八分

圆的格局也和八卦相同。《易·系辞》有"太极生两仪，两仪生四象，四象生八卦"之说，这也与彩陶割圆术中两分圆、四分圆、八分圆的现象相同。[①]更值得一提的是，今传八卦的图像符号无论是图像布局还是符号形象，都与彩陶人面鱼纹盆相同（图4-18）。

今传八卦有两个，一为伏羲八卦，或称先天八卦；一为文王八卦，或称后天八卦。这两个八卦虽然在符号分配方位上稍有差别，但是都以八个符号分配在东、南、西、北四个正位和东北、东南、西南、西北四个斜位上，而且这八个方位又构成了一个圆形阵式。这和彩陶人面鱼纹盆上的割圆符号完全相同。彩陶人面鱼盆上的"＋"状割圆符号是我们根据它的八个符号两两相对的格局连结而成的。事实上，它也是均匀地分配在圆形陶盆口沿上的八个符号，彩陶人面鱼纹盆上的割圆符号虽是八个，但实际上它是由两种符号相间分布而成的。这也与八卦以阴阳两个符号反复组合相同。无论今传文王八卦或伏羲八卦，构成它的复杂多变的图像只用一阴一阳两个符号。阴用两短画表示，阳用一长直画表示。而半坡人面鱼纹盆上的两个符号也是由一画和两画构成，其中一个是用一直画表示；另一个用一直画插入两斜画中。彩陶割圆的"＋"状符号与八卦的内涵及图像上这样高度的密合，说明它们或许就是同一事物先后发展而略有差别的形态。也就是说，中国文化史上神秘的八卦，其原始形态可能就是公元前4000年左右西安半坡夏启人面鱼纹盆上的割圆符号（图4-19）。

从目前所见的考古资料看，八卦产生的时代可能还会更早些，因为半坡人面鱼纹盆的割圆符号的"＋"状格局在更早的老官台、裴李岗文化中已经出现。老官台、裴李岗文化是早于半坡时代的约为公元前5000年前的一种文化遗存，老官台文化中经常出现一种圆底钵，有的钵内画有内彩，这种内彩有时以四条直线分布在四面，成"＋"状格局，有的以四个红点布列四方，也呈"∴＋"状纹样。裴李岗文化陶器中有一种乳钉纹陶鼎，其腹部一周遍饰乳钉，这些乳钉都是以小泥片平按在陶鼎腹部周围，唯独在鼎口沿下一周有四个乳钉是用同样的小泥片竖置的，这四个竖置的小泥钉在陶鼎口沿下两两对置，将陶鼎口沿"＋"状分割为四等份。稍晚于裴

[①] 钱志强：《古代美术与中国文明起源研究》，中国社会科学出版社2007年版，第134页。

| 伏羲之规 | 半坡人面鱼纹口沿符号 | 女娲之矩 |

武氏祠汉画像伏羲女娲像

图4-18　半坡人面鱼纹盆口沿癸甲十字状符号与伏羲女娲手挚规矩比较

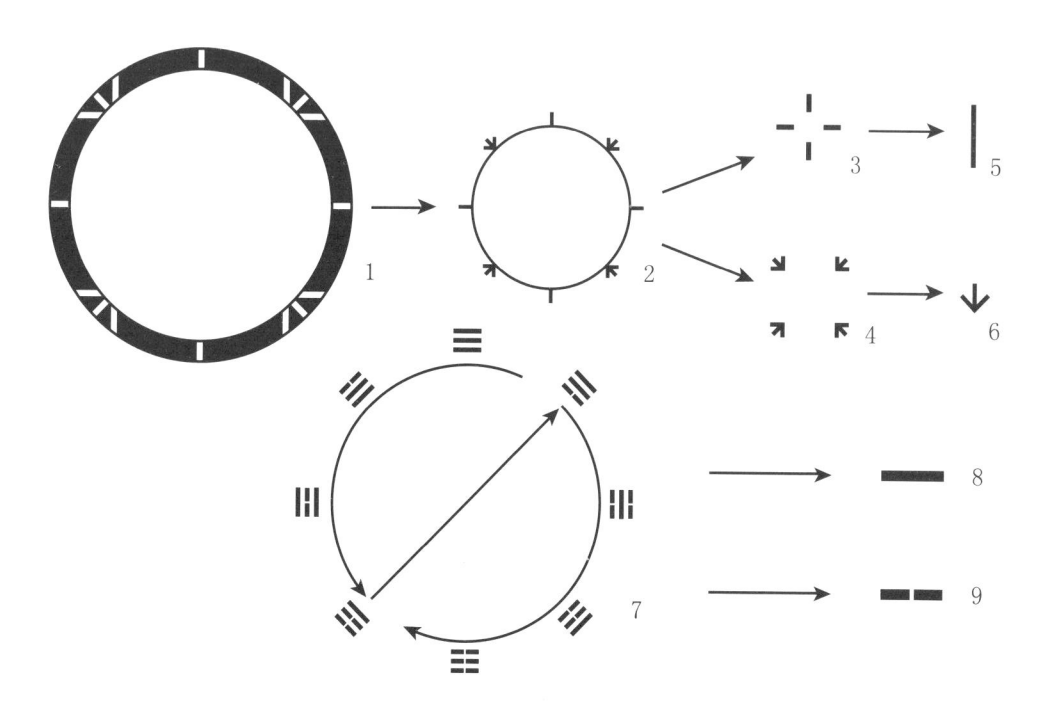

图4-19　半坡人面鱼纹盆口沿八个符号与八卦符号比较

李岗的北辛文化中有一种敛口罐形陶鼎，其口沿上也有作"✧"状十字形布局的四组泥突饰，每组泥突都是由两个齿状泥钉组成。这种由八个齿状饰作十字布局的特征对东部沿海地区的大汶口文化流行的八角纹彩陶纹饰有很大的影响。而这种八齿状十字纹迄今在四川南部及云南、贵州的少数民族地区仍然十分流行，如彝族的八卦就呈双勾十字纹状。由此可见，中国传统文化的八卦并不是秦汉以来才形成的，也不是在传统说法的夏、商、西周时代才出现的，而是在公元前四五千年以前或更早的时代形成的。但至少在公元前5000年以后，作为一种新出现的符号文化，在黄河中游，特别是渭河流域已经十分流行了。相传伏羲因画八卦而王天下，半坡人面鱼纹盆已被我们判定为夏启时代，因而伏羲创制八卦自然比半坡人面鱼纹盆更早，这也和我们推定八卦更早的形态在磁山、裴李岗及大地湾老官台文化之前出现相符合（图4-20）。

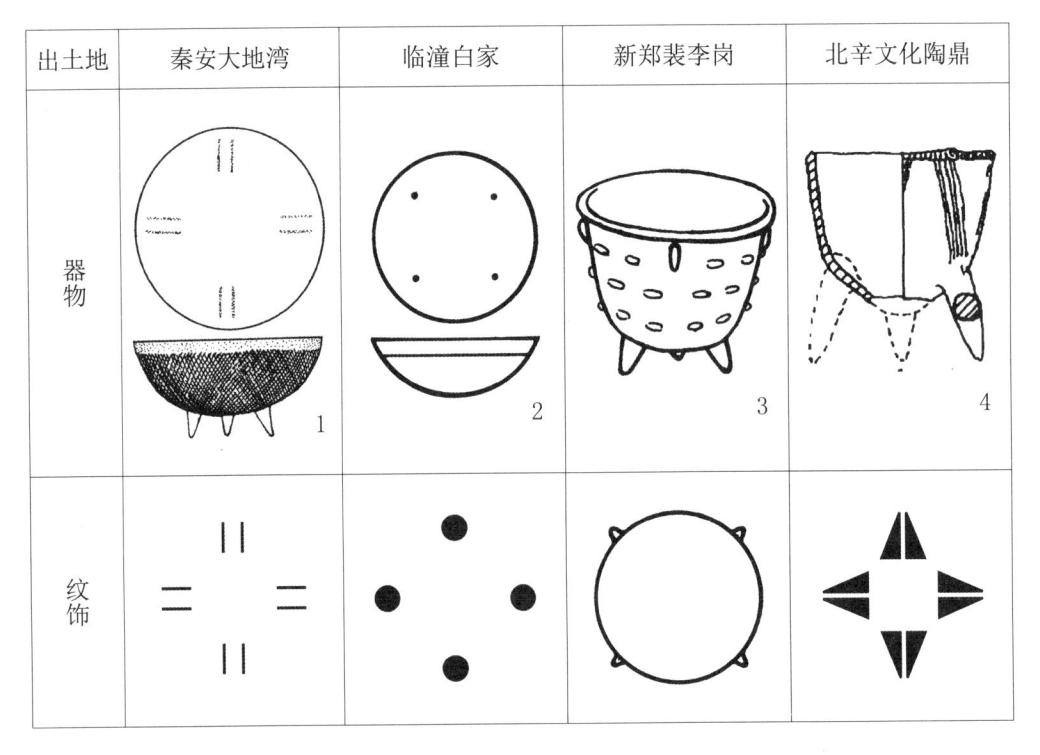

出土地	秦安大地湾	临潼白家	新郑裴李岗	北辛文化陶鼎
器物	1	2	3	4
纹饰				

图4-20 半坡人面鱼纹盆口沿八分符号早期形态推测
（注：1秦安大地湾早期内彩三足钵 2临潼白家出土彩陶钵
3新郑裴李岗出土陶鼎 4北辛文化陶鼎）

3. 八卦与五行

从前述彩陶的圆与割圆及今传八卦图像的八方布局的关系可以看出，在中国古代人的眼里，宇宙间的万事万物都在进行着周而复始的圆转运动。而表示事物运动的圆又是由最基本的两种存在方式组成的，即阴与阳。假如将这两种存在方式的每一种再分为两部分，大约就是《易·系辞》所说的两仪与四象，亦即阳分为老阳、少阳，阴分为老阴、少阴。而这两种存在方式与各自的两种形态，不过是认识这一事物所必须把握的几个主要点，并不是对这一事物的认识的终极结果。因而，彩陶符号及八卦都不应该是一切事物的答案，而只不过是人们借以认识事物的有效工具。

以方位而论，人们对自己所存在和活动的大地的认识是依赖于对东、南、西、北四个方位点的认识的，然而把握这四个方位点并不是目的，而是为了借以去随时随地地了解自己所处的位置。因此，以往那种认为古代中国人认为地是方形的看法并无充足的理由。因为，地方之说只不过是古代中国人借方矩形的四个正位来辨别方向的表示，并不是在中国人的认识里大地就是方的。以往以为中国人地方认识的说法其实是对古人的一种误解。因为四面常常是与八方并举的，八卦的八个方位就是证明。而四面八方与八卦的八个方位其实是表示一种向四周的无穷无尽的延伸。这从八卦的八个方位表示圆及彩陶的八个符号指示圆形即可证明。可见，至少在公元前4000年前半坡时代的夏代，渭河流域的人们已经认识到了这一点。中国古代哲学中的五行观念就与这种方位观念有不可分割的联系。既然东、南、西、北四方是表示向四周的无限延伸，那么，很显然这是以中央为中心的。因此四方其实是指五方而言的。五方的观念在甲骨文中已有清楚的记载。甲骨卜辞有："己巳，王卜，贞今，商受年。"王占曰："吉。东土受年，南土受年，西土受年，北土受年。"（《粹纶》907）由于商人自称中商，因此，这里的四方受年实际也是商人以自己为中心向四面受年的五方观念。甲骨文中所见五方并不是单纯的方位观念，东、西、南、北四方还能驱使四方风雨，而且需吃牛羊。可见四方及四方风、四方火等相应的四方观念已经形成了一个四方或五方的文化体系。因为在这里一切都纳入了四方或五方的范畴，这就是五行说的根本所在。

从甲骨文的"东土受年，南土受年，西土受年、北土受年"可以看出，商代的五方如果用图表示，似乎也可以画作十字状。因为十字状的四个端点正是指示着东、南、西、北四个方向，而中央相交处即是中央一方。十字状用作五或五方还可以从今传"河图""洛书"中得到证明。今传"河图""洛书"也是以十字状布局的，而十状符号正是表示"五"的。用方正的十字状符号表示五在中国古代似乎是很普遍的习惯，"河图"、"洛书"及商代的五方已如前述，周代的明堂（见王国维《观堂集林》）也呈十字状布局，不仅东、西、南、北各有居室，而且中央更为祖庙所在。因此，西周时代也是以十字状表示五方的，这种习惯与中国古代文化中以黄帝居中、以土居中等重视中央的方位是相合的。从彩陶纹饰可以看出，这种以"十"状表示五或五方的观念，其源头也可以追溯到公元前4000多年以前。陕西汉中汉水流域出土的一件半坡类型人面纹彩陶盆，在盆内画四个圆形人面，这四个人面两两相对，呈严格的十字状布局。而另一件人面纹彩陶盆在盆内画五个人面，其中四个人面分别位于四方，一个人面居于中心位置，五个人面也呈现出严格的十字状布局。而且中央的一个人面比四周的人面更大更突出。由这件五人面盆可见，那件四人面纹盆及半坡遗址出土的人面鱼纹盆的十字状格局，大约也是表示五方及五位观念。只是在通常情况下，中央的方位总是以空位表示，这大约是一种更为神秘的以虚代实的思想反映。四方之位皆为实位，只代表一个具体方位或者一方，而中央之位可顾四面八方。这种对中央之位的潜在神秘观念，大约就是中国古代称中央为玄官、秘官、以中央之位为尊的渊源吧。

　　黄河彩陶中以十字状符号表示五方的观念其实是十分普遍的现象，只是由于人们固于已往的成见而不去认识它。在仰韶文化、大汶口文化、马家窑文化的彩陶中，十字状纹饰多用双勾法画出，而且还常常特意突出中心的方形黑块，其表现四端及中心的意图是十分明显的。庙底沟的花瓣纹以四向的花瓣为白色，而中央的黑珠十分突出，这也是有意突出五方之中的中央位置的。马家窑文化彩陶中的四大圆圈纹，俯视时总是以圆形器口为中心控制四面之圆形纹饰的，这种以圆形器口居于中央之位的方法就显得比较神秘了。半坡及姜寨遗址的居住格局是四面而居，房屋都向中心开门，中央为聚会广场，从这种四方向心式十字状居住格式亦可见十字状符号表示五方的观念。甲骨文中城郭的"郭"字大多作中央一方块，四面有望楼状。商代的王墓格局也是十字状的五方布局的。可见，十字状并不仅是表示方位的观念，它也与葬俗、乐舞、王名等现象相关。①因此，神秘万能的十字表示的五方、五位、五数等思想，正是中国五行思想的反映。我们之所以认为五行思想的基础是五方观念，主要是基于早期人类总是以某一地点为中心居地，而向四面出发寻找食物这样的认识；越是在早期，辨别方位对于人们就越重要。城郭之郭字作十字状，半坡、姜寨村落作十字状向心式布局都证明了这一点。值得注意的是甲骨文、金文中行走的行字也作双勾十字状，其意义为四通八达。可见，作为十字状而表示五方观念的符号，其实是以方位为基础的。由于道路并不是严格的、四向的和笔直的，所以十字状符号只不过是人们概念中的一种指示方位和表现人们观念的模式而已，并不是对自然现象的模拟。而中国城镇都市之所以数千年沿袭方正的十字状格局，也并不是对真实的十字状道路的模拟；相反，它是人们运用这种工具辨别方位的习惯的产物，而这其中还具有更多的五行思想的文化观念成分。

在中国的辞语书籍中，行不仅具有行走的意义，而且还具有初始、开始行动、运行的意义。因此，五行思想的意义也就与开天辟地相通。《说文》云："五，五行也，从二，阴阳在天地间交午也。"虽然，五字在甲骨文、金文中均作两笔斜交状，与十字的方正格局不同，但却是两笔相交呈五方之状。因此，就五的本来含义而言，正南正北垂直相交的十字状符号比斜交的"×"状五字也许更古老。而且，甲骨文、金文中的斜交的五字多是作数字的"五"用的。因此，很有可能它是从十字状符号中分化出来的。在古籍记载中也有古代五字与十字相关的说法。《诗经·七月》疏有："古五字如七"，而七字在甲骨文、金文中均作十字状符号，可见十字状符号与五的深刻的内在联系。

以往主张五行学说起源于商周以后或更晚的学者，其主要理由认为构成宇宙的五种材料，即金、木、水、火、土在商周以前尚不具备。这种认识不足取之处在于它脱离了中国阴阳学说的最基本的因素，即阴和阳，天和地。而天地相摩，阴阳相交的主要内容是指以天（主要指太阳运动）为代表的四季更替、草木枯荣的自然规律而言的。而人们对这一自然规律的认识是

---

① 钱志强：《古代美术与中国文明起源研究》，中国社会科学出版社2007年版，第27页。

在千百万年以来寻觅食物的过程中逐渐体会到的。因此，虽然五行与八卦具有大体相同的内容，但是，五行的起源却似乎更古老。从考古资料也可看出，裴李岗文化中陶鼎的十字状泥饼饰与半坡人面鱼纹盆上的两个十字相重的八卦符号有渊源关系。如果说裴李岗文化中陶鼎口沿外泥饼构成的一个规正的十字状纹饰标志着五行观念的产生，那么，半坡人面鱼纹盆上的八卦符号就表示当时的人们已经将这个表示五方五位的十字状五行符号熟练地、多方面地、反复地运用到人们生存方式的各个方面。半坡人面鱼纹盆上鱼与人面的旋转，两个十字符号相重表示无穷重复，都可以看到这一点（图4-21）。

4. 八卦与太极

在有关八卦的遗存中，有一个黑白互回的图像，习惯上一般称它为太极图。这种太极图的奥妙在于它用一条S状的回旋线对等分割了一个封闭的圆，从而象征宇宙的永不休止的变化和运动。从太极图形可以看出，封闭的圆形在图中是表示宇宙的。从太极图所表示的宇宙及其内涵看，它与我们前述彩陶中的十字状的五行和米字状的八卦是一致的，但是，它们的表现形式却有明显的差异。彩陶中的十字状五行和米字状八卦的运动是通过鱼、鹿等绕圆周运动的辅助性符号指示的，而太极的运动则是通过分割线本身的回旋表示的。虽然，在今传的八卦图像中也有将米字状的八卦与S状的太极结合在一起的（如宋代朱熹的《易学启蒙》），但从出土的彩陶资料看，S状回旋式太极图的出现要比十字状五行和米状八卦晚得多。

今传太极图虽然没有标出圆心，即S状运动线只有两个相背的端点，没有中分点。但是由于它是与圆形共存的，因此它的中分点，即圆心应该是存在的。自公元前3500年起，黄河彩陶中流行的连旋纹，其基本纹样就是这样一个S状回旋线。

黄河彩陶中的S状连旋纹大约是在公元前3500年前后的庙底沟期出现的，庙底沟类型彩陶中的一种勾叶弧线圆点纹的基本结构就是一个S状回旋线。但是S状连旋纹最流行的时期还是在甘青地区的马家窑文化彩陶中，马家窑文化马家窑和半山类型彩陶都是以S状连旋纹著称的。马家窑类型和半山类型彩陶的连旋纹若从侧面观察，则表现出连续不断的S状波动状态。如果从口沿俯视，这些连绵不断的S状回旋线又以器物口沿为中心，被十字或米状结构牢牢牵制着。特别是洮河流域发现的一件太极鱼纹彩陶盆可以确认，公元前 3500 年左右的庙底沟、马家窑文化，已经有了与现存太极鱼纹图几乎一样的太极图式。这件彩陶盆外腹一周绘水波及月牙纹，内绘马家窑彩陶盆流行的三角 S 连旋纹，而陶盆内底圆心却以双勾 S 线分割圆形，形成了两个相反相成的太极鱼形，鱼头有一黑点，鱼身呈网格纹。甘青地区的这种 S 状回旋彩陶纹发展到马厂期，多体现出了与"＋"状符号相融合的状态。马厂彩陶中流行的卍纹就是由两个 S 回旋线按"＋"状结构组合成的。而更晚的寺洼和辛店文化彩陶中，S 状纹样就明显脱离了与"＋"状符号相纠葛的形态而常常独立出现。可见，作为内涵与八卦，五行相通而形式相异的 S 形太极图，其出现的时代是稍晚于彩陶八卦图形的。S 状太极图式的彩陶纹样不仅流行于黄河上游的甘青地区，黄河中游的晚期彩陶纺轮中也常常出现这种彩陶纹样，大河村类型彩陶中流行的一种有中分点的 S 状纹饰就十分引人注目。长江中游的屈家岭文化彩陶中也流这行种 S 状纹，它不仅和圆相结合，而且也是以阴阳（即黑白）表现出被 S 线渐次分割的圆形图，这种陶纺轮上的彩陶纹样与今传的太极图式只有细微的差异。太极与八卦、五行在内涵上的一致还可从伏羲女娲形象看出。伏羲女娲手执规矩是八卦的标志，而其两尾相交呈 S 状也很明显的，但无论是伏羲女娲，其身体又都是 S 状太极式样。

综上可见，彩陶纹饰中的五行、八卦和太极，都是黄河流域古代居民对宇宙自然规律的认识和概括，而这种规律性的认识又是通过一种极概括的符号模式表示的。因而这种有关五行、八卦和太极的符号模式其实就是那一时代人们认识宇宙的模式。五行的符号是一个正交或斜交的十字状，八卦的符号是米形呈"米"字状，太极图式是一个 S 状回旋线。它们产生的时代是五行最早，次为八卦，S 形太极图式是最晚的。但即是最晚的 S 形太极图式，从现今考古资料看，其出现的年代也在公元前 3000 年以前，远比现今的观点早得多。而且从对五行、八卦、太极图的符号及内涵分析看出，内涵丰富的符号形态，可能是中国最早的文字形态。而从内涵丰富、形式简单的符号文字向甲骨文的转变，应是一个时代的信息交流方式向另一个时代的信息交流方式的转变，是一个十分漫长而艰难的过程（图 4-22）。

5. 五行与阴阳

从前面的论述可以看出，黄河流域古代居民用以表示宇宙观念的符号模式是不断细致和精密的。同样是表示阴阳观念的符号，早期的五行时代的

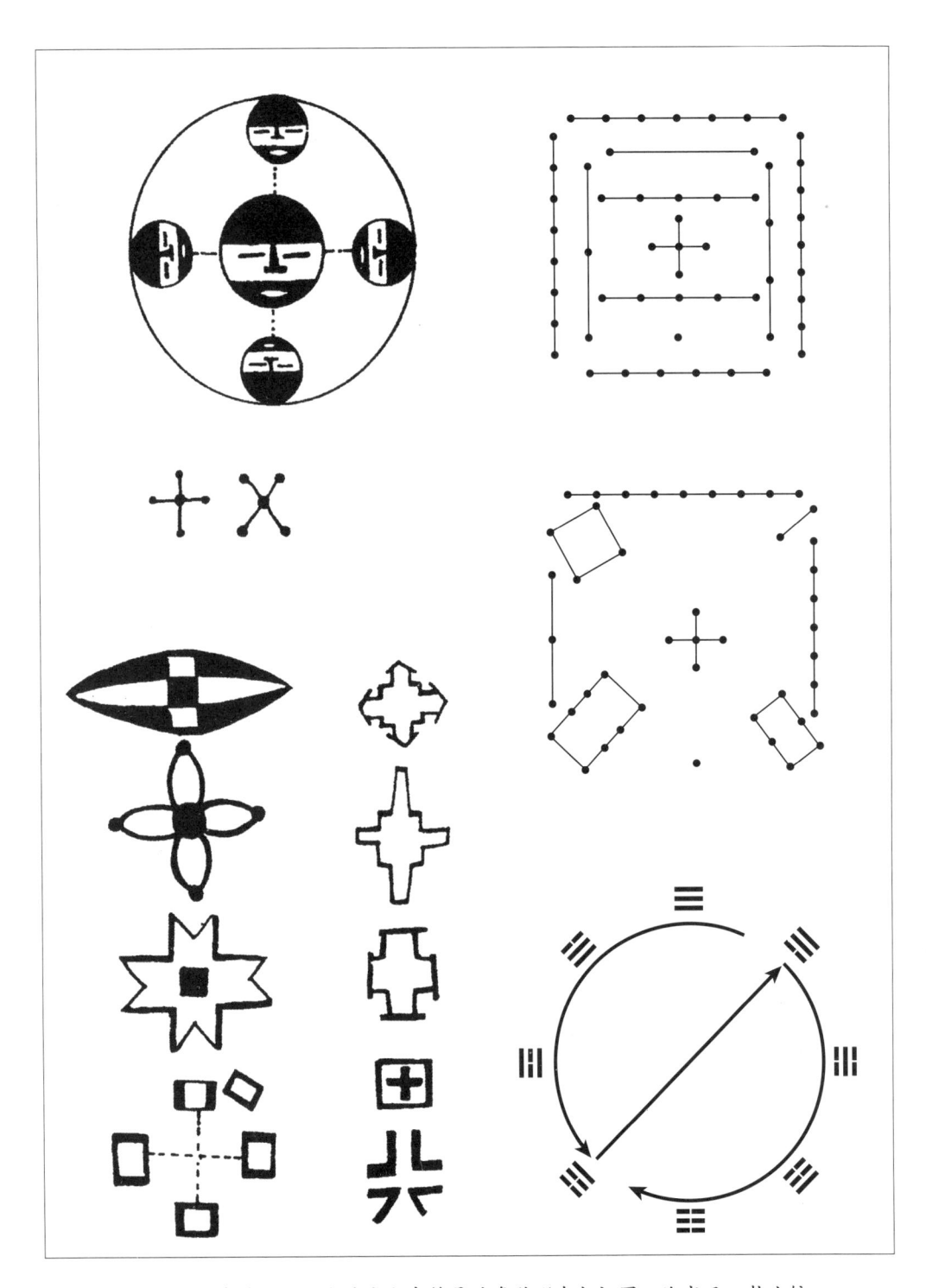

图4-21 半坡人面纹彩陶盆十字符号的多种形态与河图、洛书及八卦比较

图4-22　S状彩陶纹与太极图比较

"＋"状符号有不能明显表示其运动及变化的缺点。而半坡时代的米状八卦符号及鱼与人面的旋动虽然能较好表示这一观念，但是符号本身似乎过于复杂。晚期流行的S状太极式旋回线，既能较好地表述人们的宇宙观念，符号本身又很简练。虽然，在黄河彩陶发展的3000多年中，从"＋"状五行符号到"米"状八卦符号再到S状太极符号的变化必然会包含有观念内容的变化，也有表现形式的符号形态的变化。但其由简单的形式符号表示丰富观念内涵的方式并无多大改变，而且它们所表现的中华民族的宇宙观念的最基本的核心，即阴阳观念也是一脉相承的。而这种阴阳观念似乎与五行的关系更为密切。

前面我们已经论述了"＋"状符号与五和五行的关系，而"＋"状符号之所以能表达阴阳观念，主要是十状符号的两划是分别象征阴和阳的，现存的八卦以两个符号表示八卦及六十四变，彩陶纹饰中以"＋"、和粆两个符号分布八方形成（米）状八卦，S状太极图的相背的两端都明显比"＋"状符号表示的内容更丰富，但它们又与十状符号以两划表示阴阳有渊源关系。以两划相交的五表示阴阳在古籍中也有不少记载。《易象上传》："五，帝位。"《易泰》："五者帝位。"《易贲》；"五，天位。"最明显的还是汉许慎的《说文》。《说文》云："五，五行也，从二、阴阳在天地间交午也。"为什么简单的两画相交能表示宇宙万物的变化和运动？要明白这一点，就只能从符号形态本身出发进行分析研究。在中国传统文化中，宇宙万物及其变化很早就是被概括为两个最简单的符号即两划的。而五之所以能表示阴阳及变化，不仅因为它有表示阴阳的两划，而且这两划还是相关相交的。日月交替，以行昼夜；寒来暑往，以成终岁；牡牝相交，男女婚姻……大千世界就是这样不断运动和变化的，生命也就是在这两者相交中才得以延续的。因而"＋"或"×"状符号的两划相交点即中央位之所以被视为至尊之位，大约还有它是两画相交后所产生的新事物新生命的意义。因而作为符号形式，两划相交的×和＋，虽仍为两划构成，但却由于其相交因而产生了新的中央点。这也和人之男女相婚、动物之雌雄相配及昼夜交替、寒来暑往产生的变化一样。因而过去对伏羲女娲交尾之像多从他们手捧日月、执规矩和交尾着眼，其实伏羲女娲两人的身体正构成了一个大"五"字，而且他们的身体又都呈S状。这种以S状龙身相交成×

形五字状，也说明了S状太极图式也与公元前5000多年的五行思想有密不可分的联系（图4-23）。

（二）从夏商殷周王器的哲学内涵再说中国古代"观象制器"的符号文化传统

由于种种特殊的原因，现今人们对所谓原始时代人们文化知识、智慧的估计往往太低。然而考古发掘的材料却迫使人们不得不一次又一次地修正人们对先民文化知识的过低的估计，在这一点上，学界还依然显得十分保守。究其原因，我以为是过多地依照西方文化历史学说理解中国古代文化现象，而较少侧重对中国本土文化传统的特征及规律的研究。也许有人会以为我们对夏、商、殷、周王名、王器及其反映的文化传统估计过高。但只要认真观察那些出土的器物，对它们多做系统的比较与研究就能得出比较客观的结论。这从出土西周王鼎的器形纹饰与文王作周易的比较即可看出。而西周王鼎所体现的易卦的哲学内涵更进一步证明中国古代器物符号文化中器物符号与文化内涵的一致性。我们所说的文化内涵，其实就是中国古代传统观象制器的符号文化象征天地人以及万物的具有多重观念含义的符号文化形态。而将这些器物符号与宗教哲学的、经济文化内涵及对应的巫术、祭祀礼仪的形式结合，就构成了以器物及纹饰符号为基础的中国古代观象制器的符号文化传统的基本内容。在这一点上，文王鼎、武王鼎和文王所作周易卦象以及文王作周易的传说三者之间的契合就是很好的证明。由文王鼎的王器及所体现的周易卦象及内涵，我们不由联想到前述的夏商殷的王器及文化内涵。《周易·正义》"论三代"《易》名中有夏曰《连山》，殷曰《归藏》，周曰《周易》之说。《世谱》有："神农一曰连山氏，亦曰烈山氏，黄帝一曰归藏氏。"按照我们前面对周王圆鼎及周人部族源于烈山氏的观点，则文王所作周易来源于烈山氏连三氏的连三易。而连三易从半坡夏代初年起就一直存在于夏王室文化中，只是没有居于主导地位。从连三易存在于半坡时代夏王室并为其重要成分看，说夏易曰"连三"也有其正确的一方面。但从夏王室代表性器物夏启人面鱼纹盆的器形及纹饰结构看，夏易应是近于黄帝所作"归藏"。尽管对"归藏"的意义很少有人提及，但传说中黄帝是以"四面"与炎帝的"连三"相对。因而夏王室主导性器物人面鱼纹盆口沿的两组四分陶盆口沿的癸甲符号形式是近于黄帝部族的。由于对夏王器物、周王室器所体现的"连三易"与"归藏"易文化内涵的确定，再联系前面我们对商王大乙彩陶罐及纹饰结构的分析，商王大乙的乙字纹饰符号可能是后来道家推崇的S形太极图的祖源。因而商王大乙彩陶罐的纹饰结构的连三分割方式表明它与周人圆鼎一样，都更接近于炎帝的"连山"易。夏易、商易、周易已如上述，由此可见殷王方鼎器形的四面八方器形及纹饰布局是近于夏人及黄帝的。

（三）地缘制国家的确立与西周灭亡

前面我们已经论述过，半坡时期的夏代是中国以地缘为基础的国家形成的初期，夏王室的十日名王及商殷王室的十日名王，其实标志着不同血缘关系为基础的集团，在步入地缘关系为主导的社会的时候，以十个（或更多）天干名字分别作为本群团的名称，从而组成新的既有血缘远近亲疏关系，又有地缘关系的相对稳定的、以农耕为主导的联盟制国家。尽管这种早期的国家形态还比较松散，但是其广泛深入的文化融合及由稳定定居所带来的文化及财富的创造与积累是以往不可比拟的。因而大约从半坡夏代开始，经大河村商王大乙及大汶口、陶寺到二里头，一个范围更大，更为稳定的以地缘为主导的国家渐趋稳定、扩大。但是从周围更为广大的的范围看，在以血缘纽带为主的血缘关系时代，夏商两朝开创的地缘制国家依然是小范围的，文化传统依然是脆弱的。这不仅因为在国家及王室内有血缘关系的干扰，而且更重要的是王室内的十天干群团与周围众多的大范围人群仍然有以血缘关系为主的血缘联系。因而尽管历夏、商、殷、周几千年的发展，却仍然很难走出血缘纽带的文化桎梏。这种状况大约直到西周末年才有较大改观，而其标识则是西周王室以外的同姓和异姓封国遍布中原各地。但不管是同姓国还是异姓国，它们都明显表现出远比西周王室更为鲜明的、一国之内的以地缘关系为主导的地缘制国家特征。地缘制国家首先在周王室以外的方国诸侯间出现而不是在周王室出现其重要原因之一大概是由于建立在两系婚姻基础上的周王室，其两系联盟的民主政权形式在夏商时代的早期是先进的。但随时代的发展，它却演变为阻碍社会进步的桎梏。而方国、诸侯国相比更容易在社

图 4-23　人面纹五字符号与伏羲女娲阴阳交尾示意图

发展上取得突破。因而越到西周晚期,姬姓王室的血缘关系越薄弱,直到春秋战国,血缘关系时代才大致结束,随之而起的才是遍地林立的地缘制国家。所以从这一角度分析,西周时代仍然是血缘关系比较浓厚的、地缘与血缘并重的时代。

下篇

夏商殷周王年研究

第五章 /
夏商殷周王室的天象观察与星象记录传统

夏代历象说

（一）夏人的星象观察

1. 夏人的角宿观察

（1）半坡夏启人面鱼纹盆内人头戴角与夏人的角星标识

对于西安半坡遗址出土的人面鱼纹彩陶盆上人面鱼纹的含义自器物出土后至今仍争议颇多，我们以为除彩陶盆口沿的癸甲符号标明夏启的身份外，盆内的人头明显有戴角的表示。如果我们将人头与动物即牛羊之角相联系，那么夏启盆内的这种人头戴牛羊角纹饰不仅表示夏启为王者、为首脑的含义，而且还表明夏代早期夏启王室是以东方苍龙之角星出现作为王者的星象标识的。因为人面有首而无身，牛羊以角代表牛羊之首，这都是古代人们在对生产生活中对最能代表人和牛羊等动物的最鲜明的特征的认识的反映，而且牛羊群中有头羊、头牛，人群之中有首领，这不仅因为他们智慧、勇敢，而且还因为人与兽畜之初生多数皆以头首先出。所以人面纹之人头戴牛羊角就不仅有角宿初见的星象标记，而且也与人畜之初生多以头先见相符合。这大约就是中国古代天人合一的早期物证吧。可见，半坡时代的夏王室已经有了明确的对东方苍龙角宿的观察和记录，并且是以角初见，角首出为标识的。夏人以角首作为对角星的观察记录不仅表现在夏启盆上，大康、中康、少康及帝相的人面纹上都有明显的戴角的标识。而中康鹿纹盆更画出了鹿头之角。半坡遗址出土的彩陶残片中，有一件在鱼的头嘴上长着弯曲的大牛羊角纹，而且在弯曲的牛羊角内一侧画三个星点，一侧画两个星点。1963年版《西安半坡》称其为"弯角羊头的正面形像"。①而陆思贤先生更认为羊的盘角内画三个星点是白虎星宿的"觜宿"星标识，画两个星点的标识是角星。②夏代半坡彩陶中最明显的角宿标识是两件彩陶葫芦瓶。陕西临潼马陵遗址出土的彩陶葫芦瓶两面都画一个大兽头，兽头上画三个大尖角，角上有鳞状纹，其结构形态与人面纹盆的人头戴三角相似，很像牛羊之角。另一件葫芦瓶出土于陕西宝鸡北首岭，为一件大头细颈葫芦瓶。葫芦瓶上的鸟啄龙纹十分有名，但却很少有人关注龙头上的双角。我以为它也像夏王室人面鱼纹盆的人头戴牛羊角一样，是夏代人们以角宿初见为历法标识的星象文化的反映（图5-1）。

（2）半坡彩陶鱼纹的尖角形头与夏代的角亢星象

半坡时代的夏文化中反映出不同族群人们对角宿的共同观察，如以羊角表示龙角者可能是以羊为族徽的人们心理之反映，以牛角、鹿角表示龙角者则为以牛、以鹿为族徽的人群之心理反映。而当时的人们不仅以牛羊鹿角表示角宿，而且还以鱼和鸟表示角星龙宿。半坡彩陶中有大量的鱼纹出土，一些鱼纹不仅在头嘴部位长出羊角，而且中晚期有的鱼纹头部拉长，演变成长柱形，并且在柱头上有一个星点，这应当就是后来中国星象文化中以角柱表示苍龙角宿的先河。而且其用一个星点表示角柱，也是半坡时代的夏人早在公元前4000多年以前就已经以角宿的第二星，即柱和角宿二作为苍龙星宿初见的标识了。从半坡时代人们对角宿的观察和表现中还可以看出当时人们随时间推移而对苍龙星移动的观察和记录。中晚期彩陶鱼纹不仅鱼头部位有明显的角柱和星点标识，而且鱼头后的鳃部的黑白半月形十分明显，特别是鱼身完全演变成相背的两个大弯弓形，联系早期的角星纹，我以为这可能是夏代人们随着时间的推移和天象运动，已由对龙角的观察变化为对亢、氐星宿的观察。因为在后来的星象图中，苍龙星座由七星组成，即角、亢、氐、房、心、尾、箕七星。而亢星和氐星的四颗星都连成为一个似弯弓形的星座形状。因而我以为半坡夏代的彩陶鱼纹头部弯弓状的亢、氐形象很可能就是

---

① 《西安半坡》，文物出版社1963年版，第227页。
② 陆思贤：《神话与考古》，文物出版社1995年版，第153页。

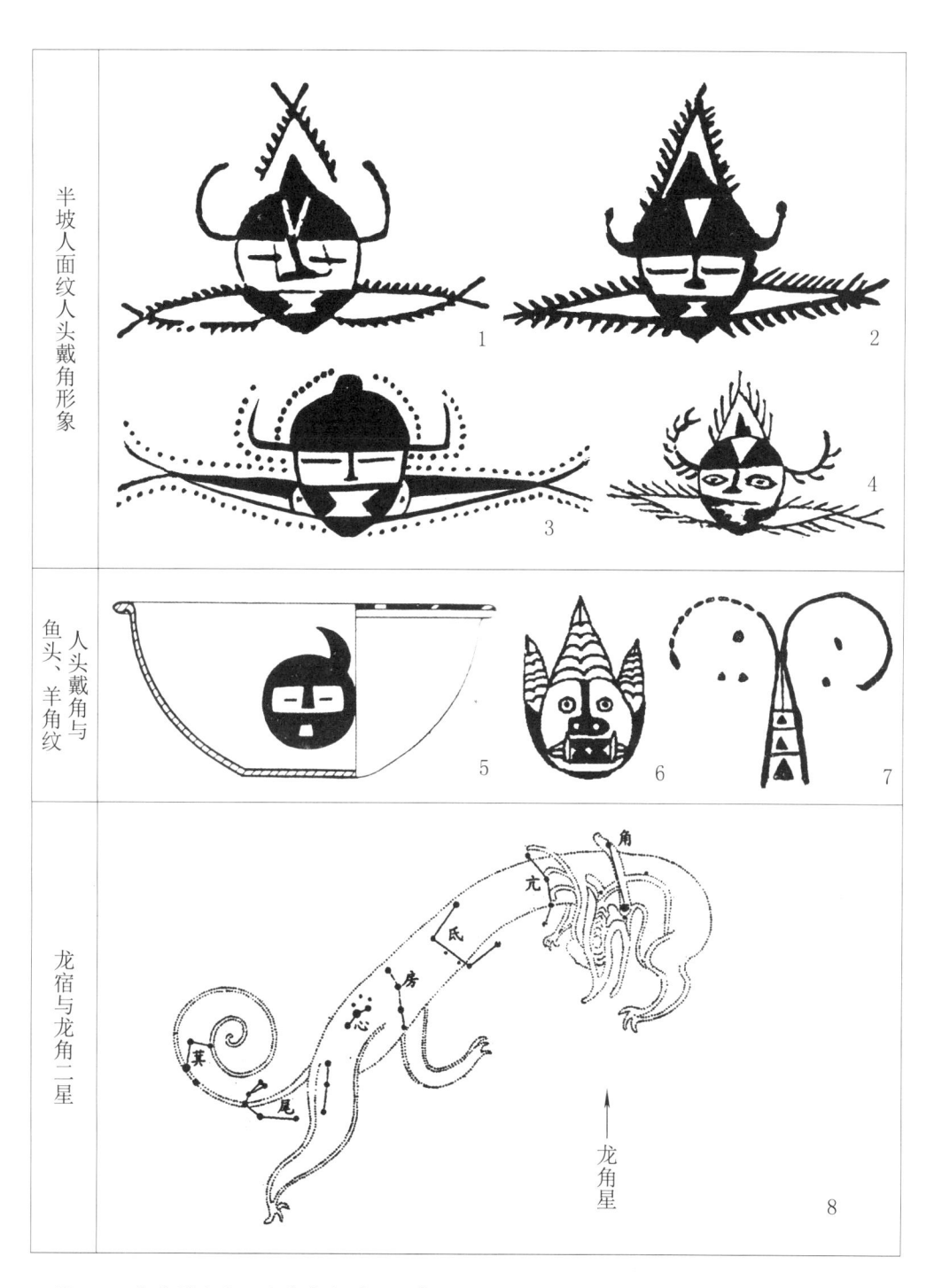

第五章 夏商殷周王室的天象观察与星象记录传统

图5-1 半坡夏启盆人头戴角与夏人的角星标识
（注：1、2、4、7西安半坡出土　3、5陕西西乡出土　6临潼马陵出土）

苍龙星座的亢、氐星在彩陶纹中最早的表现形式。

　　半坡时代的夏文化中，除以鱼为族徽的人们用鱼表示龙角而衍生出与牛羊角龙文化并存的鱼龙文化外，以鸟为部族标识的人们也创造出鸟龙文化和鸟角标识。半坡彩陶鸟纹头上也像鱼纹一样，常常戴三个尖角状纹饰，半坡晚期到庙底沟彩陶纹饰中，鸟纹逐渐演变成由鸟的尖嘴变化为牛羊角状的角柱纹。而在夏王室的陶缸文化中，陶缸口沿下或缸盖上常出现似鸟嘴又似牛羊角状的陶塑装饰，这应当是羿代夏政以后的夏王室中，鸟羿部族以鸟龙鸟角作为龙星标识的文化反映。我们在上册中多次论述夏商文化，即玄鱼文化与玄鸟文化的相近性，而殷墟青铜器纹饰中有许多长着长角的鸟，这种鸟而有角显然不是真实的生活记录，也不是虚无的神化，而是半坡夏代以来以鸟为标识的部族将鸟这种部族标识与龙角星象文化结合的反映（图5-2）。

　　（3）姜寨少康缸与夏代王室以尖底缸象征龙宿大角的观象制器特征

　　如果说半坡人面鱼纹盆表现了夏代早期夏王室对东方苍龙星座角宿的观察和表现，而夏王室标识性器物由盆到尖底陶缸的转变从星象上看，更表现出夏王室在半坡早期以后对龙角的崇敬甚至神话化。这也是与我们对羿代夏政以后，夏王室文化中西部鱼文化的减弱而东部鸟兽文化的增加一致的。我们之所以将半坡时代尖底陶缸与龙角星宿联系，是因为半坡彩陶人头、鸟头、兽头所戴的象征龙角的尖角与尖底陶缸在器形及纹饰上极为相似。如半坡时代流行的水波纹尖底缸就与马陵人面兽面所戴之角相像。另外，这种尖底缸有不少画有龙角指示的春花季节的花瓣纹。特别是河南新郑博物馆藏有一件尖底瓶，这件尖底瓶下半部分涂白彩，奇怪的是尖底上有一个圆球状物，也涂成白彩。我推测在尖底瓶的尖底上再做圆球，可能是表示角与角星的。在从人头戴角到角缸的转变中，姜寨少康花瓣纹大彩陶缸就是最有代表性的过渡时代的器物，它是目前所知最大的彩陶缸，口径达40多厘米，残高80多厘米。从夏启彩陶盆以鱼纹和人面戴角纹同时出现看，鱼部族与牛羊部族似乎很早就已和谐共处。而少康缸以后的夏王室，牛羊部族的力量大增，而大缸就是他们的标识性器物。它既是地上牛羊大角的形象，又是天上龙宿角星的象征，而两者之间正是以牛羊部族的人群为中介的。可见中国古代制器以象天、象地、象人的"观象制器"的文化传统是十分悠久的。尽管不同地域不同族群的人们会制作出不同形状或纹饰的器物，但是"观象制器"，以象

豆荚状角纹	角与黑点花瓣纹

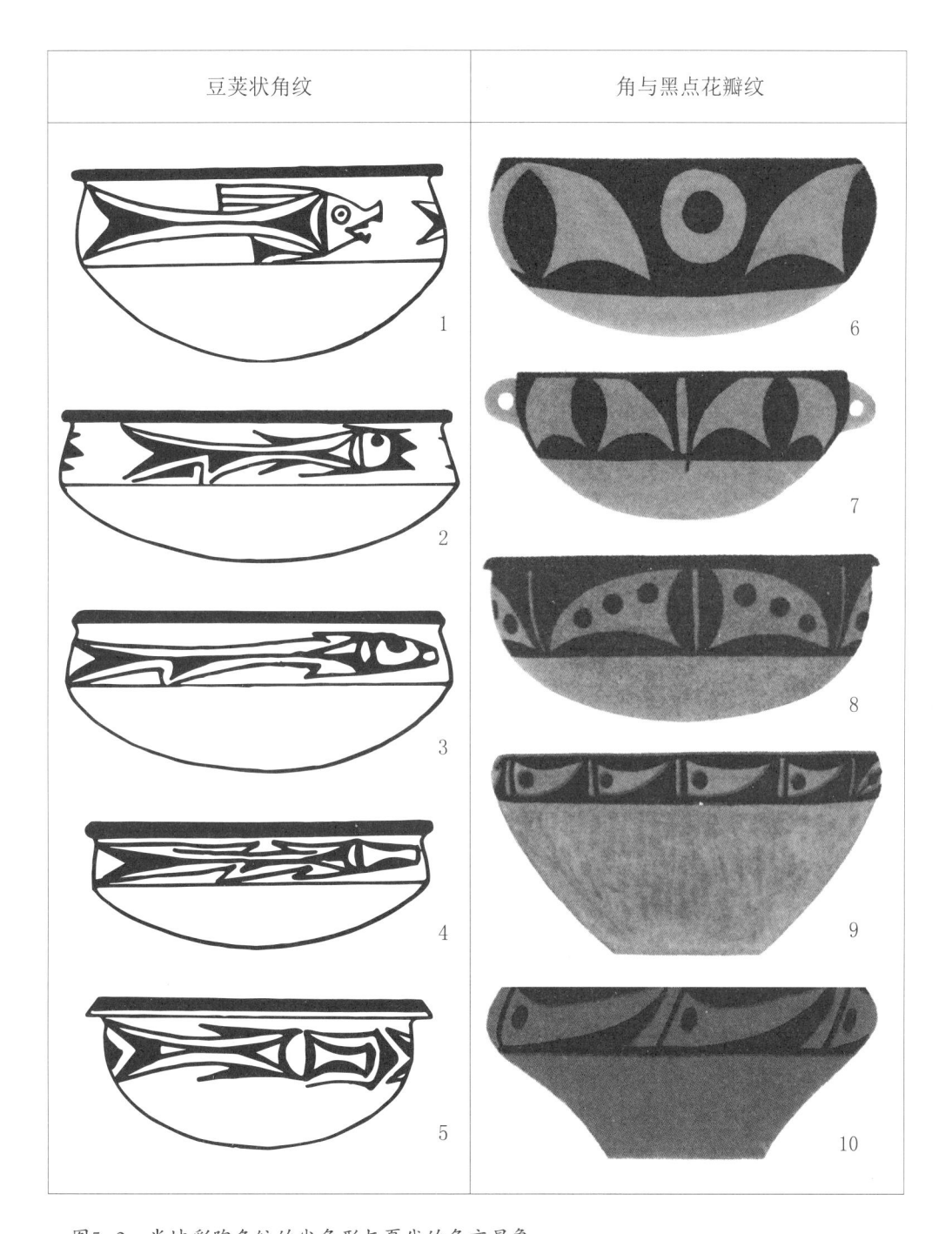

图5-2 半坡彩陶鱼纹的尖角形与夏代的角亢星象
（注：1宝鸡北首岭出土 2、3、4秦安邵店大地湾出土 5陇西二十里铺出土 6、7、8秦安邵店大地湾出土 9渭南北刘出土 10华县柳子镇出土）

天、地、人的传统却很早就已形成共识，而以天、地、人三者交融的以器物为标识的古代文化创造、传播、传承绵延几千年，是代表中国古代文化最主要的文化文明特征。其中对天象的观察、记录和表述就是最重要的内容之一（图5-3、图5-4）。

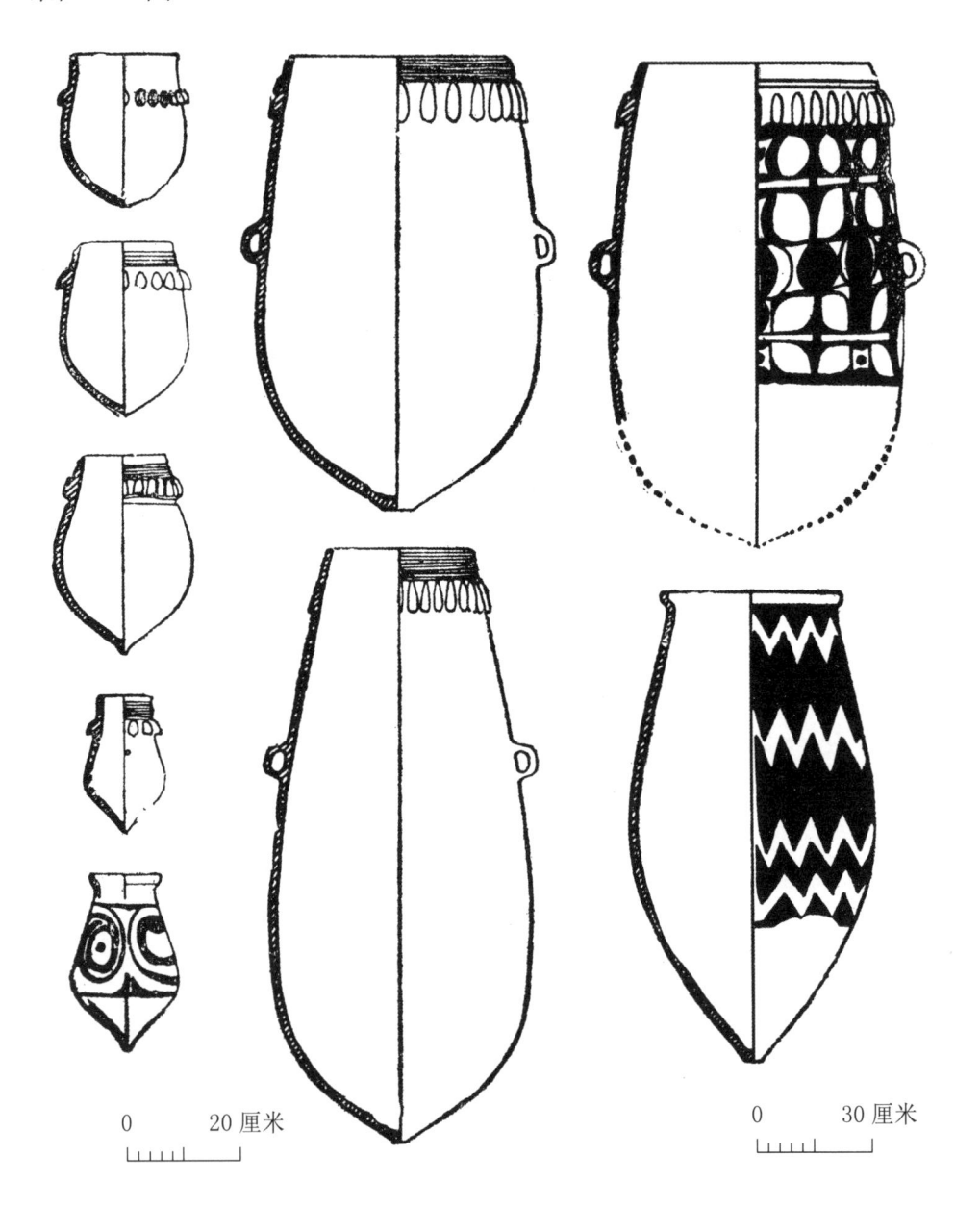

图5-3 姜寨陶缸的龙宿大角特征（注：均为临潼姜寨出土）

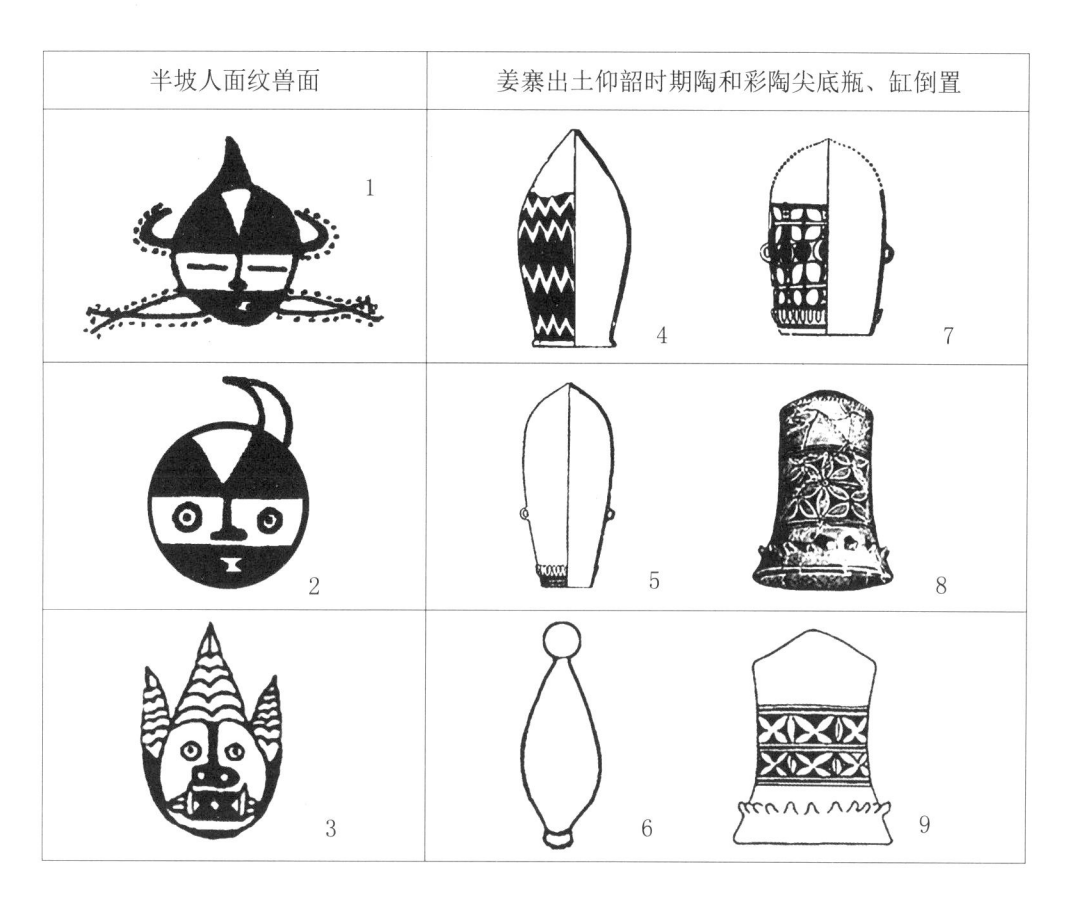

半坡人面纹兽面	姜寨出土仰韶时期陶和彩陶尖底瓶、缸倒置	
1	4	7
2	5	8
3	6	9

图5-4 姜寨出土陶缸与半坡彩陶人面纹人头兽头戴角比较
（注：1西安半坡出土 2陕南西乡出土 3临潼马陵出土 4、5、7临潼姜寨出土 6新郑出土 8、9山东出土）

（4）庙底沟彩陶盆花瓣纹与角宿标识的春花含义

继半坡彩陶之后，中原地区仰韶文化发展到庙底沟文化时代。庙底沟文化中最有代表性的遗存是彩陶，而一种叫花瓣纹的彩陶是这一时期最有代表性的彩陶遗存之一。这种花瓣纹多用黑色颜料画在砖红色陶盆外腹上部，以黑点为中心点，由黑彩三角花和露地红色菊瓣状花阴阳交错，构成了一种变化神秘的花卉状纹饰图案。著名考古学家苏秉琦先生称它为蔷薇花，并以为中华民族称华之名实由此而来。[①] 而如果仔细分析庙底沟这种花瓣纹彩陶，

[①] 苏秉琦：《论仰韶文化》，《中原文物》1986年特刊，第6页。

其源头明显和半坡夏文化彩陶的龙角纹饰及所指示的春天来临万物生发的时令有关。半坡夏王室人面纹彩陶纹的人头上之角两侧常有细线画出的枝叶；有的角两侧画有小点，像植物之枝叶，又像谷物之籽实。这显然是当时人们以角星定季节时令，以期不误农时所作的标识。半坡晚期到庙底沟早期，鱼族、鸟族、牛族、羊族等不同部族用以表示龙角的角形纹饰有融合为一体的倾向，似乎已分辨不出角所自出的不同部族，却又有更多的表示植物、花果及籽实的趋势。半坡晚期到庙底沟早期的彩陶纹饰常有既像鸟嘴又像牛羊角的角形纹饰，角上还有数目不等的黑点，又极似豆荚。有的更直接画出似双子叶植物发芽时的胖胖的双叶，而其中由一正一反三角纹连续组成并空出弧线双叶的花叶形纹饰可能就是庙底沟繁花连缀的花瓣纹的前身。由此我们也可以理解庙底沟这种流行时间很长，分布很广，影响很大的最具代表性的花瓣纹，在其变幻莫测的阴阳花瓣背后，其实隐藏着半坡夏代以来人们以东方苍龙角宿指示时节，昭告人们不误农时的采集或种植作物，以期取得丰收的真实的心理动机（图 5-5）。

2. 从夏人对角宿的观察说中国历象之本——斗携龙角文化

（1）北首岭鸟啄龙纹葫芦瓶上的斗携龙角图像符号与半坡夏代文化开始显现的斗携龙角文化传统

考古发掘材料证明，中国文明起源远早于现今史学界的看法。即以中国传统天文学中的重要标识"枸携龙角"看，至迟应当发生在距今 6000 多年前的半坡时代以前。河南濮阳出土的蚌塑龙虎图像也已经证明了早在距今 6000 年前的仰韶文化时期，中国传统历法中四象二十八宿中四象中的龙虎星象已十分成熟。如果按照现今史学界的观点，以距今 2000 年前后的偃师二里头为夏朝建立时期，则与尧舜时代对应，二里头之前的龙山文化留存下来的、能够作为器物符号文化进行文明起源研究的资料相对较少，而且也不是最早的形态。相反，距今 6000 年前后，相当于仰韶文化半坡时代中国各地考古学文化都有大量能与中国文明起源相印证的考古材料出土。这一点是值得我们慎重思考和认真分析的。即以我们论述的半坡时代夏人对角的观察和创造的龙角文化符号看，不仅有流传有序的角星形象及指示的植物、谷物生发的时节标识图像，而且史籍记载中自帝舜时代就已出现"斗携龙角"的星像标识。而帝尧时代就有萱荚生于帝庭并作为历法记录的说法。这和我们

豆荚状角纹	角与黑点花瓣纹

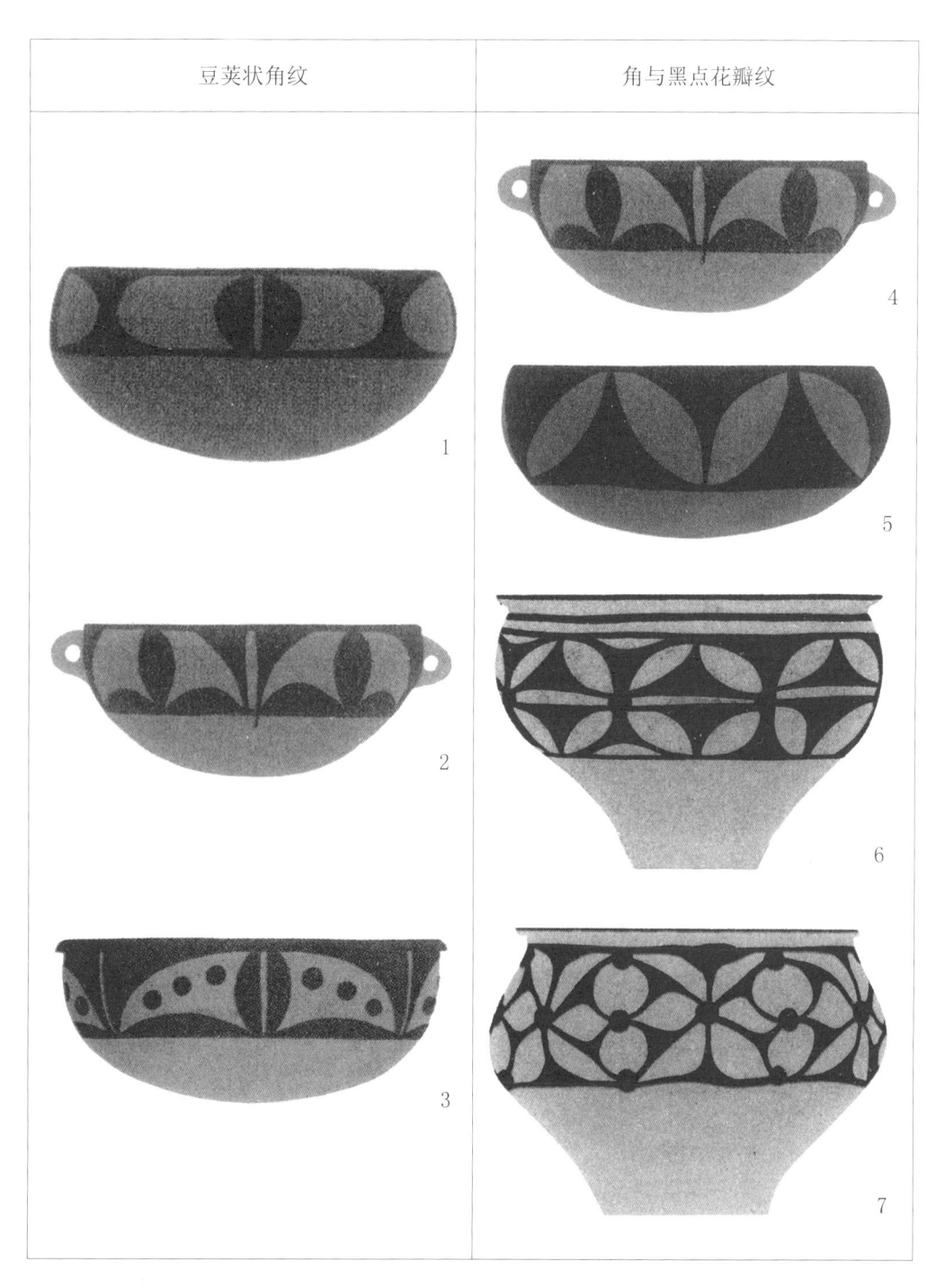

图5-5　庙底沟彩陶花瓣纹与角宿的春花含义
　　（注：1、2、3秦安邵店大地湾出土　4、5、6、7陕县庙底沟出土）

前面论述的半坡及庙底沟彩陶纹饰的植物纹、叶纹特别是豆荚状花瓣纹是十分吻合的。特别是《史记·天官书》"北斗七星所以旋玑玉衡，以齐七政。杓携龙角……"明确有帝舜时代的天象记录。所谓"杓携龙角"一般认为是北斗七星的斗柄与苍龙星的角宿在黎明时出现在东方地平，俗称"龙抬头"，是春天来临的天象。但从考古材料看，最早的"杓携龙角"却是以方斗状的牛头与牛角并现。这种斗与牛头牛角的图像最早出现在陕西宝鸡北首岭遗址出土的鸟啄龙纹葫芦瓶上。北首岭出土的这件彩陶葫芦瓶在葫芦头上以瓶口为中心画八瓣花状纹样，花蕾状的瓶口及上面盛开的花与葫芦器形结合，明显有植物生发的含义。而在腹部一周画一盘曲的长龙，龙尾有一鸟，似在追逐龙。值得注意的是龙头像牛头，作方斗形，有双角，这应当是目前所见最早用彩绘画"龙角携斗"指示的春花季节的天象纹样。而这也与我们论述的，以半坡时代为夏代早期的文化背景相符合（图5-6）。

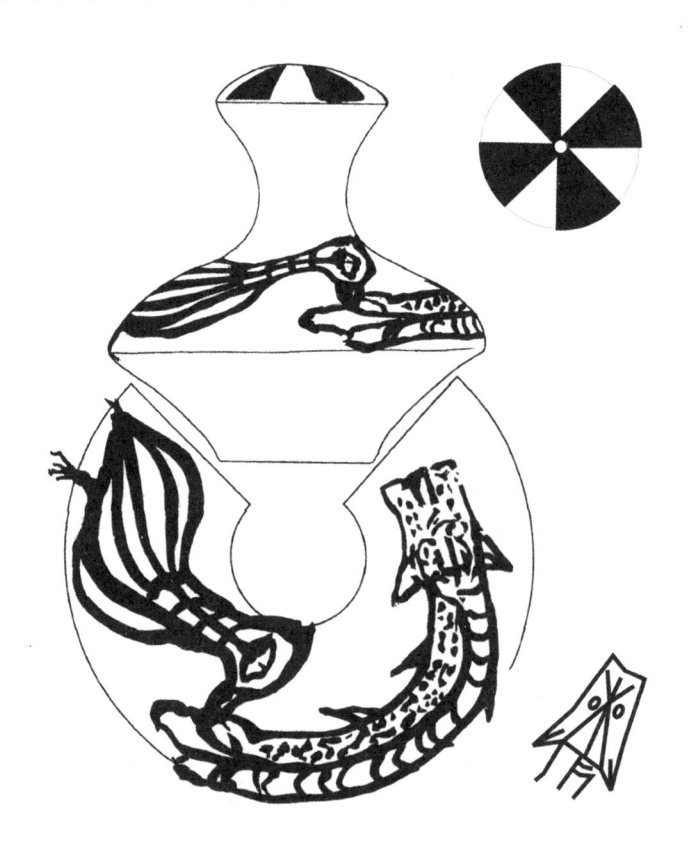

图5-6 宝鸡北首岭鸟啄龙纹葫芦瓶与早期的斗携龙角形象

（2）北首岭以后的中国斗携龙角文化传统

自北首岭鸟龙纹葫芦瓶斗携龙角纹开始，这种纹饰直到殷周从未中断过。如稍晚于北首岭的陕西临潼马陵遗址出土的一件兽面鱼纹葫芦瓶上，画两组兽面与两组鱼纹，兽面头上有三个大角，兽鼻棱柱两侧有密集的弧线，似柱状谷物或树木，与半坡庙底沟以龙角与草木、谷物、花果及籽实结合意义相同。特别是兽面旁的鱼纹鱼头朝下，鱼头也画成方斗形，与兽角一起也组成了斗携龙角的天象纹样。不仅马陵出土的兽面鱼纹葫芦瓶有鱼纹作方斗形表示鱼部族对北斗的观察和认识，而且半坡彩陶中的不少晚期鱼纹鱼头都简化成一个黑色的方块状，以往的研究很少注意，如果联系鱼头有时也画作龙角形，那么鱼部族以鱼与角斗表现鱼部族人们对龙角星象及与北斗星象相联系的观察与记录则是十分清晰的。斗携龙角的天象图像符号在龙山文化中也有反映，如山西襄汾陶寺龙山文化遗址出土的彩绘龙盘上，龙身盘曲，极似盘曲的大羊角，而龙头两侧的双耳极似斗杓形，应当就是杓携龙角的图像记录。而龙口中伸出的长舌又分明是枝干茂盛的植物。从北首岭到陶寺，虽历经一两千年，北首岭鸟龙葫芦瓶上斗携龙角的图像符号及天象历法之含义仍被完整地保留着。更值得注意的是2004年在河南偃师二里头遗址发现一件由绿松石镶嵌的龙形器，这件绿松石器龙长70多厘米，放置在墓中死者身上，龙头连同嵌座发掘者称为是"近梯形"的。而龙身却宛如波状伸展的畜角。[1]联系陶寺龙盘的斗携羊角的图像符号，我以为偃师二里头出土的绿松石龙形器也有明显的斗携龙角的天象符号含义。斗携龙角文化传统发展到二里岗及殷墟可谓到了极盛时期，正如我们在上册中所论述，不仅作为王器的大方鼎以方斗形鼎身和鼎四面的枝杈角展示着殷王室的以角为特征的斗携龙角文化，而且殷墟出土的司母戊鼎、司母辛鼎，更明显表现出龙角为鹿角的鹿角龙携斗的文化特征。而妇好墓出土的青铜龙盘则延续着自北首岭、马陵、陶寺和二里头的以方斗形的兽头携带牛羊角的另一种斗携龙角的文化传统，即牛羊角龙携斗的文化传统。尽管妇好墓出土的龙盘内，龙头也作方斗状，龙身盘卷如盘角羊，但龙头两侧却伸出盘曲的鹿的枝杈角。这虽然一方面反映出殷墟时代王室内两种斗携龙角文化的融合，但鹿角龙与牛羊角龙的区别仍

---

[1] 苏湲：《华夏城邦》，清华大学出版社2007年版，第18页。

泾渭分明。而且殷墟时代的这两种龙角文化在青铜器纹饰上一直持续到春秋战国时代。妇好龙盘不仅有表示斗携龙角的天象图像，其绕盘口内一周的鱼鸟兽与龙一起还展示了明确的龙虎及四象文化。可见自半坡时代的夏朝起，历夏、商、殷、周，斗携龙角作为王室的天象文化传统一直绵延不绝，被完整地保留并传承着（图5-7）。

3. 夏人的参宿观察

（1）庙底沟彩陶勾叶圆点纹中的参宿星象与夏人对参宿的观察

前面我们已经论述过庙底沟彩陶花瓣纹体现的夏人对角宿指示的春天及春花的内涵，而庙底沟另一种彩陶盆，即被称为"勾叶圆点纹"的彩陶盆则可能具有夏代人们对参宿观察和符号记录的意义。这种彩陶纹最突出的特征不像前述的如菊花的正面展开的花瓣，而以斜行的直线及两端常有相背的两个勾镰状纹为特色。特别值得注意的是这种斜行的直线上常有三个星点作装饰，或由三条斜线并行组成图案。我以为这可能是夏代人们对参宿腰腹三星的观察与表现方法。中国传统四星象中与东方苍龙星对应的是西方的白虎星宿。东方苍龙星宿由角、亢、氐、房、心、尾、箕七星组成，西方白虎星宿

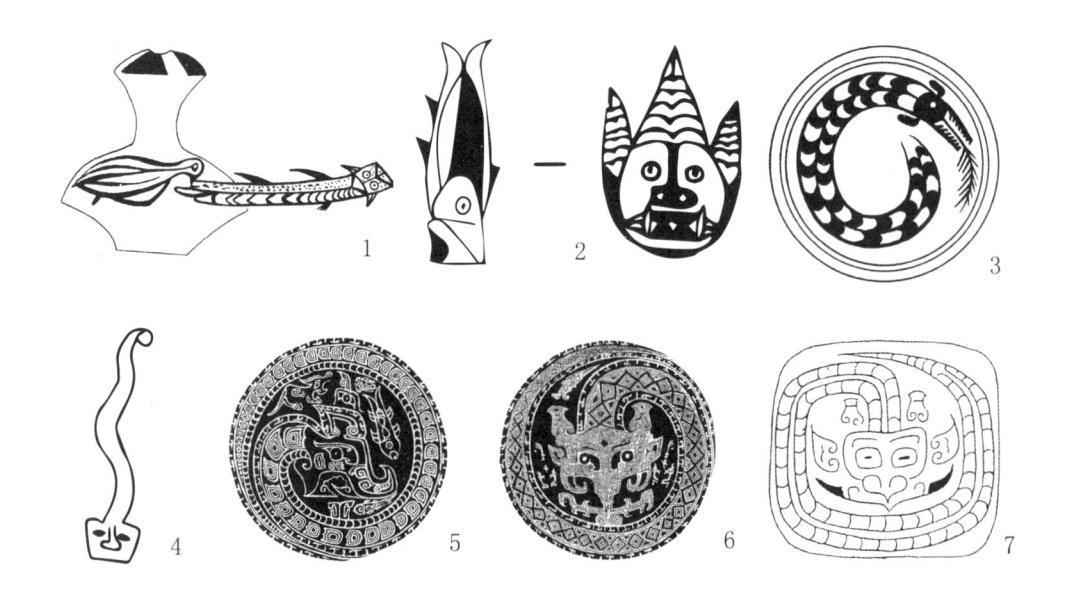

图5-7 北首岭至商殷时代出土的斗携龙角图象
（注：1宝鸡北首岭出土　2临潼马陵遗址采集　3襄汾陶寺出土　4偃师二里头出土
5、6、7殷墟妇好墓出土）

由觜、参、毕、昴、胃、娄、奎七星组成。东方龙宿常以第一星角星和第五星心星为代表，而西方白虎星则以第一星觜宿和第二星参星为代表，特别是第二星参宿常和龙宿的心火连称为参火，并以其代表东方苍龙和西方白虎。按照传统星象图表示的白虎星宿的图像看，白虎头部的觜宿三星和虎胸的参宿之腰三星及虎右足三星正好形成以腰三星为中心的上下相背的两个三角纹勾连状。我以为庙底沟彩陶的勾叶圆点纹之斜线星点纹和两端上下相背的弯勾状纹正是夏代人们对白虎星宿虎头虎胸的觜参两宿的观察及表现，并以两个对顶三角状纹饰组成如人腰状的纹样。这种如人腰状纹样多数不画人头，却在肩部一侧伸出一钩弯月状纹，而在反向另一侧的足下也画一个伸出的弯月状纹，钩内多有一星点纹。如果将这种对顶三角和弯钩纹组成的纹样与斜线及两端的弯钩纹样相比较，就会发现，两种纹样似乎都传达出白虎星座之参宿的腰腹特征及觜宿三星和虎足三星的星象特征。在由半坡彩陶到庙底沟彩陶过渡阶段的彩陶纹饰中，还出现在鱼头鱼尾交接部位画两个对底三角组成的纹样，而上面的一个三角形三个顶点都有一个星状纹，明显有以三角形表示觜宿三星的意义，有的纹饰就直接以三个星点组成三星纹。由此可见半坡时代的夏文化中，人们对白虎参宿的观察已十分普遍，并且以彩陶纹样记录下来以传留后世（图5-8）。

（2）马家窑彩陶纹的参星标识与夏人一支西向追逐参宿的痕迹

考古发掘证明，甘青地区马家窑文化彩陶受半坡彩陶很大影响，特别是马家窑文化彩陶中马家窑类型的许多器型和纹饰直接来源于半坡彩陶。马家窑彩陶中有一种制作十分精美的彩陶盆，盆内外都画水波纹，而盆内在盆底中心画一组同心圆纹，其外以水波环绕，线条密集、流畅，制作绘画都达到彩陶绘制的高峰。如果仔细观察盆内纹饰，可以发现这种繁密、流转的水波纹，其实是以三个星点作骨架多层扩散形成的。我以为这种以三个星点构成的三角形作骨架形成的纹样，其内涵与半坡及庙底沟彩陶的三角形三星纹一样，都是白虎参宿的表示，其更为准确的含义可能是白虎星座觜宿三星的描绘。

从西安半坡夏文化的觜宿三星到马家窑彩陶盆的水波三星纹，我们似乎可以触摸到两千年间人们孜孜不倦地观察与记录白虎星宿的艰辛和努力。而从西安半坡到甘青地区的马家窑，参宿文化这种逐渐向西扩散与迁徙究竟是无意之传播还是有意的追逐观察？我以为这很可能和星宿移动及观察需要有关。因为天体的运行决定了无论日、月、星辰每天在天空的位置都是不一样的，而人们为了保持在同样的时刻及同样的高度进行观察，可能会主动移动自己的位置，因而成为有意识的迁徙。而古代神话中夸父逐日、嫦娥奔月的故事背后，很可能就有古代人们追逐日月星宿进行观察的实质内容（图5-9）。

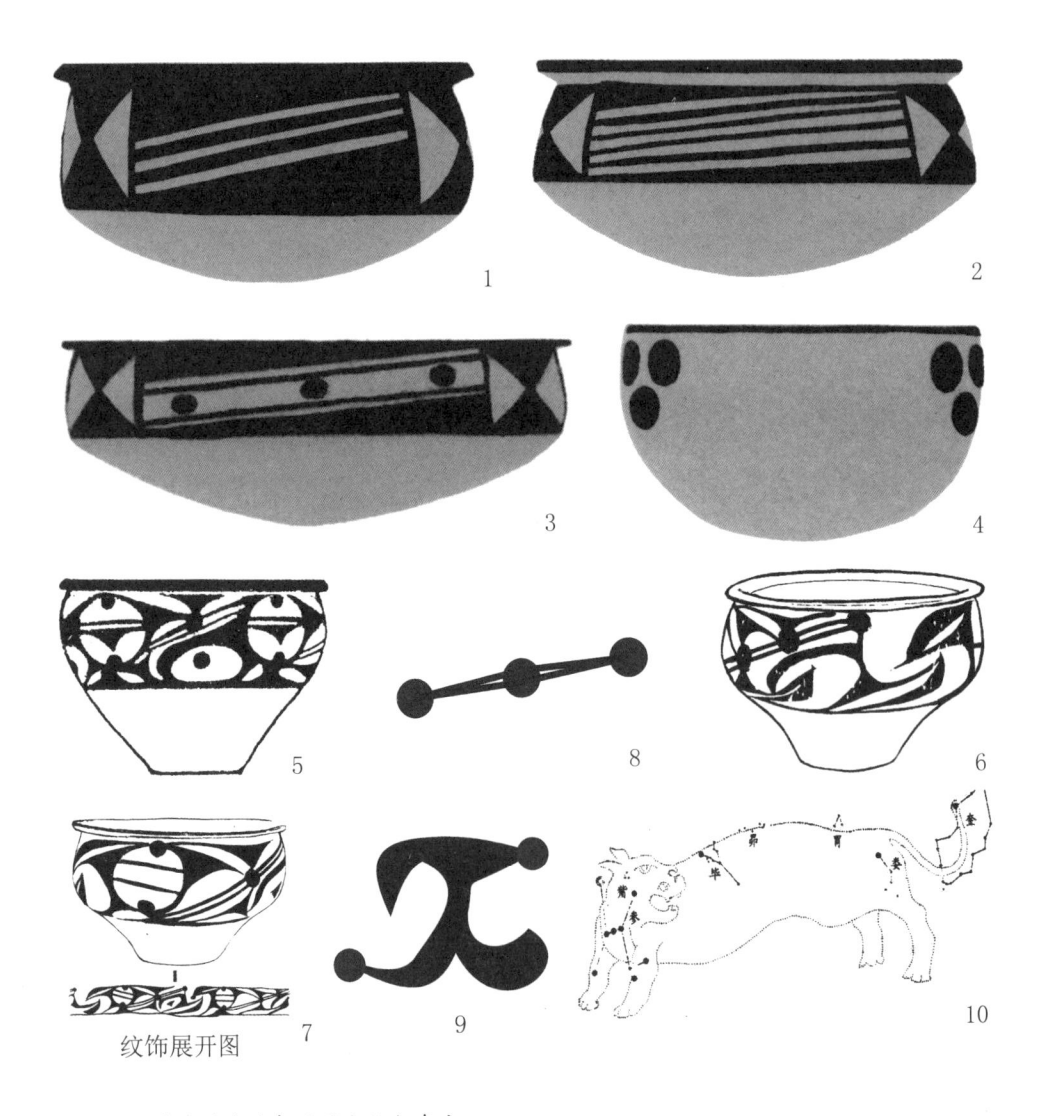

图5-8 庙底沟彩陶勾叶圆点纹与参宿

（注：1、2、3甘肃秦安县王家阴洼出土 4甘肃秦安县邵店大地湾出土 5陕西南郑县龙岗寺出土 6河南陕县庙底沟出土 7山西垣曲马陵村出土）

| 马家窑彩陶同心圆纹盆 | 马家窑彩陶旋纹盆 |

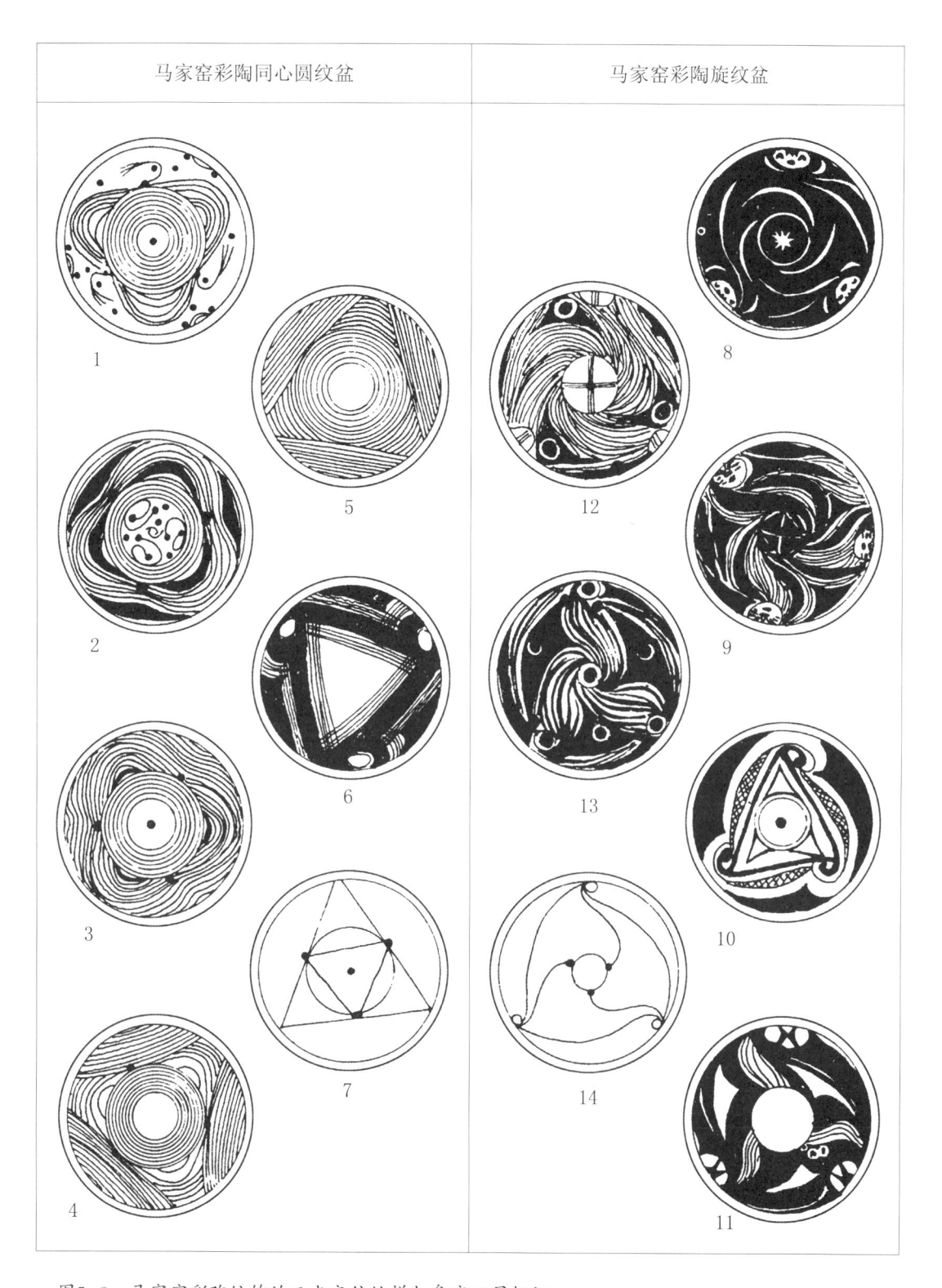

图5-9 马家窑彩陶纹饰的三点定位纹样与参宿三星标识
（注：1、2、5、10兰州出土 3、8甘肃秦安县出土 4临夏出土 6康乐出土 9、12榆中出土 11永登出土 13东乡出土）

（3）从马家窑彩陶反映夏人向西逐参与少康缸反映夏人东向逐角说高辛氏二子及所主参火

如果说马家窑彩陶水波纹盆的三星参觜纹反映了半坡时代的夏人一支曾向西不断追逐白虎星座以保持最初观察定位时的位置与高度，那么，夏王室中心向东迁徙的原因中，向东追逐并观察龙星角宿也可能是其东迁的重要原因之一。因为在距今6000多年前的古代，人们并不能像现今这样借助多种仪器和信息交流了解天体及运行情况，它们只能依赖移动自己的位置，以保持观察日、月、星辰在特定时刻的高度。以半坡时代人们对角宿的观察为例，如果第一天的观察是在一月一日晚六时，即初昏时看到苍龙角星从东方地平线升起，由于岁差的原因，从第二天开始，角宿出现的时间每天会提前大约4分钟，而人们为了保持第一天观察时的时刻和星宿的高度，就可能逐渐向东移动位置。从夏少康起，夏王室以大角状陶缸为代表的王室角缸文化呈现出不断向东移动的现象很可能和对角宿的观察有关。值得注意的是，最新考古发现表明，在夏王室角缸文化的东迁中，陕豫交界的河南灵宝可能是一个重要中间站。中国社会科学院考古所和河南省市县文物考古工作者在2005年前后对灵宝县阳平镇的阳平、西坡等仰韶文化大型遗址进行了较大规模的发掘。这两处遗址是由多个遗址组成的大范围的仰韶文化庙底沟遗存，其房屋和墓葬规模在庙底沟类型遗址中是少见的。而作为墓主身份标识的常常是一对大型彩绘陶缸。这里的陶缸往往成对出现在墓主脚下，彩绘在陶缸上腹部，最大口径近1米。[1] 很明显无论是时间、器型及成对出现的特点都具有从夏代早期的姜寨到夏代晚期的临汝闫村洪山庙的过渡形态。由此可见，以十日名王的夏王室，确实是以天命为其立国之本的，这其实也是中国古代国家的国命和王名之本。这从夏王室对东方龙宿角星和西方白虎参星的追逐观察也可以看出。而半坡和庙底沟时代夏人对角龙参虎的观察使我们联想到古代典籍记载的高辛氏二子的故事。《左传》记："昔高辛氏有二子，伯曰阏伯，季曰实沉，居于旷林，不相能也，日寻干戈，以相征讨。后帝不臧，迁阏伯于商丘主辰，商人是因，故辰为商星；迁实沉于大夏，主参，唐人是因，以服事夏商。"这虽然是古代传说或神话，却能与考古发现的仰韶文化半坡

---

[1] 苏湲：《黄帝时代》，清华大学出版社2007年版，第68页。

及庙底沟的龙角虎参文化的东西互见的遗物相符。这使我们不得不钦佩中国传统文化传承中的坚韧和毅力。而高辛氏二子的阏伯和实沉因各主东西不能相合，却也正与我们论述的夏文化中反映出的龙角虎参各往东西迁徙的现象相印证。记载中高辛帝为帝尧之父，也是夏人之祖母。因为夏人立国之大禹，其生母就是有辛氏之姒，而姒或作妃即证。可见有辛氏不仅主角龙虎参二星，而且也记识其观察结果。夏代的彩陶角星和参星纹，大概就是夏人先妣有辛氏姒的观察记录。从半坡夏启盆的器物纹彩绘符号图像成熟度看，也和高辛帝、帝尧、帝舜皆在半坡夏代以前相符合。而半坡夏启人面盆以后夏文化的龙虎两系有目的地东西迁徙，也反映出夏王室不仅以10个以日名王的群团组成以象天日，而且还有意识地组织不同群团协作观察记录天象。这也许就是夏王室初建时虽然辟居以西安为中心的关中一隅，但却以比较先进的器物符号文化及以十日名王的先进联盟方式逐渐影响周围文化并发展壮大。即使后来的改朝换代，这种文化却也能被商、殷、周王室继承下来。

4. 半坡夏启人面鱼纹彩陶盆人首戴三角与夏人以三角表示龙角虎参的双关意象符号

（1）半坡彩陶以三角及三角形纹表示龙角与虎参的双关符号意象

在仰韶文化半坡和庙底沟彩陶的纹饰演变中，三角形符号与动物的三角似乎是相通的。例如半坡彩陶人面纹的人头上有的像戴着牛羊的角，但是三只角而不是牛羊的两只角。半坡彩陶的鱼和鸟纹，其嘴有时则被画成三角形，有时也被画成动物的弯角形。特别是马家窑彩陶中的一些三角形纹饰，将三角形的三个角画成牛羊的尖角状，角上的环状纹饰也画得比较写实。不仅如此，仰韶文化彩陶中表示龙角的角形三角和表示白虎星宿参觜的三星三角常常有趋同合一的倾向，而这种趋同合一的倾向既是人们族群和认识的一种贯通融合，也是思想文化演进中的整合所需。如半坡彩陶中表示弯月的鱼的眼睛、鸟的眼睛和猪的眼睛在半坡晚期到庙底沟早期都脱去鱼、鸟、猪的形象，而变成只以弯月的纹饰表达鱼、鸟、猪等不同族徽标识的人们的共同月象符号。由于当时的人们既以牛羊的角形表示龙角，也以牛羊的角形表示虎参，因而三角及方矩状的三角形状就有了表示龙角和虎参的双关意义，因此也成了半坡夏代人们观察与记录龙角和虎参的双关符号。仰韶文化彩陶纹饰之所以扑朔迷离，之所以令人费解，其重要原因既有不同族群人们不同观察观念认识的不同与趋同差异，也有文化演进过程中的融合、兼并所然，而这些都是我们在研究这些古代文物时需要注意的（图5-10）。

（2）从甲骨文辛字说高辛氏二子及辛字的双关含义

从甲骨文辛字的字形中我们似乎仍然可以寻找出半坡夏代以双关含义的三角纹表示龙角及虎参的痕迹。甲骨文辛字作了形，上为倒三角，并以倒三角的顶端与像草木状的丫纹重合。如果将辛字拆开，则上边像角，下边像叁

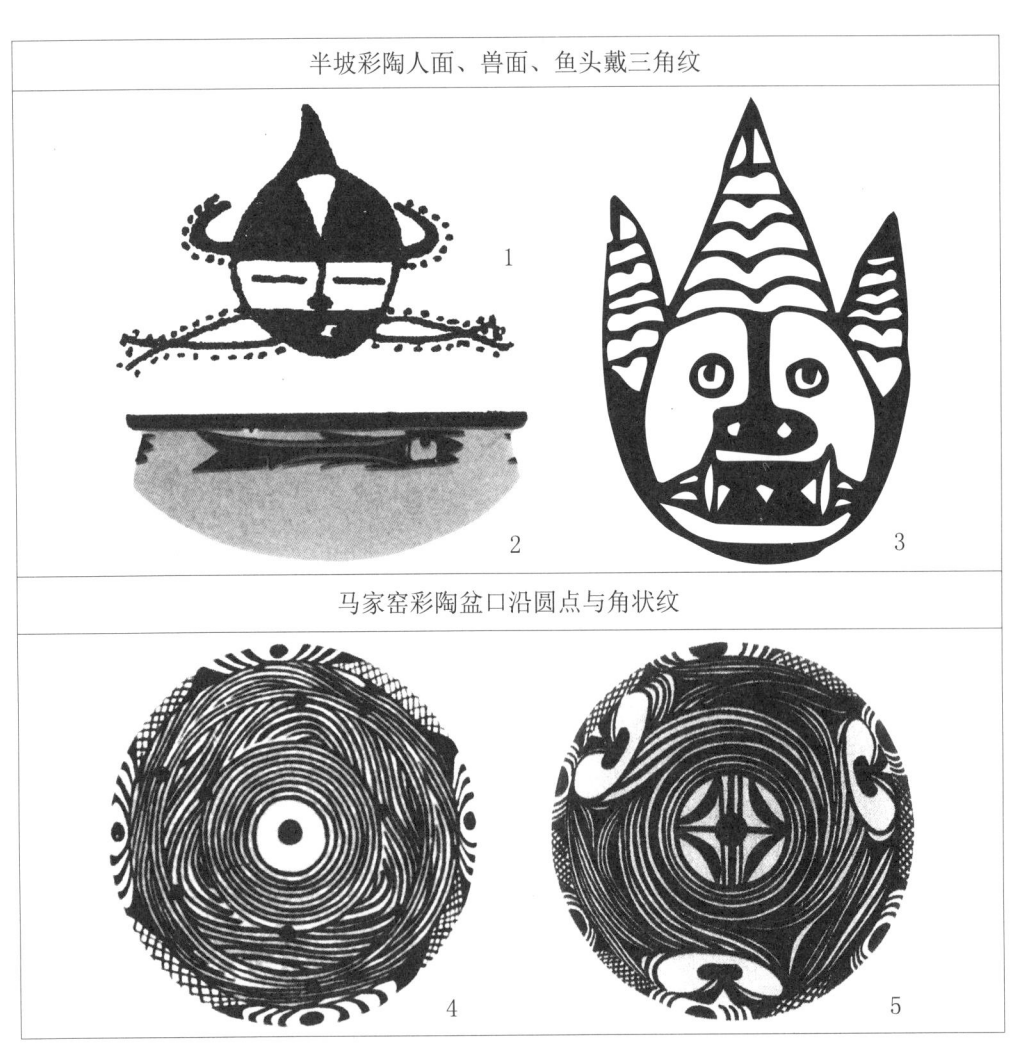

图5-10 半坡彩陶以三角及三角形纹表示龙角虎参星宿的双关意象符号
（注：1西安半坡出土人面纹彩陶 2宝鸡北首岭出土鱼纹彩陶 3临潼马陵出土兽面纹彩陶 4民和出土 5兰州出土旋纹彩陶）

参。而辛字字形所包含的角与参的形象及内含正与古籍记载及传说高辛氏二子各主龙宿和虎宿契合。它也提示我们，虽然甲骨文与半坡彩陶时代相距几千年，但甲骨文中的许多字形符号却隐藏着之前几千年间的社会历史及秘密。甲骨文中高辛氏的子裔有殷先公王亥，是我们在上册中论述的由鸟和猪两个族群融合并以鸟和猪的符号结合形成猪鸟合体的亥字形象。而半坡夏代的龙虎文化中不仅有以猪、鸟为标识的族群，还有以鱼、羊等动物为标识的族群。这也从一个侧面证明夏殷文化的共同性。这种共同性主要是他们都以高辛氏为其祖先。高辛氏不仅与夏、商、殷王室文化有关，周人祖先后稷也是高辛氏帝喾与姜嫄所生。因而以对角龙参虎观察为标识的高辛氏部族从黄帝时代直到殷周或更晚，其文化传统在各个时代都占有很重要的位置。

（3）半坡夏启彩陶盆两人首相对与角参东西互见的夏初星象标识

半坡夏代彩陶反映的龙角虎参文化使我们对半坡夏启人面盆的纹饰有进一步重新认识的必要，而且这也可能揭示出半坡夏启立国时的星象标识和记录。因为夏启之父及其祖父之妻都是高辛氏之女。记载中启之母是涂山氏女娲之后，而涂山之山其音近佻、辛。古籍记载中高辛氏之辛有时也写作先、佻。而记载中夏启之祖父鲧"娶有辛氏女志"而生启之父禹。可见高辛氏在夏初立国时在夏王室中有重要的地位。启母涂山氏女娲为高辛氏还可从女娲执矩的传说找到证据。传说女娲执矩，伏牺执规，他们共同创造天地人类。而矩在汉画像石中作三角巨形，规作两杈或三杈草木形，这和我们前面将辛字⩒形拆开为▽和丫形几乎完全一致。而且也与我们主张的半坡夏启盆标识的夏代开始的十日名王的以天象为主导的天、地、人合一的观象制器的器物符号文化相合。基于上面的观点，半坡夏启盆口沿的八分符号明显以癸甲两个符号的八个端点表示四面八方。而人首戴三角是龙角虎参的标识，应该分别代表正东、正西方向。如果这样，夏启人面盆就可以以两个对面的人头表示正东方和正西方，以两条鱼表示南方和北方。由于人面盆人头戴三角，分别表示东方苍龙角宿和西方白虎参宿，从而我们也可据此推测半坡夏启立国的年代可能是和龙角虎参的东西互见的时代相关的。

中国传统历法中以龙角初见于东方地平为一年初始，并以春夏半年为代表。而以白虎初见于东方地平为秋季开始，为秋冬半年为代表。按照中国的四星象传统或龙虎两宿主宰全天的传统，龙虎两宿位置正好相对，应是互见的。这和高辛氏二子"日相干戈"相符。按照龙虎星宿这种东升西落规律，当龙角于初春的黄昏升起于东方地平时，白虎星也必于同时见于西方地平；反之亦然。从夏启人面盆上人闭目而人面戴角，人面与角周围常常有草木谷物的情况看，很可能是春天昏夜的特定时刻。是当时人们对春天、昏夜，龙角见于东方地平线而虎参见于西方地平的观察记录。而我们前述的夏王室龙角文化东迁和虎参文化西移大约正是为了追逐并保持夏启立国时的龙东虎西并见于初春黄昏的特定星像的。按照陈久金先生在《星象解码》一书中的观点，中国古代龙角始见于东方地平的时间是在春分时的黄昏。是作为不误农时的星象农时标识的。其年代大约在距今 6000 年以前[1]。这也和半坡夏启盆的时间相吻合。

(二) 夏人的月象观察与晦朔记录

1. 半坡彩陶鱼目、蛙目、鸟目、猪目、人目的新月形与夏人对月象的观察

半坡彩陶纹饰中有较多的鱼、鸟、蛙、猪等动物及人面形象，这在其他地区彩陶中是较少见的。而这种象生性的动物之眼如鱼的眼、鸟的眼及猪、蛙等其他动物和人的眼睛常常画作弯月形，很像初生的一弯新月。在稍晚的彩陶纹饰中，各种鸟兽动物眼睛的弯月独立出来，并出现由弯月相背或相扣相勾，或互上互下的各种弯月形态组成的繁纷复杂的纹样。不仅如此，这时的彩陶纹饰中还出现了不少以半月相背或成对的月象纹样。对于这样的纹饰，以往的著作常常作为几何纹饰来解释，因而忽略了当时人们精心观察与认真勾画记录的月象文化内涵。因为无论是鱼目、鸟目还是猪目的新月状弯月形，其钩弯部总是有一个黑色的小圆点。我以为这个以露底方法画出的明亮的弯月状纹就是新月初见的新月，而在新月勾弯部的黑点正是月亮未亮部位的黑色阴影，它们正好合成了新月初见时的晦朔月相。可见半坡时代的夏代，人们不仅对北斗、龙宿、虎宿等星象做了详细的观察和记录，而且也对月亮的晦朔隐现进行认真的观察并绘画出了极准确的图像符号（图 5-11）。

---

[1] 陈久金：《星象解码》，群言出版社 2004 年版，第 3 页。

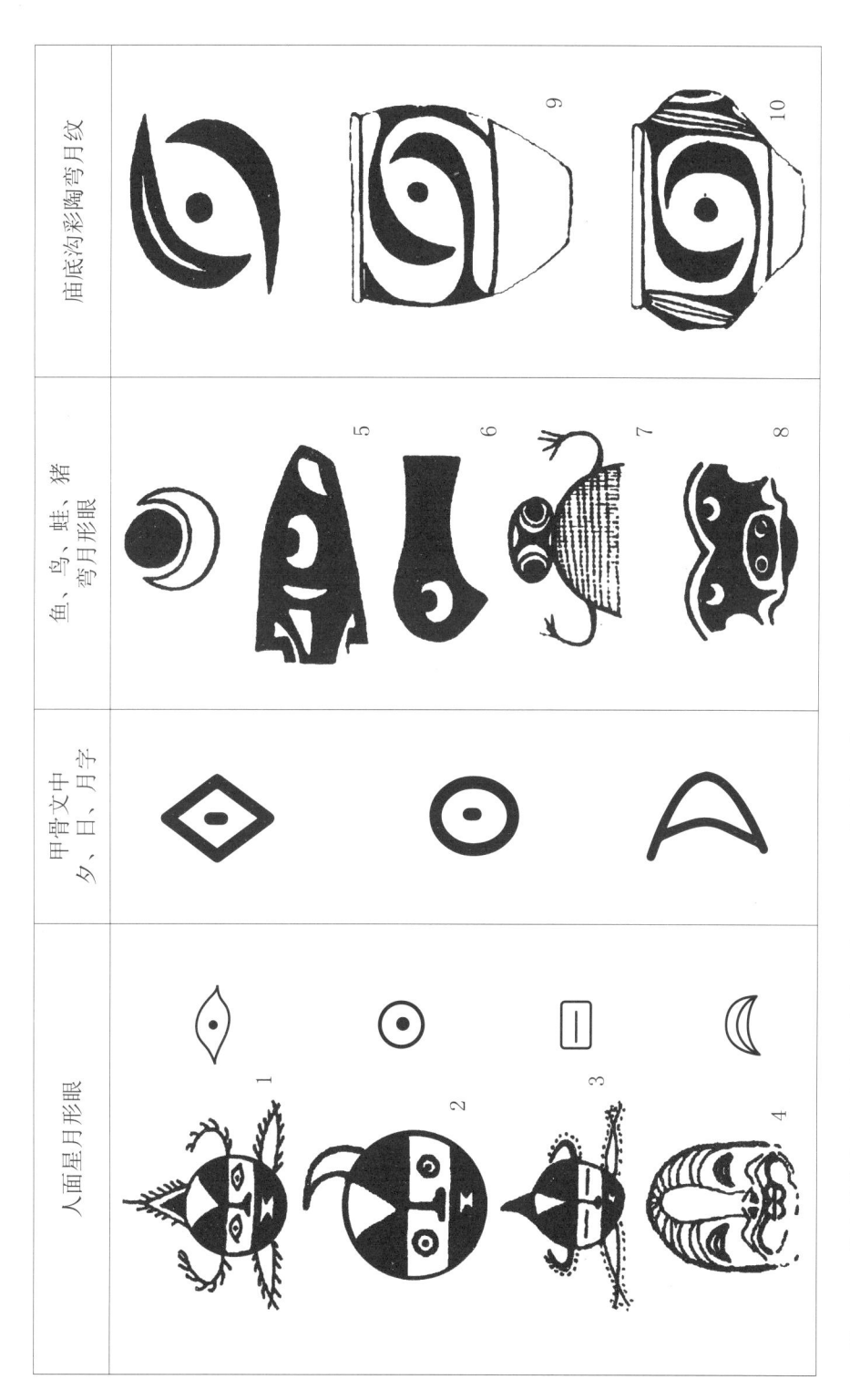

图5-11 半坡彩陶鱼目、蛙目、鸟目、猪目、人目的星月形象
（注：1、3西安半坡出土 2西乡出土 4南郑出土 5秦安出土 6武功出土 7兰州出土 8临潼姜寨出土 9长武下孟村出土 10郑州出土）

2. 仰韶文化彩陶纹以月亮形状连续纪日纪月纪年方法

我们虽然不能完全清楚半坡及仰韶时代人们是怎样具体以月出月落纪日纪月纪年的。但那一时代的人们曾经以月纪日，并积日成月、成年则是可以断定的。如前面我们叙述的无月的晦日图像及新月初见的朔日图像。在稍晚于半坡的庙底沟彩陶中，常常会发现以弯月纹相背或相勾反复连续展开构成的纹饰，并以如晦日月光不见时黑点点缀其间。特别是在庙底沟时代盛期，这种纹饰曾达到极高度的繁复复杂状态。例如江苏邳县大墩子遗址出土的庙底沟类型弯月状花纹钵，以三组斜线为骨架构成月状纹样，共有 12 个黑点和 24 个弯月形象。这种以月晦月朔的月相反复连缀构成彩陶纹样，我以为很可能正是那一时代的人们对月相变化的重视、观察、记录，体现了那一时代人们曾以月亮出没变化记录每一天，即以月记日，积日成月成年的月历特征（图 5-12）。

3. 马家窑彩陶所见一月四周及一周 7 日的月周图像

种种迹象表明，仰韶文化及马家窑文化彩陶时代有异常发达的月相观察和以月纪日的天文历法活动。在仰韶文化彩陶向西发展的重要中转站陕甘交界的大地湾遗址中，不光有大量发达的钩月状彩陶纹，而且有的陶罐在上腹一周还有用泥塑精心制作成月牙状纹，装饰在口颈下。马家窑彩陶中最精美的彩陶纹盆，其口沿上常有以四个黑点等分陶盆口沿的纹饰，而这四个黑点两侧则有对应的成对的一组组弯月状纹饰，这显然和庙底沟时代中原地区流行的两弯月相对中间有一黑点的以黑点和月牙标识一月之交的月晦月朔月相有关。如果这样，则马家窑的这种彩陶盆口沿的四组月朔月晦图像有可能是中国月像历法中的一月四周月相历法的早期遗存。而在马家窑彩陶的另一些彩陶盆的外腹部彩绘纹中，常有以上下弯曲的月牙与水波曲线纹带构成的纹样，如果仔细观察会发现，这种纹饰带上的月牙向上弯曲的有七个，向下弯曲的也有七个。可见马家窑时代的人们确曾有过一月四周的月相历法，它正是与这种纹饰相符合的。因为七个弯月代表的七日正是一月四周中的一周七日之表示，而上下相加的十四日刚好为四分月周中的半月日数。在甘南洮河流域发现的彩陶中，还发现有更明确的四周二十八日的月数记录的彩陶实物。这种彩陶见于私人收藏，其器型为短颈大腹壶，器型与纹饰均介于庙底沟和马家窑之间。但纹饰有更多的马家窑彩陶特征。特别是壶腹部一周有四个圆

第五章
夏商殷周王室的天象观察与星象记录传统 | 311

图5-12 仰韶文化彩陶中星月纹及以月连续形成的纹饰
(注：1秦安 2武功 3、11兰州 4临潼 5长武 6、7、12郑州 8陕县 9西安 10邠县)

圈纹，圆圈中有马家窑彩陶中常见的梭状鱼纹，每个圆圈内七条鱼，四个圆圈正好二十八条鱼。合于四分月周的每周七日，一月四周二十八日之数。从纹饰演变的角度看，无论是上面引述的水波与弯月纹的弯月，还是圆圈中的梭状鱼，在马家窑彩陶早期都曾经与仰韶文化半坡以来的鱼纹相关。原本在仰韶文化中有头有尾有目有鳍的鱼，演变为无头无目无鳍无尾的黑色梭状直行的鱼或弯状跳跃的鱼，都秉承着半坡仰韶文化鱼纹鱼身由上下两个弯弓状的月牙纹构成的象征月亮的特征。可见，至迟在距今5000年左右的马家窑彩陶时代，以晦朔为一月之始，一月为四周，一月二十八天的四分月周的月历已经比较成熟了（图5-13）。

4. 夏启人面纹盆与夏王室的月相观察记录

通过以上对仰韶文化和马家窑文化彩陶月相纹的分析，使我们有理由重新审视半坡时代夏启人面鱼纹盆复杂含义中的月相特征。特别是人面纹上反映出的夏王室对月象的观察和表现。这一点陆思贤先生在《神话考古》之《嫦娥奔月神话源于月相变化——半坡彩陶图案人面鱼纹分析》一文中有很好的分析，特引述如下：仰韶文化半坡类型彩陶器上的人面鱼纹，同时见于临潼姜寨遗址，宝鸡北首岭遗址出土的彩陶器上，也有相同或相似的人面鱼纹装饰，此知是渭水上游远古先民共同崇拜的人格化神灵，但比较人面鱼纹之间的区别，可以看到反映月象变化的集中形式……在1963年版的《西安半坡》与1982年版的《西安半坡》两书中，可得五种形式。

第一种形式：额部的左侧涂黑，右侧底部作半圆弧面，其余留空白，寓意上弦月亮呈半圆形，在天穹的右方。

第二种形式：额部正中作三角形留白，中分两侧呈扇面形涂黑，寓意皓月当空，中分一个月为上半月与下半月，今言望月。

第三种形式：额部右侧涂黑，左侧底部作半圆弧面，其余留空白，寓意下弦月也呈半圆形，在天穹的左方。

第四种形式：额部全部涂黑，寓意晦朔不见。

第五种形式：额部黑面中央突出新月形双眉，并留空白角线，寓意角分一新月的开始，应表示始出。

用弧线半圆弓形表示月亮，是甲骨文夕字、月字的造字依据，《卜辞通纂》第311—313片，殷先王有王恒，恒字作"𠄞"，并引《诗·小雅》："如

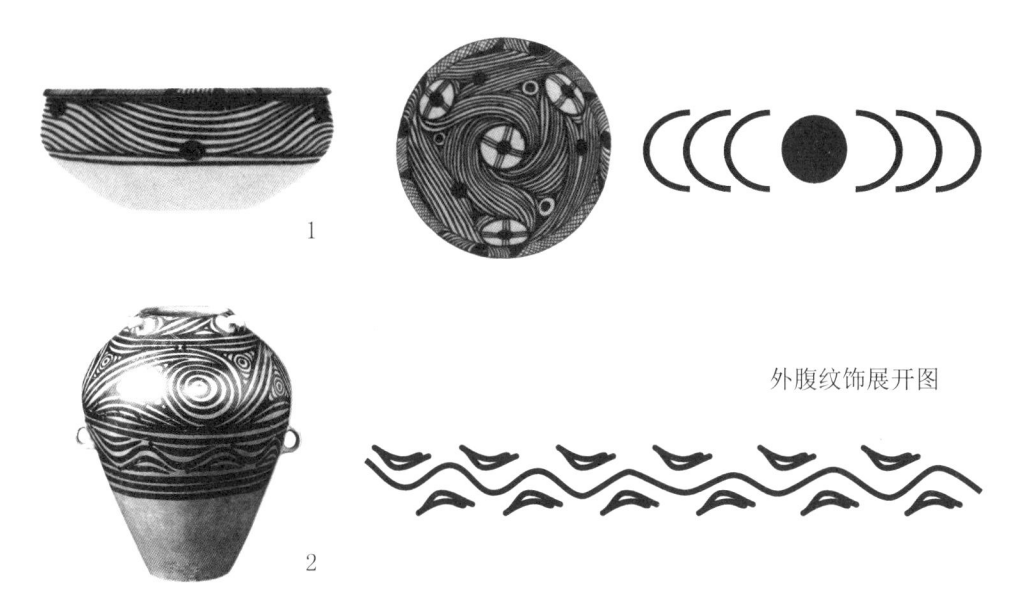

图5-13　马家窑彩陶所见1月4周及1周7日的月周图像
（注：1甘肃榆中出土　2甘肃永靖出土）

月之恒",《毛传》："恒,弦也。"用弓形的圆弧象征月亮,是先民们观象画图的本义,后世称月弓,月蛾,月盾,均因此而发,而在半坡人面鱼纹中则得到了较集中的体现。

……上述人面鱼纹图（1）突出新月形双眉,合于"月三日始,生兆朏,名曰魄"。周金"生霸"应源于此。

人面鱼纹图（2）,额部右侧画半圆形月面,合于"月未望则载魄于西",即周金"哉生霸",王国维以为"八日上弦",甚是。

人面鱼纹图（3）,额部正中作三角形,以示等分一月为上半月与下半月,今言望；合于王国维批评刘歆以"既生魄为十五日",应是"既生霸"。

人面鱼纹图（4）,额部左侧画半圆形月面,合于"既望则终魄于东",即周金"哉死霸"。王国维以为"二十三日下弦",甚确。

人面鱼纹图（5）,额部涂黑,以示不见月,即后世的晦朔,合于王国维批评刘歆以"既死魄为一日",即"死霸"。

据上,人面鱼纹以月相变化计日的时间分段是朔——上弦——满月——

下弦——晦，表示月亮由出生到死亡的一个周期，相当周代金文中的生霸——哉生霸——既生霸——哉死霸——死霸。[①]

由以上陆思贤先生对半坡彩陶五种人面形与一月中五种月相四分月周的分析可以看出，以半坡人面鱼纹盆为代表的夏王室早期，已经出现了四分月周的月象观察和记录方法。这比以往认为四分月周产生在周初或周代中期的认识差之甚远。这也从月相历法的角度反映出中华文明的产生远比人们现在的认识早得多。而半坡以夏启盆为代表的夏启人面纹的浓厚的月相历法特色说明，夏代早期的夏王室，以鱼纹为标识的部族有明显的重视月相历法的文化传统。而羿代夏政以后的夏王室，却又有更明显以角缸为标识的重龙星角宿的文化传统（图5-14）。

（三）夏人的观日方法及对四时的测定

1. 半坡彩陶人面纹人眼的形状与夏人对太阳的观察

种种迹象表明，半坡时代的夏初，人们不仅系统地观察龙虎角参等星宿及月亮的运行规律。也细致地观察并记录太阳的运动。半坡彩陶遗址中出土了一些人面纹器或人面纹陶片，这些人面纹中的人眼十分奇特。有的将人眼画成一条直线，像紧闭双目的形状；有的却画成睁目状，如陕西临潼姜寨出土的人面鱼纹盆，人的眼睛睁开呈橄榄状；而汉水流域的西乡县出土一件人面纹残片，人目却画成圆圈状，中间有一个黑点；西乡县还出土了一件骨雕三面人骨管，其中一个人的眼睛刻成弯月形，一个刻成圆形如彩陶圆形人目，另一个如姜寨人的橄榄状眼睛。半坡彩陶与骨雕人面上人的眼睛真实记录了当时人们虔诚地用自己的眼睛对太阳、月亮和星星的观察。眼作圆形内有一点可能是对太阳的观察，这和甲骨文金文的日字就是圆中有点的形态十分相似。而弯月状眼可能是对月亮的观察。橄榄状眼睛则可能是对星星的观察，因为星星一般只在傍晚和夜间出现，这种橄榄状眼也和甲骨文金文中表示傍晚的夕字字形相同。半坡彩陶人面和骨雕人面人的如日月星的三种眼睛形状，显然不是说明当时的人们真的长着如日月星般形状的眼睛，而是表达了人们用眼睛对日月星象的观察。因为6000多年前的半坡时代，人们在记录他们

[①] 陆思贤：《神话考古》，文物出版社1995年版，第119页。

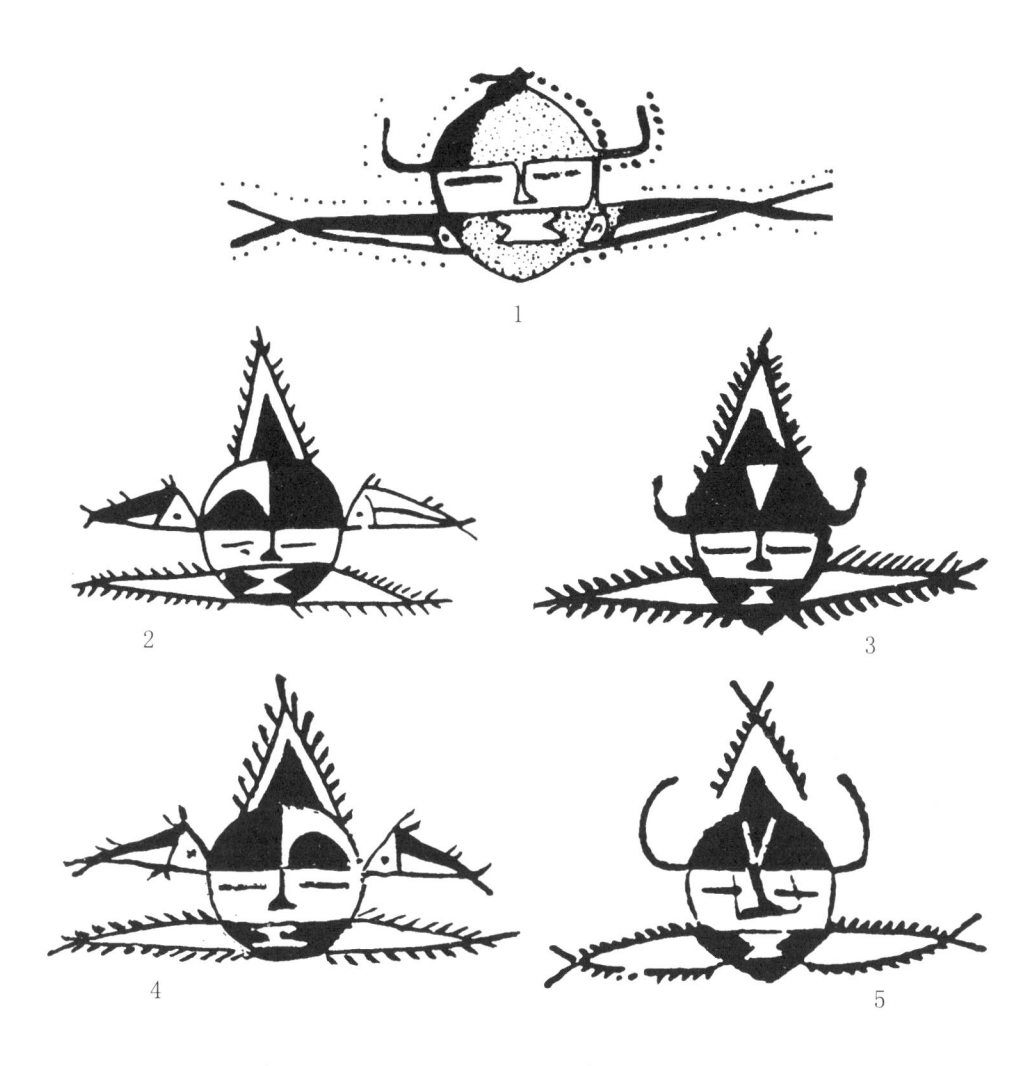

图5-14 半坡人面鱼纹盆人面纹的月相特征（注：1~5西安半坡出土）

对日月星的观察时，将自己的眼睛画成日月星的形状，这也许就是当时最好的表达和记录方法。半坡时代的夏初先民不仅记录了他们对太阳、月亮和星星的观察，而且还反映出他们有较为固定的观察时间。眼睛圆睁如日字，可能是正中午的表示，与此对应的应是双眼为一条直线的闭目形状，为半夜人熟睡之时的表示。人目如橄榄形可能为傍晚星星出现时的表示，而与此对应的大约是黎明前月将消失的表示。因为甲骨文金文都固定地使用夕字表示傍晚，相反都以带月形的朝字表示早晨。这种方法应当是有长久传统文化作根基的（图 5-15）。

2. 夏启人面纹盆与夏王室对春夏秋冬四时的推定

在前面的分析中我们已经论述了，距今 6000 多年前的半坡时代，在当时人们生存维艰的年代，人们以"观象制器"的方法创造出的彩陶器物已经具有象征天、地及人的融天地人于一体的复杂丰富的内涵。我以为半坡时代的夏启人面鱼纹盆，除了反映出当时人们对日月星象的观察外，它还可能有定四时的天文仪器的作用。这也可能是它作为夏初夏王室较先进的文化内容之一。人面鱼纹盆口沿都有等分圆形口沿的八个等分点，它应当是中国传统历法四时八节的表示，同时又具有地理上的四面八方之标识。如果以我们前面论述的人

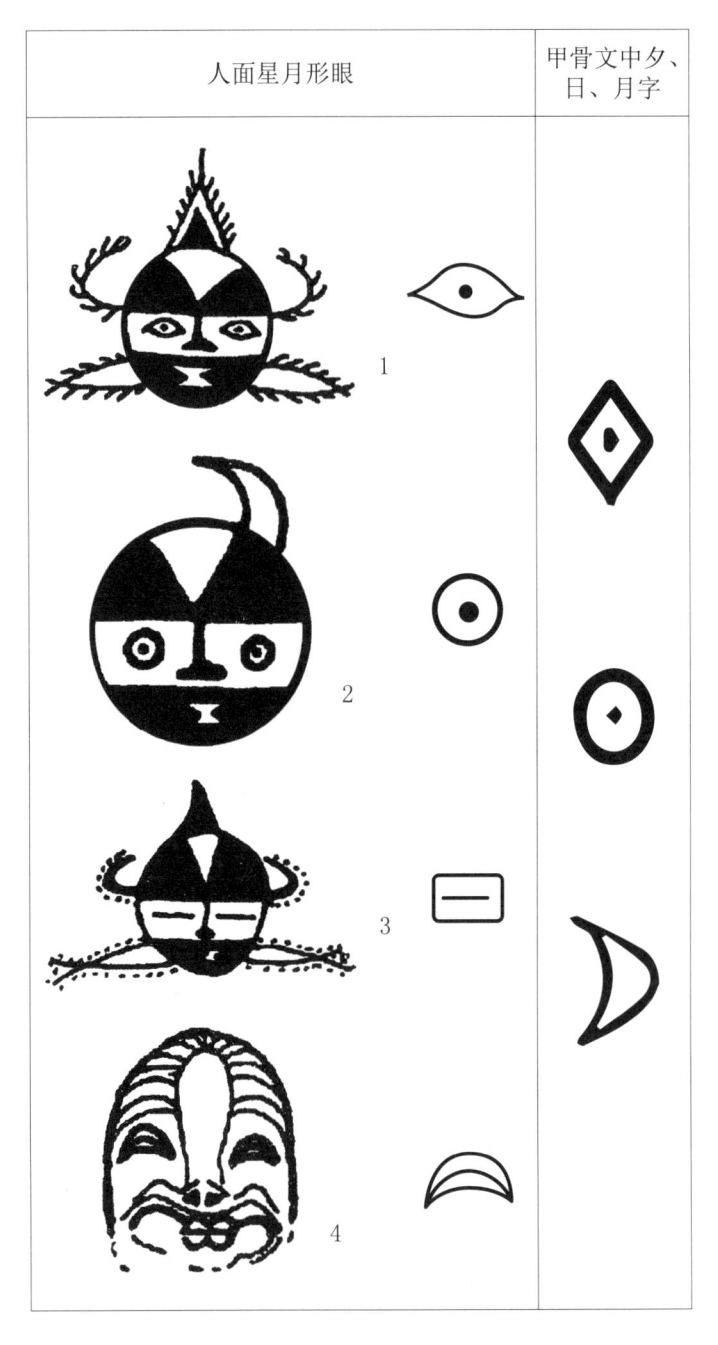

人面星月形眼	甲骨文中夕、日、月字

图5-15 半坡彩陶人面纹人眼不同形状反映对太阳、月亮和星星不同时段的观察
（注：1 临潼姜寨出土 2 西乡出土
3 半坡出土 4 南郑出土）

面戴角朝向正东和正西，以龙角虎参表示春分和秋分；则两条鱼对着正南正北，表示冬至和夏至。而其余四个点则可能表示立春、立夏、立秋和立冬。这大约就是中国传统历法的四时八节的八个节气划分的最早形态。然而，我以为，半坡时代的夏代早期，夏王室在使用人面鱼纹盆作为定位观察日出日落的太阳运动时，很可能是用一个彩陶人头对着东北方位，与夏至时太阳从东北方向升起相合，且与龙角在夏至前后见于东方地平相对应，用以标识夏至日晨的时间点；与此对应的另一人头则对着西南方，并且与虎参始见西方地平相合，标识着冬至日昏的时间点。夏代人们究竟以那个时间点作为一年之始的？我以为可能至少有两个。一个是夏至日为年首，这是因为夏代以前远古人们的生存更多依赖于水草丰美的夏季，即所谓逐水草生活的时代。而夏至日是夏季雨水和草木最繁盛的标识。我们在上册中论述的大禹治水与特定历法的关系，其本质很可能就是人们逐水草的漫长生存斗争的反映。正是在这个意义上，我们认为大禹治水其本质是观察与制定历法，特别是追逐春夏的草木繁盛的历法特征的。然而随着农耕时代与定居生活的到来，作物的播种逐渐成为人们谷物的主要来源。而春种秋收成为农耕时代人们最主要的生产与生活方式。因而冬至作为人们期盼的、一年之始的春季开始的时间点逐渐成为新时代人们的另一个年首标识。因而，半坡时代的人们除沿用人面对东北以标识古老的以夏至日为一年之首外，可能还以人面对准东南以标识冬至晨日出和夏至日昏日落的另一个新年首。因为人面盆口沿的八个方位中，将任意一点对准正东方向，其对应的另一端点必然对准正西方，并以东西两点标识春分秋分日出日落的方位，即正东为春分和秋分时日出正东，而正西为春分秋分时日落之方位。如此，则正东方位的北侧为夏至日出在最北方位的夏至日出点，南侧为冬至日出在最南方的冬至日出点。反之，正西方位的北侧为夏至日落点，南侧为冬至日落点。因而，半坡时代以夏启盆为代表的人面鱼纹盆极有可能曾作为夏王室的观日仪器使用。而人面鱼纹盆的口沿直径尺度也为它可能作为观日工具提供了一点线索。目前发现的完整的半坡人面鱼纹盆共五件，分别发现于西安半坡和临潼姜寨遗址，其口沿直径分别为 45、43、42、41 和 40 厘米。而记载中周公测得的夏至正午日影为 1 尺 2 寸。周代 1 尺 2 寸约合现在 40 厘米，这与半坡人面鱼纹盆圆形口沿直径十分吻合。因而半坡时代夏王室可能就是利用人面鱼纹盆的纹饰和器物形状结合，不仅象征天地万物，而且观察日出方位和测量夏至日影长度[①]（图5-16）。

（四）夏人的三种历法及传统

1. 夏人的十日即十天干历法系统

（1）夏启癸甲与夏人十日即十天干历法

中国古代的历法问题是十分复杂的。由于秦汉以来流传下来的历法是阴历，又由于甲骨文和金文中发现有十三月、十四月的名称，所以传统的历学观点认为中国早期历法是以润余成岁的农历。它是以回归年的阳历和朔望月为基础的阴历相结合的阴阳合历历法。这种观点是值得重新思考的。如前所述，以润余成岁的农历是在农耕和定居发展起来以后才逐渐形成的。由于它是以阴阳合历，调整节气为主要目的以适应不同地域、不同季节的农事需要的。而以其调节令、应农事的复杂程度看应当是较晚出现的。而在此前漫长的逐水草而居的狩猎、采集生活中，由于人群的不同环境及地理位置的差异，可能已经形成了多姿多彩的观察记录天象的方法和历法传统。依据我们对距今6000多年前半坡夏代人们天象观察的分析，我以为半坡时期的夏代初年，在仰韶文化的中心区域，即豫、晋、陕、甘地区，至少有以下三种历法，即以十日十天干为基础的十日历法，以十二日十二支为基础的十二日历和以月相为基础的月历三种历法，它们在夏王室都是存在并使用的。十日历法就是夏王室最重要的历法之一。

夏人的十日历之最有力的证明是夏启开创的十日名王传统。这是有半坡出土的夏启癸甲盆口沿的癸甲十日两个文字符号可证的。以十日为一旬，一月为三旬即三十日。这应当是人们在若干万年以来的长期生活经验中记录积累一年中太阳出落的天数，并为便于记忆而逐渐创造的。夏人十日历的另一个重要证明是羿代夏政和羿射十日。这也是有姜寨出土的人面鸟纹葫芦瓶可证的。代夏政与射十日同出于鸟羿族，可见夏代初期十日历法曾是夏王室主要历法形式（图5-17）。

[①] 钱志强：《古代美术与中国文明起源研究》，中国社会科学出版社2007年版，第67页。

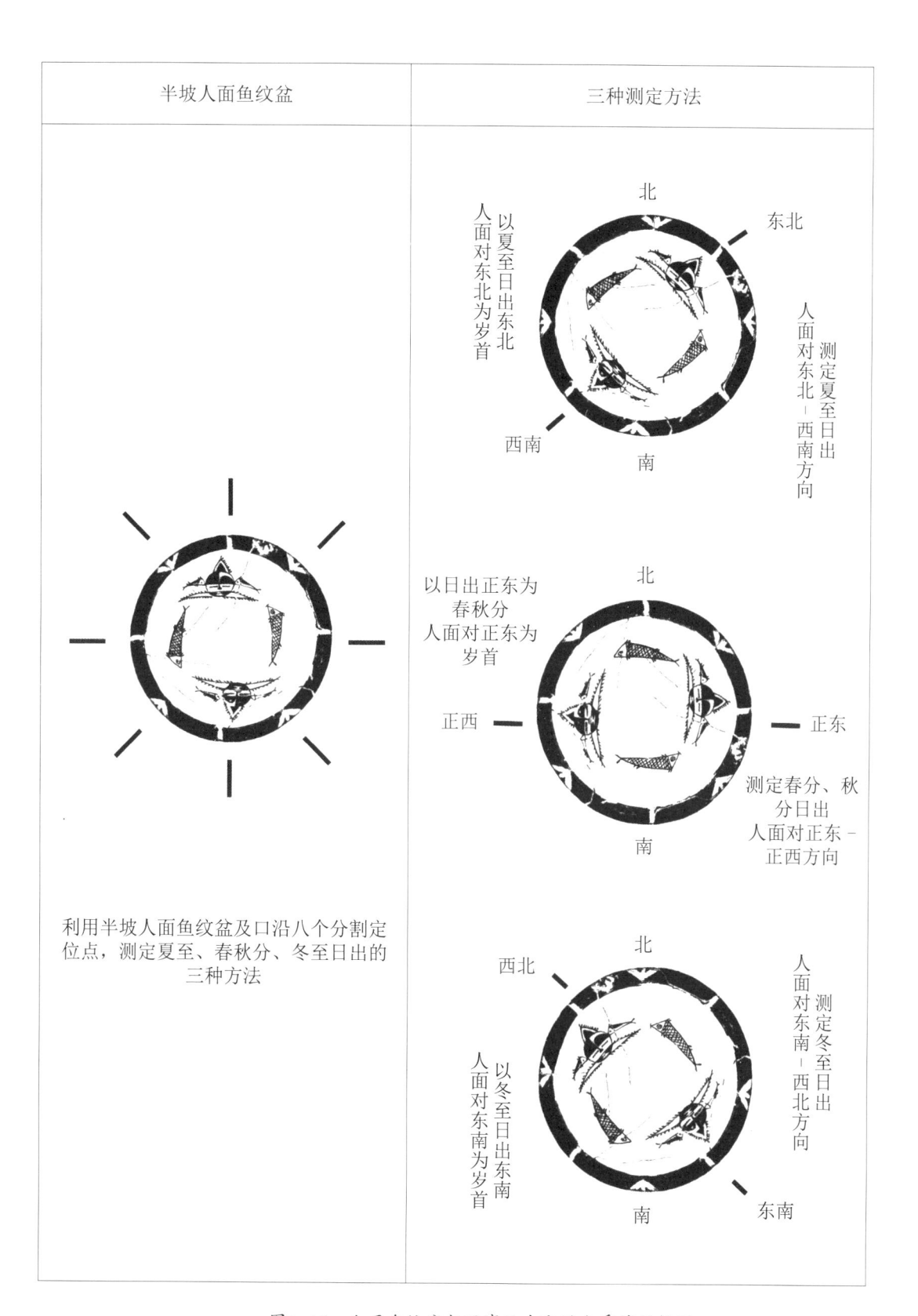

半坡人面鱼纹盆	三种测定方法
	北／东北／西南／南 以夏至日出东北为岁首 测定夏至日出人面对东北-西南方向
利用半坡人面鱼纹盆及口沿八个分割定位点，测定夏至、春秋分、冬至日出的三种方法	北／南／正西／正东 以日出正东为春秋分 人面对正东为岁首 测定春分、秋分日出 人面对正东-正西方向
	北／西北／南／东南 以冬至日出东南为岁首 测定冬至日出 人面对东南-西北方向

图5-16　人面鱼纹盆与观察日出定时令季节的推测

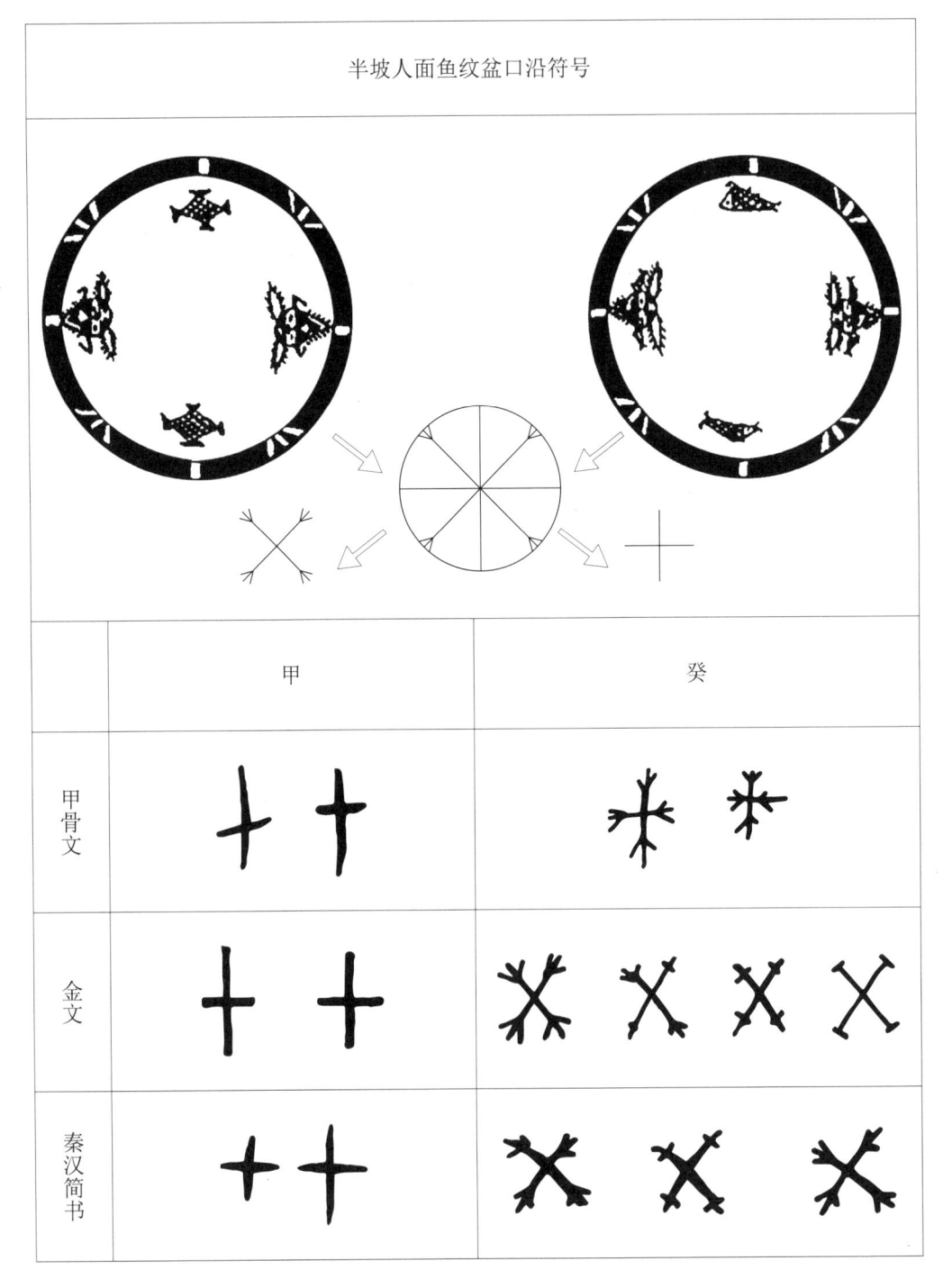

古代美术与夏商殷周文明研究
——夏商殷周王年研究

	甲	癸
甲骨文		
金文		
秦汉简书		

图5-17 半坡夏启人面鱼纹盆人面网纹盆口沿的八等分符号与癸甲十日标记

（2）太康五子与夏人年终余五日历法

从我们对夏人的天象观察，即对日、月及角参等星象观察的分析可以看出，当时人们的天象观察是十分认真并且连续不断的。而连续的天象观察，特别是对太阳和龙角虎参星象的观察必然导致当时人们对岁差的发现。而岁差可能会导致历法的紊乱。这表现在半坡时代的夏代早期就有启母涂山氏"女娲炼五色石补天"的说法及夏启之子，夏帝太康时的"五子"之乱夏说法和夏帝中康时代"羲和乱日"的说法。依据战国流传下来的"夏小正"看，"夏小正"记载的夏历是十二月历。这与半坡夏代王室用十日一旬的方法相同。但以十日为一旬，三旬为一月，一年十二月计，一年的天数只有 360 天，与回归年的阳历的 365 日差 5 日。我们之所以认为半坡时代的夏人发现了岁差，就是因为夏代的半坡彩陶中，姜寨睁目人面纹盆的太康王器上，在人头上有五字符号作为记录余五日，或增加五日作标记。这是与记载及传说中女娲以"五色石"补天，太康有五子之乱的特殊的"五"有关的。而羿射十日、代夏政大约也是因夏初王室十日历法出现了较大误差，而羿部族正是因此而进入夏王室的。其实仔细观察半坡时代彩陶人面纹就会发现，人面纹的人嘴常常画作对顶三角形，人嘴也因对顶三角出现了交叉符号的五字形状。联系太康盆人头上的交叉五字符号，分明表现出夏王室以头上的五字五数和口中的五字五数表现王室昭告余五日的重要历法事件的。而且人面纹人口中的五字和人头顶画五字也表示，余五日是在年终岁首的。也就是说，距今 6000 多年前的半坡夏代早期，王室的十日历法是十日为一旬，三十日为一月，一年十二月并在年终余五日的十日制历法[①]（图 5-18）。

（3）从夏启又名建、余再说夏人十日历及年终余日历法

夏王室的十日制历法还可从夏启又名建、余证明。《帝王世纪》（《太平预览》卷 82 引："夏启，一名建，一名余，德教施于四海。"甲骨文、金文无建字，但建字从聿，为手执直木柱形。直木柱之丨形在易卦中为纯阳之爻，为乾卦之基，易解乾卦曰"天行健"。所以丨实为建字的本字和主体。而丨在甲骨文金文中又作为数字的十使用。夏启人面盆口沿的人头正对着由四个丨状符号组成的甲字符号，也可见夏启名建的建字所从之丨状符号，既是十日之十

[①] 钱志强：《古代美术与中国文明起源研究》，中国社会科学出版社 2007 年版，第 60 页。

数的标识，又是癸甲十日之名的首字甲字所从。因而，夏启人面盆口沿的 | 形符号确实是集王名和日数于一身的具有十分重要意义的纹饰符号。

夏启名建的建字与夏启人面盆口沿的甲字之联系，可以看出半坡夏代早期夏王室器物符号的癸甲十日名王和十日制历法的关系。而癸甲人面纹盆的癸字符号似乎和余字及五数的余五日相关。甲骨文余字作余形，上从∧，为数字之六字，下从木，分开为 | 状十数和 × 状五数。因而从甲骨文金文余字的字形符号与数字系统分析，甲骨文余字下面的 | 和 × 为十日与五日

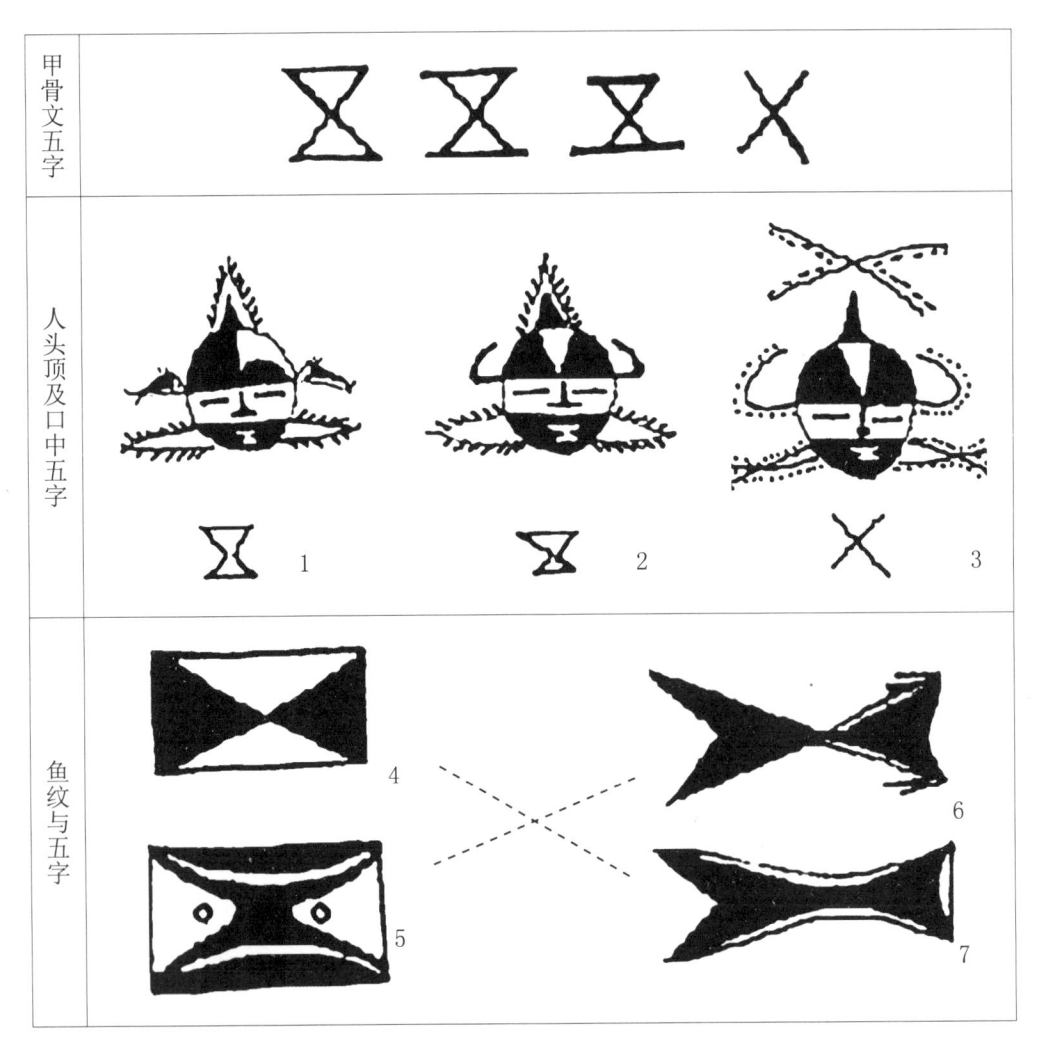

图5-18 半坡人面纹人口作五字符号与头顶五字符号
（注：1、2、4、5、6、7半坡出土 3姜寨出土）

之数，即为一年360天，12月，每月30天，十日为一旬的十日制及年终余五日之历法的表示。而余字上面的ヘ形即为﹂形的四方四矩即四年代表，又为ヘ状的数字之六的表示。因为一年的365日是约略的数字。实际一年的数字应为365又1/4日又9分9.7秒。因而一年365日后每年仍余1/4日多，这在人人皆知天文的半坡时代是很容易发现的。可见夏代夏启以余为名，王室就已经用ヘ状四方四矩形和六数代表每隔四年再余一日，即第四年须余六日为十日历法一年365日的补充。因而从半坡夏启盆口沿的癸字符号可以看出，半坡夏启时代人们苦心孤旨地绘制出的，期望涵盖宇宙万物的彩陶盆时，特别注意对天象历法的关注。人面盆人面正对甲字形十字符号，而癸字符号则为交叉的五字形，十字的丨状符号是数字之10，则癸字的※状符号为交五之数×。十日与余五日的意义十分明确。从人面盆口沿癸字符号还可以看出其与王名余的余字之间的联系。夏启盆口沿癸字由四个丷状符号组成，但在盆口沿上丷状符号是以露地的方法表现的，丷状符号和构成它的▼状黑色三角巨形实际形成▲状符号，似乎以丷表示三和以▲表示合矩的第四。联系夏启时代十日制及余五日的历法，我以为夏启盆口沿的癸甲符号和史籍记夏启又名建余的说法已明确传达出夏初夏王室的十日为一旬，一年360日又余五日，每隔四年再加一日即余六日的十日制历法。这种十日一旬，年终余五日，每隔四年再加一日的余五、余六日历法可能在半坡之前即尧舜时代已经成型。《史记·尧》有"基三百又六旬又六日"之说。其实三百又六旬又六日，实际正是十日制历法之余六日之年。而夏启名余的传统，不仅开创了夏商殷周王自称余一人的先河，而且透露出了夏商殷之王所以名余的历法数字的真实内含。

2. 夏人的十二支十二日纪历传统

（1）古籍记载中夏人十二支十二日纪历传统

从古代典籍记载可知，高辛氏部族有以子、巳代表十二支纪日的文化传统。前面我们已经叙述过高辛氏有二子，即主辰之阏伯和主参之实沉。辰一般认为是龙宿之第五星心火，而参即白虎星宿之参。可见中国二十八星宿四星象文化中最著名的龙和虎和古代传说的帝喾高辛氏有十分密切的关系，而古籍记载中高辛氏又常和夏商殷周王室联姻，并在王室中有重要影响。如禹之母史籍记载为高辛氏女曰姒，有的记载为有姒或有忐。而十二支的首位是子,第六位即是巳。由于子巳两字古代发音相近。因此郭沫若先生早就指出过,"十二支中有二子"的说法。由于禹是夏王朝的奠基者,其生母为有辛氏女姒,可见夏代初立时夏人不仅以十日名王记日,很可能也以十二支记日。商的先妣为有仍氏女,而其父族为高辛氏帝喾。商人先祖契为玄鸟勋卵所生,舜赐姓即为子氏。商殷先王中还有有名的王亥,史籍有称"子亥"的。以往研究者多以为是殷王子亥,是王子而不是子亥。联系王亥在甲骨文中多在辛日祭奠的事实及夏禹之母为有辛氏女姒之说及商契为子姓说,我以为殷先公王亥的子亥一名实即殷先公王亥一族也是有辛氏以子亥两字代表十二支第一字子和第十二字亥,并以十二支纪日的。[①] 记载中西周的建立也和有辛氏二子有关。典籍中文王所娶之大姒也是有辛氏之女。她也是西周王朝的建立者武王之母。因而我以为夏商殷周几千年中总是在开国之初以十二支二子为开国帝王之母族出现,这显然不是巧合,而是说明自夏代开始中华民族不仅以癸甲十日记日,而且也可能以十二支记日。因为夏启以癸甲生,癸甲为十日之代表。这与殷王名子亥,子亥为十二支代表一样。并且癸甲为十日之首尾字,子亥为十二支首尾字,因而极有可能十干十二支结合的干支纪日传统在夏代早期即已出现。因为与夏商殷周王朝开国时以高辛氏之子,有娀、有姒及子巳出现相同,夏启以癸甲名,商殷以上甲为王朝之奠基者,而武王更巧的也是在甲子日灭殷纣。我们暂不讨论夏商殷周王朝交替的社会政治原因,单是其都在交替时以甲子日或甲日,或子日记日名王就是值得我们深思的。

(2) 半坡夏启盆内的人头纹与十二支的子字符号及体现的十天干与十二支结合的干支观念

虽然迄今为止,我们只在夏启盆口沿上寻找出十天干字的首尾两字,即癸甲两个文字符号,未能确切找出半坡夏人十天干字的其他八个字,但是以癸甲两字为首尾,以有首有尾之首尾代替全部或以癸甲两字各有反复五次记日或其他方法都是有可能的。夏人这种以癸甲十干首尾两字代替十干和殷人以子亥两个字代替十二支都证明了十干和十二支的存在,并且都以首尾两个字代替。也许夏代人已有完整的记十日的十干字,也可能只有癸甲两字而十干的十个字尚未完全成型,但是以当时人们的知识,记录十日是比较容易的。

---

① 钱志强:《古代美术与中国文明起源研究》,中国社会科学出版社2007年版,第144页。

因为神话中的十日轮流而出的以相同太阳轮回十次即可证明十日一旬的十数观念可能要比十干的十个具体字符产生更早。十二支称二子或子亥也一样，因为古籍记载有"王亥二首六身"之说。[①] 二首而六身，可能理解为六身，也可能理解为二首各六身，即为十二身。因为子亥之子为十二支之首，也为奇数之首，统领十二支之六个奇数，而亥为偶数，可以代表十二支六个偶数。这也和十日十天干之十数可以分为五奇与五偶一样。我们在上册讨论甲骨文殷先公王亥的亥字符号时所论述的王亥亥字专以猪鸟两个形象合体而构成王亥亥字大约就隐藏着王亥两首十二身的十二支意义。

半坡夏启盆不仅有口沿的癸甲符号表示的癸甲十日纪日含义，而且我以为盆内的人头纹就是十二支第一字子字的早期形态。甲骨文金文中十二支的第一字子字是专用字，从甲骨文金文的十二支第一字子字可以看出，十二支的第一字子字常常呈现出大头小身的人形形态。古代先民在创造十二支的第一字子字时，何以会用人的形态表示子字呢？我以为十二支的第一字子字产生相当古老，它可能和人们早期期盼子孙绵绵的人类之生殖繁衍有关。因为从半坡夏启人面纹盆的人头纹上，可以明确看出人子、畜子及谷物种籽的痕迹。夏启人面鱼纹盆的人头纹为一个人头人面形，而人头上往往有牛羊等畜类之角形。这表示十二支首位的子字的早期形态，确实含有人们早期对人及畜类生殖繁衍和谷物丰收的期盼和记录。因为一个不争的事实是，人和畜兽出生时多以头先出现。因而十二支子字以人畜的头形表示是自然的。这也说明早期人群之首领叫头领、首领，畜群之首叫头畜的头、首一词可能也与人畜出生以头首先见有关。虽然甲骨文金文的子字比半坡时代已抽象化，但仍保留有人的大头及头上似有角的痕迹。半坡夏启盆子字形人畜头周围还常常有谷物形枝叶或谷物的细点状籽实，这都表示当时人们对人畜及谷物的籽、实的认识及对新生命的祈求。如果半坡夏启盆内的人头纹确实是十二支的子字早期符号形态，则两个人头纹也与我们叙述的高辛氏二子及主龙虎星宿的二子相合。而龙虎星宿与农事的关系也与人头周围的谷物纹相符。从夏启人面盆人头纹的人畜及谷物结合的符号形态可见，十二支的子字所包含的天地人的丰富复杂的文化内蕴。由于夏启盆口沿的癸甲符号中的甲字符号正对着

[①]《左传·襄公三十年》，转引自丁山《中国古代宗教与神话考古》，上海书店2011年版，第365页。

子字形的人头纹,证明半坡夏代早期夏王室已经以甲字符号对着子字形人头表示甲子相合的十天干与十二地支结合的干支纪日传统了。据此可见,早在距今 6000 多年前的半坡时代,干支纪日的传统就已经出现了。其证明就是半坡时的夏启人面鱼纹盆(图 5-19)。

3. 夏人的月周纪历法

从以上论述可以看出,半坡时期的夏代及夏王室,已经有以十日十天干纪日和十二支纪日及干支结合的比较成熟的历法,而且也有了比较成熟的以月亮盈亏周期纪日的月周历法。这在前面我们论述夏人的月相观察的章节中已有较详细的论述。而从半坡人面纹面相反映出的月亮晦朔周期和马家窑彩陶月周数字可以看出,夏王室的月周历法可能是以四分月周纪日的。即以固定的 28 日为一月周,每周分四段,每段七日。但在晦朔之间即两个月周之间增加一、二日,即朔在二日或三日。由于年代久远,我们目前虽然无法寻知夏王室月周历法的一些细节,但是出土遗物证明当时人们的四分月相周期及每个月像时段为七日的四分月周之数则是大体可以肯定的。

在夏商殷周几千年的文化传统中,周族是最重月相历法的部族,这从西周金文中大量使用月相纪日可以看出。而古籍记载中周人也是较早进行定居与农耕的部族。记载中周人之祖先神烈山氏之子柱就是历夏商殷周而一直主管农事的农官。因而周人的文化中可能更多的带有月相与农事相关的色彩。我们从周人之称周的周字似乎可以看出一点端倪。甲骨文就已有大量周字,并已称周人为周。甲骨文周字为▦形,其早期形态为田,一般以为田象田地殖谷形,这种解释大致不错。但联系周人与月相历法的关系,我以为田状周字可能还有月周之意和月周之数。我们前面已经论述了半坡和马家窑彩陶文化中的四分月相及 28 日的月周之数。而周字作田形,口为方框四方之形,内中十字为 7 数之七字,正与四分月周及每个月相段为七日相合。可见周人的四分月相及每个月相段为七日的月相历法传统也是十分悠久的。由于月相历法与农时节令的特殊联系,所以在殷周以后当定居农耕居于主导地位时,早期人们以冬夏至,春秋分为重点的阳历逐渐为调整节气时令,以适应居于不同地域及不同谷物种植收获时节的阴阳合历取代。因而西周金文出现的月相纪历可能并不代表中国早期没有以阳历及回归年为主的历法传统及多种多样的历法,相反却说明它只是后来的,成熟的农耕时代的阴阳合历及以农耕

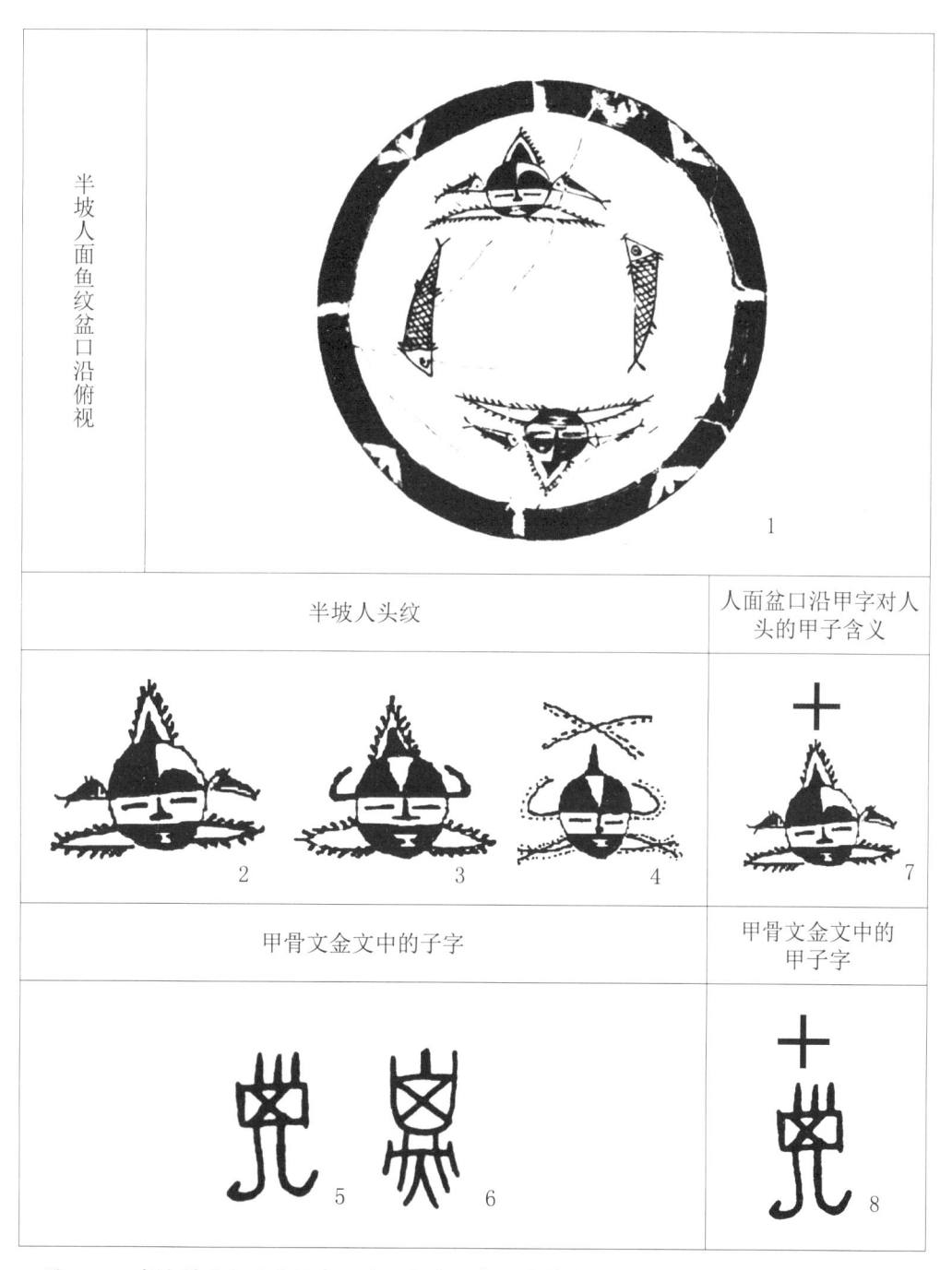

图5-19 半坡夏启人面鱼纹盆人头纹与十二支子字符号及体现出的十天干与十二地支结合的甲子干支观念

（注：1、2、3半坡出土　4姜寨出土）

为特色的西周部族月相历法传统的遗留。

（五）从夏启人面鱼纹盆探讨夏王室的历法记叙特征

1. 王名与历日合一的天命王名特征

对中国的历史，传统看法一般认为，中国有文字记录的历史是从夏代开始的。而从我们对夏代王名的分析发现，夏代的王名文字符号确实是目前所知中国最早的文字。但是，它与甲骨文以来的中国文字又有很大的差异。确切说，它不仅具有后世文字的记言、记事的特征，而且将记言、记事融合于器物及纹饰符号上，并很可能还结合着特定仪式、场合而具有十分复杂、丰富的文化传播承继的多重功能。而半坡夏代王室的最有影响的创造可能就是王名人名与天象历法中日名的合一。半坡夏代以前人们有没有个人的私名？我们不得而知。但已有团体族群的公名是可以肯定的。如黄帝、炎帝等。由于黄帝、炎帝传说很多，分布很广，延续历史极长，学术界多以为其是一个世代相延的部族名称。而记载中上古部落名字又多与这一部落生活的山岳、河流或从事农耕、畜牧等各自的生活方式相关。半坡夏启人面鱼纹盆表现出的夏王室王名与日名太阳神性的统一说明，从夏代开始，中国古代王朝中的王已经不是一般意义上的部落首领或联盟领袖，而是具有普照大地神格的，以太阳神命名的，具有通天地神灵的特异人物。正是从夏启开始，夏商殷王都继承了以日名王的王名传统。战国秦汉此后几千年的中国历代王朝之君王虽然已不以十日为名，但仍以天子自称，虽然其已与夏商殷的以日名王及代表的星象历法及天命有本质差别，但仍有明显的留风遗韵。

2. 日月星斗参照的天文历法传统

从夏启人面鱼纹盆可以看出，自距今6000多年前的夏代早期开始，王名不光具有以日为名的天象历法的象征意义，而且包含有以太阳视运动为中心，并参照以月亮及星斗的运行变化而制定调整历法，以适应人们生存生活的各种需要的实际功能。这大约也是中国历代帝王登基称王以后"盼正朔"的根源所在。由此可见，早在距今6000多年前的半坡时代的夏代早期，中国传统历法其实已经比较完备与成熟了。只是由于人们生产生活方式的变化，王朝迁徙变更及地域差别，从而导致历法的分化、变化及新旧更替。以致后来的人们对中国早期历法传统的遗忘。

3. 天象与族徽结合的星象表述特征

从我们对夏代人们对日、月、星斗观察与记录的彩陶纹饰中可以看出，夏代人们表现日月星斗的纹饰中清楚地留有标识不同部族人们的族徽的痕迹。例如同是人面，有的与鱼结合；而有的却与鸟或兽合体。同样表现弯月，有的与鱼合体；但有的与鸟或兽合体。对星斗的观察也是这样。从这一点上也反映出半坡早期的夏王朝，正是在以鱼、鸟、猪、羊等动物或植物为标识的许多部族文化融合的基础上，才开创了中国历史上第一个以统一的文字符号文明为特征的文明时代。

4. 以天象历法为根本，天地人合一的思维与器物符号表述方式

半坡夏启人面鱼纹盆反映出当时的人们已经具有比较成熟的以天象历法为中心，以天、地、人合一的思维与器物符号结合的文化表述方式。半坡人面鱼纹盆口沿的癸甲八方符号与圆形盆的结合，既有明显的癸甲十日的天象及宇宙标识，又有四面八方、山林草木及人与鸟兽的象征。同时夏王以十日癸甲为名，这就明显具有中国传统思想的天地人合一的思维方式。盆内戴角的人面也是这样，角既是天上的龙星虎星，又是地上的牛羊，而人面人头正是居于天地之中的人的标识。夏代早期这种以天象历法为核心，集天地人合一的思维方式及以器物与纹饰符号结合的表述方法历夏商殷周几千年，并且一直是中国古代文化传统与传承及表述方式的主流。因而了解研究这种传统与传承方式及表述方式，才能较好地了解中国古代文化历史的真实面貌。

5. 临潼白家遗址滴血点纹彩陶与夏王室天象历法传统朔源

位于陕西临潼的白家村遗址是一处前仰韶文化遗址，这个遗址现存面积虽然不大，但却出土了一批极重要的前仰韶文化遗物。[①] 特别是其中的彩陶，更对研究半坡仰韶文化彩陶的来源有极重要的作用。白家村遗址出土的前仰韶文化彩陶大多画在红陶钵的内腹，其中最引人注目的是出土的多件在内腹似乎是以红色颜料点滴上去的红色点纹。考古学家称之为滴血点。这种点血滴纹以其圆点纹向四周自然散发的光芒状极像光芒四射的红色太阳纹样。点血滴纹多以四个点作 ∴ 状十字分布，似乎象征光照四方的太阳。我们之所以

---

① 石兴邦：《白家聚落文化的彩陶》，《文博》1995 年第 4 期。

这样推测，是由于稍后的仰韶文化半坡彩陶中有大量的龙角虎参等人们对天象观察的彩陶纹饰，特别是半坡彩陶人面鱼纹盆口沿及腹部四面八方的十字布局及表示的癸甲十日含义，明显和临潼白家遗址这种由四个滴血点纹作十字状分布有一脉相承的关系。由此我们以为，半坡夏启盆的癸甲十日符号可能是与临潼白家遗址前仰韶文化滴血点彩陶太阳纹有极密切的关系的。也就是说，在半坡夏启盆彩陶纹的癸甲十日符号之前，白家遗址的人们就有了对太阳或星象的观察并以滴血点纹彩陶作过记录。

与临潼白家遗址前仰韶文化彩陶一样，对半坡夏文化有很大影响的还有甘肃秦安大地湾前仰韶文化彩陶。大地湾前仰韶文化彩陶也画在彩陶钵内腹，最有代表性的是以-╎-状或=╎=状构成的十字符号纹样，还有〜状既像飞鸟又像牛羊角的彩陶符号。如果我们把大地湾和临潼白家前仰韶文化彩陶钵圆形口沿及一周宽带纹和内腹的甲字状记日符号及牛羊角纹的符号形态与半坡夏启盆圆形口沿及符号相比较，明显可以看出，半坡夏启盆口沿癸甲符号及人面戴牛羊角的-╎-状布局与临潼白家及秦安大地湾前仰韶文化彩陶是一脉相承的。联系古籍记载关于黄帝和炎帝传说，我以为临潼白家遗址的前仰韶文化彩陶可能和黄帝文化有关，而秦安大地湾前仰韶文化彩陶可能和炎帝文化有关。可能正是以它们为主的不同族群间的接触交融形成了以关中平原为中心的半坡夏文化的主体族群（图5-20）。

商代历象说

（一）大乙彩陶罐与商代早期的历象特征

1. 大乙的乙字符号与大乙族群对参宿的观察

（1）大乙的乙字符号与庙底沟勾叶圆点纹彩陶的参宿腰腹三星特征

在上册论述大乙乙字符号的来源时，我们已经论述了大乙乙字符号与庙底沟彩陶勾叶圆点纹的渊源关系。而庙底沟勾叶圆点纹彩陶一般由三组弯月状钩镰纹绕器腹一周，而每组纹饰中都有一个两端带有方向相反的弯月的斜向直线纹，这组斜向直线与两端方向相反的两个弯月就是大乙乙字符号的源头。这种斜线纹上常常有三个星点，我以为这种斜线与三个星点就是与角宿对立的参宿之腰腹三星的标识。这也为我们解释大乙乙字符号打开了一条思

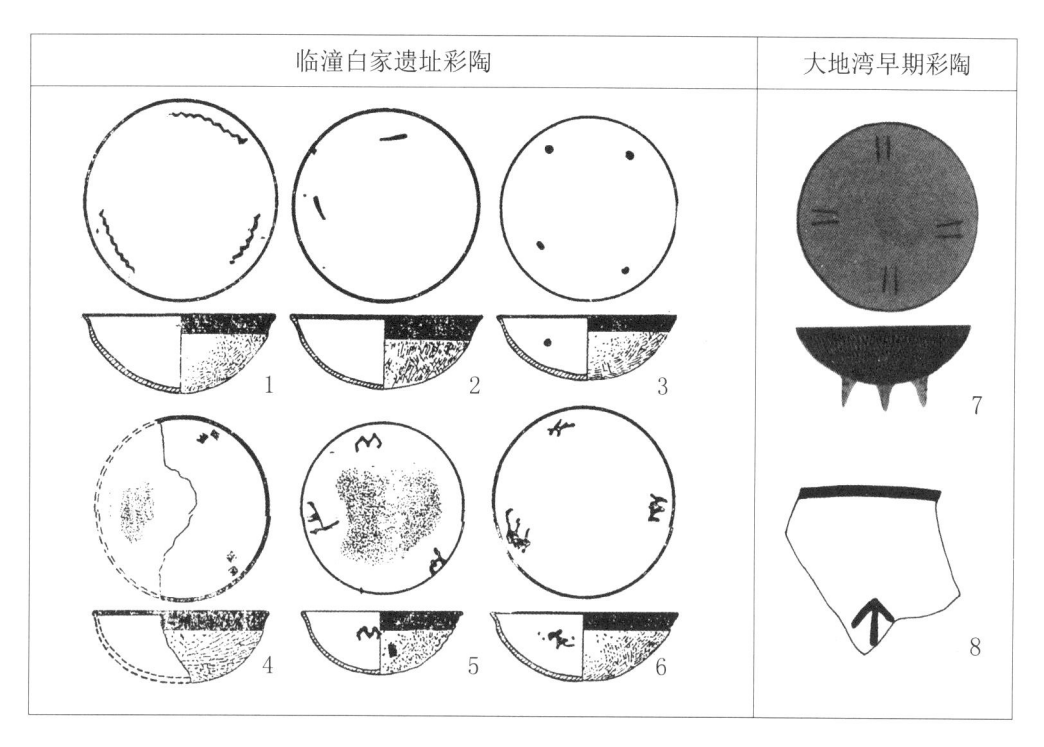

图5-20 临潼白家遗址出土前仰韶文化彩陶
（注：1~6临潼白家遗址出土　7、8大地湾出土）

路，以往以燕子解释乙字的说法可能是较后的说法，而至迟在公元前3500年前，即距今5500年前后，大乙的乙字符号是与此前庙底沟勾叶圆点纹的参星符号相关的。这也可能是大乙何以称天乙的由来。夏启以十日名王开国，以甲日为始。而商汤则改由乙日为首，但夏商之王皆以天上十日名王相同。从夏启盆的人面戴角看，夏启时代即夏王室的天象标识似乎有更明显的角宿特征。而商王大乙乙字符号则具有较多的参宿特征，因而夏商之对立似乎也有龙宿与参宿对立的天象基础（图5-21）。

（2）大乙乙字符号与庙底沟勾叶圆点纹彩陶参宿的觜参标识

大乙乙字符号所由来的庙底沟勾叶圆点纹彩陶，不仅演化为乙字符号的斜线纹有明显的参宿腰腹三星标识，而且勾叶圆点纹彩陶盆圆形口沿还常常由三个三角纹等分。这种三角纹极似参星之觜角。在稍后的汉画像中，参宿的觜三星有时也画作三角形。其实参宿之觜也被称作白虎之嘴或耳。勾叶圆点纹彩陶盆口沿的三个三角形一正一反，均分了圆形口沿，其实也可能是大乙族群以圆盆象天，以参觜在天穹出没为族群的天象标识。我们在论述夏商殷周文化的异同时，特别指出过夏殷文化有较多的相同点而商周文化有较鲜明的相同性。不仅大乙彩陶符号所由来的庙底沟勾叶圆点纹由三组纹饰构成与周王圆鼎的三分之象相同，而且陶盆口沿以三角形及三分圆法都与周王圆鼎及周文化的发祥地宝鸡北首岭及马家窑三角纹彩陶极相似。庙底沟的勾叶圆点纹彩陶中还常常以两个对顶三角构成一个似细腰无头的人形纹，而在人肩一侧伸出一个向下弯曲的星月纹，而另一侧下肢伸出一个向上勾连的星月纹，纹饰极巧妙并耐人寻味。联系前述的参宿腰腹的斜线三星纹，我以为庙底沟时代人们曾以人的腰腹指代过参宿之腰腹。这似乎也与西方文化中将参宿比作人间猎户有相通之处。而庙底沟彩陶的对顶三角人形参宿，其腰腹三角更鲜明，而肩上腿下的星月纹更表现了大乙族群人们披星戴月的生存生活的欢乐与艰苦（图 5-22）。

2. 从大乙彩陶的参宿符号内涵说角参对立与商汤伐夏桀

（1）夏王室陶缸的牛羊角特征与汤伐桀自葛始

夏王室自少康以后，王器由彩陶盆转为陶缸，这种王室陶缸有明显的象征东方苍龙角宿的含义，这很可能是因夏少康部族是以牛、羊角作为部族标识形成的，而陶缸则是牛、羊角的象征性器物。这一点我们在上篇中已有多处论述。我以为少康时代，夏王室的王器陶缸及角缸文化很可能和传说中的葛国即葛天氏有关。葛音与角近，因而葛天氏、葛国可能与角有关，为角字音转。记载中有"葛天氏之乐，三人操牛尾，投歌以八阕"。其"操牛尾"则有牛角，而"歌以八阕"与夏殷王器四八分割结构或有关联。从古籍记载中，我们还可找到夏人与牛角相关的一些信息。《天问纂义》在"恒秉季德，焉得夫朴牛"之后，王远曰："朴牛，传色不杂之牛，谓可以郊天祭宗庙也。言夏之后人常秉衰德，焉能于失国之后复得朴牛，以祀夏配天乎。"[①] 丁宴引《吕氏春秋》："殷汤良车七十乘，必死六千人，以戊子战于郕，遂禽推移大犠。高诱注，桀多力，能推移大犠……然汤革车三百乘，困之鸣條，擒之焦门。大犠即大牛。"[②] 虽然不少学者对《天问》这句话属殷属夏提出质疑，

---

① 游国恩主编：《天问·纂义》，中华书局 1982 年版，第 328 页。
② 游国恩主编：《天问·纂义》，中华书局 1982 年版，第 332 页。

但从"汤伐桀，自葛始"及纂义各家对夏王室以犠牛、大角牛祭祀天地的说法足可见夏王室特别是少康与牛角文化之间不同寻常的关系。这虽只是我们根据古籍记载所作的一种设想，但是考古发现的、我们论述的以临汝闫村洪山庙为代表的缸及角缸文化与以郑州大河村及西山仰韶文化遗址为代表的大乙参宿文化之对立则是明显的。而记载中商汤伐夏桀也是自葛开始。《孟子 滕文公》下："汤居亳，与葛伯为邻，葛伯放而不祀，汤使人问之曰：何为不祀？曰：舞以供牺牲也。汤使遗之牛羊，葛伯辱之。"此可见汤伐葛伯，是因葛伯改变了夏人以牛羊祭祀祖先的传统被视为不正。这与临汝洪山庙遗址出土大量多排成人角缸葬习是相符的。而考古发现之时代大体相同的郑州附近的大河村秦王寨类型与伊洛地区的闫村类型之文化差异大约就是商汤大乙文化与夏晚期文化的对立之反映。

（2）商汤伐夏桀与夏商文化的天象对立

前面我们已经论述过大乙符号与庙底沟彩陶勾叶圆点纹代表的参宿的关系，而夏少康以后王室以陶缸代表的东方角宿文化我们也多次论及。因此"汤伐桀，自葛始"的葛，很可能就是角，即夏人角宿文化的角缸所指。我们在此提出商代夏与夏商两个部族天象文化的对立在商汤伐夏桀时的记载除《史记》的"自葛始"以外，《史记》接着记"汤自把钺以伐昆吾"，而记载中昆吾为己姓。己字，甲骨文写作己形，我们上册讨论商王雍己名号时就论述过己字是北斗七星的符号标识。商汤伐夏时以葛伯代表的东方苍龙角宿部族与昆吾代表的北斗部族正是夏王室文化中最重要的"斗携龙角"文化传统所在。而商汤伐夏桀，攻灭夏族的角斗文化，并不是攻灭而除去角斗文化传统，而像高辛氏二子的参与火互相对立却又互补一样，很可能商汤代表的西方参宿文化正是在夏王室以角斗为中心的天象历法长期使用或出现误差时，商王大乙以西方参宿文化增补了夏王室角斗文化的不足，从而在文化上逐渐取得了在王室的重要地位。可见天象文化的对立与互补也是商王朝取代夏王朝的重要原因之一。

（二）大汶口沃丁陶缸与商代中期天象观察及历法特征

1. 沃丁陶缸与龙宿心火星象的观察

（1）沃丁陶缸与商代中期的龙角文化传统

正像记载中，高辛氏二子虽日相干戈，但却以同室兄弟之秩相称一样，

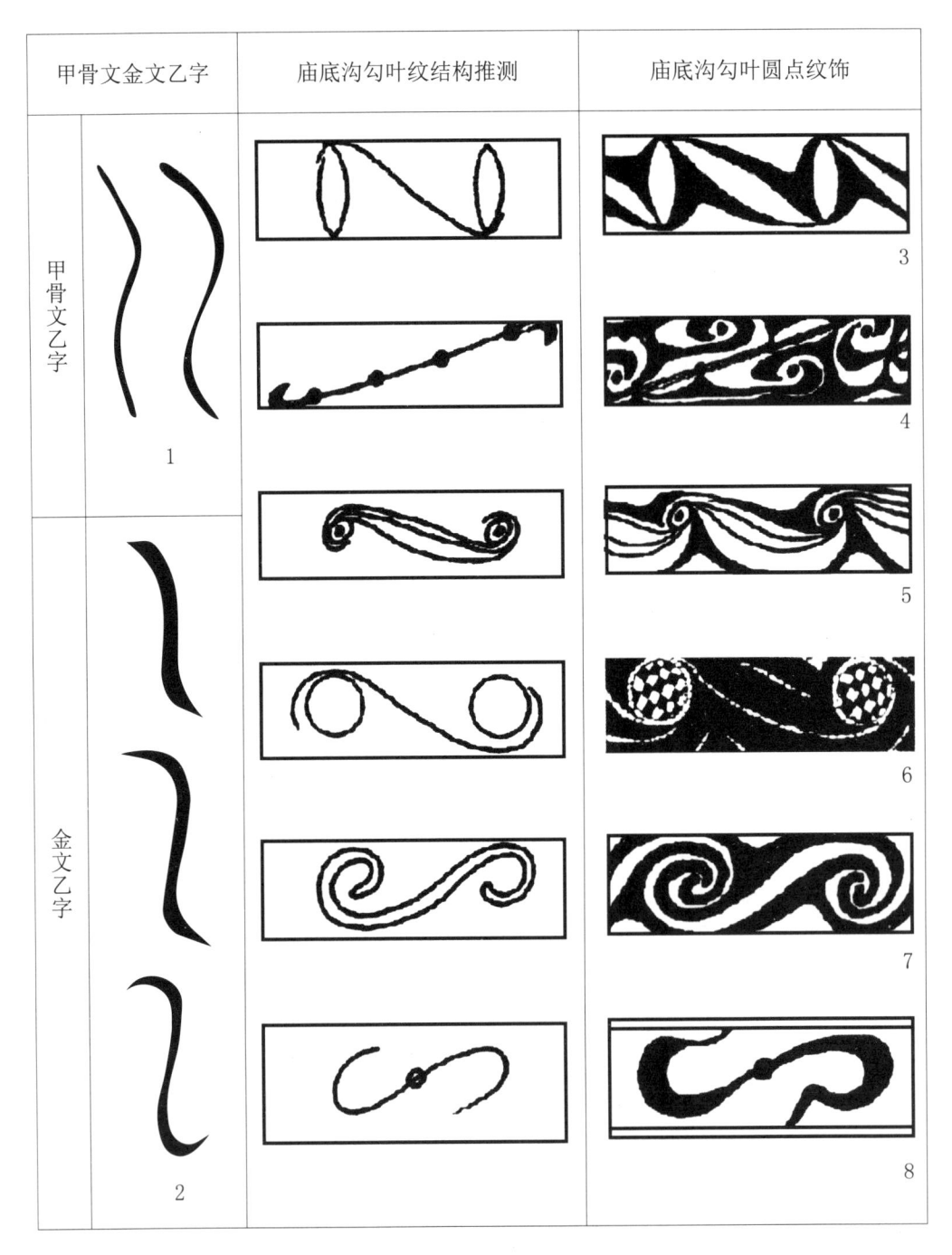

甲骨文金文乙字	庙底沟勾叶纹结构推测	庙底沟勾叶圆点纹饰
甲骨文乙字 1		3
		4
金文乙字 2		5
		6
		7
		8

图5-21 大乙的乙字与庙底沟彩陶勾叶圆点纹的参宿腰腹三星特征
（注：1甲骨文乙字 2金文乙字 3、4庙底沟勾叶圆点纹
5、6、7马家窑半山连旋纹 8大河村S形纹）

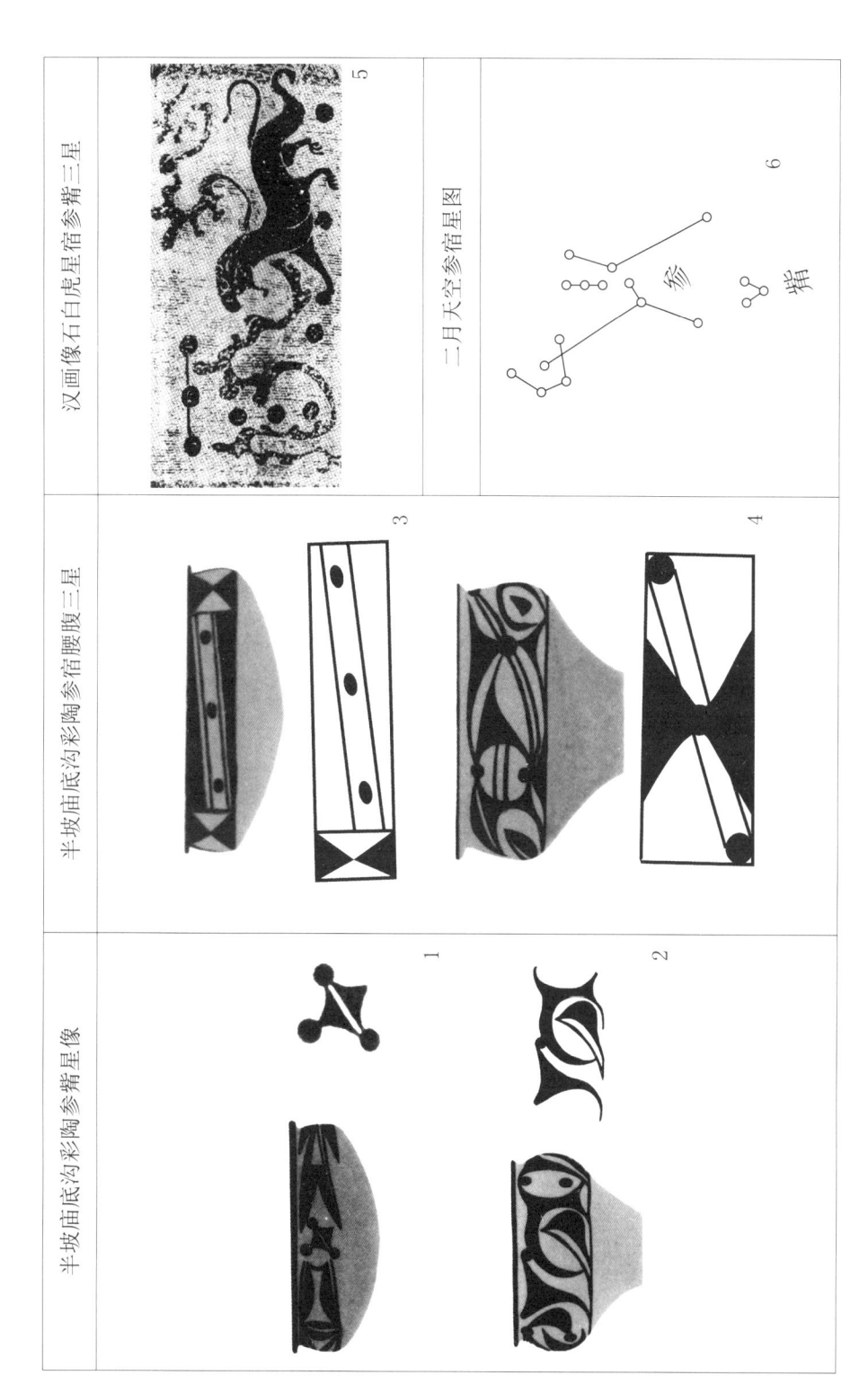

图5-22 大乙乙字符号与庙底沟勾叶圆点线彩陶的参宿觜参标识
（注：1大地湾出土 2陶底沟出土 3秦安王家阴洼出土 4夏县垣曲出土）

大乙部族的参宿文化虽然与夏王室角宿文化相对立，但也同样相持相依，不可分离。事实上，从考古发现中的大乙彩陶罐到外丙、仲壬陶器器形的演变，明显表现出由大乙彩陶盆的盆形逐渐向陶缸和缸形的转化。而到大汶口时代的沃丁陶缸，不仅已完全角形陶缸化，而且陶缸制作更加精细，特别是陶缸腹部两圈突起的棱线已经完全和甲骨文的且、祖字相同。我们在上册中已论述过沃丁陶缸的器物及纹饰符号应当就是甲骨文祖先之祖字的最早体现。其中角祖的角星文化内含是重要内容之一，而商王在王名前冠以祖字也可能就是在大汶口及以后的陶寺祖乙时代。这种从夏帝少康时代开始出现的王室角缸文化，不仅在后来的夏商王朝仍然作为王室文化的代表流传着，而且其向角形的祖字演变也反映了东方苍龙星座特别是角星在人们生活中的特殊地位及人们对它寄予的感情与敬仰。而大汶口沃丁角祖形陶缸表现的大乙参宿文化向龙角文化的回归，说明龙星文化传统代表的东方天象和对应的春夏季节仍然在商代人们心目中具有十分重要的地位（图5-23）。

（2）大汶口沃丁陶缸星火纹与商代中期的春分天象

大汶口沃丁陶缸不仅继承了夏王室的角缸王器传统，而且制作得更加精细，特别是陶缸上刻画有♛或♛状星火纹饰。沃丁陶缸上的这种星火纹曾经在学术界多有讨论，一些学者也明确指出它可能是当时大汶口人对春季星象的观察。[①] 但应当更明确地说，大汶口沃丁陶缸的♛形符号就是沃丁时代商王室对东方龙宿中大火星即心宿处于东方地平为春分日标识的记录。古籍中，"商主大火"的说法可能就来源于这一时期。而"阏伯"主火的阏伯可能就是沃丁。阏字与沃音近相通，而且以星火为标识。我们之所以有这样的观点，首先是沃丁陶缸代表的角缸文化传统，特别是龙角文化传统是从距今6000多年前半坡夏启盆人头戴角纹就已经明确表现出来，而夏王少康以后的角缸文化更将其推到极致。由于大汶口陶缸与中原仰韶文化陶缸从器物符号角度看又有许多共通性，因而沃丁陶缸上的星火状纹饰应当是与陶缸代表的龙角天象传统有关的。按照半坡夏代早期夏启盆人头戴角为龙角初见于春分时黄昏的东方位置计算，岁差导致龙角星每天提前约4分钟出现于东方地平，到沃丁时代的大汶口，时间已过去1000多年，夏启时代春分黄昏龙角

[①] 王树明：《谈陵阳河与大朱村出土的陶尊文字》，《山东史前文化论集》，齐鲁书社1986年版，第249页。

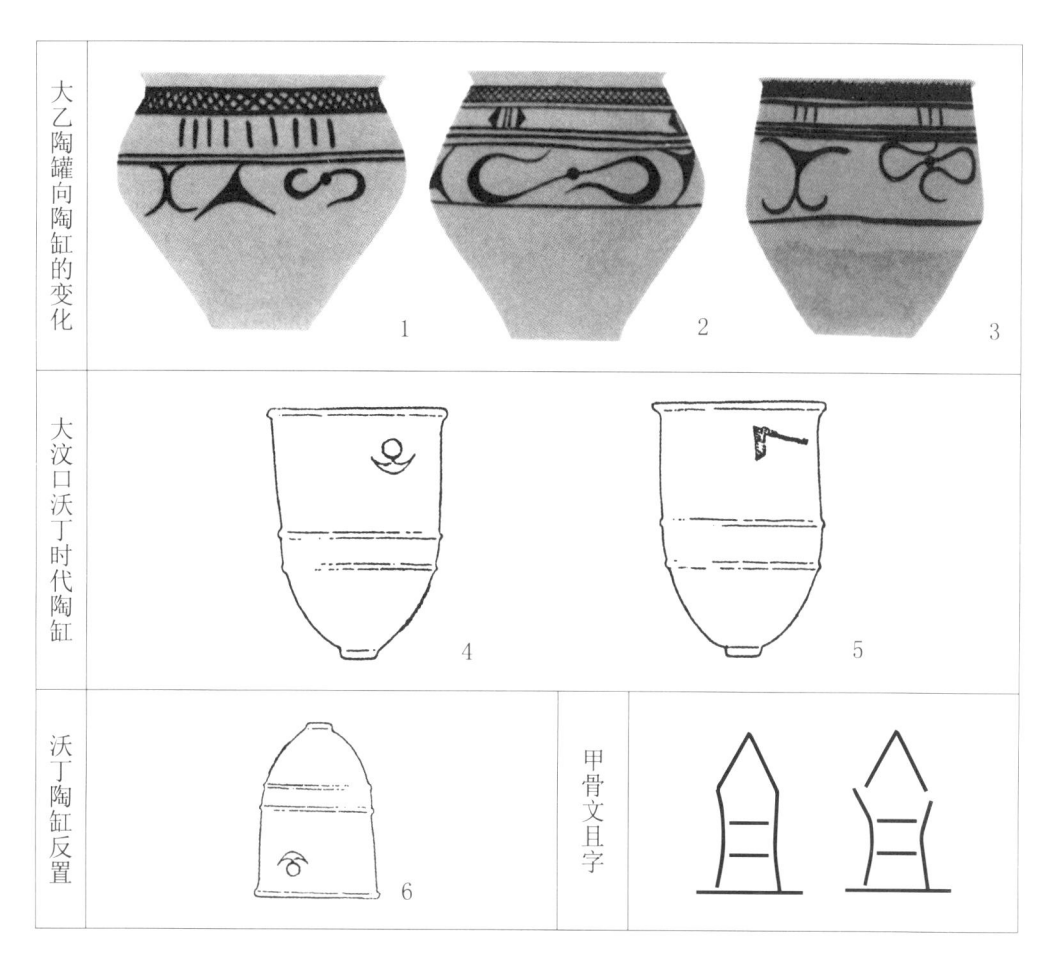

图5-23 大汶口沃丁时代陶缸与且字

（注：1、2、3郑州大河村出土　4、6同器，莒县陵阳河出土　5莒县陵阳河出土）

见于东方地平大约已变为房心见于东方地平了。因而商族阏伯所主大火星大约与此变化相关。另外沃丁和沃甲两王是商王中仅有的在天干字前以沃字名王的，而沃丁和沃甲的沃字在甲骨文中却都写作羌，即羌丁、羌甲。因而沃丁、沃甲两王的沃字都与羌羊字通。因此沃丁、沃甲两王与羊角之龙角的关系是显而易见的。但是沃丁以前夏商王室龙宿突出的龙角是以斗携龙角的角与斗相合为特征的，而大汶口沃丁角缸上却画上星火，突出角宿之星火纹，这或者是大汶口沃丁部族可能是角龙族中的主大火星者，抑或是上述由于时间导致的斗转星移之变化而使原来以龙角出现表示春分的节气到沃丁时代以后移到大火星出现为春分标识。我更倾向于后者。即这很可能是自夏代或更早的以龙角始见为春天、春分标识的天象到1000多年以后的沃丁时代已演变为以心宿大火星出现为春分标识的天象了（图5-24）。

（3）沃丁陶缸星火纹与商人先妣有娀氏女之九台、鸠台

考古发现的大汶口陶缸星火纹与后来良渚文化玉器上的鸟柱纹有明显的承继关系。良渚文化玉器上的鸟柱纹多以鸟站立在柱子上，下有台阶纹样。这种鸟柱台阶纹其实是鸟部族人们以鸟作为本部族标识，而将鸟置于立柱和高台上，是人们用来祭祀本部族的鸟神祖先的。鸟纹与星火纹的联系说明鸟部族也同牛羊角部族一样曾经是主管观察东方龙宿及以大火星作为春天标识的。我们在上册中曾经论述过大汶口星火纹与鸠单部族的关系。《史记》中"鸠单作沃丁"说明鸠单部族在商王沃丁时代在王室中有很重要的地位。而鸠单可能就是鸠台，即上述鸟柱高台纹饰符号的传说之记录。虽然自夏王少康以后的夏商王室中常常以角柱形陶缸作为王室标识性器物，并且也用以表示以牛羊为族徽的人主宰王室，但大乙符号与鸟纹及参宿天象的联系说明在夏末商初的大乙时代曾经有一个以观察和记录西方参宿的鸟部族长期与夏商王室文化共存，并在大乙时代开创商王室基业。虽然大汶口陶缸表明龙角部族文化在商中期似有重新主导王室的迹象，但是它却始终与鸟部族有纠结不清的联系。因为在庙底沟勾叶圆点纹代表的鸟与参宿部族对夏王室角缸文化对峙的时候，夏王室陶缸上常常伴有鸟头纹雕塑和鸟嘴形装饰。即使大河村的 ᗐ 状鸟纹符号有时也演变作 ᗢ 状，既像飞鸟又像牛羊之头角。这标志着鸟部族的一支已入住夏商王室并也在观察记录龙星角宿。大汶口沃丁时代的星火鸠台纹更表现出鸟部族对龙宿大火星的观注。说到鸟柱鸠台纹与鸠单其人，我们不由想到商人之先妣有娀氏简狄，因为简狄吞玄鸟卵生契是尽人皆知的。有趣的是这勋卵之鸟是在台上的，这台被称作"九成之台"。这可能就是大汶口及良渚鸟柱高台纹饰符号的说法之由来。大汶口沃丁以前，商人的玄鸟部族是否有台祭的习俗，考古学目前无有明确的发现。但从庙底沟鸟乙符号到大乙伐夏桀的大河村彩陶再到大汶口沃丁陶缸的鸠单鸠台符号，却能比较充分地证明大河村大乙符号与商王大乙及商人玄鸟部族的关系。在更晚的殷代青铜器上常常有鸟头上长乙字状羊角的纹饰出现，对于这种奇怪的头上长有乙字状羊角的鸟纹含义过去少有论及。联系上述我们对沃丁陶缸上的星火

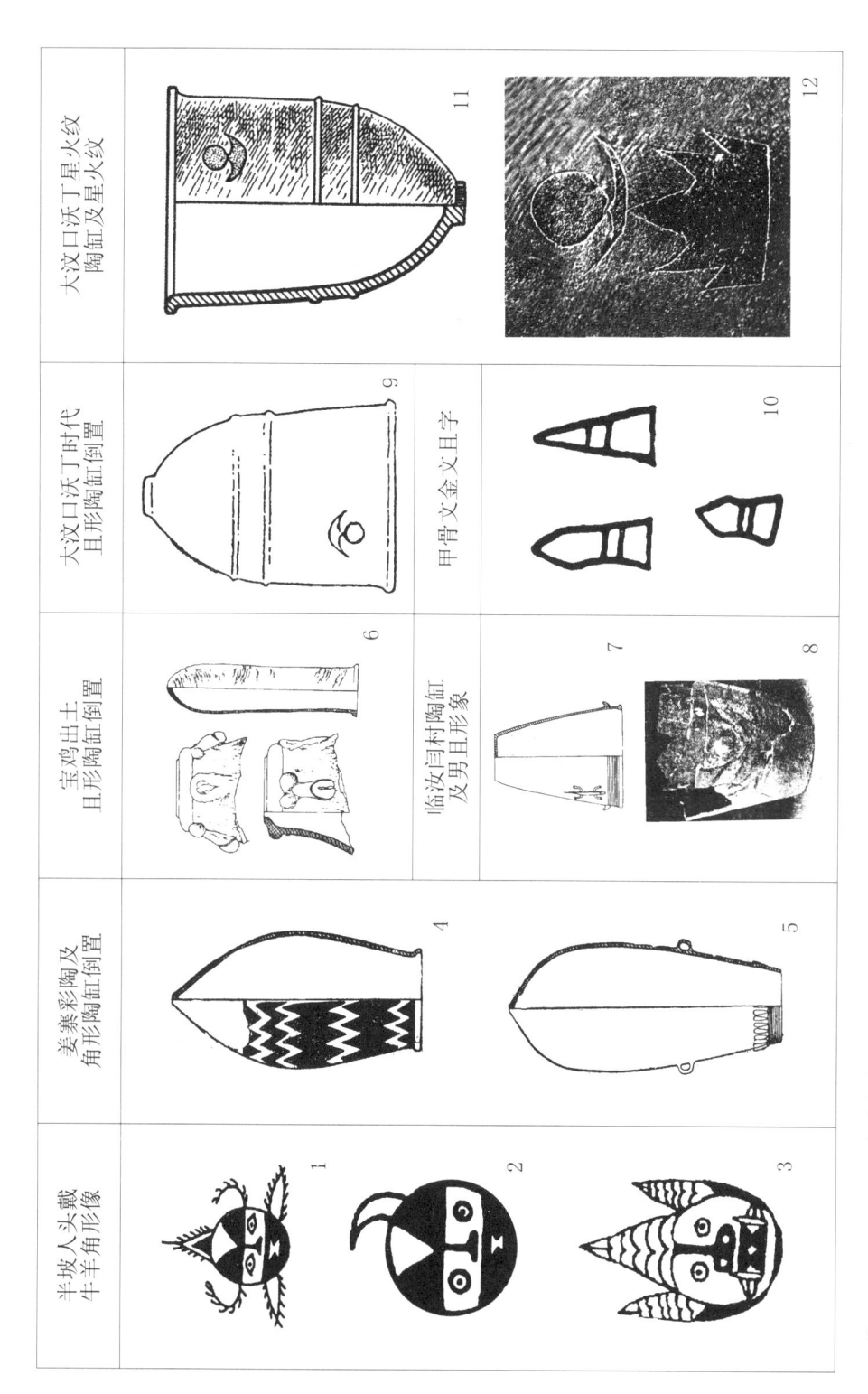

图5-24　1、4、5临潼姜寨出土　2西乡何家湾出土　3临潼马陵出土　6宝鸡出土
7、8临潼出土　9、11大汶口出土　10、12大汶口陶器上的刻画符号

状鸟纹及东方苍龙角宿的关系，我以为这正是大乙鸟部族曾经主管龙宿星座的鸟龙文化之遗存。这又从一个侧面证明，中国的龙文化本于东方苍龙星座，而与龙星有关系的部族不仅有以牛羊、鹿等角畜为特征的部族，考古发现还有红山文化的猪龙部族。大汶口沃丁陶缸星火纹证明除此之外还有鸟龙鸟角文化在距今 5000 多年左右曾在商王室发生过重大影响（图 5-25）。

2. 雍己陶缸与大汶口时代商人对北斗星象的观察

如果说大汶口时代沃丁角柱陶缸与星火纹反映了大汶口沃丁时代商王室对东方龙宿的角星及大火心星的重视。而雍己陶缸上的北斗星象则反映了商王雍己时代对中国历法传统中最重要的内容即斗携龙角传统的记录与传承。大汶口雍己陶缸也发现于莒县陵阳河和大朱村。[①] 被我们认定为雍己符号的王室陶缸有三件，两件采集于陵阳河，一件采集于大朱村。这三个符号都作枓柄向上，魁头向下的北斗星象。其中一件在带柄的方斗中刻画七个圆点，表现北斗及七星的意图十分明显。另两件在魁头内有四个圆点，标识北斗斗头的四星，只是在头尾之交刻一个圆点，这正是北斗七星的第五星玉衡，也是雍己王室区分斗头与斗柄，并分别用于指示天象季节的证明。据天文学家研究，在公元前 5000 年至公元前 1000 年时北极距北斗近，人们直接用北斗星定季节。[②] 大汶口雍己王室在角柱形陶缸上刻画北斗七星符号，也像沃丁陶缸一样，除继承传统的角缸龙角文化以外，还突出对北斗星象指示季节的重视。这三件陶器上的北斗星符号的斗柄都指向上方，即如《夏小正》中"斗柄上指，天下皆夏"的"斗柄北指"，是夏至时节的标志。如果联系沃丁陶缸的大火星象，大汶口商代中期这种星象标识则可能为我们确定商王沃丁、雍己的年代有所帮助（图 5-26）。

3. 中丁陶鬶与商王中丁时代观察春秋分日影的方法

（1）沃丁陶缸到仲丁陶鬶的转变与商王室鸟部族和兽部族的联系与冲突

如果说从大河村大乙玄鸟纹陶盆陶罐向沃丁陶缸的演变，表现了商王室大乙玄鸟部族与以陶缸为代表的牛羊角畜部族之间势力的消长更替，是角缸

[①] 山东省《齐鲁考古丛刊》编辑部：《山东史前文化论集》，齐鲁书社 1986 年版，第 272 页。
[②] 陈久金：《星象解码》，群言出版社 2004 年版，第 22 页。

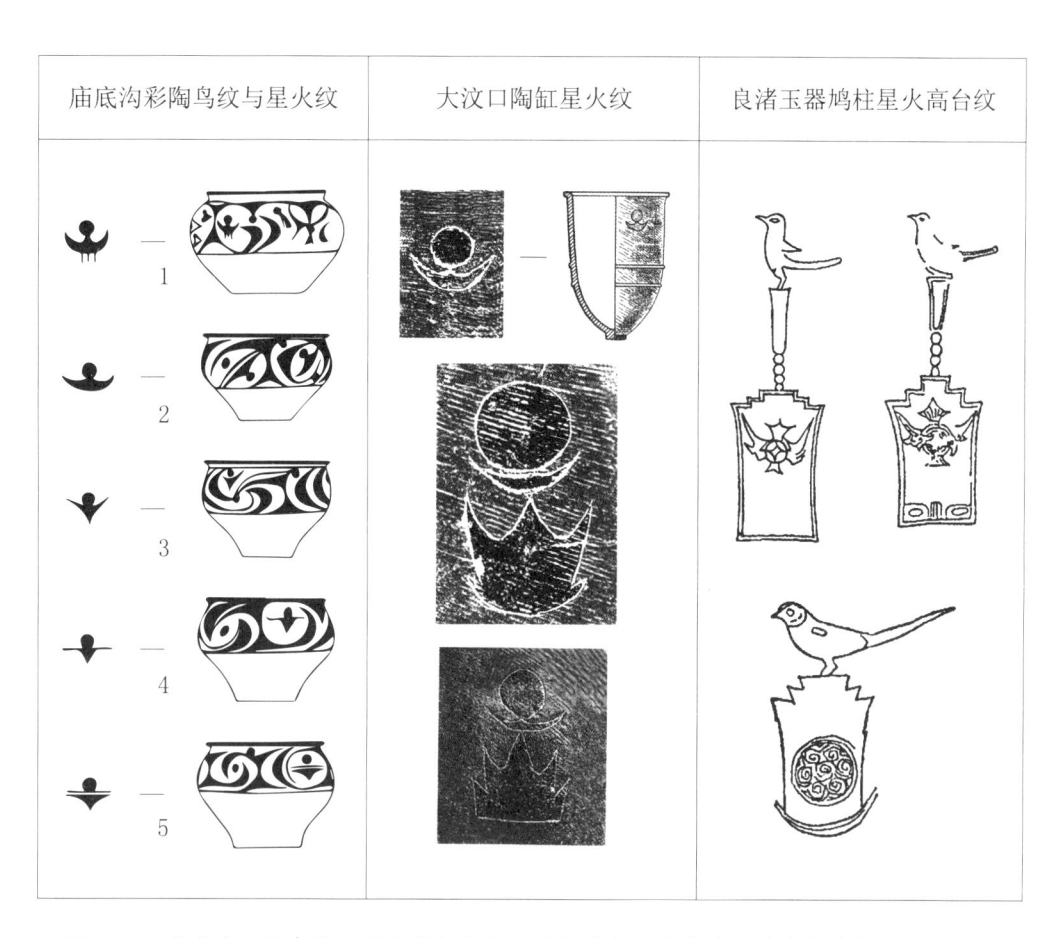

图5-25 庙底沟彩陶鸟纹、星火纹与大汶口陶缸星火纹与良渚玉器鸟柱鸠台纹
（注：1芮城大禹渡出土 2华阴西关堡出土 3陕县庙底沟出土
4洪洞出土 5夏县出土 6莒县陵阳河出土）

部族在商王大乙以后力量逐渐强大的表现。而在商王雍己之后，以陶鬶代表的鸟部族似乎又转而主导了商王室。尽管大汶口陶鬶总体是以鸟的形态出现的，但也时常露出猪、犬的神态，而肥大的乳袋足可能就是牛羊猪犬等畜兽以奶乳育小畜、小兽的表示。但大汶口陶鬶总体明显呈现出鸟兽形态，这与沃丁陶缸虽以缸象牛羊畜角，但陶缸上的 ✡ 状星火纹却与大乙玄鸟纹有密切的联系。这些都表明商王室内的鸟兽两部族自大乙时代起就表现出明显的既联系又冲突的关系。他们之间的势力消长表现在器物上就是陶器器型及纹饰的变化。而以陶缸为代表的牛羊畜角缸文化又与夏王朝少康以后的陶缸文化有密切的关系。大汶口仲丁陶鬶以后商王室陶缸文化的迅速衰落很可能是由

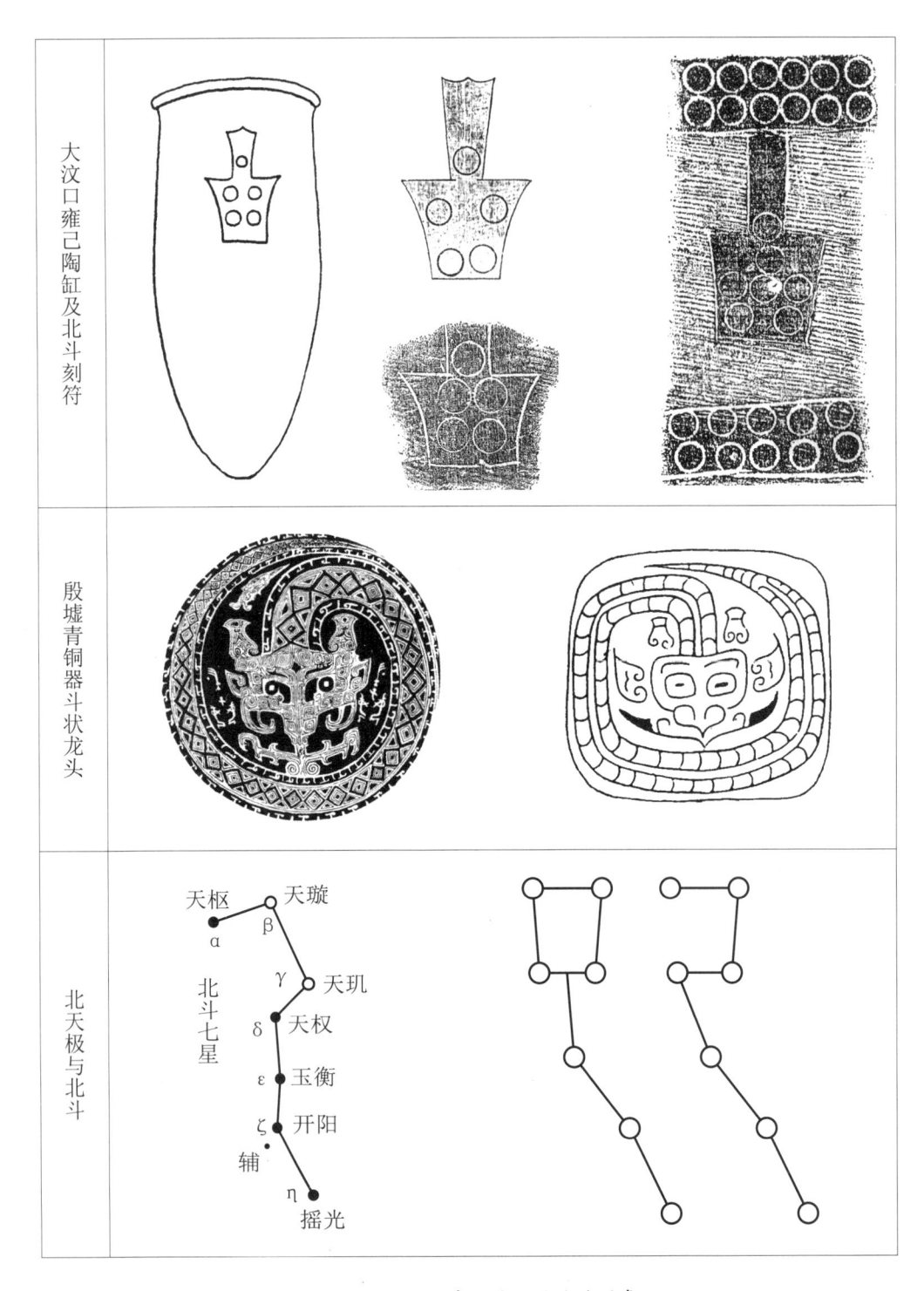

图5-26　雍己陶缸的北斗星象

陶鬶代表的鸟部族文化和陶缸代表的兽畜文化间大规模冲突引起的。从我们在上册中对仲丁以后商王室与山西襄汾陶寺遗址联系的分析看出，大汶口仲丁王室的长途迁移也与《史记》中"自仲丁以来，废适而更立诸弟子，弟子或争相代立，比九世乱"的记载相吻合（图5-27）。

（2）大汶口陶鬶与商王仲丁时代王室观察春秋分日出的方法

陶鬶是大汶口文化的标志性器物，对于它的用途，学术界倾向于认为它是以鸟为族徽的东夷部族的族徽标识。联系到它特殊的造型，我以为它或许是这一时代这一区域人们观察春分、秋分、日出、日落特意创造的器物。即大汶口陶鬶可能是当时人们制作使用的天文观察用器。从大汶口中晚期最有代表性的陶鬶造型看，鸟头高昂，鸟嘴冲前，两侧常有两个泥丁状鸟目、鸟身作卵圆形。都有三只足，前两足左右分立，后一足在前两足连线的中垂线

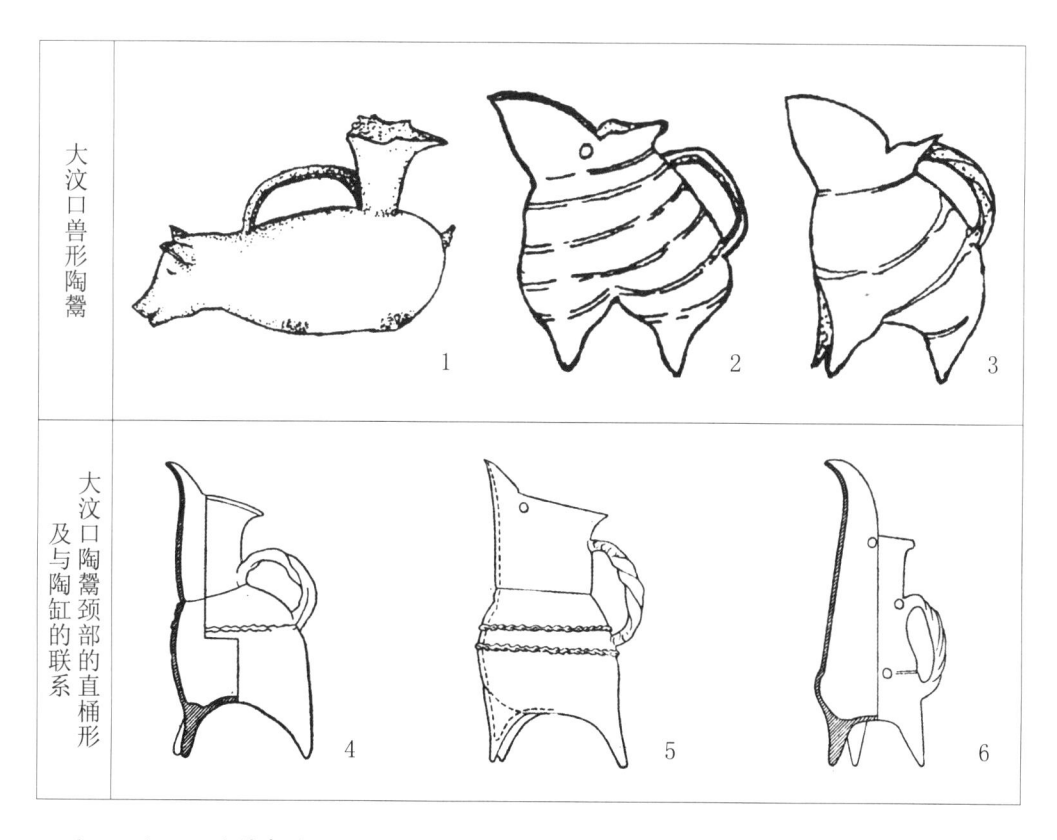

图5-27 大汶口陶鬶鸟兽形及与陶缸的联系

（注：1《史前研究》1984　2、3《考古学报》1981　4、5、6胶县三里河）

上。如果将鸟胸鸟嘴正对东方，那么在春分日或秋分日这天太阳从正东方地平升起的时候，阳光会从陶鬶前胸下的两足间穿过，并在适当的时刻照亮鸟形陶鬶的后足，而这时鸟形陶鬶的三足就会产生三条平行的阴影线。因此大汶口时代的人们可以按照长期的经验，在春分秋分前几天将陶鬶放置在合适的地点面向正东方，以等待春分秋分日的到来。用同样的方法人们也可以将陶鬶面西观察春分秋分日太阳落山的时刻。有趣的是沃丁陶缸上⛏状鸟形星火纹符号有时也画作⛏形，特别是在庙底沟时代中原仰韶文化时彩陶飞鸟纹即是这样。对此过去常作三足鸟的三足解，我以为⛏状鸟纹下的三足大约就是鸟形陶鬶作观察仪器时三足的三条投影。联系到大汶口沃丁陶缸上的⛏状纹饰及后来良渚玉器上的鸟柱台阶纹与大乙、沃丁时代王室鸠单、鸠台部族的记载及传说，所谓鸠台，或许就是鸠鸟部族在高台上祭示观察天像的记录。而大汶口陶鬶可能就是商代中期沃丁至仲丁时代鸠单部族精心创造的用来观察春秋分日出日落的观察用器。但是庙底沟时代中原仰韶文化中并没有发现三足鸟形陶鬶，而且三足器也很少。因而对庙底沟彩陶中的⛏形三足鸟纹含义仍需仔细研究（图5-28）。

（3）陶鬶背部的弓形把手与鸟羿部族以弓表示春秋分的弓中意义。

大汶口陶鬶与商王室在沃丁至仲丁时代以陶鬶观察春秋分日出的方法前面已经论及。而大汶口陶鬶背部的弓形把手更隐藏了以陶鬶为代表的鸟部族更多的秘密。我以为大汶口陶鬶背部的弓形把手反映了它可能就是传说中的东方有穷后羿一族的重要一支。我们在上册中论述羿代夏政时，曾以陕西临潼姜寨遗址出土的人面鸟纹葫芦瓶上的双耳与羿的弓射传说相联系，并且以为目前所知鸟羿部族的最早文化遗存可能和磁山、裴李岗文化有关。特别是裴李岗文化中带有半月弓形耳的三足壶和罐。而也有学者认为，大汶口陶鬶也是由裴李岗文化的三足形陶壶发展演变而来的。由此可以看出，以半月状弓耳或弓形耳为特征的鸟部族，正是以其弓射特征为其部落特征及文化传统的。因为无论在中原的磁山、裴李岗，西部的半坡、马家窑，还是东部的大汶口，它们都以或刻或绘，或泥塑的弓耳形传播着鸟羿部族的弓射文化传统。

然而鸟羿部族的弓，不仅与弓射有关，是鸟羿部族善于射猎的文化特征反映，而且也与天象观察有关。因为弓穹也有天穹的含义，鸟乌载日飞旋于天穹更是家喻户晓的神话。如果仔细研究大汶口人用陶鬶对春秋分日出的观

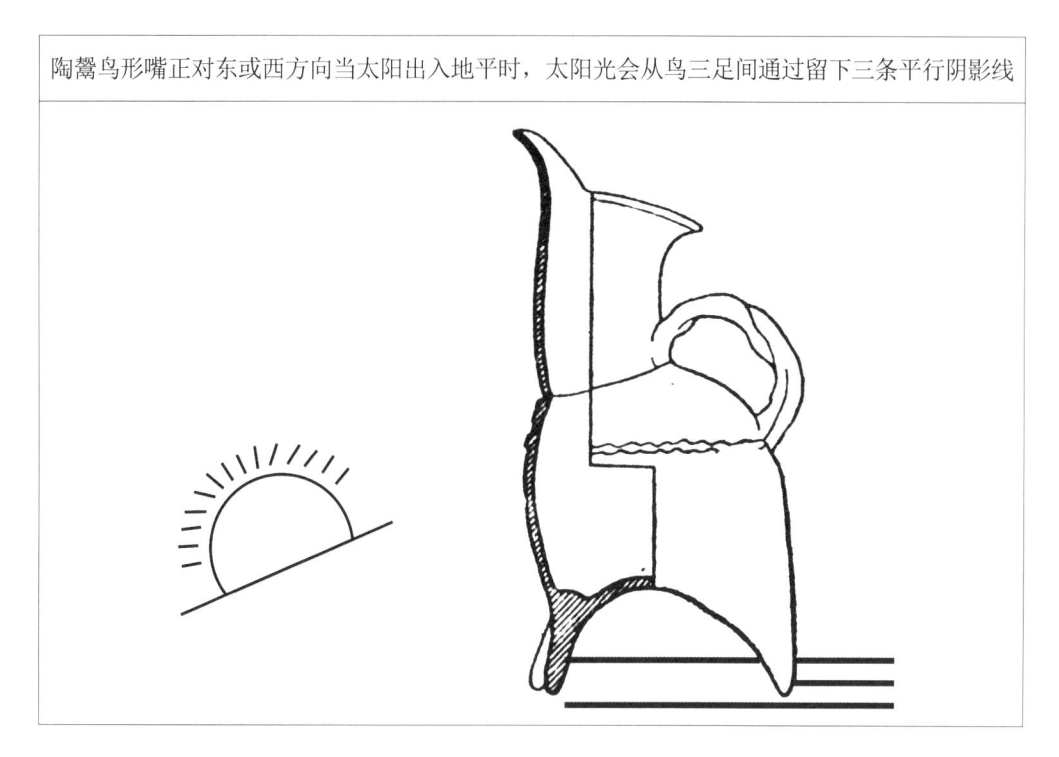

陶鬶鸟形嘴正对东或西方向当太阳出入地平时,太阳光会从鸟三足间通过留下三条平行阴影线

图5-28 大汶口陶鬶与商王仲丁时代王室观察春秋分日出的方法(注:诸城呈子出土)

察就能看出,鸟羿部族的弓耳可能还有中,即春分、秋分是谓日中的含义。因为从太阳的视运动看,夏至日出在东北方向,冬至日出在东南方向,而春分秋分日出在正东,亦即在夏至、冬至两至之中间。因此有穷后羿部族的射日之说看似神话,其实包含着十分具体的天象观察及历法内容。陶鬶之三足既然可以观察春秋分之日出日落,自然也可以用于观察夏至、冬至日出日落,因而,它大约是商代中期沃丁、仲丁王室最精密的天象观察工具。而这一点似乎也可以解释庙底沟♈状飞鸟纹的三足含义。因为虽然庙底沟时期很少有三足器,但这并不能否定鸟羿部族表示日出日落与夏至、春秋分,冬至的三点三线的观念。而这也能对商人玄鸟文化与周人连三氏文化在天象观察与表述上的相同性作以证明。说到大汶口陶鬶与有穷后羿部族的射天射日传说,我们不能不联系到浙江余姚河姆渡出土的"双鸟朝阳"纹象牙器。这件象牙器为半月形,亦即弓形,弓顶刻双鸟首,双鸟首中间有火焰如日纹,有趣的是半月形上有三组同心纹圆点,每组三个,共九个。将鸟、日、弓与九个圆

点相联系，不难看出它与上古"羿射十日，中其九日"的神话传说之间的种种契合之处。因而这件器物也是目前所知最早最完整的，表述记录最详细的有关鸟载九日，羿弓射九日的器物符号遗存。可见至迟在距今6000年以前，鸟羿部族就已在黄河长江流域的广大地区分布、生产、生活并观察天象，还以器物符号的各种方法记录传承着鸟羿部族弓射太阳的神话（图5-29）。

河姆渡出土双鸟朝阳象牙雕与鸟羿弓射九日联系

河姆渡出土双鸟朝阳象牙雕

双鸟朝阳纹与大汶口鸟形星火纹

弓形与九日形

图5-29　陶鬶背部的弓形把手与鸟羽部族以弓表示春秋分的弓中意义

（三）陶寺龙盘与商代晚期的天象标识

1. 陶寺龙盘牛羊角龙与夏王室角缸文化的异同

山西襄汾陶寺遗址是目前所知规模较大的龙山时代遗址，而陶寺墓葬中规格最大的墓随葬的彩绘龙盘是最有代表性的随葬品。这种陶盘为红陶胎，盆内以黑彩为底，再用红彩绘身体卷曲内盘的龙形，龙鳞以黑红两色成组出现如弯月状，龙头抬起，小目而有锯状牙，头两侧有半月形耳，口衔谷物或树枝纹。[①] 对于陶寺龙盘的龙纹，学术界几乎是公认而没有异议的。但我以为陶寺龙盘之龙，实质正是中国天象文化中东方苍龙星座龙角的表示。盘曲的龙身正是牛羊角的体现。牛羊角龙在殷周青铜器纹饰中十分流行。特别是西周王室的大圆鼎，如我们指认的文王鼎和武王鼎，即陕西长安新旺村出土的大鼎和陕西淳化史家塬出土的大鼎，其龙纹都以盘曲的牛羊角作龙身。这种以牛羊角作龙而将地上牛羊角与天上龙星融合为一体的方法明显带有以牛羊为族徽的部族的文化传统。如果仔细观察陶寺龙身鳞状纹的阴阳变化，我们有理由推想盘内龙身卷曲而成的勺状纹，可能正是斗携龙角的斗勺的表现。如果追溯陶寺龙盘的斗携龙角纹的源头，我们在前面多次论及，它似乎与陕西宝鸡北首岭出土的龙纹葫芦有关。北首岭的龙纹葫芦陶瓶上龙身盘曲瓶腹一周，龙头作方斗状，有双角，先民们用方斗形的龙头及头上双角表现斗携龙角的意图十分明显。而夏王室夏启盆上人头戴牛羊角及少康以后的王器陶缸的牛羊龙角文化传统也十分突出，只是北斗标识却并不十分明显，这可能是夏商文化或部族差异所致。或者陶盆陶缸的圆形及口沿，即或就是斗匝的代表。但是它们都以牛羊角表现东方龙宿角星的传统却十分一致（图5-30）。

2. 陶寺龙盘以角龙回旋表示天象历法的方法

如果认真观察陶寺龙盘中盘转回旋的龙角，我们有理由认为，陶寺时代的商王室可能是以苍龙星座的角星，即龙角之出落轮回作为区分季节并用以纪年的。因为如果像高辛氏二子以龙虎两个星座主宰天空并以龙角初见之日为一年之始，第二年之同一日同一位置仍可见到龙角星出现。因而以龙宿角星出没轮回记录天象可能就是角龙部族绘制盘曲回旋的龙的心理表达。虽然这种观象授时的历法会受许多自然因素影响，但在观象授时的时代人们长期

[①] 田昌五主编：《华夏文明》，北京大学出版社1987年版，第60页。

的经验积累肯定可以做到这一点，加上斗携龙角，人们参之以北斗指向。所以陶寺时代商王室很可能仍是以苍龙角星作为星象历法主要依据的。陶寺龙盘龙口中有一支茂盛的谷状纹，可能仍是春夏时节草木繁盛、谷物生发的表示（图5-30）。

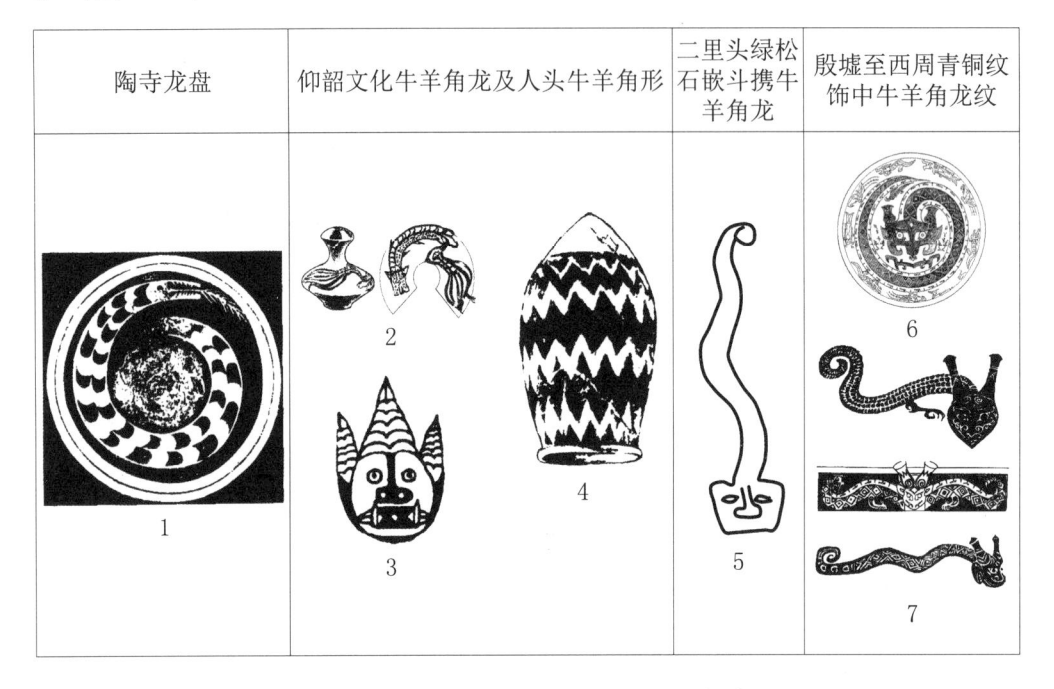

陶寺龙盘	仰韶文化牛羊角龙及人头牛羊角形	二里头绿松石嵌斗携牛羊角龙	殷墟至西周青铜纹饰中牛羊角龙纹

图5-30　陶寺龙盘牛羊角龙与夏殷牛羊角龙比较
（注：1襄汾陶寺　2宝鸡北首岭　3临潼马陵　4临潼姜寨　5偃师二里头　6妇好墓　7商代青铜器纹饰）

殷代历象说

（一）二里头铜爵与殷代早期的天象历法传统

1. 二里头铜爵与大汶口陶鬶的观察方法异同

目前所知最早的青铜爵发现在河南偃师二里头遗址。青铜爵的造型继承了大汶口陶鬶以鸟为体而三足的特点。在上册论述青铜爵的文章中我们论述过青铜爵与大汶口陶鬶造型的差异可能与鸟部族的不同分支有关。而铜爵的细长的鸟嘴状的流及细而高的腿很可能和伊洛地区的鹤鹳等涉禽为族徽的丹朱族群有关。就鹳鹤鸟的生物特征看，它们为候鸟，一般春分前后向北方迁徙繁殖，而在秋分以后向南迁徙越冬，由于其趋阳之故，出没位置变化相同，即其南北迁徙的时间方向和太阳在春分后向北移动，秋分后向南移动的人们也称之为阳鸟。青铜爵的造型虽然和大汶口陶鬶有所差别，大汶口陶鬶形象更像伸颈鸣叫的雄鸡，但二里头鸟形铜爵可能仍然沿袭着大汶口陶鬶用以观察春分秋分前后太阳升出地平线的位置和没入地平线位置的方法。从青铜爵的造型看，它的细长的流形嘴和尾的高点大体在一个水平，在嘴和身尾的分界处一般有两个柱，如果将有凹槽的嘴对准正东方地平方向，通过尾部末端看嘴的凹槽处，当太阳从嘴的凹槽中央升起的那一天应当就是春分日或秋分日。并且随着太阳的升高，太阳也处在铜爵嘴尾分界处的两柱中间上空。正像鸟背负太阳升起，也像鸟鸣日出的晨曦时刻。有意味的是殷周青铜爵嘴尾分界处的两柱顶端多做成刚萌生的角柱状，比大汶口陶鬶更明显地表示了东方龙角星宿与太阳出没的对应关系。而有的柱端则做成菌状蘑菇形，在圆形菇顶上还有表示太阳的光明纹饰。可见，二里头时代的青铜爵极有可能也是当时人们观察太阳出没的工具，而在观察日出日落方面比大汶口陶鬶更进步而精确。并且也增加了明显的龙星角宿的色彩。早期青铜爵一般高度都在20厘米左右，其细高的腿比陶鬶可以更好观察太阳从地平升起的瞬间及升高的状态。如果铜爵注满水或酒，则连在一起的嘴流和尾并以一定长度又可以保证观察时的水平线，两个角柱还可以保证观察时的左右及垂直角度。因而殷代早期出现的青铜爵在制作时可能就有意识地按观察太阳出没的要求进行设计，因而已经具有了很好的观察日出日落的效果（图5-31）。

2. 二里头绿松石龙形饰与殷王室早期的斗携龙角历法标记

从已发现的二里头绿松石龙形饰考古资料看，偃师二里头时代，殷王室除以鸟形铜爵观察太阳出没外，还以牛角状龙表现了斗携龙角的天象传统。二里头遗址2004年出土的绿松石镶嵌的牛角状龙长70多厘米，龙身曲折如牛角，头如梯形，有明显的斗携龙角的文化传统。[1] 特别是它发现在二里头遗址一座大墓内主人的身上，从肩胸向下直到髋骨处，并且在主人胸腹上略

---

[1] 苏湲：《华夏城邦》，清华大学出版社2007年版，第20页。

有倾斜,即龙头略向西北,龙尾偏东南。这是否与龙头指向西北与夏至日落于西北,龙尾指东南与冬至日出东南的天象观察有关?这也可以明显看出二里头出土的绿松石斗携龙角饰件,表现的正是殷王室对北斗星和东方龙星的崇拜与尊敬,特别是对以"斗携龙角"的器物符号指示季节的文化传统的继承与发扬。而从偃师二里头出土的一件刻有牛角牛头状龙纹的陶片上似乎可以看出,在以"斗携龙角"指示的一年四季的季节中,龙角文化与铜爵代表的鸟部族同样重视春分和秋分。[①]这件陶片上刻划的龙纹龙身分叉如牛角状,还可以证明自半坡时代北首岭鸟龙纹彩陶葫芦瓶以来的"斗携龙角"的以北斗星和东方苍龙星宿相结合的文化传统。更值得注意的是北首岭斗携龙角纹以鸟啄龙尾及龙头上的木状纹和葫芦口部的花瓣表示春天的季节,而陶寺龙盘以龙口的谷物表示春夏季节,到二里头陶片上的牛头纹不仅更形象地以牛头表示牛及牛耕的春种之意,而且龙额上还有一个明显的菱形纹以表示谷物之籽实。可见从半坡彩陶人头戴角及头角周围的谷物纹到二里头陶片上牛头上的谷粒纹,中原地区的人们很早已经将天上的龙星与农耕的牛及牛角牢固地联系在一起,从而以牛角及牛龙表示春种及秋收的春分秋分的特定时日。

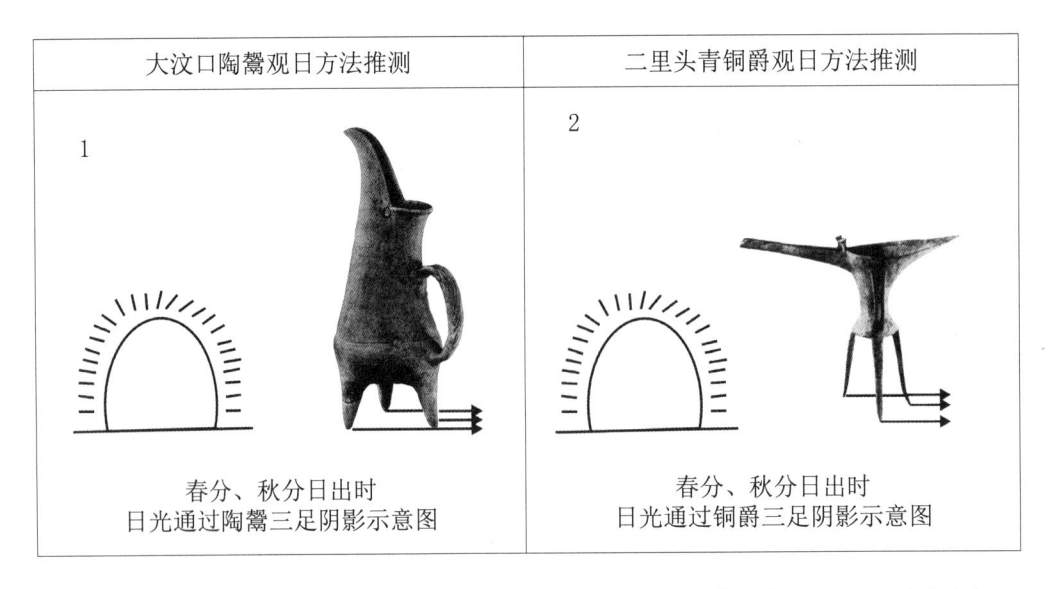

大汶口陶鬶观日方法推测	二里头青铜爵观日方法推测
1 春分、秋分日出时日光通过陶鬶三足阴影示意图	2 春分、秋分日出时日光通过铜爵三足阴影示意图

图5-31 二里头铜爵与大汶口陶鬶观日方法推测图(注:1姚官庄出土 2二里头出土)

---

① 王大有:《图说中国图腾》,人民美术出版社1988年版,第25页,图1。

二里头陶片上龙额的菱形谷粒纹在后来殷周青铜器龙纹或兽面纹的额部常常出现,从而启示我们,在"斗携龙角"传统的中国星象历法文化中,春种秋收的以农事为中心的星象历法传统大体上是在距今6000多年前的半坡夏代早期就已成熟出现的。这也和这一时代农业定居比较发达相吻合(图5-32)。

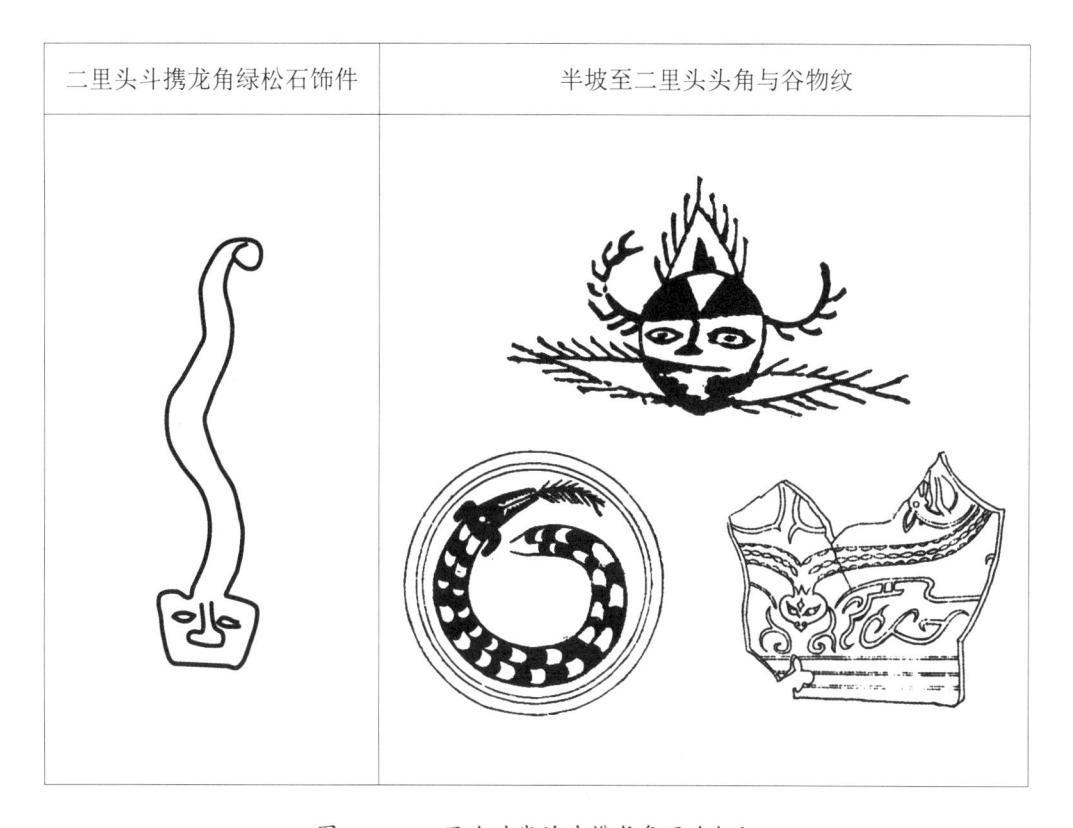

二里头斗携龙角绿松石饰件	半坡至二里头头角与谷物纹

图5-32 二里头时代的斗携龙角历法标记

(二)二里岗铜方鼎与殷王室中期的天象历法传统

1. 二里岗铜方鼎的北斗历象意义

二里岗期青铜器中最有代表性的器物是青铜方鼎,它不仅形体巨大,而且器形和纹饰制作也十分精美。二里岗青铜方鼎的鼎身极像口部向上的北斗斗头形:斗口大,斗底小,四边边长基本相等。这一点和殷墟以后青铜方鼎长方形有较大差异。对于殷代青铜器的含义学术界一般多以祭示用礼器而概论之,其实从器物符号的角度看,像半坡夏启盆,夏少康王室陶缸及大汶口陶鬹等王室用器一样，它们不仅有一般的部族及其文化传统的意义，而且有特定时代的特定社会文化内涵及实际意义。就特定时代特定部族的内含及实际意义看，殷王方鼎的四面八方的器形结构特征应当是继承了殷先公上甲及报乙、报丙、报丁的以田状甲字和囗状报字代表的四面八方的符号特征及祭示意义。而特殊的方斗形状可能表示殷王室在二里岗时代对星象中的北斗七星，特别是斗头有特别的观察和祭祀传统。北斗七星在中国传统文化中具有十分重要的意义。典籍记载中不仅将北斗看作天上之星斗，还将天上北斗七星的四面八方旋回看作是人间帝王降临。因而《史记·天官书》有："斗为帝车，运于中央，临制四乡，分阴阳，建四时，均五行，移节度，定诸纪，皆系于斗。"山东嘉祥武梁祠汉画像石中黄帝所坐车辆就以方形斗头为车箱，黄帝坐于其中。可见以北斗七星斗头的四方形代表天地之四面八方的以北斗为中心的文化传统在中国由来已久，但似乎在距今4000多年前的二里岗时代特别突出。因为自二里岗以至殷墟，方鼎一直是殷王室青铜文化中最有代表性的器物。而这似乎又与这一时代的特殊的北斗天象有关。据天文学者研究："公元前1000年左右时，北极在北斗北面不远处缓慢移动，由于北斗星是当时北极附近唯一明亮且显著的星座，在天文学尚处于萌芽状态下，作为北极的标识切实可行。"① 而据有的学者研究距今4000多年前北斗七星是夜晚高悬于北方天空终年不灭的最明亮的星。此后北斗离北方地平越来越低，并逐渐在夜间没入地平以下。而距今4000多年前的时代正好与二里岗时代相合。应当说明的是二里岗时代殷王方鼎的出现和繁荣，可能并不是王室所有群团的标识，而是以北斗七星为族徽的部族在此一时代特别兴盛，这大约就是中国远古帝王以天命而兴而亡的天命的本质。我以为殷王室以北斗为族徽的部族可能就是以猪鸟为族徽符号的殷王子亥及其后裔上甲部族（图5-33）。

2. 二里岗铜方鼎鼎耳与殷王室观察春秋分日出日落的方法

二里岗铜方鼎作为殷王室代表性的祭示用礼器，不仅有以北斗为核心的象征天地四方的意义，可能还具有观察日、月、星象的王室天象观察器具的功用。特别是对太阳运行规律的观察。中国古代的许多部族都有十分久远的

---

① 陈久金：《星象解码》，群言出版社2004年版，第21页。

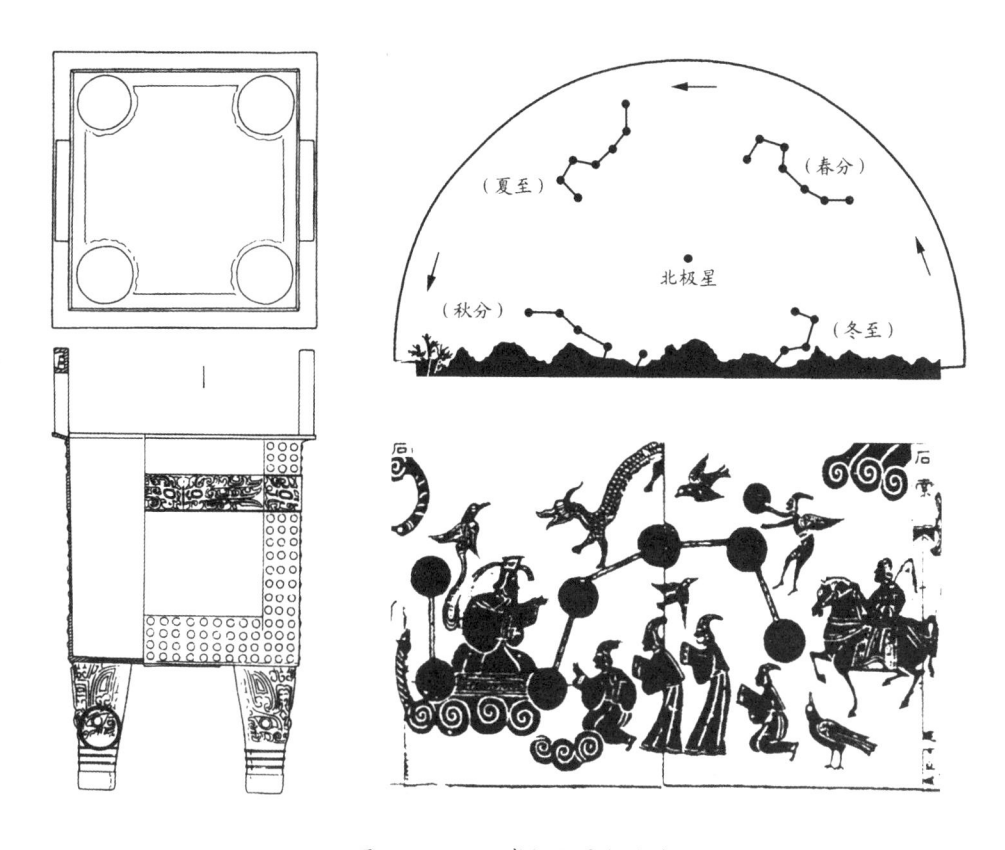

图5-33　二里岗铜方鼎与北斗

定点观察天象的传统。例如我们论述过的夏王室的人面纹盆及口沿有四分装饰的缸，大汶口时代商王室的鸟形陶鬶，以及二里头的鸟形铜爵等。古籍记载中也有古代帝王为指导农业生产的观象授时的坛台。如《山海经》的"帝尧台，帝喾台，帝丹朱台，帝舜台，各二台，台四方，在昆仑东北"，另外还有夏桀囚汤之"钧台"等。考古发现的红山文化及良渚文化等高台墓葬遗存是否曾经作过观象台，目前没有明确答案，而半坡夏王室陶盆及大汶口陶鬶和二里头铜爵如果真是观察工具是否放置于特定位置亦或建有亭台，是否作过观象台，目前也没有明确答案。但是种种迹象表明，自距今6000多年前后开始的、从长城南北到江河流域广大区域的、发达的新石器时代中晚期文化遗存，可能已经形成了各有特色的观象授时传统并形成了适合特定地域农牧业生产规律的天文历法传统。因而必然有适合特定地域特定部族的观象器具及观察方法，这就需要我们对各地最有特色的器物工具作分门别类的专门研究。二里岗出土的青铜方鼎我以为可能曾经就是殷王室中期制造的最雄伟、最壮观的观象工具。夏王室陶盆高度仅10多厘米,大汶口陶鬶和二里头铜爵高度大都在20厘米上下,因而在实际观察中可能会有许多不便,如我们推测的观察日出日落地平时观者可能要俯身蹲体或者需将器物放置在适合观察的高度。而二里岗青铜方鼎的高度最高如杜岭鼎高度100厘米,最小的如南顺城街方鼎通高也在60厘米左右。这个高度大体与现代桌椅的高度在80厘米到100厘米相当。如果用青铜方鼎观察太阳出落的运行规律,我推测是将青铜方鼎两耳对准正东正西方向,人蹲坐在青铜方鼎某一耳之一边,以眼通过方鼎两耳耳孔水平线观察东方日出或西方日落,这样铜鼎的四面正合于东南西北四方。四面八方、天地人合一并系于北斗指示的春秋分观念在二里岗铜鼎上有十分形象的表现。可以推想,当王室观者通过方鼎两耳耳孔的水平线向东观察春分秋分太阳升起时,当太阳从东方地平线升起,经过鼎身的遮挡,当阳光水平穿过方鼎两耳的空洞时,大约就是殷王室需要的春分或秋分日及特定时刻(图5-34)。

图5-34 二里岗铜方鼎观日方法推测图

3. 铜方鼎耳观日方法溯源

虽然以铜方鼎耳观察春秋分日出日落的方法只是我们的推测,但是铜鼎的弓形耳与日的关系却由来已久。这就是羿以弓射九日及羿与寒浞之争。从器物符号角度看,铜鼎的器耳与陶鬶之耳及其他陶器之耳虽然具有实用功能,但却可能同时兼有特定的族群的社会文化含义。从大汶口大量鸟形陶鬶背上制作十分精制的弓形耳及陶鬶用以观日的推想,我们自然会将陶鬶背上的弓耳与羿射日的传说相联系。射日并非真有其事,但它大约反映了羿鸟族人们与夏王室争夺十日太阳权斗争的事实。更重要的是弓射还有瞄准及观察意义,因而弓形耳也可能具有准确观察太阳的含义。这也可能是羿以弓射日神话的真正含义所在。羿用弓射日,则弓形的器耳很有可能与观察太阳有关。新石器时代的陶器多数无耳,独大汶口众多陶鬶不仅有耳,而且制作精细。半坡陶器有耳者也很少,但我们论述的羿代夏政之器,即姜寨出土的人面鸟纹葫芦瓶有双耳,这应当与鸟羿族以弓耳弓射为特征有关。更早的新郑裴李岗出土不少有双耳的陶壶,双耳用很小的泥片做成半月形,长度大约 1 公分,厚度在 0.2 厘米到 0.3 厘米,安置在壶口沿两侧。值得注意的是这种看似没有实用功能的半月形双耳上还钻有小孔,我以为这大约就是羿以弓射日的最早器物符号遗存。这种双耳壶很可能是裴李岗时代人们用以观察日出的器物,而且可能以双耳之高度为日出地平的高度。即当太阳到达双耳高度时,日光会透过双耳上的小孔投射过来。由此可以看出后羿一族不仅以鸟为特征,制作各种鸟形特征的器物,而且也以各种弓形耳为特征并以表达射日和观察太阳的部族文化含义。最能反映鸟与弓射九日的遗物是河姆渡出土的被称为"双鸟朝阳"的骨雕。这件骨雕器形作半圆形。既像弓,又像天穹或初出的半日或半月。纹饰主体为双鸟护拥火日,向两侧伸出的双羽与鸟头形成大的山形火炎形,弓形器上有九个孔,略呈三个三角形,这不仅与炎帝鸟族的连三文化有关,而且以弓形与九日的器型纹饰鲜明地记录传播着鸟羽与弓射九日的故事传说。但是二里岗青铜方鼎及纹饰并没有明确的鸟形特征,而且殷墟以至西周,不仅王室青铜大鼎上绝少以鸟作主体纹饰的,鼎的两个弓形双耳上常常反以虎和龙作为主体纹饰。如司母戊大方鼎、文王鼎、武王鼎等。只有西周时代的青铜簋耳上,除饰有兽形纹饰外,还常装饰有鸟形纹饰。殷周青铜鼎耳的这种纹饰特征和西周青铜簋耳上的鸟兽纹饰使我们联想到羿代夏政时羿与寒浞之争及羿被寒浞所杀的事实。因而二里岗及以后殷周王室青铜大鼎上不以鸟为主体纹饰可能和这一时代的殷周王室主体族群已不是以弓射为特征的鸟族群，而是以龙虎等兽类为特征，并也擅长弓射的族群有关的。特别是二里岗和殷墟王鼎上不以鸟纹作主体纹饰的事实也是我们怀疑二里岗和殷墟已不是商汤时代所建立商王国的理由之一。因为从器物符号的角度看，半坡人面鱼纹盆与夏王朝的建立，文王鼎、武王鼎和西周王朝建立的记载都基本是相符的。而夏晚期的临汝阎村、洪山庙遗存和大河村遗址秦王寨类型文化却为我们提供了辨识夏晚期王室文化和商人以玄鸟、乙鸟为特征的商王大乙王室文化的大量线索（图5-35）。

（三）司母戊方鼎、司母辛方鼎与殷墟时代王室斗携鹿角的纪历传统

1. 司母戊方鼎、司母辛方鼎的斗携鹿角历象特征

（1）司母戊方鼎、司母辛方鼎主体纹饰的鹿角特征

殷墟出土的司母戊、司母辛大方鼎与二里岗期方鼎相比，鼎腹主体纹饰的兽面纹更加明显，而且兽头上有明显的鹿角特征。二里岗青铜方鼎的兽面纹兽面兽目比较清晰，但兽面周围装饰纹繁复多变，不易分出其动物的原形。而殷墟司母戊、司母辛方鼎兽面纹兽头两侧都伸展出鹿的巨大枝杈形双角。不仅司母戊、司母辛方鼎上的兽面纹装饰鹿的大角，而且1935年安阳殷墟还出土了鹿方鼎和牛方鼎，鹿的枝杈角和牛的尖状椎角对比十分鲜明，这表明殷墟时代青铜方鼎上明显有以牛首和鹿首两种不同动物的头形作装饰纹饰的传统。最有趣的是妇好墓出土的妇好龙盘上，以牛羊角为特征的盘角龙却在头部又刻划出一对多枝杈的鹿角，更明确地表示了中国传统角龙文化中牛羊角龙与鹿角龙所代表的族群及历象特征之差异（图5-36）。从二里岗到殷墟殷王室王鼎纹饰的变化，反映出殷墟时代以鹿为族徽的部族在王室地位的强大。从目前所知殷周以前的考古材料看，以鹿为特征的考古遗物似乎主要发现在北方地区。通过与北方草原文化中鹿石文化的鹿角往往被刻划为盘旋的锯齿状的火焰纹的对比，过去人们争议颇大的红山文化旋齿状玉器，可能就是早期的鹿角纹器，而马家窑文化半山类型流行的旋转的锯齿状彩陶纹饰也可能和北方鹿部族文化遗存相关。特别是河北、内蒙古交界处的夏家店下层文化的彩绘陶器的一些纹饰，与殷墟青铜器纹饰有惊人的相似之处。而不少

纹饰颇类有角的牛、羊、鹿等动物。所不同的是鹿石文化中的火焰鹿角纹中鹿往往与鹤类水禽纹相融合。而红山文化及战汉时代的鹿则往往与鹰枭等猛禽纹相关，这种特征与殷墟青铜器相似。殷墟青铜器中鹿角纹大方鼎虽很难看出鹰枭的痕迹，但伴出的却有许多鹰枭器物。这在殷周青铜文化中是很突出的。而从二里岗方鼎到殷墟方鼎的变化，很可能有以红山文化为代表的北方鹿枭部族的加入。但从其都以大方鼎为王室重器看，其间的变化仍然是殷王室内部部族之间力量对比的变化。如果说二里岗时期王室青铜方鼎带有较多的东方大汶口及东南良渚文化的因素，则殷墟司母戊鼎、司母辛方鼎上的主体纹饰突现鹿角纹就明显和北方地区以鹿为主的部族文化有关（图5-37）。

（2）二里岗到殷墟王室铜方鼎器身变化与历象变化

我们在叙述二里岗王室方鼎时已叙述过，二里岗时期的青铜方鼎其器身有明显的斗形特征，斗口向上，口大底小而且上口下底的四边长度基本相等，类似正方形。但殷墟司母戊、司母辛大方鼎器身明显改变了二里岗王室方鼎的方斗形状，而变成上下相等的长方箱形。如司母戊鼎、司母辛鼎等。殷墟司母戊、司母辛方鼎鼎腹的这种长方形样式直到西周都保持不变。从二里岗青铜方鼎突出方斗特征看，我以为北斗七星的方形斗头在二里岗时代殷王室文化传统中有十分突出的地位。也就是说以北斗、特别是以北斗斗头为核心的天象文化是二里岗时代最重要的王室文化。而相比之下，殷墟时代的王室似乎更看重龙角文化，特别是鹿角龙文化。这种变化究竟是因不同文化背景的部族文化所引起的，还是由实际的天象变化所造成的，我以为两方面的因素可能都有。根据天文学家考证，距今4000多年的二里岗时期是北斗七星夜晚高悬于北方天空始终不灭的最明亮的星，而此后北斗离北方地平越来越低，并逐渐在夜晚时没入北方地平以下。在以天象、天命为中心的古代，天上天象的变化必然会引起天命的变化即地上王权的更替。二里岗铜方鼎到殷墟铜方鼎形体及纹饰的变化可能就是这种更替的反映，只不过它们是在王室内部部族之间进行的。由此可见，中国传统历象中的"斗携龙角"文化不仅有不同的龙和不同的角所代表的不同部族，而且也有不同的部族及所代表的不同形状的北斗。他们之间的冲突，融合不仅随部族的实际的力量变化而变化，而且往往与部族所代表的星象的实际变化相关。这种因天象变化引起的王权变化的天命观与春秋战国以后的天命观有很大不同。前者是真实服从于

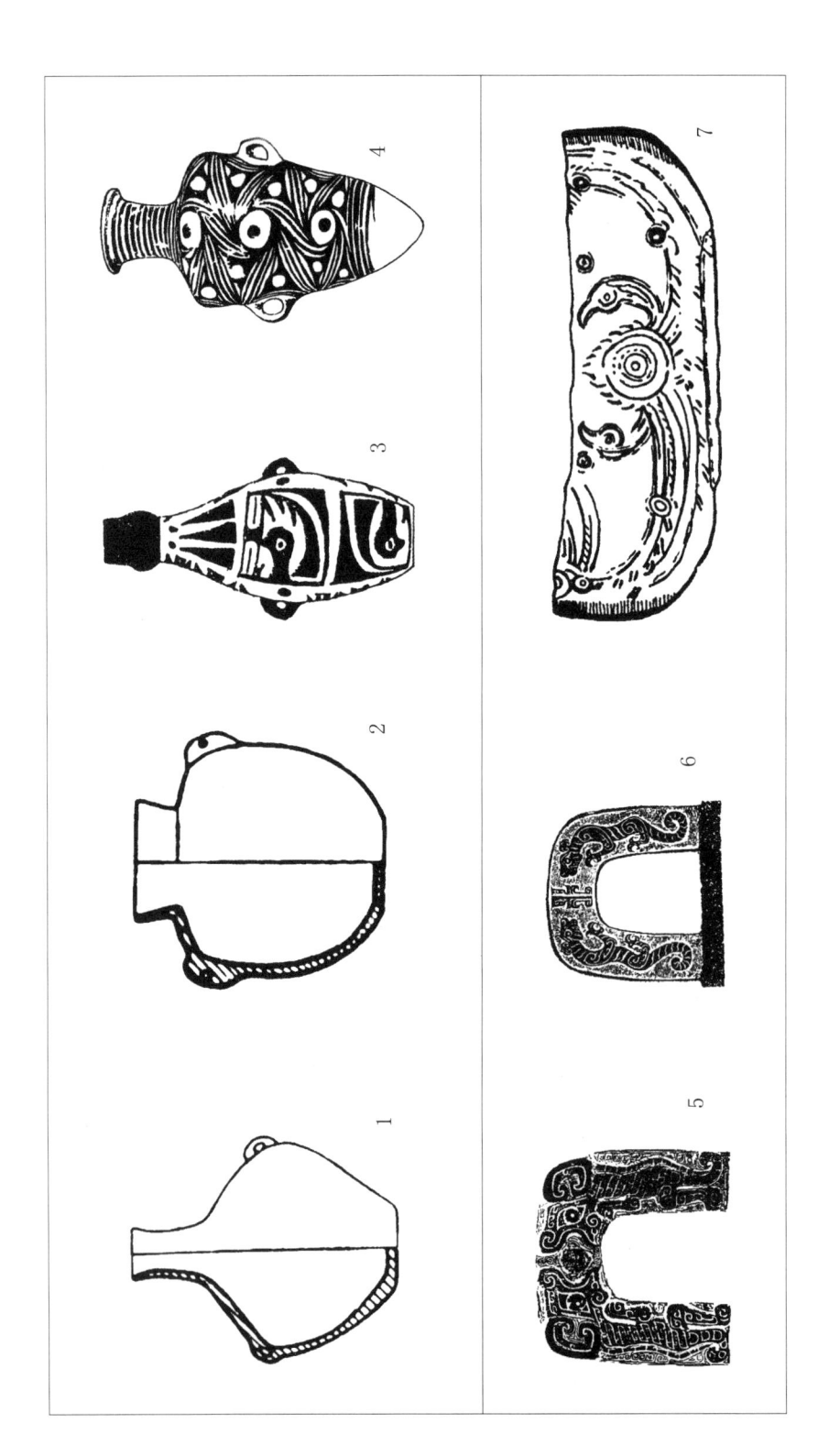

图 5-35 铜方鼎以鼎耳观日法溯源
（注：1嵫山双耳陶壶 2裴李岗出土双耳陶壶 3姜寨出土双鸟纹双耳陶葫芦瓶 4陇西吕家坪出土吕家窑彩陶尖底瓶 5、6西周青铜鼎耳纹饰 7河姆渡出土弓耳形双鸟九日骨雕）

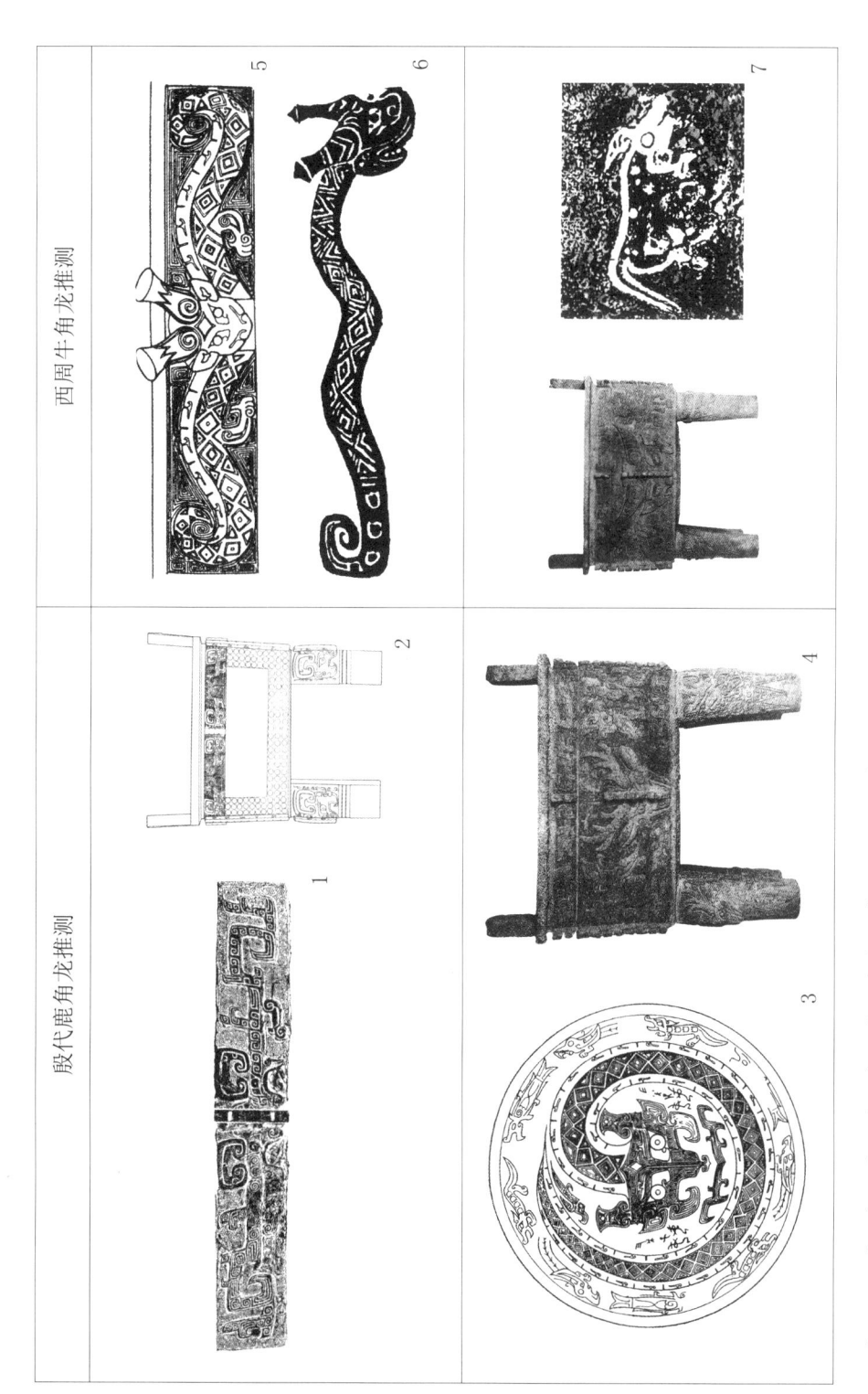

图5-36 司母戊方鼎、司母辛方鼎的鹿角龙特征及与殷周牛角龙比较

（注：1司母戊方鼎 2妇好铜盘 3司母辛鼎 4殷墟庞方鼎及铭文 5、6商代青铜龙纹 7殷墟牛方鼎及铭文）

天命的，而后者则是打了许多折扣的。值得注意的是从二里岗方鼎方斗形到殷墟方鼎长方形的形体变化过程中，江西新干双耳卧虎乳丁纹方鼎似乎是中间环节。我们在上册中已经论述过从二里岗方鼎口沿下乳丁排数到殷墟司母辛鼎口沿下乳丁排数逐渐减少为零的过程中，新干双耳卧虎纹方鼎口沿下乳丁排数是介于二者之间的。而从方鼎形状看，二里岗方鼎均为口大底小的梯形斗头状，新干方鼎已变为口长和底边长几乎等长的正方形，虽然口与底仍保持正方形，但口与底大小相等，失去了梯形斗状，而到殷墟方鼎器型则全部变为长方形。就口长和底长相等看，新干方鼎和殷墟方鼎有相似之处，而就如斗之方形看，新干方鼎又和二里岗方鼎有近似之处，而殷墟青铜方鼎就绝少有方斗的形态了。加上江西新干不仅出土了耳上卧虎的铜方鼎还出土了耳上卧鹿的铜圆鼎，因而新干鼎耳上饰虎纹与鹿纹的传统也开了殷墟司母戊鼎双耳饰双虎纹及以鹿纹为主体纹饰的先河，并且一直影响到西周前期鼎耳的龙纹与虎纹饰。因而新干方鼎与二里岗及殷墟青铜方鼎的这种紧密联系已远远超出了一般意义上不同文化之间的影响，而明显具有某种相同的文化基因之传承迹象。并且历经二里岗、殷墟一直影响到西周前期周王室的王鼎形象，这似乎也能为我们探讨殷周文化之间的共通性及与东南新干青铜文化传统的有机联系提供很好的器物符号文化资料（图5-38）。

2. 方鼎斗口向上及乳丁纹饰与殷王室重秋获的星象与农事特征

从器物符号的角度看，二里岗和殷墟时代殷王室大方鼎，其器形和纹饰明显表现出殷王室对北斗七星斗口向上所指示的秋收节令的重视。中国古代典籍如《夏小正》《鹖冠子·环流篇》说："斗柄东指，天下皆春；斗柄南指，天下皆夏'斗柄西指，天下皆秋；斗柄北指，天下皆冬。"如果实际对比北斗七星观察就很容易发现，斗柄东指的春季，北斗斗口是向下的，相反斗柄西指的秋季，北斗斗口是向上的。加上二里岗铜方鼎上遍布的、十分规整的如谷似粟的乳丁纹饰，二里岗时期殷王室以乳丁纹及方斗向上的斗口祈求上天并期望秋季的谷物丰收意图的表述已十分清楚。我们在前面已多次论述过考古发现的以器耳的弯弓形表示以弓射日的对太阳观察，特别是对春分、秋分观察的传统。二里岗青铜方鼎的双耳更具这种功能，特别是新干鼎耳的卧虎、卧鹿装饰和司母戊大方鼎耳上的双虎食人首纹，更表明殷代王室确实是十分重视春秋两季，并特意制作象斗的方鼎表示对北斗斗口向上时标识的秋天之秋收季节的重视（图5-39）。

3. 司母戊方鼎及鹿角纹饰表示的四极四时意义

殷王室方鼎不仅用鼎耳观察春分秋分，并以方斗象征对北斗的观察，而且很可能用方鼎观察太阳一年四季的运行规律，并与方鼎器形的四面八方相对应。如果殷王室当时确实用方鼎器耳观察太阳在春秋分时升起与落下的位置，那么必然会注意到太阳早晨在东方地平升起和傍晚在西方地平落下时从南向北，又从北向南的位置移动变化。这其实就是太阳在一回归年中冬至日在最南端，春分日到正东方，夏至日在最北端，秋分日又回到正东方，冬至日再又回到最南端的位移变化及代表的一年四季的变化及四季轮回运动规律。因为如果用鼎耳观察正东方的春分秋分太阳从地平线升起时，同时也必然会注意到太阳在升起时由南向北移动，慢慢进入鼎耳的空隙中，以后逐渐离开鼎耳向北移动。因而方鼎以耳为中，其最南端就是太阳冬至的位置，其最北端就是太阳夏至的位置。因为殷王室用方鼎器耳观察春分秋分时，同时也可能参照方鼎的四角及四足观察太阳东升或西落的南北两极运动，即最南时的冬至日和最北时的夏至日。而方鼎四足上的多道弦纹及四角棱角上的刻度则可能具有度量太阳升起落下高度的意义。基于以上我们对方鼎用于观察冬至、春分、夏至及冬至的一年四季四时的推测，以龙虎代表的春秋二象就可能衍化为，或原本就包含着冬夏二象。即一年的春夏秋冬四季及冬至、春分、夏至、秋分日的一年中的四极。而司母戊方鼎和司母辛方鼎上的主体纹饰即四面和四角的八个兽面鹿角纹极有可能就是四面八方及对应的四极天象之象征。以方鼎四面和四角的八个鹿角纹为例，以鹿角象征东方苍龙角星实际是以苍龙角星在一年中的星周或星回运动指示一年中的四季或四时八节的。而这种观察可能来源于以鹿为族徽的部族十分久远的对鹿角的生落对应的星象时令的观察。因为从动物生理角度看，鹿角的脱落是在一年最热的夏至时节，而同属鹿科的麋角脱落却是在一年最冷的冬至时节。由于以鹿为族徽的族群人们将鹿角脱落再生和太阳视运动及苍龙角宿出落相联系相对应，因而形成了以鹿角为代表的集太阳运行、角星出落及万物生发枯荣于一体的鹿角龙角文化传统。而司母戊方鼎及殷周青铜器上的龙不仅有如大角似的龙身，更在大角状的龙身之头部再长出一对小茸角。这表明了殷墟时代的殷王室对鹿这种动物的感情和观察远胜过其他动物。对青铜龙头上的这种小茸角

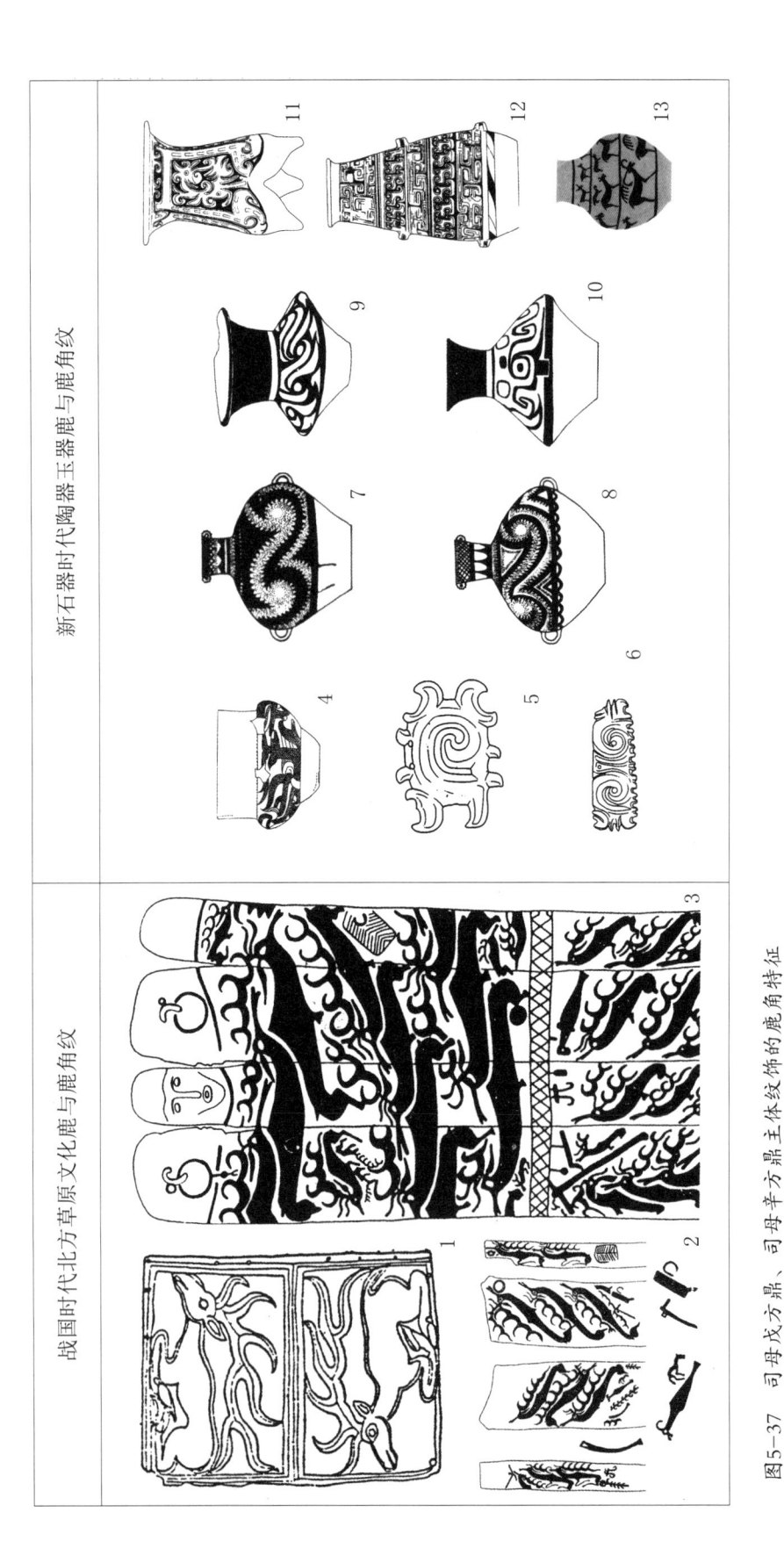

图5-37 司母戊方鼎、司母辛方鼎主体纹饰的鹿角特征

(注:1内蒙古出土战国鹿纹金饰片 2、3蒙古出土鹿石鹿角纹 4赵宝沟文化鹿纹罐 5、6红山文化玉勾云形器 7、8马家窑文化半山类型连旋锯齿纹彩陶 9仰韶村出土彩陶纹饰 10陶寺出土彩绘陶器陶器纹饰 11内蒙古大甸子彩绘陶高 12内蒙古大甸子彩绘鬶 13民和出土辛店文化鹿纹彩绘陶罐)

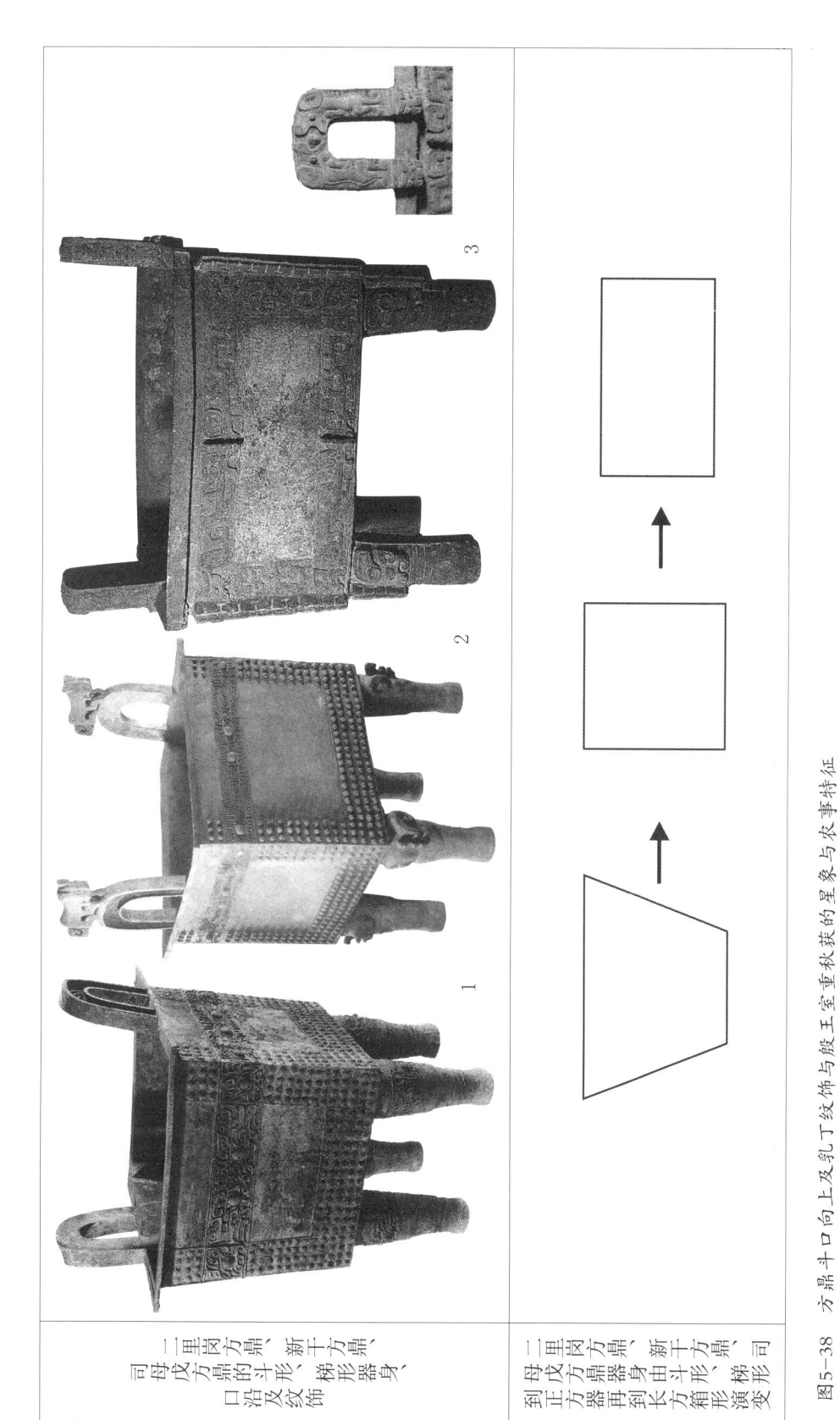

图 5-38 方鼎斗口向上及乳丁纹饰与殷王室秋获的星象与农事特征

（注：1 郑州杜岭出土乳丁行纹方鼎 2 江西新干出土耳虎乳丁纹方鼎及耳饰双虎人首纹 3 殷墟出土司母戊方鼎及耳饰双虎人首纹）

纹饰特征过去较少注意，其实它隐藏的正是鹿之大角脱落、小茸角再生的、阳生阳死的与鹿角及对应的太阳和草木枯荣的集天象、历法农事节令于一体的社会内容及文化传统。殷王室青铜方鼎以双耳四足及口沿八分纹饰观察日出日落的方法十分类同于前面我们叙述过的半坡夏启人面鱼纹盆以口沿八分符号及人面观察日出日落的方法。而它们观日方位形成的米状木字或米状米字符号很可能和古代的日木神话传说有关。而半坡夏启人面鱼纹盆上的癸甲十日符号可能就是神话传说的最早的历史记录。殷代青铜方鼎内含及其中隐藏的观日方法也是与商殷王室严密的以十日名王法有关的（图5-40）。

4. 殷王室方鼎的对鼎传统与夏王室文化

二里岗到殷墟时期出土的青铜大方鼎往往都是成对出土的，它们的器形和纹饰往往相同，而且大小也相差无几。如二里岗杜岭方鼎，向阳食品厂方鼎和殷墟司母辛方鼎。而西周王室青铜大圆鼎却很少发现成双成对出土的情形。因而二里岗到殷墟王室青铜大方鼎成对出土的情况，应当是殷

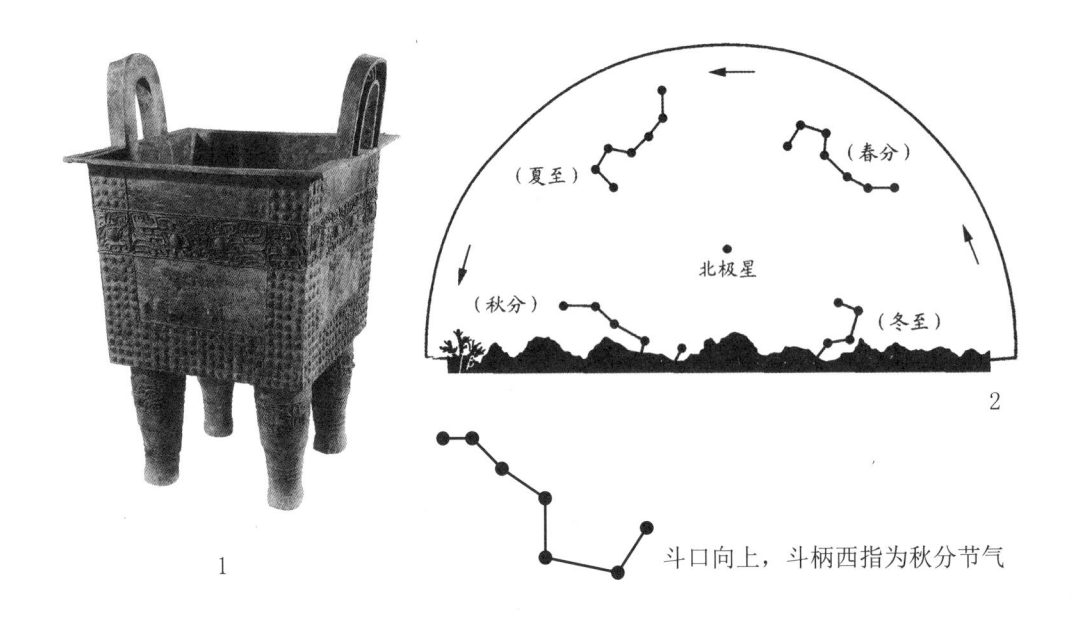

图5-39　二里岗青铜方鼎斗状器身与北斗斗头指秋季推测图
（注：1郑州出土杜岭方鼎　2北斗四季斗头与斗柄不同指向图）

王室青铜大器所具有的特殊文化传统。殷王室青铜大方鼎不仅与半坡夏王室人面鱼纹盆的观日方法相同,而且其对鼎传统也与半坡人面鱼纹盆相近。虽然半坡夏王室文化与殷墟相距2000多年,但他们之间联系十分紧密。半坡夏文化自夏启人面鱼纹盆起,王器往往也是成对出土,器形纹饰也大体相同。如夏启人面纹盆为两件,一件为人面鱼纹,另一件为人面网纹,口径都为40厘米左右,纹饰结构也相同。姜寨出土的太康人面纹盆也为两件,并且两件的人头上均有×状五字符号。帝相人面盆也为两件,人面上人的

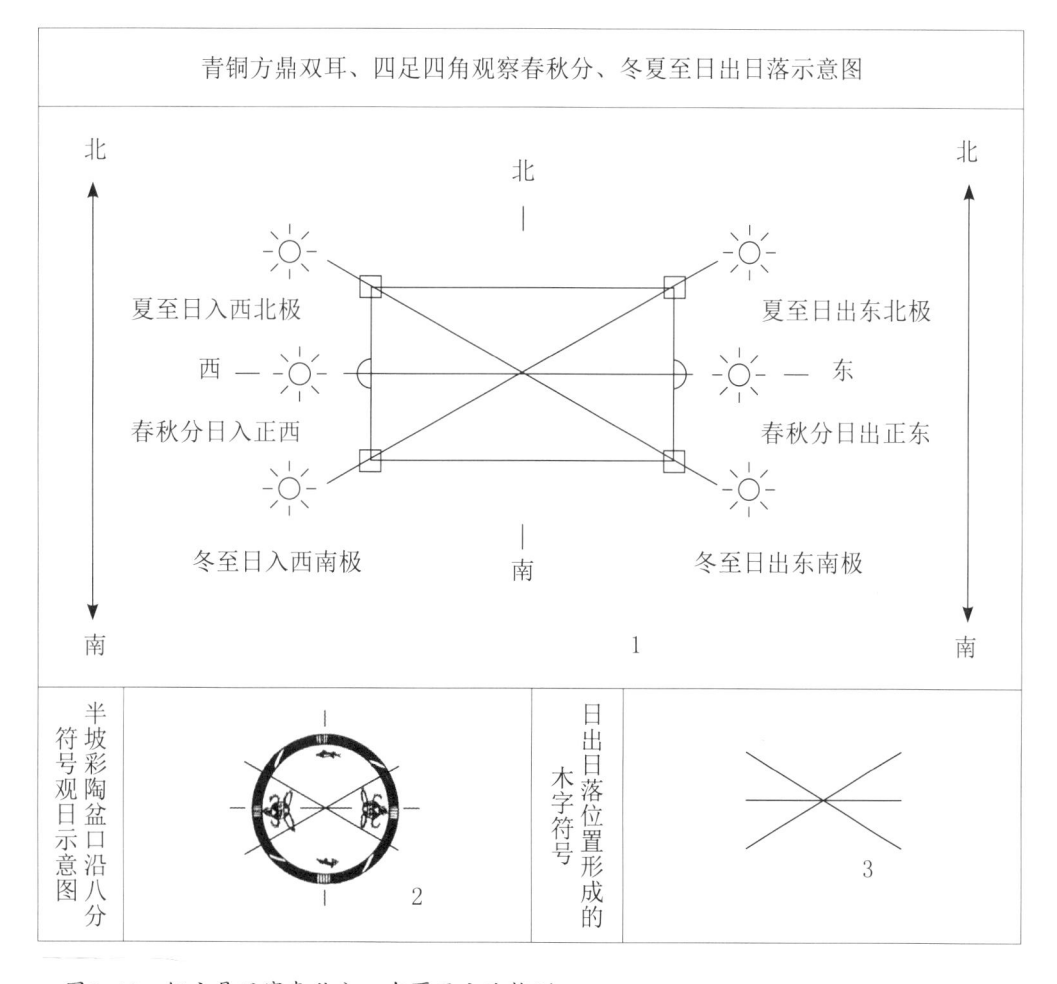

图5-40 铜方鼎观察春秋分、东夏至方法推测
（注：1以铜方鼎四足及双耳观察春秋分、东夏至日出日落示意图
2半坡人面鱼纹盆口沿八分符号及观日示意图
3铜方鼎及半坡人面鱼纹盆观察春秋分、东夏至日出日落方位形成的※状木字符号）

眼睛都为睁开状。此后的中康陶缸、帝杼陶缸也都是两件，器型及装饰也基本相同。而自帝杼以后，王室器物的对器传统仍偶有出现，如陕豫交界的河南灵宝县阳平镇西坡遗址的高等级墓葬用一对大陶缸和一对陶簋随葬，大陶缸上腹部有彩绘纹，口径近1米，而其对缸葬文化传统也与半坡接近。[①]二里岗及殷墟王室青铜大方鼎不仅对器传统与半坡夏王室对器传统相似，而且王器的纹饰结构及表示的内含似乎也相同。二里岗和殷墟青铜大方鼎的纹饰结构明显呈现出四正四隅的四面八方结构布局，半坡夏王室彩陶人面纹盆也以癸甲两个符号在陶盆口沿呈现四面八方的分割组合特征。只是青铜方鼎为方形而夏王盆和缸为圆形。这也许是半坡夏代的陶器制作圆形容易方形较难。故当时的人们以圆化方，或两者都有方圆同一的观念吧。犹如中国传统文化的"不以规矩不能成方圆"的说法一样，方与圆无论是在天地之象中或哲学观念中其实是很难分开的。让人迷惑不解的是二里岗和殷墟青铜大方鼎明显带有东方大汶口、良渚及北方红山、夏家店文化因素，但是这些文化的考古遗物中却很少有对器遗物的报导。而半坡彩陶文化一般认为具有较多的西部文化特征，但它的对器传统却与二里岗、殷墟殷王室大器的对器传统如此一致，这不得不迫使我们对夏商殷周王室文化之间的传承关系认真思考。因为以往学说对夏商（殷）周三代的王室文化更多是从土著文化观点出发，认为是后者以革命而取代前者的。而从我们的论述可以看出，自半坡时代的夏王室开始，王室群团在夏、商、殷、周各代虽有变更，似乎仍相对稳定，而其核心文化的传承性远超出我们的想象。但从夏历商至殷及周，其间的变更更耐人寻味。如以夏商关系说，我们前面以半坡时代鱼纹与鸟纹作为夏王室文化中夏族与商族的主体。鸟族的故地在半坡时代似在东方，以鸟羽族的强盛逐渐在夏王室中居主导地位，并且逐渐回归东方，最终在大河村文化类型时在东方的郑州附近建立商王朝而与居于临汝一带的晚期夏王室对立。从周王室初期的青铜大圆鼎看，极有可能也是殷王室中周族文化西归后的产物。从其变化看，是新王朝建立的标识。但就传承性看，它们仍有挥之不去的前朝文化的影子。

[①] 苏湲：《黄帝时代》，清华大学出版社2007年版，第68页。

（四）殷墟妇好墓龙盘与殷王室晚期的四象纪历法

1. 妇好龙盘的四象纪历标识

中国以四象纪历的文化传统十分悠久，但是早期的四象是什么样子，考古发现遗物很少。目前所见最早的是河南濮阳发现的距今6000多年前仰韶文化的龙虎蚌塑图像，但只有龙虎两象。而殷墟妇好墓出土的龙盘可能是迄今最早最完整的四象标识遗物。妇好墓出土有妇好铭文的龙盘在中心龙形的外围有一周由鸟兽鱼三种动物组成的纹饰，鸟兽鱼相连共出现四次。对于妇好墓龙盘与天象历法的关系目前论述很少，其实它表明中国四象二十八宿天象历法传统的四象标识这时已经明确而完整。如果只看龙外围的四组鸟兽鱼纹，自然可以随意以鸟、兽、鱼的任何一种为首，形成鸟、兽、鱼或兽、鱼、鸟或者鱼、鸟、兽顺序的纹饰变化。但如果将盘中心的大盘角龙与周围的鸟、兽、鱼相联系，就会向我们展示以角龙为起始中心的东方角龙、南方朱鸟、西方（白虎）兽、北方（玄武）鱼的以龙、鸟、兽（虎）、鱼（龟）与东方、南方、西方、北方相配的四方四象标识。而这种四方四象标记又能很好佐证我们对方鼎四面八方与两耳及龙虎纹饰象征东方春和西方秋的观点。有趣的是盘中心牛羊角龙的龙头两侧还加有鹿的大枝杈角纹，更体现出四象中角龙有牛羊角龙和鹿角龙的族属差异。虽然妇好龙盘的牛羊角龙龙头上加有鹿的枝杈角纹，但仍然不能掩饰妇好龙盘以牛羊角龙族为主的部族特征。这也提示我们，早期的四象文化之东西南北四种动物可能并不像秦汉以后那么固定。如东方之龙就有牛羊角龙与鹿角龙差异，而西方可能也有虎及其他兽之不同。妇好龙盘的北方之象为鱼而不是秦汉以后由龟蛇组成的玄武。但是妇好龙盘的北方鱼纹在鱼身上都有一个8状的五字旋转连续的符号。我以为这可能和四象纪历的历法标记中，龙为年首而鱼为年尾的年与年之交接有关。由于五在古代文化中有交午意义，像我们叙述夏代历法中的年终余五日的历法一样，妇好龙盘的四象以角龙为年首，以鱼为年尾并余五日的历法也像殷王方鼎对鼎传统一样，受夏王室天象历法传统很大影响（图5-41）。

2. 妇好龙盘的斗携龙角标记

虽然殷墟妇好墓出土的妇好龙盘以龙鸟兽鱼与春夏秋冬及东南西北相对应的四象标识是在公元前2000多年以后出现的，但妇好龙盘的盘旋的牛羊角龙图像符号的历史却相当古老。特别是龙头如方斗所体现的斗携龙角文传统最早能够追溯到距今 6000 多年前即公元前 4000 多年前的陕西宝鸡北首岭遗址出土的鸟啄龙纹彩陶葫芦瓶上。这种以牛羊角为龙的身体以象角龙，以方斗状的北斗斗头为龙头形成的特定的"斗携龙角"器物符号文化传统在红山文化的C形玉龙及彩陶龙纹，陶寺文化的蟠龙盘及偃师二里头绿松石嵌龙饰上都有体现。既然"斗携龙角"符号文化出现的那么早，为什么对应春夏秋冬及东南西北的标记四星象动物出现却较晚呢？这可能和王室内各部族之间关系逐渐稳定，并伴以分工协作有关。因为对于不同部族来说，他们以

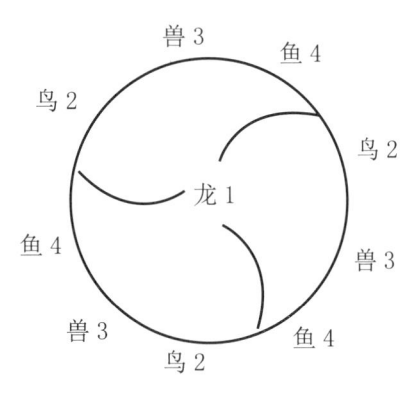

以中心角龙为首分别与一周三组鸟、兽、鱼相配形成四星象标记。即角龙代东方，鸟（朱鸟）代南方，兽（白虎）代西方，鱼（玄武）代北方

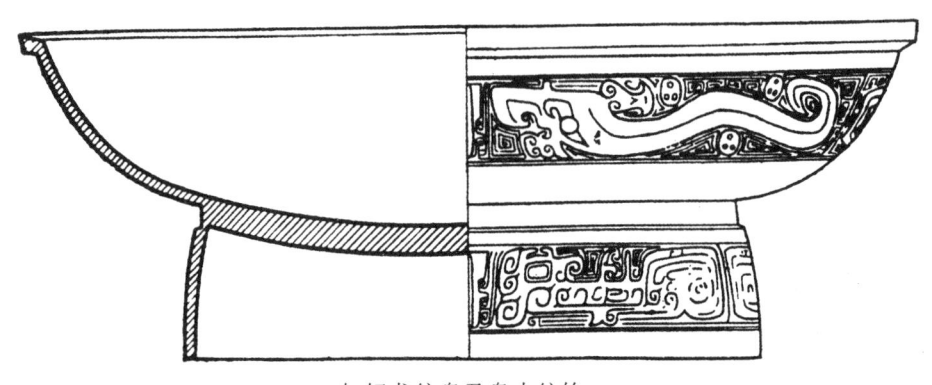

妇好龙纹盘及盘内纹饰

图5-41　妇好龙盘四象标记推测图

本部族的图腾物标识龙星或鸟星都可以单独完成周天或周年观察任务，并达到制定历法以适应农牧生活的需要。因而早期遗存中没有相对固定的四星象纹饰出现是正常的。但东龙西虎及对应的春夏和秋冬与北斗七星的联系却相当早。而且记载中主宰东方龙宿心火星的为阏伯，主宰西方白虎参星的为实沉，它们是远古帝喾高辛氏之二子。因而那种以高辛帝及黄帝对应龙山文化的历史学方法显然比考古发现晚了许多。

（五）殷王方鼎北斗纪历与王亥步南极北极说

1. 北斗，王亥与以猪为族徽的古代部族

在中国传统的斗携龙角文化中，角有牛羊角龙与鹿角龙之分，而从考古发现遗物看，王亥部族则是与北斗七星关系最为密切的部族之一。在上册及其他论述中，我们都多次论述过甲骨文殷先公王亥亥字与猪形象的联系。[①]因而王亥部族很可能是以猪为族徽的古老部族而且和北斗七星关系极为密切。猪和北斗联系的最早实物当为浙江余姚河姆渡出土的猪纹黑陶方形陶钵。这件黑陶方形钵在方形腹部相对的两面各刻纹饰相同的一只猪，而猪的身上有一个圆形的星象，并且星象与植物的∽形花芽组合在一起。冯时的《天文考古学》和陆思贤的《天文考古学通论》中都认为方形陶钵是象征北斗斗魁的，它反映了猪与北斗及四季星象的联系。除河姆渡外，考古发现的红山文化，大汶口文化中都有猪与星斗相关的遗物出土。如我们前面论述的大汶口刻有北斗星纹的雍己陶缸，虽然没有猪纹，但这些陶缸大多是与猪头、猪牙一起随葬的。安徽含山凌家滩遗址出土的一件玉器，刻画了一只有两个头的猪，猪背上有展翅的鹰，且腹部也刻有东部沿海地区流行的八芒八角纹饰。陈久金先生以为这种以猪与八芒纹相配的纹饰是以猪、北斗、北极三位一体的天文学观念的反映。[②]地处太湖流域的良渚文化也发现了不少猪与北斗相关的文化遗物。良渚文化出土的一件玉璧刻有一只猪的形象，猪身上满布旋云纹，其中有四颗星呈方斗状分布。陈久金先生以为这就是猪与北斗斗魁四星的形象。其实仔细观察良渚文化玉人，就会发现良渚文化玉器上的人形纹或人兽合体纹的人头都呈方斗状，而且斗口

---

① 钱志强：《古代美术与中国文明起源研究》，中国社会科学出版社 2007 年版，第 144 页。
② 陈久金：《星象解码》，群言出版社 2004 年版，第 25 页。

向上，这应当就是以猪为族徽的族群将猪与天上北斗星相对应，并与部族的祖先神结合的三位一体的器物符号形象。良渚文化玉器人形纹人头呈方斗状且斗口向上的特定斗魁形象使我们联想到良渚文化玉器中出土最多，制作最复杂最精美，而内涵争议颇多的玉琮及上面的兽面纹。良渚玉琮为方柱状，柱中有圆孔，外为四方形，有趣的是，考古发现玉琮在墓葬中放置的方法是大头向上，小端向下的，这其实也和玉器上的人纹头戴方斗形冠饰并且斗口向上的大头向上的形状一样，它不仅体现出猪兽人与北斗斗头的关系，而且是斗口向上为鲜明特征的。而这一特点正好与二里岗时代的青铜方鼎特征相合。良渚文化玉琮的四角的兽面纹突出兽目，而兽目的形状极似河姆渡陶钵猪纹上的∨状星与植物叶瓣状。可见河姆渡文化陶钵上的猪与北斗斗魁相统一的器物符号传统到了良渚时代玉器上更为发达繁荣。郑为先生在《中国彩陶》一书中将仰韶文化庙底沟彩陶十分流行的∨状花瓣纹的源头追溯到河姆渡猪纹陶钵和其他陶器上的∨状刻划纹饰上。[①] 我以为这种看法是极有见地的。但庙底沟彩陶流行的∨状为基本纹饰的花瓣纹却并不一定是河姆渡文化传播的结果，它很可能是以猪为图腾标志的部族在中原仰韶文化和河姆渡文化的不同分支基于同一观念下的创造。也像仰韶时代的纹饰多为几种动物特征融合而成一样，这种极似兽面兽目的花瓣纹可能也是以猪为主体，融合鹿、牛、羊、犬等其它畜兽特征。因为在与河姆渡猪纹陶钵同时的姜寨，夏王少康彩陶缸以及大汶口早期的彩陶缸上都发现了这种如叶芽状的叶或花瓣纹饰。它们的时间也都在公元前 4000 年前后。我们之所以将二里岗青铜方鼎的斗口向上的方斗形状与良渚文化相联系，除了良渚文化玉琮倒置的方斗形及头戴方斗的玉人神纹与之相似的特征外，还由于方形玉琮的四角四隅的四面八方形状也与方鼎相近。另外它的兽面纹及细微的制作工艺都可能使这一支文化进入二里头二里岗殷王室，并与原来的猪部族文化结合，创造出十分繁荣的二里岗时代以斗口向上为鲜明星象特征的青铜方鼎文化（图 5-42）。

2. 猪斗文化遗存的分布与竖亥步南极北极说

（1）猪斗文化遗存的分布与竖亥步南极北极

《山海经·海内经》有一句"帝令竖亥步南极至于北极"的话，令人

[①] 郑为：《中国彩陶》

图5-42 猪与花瓣纹兽面纹及方斗形
（注：1河姆渡出土猪纹陶钵 2红山文化玉猪龙 3渭南北刘出土彩陶钵 4陕县庙底沟出土彩陶罐 5余杭瑶山出土玉琮纹饰 6余杭瑶山出土玉冠状饰 7良渚文化玉器 8商周青铜器纹饰）

十分费解。但联系新石器时代以来大量猪鸟文化遗址的分布,却不得不使我们认真对待关于"竖亥步南极至于北极"之说。因为前面我们叙述的猪亥文化在红山、大汶口到河姆渡及良渚这三大区域的分布,就是一个十分奇特的呈南北分布的现象。尽管红山、大汶口、河姆渡就考古学文化说,它们是位于不同地域的不同考古学文化,但从器物符号角度看以猪为族徽,以"斗携龙角"为天象特征的文化传统却十分相近。红山、大汶口、河姆渡不仅都频临东部沿海地区,从地理位置看它们还基本处于相同经度而南北纬度不同的地区。特别有趣的是如果以大汶口为中心,红山和河姆渡两地则位于以大汶口为中心的南北两侧,而且距离大体相等。而大汶口、河姆渡及良渚文化的遗存向南一直影响到广东、福建;红山文化则向北影响到黑龙江及以北地区。因而以猪为族徽的王亥部族的文化遗存在地理上十分鲜明地在东部沿海一线呈南北分布状,这可能并不是一般意义上的部族繁衍迁徙所致,而可能还带有以分支族群在同一经度不同纬度的位置以求得对北斗及其为中心的星象作更好的观察的需要。因而从《山海经》"帝令竖亥步南极至于北极"的文字中我们似乎看到以猪斗为特征的王亥部族在沿东海一线的红山、大汶口、河姆渡三大区域为中心的南北分布,很可能和"帝令竖亥步南极至于北极"的帝令有关。所谓竖亥,很可能即是指南北为竖,东西为横的南北为竖而言的。中国传统文化中东西为横,南北为竖的传统十分悠久。古籍中对十字的解释就是一为东西,丨为南北。而十字符号在中国古代文化传统中大约已有八千年以上的历史了。[①] 可见远古时代,以猪为族徽的王亥部族曾经在近万年的漫长岁月中,一边坚韧地生存、生活、同时又以集群的集体力量艰辛地持续着对以北斗星为中心的古代天象的观察和记录。而距今 4000 多年的二里岗到殷墟时代,以青铜方鼎为中心的殷王室文化可能是它的全盛时代。甲骨文中大量记载对先祖王亥及上甲的极其隆重的祭示文字就是铭证。

(2)从∨状花芽纹饰符号说王亥与高辛部族的新春标识

河姆渡猪纹陶钵猪纹上的∨状星象与叶芽符号看似简单,其中蕴藏的文化及历史内涵却需极大努力才能理解其真正意义的。特别是∨形纹饰符

---

① 钱志强:《古代美术与中国文明起源研究》,中国社会科学出版社 2007 年版,第 20 页。

号在红山文化的C形玉猪龙眼睛上也有反映。细看红山文化玉猪龙的双眼也呈这种似竖目又似叶芽的形状。良渚文化玉器上的兽面纹，兽的眼睛也为这种叶芽状，它启示我们，这可能也和半坡夏文化中人、鱼、鸟兽的眼睛像日像月一样，是表示王亥部族的人们用眼睛对星象与植物的新芽观察的，是以猪为族徽人们观察与祈盼北斗及对应的春夏时节植物萌芽的特殊符号传统。前面我们已经论述了青铜方鼎及北斗文化中特别突出斗口向上代表的秋收季节的特点，以北斗为标识的猪亥部族在长期的迁徙生存中必然积累了与星斗对应的最适合人们生存的春、夏、秋、冬时节的关系。而∨状叶芽纹应当比青铜方鼎及乳丁谷纹更古老，不仅发现在青铜时代之前，而且∨状芽叶或花瓣揭示出在农业农耕时代之前人们逐水草而居的、趋春夏而避寒冬的狩猎采集生活特点。∨状叶芽花瓣符号就是春季草木生发的符号标识，即新春到来的标识符号。值得注意的是甲骨文中王亥的亥字不仅有豕猪之形，而且王亥多在辛日这个特定日子祭示。甲骨文辛字作▽形，其下丫与∨状叶芽十分相近，而上面之▽象石块状，应当也是遗留有远古年代人们采集生活印迹的古老文字符号。可见以猪为族徽，以北斗为天象标识的王亥部族，曾经长期或东西奔波、或南北迁徙追逐水草丰美的春夏季节，特别是春天到来的时节，而∨状符号就是它们用以表示新春的标识符号，也是它们追逐新春的象征。它们极可能就是古老的高辛氏族的标识符号，由于高辛氏族其支系繁多，其中一支即"帝令竖亥步南极至于北极"的一支曾以观察北斗星为中心，沿东海一线南北分布。因而，竖亥这一支可能就是最先发现或最重视北到辽宁、南到江浙这一带地区因南北位置不同而产生季节变化的部族。红山文化、大汶口文化、河姆渡及良渚文化中都保留了不少它们的文化遗物（图5-43）。

3. 王亥亥字的鸟形符号与商人的玄鸟鸟星文化

（1）王亥亥字鸟形的M冠饰与商人玄鸟对应的仙后座M星象

从猪与北斗竖亥文化及遗存分布，我们不由得对王亥亥字上部的鸟形符号与商人玄鸟文化可能内含的星象关系再作思考。对于王亥亥字上部的鸟形，论者多与商人起于玄鸟解释，但鸟形符号与玄鸟说的真实联系及内含却较少涉及。仔细观察甲骨文王亥亥字上部的鸟形，鸟头上常有一个呈M状的冠饰。王亥亥字鸟头上的M形冠饰与商人的玄鸟说之联系也许能从M形符号找出一点线索来。商人的祖先神玄鸟或叫乙，甲骨文乙字作乙形，而玄鸟之玄字古文字中写作ㄠ形，与亥字鸟头上的M形冠饰比较接近。因而王亥亥字鸟头上的M形冠饰可能就是玄鸟的玄字标识。鸟头上的M形何以称玄，我以为可能和鸟与猪两个部族分别对应天上的两个星象有关。从上述分析我们知道与猪对应的是北斗七星，而与北斗对应的可能是北斗对面的M形星座，即西方星象学所称仙后座M星。"当北斗七星位于下中天时，西方人通过仙后座的朝向来寻找"北极的。[①] 因而王亥亥字上部鸟头上的M形纹饰极有可能是与北斗对应的仙后M星的星象符号标识，也是商人玄鸟文化以北方为玄，意为黑的天象内涵之一。由于北斗星与玄鸟M星以北极为中心遥相对应，在夜晚高悬于北方天空并每晚各自绕北极旋转一周。因而北斗为帝车，有巡游之意。而ㄠ形玄鸟之玄可能即有旋转旋回的内含。这与上篇中我们论述的半坡夏文化的旋鱼、玄鸟彩陶纹相符合。因而甲骨文王亥亥字的猪鸟合体形象作为远古时代以猪和鸟为族徽的部族，不仅保留了以动物为族徽的部族标记，在部族图像的背后，还隐藏了其最为关注的星象的观察与记录。

（2）玄鸟M星象朔源

在分析王亥亥字猪鸟形器物符号时，我们列举了大汶口鸟猪（兽）合体的陶鬶形器，特别是安徽含山凌家滩新石器时代文化遗址中出土的双首猪背上驮鹰的玉器饰品。这件玉器猪背上的鹰昂首站立在猪背上，双翅微张，呈M形。倘若留意红山文化中与玉猪龙同出的玉鹰，其形象也都呈M形，且玉鹰腹部刻有ᑎ符号。良渚文化及屈家岭文化出土的玉鹰也多双翅微张，昂首站立呈M形。不仅在东部沿海的红山、大汶口、良渚文化中如此，在西部仰韶文化中也有不少M形似飞鸟的纹饰出土。如更早的河北武安磁山文化中以三个猪咀形支座在下，顶着一个卵圆形陶盂，陶盂上装饰连续的ᑎ形飞鸟纹。甘肃秦安大地湾前仰韶文化遗址出土的早期彩陶符号中也有以红彩画ᑎ、ᗰ状如鸟上下翻飞的纹饰。如果M状符号真是玄鸟部族以M仙后星为标识的北方星象，而在真实的星象运动中，M星也如北斗星一样绕北极旋转的。因而所谓玄鸟可能既是天上盘旋的飞鸟，飞鹰，同时又是天上旋转的M星。仰韶文化及大河村彩陶纹饰中也常有ᑎ形鸟纹纹样。特别是大河村彩陶的

[①] 陈久金：《星象解码》，群言出版社2004年版，第16页。

河姆渡猪纹陶钵　　　　　　　　　　　　　姜寨人面纹

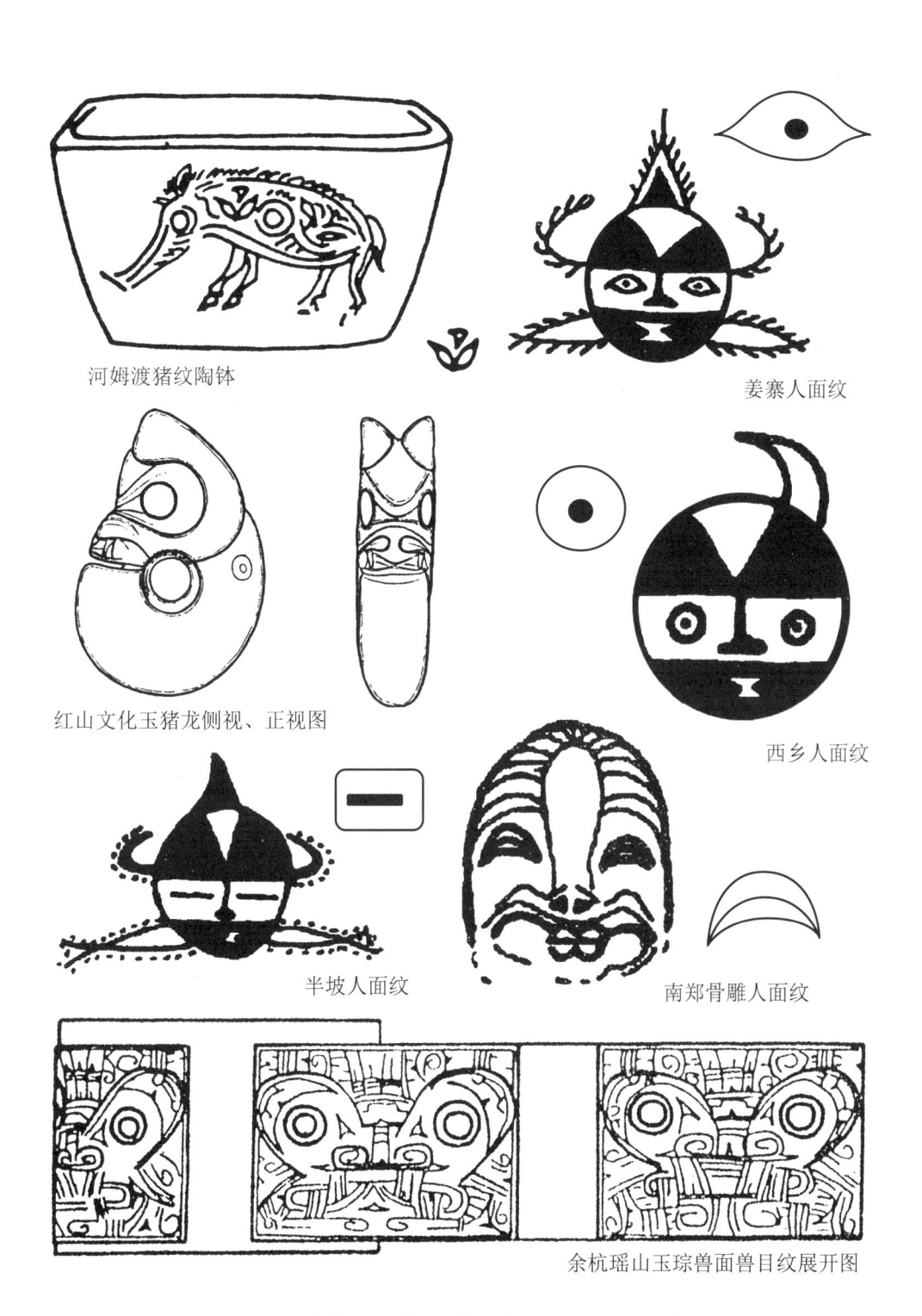

红山文化玉猪龙侧视、正视图　　　　　　　西乡人面纹

半坡人面纹　　　南郑骨雕人面纹

余杭瑶山玉琮兽面兽目纹展开图

图5-43　东部猪目花瓣纹与西部人目、日月纹比较

M状飞鸟纹用红彩画出，十分精细，但有时却有鸟的飞翅和羊头羊角结合的形象。稍晚的甘肃齐家文化中有一种枭面罐，罐口的枭面上常以泥条装饰或M、W形，和中原及东部地区M形鹰鸟文化一脉相承。殷墟青铜器更有许多枭鹰戴M羊角的器物和纹饰。枭、鹰与M形纹饰的关系从考古材料看至少出现在公元前6000多年以前，距今已有8000年以上的历史。但是玄鸟M形所表示的与北斗星对应的仙后M星象文化却在古籍中十分罕见。这大约和M星没有北斗星显著有关，同时M状玄鸟与鱼一样，作为较早出现的夏商时代的文化主体，随朝代更替已被后来者融合或取代，至殷代已不是王室最重要的族群而被边沿化有关。而秦人作为与商人同祖而后起的以鸟为族徽的部族，其造父驭车的传说，为我们保留下了中国古代玄鸟部族及以M状飞鸟与M星座对应的文化遗存，使我们能在几千年以后探索远古先民生存奋斗的事迹（图5-44）。

4. 从竖亥步南北极说大章步东西极

在以上论述中，我们把以猪鸟为族徽，以北斗北极为天象中心的王亥部族与北斗星和仙后M星相联系，并指出红山文化、大汶口文化、河姆渡及良渚文化的南北分布可能和王亥部族有目的地进行星象观察有关。而我们在论述夏商王室文化的星象观察时特别指出，注重对东方苍龙星和西方白虎星象的观察是夏商王室星象观察的重要特征。夏商王室不仅注重对东方龙星、西方白虎星的观察，而且王室中心的移动与分布也沿渭河、黄河一线东西分布，这可能与它们东西向对龙虎星象及指示的春分秋分的观察有关。如天水、宝鸡、西安、洛阳、郑州及以东的泰安大汶口，这种与东西观星十分吻合的文化遗存分布究竟是人们无序的沿渭河、黄河谷地移动造成的，还是有意的安排，我以为前者是基础，是人们为生存所需的必然结果。像王亥部族沿东海海岸南北迁徙生存并观察自己千百年往返南北的痕迹，必然会发现北方夜空最明亮的北斗星一样，沿渭河、黄河东西移动的部族在长期东西移动中也必然会发现东升西落、十分注目的龙虎星象。而《山海经》在"帝令竖亥步南极至于北极"后的"令大章步东极至于西极"的大章可能就是大章部族在掌握星象运行规律及所指示的季节的知识后的有意识的部族东西移动行为。其实古籍记载中远古先民为天象观察的有意识的奔波还有很多。如精卫东向填海，夸父西向逐日，嫦娥奔月，女娲补天，等等。因而从考古发现与古籍记

北极、北斗与仙后星位置示意图 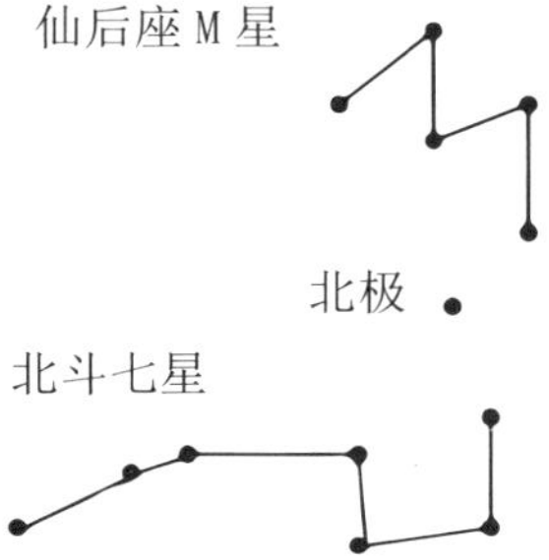	各地原始文化遗存上的M形、鹰形器及纹饰 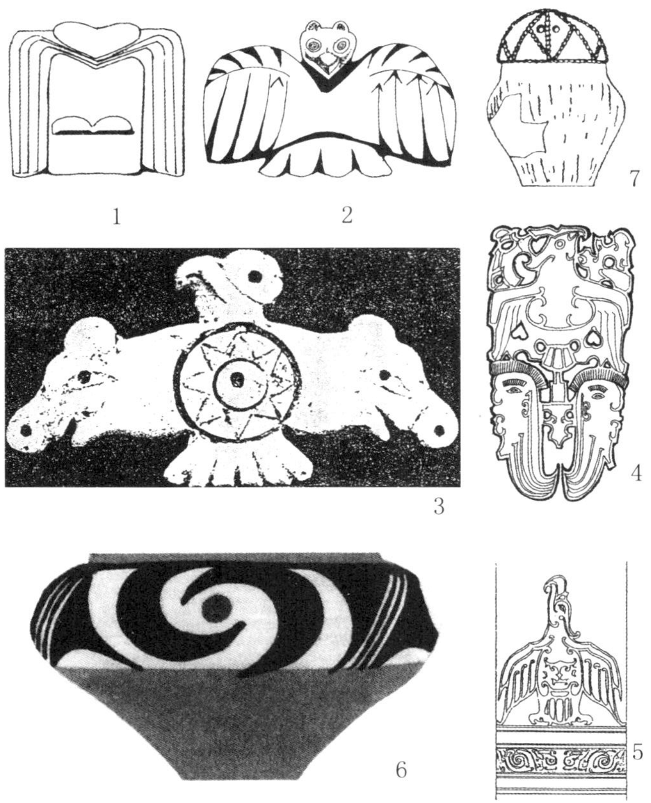	殷代戴M形角形饰的青铜枭尊 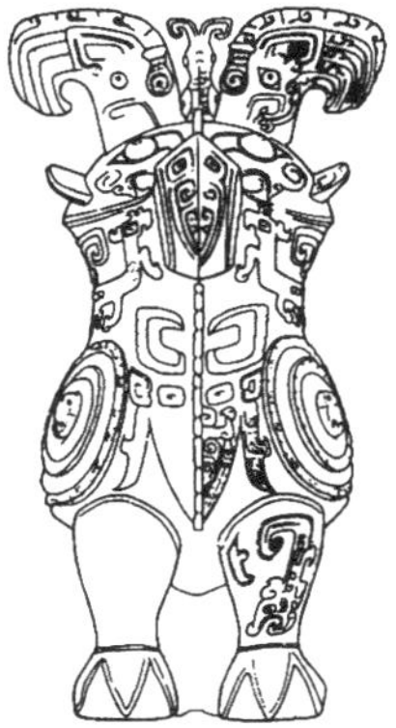	磁山出土猪咀形支座上的盂及M纹 	甲骨文王亥亥字的猪鸟合体形及鸟头上的M形符饰 

图5-44 玄鸟纹及与对应的仙后座M星象比较

（注：1、2红山文化玉鹰 3凌家滩出土双首猪与玉鹰合体玉雕 4、5龙山文化玉器 6大河村彩陶 7柳湾出土齐家文化桌面罐）

载相印证，可以证明中国远古先民在 6000 多年以前不仅有意识地将部族繁衍分布与南北观察北极北斗，东西观察龙虎星象结合起来，很可能也将在不同位置的观察结果汇集起来加以综合。因为至迟自传说中黄帝起，作为帝王的第一要务就是"分正朔"的发布历法的工作。而历法制定的基础则是对日、月、星象运动规律的观察结果的汇集。

在沿渭河、黄河东西移动观察龙虎星象的部族中我们不能不提到一个十分古老的部族，即在 6000 多年以前即以渭河为中心活跃了 1000 多年的鱼部族。[①] 考古发现资料表明，彩陶鱼纹的分布以渭河为中心的关中平原最多。其东端到洛阳一线，西到天水以西的渭河上游。最值得注意的是我们论述为夏王室人面鱼纹盆的彩陶盆，在经汉水流域的五人头纹演变为马家窑的五人舞蹈纹以后，竟奇迹般很快在西宁一线出现。如青海大通县上孙家寨出土的马家窑类型舞蹈纹盆。而青海同德县出土的舞蹈纹彩陶盆证明，以鱼为族徽的部族早在 5000 多年以前就携带着关中仰韶文化的基因西赴青藏地区，而东西向观察龙虎星象的升落可能也是它们的任务之一。出土的彩陶鱼纹纹饰演变表明，鱼部族可能和《山海经》所记的"步东极至于西极"的大章有关。因为不仅早期鱼纹就突出鱼的分叉的鱼尾，而且晚期鱼纹简化了鱼头、鱼身及鱼鳍，只留下一条分叉的长尾和尾端的星象般黑点。这种分叉的鱼尾形与古籍记载中以玉礼天地四方的玉璋十分相像。考古发现玉璋形器出现在龙山文化时代，以偃师二里头和四川广汉三星堆出土较多而且器形巨大。最大的长达 70 多厘米，一般认为是礼仪用具。其形状与晚期鱼尾纹十分相似。尽管两者之间演变环节还不清楚，但其形状的相似及用途内涵的相近足以提示我们重视它们之间的联系（图 5-45）。

周代历象说

（一）周王圆鼎的星象特征与文化内含

1. 周王圆鼎的覆斗样式之星象意义与文化内涵

（1）周王圆鼎的覆斗样式之星象意义

从目前发现的西周青铜器看，不仅多圆鼎，而且最重要的早期大圆鼎其

[①] 钱志强：《古代美术与中国文明起源研究》，中国社会科学出版社 2007 年版，第 1 页。

彩陶鱼尾纹	玉璋

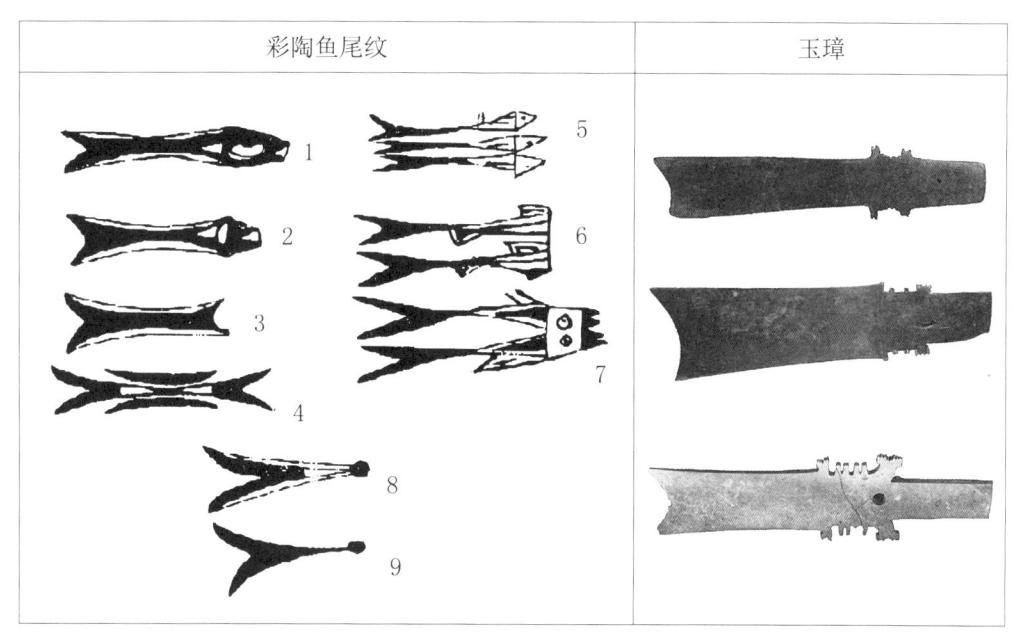

图5-45　鱼尾纹与玉璋
（注：1、4秦安大地湾出土　2、3、5、6、7西安半坡出土　8灵宝出土　9洛阳出土）

鼎腹都呈口小底大的奇异形状，有些考古学家称之为倒梯形，如长安新旺大鼎，淳化大鼎等都是这样。我以为这种被称为"倒梯形"的王鼎形状其实可能和殷王方鼎以象北斗的鼎形特征一样，只是殷王方鼎以方形而且斗口向上表示。周王圆鼎正好相反，不仅以圆形表示，而且斗口向下。周人这种特定的以北斗斗口向下为周族特殊星象标识正好与殷王方鼎方形及以斗口向上的观念相反。从实际观察角度看，北斗斗口向下则斗柄东指，而斗柄东指是春天到来的象征。如《鹖冠子·环流篇》："斗柄东指，天下皆春；斗柄南指，天下皆夏；斗柄西指，天下皆秋；斗柄北指，天下皆冬。"可见周王圆鼎覆斗形状很有可能与斗口向下，斗柄东指的春季节令相关的。而春季是万物生发的季节，对于农耕民族来说则是播种的季节。这也和周人先祖后稷善于谷物种植，并自夏以上世代皆为农官的传说相合。不仅如此，周王大圆鼎还有一个突出的特征是鼎的双耳多有龙或虎作为耳部纹饰。我们在前面的章节中已论述过青铜鼎耳可能具有象征和观察春分秋分太阳出入东方和西方地平线的意义。因而西周王室大圆鼎耳饰龙虎纹更可以确定这一点。同时西周王室大圆鼎突出的牛羊角纹饰也说明西周王室的大圆鼎在星象文化上是以牛羊角龙纹饰与斗口向下的覆斗形的"斗携龙角"的文化传统与殷王方鼎以方形的斗口向上及鹿角龙为特征的文化传统相区别。因为考古发现仰韶文化时代河南仆阳出土的蚌塑龙虎星象已经证明远在6000多年前的仰韶文化时期,中国以龙虎象征春秋季节的历象文化传统就已成熟。因而西周王鼎最突出的"斗携龙角"的文化传统也是早期中国角斗及龙虎文化传统的延续。只是西周王室是特定的斗口向下,斗柄东指的表示春季及播种季节的特殊的北斗星象(图5-46)。

（2）周王圆鼎的覆斗样式之周革殷命的天命特征

从我们对郑州二里岗以至殷墟的殷王方鼎论述看出,殷王室是十分重视秋收季节的,并以斗口向上满饰乳丁纹的青铜方鼎作为北斗斗柄西指,斗口向上的秋收季节之特定天象与农时标识。而西周王鼎却与殷王方鼎截然相反,不仅鼎为圆形,不饰谷纹乳丁,而且斗口向下,并常在鼎耳上装饰龙虎纹。西周大圆鼎的这种器形及纹饰特点是周族传统文化特征使然,还是出于反对殷人文化的需要？我以为这两种因素可能都有。我们在前面已经论述过周人圆鼎尚圆及连三氏的传统极其古老,即使在殷王室及殷墟时代晚期,青铜圆鼎连三、尚圆和不以乳丁纹饰的特征也十分鲜明。而周人亡殷以后,殷人的乳丁纹方斗形王鼎迅速衰落,周人的圆鼎文化迅速兴起是十分自然的。但值得我们注意的是,正当周人覆斗形圆鼎代替殷王斗状方鼎之时,也是中国星象文化中北斗星象发生重大变化之时。据陈久金等学者的研究认为:"公元前5000年至公元前1000年,北极距北斗星最近,人们直接用北斗星定季节,称之为北辰。殷周以后才改用其他星作为北极星。"[①]而殷周之交恰在公元前1000年前后,周王圆鼎的覆斗样式是否有以覆斗象征殷纣政权也像天命北斗一样覆亡呢？联系《史记》对武王灭纣时纣死于鹿台及杀有苏氏妲己的记载及我们对殷晚期鹿角纹方鼎及谷粟乳丁纹与有苏氏的联系,殷王方鼎之突然衰落与周初王室圆鼎的覆斗样式突然兴盛,不仅是殷王政权灭亡的象征,更可能与殷周之交,以北斗为中心的天象天命变更有关。因而中国古代历史即如夏、商、殷、周王朝王权的更替中,其星象天命的变更在朝代更替时的

---

① 陈久金:《星象解码》,群言出版社2004年版,第22页。

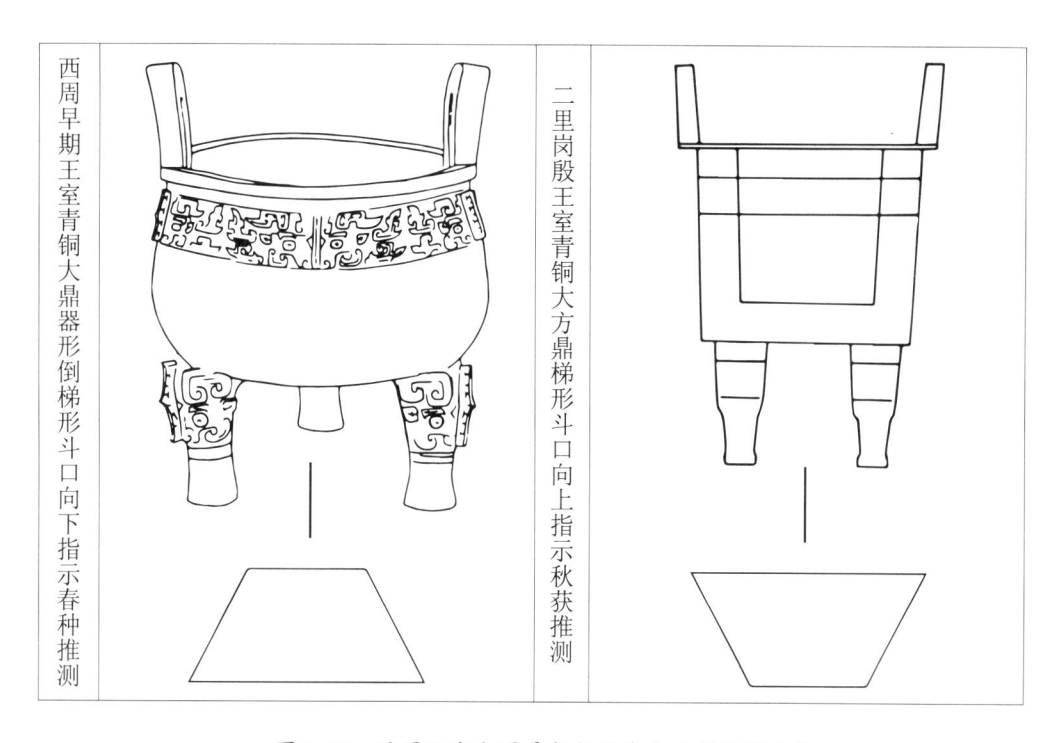

图5-46　西周王室大圆鼎与殷王室大方鼎斗形比较

作用远比想象的重要得多。因而春秋战国以前的天命王权观也远比秦汉以后的天命王权观的天象天命成分真实重要得多。因为西周以前的古代王命王权中，人王可能是完全依附、听从于天命的，越是早期越是这样，而秦汉以后就大打折扣了。

2. 周王圆鼎的观象方法与殷王方鼎观象方法的差异

（1）周王圆鼎的三足两耳对应关系与周人对中午日影的观察

如果按殷王方鼎用两耳观察春秋分日出的方法看，西周王鼎不仅继承了这一传统，而且更加突出。这表现在周初大圆鼎两耳上多饰代表东方的龙纹和代表西方的虎纹。按这种观察方法放置西周圆鼎，圆鼎的三足就会出现两足呈东西站立，另一足或正南或正北站立的位置。这是由于殷代中期以后，圆鼎的两耳形成了与三足对应的一足居中，另两足分开站立的耳足关系。那么这居中的一足究竟应在南还是在北呢。按照中国传统文化以北为上，坐北面南的习惯，圆鼎的两耳应该对着正东正西，不仅象征东方龙宿、西方虎宿，而且也有实际的对春分秋分太阳出入于东西方地平的观察作用。因而与此对应的居中的一足应该位于北方。如果这样，西周王室大圆鼎的三足就有可能具有观察一年四季每天中午太阳高度的作用。因为不仅圆鼎的圆形口沿内外可以观察太阳移动在圆鼎口沿形成的光线及阴影变化，而且鼎立的三足更能敏感地显示出太阳移动时的阴影。特别是冬至太阳最低时，冬至日中午的太阳可能会照亮居北一足的内侧，而夏至日正午时太阳的光亮可能会从北面照到鼎的北侧及居北一足的外侧。记载中周代有周公观日影之说，河南登封还保留有周公观影台。周王圆鼎的这种特殊形状及我们对周王室以圆鼎三足观日影的推测也许也是周公观日影的传说根据之一。如果我们有可能对殷周及中国古代可能曾作观像的器物作实验观察，也许会对中国古代天象观察传统的深入了解和认识有很大帮助（图5-47）。

（2）周王圆鼎与殷王方鼎表现天象规律的差异

从我们对半坡夏启盆代表的夏王室与殷王方鼎都以四面八方的器物符号表示天地四方的观念看，周族传统的以圆形及连三文化与西周王鼎的圆形、三足及腹部纹饰的三分结构表示，殷周王鼎代表的殷周部族对天体宇宙在表示方式上存在很大差异。从夏殷王室以四面八方表示天地方式看，天上的日月星象与人所在的地面都向四面八方无限延伸。所以夏殷王室用有四面八方标识的器物符号作为这种观念的代表。而周人的连三文化似乎另有独特的表述方式。以对太阳观察为例，人们在经年累月的观察中一定会发现太阳从东方升起，不仅有从东到西的东升西落的东西运动，而且也有一年四季升起与落下时在东方地平线与西方地平线位置的南北移动。而太阳在东方地平和西方地平的南北极之两点和正东西的春分秋分点在视觉上正形成南、北、中的三个点。南为冬至点，北为夏至点，春分秋分虽为两点，但在正东和正西都重合为一点。其实太阳、月亮、星星的运动都是这样。而在人们的观察中，例如太阳的运动，每天从东方地平升起，中午到最高点，傍晚从西方地平落下，这种似半圆如弯弓的运动线都可以东、中、西三点概括表现。这和太阳在一年四季中，从冬至到春分、夏至，又从夏至到秋分、冬至的南北运动的南中北，北中南三点一样，形成了周部族人们对日、月、星象运动的最简单的三分与三点概括。周王室及其先祖的圆形及连三文化，可能正是以这种圆及三分圆的方法表示与夏殷王室的四方文化在表述方式上的差异的。值得注意的是以大乙为代表的商王室文化正是在这一点上与周王室文化相当接近。

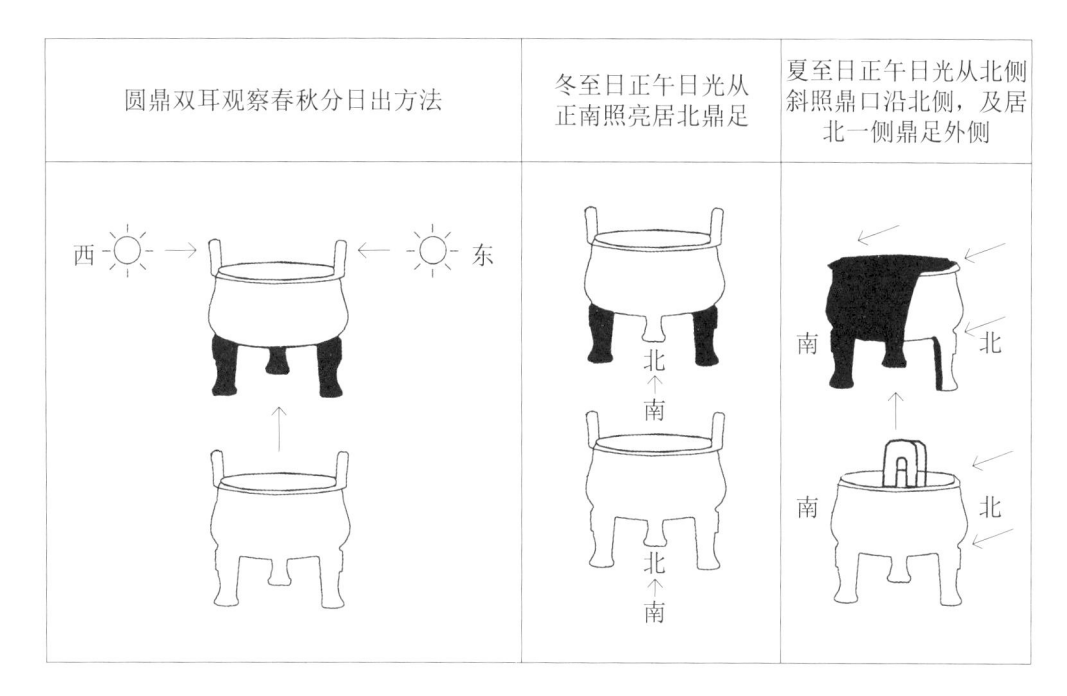

| 圆鼎双耳观察春秋分日出方法 | 冬至日正午日光从正南照亮居北鼎足 | 夏至日正午日光从北侧斜照鼎口沿北侧，及居北一侧鼎足外侧 |

图5-47　西周王室圆鼎观日方法推测示意图

因为不仅大河村大乙彩陶纹符号及代表的庙底沟勾叶圆点纹也多作三组单元纹样的三分格局，而且羿代夏政是以弓射日为特征的。而弓形正是具有两端与箭射部位的三点的穹弓形态。正是由于商人玄鸟族以半月状弓形表示东中西或南东北、北东南的，以弓的两端及高点之三点概括表现宇宙及日、月、星等天体运行轨道规律的特殊方式。因而商人先祖玄鸟之鸟作∩状鸟羽弯弓形，羿以弓射日和羿称有穹氏的弓、穹，不仅是可射之弓，而且也是具有宇宙及天象历法内涵意义的部族文化符号。而这种连三文化似乎也与周人开国时两位著名的人物有关。如王季为文王之父，王季不仅有三兄弟，而且娶挚仲氏女为妻，挚或可作鸷，仲亦可通弓穹，挚仲氏应当与执弓射日的鸟羽族有关。而文王之妻为有辛氏大姒，有辛氏之二子一主东方大火星，一主西方参星，也都以重视春秋之仲著称。武王鼎更以腹三耳、口两耳之五耳在青铜鼎中绝无仅有。武王灭纣的记载也以"三弓三发"的弓射为特征。而周人先妣姜嫄，助文王武王灭殷的重要人物姜太公都为姜姓族人。对姜字一般只作羊及牧羊人解，其实姜羊所从之∩状就是如玄鸟羿射之弓状符号，只是玄鸟是鸟弓羿弓，姜羊则是羊角之角弓。因而我们推测在对天体星象运动规律的表述上，夏殷王室的四面八方器物符号是表示日月星的周圆运动的圆周四极、八方的直接表示。如太阳的运动人们虽只能看到东升、中午、西落，没有看到太阳从背面的返回，但夏殷王室都设想到了并用四面八方的器物符号联通并把背面看不到的一端也表现出来。而商周人似乎只以弓射及连三之形表示看到的三点即留其一端，并以射求之。因而周人的圆鼎文化可能隐藏着商周部族以弓射的方法观察、计算、推求日、月、星等天体运动的长期的生存活动内容。并为了解认识与其相异的夏殷方鼎以方巨形表述日、月、星等天体运行规律提供参照。因而它与夏殷王器四面八方的方矩传统很可能与远古传说的以规矩成方圆的以方矩形观察象征天体规律的伏羲女娲之方圆文化有关（图5-48）。

（二）文王鼎的星象特征

1. 文王鼎腹牛羊角纹与文王以牛羊角龙表示四时星象的历象传统

1973年陕西长安新旺村出土的被称作"勾连纹"大鼎的青铜器，即被我们论述为文王鼎的新旺鼎，以其腹部满饰如栅似篱的纹饰被我们从器物符号角度与文王"囚羑里"相对照，而腹部上端口沿下的六个牛羊首纹我们也与"文王秉鞭牧羊"的传说相比较。作为文王时代西周早期的青铜大鼎它还以其鼎耳鼎腹的特殊牛羊角纹饰，表现出周王室与殷王室不同一般的天象特征及表现方法。文王鼎腹的覆斗形状与殷王方鼎方斗形状的差异我们前面已有论述，而鼎的龙纹特别是鼎腹的牛羊角纹更表现出周王室的角龙是以牛羊之角作龙体的，而不同与殷墟时代的殷王室以鹿的枝杈角作龙角星象的象征。仔细观察文王鼎口沿下的6个牛羊头就能发现，6个牛羊头其实只有两个不同的角形样式，即一个大角下弯，如大盘角羊，另一个双角上弯，但上弯的角却分出两个下弯的小角。与大盘角相比，分明表示出小羊小角的含义。从中国传统的龙角星宿文化看，东方苍龙星宿指示春天万物生发的季节，是春阳之象。因而角龙星宿在一年四季的运行就能指示一年之中四个不同季节。文王鼎耳的角龙纹用传统的以鼎耳观察并标识春分秋分的特定节令，而以口沿下的大角羊、小角羊即大羊、小羊表示夏至的大羊老阳和冬至的小羊少阳，因而文王鼎耳及口沿下的纹饰明显表示文王时代周王室以牛羊角龙表示龙宿并以龙宿在一年四季中的不同位置表示冬至、春分、夏至、秋分的四个极端

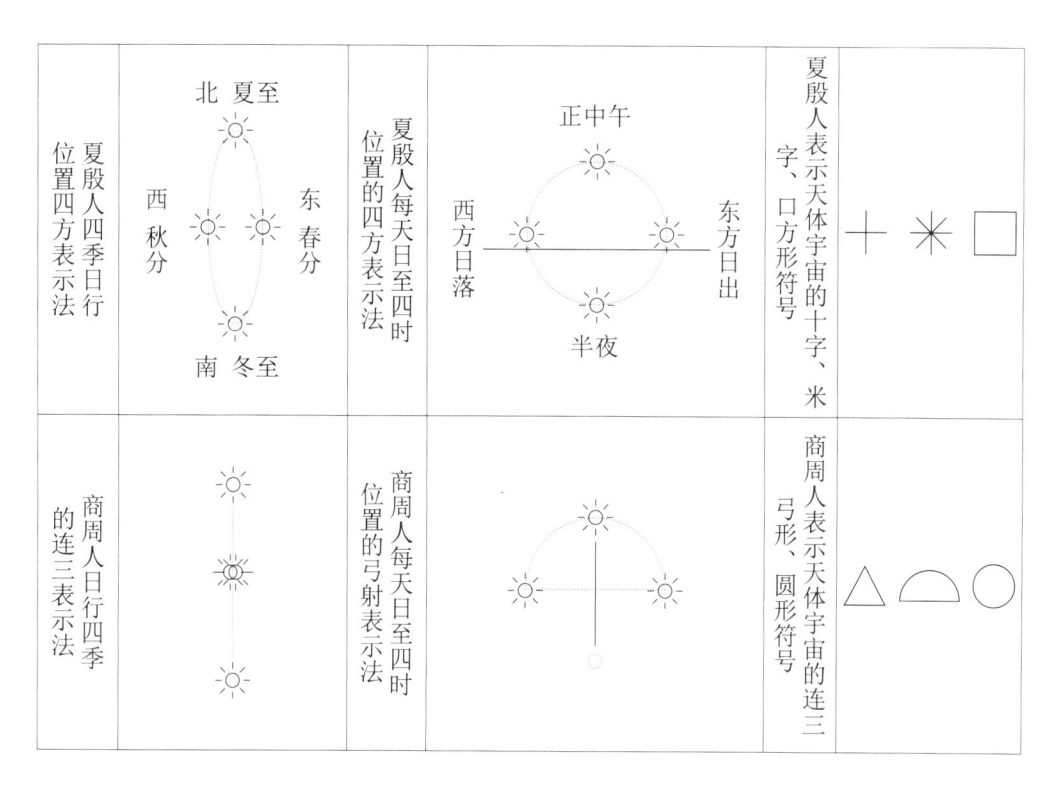

夏殷人四方表示法日行位置	北 夏至 西 秋分　东 春分 南 冬至	夏殷人每天日至四时位置的四方表示法	正中午 西方日落　　东方日出 半夜	夏殷人表示天体宇宙的十字、米字、口方形符号	✚　✱　▢
商周人日行四季的连三表示法	☼ ☼ ☼	商周人每天日至四时位置的弓射表示法	☼ ☼　　☼	商周人表示天体宇宙的连三弓形、圆形符号	△　◠　◯

图5-48　夏殷与商周王室表现天体宇宙模式推测图

日子的。不仅文王鼎腹有以大羊小羊大角小角表示大阳小阳的夏至为大阳，冬至为少阳的特征，西周青铜器还常出现大牛角、小牛角的大角小角相联系的纹饰，如西周青铜器提梁卣梁上边常装饰大牛，下饰小羊等。它们和殷墟青铜器龙纹中龙身以大角作龙体，再在龙头上饰小角形成的大角小角，大龙小龙的装饰方法十分相似，只是有牛羊角与鹿角不同而已。周王圆鼎这种特定的天象历法的文化传统与殷王方鼎的斗携龙角纹传统差异很大，它应当是周部族在殷王室文化衰微以后将自身传统文化强化扩展的结果（图5-49）。

2. 文王鼎腹大羊小羊纹溯源

长安新旺鼎，即西周文王鼎腹以大羊小羊表示龙宿角星及标识的特定季节的星象特征有着十分久远的文化传统。半坡夏文化王室人面鱼纹人头上的角状饰物虽没有表明牛羊角的分别，但是半坡遗址出土了一件画有羊角纹的残片，在向下弯曲的两个羊角内，一边画两个星点纹饰，另一边画三个星点纹饰。陆思贤先生认为这是半坡先民的羊角图腾柱。两个星点纹是东方苍龙

耳部双龙饰

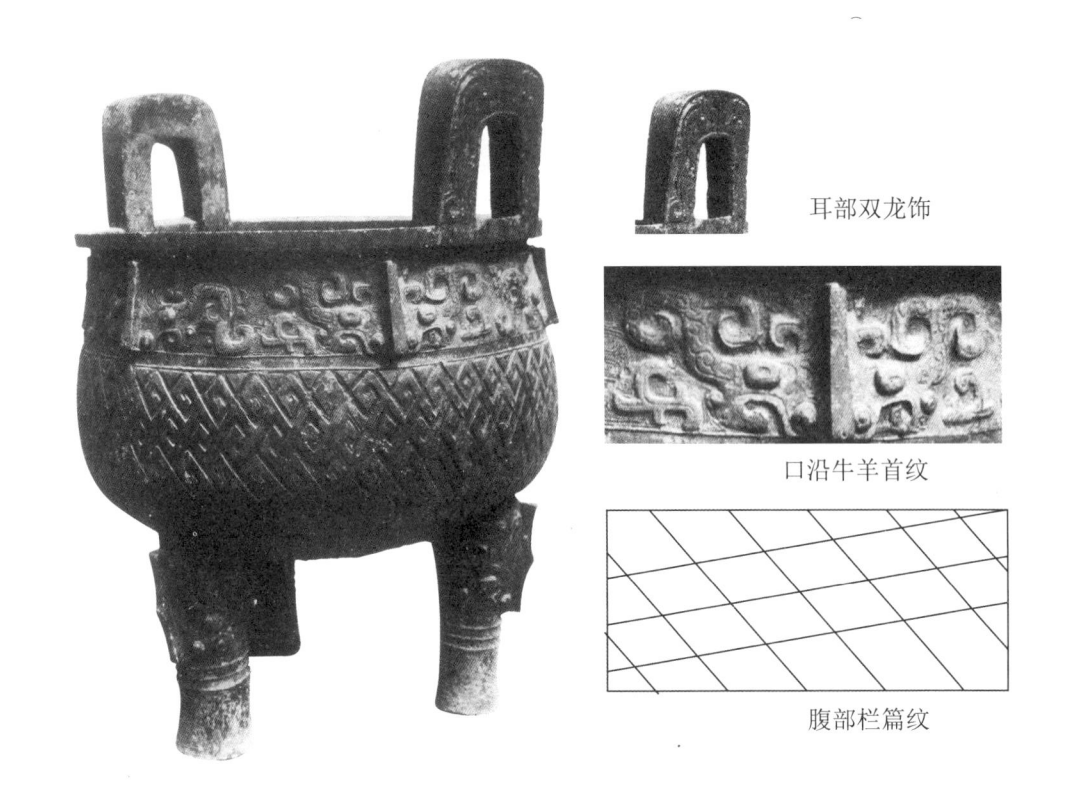

口沿牛羊首纹

腹部栏篱纹

图5-49 长安新旺大鼎器形及纹饰

是从半坡彩陶以前的前仰韶文化中已有用红彩在陶钵内画⌒、⌣状符号即有了明显的表现牛羊角的意义。⌒状符号弯角向下，与羊字⇂相近，⌣向上形与牛字⇃相近，而⌒、⌣形也可看作鸟的上下翻飞之形。可见，在半坡或更早，以牛、羊角为族徽的部族就与鸟部族在文化上有融合迹象。在半坡以后的夏商角缸文化时代，临汝大河村及大汶口的陶缸多以大牛角出现，但用作陶缸缸盖的陶钵常有弯曲的似小羊角或弯状鸟嘴形的陶塑作装饰，大河村彩陶中一种被称为多足鸟的彩陶纹饰，其实也像弯曲的牛角或羊角纹。可见牛角与羊角、牛羊角与飞鸟纹自前仰韶文化时代就已纠结在一起。由于周人的先妣为姜羊部族，所以西周早期的文王鼎上呈现出较多的像羊头羊角的特征。西周早期王鼎以牛羊头角作主体纹饰及牛羊角形象在甘肃晚期彩陶

---

① 陆思贤：《神话考古》，文物出版社1995年版，第153页。

即辛店、寺洼文化彩陶中也有反映。辛店、寺洼文化彩陶中流行的牛头羊头状彩绘纹饰明显和文王鼎武王鼎牛羊角纹有一脉相承的联系，而寺洼、辛店彩陶牛羊角纹也常呈现出牛头柱或羊头柱的特征，并且有犬纹相伴左右。这也启示我们，在远古时代，在以牛羊为族徽的部族居住地，很可能曾竖立着如今像在藏区或其它少数民族地区以牛羊角柱作村寨标识的习俗。而犬作为远古游牧时代人们驯化的帮手，也一直与牛羊角状标识部族密不可分。而以显著牙齿为特征的陶或青铜器的兽面纹可能就有较多的以犬为族徽的部族及其文化因素掺杂其中。它们很可能和秦人的先祖文化有关。而统一六国的秦人及文化只是其中的一个分支（图 5-50）。

（三）武王鼎的星象特征

1. 武王鼎腹角龙兽面纹与文王鼎的异同

虽然武王鼎与文王鼎一样，以圆形三足之王器不与殷王方鼎相同，而且也不以鹿头大角纹为主体纹饰。但文王鼎和武王鼎鼎腹主体纹饰又有明显差异。文王鼎腹主体纹饰羊头羊角特征明显，而武王鼎腹兽头两侧的角大而较舒展，有较多的牛头牛角特征。特别是两个侧面大角龙合成一个正面大角牛头形状。值得注意的是两个侧面角龙腹下有鸟之足爪纹，在大角龙的龙头上另有一小角，小角如斧钺，兽口中犬牙锋利交错。更值得注意的是在大角牛首下又有一个小牛头，与文王鼎一样形成大角小角表示的大阳小阳含义。但比文王鼎有更多肃杀之气。武王鼎腹主体纹饰龙纹以兽形大牛角与文王鼎区别，其龙头上的小角却与殷墟文化中的小鹿角相近。如果说文王鼎腹的牛羊角兽面纹与殷墟王鼎鹿角兽面纹拉开了距离，而武王鼎腹的兽面纹及斧钺小角饰及鸟爪纹等又与殷墟青铜器有一定的联系。武王鼎腹的大牛头角主体纹饰说明，周初王室主体部族除文王鼎反映出的以羊为族徽的部族外，还有武王鼎反映出的以牛为族徽的部族。而以牛头角为标识的这一族与鸟族及殷人的角鹿族有较多关系。这也与记载中武王伐纣相合。与文王鼎一样，武王鼎腹兽面纹也以大角小角表示东方苍龙角宿及所指示的特定季节的。只是武王鼎大牛头形兽口下又有小牛头。虽与文王鼎一样有大角小角，但文王鼎突出羊头羊角形态，而武王鼎突出牛首牛角之形。另外，武王鼎腹兽面两侧的龙形及龙身为大角、龙头饰斧钺形小角的形式与殷墟青铜器龙纹接近，特别与

图5-50 文王鼎牛羊角纹来源推测图
（注：1长安新旺大鼎 2、3大地湾彩绘符号 4临潼马陵彩陶葫芦瓶 5大河村彩陶罐 6、7辛店彩陶罐 8半坡彩陶鱼头羊角星像纹 9辛店彩陶犬与牛角纹）

2. 武王鼎耳的龙角星象与周王室的角鹿部族

中国的龙文化传统不仅十分悠久，而且龙的形态各异，形成其主体的动物多样。如我们前述红山文化的猪头龙，中原仰韶及龙山文化的牛角羊角龙，殷墟青铜纹饰的鹿角龙等。而除此之外，鱼、鸟、犬等新石器时代以来许多远古部族的族徽动物也都曾经演化为龙形并在此后时隐时现，反映了以东方苍龙角宿为核心的星象文化曾经在中华远古时代十分风行。特别是西周王鼎两耳上的龙纹十分独特，如文王鼎和武王鼎耳上的龙，龙口大张，身体细长，继承了陶寺、二里头及殷墟妇好铜盘以牛羊角作龙身的特征但却变化为走兽形龙，奇特的是龙角短小，角顶端为斧钺形。这种斧钺状短角在殷墟青铜器纹饰中已比较流行。我以为它是殷墟时代以鹿的大角小角表示夏至冬至季节的特定的纹饰符号的遗风之反映。因为以鹿为族徽的部族在长期与鹿相处中

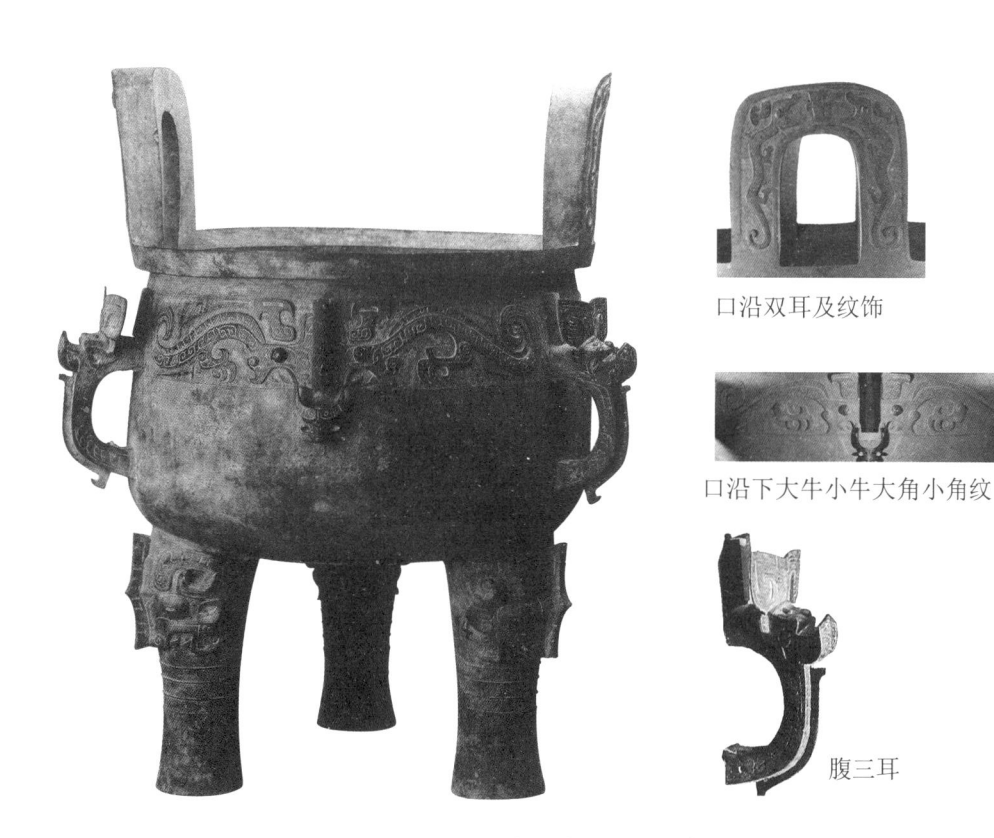

口沿双耳及纹饰

口沿下大牛小牛大角小角纹

腹三耳

图5-51 淳化鼎器形及纹饰

获得了"鹿夏至解角""麋冬至解角"的独特的鹿角麋角脱落对应特定季节时令的物候特征,从而以大的枝杈角表现夏至草木繁盛而以斧钺状的小茸角表示冬至时肃杀严寒及冬至一阳初生的特殊节令。文王鼎的大羊角小羊角,武王鼎的大牛角小牛角纹饰也与鹿的大角小角一样,都是与夏至冬至对应的角龙文化的反映,只不过不同部族将本部族动物标识化为不同的角龙而已。这种传统在殷墟青铜器上就已经很成熟了。而文王鼎与武王鼎耳上的龙纹及头上的斧钺状短鹿角表明,西周王鼎虽然和殷王方鼎有很大差异,反映出殷周王室文化的巨大差别,但是作为与殷王室文化有千丝万缕联系的周王室文化,西周王鼎耳上的龙纹仍然表现出其继承了殷王室文化的一些因素,特别是作为被武王伐灭的殷王帝辛及其麋鹿部族,其中一支可能已经归属于周王室(图5-52)。

3. 从文王鼎、武王鼎耳上的角龙纹说文王娶大姒

殷周王鼎虽然一方一圆,差别巨大,但鼎的双耳及其纹饰都有明显的承继关系。不仅如此,周王室圆鼎也与殷王方鼎一样,鼎的双耳可能也是作为春分、秋分的标识并兼具观察功能的。西周王鼎双耳上的龙纹虎纹及表现的春龙、秋虎的星象历法标识使我们联想到有名的高辛氏及其两子的记载。传说及记载中远古高辛氏两子中,长子阏伯是主宰东方苍龙星宿,而次子实沉则是主宰西方白虎参星的。《史记》记载这种分工自夏以上就已有了,因而西周王鼎双耳上的龙虎纹很可能是远古高辛氏文化传统的反映。而以龙虎对应春分、秋分的高辛氏又使我们联想起西周王室的奠基者周文王之妻大姒,她不仅是高辛氏之女,也是帝乙之妹。因而殷纣帝辛和文王之妻大姒同为殷王室的高辛部族之子女,同样继承了远古高辛氏两子主管春分、秋分且以龙虎为其族属标识的传统。而文王鼎不仅鼎腹部兽面纹饰如牛羊头状,且鼎耳部的龙也突出龙初生的短角。其用意可能表示苍龙角星刚刚出现时的特定时刻。值得注意的是,不仅文王鼎、文王之后的武王鼎、昭王鼎、穆王鼎,其耳部一般被称作龙纹的纹饰,其实有似龙非龙,似虎非虎的龙虎共体形象,头上也有明显的龙角,其体长如龙体,腹下有足爪,又如虎兽奔走状,这可能是高辛氏两子即主龙角之阏伯和主虎参之实沉两个部族的图像标识在长期的生存生活中逐渐融合为一的表现。因为从新石器时代起,中华远古器物符号文化中不仅有同物种的鱼与鱼,鸟与

图5-52 殷墟龙盘龙头上的角形与西周大鼎上龙纹兽面纹
（注：1、2殷墟盘龙纹 3长安新旺大鼎耳纹及口沿下首面纹
4淳化大鼎耳纹及口沿下兽面纹）

鸟，猪与猪，羊与羊之纹饰形象的相互融合，也有不同物种形象的融合。如鱼与鸟，鱼与猪等形象的融合。而文王鼎耳上一般被称作龙纹的纹饰，很可能也蕴含着与龙一体的虎的文化因素。

（四）从文王鼎、武王鼎的星象特征差异说西周王鼎隔代同星象的王室文化传统

1. 文王鼎、武王鼎、昭王鼎重龙宿角星的纹饰符号特征

如果我们将长安新旺大鼎、成王鼎及扶风巨浪残鼎耳和大盂鼎，即我们指认的文王鼎、成王鼎和昭王鼎的纹饰进行分析，就会发现文王鼎、成王鼎和昭王鼎的纹饰似乎都突出纹饰中的牛羊之角的特征，这在西周大鼎中十分鲜明。如文王鼎口沿下的主体纹饰之牛羊头及角的形象在西周青铜鼎中十分罕见。扶风巨浪海家出土的残鼎耳不仅巨大，而且耳上龙作主体雕塑，其茸角也十分突出，特别是海外所藏成王方鼎之龙也是立体雕爬龙，龙角突出。对于大盂鼎一些专家以为是康王器，按照我们对器物符号特征分析的方法，大盂鼎腹部主体纹饰的兽面纹双角尖利曲折，牛羊头状突出。依照西周前期王鼎器物符号，从文王鼎起隔代牛羊头角形象突出的特点，我们以为大盂鼎应当是昭王时代王室器物。而从文王鼎、成王鼎、大盂鼎突出牛羊角形象判断，西周王室从文王起，体现出如同殷代王名祖孙同干群而父子异干群的特点。只是西周王鼎体现出的是自文王起隔代突出重视和突显东方苍龙角宿的器物特征（图5-53）。

2. 武王鼎、康王鼎、穆王鼎重虎宿参星的纹饰符号特征

与文王鼎、成王鼎、昭王鼎相比，武王鼎即淳化大鼎、康王鼎即外叔鼎、旟鼎即穆王鼎则明显有突出虎兽形象的重虎参星宿的特征。淳化大鼎腹部的主体兽面纹虽然仍有角形，但已如兽卷尾，腹下有利爪，头上戴斧钺形角饰，口大张而獠牙交错，口中衔牛头，明显一副猛兽形象。腹部三耳也作兽弓腰状。与文王鼎有明显区别。陕西岐山丁童家出土的外叔鼎腹部以乙状曲折龙纹构成六个兽面纹饰，但六个兽面由两个不同纹饰构成连续纹样。一个兽面两侧的乙状龙纹头在上而尾在下，另一个则相反。其兽面及构成兽面的龙纹既有文王鼎兽面形象如牛羊的角上角下的特点，也有武王鼎构成兽面的两侧龙如猛兽的特征。而外叔鼎的双耳更装饰成十分鲜明的双虎纹样，这在目前所见西周大鼎中是独一无二的，也体现了外叔鼎纹饰更重虎的特征。陕西眉县杨家村出土的旟鼎学界有认为是康王时代的，也有认为是昭王时代的。但如果将大盂鼎与旟鼎的腹部纹饰相比，旟鼎腹部由六个相同兽面纹构成的方式与大盂鼎相同，而与文王鼎、武王鼎和外叔鼎不同。但旟鼎腹部兽面颇似

| 新旺大鼎、成王鼎、大盂鼎 | 淳化大鼎、外叔鼎、旗鼎 |

图5-53 文王鼎、武王鼎隔代王鼎的龙角差异对比图
（注：1新旺大鼎 2成王方鼎 3大盂鼎 4淳化大鼎 5外叔鼎 6旗鼎）

兽头状，与大盂鼎的角兽相比，旟鼎腹部的主体纹饰更像虎兽。由此我们将长安新旺大鼎、扶风巨浪海家鼎耳及大盂鼎列为一组，是与"文王牧羊"并突出牛羊头角特征并以角星为星象标识的文王、成王和昭王时代的王室器物。而将淳化大鼎、岐山外叔鼎、眉县大鼎列为一组，是与武王以伐纣而突出弓矢、斧钺特别是虎兽之威猛，并以虎参星象作标识的武王、康王和穆王时代的王室器物。如果以旟鼎为穆王鼎而大盂鼎为昭王鼎看，也有其矛盾之处，旟鼎腹部纹饰如兽面似虎，但足根之兽头却有大角，与大盂鼎比，大盂鼎足根的兽头更似虎兽。该怎样解释这种现象呢，也许西周王室青铜大鼎有以腹部的主体纹饰即以腹为母族标识的特别规律，如此则祖孙相承实为外祖而非祖。而鼎足根下的兽面纹饰可能才是父族之标识，继承了外叔鼎即外祖父也即母族之族属标识。而昭王大盂鼎腹部兽面双角明显，表明并未直接继承其父康王鼎兽虎特征却继承了外祖父成王时代突出牛羊角兽的传统，因而鼎腹的兽角纹可能也是其母族标识。大盂鼎足根的兽头大耳无角如虎兽状，这可能才是昭王之父康王鼎中虎兽的传统。以鼎腹纹饰为母族标识的想法虽然只是一种推想，但是基于对器物纹饰分析的，其实它也有民俗学的支持，圆鼎不仅以大腹可表示母腹而且鼎腹之如斗状，也与中国传统文化称北斗为斗姆，斗姥相合。鼎足之足有足行于外意，母主内而父主外，这也应当是有传统文化内涵支持的。这种以王鼎腹部纹饰为母系标识，以鼎足纹饰为父系标识的器物纹饰符号分析法似乎只对大盂鼎和旟鼎代表的昭王和穆王这两代相符。而对文王、武王及外叔鼎来说，鼎足根的纹饰都以突出兽角为特征，而没有明显的分别。因而我推测，以腹部纹饰为母族标识的传统从文王鼎起就在西周王鼎上传承着，而以鼎足上的兽头纹为父族标识可能只是昭王、穆王两代流行的新产生的父族器物符号标识方法（图5-53）。

第六章 /
夏商殷周王室的历象传统与记数系统

夏商殷周王室相承相继的星象与记数传统

（一）夏代半坡人面鱼纹盆体现出的寓数于形的、以天象历法为核心的形数传统

1. 半坡彩陶人面鱼纹盆口沿符号体现出的寓数于形的形数观念

中国古代文化有着十分久远的优秀传统，这一点我们在前面已多有论述，就中国古代文化中的纪数方式和记数系统而言，也像中国古代王名符号文字服务于天文历法一样，也是以天文历法为核心，以器与形数相结合为特征的。对这一点我们往往估计不足。如果仔细研究新石器时代考古中的古代文化遗存，其完整、独特而成系统的数学观念及纪数方式是令我们十分震惊慨叹的。仍以我们论述的半坡夏文化的人面鱼纹盆为例，人面鱼纹盆口沿明显有以┼和※两个符号八等分陶盆圆形口沿的割圆特征。我们称之为平面割圆，因为稍晚于半坡的庙底沟彩陶，其外腹的复杂纹饰正是在半坡人面鱼纹盆口沿圆形等分的基础上发展而来的，我们称之为立体割圆。在更晚的江淮，大溪及屈家岭文化中有一种陶球，球体表面以六个孔将圆球完全等分，并用等边三角形将六个点联接，我们称之为割球[①]。从半坡彩陶所体现出的人们的数字观念看，它们早已超越了简单的以数累计的初期记数阶段，明显表现出将数与形融为一体，寓数于形的数理阶段。而寓数于形的数理特征正是中国古代

[①] 钱志强：《古代美术与中国文明起源研究》，中国社会科学出版社 2007 年版，第 11 页。

数学的重要特征之一。例如半坡人面鱼纹盆口沿以圆形口沿和+、※状符号共同构成圆、割圆或合圆的以器物表示的器理特征，而+和※状符号既可以单独与圆结合，构成四分圆或四合圆的形数公式，又可以将两个符号如人面鱼纹盆那样作八等分的重合状，构成圆形的八分或八合公式。更重要的是这种以+状符号分割圆的分割模式表示一个+形符号既可以表示一个十字符号，又可以表示上、下、左右或东、西、南、北的四面四方，并以四方四面对应春夏秋冬为一年之象。因而夏启人面鱼纹盆圆形及口沿符号实质是表示人们天地观念及周天之数的。同时在数字上它也可以表示十字状符号以四为基数，作几何式的增减运算。庙底沟彩陶的许多纹饰，都体现出以十字状四分符号为基数，重复或伸延的四、八、十二、十六依次增加或减少的数形演化特征（图6-1）。

2. 半坡人面鱼纹盆口沿符号的形数观念与历数特征

种种迹象表明，中国古代的数学传统与记数方式的核心是表述人们天地宇宙观念的。其数字系统及记数方式也是服务于人们对天地观念的表达及记录星象历法需要的。半坡人面其数字系统及记数方式也是服务于人们对天地观念的表达及记录星象历法需要的。半坡人面鱼纹盆以圆形盆为天地，以+、※形符号表示四面八方，而以人头牛羊角及鱼鸟等表示天上的星象及地上的万物。我们的这种观点不仅可以从考古发现得以证实，如半坡发现的这种人面鱼纹盆都是用作小儿瓮棺盖的，有的学者以为瓮棺中小儿可能是祭祀用的。而人面鱼纹盆口沿的+、※状符号及布置方式正与中国古代开天辟地的伏羲和女娲手中的规和矩相同，这不仅证明了半坡人面鱼纹盆及口沿符号所表示的天地及宇宙观念，也表示了自距今6000多年前的半坡夏代起，中国传统文化中的数学观念及纪数方式就是服务于人们宇宙观念的星象及历法需要的。不仅如此，它还鲜明地体现出寓数于形的以器形显数，以数代形的独特的数学传统（图6-1）。

（二）夏商殷周相承相继的星象传统

中国传统文化中关于天地万物的宇宙观念，其实质是源于人们生存需要的，其中日月星象的运转及标识的季节转换是至关重要的，考古发现的资料表明，至迟从半坡时代彩陶人面鱼纹盆起到商殷以至西周，以东方苍龙星宿

图6-1　半坡彩陶人面鱼纹盆口沿符号形数内含推测
（注：1、2半坡出土　3芮城出土　4嘉祥武氏祠汉画伏羲女娲开天辟地之规矩）

与西方白虎星宿为核心的星象传统始终相继相承而没有中断。这一点我们在前面论述星象文化时已有论述，这里只作简单说明。著名的西安半坡遗址自1956年发现后，曾引起国内学界多次讨论。特别是半坡遗址出土的人面鱼纹盆，其人面纹饰的含义据有的学者统计，不同说法就有十多种。然而我们以为其重要内含之一就是人面纹上的角形纹饰，它就是目前所知中国28宿文化中龙虎角参文化最早的源头之一。而我们论述的陕西临潼姜寨出土的夏王少康角柱陶缸，其影响也一直延续到大汶口商代早期王室器物上。山西襄汾陶寺龙盘我们论述为商代晚期王室器物，虽然表现方法不同，但陶寺龙盘角龙盘曲的龙角星象其内容与夏及商早期角柱陶缸仍是一脉相承的。河南偃师二里头的龙角携斗绿松石镶嵌龙饰件不仅进一步展示了角状龙的生动姿态，而且龙头作斗形体现了中国龙虎星象传统与北斗北极文化的结合也十分悠久。此后的郑州二里岗、安阳殷墟直到西周早期的文王鼎、武王鼎等都明显承袭了自半坡彩陶人面鱼纹盆以来的角参龙虎文化传统。

（三）夏商殷周相承相继的记数方式

与中国夏商殷王名产生于纪日需要的天文历法需求相同，中国的数字系统及记数方式也是适应星象观察及历法需要而产生的。并且自半坡夏王室人面鱼纹陶盆以后历夏商殷周经4000多年相延不绝。这里我们仅举一例予以证明。殷代晚期到西周早期的青铜器有一种名为乳丁纹簋的青铜器。这种青铜簋腹部满饰乳丁纹，而这种乳丁纹与殷王青铜方鼎上的乳丁纹饰不同。殷王方鼎上的乳丁纹一般是纵横布阵作坐标状的垂直网格状，而乳丁纹铜簋的乳丁纹都是交错排列，呈斜向的交叉网格状。相比之下，乳丁纹青铜簋的乳丁纹斜向交叉排列方式有着更悠久的历史及更明显的传承脉络。因为这种交错的斜向排列方法和我们前面论述的仰韶文化庙底沟彩陶中花瓣纹的中心点所呈现出的斜向排列方法相同。庙底沟流行的花瓣纹其绘制方法据我们分析也是以垂直网格作基础，但纹饰的取点都是间隔取点，从而形成了斜线交叉的网格形。而距今5000多年前的庙底沟时代在垂直网格上间隔取点所得到的斜线交叉网格却与3000多年后的殷周青铜乳丁簋呈现出的斜状网格完全相同。这究竟是一种巧合，还是有迹可循的先后传承呢？如果我们在考古发现的相关资料中仔细寻找，就会发现继庙底沟彩陶之后的庙底沟二期文化虽然彩陶已接近消失，但仍在一种彩绘陶盆形缸上以黑彩绘斜行交叉网格纹，这种斜行交叉网格纹应当就是庙底沟花瓣纹绘制方法展现的斜行网格的延续。在更晚的偃师二里头遗址中，出土一件陶鼎，陶鼎上的三行泥圆饼饰也作斜向间隔排列，呈现出斜行交叉的网格布局。二里头遗址还出土了一件早期青铜圆鼎，鼎腹部也以这种斜行网格纹作装饰。可见这种斜行网格纹虽在不同时代呈现出不同的面貌，但是斜行及网格的格局始终不变。而这种斜行网格的更早源头应当追溯到半坡夏启人面鱼纹盆时代。与半坡夏启人面鱼纹盆同时出土的还有一件人面网纹盆，盆内的网格绘制十分规整，但网作菱形斜置，网格也作斜向交叉。因而殷周青铜乳丁簋上乳丁纹呈现出的斜行网格纹其源头可以追溯到半坡人面鱼纹盆时代。如果我们仔细分析这种斜行网格纹，其构成的基本元素就是一个×状的交叉符号。这个×状的交叉符号不仅具有开天辟地的伏羲女娲交尾状的交五意义，而且也有具体的以四个端点及中央一点合成的中央及四方的五方五数意义。[①] 而临潼姜寨出土的夏王室大康人面鱼纹盆人头上的×状五字符号及太康五子的记载更能证明斜行网格纹的数字内涵及十分久远的传承历史（图6-2）。

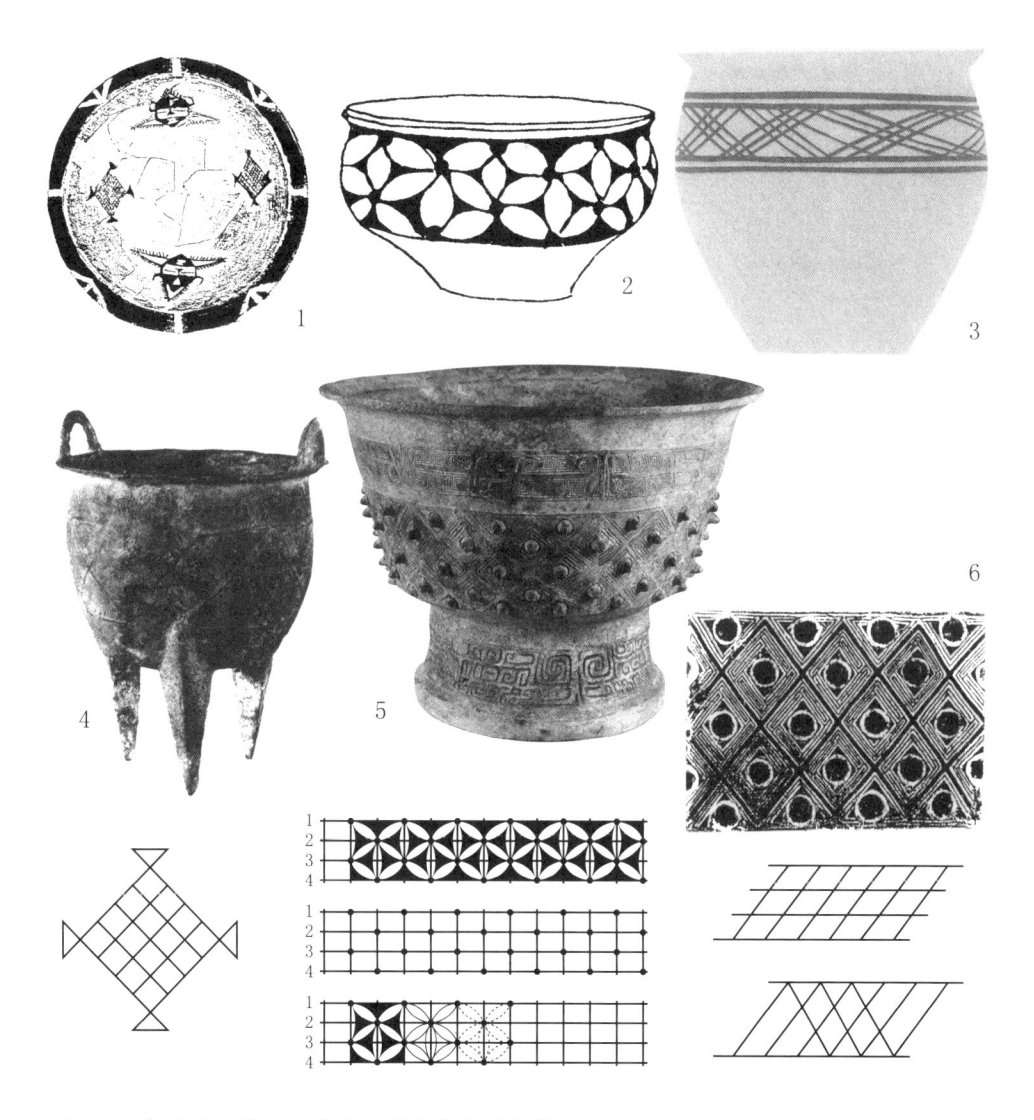

图6-2 半坡至殷周网格符号分割器物绘制纹饰示意图
（注：1半坡彩陶人面网纹盆 2庙底沟彩陶花瓣纹几何分割绘制示意图 3庙底沟二期彩陶缸，平陆出土 4二里头出土网格纹铜鼎 5乳丁纹铜簋，商代晚期城固出土 6目雷纹）

夏商王室的记数系统

（一）夏代的记数系统

1. 夏启人面鱼纹盆体现出夏王室的三种周天记数方式

（1）夏启人面网纹盆网格纹的斜行交叉及九九记数方式

种种迹象表明，中国古代的记数方式多种多样，记数系统发达且历史十分悠久。从距今 6000 多年前的半坡人面鱼纹盆上就能追朔出夏王室已有十分成熟的记数方式和记数系统了。前面我们已经叙述过人面鱼纹盆同时出土的还有一件人面网纹盆，并且叙述了这种网纹的斜行网格对此后的庙底沟花瓣纹及龙山时代及殷周青铜簋乳丁纹的影响。特别是殷周乳丁纹青铜簋上的乳丁纹不仅斜行排列，而且每行多用五个乳丁。因而这种纹饰显然不仅用作装饰，可能同时也兼具某种记数系统的数字符号作用。半坡夏启人面网纹盆的网络由纵横各 11 条斜线交叉而成，如果以交叉点记数，共有 121 个交叉点；如果按照网格记数，则菱形网内共有 100 个小方格。半坡遗址还出土了一件画有网格纹的彩陶残片。这件残片上的网格纹由纵横各 10 条斜线交叉而成，按交叉点记有 100 个，而按小方格记为 9×9 的 81 个。这件残片网纹上的 9×9 的 81 个小方格使我们联想到至今仍在流传的夏九九及冬九九的九九歌。而冬九九的 81 天实际是冬至到春分的一年四分之一的 90 天标记，夏九九的 81 天也应当是夏至到秋分的一年四分之一的 90 天标记的。因此，就符号形态看，网纹四角的三角形与网纹一样，似乎表示的是周天方矩之形，与我们论述的伏羲女娲以规矩开天辟地的意义相同。而菱形网格纹与四角的矩形三角形实质是表示半坡时代夏王室天地观念及天地之数的形数模式的。如果以残片上网格纹的九九为一年四分之一的 90 天记，四角四个矩形表示天地由四方四矩组成，一角为一方一矩，其数为 90，则四角四矩合为一周，总数为 360 数，与周天 360 日之数相同。尽管人面网纹的网格之数并不都是 90 数，但网纹四角的四个矩形及残片上网纹的九九之数表示的四方四矩观念及周天四分的意图却是明显的。因为在人们熟知周天 360 数，周天为四矩、角矩为 90 数的形数模式及定制后，人们自然可以不拘泥于网纹的小方格是否为 90 数，因为在这种定制定数的符号形数观念下，方形的网纹就代表形数系统中的天与地，而形数系统中的天地之数均为360，并由四方四矩各90合成。可见，远在距今6000多年前的半坡时代，夏王室就已有用菱形网纹符号表示天地之形的观念，而天地之数可能都是360。因为九九歌既表示由一年四季中日月星象运转而成的天历之数，同时也指示地上一年四季的枯荣交替及万物生长。因而半坡彩陶人面网纹盆网纹体现出的九九之数说明半坡时代夏王室早期，人们就以冬九九与夏九九之数记录一年360天的周天之数。并且表示出对冬至到春分，夏至到秋分的春分、秋分的春种秋收的期盼。有趣的是，中国古代正是以鱼网表示界画之九域观念的。于省吾先生《泽螺居诗经新证》"九域之鱼鳟鲂"注九域引毛传"九罭，绫罟"，郑笺："设九罭之罟。"正义引《释器》："绫罟谓之九罭，九罭鱼网也。"又引胡承珙注《文选·西京赋》布九罭注："罭与绒同，盖域、绒皆有界画之意。网之界画祇九，其为促目小网可知。"由此可见，以鱼网为九画，并以九画之鱼网表示地之九域、九洲、九国，并以九画之鱼网表示天罗与地网之观念由来已久。它可能追溯到半坡夏启人面鱼纹网纹盆的时代。而"禹治水划九州"及《尚书洪范》之"洪范九畴"之记载中夏人的九州、九域、九畴观念正好与夏启人面网纹盆符号的形数观念是一致的（图6-3）。

（3）夏启人面鱼纹盆口沿-╎-米状符号的两种四方四九记数方式

在上册开始我们就论述了夏启人面鱼纹盆口沿的-╎-状符号与米状符号及与癸甲十日符号的关系。因而癸甲符号表示的记日意义非常明显。但是作为具有多重功能与多重含义的符号，它还有和圆形盆结合，表示天地四方及周天之数的含义。人面鱼纹盆口沿上的-╎-状符号和米状符号是相互重合八等分陶盆口沿的，因而也有表示由两个符号结合表示四面八方的含义。但在半坡时代彩陶中，-╎-状符号和米状符号还常常单独在陶器口沿或底部出现，因而它们也能分别表示天地四方。因为无论是-╎-形符号还是米形符号以及由它们演变而来的甲癸文字符号，都明显有标识指示四方的意义。而构成-╎-状符号的｜形柱状在中国古代文化中也常作为乾坤之乾和乾九之数使用，最明显的是周易。若按周易以｜为乾九之数，则-╎-形符号的指示四方的四个柱状｜形符号就是支撑于天地之间的四个巨柱，因而也代表一年四季的360天及每季的90天之数。同样米状癸字符号也是代表一年四季周天360日及每季的90日之数的。而构成米状癸字符号的\/状符号更与十日所自上下的

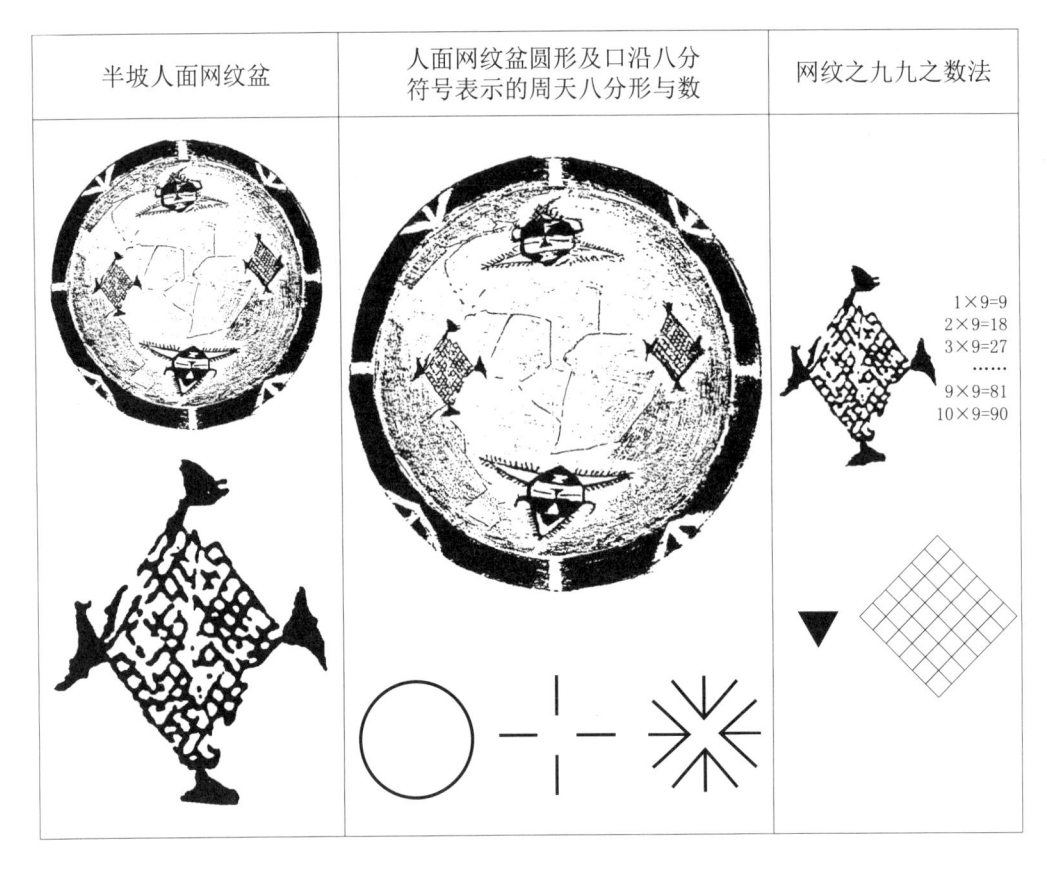

半坡人面网纹盆	人面网纹盆圆形及口沿八分符号表示的周天八分形与数	网纹之九九之数法
		$1\times9=9$ $2\times9=18$ $3\times9=27$ …… $9\times9=81$ $10\times9=90$

图6-3 半坡夏启人面网纹盆与九九纪数法推测

扶桑神木十分相似。甲骨文中的九字作⺄形，就构形看也与∜状符号相近。因而就半坡人面鱼纹盆口沿的┼状符号和※状符号的固定位置看，┼状符号与甲骨文金文的甲字相同，都作四方正置之形，表示正东正西正南正北，或正上正下正左正右的方位；而※状符号与甲骨文的癸字相同，多作交叉斜置之形，指示东北、东南、西南、西北的四角四隅方向。因而人面鱼纹盆口沿的┼状符号和※状符号极有可能各自仍有各自更久远的文化传统。尽管它们之间大的位置稍有差异，但在当初极有可能各自表示一年360天分作四季，每季90天的四角四矩之数。夏启人面盆口沿的┼※两种符号各自代表四九之数还可以在古代记载中找到一点线索。屈原《天问》有"启棘宾商，九辨九歌"的记载，九辨与九歌论者多以为是夏启之乐，其实更可能就是夏启人面盆口沿的两种符号代表的四九之数。或称九矩之数。即一年一圆分为四份，一份为一角一矩，一矩为 90 日。这种以九矩之数形符号记录历法日数的方法在殷周青铜器中有更明显的表现。其中㴱状符号的斜向交叉交五方式似乎与网纹的斜行交叉记数方式有着较多的亲缘关系。不同的是，网纹以纵横交叉的斜线交叉的小方格记录具体的数字。而人面鱼纹盆口沿上的┼状和㴱状符号却是以符号与器型及方位结合，表示出符号所指示的方位之数。这种以抽象符号表示复杂数字的方式反映出半坡时代人们记数方式的发达与成熟。其实菱形的网纹及四角的矩形三角形在表示方位与对应之数上也与人面鱼纹盆口沿的符号有一样的功能（图6-4）。

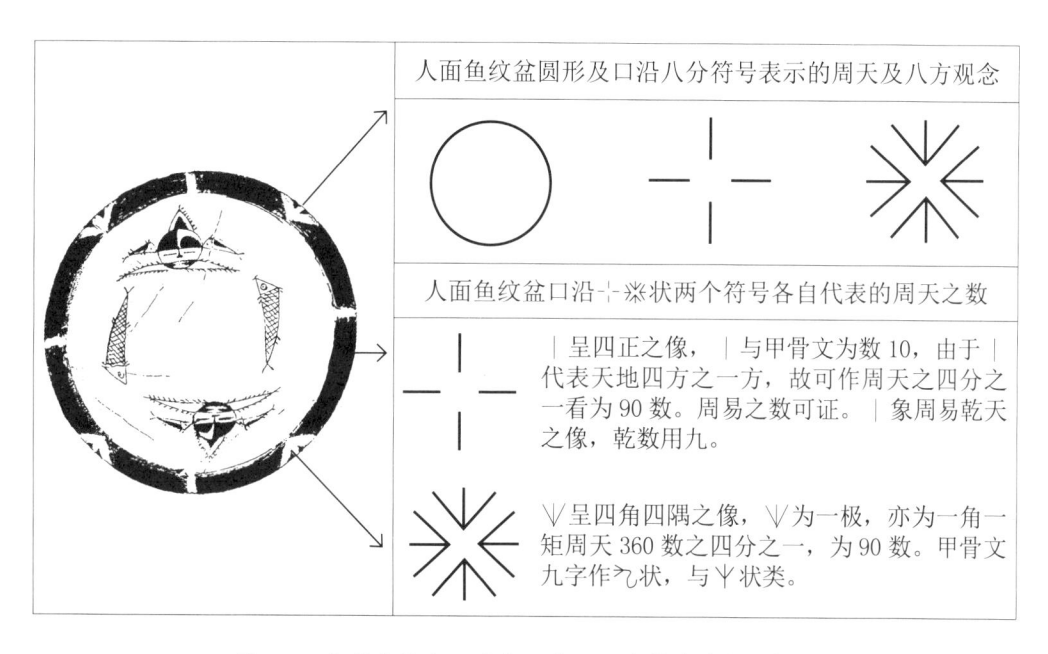

图6-4　人面鱼纹盆口沿┼、㴱状八分符号计数法推测

2. 半坡彩陶以三角形垒积记数法

半坡彩陶纹饰中还流行以三角形变化垒积的特殊纹饰，透露出当时人们曾醉心于三角形的阴阳变幻及其数位效果。半坡彩陶纹饰中常常以多个黑彩三角形连续构成纹饰，但又在每个黑彩三角形内以留地空白形式画出一个内接三角形。这样，原来的一个黑彩三角形就变幻成由三个小黑三角形和一个白三角形组成的数形变幻的四个阴阳三角形。而宝鸡北首岭出土的彩陶中，还有不少以黑彩小三角形垒积成一个大三角形的彩陶纹饰。其方法是最顶端

一个小三角形，往下依次为二个、三个、四个、五个以至六七个的。这种由小三角形由上而下，依位次逐渐递增的纹饰不仅展示了当时人们高超的纹饰组合技能及将纹饰与数的变化融为一体的数学知识，似乎更传达出当时人们以三角形的位次，即由1至2至3的位次并依位次排列三角形的位次与秩序观念。即由最初的最上端的一位依次往下的位次观念。即愈上位次愈高数目愈少，愈下数目愈多位次愈低。而在同一位次中的三角形则并列而无高下之分。半坡时代的文化遗址中，还发现了由锥孔排列构成三角形的纹饰。即一般三角形顶端一个小孔，依次排列，第二排两个孔，第三排三个孔。可见这种纹饰，不仅表现了半坡时代人们极丰富的数与形的观念，也表现出当时人们十分严谨的社会秩序（图6-5）。

半坡时期这种三角形排列组合的纹饰风格似乎对甘青地区马家窑彩陶产生了很大影响。马家窑彩陶中制作精美、纹饰绘制极细微复杂，由繁复的细线组成的称之为水波纹的彩陶盆，明显继承了由三角形变幻排列绘制纹饰的传统。尽管目前的考古资料还不能完全展示它们之间相互联系的细节，但其文化风格的传承却是明显的。马家窑彩陶的水波纹彩陶盆一般内外都有彩绘，

图6-5 半坡彩陶垒积三角形记数法推测

外彩在彩陶盆外腹由多条波曲线组成，盆内在靠近盆口沿的一周也绘由多条曲线组成的水波纹，而盆内中心绘由多圈圆线组成的水波同心圆纹。若留意观察，会发现在盆内中心的同心圆纹和外圈的波曲纹上有响亮的黑点分布。这些黑点由内至外，或由外至内，呈三角形排列，一般有9个点。将这九个点由内至外依次连接，就会发现这九个点其实是以盆内中心点为中心依次绘制的小、中、大三个不同三角形的九个顶点。值得注意的是这三个都是等边三角形，并且有十分严谨的分割布局。即最内的小三角形的三个顶点是中等三角形每边的中分点，而中等三角形的三个顶点又是大三角形每边的中分点。从数学与几何学观念看，最内最小的三角形的三个顶点是三等分盆中心的同心圆的，而最外的大三角形的三个点又是三等分圆盆口沿的大圆的。三个三角形之间不仅有极严谨的等边三角形的内接关系，而且三角形和盆口沿的大圆及盆中心的小圆也有极复杂严谨的内切、外接及等分关系。只是这里的三角形并没有绘制出来，只以顶点作象征性的表示。唯其如此，这种十分优美的水波纹之外又蕴含着更深邃更严谨、和谐、统一的数学、几何观念的做法，更能体现出马家窑时代彩陶的尽善尽美及人们形数观念和文化传统的深厚与宽博（图6-6）。

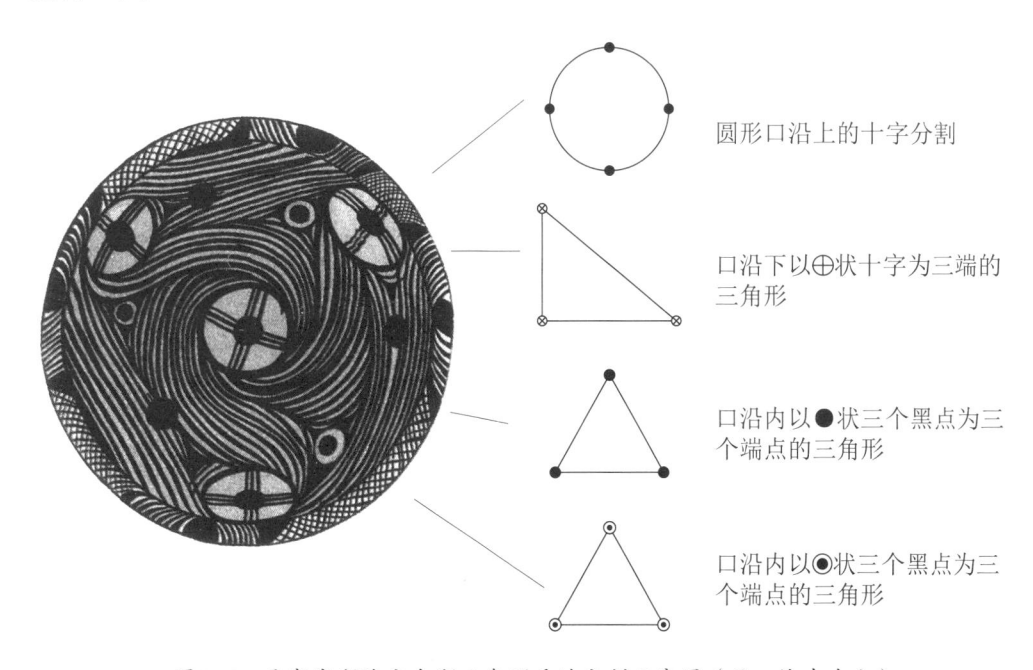

图6-6　马家窑彩陶盆内彩三角形重迭分割示意图（注：榆中出土）

3. 庙底沟花瓣纹彩陶垂直网格记数方法

与上述北首岭及马家窑三角形形数观念不同，庙底沟花瓣纹彩陶体现出了以纵横直线作垂直交叉的坐标格似的纹饰绘制方法。庙底沟的花瓣纹彩陶纹饰也十分繁复优美。它以严谨的结构绘制出的纹饰呈现出极规整而神秘的花状纹饰。如果我们将庙底沟花瓣纹花状纹饰的花心即中心点纵横连接，就呈现出规律的纵横交叉的垂直网格形。有趣的是这种花瓣纹却是以十分奇特的方式取点连接而绘制的。即在纵横垂直相交的坐标网格上间隔取点的，并以弧线连点绘制的。① 这样取点的结果就形成了与垂直坐标网格不同的斜线交织网。庙底沟彩陶花瓣纹在优美的花瓣纹背后隐藏着的十分严谨的垂直网格的方法和斜线交叉取点法表明，在人们最容易铭记、最为欣赏的艺术中，融合严谨深邃的数学及其它科学知识的方法在距今 6000 多年前的远古时代就已十分完美了，并且形成中国科学文化与艺术结合的，十分机敏、智慧的特质和传统。庙底沟花瓣纹彩陶的这种网格计算记数法和马家窑彩陶三角形记数计算法同样一直影响到殷周时代（图 6-7）。

（二）大乙彩陶罐与商王室的记数系统

考古发掘表明，公元前 5000 年到公元前 2000 多年间的 2000 多年是考古学上仰韶文化晚期到龙山文化的转变时代。在这一时代里，中原地区正值繁荣的仰韶文化彩陶向发达的青铜文化过渡时代。作为这一时代主要遗存物的陶器制作多数比较粗糙，但不少遗址的出土物仍能看出这一时代对仰韶时期文化传统的继承及对青铜文化的影响。尽管我们论述的商代文化正处在这一转变时期，但从我们论述的商王室器物上仍能约略窥测到商王室时代的计算方法及记数系统。

即以我们论述的大河村出土的大乙彩陶罐看，这件高达 61 厘米，口径达 62 厘米的大型彩陶器，其口沿外一周的斜行网格纹明显继承了半坡夏代以斜行网格计算记数的传统，并且与龙山网格纹及殷周青铜乳丁纹簋的计算记数方法相同。而"汤出见网"之说也能与其相互印证。在人们的印象中，通常认为中国古代对天的认识有方天和圆天之别，而从半坡夏启人面网纹盆

---

① 钱志强：《古代美术与中国文明起源研究》，中国社会科学出版社 2007 年版，第 132 页。

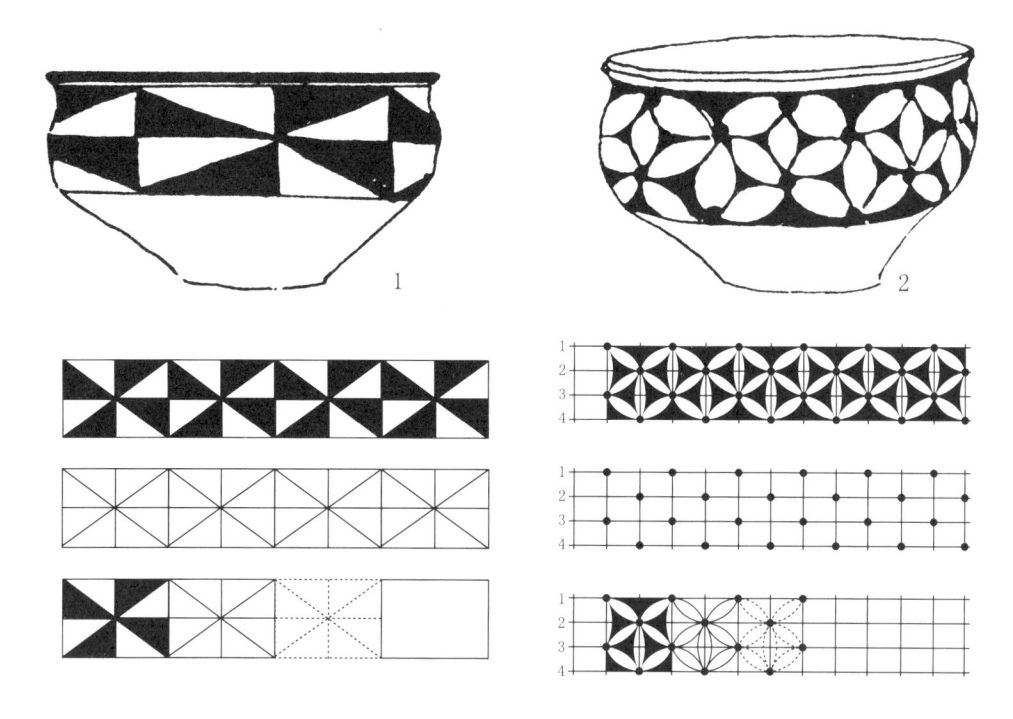

图6-7 庙底沟彩陶花瓣纹垂直网格分割定位计数推测
（注：1芮城出土 2庙底沟出土）

的网纹到大河村大乙彩陶罐的网纹，可能就是夏商时代人们用纵横交织的网表示并记录天体宇宙的早期形态。这大约与现今人们常以"天网"说相关。大乙彩陶罐上的网带系统明显继承半坡夏启人面网纹盆以网格记录周天之数的文化传统。这在记载中也有反映，《史记·殷本纪》："汤出，见野张网四面，视曰：'自天下四方皆入吾网。'汤曰：'嘻，尽之矣。'乃去其三面，视曰：'欲左，左。欲右，右。不用命，乃入吾网。'"大乙因夏王之网四面而弃之，以自己之网三面而显示政治之宽松，以象天下之平和安宁。这种以天网象征夏商政权的记载也应当有其悠久的历史线索作依据。

大乙彩陶罐紧靠网带纹之下还有两组由九条竖线组成的竖线纹。我们在论述大乙彩陶罐时也曾将这两组由九条竖线组成的纹饰符号与大乙的"汤以身祷于桑林"的桑林扶桑木及九日联系。因此这种由九条竖线组成的纹饰也有表示天干十日的记天数之功能。而大乙彩陶罐上斜行网格纹和柱状竖线的垂直与交叉记数的两种方法与我们前面论述的夏启人面盆网纹及盆口沿上的两种记数方法及计算方式十分相近。对于夏商文化的联系现代学者多注重它们之间的差异。即以我们指认的半坡夏文化与大河村大乙文化看,两者之间的内在联系仍然让人惊异,诸如我们前面所说的大乙彩陶罐上的网纹与夏人之网及"汤出见网"的记载。另外,屈原《天问》有"启棘宾商,九辩九歌"之语。启之宾商,近人多以商为夏乐解。我以为启宾商正同殷王亥宾于有易一样,是不同族群文化之婚姻与联系之反映。启宾商的说法与羿代夏政相互印证,说明商王室文化与夏王室文化的密不可分。就像周王室青铜文化孕育在殷王室青铜文化中一样,商王室文化也是孕育在夏王室文化之中的。至少,就其王室器物及符号文化传统看是这样的。另外,就夏商两族的婚姻关系看,夏人之祖为鲧,其姒鲧妻为有辛氏女,而有辛氏正为商人之先祖。因而这与"启棘宾商"即启以男族宾于有辛氏女也是相符的(图6-8)。

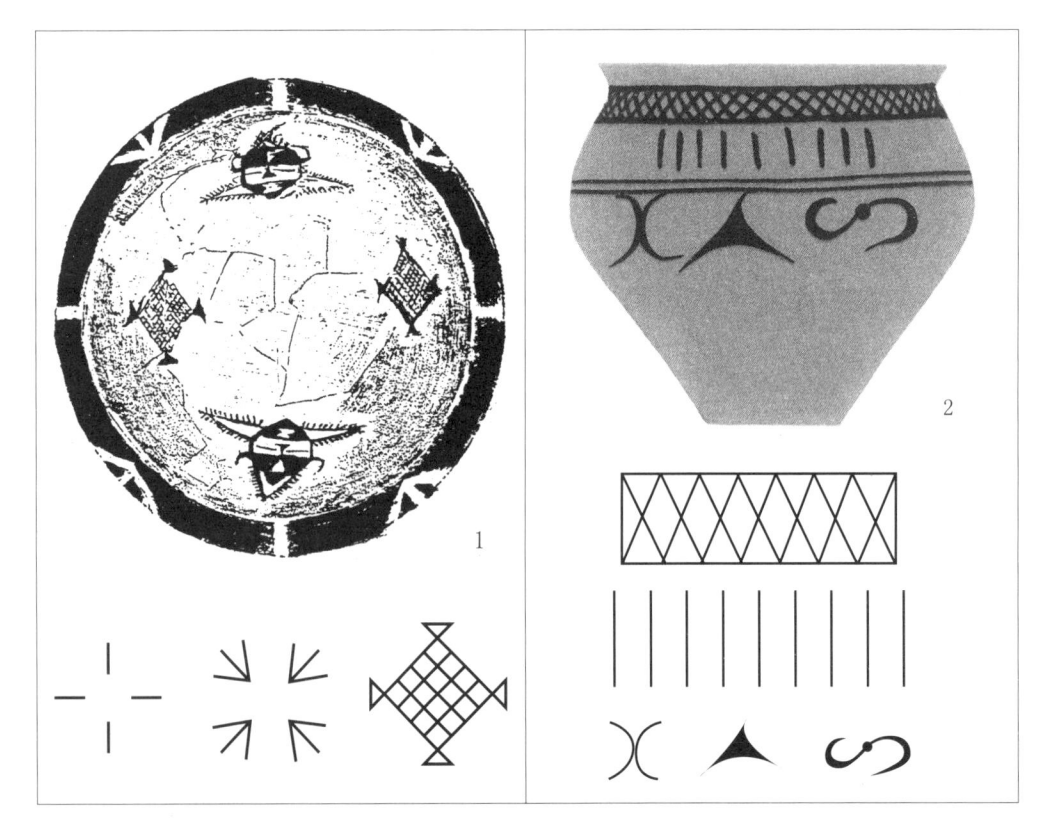

图6-8 夏启人面网纹盆彩陶符号与大乙彩陶罐彩陶符号比较
   (注:1半坡出土 2大河村出土)

殷王方鼎与殷王室的记数系统

（一） 殷王方鼎以方矩之形戴矩之像表示周天之数的形数传统

1. 从规矩说殷王方鼎的周天之数

前面我们在论述夏王室记数系统时，已论述过夏王室人面鱼纹盆、人面网纹盆上以三种方法表示周天360日的以形记数方法。其中网纹及网四周四角的三角形是以▽形方矩之形表示周天之数的。即▽为规矩之形的矩形，又为90日的数字符号标识，网纹四角四个▽形符号，则是网代表的周天之数四矩之数，为360。▽状方矩形符号在中国古代文化中有十分重要的意义。它不仅与女娲补天之石的石字相关，也与殷代铜铭中司母的司字相通。传说古帝高辛氏辛字甲骨文也从▽作▽形。▽作为代表周天之数的方矩之形，与夏王人面鱼纹盆口沿上的╬形和※形符号一样，都曾作为记录周天之360数的形数符号。而它们也都与我们论述的开天辟地的伏羲女娲手执的规和矩相关。[①]伏牺女娲以规矩开天辟地，那最初被开劈出来的天地能早到什么时候，那时的天地有没有其周天常数呢？从考古发现的资料看，至迟在半坡时代彩陶纹饰上，其记录天地之数的形数符号已较为成熟。但中国古代记数方式的特点是以形代数的，而不是以具体的数字及算式计数的，如战国以来的数字算式或西方数字算式那样的计数方法。而这种特殊的以形代数，以符号象征天地并以其记数的数象方式及传统还很少有专门的研究，虽然几千年前这种优秀的文化传统已被考古发现，但其真实面目还有待我们作深入研究。尽管如此，我们仍能从半坡夏代陶器上寻找出当时人们表示周天之数的痕迹。以人面网纹盆为例，陶盆以圆盆的圆形及口沿的方矩符号表示周天及四分，或八分之像，从网格纹的纵横小方格以 9×9、10×10，以至 11×11 的形数算式上明显透露出当时的周天之数已以一矩即一角为90天，四矩、四角合为一圆即一周天即360数。而女娲之时"四极废，九州裂"，女娲以五色石补天的说法，不仅可以和半坡以来以四极、四隅、四角、四矩合为一周天相印证，而且还透露出女娲补天时代人们已将周天360数作为天之常数。除常数

[①] 钱志强：《古代美术与中国文明起源研究》，中国社会科学出版社2007年版，第46页。

外，还另有不足之数，即女娲所补的天的不足之数。这也透露出当时人们虽力求将制定的历法之数与日月星象运行的天数相合，但仍很难完全匹配。半坡夏代陶盆口沿以方矩四分周天的传统与殷王方鼎有明显的相通之处。殷王方鼎四个柱状足应当是支撑天之四柱之象，方鼎方形应是古代方矩之形的实物见证，而其口沿四正、四隅的四方八面之象明显是对应天地四面八方之象的。因而方鼎的方矩之形实际就已代表了周天360之数。特别是方鼎四角四个兽面被鼎的棱角分为两半，这也可以看作兽面戴矩之形，更明显表现出以四角四矩合为一周天即360数的传统的形数符号的文化特征。由于传统星像文化中特别突出龙宿的角星，角星又为龙宿第一星，因而头上戴角戴矩应当就是龙角星宿出现的标识。龙宿运行一周天可以对应春夏秋冬四季，因而头上戴角的兽、鸟、人都不仅表示天上之龙角之星，同时还表示地上的一季及90天之数。这从殷周青铜器中许多人面、兽面戴▽状之矩角及鸟头戴△状角或鸟咀作方折形都可以表现出来。这种文化传统在良渚文化玉琮上表现也极为强烈。良渚文化玉琮的涵义学术界争论很大，我们在前面论述"斗携龙角"文化时曾论述过它其实体现的就是"斗携龙角"的星象文化特征。玉琮多节状应是牛角或羊角的象征，方形以象北斗斗口，而大头向上的特定葬俗表示斗口向上所指示的特定季节。值得注意的是方形玉琮的兽面都刻划在四角上，兽面凹下而方矩形的棱角在兽头上十分突出，呈现明显兽头戴方矩形棱角的形象。不仅良渚玉琮兽面有戴矩角之形，良渚文化中的不少玉雕人兽结合的人头形玉饰人头上也戴有方矩形的冠帽，体现出头戴矩角的形象，这种玉琮玉人面与殷王方鼎所代表方矩之形及周天之数的方矩文化一脉相承，因而良渚文化是公元前3000年到1500年左右中国传统文化中在行数文化方面最为显赫的一支（图6-9）。

2. 甲骨文贞字与殷王方鼎的方矩之形及周天之数

在以往的观念中，人们习惯以天圆地方代表中国古代对天地的认识。这种观点是值得再认识的。因为这种天圆地方观念与伏羲执规规天、女娲执矩矩地相联系。但考古材料说明伏羲女娲的分工，亦即天圆地方的观念产生可能是春秋战国以后的事了。在新石器时代的考古材料中，诸如伏羲与女娲规天矩地，后羿射日与嫦娥奔月，阳鸟与蟾月等都可以找出相应的器物符号痕迹，但却并没有明确的分工。如伏羲所执之规即Ψ形符号与女娲所执之矩即

图6-9 殷王方鼎器形、纹饰与良渚玉琮、半坡人面网纹盆比较图

（注：1半坡人面网纹盆 2人头戴角纹 3口沿两个符号八分圆形 4网格与四矩符号 5良渚玉琮 6玉琮四角兽头戴矩角形 7外方内圆方圆结构 8石家河玉人头戴矩形饰 9殷代青铜方鼎 10四角兽头戴矩角 11方鼎八分方形及八分方形的两个结构符号）

⌐形符号不仅正斜重合构成八分人面鱼纹盆口沿的规矩方圆的器物符号，而且也常单独绘制在陶盆口沿，单独承担规矩陶盆口沿的任务。羿与嫦娥相关的太阳鸟和月宫蟾蛙在半坡和甘青彩陶中也无分工的迹象，相反它们分别都与代表太阳和月亮的纹饰相联系，具备有时象征太阳，有时又代表月亮的形象，因而殷王室方鼎的方矩之形，极有可能是以方矩之形表示天地的形与数的一种传统习惯和方法，而并不一定是天是方形或地是方形的真实思想。因为与殷王方鼎四正四隅八方之形相联系最紧密的半坡夏王人面纹盆上的八方符号却是与陶盆的圆形口沿相结合的。不仅如此，玉琮的内圆外方也是以方与圆相结合的。因而殷王方鼎以方矩之形表示的可能仍然是可方可圆的周天文化及周天形数观念。这也可以从甲骨文贞字上找出一点证据来。甲骨文研究表明，占卜是殷王室最重要的日常工作及文化传统。甲骨文就是殷王室占卜的记录。殷王室每次占卜记录的甲骨文词句都以某日某贞或某日某卜的句式开头。对于卜字的含义，学界多以卜形象龟甲灼烧后开裂的裂纹解释，而对贞字的解释较少。① 我以为贞卜两字可能与夏商殷周王室内最主要的两个族群即高辛氏与有仍氏有关。甲骨文贞字作figure形，其方矩之像与高辛氏辛字所从之▽及女娲所执方矩相近；而卜字所以从之丨形与有仍氏或有娀氏实即有仍有壬的丨形棒柱有关。因而从▽之贞字及从丨之卜字不仅其字形有久远的族群标识意义，也有重要的数字含义。我们前面论述了▽为方矩之形，代表周天360数之一角一矩，为90数，而丨也代表东南西北四方之一方，亦为一方90之数。可见甲骨文句中的贞卜两字也折射出夏商殷周王室两个最悠久最主要的血缘群团，即高辛氏和有仍氏以及它们族群的族群标识，即从▽之辛字和从丨之任字所蕴含的数字意义。以殷王方鼎和甲骨文贞字看，方鼎的方形及突出四角之方矩形与贞字作figure形十分相近，方鼎以四面八方之布局象征天地，而以四矩360数象征周天之数。贞字在甲骨文中通鼎，因而甲骨文的figure状贞字极有可能是从既有象征天地之形，又有周天之数的符号转化而来的。虽然在甲骨文字中贞字符号已经失去了符号的多重含义，但仍保留着符号时代的形态。

---

① 钱志强：《古代美术与中国文明起源研究》，中国社会科学出版社2007年版，第46页。

（二）殷王方鼎的乳丁纹数阵体现出的两种记日传统

1. 殷王室方鼎乳丁数阵的算式记数与聚角特征

我们前面已经论述了殷王方鼎以方矩之形及四面八方之象象征天地四方的以器象物以形象数特征，而四面八方之象更象征自伏牺女娲以来的天地已被开辟的状态。特别是方鼎四足四柱所在的四角四隅，不仅柱足及四角自上而下的纹饰十分突出，而且矩形的四角还与乳丁数阵结合，更增加了二里岗以来殷王方鼎的庄重神秘之感。自郑州二里岗起，殷王方鼎上以乳丁数阵作装饰的特征就十分突出。这种乳丁装饰虽然乳丁数目有变化，但纵成行，横成排，呈规整的纵横垂直交叉状。这种纵横垂直交叉的乳丁排列明显呈现出与半坡网格及庙底沟花瓣网格相同的以纵横网格垂直交叉的方法进行数字计算的数学特征。从这一点看，殷王方鼎无疑像公元前 2000 年左右的一台计算器，人们可以在上面进行较大数字的加、减、乘、除四则运算。而且方鼎四面的乳丁数阵纵横贯通，排列有序。特别是方鼎四角以四个棱柱为中心，两侧乳丁排列也十分规整。这种有一定数目数字及可以进行算式计算的方式自公元前 4000 多年前的半坡时代起就时隐时现，与抽象的形数方式一起，构成了中国早期数学传统中的两种最优秀的计算计数模式。从殷王方鼎上的乳丁数阵装饰看，越到晚期，乳丁数阵排列越规范，而早期的乳丁排列往往有错差不整的情况。这种情况可能是由于方鼎以方矩之形象征周天之数的形数系统与以纵横垂直的网格记数系统原本有不同的计算传统，只是在殷王方鼎时代才结合在一起，因而出现早期的不规范不协调情形（图 6-10）。

2. 殷王方鼎乳丁数阵以 5 为基数的 5、10、30、60 的十日记历传统

二里岗以后的殷王室青铜方鼎在以乳丁数阵计数方面还有一个突出特征，就是在方鼎四角呈以棱角为中线呈现两侧对列的乳丁数阵形态。而晚期乳丁方鼎每角常为两侧均有三行合为六行，每行 10 数因而 6 行为 60 数，或每行 5 数，6 行为 30 数的乳丁数阵装饰。如殷墟司母辛方鼎每角两侧均 3 行乳丁，每行 10 枚乳丁，呈现 30 与 60 的乳丁数，而我以为乳丁方鼎四角每行 10 枚乳丁，3 行 30 枚的乳丁排列大约是以 10 日为一旬的 10 数记日的形数传统在乳丁方鼎上以具体数字的具体呈现。因为这种以每行 10 枚乳丁代表 10 日，则方鼎四角每角六行就呈现出 10 日绕方鼎四周排列展开的旋转

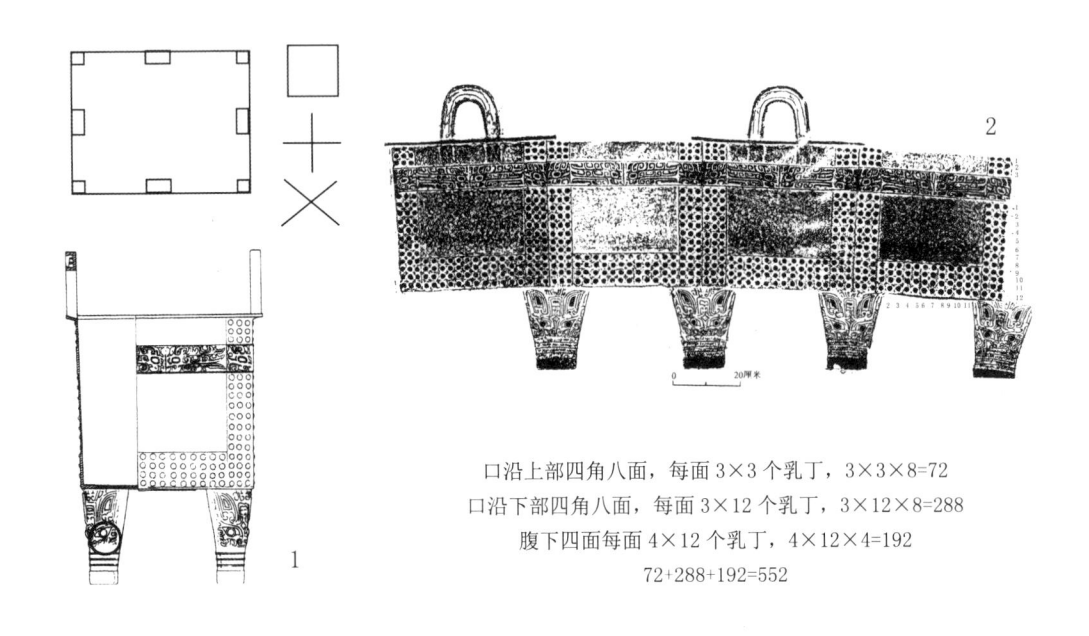

口沿上部四角八面，每面 3×3 个乳丁，3×3×8=72
口沿下部四角八面，每面 3×12 个乳丁，3×12×8=288
腹下四面每面 4×12 个乳丁，4×12×4=192
72+288+192=552

图6-10 殷王室方鼎乳丁数阵的算式计数与聚角特征
（注：1南顺城街上层铜方鼎 2南顺城街上层铜方鼎拓片）

周回状态。每行5枚乳丁的方鼎也与每行10枚乳丁一样是10数记日的反映。只是将一旬10日分为两组，每组5日。这种以10日、5日记日的方鼎纪日传统直到西周早期仍在青铜乳丁方鼎上流行。如现藏美国纳尔逊美术馆的成王方鼎就是这样。可见殷代王室青铜方鼎不仅以四面八方、四正四隅的形数传统传承着半坡夏王室人面鱼纹盆四正四隅及癸甲10日的以历法为核心的形数传统，而且把形数传统中的纵横交叉的网格算式进一步发挥并具体化，更明显表现出以10日记数的历法传统（图6-11）。

以五乳丁纹为基数作器物纹饰的青铜器还大量出现在殷末周初的青铜圆鼎和青铜簋上。只是这些纹饰上的五乳丁都呈斜行排列，分析它的乳丁布列方法，明显有在方格坐标网上以3点和2点间隔布点作装饰的。而这种方法显然直接承袭了仰韶文化庙底沟的花瓣纹绘制方法（图6-12）。

3. 殷王方鼎以6为基数的6、12、36、72数字序列的12日纪历传统

除10日纪历外，殷代王室青铜方鼎的乳丁数阵中似乎有以12日纪历的另一种纪日方法。以10日和12日两种纪历方法的乳丁方鼎在殷墟晚期到西

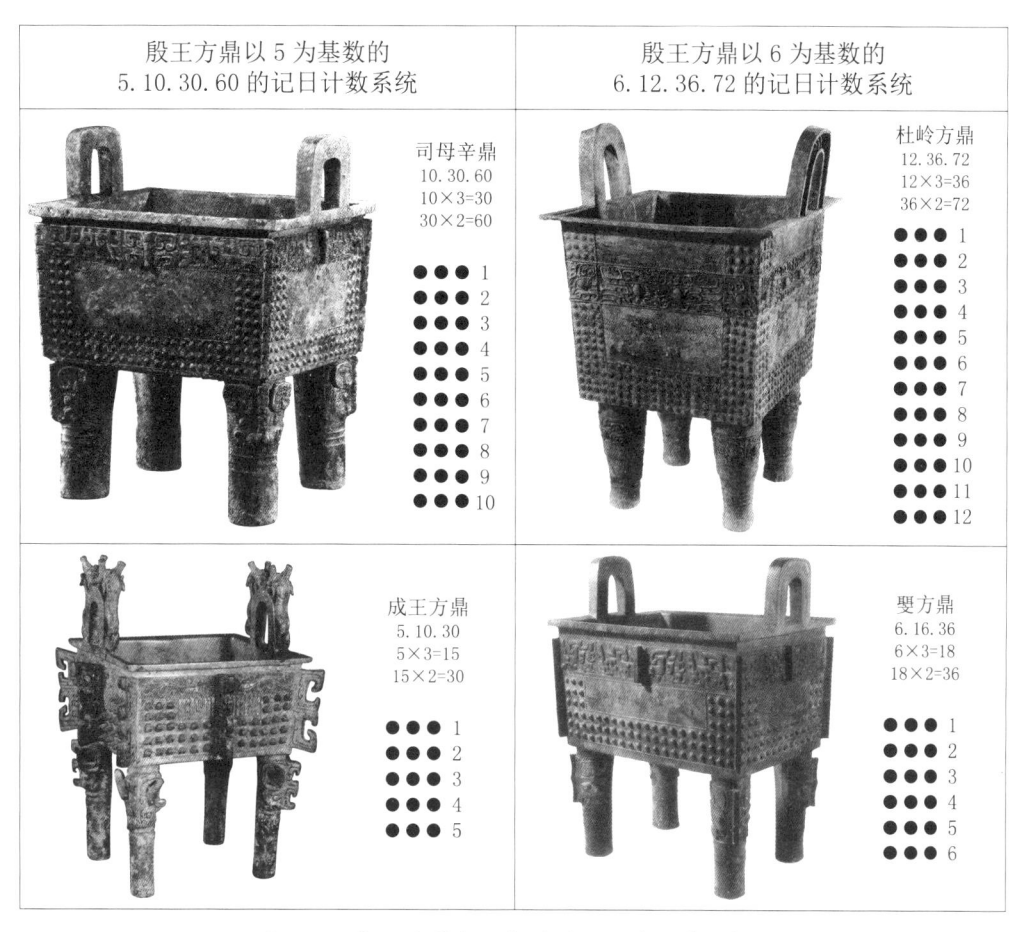

殷王方鼎以5为基数的 5.10.30.60 的记日计数系统	殷王方鼎以6为基数的 6.12.36.72 的记日计数系统
司母辛鼎 10.30.60 10×3=30 30×2=60 ●● 1 ●● 2 ●● 3 ●● 4 ●● 5 ●● 6 ●● 7 ●● 8 ●● 9 ●● 10	杜岭方鼎 12.36.72 12×3=36 36×2=72 ●●● 1 ●●● 2 ●●● 3 ●●● 4 ●●● 5 ●●● 6 ●●● 7 ●●● 8 ●●● 9 ●●● 10 ●●● 11 ●●● 12
成王方鼎 5.10.30 5×3=15 15×2=30 ●●● 1 ●●● 2 ●●● 3 ●●● 4 ●●● 5	斝方鼎 6.16.36 6×3=18 18×2=36 ●●● 1 ●●● 2 ●●● 3 ●●● 4 ●●● 5 ●●● 6

图6-11 殷王方鼎乳丁数阵的记日计数系统推测

周早中期一直存在，并且界线分明。这种以每排6枚乳丁为基数的方鼎如辽宁喀左出土的斝方鼎，方鼎每角两侧的6行乳丁皆为6枚，6行合为36枚。直到西周，青铜乳丁方鼎中也有这种每角六行乳丁，每行6枚，合为36枚的。如岐山礼村出土的周初王作仲姬方鼎，长安花园村出土的西周中期的歸妘進方鼎等。像每行5枚乳丁是将10日一旬的10日分作两个5日一样，每行6枚乳丁也是将12日纪历的12日分作两组，每组6日。这种以12日记数的历法传统也应当有很悠久的族群传统和特殊的历法根源及计数方式。这可能与中国古代十二支纪日的历法传统有关。因为甲骨文中以干支记日的方法已经十分成熟了。而干支记日的实质应是10日一旬的记日方法与12日一周的记日方法之结合。但是对12日十二支的记日传统是否存在学界争议较多。

从殷代青铜乳丁方鼎的 6、12、36、72 的乳丁数阵看,十二支 12 日的记日方式不仅存在而且也有悠久的文化传统和历史根源。(图 6-12)

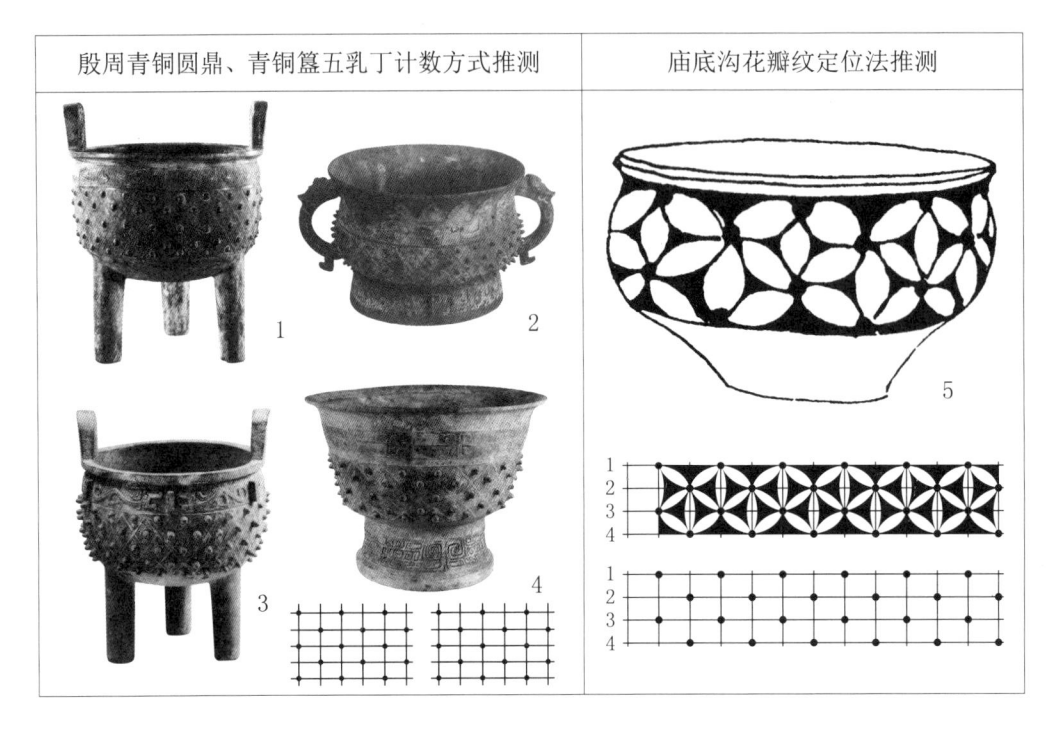

图6-12 殷周青铜圆鼎、青铜簋的五乳丁计数法
（注：1河南安阳出土 2岐山出土 3清涧出土 4城固出土 5庙底沟出土）

4. 殷王方鼎乳丁数阵溯源

二里岗时期是殷王室铜鼎上乳丁纹饰最为发达的时期,我们在前面论述中曾多次论述过殷王方鼎,特别是二里岗方鼎可能与东南一带的大汶口及良渚文化有很多联系。从二里岗方鼎乳丁数阵也可反映出来。例如在郑州以东的江苏邳县刘林、大墩子类型文化遗址中就出土有明显的彩绘纹饰表现形数观念的彩陶,而其形数特征与乳丁数阵的数字十分相近。如大墩子遗址出土一件彩陶盆,口沿以六组╫纹和六组‖‖‖纹组成 12 组纹饰,而╫纹与甲骨文金文数字 10 相近,六组数字之和为 60,另外六组‖‖‖纹每组均为五条竖线,其和为 30,这种以 5、30、60 的数字以圆形排列在陶盆口沿一周的方式与乳丁方鼎的布局方式相近,而且数字系列也相同。大墩子出土的这件陶盆外腹一周画七个八芒纹,而八芒纹是东部沿海地区比较流行的代表性纹饰。例

如我们前面叙述的安徽含山凌家滩出土的双猪首驭鹰玉雕上就有显著的八芒纹。而与北斗有特殊关系的以猪为族徽的王亥部族其大本营可能就在东部地区。大墩子遗址出土的另一件彩陶钵，外腹一周画八组花瓣纹，八组花瓣纹由两种图形组成，每种四组。一种花上有 5 个黑点，另一种 4 个黑点。整个花纹的数字为 4×5 + 4×4，其总数为 36 数。[①] 这也与殷王乳丁方鼎的乳丁数字吻合。可见二里岗殷王方鼎及乳丁数阵纹饰的流行，确实和东方大汶口文化有密切关联。如果说大墩子遗址彩陶纹饰就其彩绘特征看仍与仰韶文化接近，而大汶口以至山东龙山文化精致的陶器及精心的镂孔装饰就有明显的东方文化本土特征。以山东曲阜西夏侯遗址为例，遗址出土的陶器上流行各种镂孔装饰，特别是陶豆柄上的圆形镂孔，或三排或四排，每排二孔，或三孔，或四孔、五孔，其排列呈现出的数字系列纵横交错的方格网状特征，其明显的方格网状的纵横数阵方式已极似二里岗方鼎乳丁数阵的特征。[②] 因而与庙底沟花瓣纹虽也以纵横交错的网格作纹饰骨架，但取点却呈间隔取点，因而呈现的斜行数阵明显不同（图 6-13）。

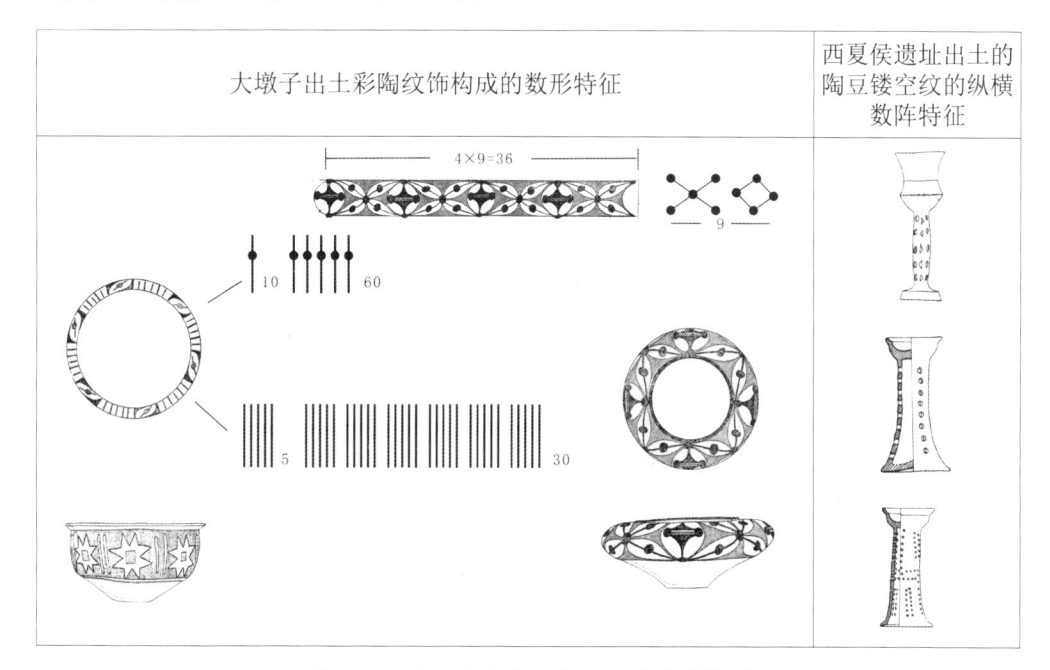

图 6-13　殷王方鼎乳丁数阵纹饰来源推测

[①] 南京博物院：《江苏邳县四户镇大墩子遗址探掘报告》，《考古学报》1964 年第 2 期。
[②] 中国社会科学院考古研究所山东队：《山东曲阜西夏侯遗址第一次发掘报告》，《考古学报》1964 年第 2 期。

周王圆鼎与周王室的符号记数系统

（一）周王圆鼎的符号记数法

1. 周王圆鼎以鼎腹六条棱柱记 10、30、60 的 10 日记数法

西周王鼎不仅以圆形及无乳丁数阵装饰与殷王室乳丁纹方鼎相区别，而且在记数方法上也与殷王方鼎流行的纵横排列乳丁数阵相异。我以为周王圆鼎腹部的六条棱柱就是周王室 10 日纪历法的数字符号。圆鼎腹部有六条棱柱，以｜形棱柱为 10 数记，则鼎腹六条棱柱为 60 数。而西周早期如文王鼎、武王鼎即长安新旺大鼎和淳化大鼎腹部六个纹饰明显是分为两组的，每组三个。因而西周王鼎腹的六条棱柱所标注的 60 数又可分为两组，每组 30 数。即为一月 30 天之数。而每条｜状棱柱为 10 日之数。可见在以 10 日为一旬，30 日为一月的两月合为 60 日并与圆鼎圆形结合，表示连续不断的纪日纪年的 10 日历法上，西周王室是与殷王室相同的，只是记数方法不同。殷王方鼎或以 10 枚乳丁为一行，或以 5 枚乳丁为一行。而西周王鼎似乎以更为简便的数字符号，即只以｜状柱形表示 10 日之数。而以｜形符号表示数字之 10，在甲骨文和金文上都有明确的记载。因而周王圆鼎特别突出｜状棱柱符号，表明以｜形表示 10 日的数字符号传统在周王室占特别重要地位。这也和周易以一形符号为基本符号构成千变万化的易卦符号相通。周易以一为乾天之数，而以≡状的横置的 6 条柱状符号作为乾卦的符号标识。而这横置的 6 条柱状符号又与周王室圆鼎腹的 6 条棱柱有异曲同工之妙。另外周人先祖烈山氏名柱之柱，大约即和这种以棒柱为标识的部族有关。而以棒柱为部族标识的文化传统在仰韶文化区特别突出。如半坡夏王室彩陶盆口沿流行以｜形符号构成纹饰，半坡彩陶葫芦上兽面额鼻部的棒柱纹饰等，这些｜形棒柱符号又常常和太阳纹及谷物纹相关。[1] 由此我们相信，不仅周人烈山氏柱的农官文化传统十分悠久，甚至可以早到距今 6000 多年前的半坡时代，即夏代。而这也正与司马迁所记柱、稷为农官，"自夏以上祀之"的记载相吻合（图 6-14）。

---

[1] 钱志强：《古代美术与中国文明起源研究》，中国社会科学出版社 2007 年版，第 76 页。

2. 周王圆鼎以鼎腹棱柱与兽目形成的 •|• 状符号记 12 日的符号方法

周王圆鼎不仅以更简易的｜形棱柱作为 10 日之数的数形符号为 10 日历之 10 日的标识，而且还以｜形棱柱与兽的两目即 •|• 形作为 12 日历法之 12 日的标识。由于前面我们论述了周王圆鼎鼎腹的六条棱柱作为 10 日历的标识时以｜为 10 日一旬的标识，以 ||| 为一月 30 日，而以六条棱柱均匀分布在圆形鼎腹一周以表示以 10 日连续不断纪日纪年方法。由此我们也对周王圆鼎与殷王方鼎以鼎表示天地之形数的内含有了更深刻的理解。鼎之方形和圆形虽然不同，但都是表示天地之形与数的。而鼎上的鸟兽，谷物则表示地上的百物。因而中国器物符号文化的"观象"制器，"铸鼎象物"的传统文化之核心本质由于记录天象历法的数字符号系统被发现得到进一步证实。由于周王圆鼎明显以｜、|||、|||||| 代表 10 日、30 日、60 日的以 10 日为旬纪历传统的棱柱符号组合对应殷王乳丁方鼎的 10 日纪历传统，因而在六条棱柱两旁各加两个类乳丁的兽目则形或另外一组符号数字系统，即 12 日纪历的

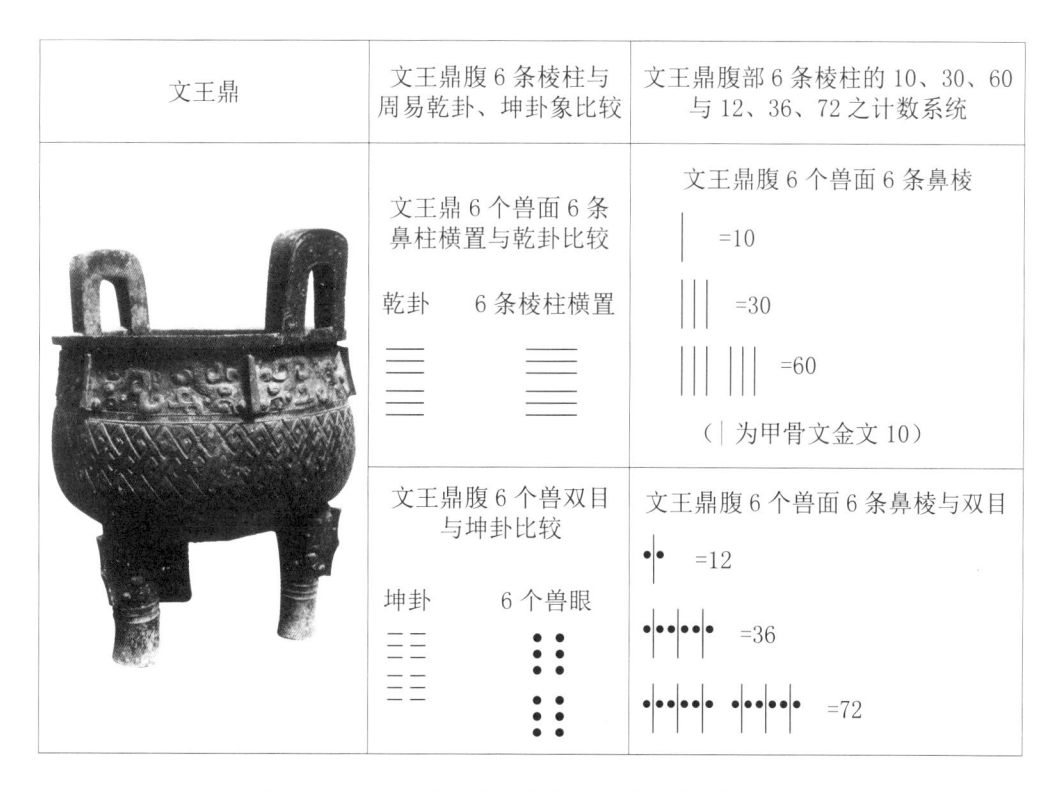

文王鼎	文王鼎腹 6 条棱柱与周易乾卦、坤卦象比较	文王鼎腹部 6 条棱柱的 10、30、60 与 12、36、72 之计数系统
	文王鼎 6 个兽面 6 条鼻柱横置与乾卦比较 乾卦　　6 条棱柱横置 ☰　　　☰	文王鼎腹 6 个兽面 6 条鼻棱 ｜ = 10 ｜｜｜ = 30 ｜｜｜ ｜｜｜ = 60 （｜为甲骨文金文 10）
	文王鼎腹 6 个兽双目与坤卦比较 坤卦　　6 个兽眼 ☷　　　⁚⁚⁚	文王鼎腹 6 个兽面 6 条鼻棱与双目 •｜• = 12 •｜•｜•｜ = 36 •｜•｜•｜ •｜•｜•｜ = 72

图 6-14　文王鼎腹六条棱柱与兽目的两种计数法推测

历法传统，即以 ⊹ 表示 12 日，⊹ ⊹ ⊹ 表示 36 日，以 ⊹ ⊹ ⊹ ⊹ ⊹ ⊹ 的 6 组符号表示 72 日，并以 6 组符号与圆鼎结合表示以 12 日为一周连续纪年、纪日。将表示 10 日的 | 形棱柱符号与两旁的兽目结合作为 12 日的纪日符号，不仅与周王圆鼎继承与变易殷王方鼎的 10 日、12 日两种纪历传统相符合，而且也与周易卦象的乾卦作 ☰ 六条柱形符号，坤卦作 ☷ 六条短线符号相同，而周易之乾坤符号，不仅象征天地之万事万象，而且也象征天地之万理万数（图 6-14）。

3. 殷墟出土司母辛鼎鼎腹棱柱与周王圆鼎 10 日记历方法的联系

不仅周王圆鼎以鼎腹棱柱作十日标识的数字符号与殷王方鼎的以 10 枚乳丁排列一行相像，而且殷代晚期的青铜大方鼎其一周扉棱装饰也明显有以棱柱记 10 日之数的迹象。青铜器上的扉棱是青铜器制作时留下的制作痕迹。但从其棱柱两侧的刻纹看，殷墟时期殷王方鼎四周八条棱柱已有 10 日纪历的记数倾向。如妇好墓出土的司母辛方鼎，四角长棱柱上都有 10 组刻纹，而四面正中的每条短棱柱上都有 5 组刻纹。因而四角四条棱柱每条 10 组刻纹都固定表示 10 日之数，这 10 组刻纹还以 | 和 丅 两个刻符相区别，分为两组，每组 5 个刻符。因而四角四条长棱柱刻纹其总数为 40。四面的短棱柱每条 5 个刻纹，其数合为 20。因而司母辛方鼎的四面八方八条棱柱上的刻纹合计为 60 数。而其四角长棱柱刻数为 10，四面正中短棱柱刻数为 5 的数目也与方鼎每角两侧乳丁数阵的 10 乳钉或五乳钉为一行相合。因而我们推测西周圆形王鼎腹部以棱柱作为纪 10 日之数的方法是与殷墟司母辛方鼎一脉相承的，特别是司母辛方鼎以四面八方棱柱及上的刻划符号，表示天地行数的传统可能为周王圆鼎继承。周王圆鼎腹部的六条棱柱上也有与殷王方鼎棱柱两侧相同的刻纹，但固定为每条棱柱 5 个刻纹，合计为 30 数，而这也与殷王方鼎以乳丁纪日的 5、15、30 的数字系列相同。可见西周王室的大圆鼎其形制纹饰虽然与殷王乳丁纹方鼎有很大差异，但其形数及内含之间的联系却十分密切，甚至在许多方面是密不可分。从这点看出，殷周王鼎文化传统在差异之外仍有异乎寻常的密切联系（图 6-15）。

（二）殷周王鼎十干十二支纪日溯源

1. 殷周时代六十甲子纪日的每行十数的六行排列法

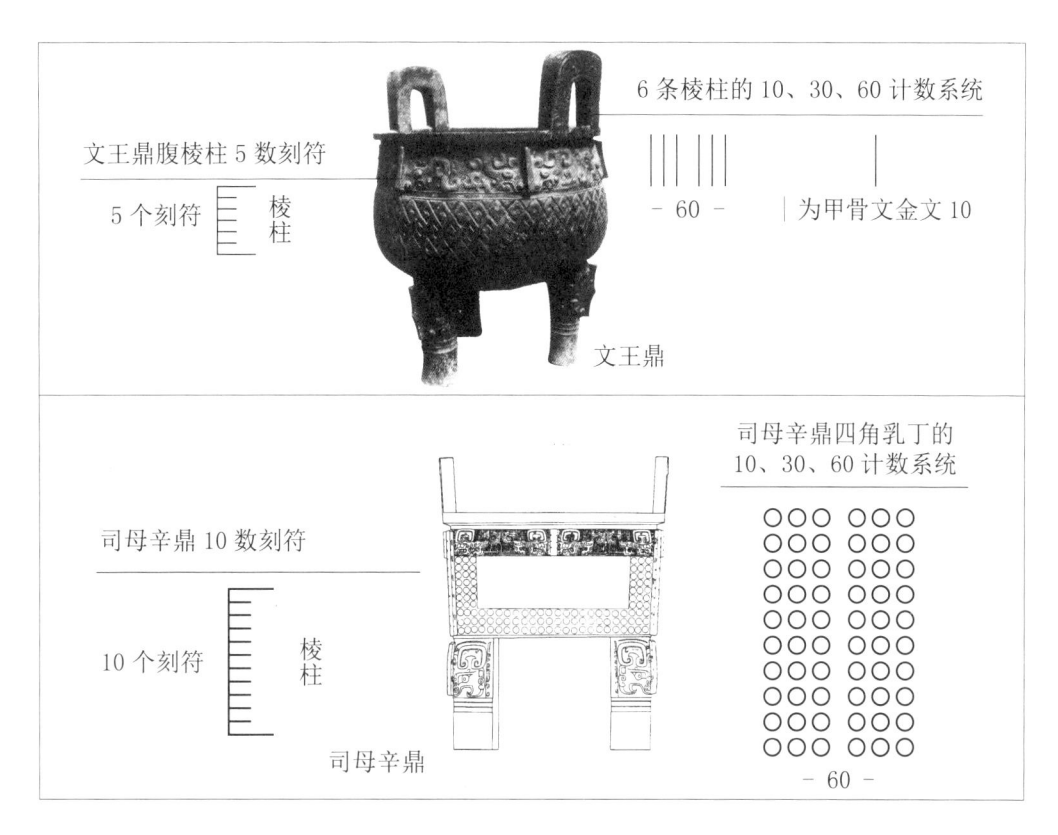

图6-15 周王圆鼎腹棱柱记数系统与殷王方鼎乳丁及棱柱刻符比较

考古资料表明，至迟从殷墟时期起，中国传统历法中的十日纪历与十二日纪历，即十天干与十二地支结合的干支纪历已经十分成熟，并且有十分明显的六行排列的干支纪历方式。其中尤以甲骨文中发现的六十甲子表的以六甲为首的六行排列法最具代表性。我们前面已经叙述了周王圆鼎以腹部六条棱柱为六十日标识的纪日方式，而每条棱柱为十日，六条棱柱在鼎腹排列的六十日标识与甲骨文中发现的六十干支表以六个甲日为首日的六行排列方法完全相同。尽管司母辛方鼎及其它殷代青铜方鼎也多有在四角以六行乳丁排列记录10、30、60的日数历法的，但甲骨文的六十干支表的六行排列方法却与西周王鼎上由六条棱柱代表六十日标记的关系更为密切。可见在甲骨文中出现以甲骨文字记录六十干支表的同时，殷周王室也以王室青铜礼器的器物及其上的纹饰符号记录十日历和十二日历以及它们结合的六十甲子表传达出的历数方法。由于它不仅具有甲骨文六十甲子表一样的记日记数功能，而且还以器形及上面的纹饰传达着许多其他功能，因而也具有更多样的文化内涵（图6-16）。

2. 临潼姜寨太康五子盆与干支纪日法溯源

（1）半坡夏启人面鱼纹盆的人头纹与子字符号

中国十日纪历的历史究竟有多久，以干支纪日的方法是何时出现的？这

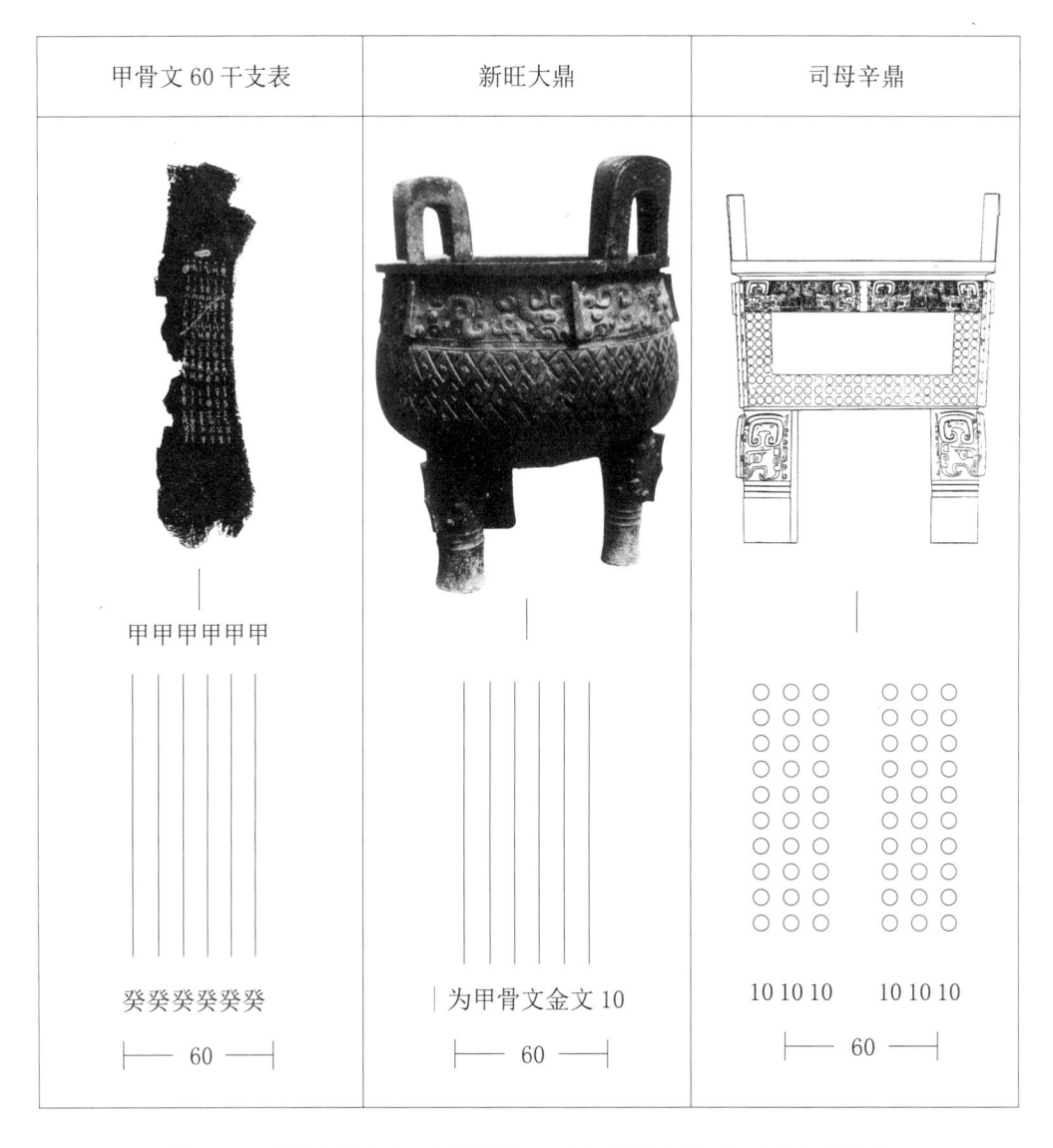

甲骨文60干支表	新旺大鼎	司母辛鼎
甲甲甲甲甲甲 ｜ 癸癸癸癸癸癸 ├── 60 ──┤	｜ 为甲骨文金文10 ├── 60 ──┤	○○○ ○○○ ○○○ ○○○ ○○○ ○○○ ○○○ ○○○ ○○○ ○○○ 10 10 10　10 10 10 ├── 60 ──┤

图6-16 甲骨文干支表6行记甲子60日与殷周王鼎6行记数方式比较

个以往争议颇大的问题由于考古学提供的新发现而为我们提供了认识的线索。我以为至迟在距今 6000 多年前的半坡时代，即我们所说的夏代以甲子记日的方法就比较成熟了。半坡夏启人面鱼纹盆口沿的-╂-状符号和㳄状符号的甲字癸字符号作为 10 日标识我们已多次论及。而-╂-状甲字符号与盆内人头纹的特殊位置我以为可能就是甲子两字的早期符号形态及干支结合的纪日标记。不仅夏启人面鱼纹盆和人面网纹盆两件器物上口沿甲字符号与人头纹位置相对应，而且此后太康、中康以及帝相的五件人头纹盆人头纹都与盆口沿的甲字符号相对应，而不与癸字符号相对应。这种甲字符号与人头纹特殊的对应关系使我们联想到与夏王室陶盆口沿甲字符号对应的人头纹可能即是十二支第一字子字的早期符号形态。而从甲骨文金文看用作干支甲子的子字似乎都作大人头形，这也与夏启人面纹盆的大人头相符。而且夏启人面纹盆的人面人头上还有牛羊角似的畜角状纹饰，人面周围有时也有植物状纹或谷物籽实作装饰。这也符合人子、畜子的人及兽畜之牛羊出生时都以头先出的出生状态，而这可能就是十二支第一字子字的最原始含义。而夏启人面纹盆以甲字符号与人头畜头对应结合作为甲子标识并作为六十甲子之首正是天象、历法与人事相结合的符号文字的最有力的证据。而且这也能启发我们对周王青铜圆鼎腹部 6 条棱柱记 60 日而每条棱柱都贯通每个兽面中部鼻额可能表现的 10 日之首的甲子含义。若果真如此，周王圆鼎腹的 6 条棱柱 6 行纪 60 日法，无疑是与甲骨文 60 甲子表一样 6 行纪 60 日法，但更形象更富内含的方法（图 6-17）。

（2）太康五子纹盆人头上的交五符号与六十干支表的简易纪日法

种种迹象表明，中国古代器物符号文化的一个重要特征就是将复杂的道理或事物用简单的器物或符号来表示，如半坡夏王室彩陶盆以盆的圆形及盆内的彩绘象征天地及天地之间的人、鱼、鸟、兽及山水植物等，而殷周王鼎或以方形或以圆形虽有差异，但却继承了这种以器物象征复杂事物的方法。在记数方面也是这样，我们前面论述的殷王方鼎以四角四隅之方矩之形代表矩九的一年四季之一季的 90 日之数应当也是这样。这种方法与以乳丁数阵的记数方法比就是简单的形数符号方法了。因而在甲骨文出现以前的很长时期，用这种简单的符号方法作信息传播记录工具可能也是一种主要的形式。我以为姜寨出土的太康人面纹盆以人头及上面的 × 状五字符号表示的"五

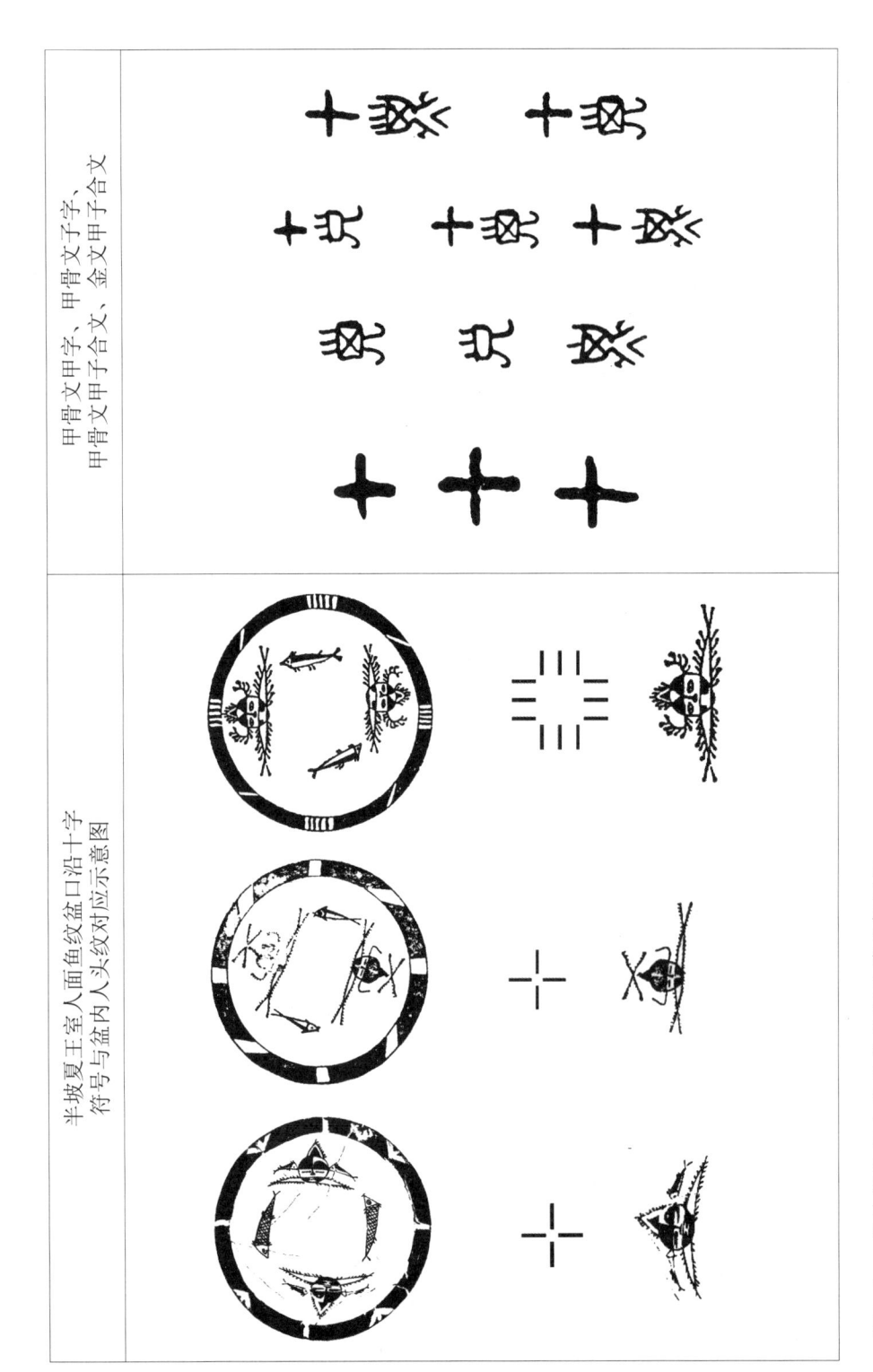

甲骨文甲字、甲骨文子字、甲骨文甲子合文、金文甲子合文	
半坡夏王室人面鱼纹盆口沿十字符号与盆内人头纹对应示意图	

图6-17 半坡夏王室人面鱼纹盆甲子符号推测图
（注：1半坡夏启人面鱼纹盆 2姜寨五子符号太康人面鱼纹盆 3姜寨复后相睁目人面鱼纹盆）

子"含义就是一种记录六十干支的五子简易记历数之法。夏代第二王太康与五子之说在夏代王室是十分突出的事件。五子一般认为是夏王太康之弟,从我们指认的姜寨太康彩陶盆人头纹上的×状五字符号实物看,人头与盆口沿甲字符号表示了甲字的六十甲子纪日法,而作为子字的人头上的×状五字符号则清楚表明六十甲子纪日法中除了有以甲字为首的六甲60日纪日方法外,还有以子字为首的五子60日纪日方法。由于六十甲子纪日的干支方法是以6个天干60日与5个地支60日相配纪日的,因而60日可以六甲作代表,也可以五子作代表。而甲骨文六十干支表以甲为首的6行排列与周王圆鼎的6条棱柱60日排列似乎都突出十天干的甲癸10日以六甲排列方式。如果将太康五子符号的×状五字的斜行状态与甲骨文六十干支表中五个子字相对照,就会发现甲骨文六十干支表中的五个子日,即甲子、丙子、戊子、庚子、壬子及所代表的以五子为首的60日在六十干支表以甲为首的6行坐标垂直网格中却呈斜行并依次递减的排列着。由此得到启发,我们对比六十干支表中的十天干字和十二地支字,十天干字如甲字、癸字,都呈严格的纵横垂直坐标状,而地支字如子字、亥子却都呈斜行交叉状。这一有趣的发现不仅可以甲骨文六十干支表的五个斜行五子证实姜寨太康盆及五子五逆之说的真实内涵,而且也揭示了五子、五逆背后的真实的地支五子60日在六十甲子表中的斜行排列纪数方法。地支五个子日在甲子表中这种斜行依次递减的排列方法不仅与二里岗期祖庚、祖甲以后青铜方鼎以五行乳丁即以五丁为最,并用逐王依次递减乳丁数的方法表示五世五王从五开始的五、四、三、二、一的王世位次。这种方法更和庙底沟花瓣纹背后隐藏的斜交网格纹,龙山时代的彩绘斜行网纹及殷周乳丁青铜簋的斜行五乳丁纹一脉相承。据此我们可以肯定,自距今6000年前的半坡夏启人面鱼纹盆起,中国以10日十天干与十二地支相配合的六十干支纪日方法就已比较成熟了。虽然其具体的符号记录方法不尽相同,并因时代不同而有所变化,但其以垂直网格和斜行交叉网格符号替代数字算式的方法一直在夏商殷周王室流传着。而且10日、12日两种纪日法的结合及其以60日为最小历尺的纪日纪历传统一直没有中断(图6-18)。

3. 马家窑彩陶尖底瓶的10日、12日干支标识与以手为又的记数方法

(1)马家窑彩陶尖底瓶的10日、12日的干支标识与以手为又的记

数方法

考古发现的材料证明，以 10 日、12 日相结合的干支纪日方法在新石器时代已比较流行。如甘青宁地区马家窑文化彩陶中流行一种制作精美，纹饰十分繁密严谨的彩陶尖底瓶，以往研究者多从其精美的器形及纹饰探讨其艺术价值，但是其纹饰背后隐藏的 10 日与 12 日相结合的干支纪日方法更具有科学价值。这种彩陶尖底瓶多为喇叭口，从口到腹部多画满纹饰，唯尖底附近不着彩绘。最值得注意的是腹部繁密多变的由线条组成的花瓣状纹是由 12 个大体等距离的圆点均匀分布在尖底瓶腹部一周构成的。由于 12 个圆点距离大体相等，因而连接这 12 个圆点，就形成了等分尖底瓶腹部纵横相交的垂直方格网。这种方格网十分类似中原地区仰韶文化庙底沟花瓣纹及构成的方格纹。不同的是构成马家窑尖底瓶花瓣纹的圆点不仅更明显而且更均匀规范。这 12 个圆点若横数为三排，每排四点，若竖数为四行每行三点。有趣的是尖底瓶的双耳被安置在横三排的中间一排的两个圆点内，与其余两点形成东南西北的四方四面垂直状。由于两耳占去了 12 个圆点的两点，因而尖底瓶花瓣纹的 10 个圆点特别突出。但瓶的双耳又明显占据着 12 个网点中两个网点的位置，而从纹饰的结构布局看又明显是 12 个圆点。因而我们以为马家窑彩陶尖底瓶以双耳占去 12 个圆点中两点的纹饰结构方法，其实就是自半坡夏文化开始的彩陶 10 日、12 日两种纪日方法的遗留。只是其结构分布方法有所变化。而其呈现出的明显的旋转的花形又与庙底沟花瓣纹一样，是古代人们将日月星斗的周天运转与草木的枯荣现象相联系的观念用彩陶彩绘符号予以传达。更值得我们注意的是甲骨文中已有成熟固定的以又字记整数与零数的方法。如 10 又 2 日，50 又 9 日等。而又字就是用手指代的象形文字。古文字学家多以有与又同意解释手作又字，这种说法大体不错。但从考古发现资料看，以手作又记录整数 10 数之外的数字的方法出现相当早。马家窑彩陶尖底瓶以花瓣纹 10 个圆心点代表 10 数外，又以两个器耳所占的另外两个圆点代表 10 数之外的另两数，并且以人手挚双耳表示明显的手与又意，即 10 日又 2 日的意义。这种以双耳表示手挚之手和又的方法显然比甲骨文以手为又的方法更原始、更古老。马家窑彩陶尖底瓶以 12 个圆形点表示的 10 日和 10 又 2 日的十天干与十二地支两种记日方法的结合，除以人双手挚捧瓶耳的 10 日、12 日纪历的数字意义外，还充满着当时人们对历日

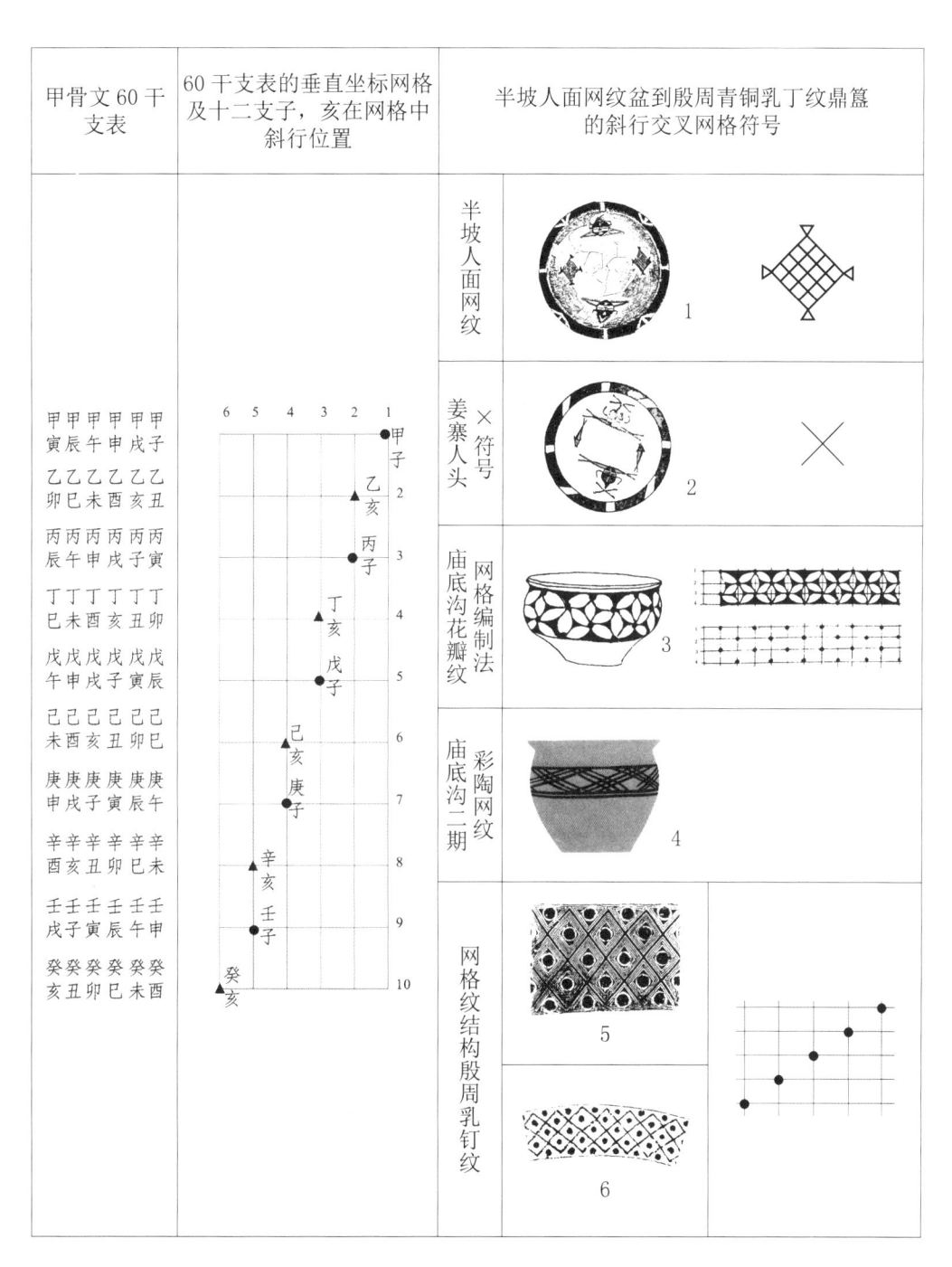

图6-18 六十干支表与古代斜行交叉网记十二支12日的五子计数法推测

（注：1半坡人面网纹盆 2姜寨人面鱼纹盆 3庙底沟花瓣纹盆 4庙底沟二期彩陶网纹缸 5殷周青铜鼎腹乳丁网格纹 6殷周青铜簋）

数字背后的天地宇宙及规律的尊崇与敬畏。以尖底瓶记日的方法及传统在甲骨文中也有反映，甲骨文中的酉字苏秉琦先生就指认为仰韶文化的陶尖底瓶。而且酉字在十二地支中的顺序为第 10 位，也合于尖底瓶酉字的 10 又 2 的数字位置。由于酉字是十二支的一字，因而马家窑彩陶尖底瓶以双耳代表双手的 10 又 2 数之符号表现数字的方法启示我们对马家窑及中原仰韶文化流行的盆罐等陶器上的双耳双錾含义进行思考。马家窑及中原仰韶文化的双錾耳盆的陶錾多作五齿状，每錾五齿，两錾两耳则代表 10 数。由于双錾需用双手挚捧，因而也符合彩陶尖底瓶双耳的 10 又 2 数的意义。双錾虽为齿状，但总体为半圆形，与圆盆一体又呈现出表示太阳及天体的圆转形。这种以双手表示 10 又 2 的纪数纪日方法在此后的殷周青铜器上得到继承。特别是殷周青铜鼎的双耳以龙虎作纹饰不仅表明了龙虎星象历法的含义，而且还隐藏着极古老的王室铜鼎以双耳暗含双手的 10 日及 10 又 2 日的干支纪日的历法数字内容及符号文化传统（图 6-19）。

（2）仰韶文化中的人手纹及记数方法

从仰韶文化彩陶纹饰看，中国古代以手记数的方法及历史相当古老。仰韶文化彩陶中就出土了一些以手做纹饰而且可能也有记数功能的彩陶器物。如甘肃正宁吴家坡出土的一件庙底沟类型彩陶钵上画两组由半月和日状纹组成的纹饰，而每一组纹饰都有一只如手臂作伸展状的纹饰，在手腕部位有一个大黑点，而前端的手指四指伸展，大拇指向上伸出，人手及五个手指十分明显。由于陶钵上的纹饰由两组构成，因而纹饰中有两只手，每个手均为五指，因而以两只手的 10 个手指表示 10 数也十分明显。值得注意的是两只手的手腕部位都有一个大黑点，手腕的两个黑点与 10 个手指相加正好又是两手的 10 指 10 数及手腕两点的 10 又 2 数。与此纹饰相同的另一件庙底沟彩陶残片，出土于西安南郊三殿村。残片只留有一组手掌纹，也是手臂上手腕部位有一个大黑点，五个手指伸开。与此相似以手记 10 数和 12 数的彩陶纹饰还见于河南临汝洪山庙遗址。洪山庙遗址出土的一件彩陶缸上画两组彩陶纹饰，每组纹饰有一人一鹿和一只乌龟。人作舞蹈状，两臂弯曲下伸，值得注意的是人的手掌为一个大黑点状，从黑点向外伸出人手的五指。联系上述的彩陶人手纹及与腕部黑点表示的五指与一点以手表示又的方法，我以为洪山庙陶缸上彩陶人手纹以手指五数及手掌黑点表示的五又一，两手的十又二与甘肃正

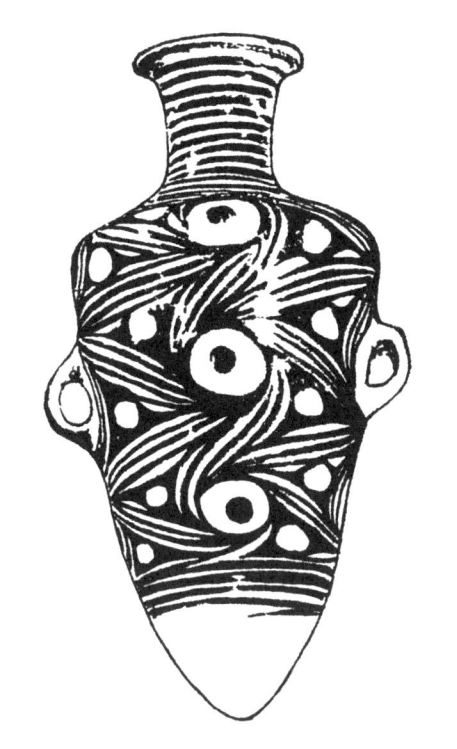

图6-19 马家窑彩陶尖底瓶与10日、12日纪日方法推测

纹饰布局示意图

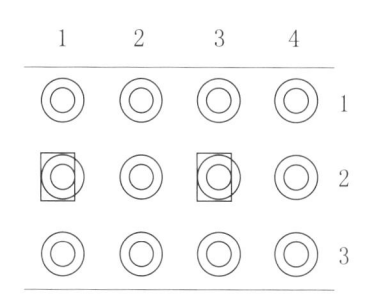

12个◉状点中双耳占去两个，呈现10与10又2的两种数字记日方式

宁吴家坡的人手纹彩陶一样，都是以手记数及以两手记10数和12数的两种记数传统及其结合记数方法的反映。而它们与马家窑彩陶尖底瓶一样，都是夏启人面盆以来十天干纪日与十二地支纪日的两种记日方法及其结合为六十甲子记日方法及传统的延续（图6-20）。

4. 青铜亚醜铭的子酉10日内含及十二支历法传统

殷墟时代的青铜器中有一种被释为亚醜族徽铭的符号文字，对于它的含义不时有文章探讨，但歧义颇多。我以为王大有、王双有以扶桑若木及酿酒供祭祖先的说法比较接近徽铭符号的含义[1]，但亚醜徽铭的符号还有更具体的历法记日内容。亚醜徽铭的亚作亞形，它其实就是癸甲十天干字的一种双关符号。甲字作十，也可作双钩✚形，癸字作✳形。甲字主东南西北的四正方向，癸字主东北、东南、西南、西北的四隅方向，两符号相合为四面八

---

[1] 王大有、王双有：《图说中国图腾》，人民美术出版社1998年版，第228页。

方，以十日十天干光临天下为亚形图像。而亚内的 ![] 形符号就是十二支的第一个字子字，头上的三叉木表示扶桑神木，因而也是十二支记日的证明。子字对面的 ![] 为酉字，合为子酉两字。而子酉正是与六十甲子数第一行的甲癸相配的子酉两字，因而也是十二支以60日纪日的第一组十日之数字符号。从亚醜铭的文字符号看，其族群似乎与十二支子酉的关系更为密切。因而它可能是十日干族及十二日支族中与十二支族关系更近的部族。

  关于亚醜徽铭铜器的族属，我以为可能和姜子牙一族有关。子牙可能是子酉的音转。而子牙钓鱼之说可能和十二支与癸甲十干相配仍有二日盈余的余字余数有关。徽铭中 ![] 状酉字口内一弯勾下垂作勾钓形，其下又有一口形符号，内有×状交五符号，因而既有历法的阴阳交五状，又可作十二支盈余的2日解。而这与子酉作子牙及其长于阴阳术和垂钓的特征相符。但亚醜铭的亚可能更古老，因为亚形的四隅之内凹形状极像东方沿海区自新石器以来流行的八芒纹，它可能是伯益族的标记。益亚音通，而伯益为四岳后，亚字与八芒纹也极像四面有山岳山石状。记载中四岳为姜姓，因而也与姜子牙的族属相合（图6-21）。

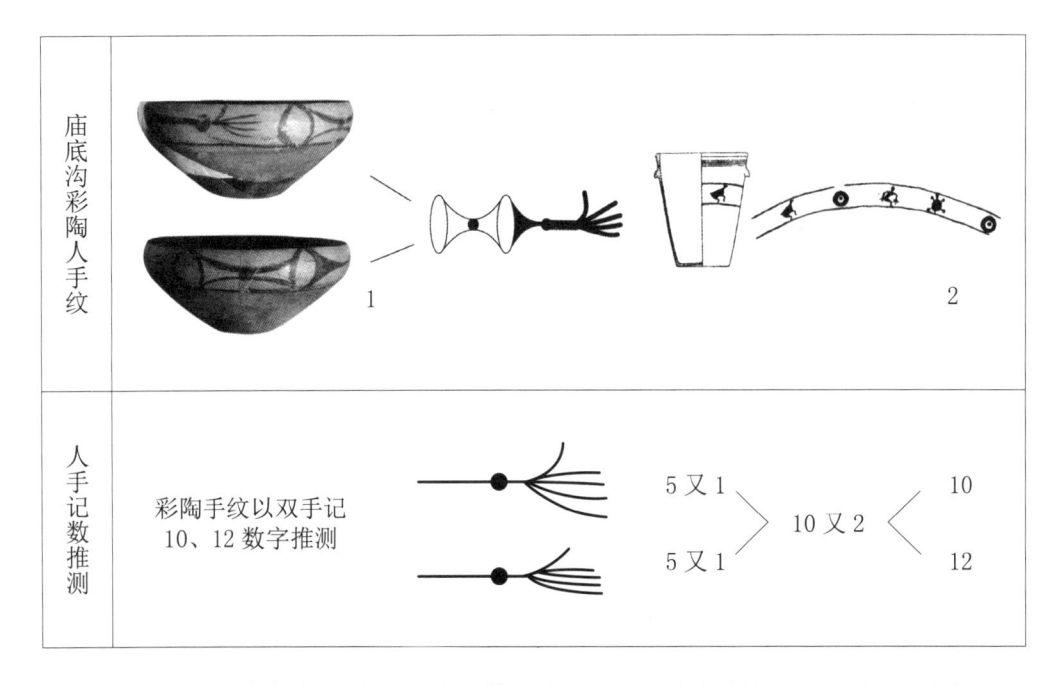

图6-20　庙底沟彩陶以人手纹记数法推测（注：1吴家坡彩陶钵　2洪山庙彩陶缸）

图6-21　青铜亚醜铭与甲癸子酉文字符号比较

（三）周王圆鼎与金文、甲骨文典字、册字的象数符号传统

1. 周王圆鼎六条棱柱记数对理解甲骨文金文典字册字数字内涵的启示

甲骨文金文中典字作 ▨、▨ 形，册字作 ▨ ▨ 形，典字似乎只在册字下加双手之形，表示奉册之象。但仔细辨别，其符号仍有差异。典字为三长三短六条棒柱围成一圈，而册字由两个四条棱柱各围成半圆形，再由两个半圆相对成合围形。虽然柱的形状及数目不同，但都以圆形围绕。前者与我们所述西周王鼎圆形及腹部六条棱柱极相似，而后者与殷王方鼎的方形及突出四角棱柱相像。特别是殷王方鼎四周八条棱柱分为四角四条，四面正中四条共八条两组与册字极相似。因而我以为典册两字不仅有有手与无手之区别，而且还有六柱围成圆形与八柱分两组合围之区别。从我们对夏王室的符号文化分析中可以看出，自半坡时代夏王室起，夏商王室似乎已经以四正四隅的四面八方之形作为王室形数符号传统，这种传统与殷王方鼎相似。而它们似乎与甲骨文金文中由两组各四条棒柱围成半圆，再组成合围状相同。而半坡以西的宝鸡及天水地区以至马家窑文化彩陶的器型纹饰则更多与典字的三、六格局的形数符号相像。因而甲骨文中六条柱状的典字其文化传统是近于周人圆鼎文化传统的，而由八条柱状合围成的册字文化传统则更近于殷王室方鼎的器形结构及文化传统。虽然自殷墟以后由于甲骨文字及金文这种新的文字形式的出现，传统的器物符号文化及形数内涵已有被新的文字取代的趋势，但对典册文字的符号形态细加区分，仍能帮助我们了解这些细微差别背后隐藏的族群文化差异及悠久的数字符号传统（图6-22）。

2. 共王师𩰬鼎多铭少纹与西周中期以后传统象数符号文化的消亡

西周中期以后王鼎的形态发生了很大变化。不仅早期上小下大的覆斗形态为锅碗形浅腹鼎取代，而且鼎腹上作为王室特殊标识的纹饰及形数符号也渐趋消失。这一转变的最明显变化是以我们论述的共王鼎，即师𩰬鼎为标志的。师𩰬鼎为1974年扶风强家村出土，通高85厘米，通体不用西周王鼎传统的腹部纹饰及格局，只在口沿下饰三道弦纹。自师𩰬鼎以后，西周王室大圆鼎中几乎再没有出现过像早期王鼎那样纹饰及结构的。作为一种文化传统的历史演变，这也许是正常和必需的。但作为历史的传承，却明显表现出西周王室的文化传统至此发生了重大变化。西周王室王鼎形态的这种变化也与记载中的西周中期以后王室衰微相符合。而从西周王鼎的器形及纹饰变化可

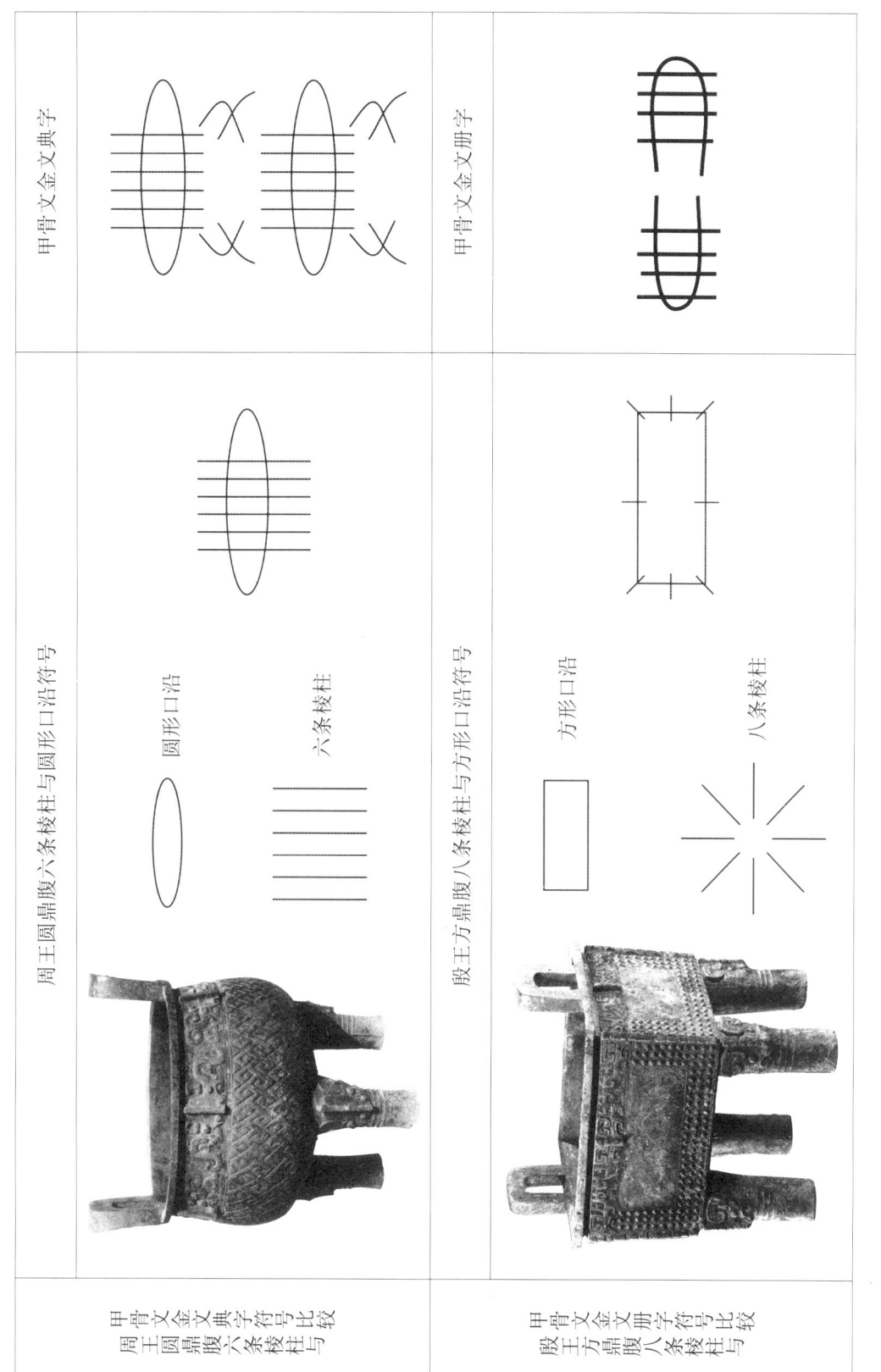

	甲骨文金文典字	
周王圆鼎腹六条棱柱与圆形口沿符号	圆形口沿 六条棱柱	
甲骨文金文典字符号比较 周王圆鼎腹六条棱柱与		
	甲骨文金文册字	
殷王方鼎腹八条棱柱与方形口沿符号	方形口沿 八条棱柱	
甲骨文金文册字符号比较 殷王方鼎腹八条棱柱与		

图6-22 周王圆鼎腹六条棱柱与甲骨文、金文典字、册字符号内含比较（注：1长安斩旺大鼎 2司母辛鼎）

以看出，自夏商殷以来的器物符号文化传统的根基到西周中期发生了重大动摇，由于传统的器物符号文化传承若断若续，或已演变为另外的传播方式，因而在其断续及传播方式的演变中，王室器物及符号原先承载的许多文化内容也逐渐消亡。随着以地缘为特征的新兴方国文化兴起，自夏商以来以血缘为纽带，以部族联盟为特征的原始时代传承下来的原始平均主义的文化传统被有意无意的曲解、误传甚至被新兴贵族有意毁灭。因而区分仍有浓厚联盟特征的夏商殷周文化传统与自春秋到秦汉的封建中央集权文化传统之间的差别，区分器物符号文化传统与文字传统之间的差别，才能更好地认识夏商殷周文化传统，发掘出那些被尘封久远的古代传统文化及内涵（图6-23）。

图6-23　西周青铜大圆鼎前期后期器形及纹饰变化
（注：1长安新旺大鼎　2淳化大鼎　3大盂鼎　4旗鼎　5师𩛩鼎　6大克鼎　7毛公鼎）

第七章 /
夏商殷周的王命王年周期与历法周期

夏商殷周王命王年的天命本质

（一）夏代王室以十日名王的天命本质

1. 夏启以癸甲十日名王的天命历法特征

考古资料证明，中国夏王朝的建立最突出的特征是以彩陶器物符号文字的十日之名作为夏王之名的。它证明了中国最早的符号文字不仅是用来记录王名的，而且也是兼而用之记录历日的。由此可见中国文明起源之早以及其有趣独特的文化特征。这种特殊的名王方式其原因何在？从夏启及夏王室早期彩陶盆看，明显保留了当时人们对日月星斗运转及指示的四季轮回并与之对应的草木枯荣、鸟兽生息的大千世界的运转变化的感悟和认识。这应当就是距今 6000 多年前半坡彩陶反映出的夏启癸甲开始的中国早期王朝以日名名王，即夏王室王名与太阳之名同一的天命本质。由于半坡时代的社会形态处于部落联盟时代，联盟成员自然都以日为名，并按十日历法的十日规则形成夏王室政权的核心。这从半坡彩陶的多种动物如鱼、鸟、牛、羊、猪、蛙等代表的族群就可以看出。由此可见，中国传统文化中王者以天子自称并以代表天命的本质内容在不同时期是有差异的。从考古资料及我们前面对夏商殷周王名王器的论述看，春秋以前王权与天命应当是有其真实的天象历法作依据的，并且是由不同血缘族团组成的天干十日群团共享的。而春秋战国至秦汉以后的天命王权则是专权的，其所谓天命在很大程度上只是具有象征性政治意义而较少真实的天象历法依据。

2. 古籍记载中的天命王权及天命历法传统

古籍记载中我国将天命与王权合一的天命王权传统也是十分悠久的。传说中开天辟地的伏羲女娲不仅造人类，而且以规矩创造天地。记载中也有黄帝造甲子之说。特别是《史记》明确记有黄帝"迎日推筴"；高辛帝"历日月而迎送之"；帝尧更有分命羲和两氏以四中星定春分、夏至、秋分、冬至四时并以此为据，制定"岁三百六十六日"的历法记载。关于《史记》所记帝尧制定的一年366日的历法性质，古人多以阴阳合历的农历大年366日，小年355日解。其实这是值得重新思考的。帝尧时代既已能准确以四中星定春分、夏至、秋分、冬至之四时，则极有可能已有比较成熟的四分历的回归年历法。而所记的"岁三百六十六日"正是四分历回归年历法每年均为365日，只在第四年另加一日为366日的四分历之记录。从我们对夏商殷周的星象历法分析看，中国古代存在着至少四种以上的历法形式。即十日历、十二日历、月周历及阴阳合历的润朔历。前三种历法形式都相当古老，这也是与历法产生在极遥远的农耕时代以前，是人们长期在四季更替、草木枯荣的逐水草而居的游牧迁徙时代对日、月、星象的观察形成的。而阴阳合历的农历出现则相对较晚，从甲骨文金文记载看，其出现的时间大约是在农耕定居出现的仰韶文化时代，而成熟的时间是在殷代或殷周之际。由于阴阳合历的农历是与定居时代的农耕生活及作物播种的时令相关的，因而比起早先的月周历法和日历或星象历，它更适合播种收获的农时节令。因而，随定居农耕生产生活方式的发展与之适应的农历才愈来愈突出，所以在中国古代历法的研究中，我们仍然要从定居农耕与定居农耕之前的不同生活方式及生产方式上寻找不同时代的不同历法需求以及由此产生的历法形式。关于帝尧的时代，按现在学界的通行看法，以河南偃师二里头遗址为夏文化算，二里头遗址的上限为公元前2000年前左右，帝尧文化最早不过在公元前2500年，亦即中原龙山文化早期。而按我们的看法，则帝尧时代至少是在公元前4000多年前的半坡夏文化之前。我们在上册曾将半坡之前的前仰韶文化遗存作为尧舜时代文化看，而甘肃秦安大地湾遗址、陕西华县老官台及临潼白家遗址出土的与半坡彩陶一脉相承的彩陶符号，说明这一时代社会文化发展已十分发达，它们创造的彩陶文化不仅记录了那一时代人们的知识、经验及天象历法，而且深深地影响了半坡夏王室文化及以后夏商殷周的历史发展。我以为与半坡夏文化相连接的前仰韶文化可能就是记载及传说中的尧舜时代的文化遗存。

（二）商殷王名的十日轮回与天命历法特征

1. 商殷先公上甲至主癸的十日名王的顺序特征

虽然以十日名王的规律自夏王朝建立就已开始，但是夏人以十日名王的详细情况由于记载原因仍不很清楚。即便如此，它仍然透露出夏王以日命名的一些特征。如夏早期王名以十天干中的庚名为多，如太康、中康、少康等，晚期以甲为多，如胤甲、孔甲等。特别是早期夏启以辛壬娶、癸甲生则也反映出了夏王不仅以十日名王，而且也有按照甲乙丙丁……的十日次序名王的特征。按十日顺序名王在商殷先公先王的名号上表现比较明显，如甲骨文记载商王大乙之前的先公依次为上甲、报乙、报丙、报丁、主壬、主癸。虽然中间缺少了戊、己、庚、辛四日，但仍大体上能看出是按从甲至癸的十日顺序名王的。从夏代早期夏启名王时的"辛壬癸甲"之十日顺序及商殷先公先王的甲乙丙丁壬癸的十日顺序可以看出，无论是夏初或商王朝建立以前，似乎都曾有以十日顺序名王的时期。但是无论夏或商殷，在王朝建立后王名却并无明显的十日顺序特征。我以为这或许和夏商王朝初期，当人们开始以十日顺序名称命名自己的领袖时，是比较严格的遵从十日的天命的，但随时代的变迁，不同日干集团实力的消长变化，原先制定的十日顺序被打破了，特别是甲骨文中记载的比较完整的商殷先公先王及商王大乙建立商王朝至殷王帝辛亡国的全部王名之变化，却能提供给我们研究商殷王朝内十天干群团力量消长变化与天命与王名十日的周期特征。

2. 仲丁迁敖前商王室乙丁两群关系及丁群五代而出的五王周期

从甲骨文及古籍记载中可以看出，虽然商王朝的创建者是大乙代表的乙群，但伊尹代表的丁群不仅在灭夏立商中起到十分重要的作用，而且从大乙以后的商王日名可以看出伊尹丁群名王似乎有更严谨的规律性。记载中大乙的王子为大丁，我以为太丁或许是伊尹丁群女子所生，这也与商殷王名中一些王名明显从母系而来的特点相符。然而大丁并没有继承王位，记载以为是大丁早亡。这种说法是值得重新思考的。大丁早亡可能是掩饰之词，其实质可能是大乙建立商王朝早期王室内乙丁两大干群的权力之争形成的。商王室乙丁两大干群的联合与斗争的关系在商先公时代就有反映，《史记》所记商先公上甲之后的王名是报丁、报乙、报丙。丁在乙之前。而甲骨文记载却是报乙、报丙、报丁。是乙在丁之前。自王国维以后，国内学者多以甲骨文为依据，修改了《史记》上甲以后为报丁的记载，改为上甲之后为报乙。但著名学者张光直在《中国青铜时代》一书中却提出《史记》所记报丁在上甲之后是合于商王室内王权在两大干群，即甲乙群和丁群两大干群间传承的规律的。若按甲骨文的记载，则明显不合王权在甲乙群与丁群间隔代相传的特点。[①]因而我怀疑甲骨文的记载与司马迁《史记》的不同可能是由于其来源不同导致的。由于同一事件在不同族群中有不同甚至完全相反的说法，这在古代记载中是比较多见的。尽管商王朝建立者是大乙，但伊尹的丁群不仅在商王室威望极高，权力很大，而且在商代早期王名中出现也十分严谨而有规律。如从大乙到沃丁，名丁者为第五王；从大庚到中丁，名丁者又为第五王。中丁以后商王名丁者五王而出的规律虽稍有变化，但仍能看出其变化的规律。如从外壬到祖丁为六王，名丁者在第六王时出现；而从南庚到武丁又为六王，名丁者也在第六王时出现。十分有趣的是这种变化似乎反映出这与中丁以后甲乙群的力量增强有关。因为中丁以前五王有名丁者出现的五王名号都没有发现十天干名重复出现的现象，而中丁以后外壬至祖丁六王中有河亶甲和沃甲两位名甲者。从南庚到武丁六王中，有南庚和盘庚两位名庚者。可见这种变化大概是由于甲庚两干群名号在原先的五王中重复出现导致了丁群名号由五王而出变为六王而出。而《史记》记载中丁以后的商王室有"比九世乱"之说。从我们对中丁以后引起商王名号规律变化的原因分析可以看出，"比九世乱"其原因正是由于甲群与庚群名号在王室内重复出现，打破了以丁群为标志的五王而有名丁者出现的五王规律（表7-1）。

3. 商殷王名反映出十天干群力量消长及在王室地位的变化

前文已经论述过，商殷先公从上甲至主癸，不仅是按十日十天干顺序名王，而且自甲至癸王名亦不重复。然而自大乙建立商王朝开始，不仅这种按十日顺序名王的顺序被打破，而且有些干名逐渐减少，以致不再出现于王室，而有些干名却重复出现。我以为大乙以后商殷王名的变化大约与商殷王室内

[①] 张光直：《中国青铜时代》，生活·读书·新知三联书店1983年版，第152页。

商先公上 甲至主癸十日名王顺序	大乙到仲丁五王 有名丁者出现	外壬至武丁由于甲、庚两干 名重复名丁者六王出现
报丁 报乙 报丙 主壬 主癸	大乙大庚 外丙小甲 仲壬雍己 大甲大戊 沃丁仲丁	外壬南庚 河亶甲阳甲 祖乙盘庚 祖辛小辛 羌甲小乙 祖丁武丁

表7-1　商先公十日名王顺序及商殷前期王名名丁者五世而出规律

十天干群的势力消长有关。商殷王室自大乙至帝辛共30王，如果以10王为一段，我们将30王分为三段，即自大乙至中丁为第一段；自外壬到小辛为第二段；自小乙至帝辛为第三段。第一段10王中有8个干名，名甲者出现2次，名丁者出现2次，10王中无名辛和名癸的。第二段10王中有6个干名，名甲者出现3次，名辛者出现2次，名庚者出现2次，10王中无名丙、戊、己、癸四干者。第三段10王中有5个干名，名乙者出现3次，名丁者出现3次，名辛者出现2次，十王中无名丙、戊、己、壬、癸五干者。从以上大乙至帝辛30王王名变化看出，商殷王室10天干群干群数有逐渐减少的趋势，而且愈晚愈少。另外，名癸者自大乙以后从未出现在商殷王名中，而商殷先公中不仅有名癸者，夏代的最后一王也名癸。因而商殷王室10天干群充其量是九干九日，而九日之名又与我们前文论及的乙鸟群鸟羽族射十日，中九日的故事似乎有些关联。因而我们怀疑癸在十天干群中可能是最受尊崇而不出现于王名中的。因为商殷王族的祖先神为帝喾，有的称夒，可能是以※状癸字符号为代表的族群。第三，名甲者在第一段和第二段特别活跃，却在第三段突然减少，相反，乙丁辛三群在第三段最为活跃，由此也可反映出甲群与丁、辛群之间的对立。而丙、戊、己从第二段后就在王名中消失了。第四就是辛群在商殷王室的隐现十分耐人寻味。一般以为商殷王室的先祖可追溯到帝喾高辛氏，而商殷先公上甲之父王亥之日名在甲骨文中也为辛日。但在大乙建立的商王室内辛群却似乎并不被重视，伊尹虽与有辛氏有密切关系，但伊尹自为丁群。名辛者出现只是在大乙以后的第14王祖辛时代才出现的，而之后的第二段和第三段也只出现两次。因而，商殷王室的辛群只是在商殷王室中晚期才出现的并且在晚期才比较活跃，这却和商殷之祖高辛氏及王亥的显赫地位形成了明显的反差（表7-2）。

大乙—仲丁10王	外壬—小辛10王	小乙—帝辛10王
甲2大乙 乙1外丙 丙1仲壬 丁1大甲 戊1沃丁 己1大庚 庚1小甲 辛0雍己 壬1大戊 癸0仲丁	甲3外壬 乙1河亶甲 丙0祖乙 丁1祖辛 戊0羌甲 己0祖丁 庚2南庚 辛2阳甲 壬1盘庚 癸0小辛	甲1小乙 乙3武丁 丙0祖庚 丁3祖甲 戊0廪辛 己0康丁 庚1武乙 辛2大丁 壬0帝乙 癸0帝辛
大乙到仲丁10王，有8个干名，名甲者出现2次，10王中无名辛、癸两干者。	外壬至小辛10王，有6个干名，名甲者出现3次，名庚、辛者各出现2次，10王中无名丙戊己癸四干者。	小乙至帝辛10王，有5个干名，名乙者出现3次，名丁者出现3次，名辛者出现2次，10王中无名丙、戊、己、壬、癸五干者。

表7-2　商殷王名早晚干群消长变化统计图

4. 商殷王室辛群的隐现与考古发现王亥猪鸟部族的联系

商殷王室辛群的出现在一定程度上能与考古发现相对照，从而也为我们判定商殷王室文化及时代提供依据。我们在前面已多次论述王亥部族与其猪鸟图像的标识。王亥在甲骨文中多以辛日祭祀，因而它可能是属于十天干辛群的。从甲骨文王亥亥字及考古发现看，王亥部族是以猪鸟为标识的部族，其文化遗物主要集中在东部沿海的大汶口文化区，江淮青莲岗文化区及东北红山文化中。早期阶段在磁山文化中也出现较多。但随仰韶文化大范围东进，猪鸟文化一直向东收缩。直到陶寺遗址彩绘龙盘中才以猪龙符号纹饰出现。这也是我们将陶寺时代定为商代祖乙、祖辛时代的依据之一。而自陶寺到二里头、二里岗以至殷墟，明显有东方、东南，及东北文化大量汇集于二里头、二里岗。早先被仰韶及中原夏文化压迫而向东北、东方、东南散亡的以猪鸟为标志的有辛部族文化可能也随之重新回归于中原龙山文化之中。这也是与商殷王名中早期无名辛者，而晚期辛群比较活跃相符合的。

5. 廪辛以后殷王室十日制王权向乙、丁、辛三个干群的集中从中丁以后商王名号以丁名为标识的五王制规律被打破到盘庚迁殷以后，殷王室十日制王名更迅速向辛乙丁三干群集中。特别是廪辛以后直到帝辛亡国，六王中只有辛丁乙三干轮回出现，而十干中的其他七干不再在王名中出现。甲骨文中商先公名号体现出是按十天干十日顺序的，而大乙以后十日名王顺序被打破，而以丁名王的五王规律却保留下来，十日十干群轮流执政的早期王朝的平均共政的某些特征直到殷代晚期廪辛以后才明显减弱，不同干群间轮流执政的传统愈来愈少。这种王室政权形式的变化反映出自公元前 4000 多年前半坡夏代初期部落联盟式的早期王朝十日制平均政权形式在漫长的历史变迁中其内涵日渐削弱，王权逐渐被少数几个较强大的族群据有。即便这样，它依然沿袭着早期王权的平均制及共有形式，而与后来的封建中央集权制判然有别。

（三）夏商殷周王年的 72 年天命历年周期

1. 典籍记载中透露出的古代王年的 60 年、72 年的天命周期

种种迹象表明，西周及以前的中国古代帝王的执政年代可能并不像战国、秦汉以后以每王实际执政年代计算的，而是一种被称作天命的历法周期年代。这种天命历法周期年代的本质是在当时特殊时代独有的既能表述人们对天象天命的无限敬畏，又能简易地延续记录历法年代的方法。而这同时又是带有那一时代部落联盟内部族之间保证执政年代平均的一种纪年方法，由于时代的变迁及后代政权有意无意地对前代代表权力的天命历年的修正篡改，以及文字本身的变迁，中国古代延续既久的天命历法很少留下其痕迹，但是考古发现的古代遗物却常常促使我们思考中国古代的王朝年代及记录方式。从而也促使我们在古代典籍残存的那些只言片语中发掘出一些与古代天命历年周期的相关线索。如《史记》记：尧曰"嗟，四岳：朕在位七十载，汝能庸命，践朕位？"而记帝舜的在位年代有："舜年二十以孝闻，年三十尧举之，年五十摄行天子事，年五十八尧崩，年六十一代尧践帝位。"《史记》中帝尧的"朕在位七十载"与帝舜的"年六十一代尧践帝位"的 60 与 70 或 72 之数字似乎在古代帝王王年中常常出现并成为定数。尧舜之后的夏禹作为开国之君，其在位年代《史记》："帝舜荐禹于天，为嗣，十七年而帝舜崩。三年丧毕……即天子位。""十年帝禹东巡狩，至于会稽而崩。"似乎夏禹在

位只有 10 年，没有与 60、70 相关的年代。但是继夏之后的商代开国君王商汤却有与 70 相关的记载。《史记》虽无关于商汤执政年代记载，但在《史记》汤崩之后的注解里皇甫谧注："即七十年而践天子位，为天子十三年，年百岁而崩。"可见商汤是以 70 岁高龄即位而以 87 岁老年执天子政的。商汤的 70 岁即位与帝舜年六十一代尧位及帝尧的朕在位七十载似乎都反映出古代帝王的晚年执政及高寿，而且似乎其执政年代多与 60、70 的年数相关，西周的开国年代及文王武王的执政年代也似乎与 60 及 70 的年数相关。《史记·周本纪》："西伯盖即位五十年……后十年而崩。"文王的即位年数与执政年数之合又是 60 年。而更为有趣的是武王是在继文王 60 年之后的第十二年，即 72 年出兵攻伐殷纣的，而且是在甲子日的早晨，并且在一天之内即攻灭了殷朝，文王的 60 年与武王 12 年之合的 72 年反映出的 60 年、72 年之年数与上述尧、舜及商汤的 60 及 70 年的年数规律似乎都在启示我们，直到西周初期，王的即位年数与执政年数似乎都是有某种天命与定制的规律的。而且从武王在文王执政 60 年后参与主政又表明似乎前后两王之间又有 12 年的权力转移期。因而在一王执政的 72 年中，可能实际分为主政的 60 年和权力移交的 12 年合为 72 年这一现象的。

2. 殷周王鼎的 60 数及 72 数的王制特征

与典籍记载可以互相印证的还有殷周王鼎纹饰的结构装饰体现出的 60 与 72 数数制特征。如殷墟时代的青铜方鼎以乳钉纹饰最显著，而有的方形四角每角的乳钉数多为 $3 \times 5 \times 2 = 30$ 数，如此则两角之数为 $30 \times 2 = 60$ 数，而一周四角之数为 $30 \times 4 = 120$，为 60 之两倍。另一种乳钉纹饰其数为 $3 \times 6 \times 2 = 36$ 数，如此则两角之数 $36 \times 2 = 72$，而一周之数为 $72 \times 2 = 144$，为 72 之两倍。直到西周中期，乳钉方鼎的乳钉数制的 60、72 数制式仍在方鼎中被保留着，而其 60 与 72 数之制式的最明确的源头是在殷墟妇好墓出土的司母辛方鼎上。司母辛方鼎乳钉纹饰改变了二里岗时代的风格而形成殷墟与西周的固有风格，其口沿下为一周兽面纹饰，无乳钉纹饰，乳钉装饰在兽面带以下，并且固定为边角竖三排，底边横三排的固定乳钉排列法。直到周代的乳钉方鼎，其乳钉数及排列方式都沿袭了这种方式，形成晚期乳钉方鼎的定制。妇好墓出土的司母辛方鼎的乳钉数为每角 $3 \times 10 \times 2 = 60$，一周四角为 $4 \times 60 = 240$，为 60 的四倍。正面底边三排乳钉之数为 $24 \times 3 = 72$，四边则为 72×4，只是司母辛方鼎每角的 60 数与底边的 72 数共用了角与底边交汇处的乳钉，但也许这正是司母辛方鼎的制作者想体现的 60 数与 72 数紧密关联的想法。司母辛方鼎的乳钉数之特殊之处还在于其乳钉数集 60 与 72 一身，这种状况在此后的乳钉方鼎再无发现，或为 60，或为 72，而司母辛方鼎乳钉数集 60 与 72 于一身的制式却被西周圆形王鼎所继承。西周王鼎鼎腹一周 6 条柱状饰为｜形，而｜与甲骨文、金文的 10 数作｜状相同。我以为西周王鼎鼎腹一周 6 条柱状饰是表示 60 数的。不仅如此，西周早期王鼎如文王鼎，即长安新旺大鼎，其腹部一周 6 条柱，因纹饰差异又分为两组，每组三条即为 30 数，这种 30、60 的数制规律也与殷代乳钉方鼎相同。西周王鼎鼎腹的 6 条柱状饰多为兽面部自额自咀的鼻棱柱饰，而柱饰两侧又有两只乳钉状兽眼，将 10 数之柱与两只乳钉目合计又可为 12 数，6 只兽面其柱和目之总数为 6×12 = 72 数，由此可见，周王圆鼎鼎腹的柱状饰及兽面兽目合成的 30、36 及 60 与 72 数的数字系列确与殷王方鼎上的乳钉数系列有异曲同工之妙。更为有趣的是西周王鼎腹棱柱作为数字之 10 的证据也可从司母辛方鼎上得到启发，司母辛方鼎鼎腹一周有四正四隅八个兽面指示八个方向，每个兽面面部正中也有棱柱作装饰，而且其棱柱上都有均匀的刻度似乎表示棱柱代表的数字，而正面兽面的柱饰其刻数为 5 个，四角棱柱刻数为 10 个，如此则司母辛方鼎一周棱柱刻数为 4×10+4×5 = 60 数，由此可见，虽然西周王鼎在形制与结构上与殷王方鼎大相径庭，一为圆一为方，一个以三、六结构，一个以四八布局，但西周圆形王鼎在表现出的数制序列上却明显承袭了殷王方鼎的传统，而最明显的是它与司母辛方鼎超乎一般的数制系列及表现方式的内在联系（见图 6-16）。

3. 尧典"基三百又六旬又六日"与天命王年 72 年周期的启示

以上我们对古籍记载和殷周王鼎体现出的 60 数和 72 数数制序列的分析，意图在于寻找出中国古代天命王年的天命历法本质及天命周期。而这也是古代人们生存生活的关键所在。中国古代自黄帝以至于尧舜禹，甚至晚到明清，王者即位的首要工作是"改正朔，易服色"，仍然延袭早期以天象历法立国的特色。然而天象历法在几千年的演变中其内容本质及在王朝中的地位已发生了很大变化，中国古代有无以历法历年周期作为王命王年执政年代这种观点不见于古籍记载，也不见于后来论著，但我以为它是存在的，并且在夏商殷周王室时期居于重要的地位。这一观点的最重要的依据就是自夏代开始的十日名王传统。因为以 10 日名王表示自夏代开始，王室王族王名可能就以十日的方式连续不间断链接下去，而作为天命所系，王也会像《论语·尧曰》所记"天之历数在尔躬，允执其中，四海困穷，天禄永终"。这里所说的"天之历数"就是天命之数，而"执其中"很可能就是殷周王鼎鼎耳常以龙虎作纹饰，龙为春分之象，虎为秋分之象，而春分秋分是为中，可能就是"天禄永终"的理解。因而天禄之禄极可能就是陆即六，即四分历中的余六日之法。因为《史记·五帝本记》尧有"朞三百又六旬又六日"之说。注者对"三百又六旬又六日"多以阴历润月及大年小年解，其实从我们在前面论述的中国早期历法传统看，很早即有纯月历的阴历与纯日历的阳历传统，而"尧典"中"朞三百又六旬又六日"的三百又六旬明显有 10 日为旬的 10 日纪历的历日痕迹。由于阴阳合历的阴历及置润之历法的目的是固定中气而便于精细作物种植所需的，因而这种历法更注重作物种植日期的准确性而不注重纪日的整齐划分即方便性，因而它可能比帝尧时代更晚。而如果按照我们的理解尧时"天禄永终"与"朞三百六十六日"表明帝尧时代已有了四分历及余六日之法，则中国的 10 日纪历的纯阳历四分历法起源相当古老并且很早就已完备了。因为按四分历的一年 365 又 1/4 日记，每四年即须再余一日，即 366日，如此才能保证历法的有序、顺畅与延续。但实际的 366 日仍然是不能满足历法连续记录需要的，因为按现代天文测定得知，一回归年的实际天数是 365 日又 6 小时 9 分 9.7 秒，虽然每隔四年即增加一日为 366 日，但每年仍余 9 分 9.7 秒没有计算在内，因而每年仍余约 10 分钟，六年则大约又会有 60 分钟即一小时的误差，而 36 年误差有近 6 小时，即 4/1 日。而 6 小时的误差在观象授时的古代已是比较明显了，若再不调整历法，到 72 年误差可达 12 小时，即半天了。我以为这 36 年与 72 年的历法再调整之极限数字可能就是古代王室的历年周期之数，同时也是夏商殷周帝王的天命历年之数。而殷周王鼎的 36 与 72 数字系列可能正是这种天命王年周期数制之反映。而与 36、72 同时存在的 30 与 60 数制可能是 60 甲子连续记日记年的尺度数字。可见殷周王鼎的数制序列明确传达出殷周王室既有天象天命的极限周期，即 36 年、72 年，又有连续纪日纪年的 60 甲子尺度，而这种 36 年、72 年的天命周期及 60 甲子的纪日纪年尺度也与史籍记载中常常透露出的古代帝王与

60及72数相关的说法相吻合。

4. 商殷五王制规律与72年天命王年的内涵

以上我们从殷周王鼎的60、72数数制规律与尧典相联系，提出了夏商殷周可能存在的四分历及由所余日数形成的72年历法周期，并以此推测夏商殷周共同遵循的天命王年周期。这一观点还可以与商殷王名出现的五王制规律相印证，前面我们已经论述了自商王大乙开始的每隔五王即有名丁者出现的规律。如大乙—沃丁、大庚—中丁等，而商殷自大乙建立商朝至殷纣亡国共30王，也合5王而变的周期规律。商殷王名五王出现丁名的规律可能和伊尹有关。伊尹在甲骨文中多在丁日祭示，而且记载中伊尹是夏臣又佐汤灭夏者。并且伊尹有"五事桀，五事汤"之说。由此也可证明夏王大约也有与商王室一样的五王制规律。不独夏商殷，西周王室似乎也遵守五王十王而变的规律。如武王建立周朝至穆王五王，昭王之变与穆天子之事不知是否与五王规律相关，而亡西周的厉王正为第十王。这种种迹象也透露出商殷至西周的五王、十王制规律其背后可能隐藏某些重要的天文历数内容。联系以上我们对殷周王鼎上60、72数是表示殷周王制王年的分析，或许可以对夏商殷至西周五王规律作出较合理的解释。按照尧典提示的尧时开始的四分历法，即每4年余一日的366日纪年法，每年仍余9分9.7秒，按10分计，则每6年积余数为60分，即约1小时，36年积约6小时而72年则积约12小时，即半天时间，每王的72年周期很有可能正是警示并规定必须对历法作适当的调整的周期限制。若一王为72年，则五王年数总合为360年，若以一甲子为60年计算，五王的总年数360年正好为6个甲子年周。由此可见夏、商、殷王名的五王制王名规律与西周至厉王的10王变动现象很有可能是几千前的夏商殷周王室以五王记历法之余数和6个甲子年周即360年的历法周期的一种反映。夏商殷周五王制规律在古籍记载中也有反映，《周礼·夏官·隶仆》说"掌五寝之埽除粪晒之事"，郑注"五寝，五庙之寝也"。又《礼记·丧服小记》说："王者示帝其祖之所自出，以其配之而立四庙。"（注："高祖以下，与始祖而五"）《吕氏春秋·谕大》引《商书》说："五世之庙可以观怪。"以上都是古王室祭示以五庙为之的证明，所以清代学者焦循在《群经宫室图》中就以为"盖五庙之制，自虞自周，自天子至附庸皆同"。而五庙是即位之王祭祀时一殷祭祀其前世五王，所以古籍记载中五庙之制也是与商殷王名中五王规律相互印证的。而五王之庙与王名中的五王之制其根本原因，我以为是有其天命历法的72年周期作基础的。

5. 司马迁《史记》篇目数字系列的古王制痕迹

除了古籍记载中对夏商殷周五王制规律的记载外，殷周王鼎的数字的10、12、30、60、36、72数字系列似乎与司马迁《史记》的篇目数字有某些联系。如《史记》篇目数为十二本记、十表、八书、三十世家、七十列传。不同之处太史公《史记》有八书，没有36。有三十世家，而且72也用七十代替。即便如此，其12、10、30、70之数字系列仍能反映出与殷周王鼎数字系列的相近之处，至于《史记》中以六十九世家加太史公自序共成七十篇之数，而70与72在古代往往是通用的。如"女娲一日七十化"，有的则说为七十二化。道家的七十二洞天，有的也说为七十洞天。以上可见《史记》的篇目数字系列虽然与出土的殷周王鼎数字系列不完全相同，但其主要数字及系列却十分相似。因而我以为到西周晚期古王制的五王规律虽被打破，但长期的文化传统自然不会突然消失，它必定会以不同方式在某些地方被继承下来，其中殷周王室的史官家族可能性更大。而司马迁正是出身于西周史官家族。《史记》太史公自序说其先祖程伯休父"失其守而为司马氏，司马氏世典周史"。而《楚语下》记观射父更说司马氏之先祖程伯休父为"重黎氏之后"。而重黎氏更是夏代以前掌管天地神人的神话人物。因而《史记》作者司马迁的家族很可能保留了自夏商到殷周的古代王室最重要的天命历法及由此形成的王制王年的数字机密，并直到汉代的司马迁时，仍以古王制的天命之数作为篇目，从而形成《史记》的篇章结构。

6. 姜寨夏王太康盆人头戴五的余五日证据

我们在前文论述半坡时代夏王室的历法时已论述过姜寨睁目人面纹盆为夏代第二王太康时代遗物，并以人面头上的×状符号与五子符号及太康五子说相联系，而五子就是六十甲子纪日纪年的另一种说法，即以六十甲子周中的五个子字为代表记60甲子周期的记数标记。因为六十甲子是以六个天干的60日与5个十二支的60日相配构成六十干支记日记年尺度，故六十干支可以十天为主，并以十天干首日为名称六甲，也可以5个地支的60日为主，并以5个地支的首日子为名称五子。即五子，六甲都可能曾是古代代表六十干支表 60 日、60 年的简洁说法。可见半坡时代的半坡夏启人面鱼纹盆口沿的癸甲符号可以证明夏启以十天干的癸甲为名，而且姜寨出土的太康睁目人面鱼纹盆更可证明早在夏代初年就已经有了以十天干和十二地支相配的六十干支纪日纪年的方法。因而古籍记载的"太康五子"之说就可以和姜寨太康盆以人头上画×状五字符号以五表示的五人首，五首即五子意义相印证。而五人首五子符号还有更深一层的含义，即它所表示的 5 个地支 60 日的以十二支记日的历法日数意义及对六十地支日的简便记日方法之称呼。对于姜寨出土的夏王太康人面鱼纹盆人头上的×状五字符号，我们前面已经以余五法解释，即半坡夏代早期王室不仅以十天干名王记日，而且有一年 360 天并且以 5 天为余日的年周历法。由于夏王室年周 360 天，与余 5 天历法的出现，必然促使夏王室很快发现年周 360 天与余 5 天，即年周 365 天与实际年周日数的差距。尧典的"朞三百又六旬又六日"及夏启又名"建、余"的记载都反映出夏代早期人们对岁差余日的重视。因而姜寨太康人头上的五字符号可能具有余五日及以五子即 60 日连续记日记年及余五日的多重意义。因为作为器物符号时代流行的器物及符号，它们多半是具有双重甚至多重社会文化含义的。而且这种以最简便的形式表示复杂含义的方法，不仅能为那一时代的人们普遍领会接受，而且也实在是那一特定时代人们不能不采用的最简便、最经济、最易流行及流传后世的方法（见图 6-18）。

7. 从太康五子到殷周乳丁纹青铜簋的五子纪日纪年法之传承

从考古资料看，从公元前 4000 多年前的仰韶文化半坡类型临潼姜寨太康五子人面纹盆，经过庙底沟及此后的龙山文化直到殷周时代的青铜器物上，我们都可以找到太康五子盆上×状交五符号一脉相承的五子 60 数记录王室历日历年的方法。从考古发掘资料看，除姜寨太康盆人头上的×状五字符号外，半坡人面鱼纹盆的人面上的人嘴也多画成×状五字符号。在《古代美术与中国文明起源研究》一书中，我曾推测这是当时人们将人口画成×状五字以说话之口表示和记录夏王室之讣布余五法的器物文字符号。[①] 除人头人口上的五字符号外，半坡彩陶流行的以对头鱼纹之相对的鱼头后来演变成一种十分流行的交五状的彩陶纹饰。而在稍晚的庙底沟文化彩陶中，一种

---

① 钱志强：《古代美术与中国文明起源研究》，中国社会科学出版社 2007 年版。

被称为花瓣纹的彩陶，其构成花瓣结构网格的定位点也是呈交五状的斜线交叉状。这种斜线交叉线网格在中原龙山文化中也被继承下来，而在偃师二里头遗址出土的青铜鼎上也装饰有这种饰样。特别是殷墟时期和西周早期的青铜乳丁纹簋，其乳丁纹的乳丁排列也呈现出这种斜行交叉的网格结构方法。可见自公元前 4000 多年前的半坡时代开始，直到公元前 1000 多年的西周时期，3000 多年中这种以 × 状符号的五子记数法始终没有中断。这种以斜线交叉的五行、五子记数法确实应该引起我们对"太康五子"及"五子失国"及此后称五子为逆子的说法的思考。仅就姜寨太康五子盆上斜交 × 状符号和人头结合而成的表示五子记六十甲子之数含义而言，我以为所谓五子逆子之说可能是早期六十甲子的干支纪数方法中是以十天干为主为正而十二支为次为辅的。这从殷墟出土的甲骨上契刻的六十干支表上就可看出。殷墟出土的六十干支表刻辞以十天干为序作竖行六行排列，依次为甲子—癸酉 10 日一行，甲戌—癸未 10 日一行，甲申—癸巳 10 日一行，甲午—癸卯 10 日一行，甲辰—癸丑 10 日一行，甲寅—癸亥 10 日一行。六行皆以甲为首日，癸为尾日，自甲至癸 10 日依次排列明了。而十二支的排列要比十天干复杂得多。即以十二支的子日为例，第一行首日甲子，第二行则变为第三日丙子，第三行又变为第五日戊子，第四行变为第七日庚子，第五行变为第九日壬子。第六行无子日，第六行结束回复同前。如果我们细看甲骨文六十甲子表中五个子日的变化，其在六十干支表 6 行的位置从甲子首日依次斜行向下，依次为 1、3、5、7、9 的位置。甲骨刻辞六十干支表上五个子日及十二支的斜行记数方法与十天干之以甲为首纵横垂直的分布与记数方法形成鲜明对照。我以为夏帝太康的五子之说及庙底沟花瓣纹和殷周青铜乳丁纹簋的乳丁斜行布局法都可与殷墟出土甲骨契刻六十干支表以五子为首的十二支呈斜行的数位变化规律有关。六十干支表有 6 个十天干日，可以六甲代，而六十干支表的 60 日却只有 5 个地支日，故可以五子代。表中的 5 个子日呈斜行对角线分布，因而正与考古发现交五状的 × 状五字纹饰符号相关。这也可以证明中国古代传承几千年的器物及纹饰符号，正是以极简便的方法，记录并传承着人们需要表达和传承的极复杂的思想。由此可见中国先民的聪敏才智及其在文字流行以前的器物符号之文化特征（见图 6-18）。

（四）从古代王名余的余字说王制72年的记录方法

1. 半坡夏文化与以日纪年的历法传统

从人类的发展及考古学资料看，历法的起源是十分古老的，中国也不例外。但早期人类的历法究竟能够早到什么年代，那时的历法是什么样子，对于今天的我们是很难窥其全貌的。但随着考古发现遗址遗物的逐渐增多，我们对古人的历史及文化的了解也逐渐增加。就中国境内的考古文化看，至迟在距今1万年前中国黄河、长江各地都相继进入到考古学上的新石器时代。其各种文化遗物数量相对较多，特别是陶制器具的出现，使陶器成为1万年以来至距今4000年前后6000多年间的主要遗存物。其中尤以中原黄河流域遗址遗物多而文化之间的连续性较强，从而也为我们了解这一时代的文化历史创造了条件。而就我们论述的距今6000多年前的半坡仰韶文化为夏代文化看，夏启癸甲人面鱼纹盆说明半坡夏文化时代人们已经开始以癸甲十日记日记年了。因而在此之前人们可能使用着另外一种比较粗疏的历法。这种历法很可能只有四季轮回的年周而无明确清楚的日数。而中国传统文化中人们常称年为元，圆及周可能即是其文化遗存。就人类历法发展看，最早的历法都是只有季节而无明确日期的年周历法。这是由于早期人类长期狩猎及追逐水草的生活方式决定的。中国古代所说的"鹤鹿同春""鹿夏至解角，麋冬至解角"等物候历法可能都带有那一时代的遗痕，这种以四季轮回称元称年的历法是与早期人们追逐水草而居的生活方式相适应的。而传说中夏启之前的禹治洪水及尧时之大洪水的传说极有可能就是逐水草而居时代人们追逐水草丰美的雨季的遗留，并不单是大洪水的暴发及对人类造成的危害。追逐春夏雨水的生活方式必然引发与洪水的矛盾冲突。这一点我们在前面论述禹治水与历法关系时已有论述。而自大禹夏王朝建立以后，即我们论述的半坡仰韶文化时代开始，黄河、长江流域及中国境内南北各地的考古学文化证明，这一时代人们的生活方式都已进入相对稳定的农耕和定居生活时代。而农耕和定居生活必然需要历法的精细化。也就是说此前只以圆周纪年的只有四季轮回的历法观念此时需要精确到以日计算甚至再精确。而大禹之子夏王启的癸甲十日说法就是以日记历的新时代到来的反映。由于中国的器物符号文字可能最早就是从记录帝王名即记录历日开始的，如夏启癸甲及商殷王名均以天干十日字命名。而10

个天干字又都是历法中记录日数的字，因而自夏以后的商殷帝王以十天干字命名的名字也都可能有记录王年历日及历法周期的历日意义，并不单是日名，更不是与历日无关的随意的名号。

2. 夏启名建与以丨状棒柱符号记壹和拾的双关记数符号

从半坡夏启人面鱼纹盆口沿符号可以看出，当时的人们以其聪明才智发明了双关记事记数符号，从而能以一个简单的符号记录两重或多重相关内容的事。如我们前述的姜寨太康人面鱼纹盆人头上的×状五字符号。而半坡夏启人面鱼纹盆口沿的构成-|-状甲字的四个丨形符号就有记录 1 和 10 的两个数字的双重含义。夏启盆口沿的-|-和氺状两个符号错置表示癸甲十日连续记日。① 因而丨和丫都是记十日中一日之数。后世太阳神树的建木和扶桑木就可能分别与丨和丫状两个符号有关。② 但是在甲骨文金文以来的记数符号中，1 作一状横置，而 10 作丨状竖置。甲骨文金文的 1 和 10 的符号形状区别应当是殷周时代纪数系列中的更为严格的区别数字方法。而在其他场合一状的 1 和丨状的 10 其符号可能是同一的。而且多数是竖置的丨状。即是丨既有表示一日的数字 1 的含义，又有表示十日的数字 10 的含义。中国成语中习惯说的以一当拾不知是否和这种传统的双关数字法有关。但自夏而商而殷而周的以丨表示壹和拾两个数字的传统始终没有中断。如夏启人面鱼纹盆口沿的构成-|-状甲字的丨形符号既是表示 1 日之数的一，又有表示建木十日所自出的十日 10 数意义。而《太平御览》引《帝王世纪》就有夏启也有以建为名的说法。商王大乙彩陶罐上两组九条棒柱纹饰大约也有这样含义。而我们对西周王鼎腹外一周的 6 个丨状柱饰是作为 10 数论述的，殷墟王鼎如司母辛鼎四角棱柱也已出现明确的 10 数刻符。都表现出自夏启盆口沿的以丨状棒柱表示的丨与 10 数的 10 天干记日传统。而夏启盆以丨、丫状棒柱围成栅栏状圆形及牛羊角表示的牛羊都说明了夏启癸甲 10 日器物符号与更古老的围猎文化之关系。

3. 王名余字与夏商殷周王室以余日记历的方法

历法的精细化必然导致记录历法方法的细致与严谨。从半坡夏启盆及夏

---

① 钱志强：《古代美术与中国文明起源研究》，中国社会科学出版社 2007 年版，第 54 页。
② 钱志强：《古代美术与中国文明起源研究》，中国社会科学出版社 2007 年版，第 76 页。

启以癸甲十日为名看，半坡时代的夏王室已经有了以 10 日为一个纪历单位的纪历方法，即 10 日为一旬。这可能就是甲骨卜辞中大量出现的 10 日为旬的源头，也是中国以 10 日为一旬的纪历方法最早的实物证据。而当时人们很有可能已使用如尧典所说"基三百又六旬又六日"的年周日数法。其中"三百又六旬"为年周之实的整数部分，为 360 天，亦可称常数。而又六日或五日为剩余之数，① 是为余数。这样中国最早的年周历法其一年之数分为两部分，一为整数，即 360 日，一为余数，五日或六日。因此古代人们称年为圆或岁，实际是包含一年 365 日或 366 日中的两部分，即整数和余数的。这从中国最早的王朝夏王朝的第一王夏启不仅以癸甲 10 日名王，而且古籍记载夏启还有建和余另外两名。《帝王世纪》：《太平御览》卷 82 引"帝启，一名建，一名余，德教施于四海。"而甲骨文、金文建字从聿为 ，为手执丨状即 10 数形，这与 10 日所出的建木及周易乾卦符号作一形及名乾、健之形状内含十分相似。因而夏启名建明显与 10 日为一旬有关。而夏启名余，则极有可能与年周历法之余数有关。因为不仅夏王称余，商殷周帝王都自称余或余一人。甲骨卜辞里有不少商殷王自称余或余一人的刻辞。以往的论者对古代王自称余或余一人多从王权唯一性及王者至高无上的权力作解。但古代王名称余的实质我以为可能是与早期纪历方法中以余日纪历紧密相关的。就记录历法的数字而言整数以其多固然重要，可代表年、岁、祀之年周。而余数数字虽小，但却关乎历法周期延续的关键，而且由于数小，更易书写和记忆。因而以余日纪历应当也是中国古代纪历的一种重要方法。联系夏商殷周王者自称余及以余日记录历法的事实，我们大胆对甲骨文中王者称余的余字从文字符号角度作一推测。甲骨文余字作 形，上边为 形，下边 可分为丨和 × 两个符号，如此可见余字上边的 形符号可能为数字之六，为六，丨可能为数字之拾，× 可能为数字之五。对比甲骨文数字之六作 形，拾作丨形，五作 × 形即可看出其间的联系。因而余数上边的 形六字可能与四分历中每四年余六日的历法相关，下边的丨状拾字可能即是 10 日一旬的 10 日之记，× 状五字可能是一年 10 日整数纪日之后所余五日之数。而余字之所名余，正是由于它突出了一年 360 天，即 36 旬之后余五日及每四年需要

---

① 四分历常年 365 日，每四年另加一日为 366 日。

再加一日，即余六日的缘故。而王名余或"余一人"之一人正是每四年需要加一日的一日之意。由此可见，甲骨卜辞余及一人表示的正是人们对历法中余五日、余六日的余日的特殊的重视。而古籍中王者之间常有"争一日之命"的说法，这也可能和历法余一日相关。包括周武王与殷纣之争并且在甲子之一日之内也是这样。甲骨文余字的符号形态及所表示的记录历法余日的含义还可从商殷后裔宋国的宋字得到证明。宋为微子之国，是继承商殷王室文化传统的。宋字作宋状，与余字符号形态极相似。只是上部宀形已不是余字人状的六字形状。其实余字人字符号下部米状木字的五、十含义在西周金文微氏家族青铜铭文也有迹可循。周原出土墙盘记录微氏先祖有"五十颂处"之词。论者多以五十颂地封微子解。但联系宋字所从之米状木字的五、十含义及与王名余字的余日含义，我以为微子之祖以"五十颂处"的五、十其实有更久远的传承祖先历法记日数字的意义。由西周微子的"五十颂处"与宋字的联系也可以证明被封于宋的微氏应当是与周原铜铭中微氏为一支或一族的。而宋不仅以所从之米状符号的10日，以日历数与其祖先的职司联系，而且记载中宋也主大火，即主管龙角星宿。此也可见承袭商殷王室传统的宋世家在天像历数方面对其先祖的继承。

夏商殷周王名 72 年的两分制模式

（一）典籍中夏商殷周祖孙、父子或兄弟共政的记载

1. 五帝时代兄弟共政的记载

古代典籍中多见夏商殷周王室及以前父子或兄弟共政的记载。这种父子或兄弟共政的情况自然并非只存在于夏商殷周时代。但是在平均制王权模式下的父子或兄弟共政与封建中央集权制下其意义迥然有别。前者不仅是常态，而且也代表了那一时代的社会和王权特征。后者则只是一种特例，并不能反映封建中央集权制的本质。世传中国古代帝王始自黄帝，司马迁《史记》以"五帝本纪"为古史之开始，而"五帝"之始又自黄帝起。但典籍中多记黄帝与炎帝为兄弟，炎帝执政在先黄帝执政在后。《史记》记继黄帝之后执政的为帝尧。而帝尧也是与其兄帝挚先后为王执政的。五帝中继帝尧而立的是帝舜，帝舜时虽没有明显的与兄弟共政的记载，但舜弟象与舜之争似也反映

了在平均制王权时父子或兄弟之间的权力冲突及为继承王位而发生的斗争。尧舜禅让说虽然反映了平均制王权时代的本质，但也替代不了不同群团或同一群团内人们为取得权力发生的矛盾与冲突。从《史记》五帝本纪的记载中不仅反映出五帝时代兄弟共政的特点，而且也有祖孙相承的王位传承特点。如黄帝之后继位者是黄帝之孙颛顼高阳，明显是祖孙相承的王位传承特点。而继颛顼高阳之位的，记载中说是黄帝曾孙帝喾高辛，但他并不是颛顼之子，而是黄帝另一子的后裔，与颛顼高阳是族子即叔侄关系。这也从另一角度反映出王位在兄弟间传承，或在兄弟分支后裔间传承的特征。《史记》五帝本纪反映出的王位或在祖孙，或在兄弟，或在叔侄间传承而少有在嫡亲父子间传承的特点应当就是部落联盟时代平均制王权传承特征的反映。所谓祖孙、父子或兄弟关系不仅是在同一血缘的群团之间的称谓，而且也是在不同血缘群团之间的称谓。

2. 典籍中夏商殷周时代兄弟共政的记载

典籍记载中夏商殷周王室王权也多有五帝时代兄弟共政的特征。如夏初的禹与皋陶、启与益似乎都有王权由不同族群的兄弟先后共政的特征。而太康与中康、不降与帝扃，可能也是兄弟相承的例证。商殷先王时代即有兄弟共政的特点，如殷先公王亥与其弟王恒。至大乙以后，王位在兄弟之间相传的事例出现更多。如外丙与中壬、沃丁与大庚、小甲与雍己、太戊，中丁与外壬及河亶甲，祖辛与沃甲、盘庚与小辛及小乙，祖庚与祖甲、廪辛与庚丁等记载中都是兄弟，有的甚至是王权在三兄弟、四兄弟之间传承。按传统的以夏代的建立为封建专制王权开始的说法，何以直到商殷时代王权仍频频在兄弟间而不是在亲生父子间传承的，而这一传承法在商王大乙到帝辛的 30 王中有 19 王，占商殷王数的一大半。时至西周时代，由于社会的发展，王权的性质及传承方式必定发生了很大变化，但是仍然保留了不少自黄帝以来的王位传承方式。如西周开国之王武王与周公为兄弟，而周公在武王之后也曾即位为王。这颇像商殷王室流行的王权在兄弟间流转的特征。周公之后继王位的是武王之子成王，对周公而言，王位并不传于自己的儿子而是传于自己的哥哥之子，即也是叔叔传位于侄子。自成王以后，在懿王时代又出现王位在兄弟间相传的事，懿王传位于其弟共王辟方，即周孝王，而孝王死后又将王位传于其兄共王之子。这又是如武王与周公一样的兄传位于弟，而弟死后又将王位传回于其兄之子。而这种兄终弟及的王位传承方式实际是自黄帝开始,而至商殷达到高潮。因而以秦汉以后封建中央集权制的王位传子,特别是只传嫡长子的观点分析夏商殷周的王室王位传承法显然是不合适的。对于中国古代王位传承方式前辈学者多有论述,如王国维《观堂集林》《殷周制度论》有:"商之继统法,以弟及为主,而以子继辅之,无弟然后传子。"李崇侗则在《中国古代社会史》中说:"商至少在成汤以后,尚实行兄弟共政制度;彼时政权尚未集中在每代长子身上,而为一代所共有,所以一帝之终,不必须传位于其长子,且须传位于其兄弟,候这一代陆续享有政权后,始传位给下一代人。事实上虽然全族的人不必能皆做首领一次,但在学理上全族的人皆平等与权。"先辈学者指出的并被《史记》和甲骨文证实的商殷王位传承的平均制王权形式明显是继承夏代十日制联盟制王权传统的。而十干群只是平均制王权的标识,未必非得十干群。因而记载中的父子不必是亲父子,只是父子辈的父子。兄弟也不必是同胞兄弟,而是同辈份的兄弟。可见西周及以前王室政权传承方式与秦汉以后有本质差异。

(二)甲骨文商殷王名在不同干群间传承的本质

对于夏商殷周王名的研究,甲骨文是最为有力的资料,因而对于研究商殷王名及王位传承的情况最为有利。依甲骨文商殷王名的传承看,从先公上甲到大乙以前有上甲、报乙、报丙、报丁、主壬、主癸六王,虽然十干群不全,但大体是按自甲至癸的十日顺序名王的。这也与夏启以癸甲生的十日制王名法相符。而自大乙开始直到殷纣灭亡,十日名王顺序虽不明显,但30王之王名在十天干群中传承并有隔代相传的特征。即如张光直先生所论:"由此,我们发现商王世系庙号透露的一个大原则;及位诸王隔世代有相同性;易言之,兄弟与祖孙属于同组,而父子属于异组。"这条原则,在社会人类学上,是个常见的现象,所谓"祖孙世代相结合的原则"[1],何以商殷王名反映出的王位传承有父子不同名不同群而祖孙常同名常同群呢?其根本原因在于虽然商殷王室的王位传承是以在男性间传承

---

[1] 张光直:《中国青铜时代》,生活·读书·新知三联书店1983年版,第153页。

为特征的，但其根源仍在于王权是在王室不同干群间流转的平均制原则的。而王权在不同干群间的流转又是以互婚制为基础的，并且婚姻所生子女之名很可能从母而不从父。因而当乙执掌王权时娶丁群之女为妻，生子以其母群丁为名，因而乙王之王位必传于其子名丁者，虽然丁是乙王之子，但其名却来自其母族丁群，因而商殷王名中的祖孙同名其实是外祖。而商殷王室的这种祖孙同名同群的王位传承原则很可能是继承着夏代及以前的部落联盟时代王权在不同部落间流转的原则的。这表现在它是通过婚姻关系的形式，将父亲的王权流转给父亲法定的配偶所生之子，由于王子之天干名是与其母干群名相同的，因而王子之名并不与王父同名而多与王祖（实为外祖）同名。甲骨文商殷王名这一特点虽不占多数，但30王中很少有父子干名相同者。可见甲骨文商殷王名反映出的商殷王室仍带有较多的母系制色彩。虽然我们还不能够完全弄清楚商殷30王王名及干群的全部情况，但在甲骨文及古籍记载中仍能寻找出一些王名直接与其母名有关的信息。如商王大乙其妻有妣丙，继大乙王位者即名外丙，因而外丙之丙可能出自其母族干名。其实大乙之子大丁之名可能也来自母族。因为伊尹是助大乙建国最关键的人物，而伊尹在甲骨文中反映出其属丁群。由于伊尹又来自有辛氏，大乙也娶有辛氏女为妻，因而所生之子像伊尹一样名丁也是极可能的。大丁虽未继大乙之王位，这可能和大乙与伊尹丁群间矛盾冲突有关，这一点我们在上册中已有论述。而丁群的伊尹自大乙以后一直辅佐几代商王直到立大甲之子沃丁为王。由此也可见伊尹与丁群的不同一般的联系。值得注意的是甲骨文中大甲之妣名辛，并无名丁者，但丁群与辛群在商殷王室的关系十分特殊，前述伊尹就是商王大乙娶有莘氏时作媵臣归于商王室的。可见大甲妣辛而传位于其子沃丁也与有辛氏的婚姻有关，并也透露了沃丁之名与母群辛群的相关特点。甲骨文记载商王祖丁有四位妻子，即妣甲、妣乙、妣庚、妣癸，而祖丁有四位儿子继承王位，即阳甲、般庚、小辛和小乙，其中三位即阳甲，般庚和小乙其名可能即是从母而来。商殷王名虽有多数不属从母制的规律，但王名反映的不从父名却是肯定的。所以"卜辞中所称父不一定是生身父亲，子，也不一定是亲生之子，兄弟，不一定是同父之兄弟。下代之王为前代之王的子或弟，固可能为其亲子或同父之弟，亦可能为其兄弟姊妹之子或其父的兄弟姊妹之子，而且此所谓

'兄弟姊妹'均不必是同胞所生,亦不必是一父所生"。① 因而从这一意义上,商殷王名子从母名,父子异名,祖孙同群及兄弟相及的诸多特征,都仍然带有夏代开创的王以十日名及在 10 个婚姻集团中流转的,部落联盟时代的平均制特点。因为夏代不仅开创了 10 日制即 10 个干群以婚姻关系而结成的联盟平均制王权时代,而且在夏代初期也是以子从母名为特征的。如夏人姒姓,其原因就因为夏人之祖鲧妻为有辛氏女姒。因而夏商殷周王权的传承仍然带有较浓厚的母权制时代的色彩是必然的。

(三) 夏商殷周王命 72 年的两分制模式

1. 典籍记载平均制王权时代的两系或多系共享王权规律

前面我们论述了自夏代以来的夏商殷周早期国家王室王权在十天干群间以相互婚姻为特点的流转形式。这种平均制王权的传承不仅体现在不同王世之间王权的传承上,而且在同一王世内也有明显的不同群团共享王权的特征。尽管由于时代变迁及后代人们对于早期历史的误解或有意无意的修改,但在典籍记载中仍能追索到那时同一王世王权的两头制或多头制特征。最初引起我们对这一特征关注的是《史记·燕世家》中"自召公已下九世至惠侯"。索引所记"燕四十二代有二惠侯,二厘侯,二宣侯,三桓侯,二文侯",索引以为盖国史微失本谥,故重耳。这一记载论者多以为是误记,学界也多不以为是。然而我以为它可能隐藏着古代王制曾经具有的最普遍、最流行的特征,即同辈兄弟间共享王权的特征。因为从前面我们对甲骨文商殷王名的分析,商殷王名有不少从母族而来的从母制特征。尽管其王权表面看是继承其父的,但其名字的从母特点却反映出本质的母权制特点。就甲骨文反映的商殷王名从母制或异于父族名的特点看,商殷时代的王权主体特点并不是某一王族或以某一王族为主的王权制,而是以王父族和王母族为主体的,以婚姻的姻亲关系形式形成的多族群共享王权的王权形式。这一点从商王大乙时代即可看出。伊尹是辅佐大乙取得政权的,但伊尹又是大乙之妻有莘氏随嫁时的媵臣,其女族的身份十分明显。而记载中伊尹在推翻夏王权时的重要性十分突出,甲骨文中对伊尹的祭祀也十分浓重。直到大乙去世后伊尹仍能放逐

---

① 张光直:《中国青铜时代》,生活·读书·新知三联书店 1983 年版,第 146 页。

商王大甲，足可见商代初期商王室母族权力对王室的支配地位及影响力。与此类似的还有西周王朝的奠基者周文王和姜太公。姜太公不仅辅佐文王奠定西周王朝基础，而且还统领军队帮助周武王推翻殷王政权。可见姜太公对西周王权建立的贡献不亚于周文王。而姜姓与姬姓联姻远不从姜太公开始，而是从周人先祖后稷之母姜嫄即有的。姬姜联姻的两姓婚姻自姜嫄一直持续到春秋战国时代。古代王室这种以婚姻形式形成的多头制王权形式自然会形成一代王权由王及其同姓兄弟或异姓兄弟即妻兄弟共同执政的王权形式。记载中武王妻为邑姜，是姜太公之女，因而周文王与姜太公是同辈姻亲的异姓兄弟，而周武王与姜太公则是翁婿关系。可见，除了同姓乃至异姓兄弟共享一代王权外，可能还有异姓翁婿共掌王权的。如商王大乙去世后伊尹以大乙时代异姓家长的身份左右商王室直到第五王沃丁，并且还有放大甲而亲自执政的记载。虽然姜太公并没有执掌西周王权的记录，但武王之弟周公旦却有继承王权并且曾在成王时代执掌王权的记载。如果说伊尹与大乙是异姓兄弟共掌一代王权。那么，武王与周公则是同姓兄弟。如果说周公与成王是同姓叔侄共掌王权，那么伊尹与大甲则是异姓叔侄或祖孙共同执掌王权。可见《史记·燕世家》所记"燕四十二代有二惠侯，二厘侯，二宣侯，三桓侯，二文侯"的记载是有可能的。因为自中国第一个王朝夏王朝建立起，王室王权的形式就是以10个日干名代表的10个群团以婚姻关系轮流执掌王权的。这种以十干群为主体的平均制王权不仅有以多干群轮流共同执掌一个王朝的特点，而且还有在一个王世里也有由同姓兄弟，或异姓姻亲兄弟，同姓父子、叔侄或异姓父子、叔侄共同执掌王权的特点。当然在夏商殷周社会发展的几千年里这种王权形式会有所变化，但其多头共政的王权制形式会形成多种多样的形式并仍大体延续下来。

2. 夏商殷周王器所见一王两头的两分制特征

（1）夏启盆的两人首两头制王权特征

我们不仅从古代王名及典籍记载中寻找到夏商殷周王室王权中一世王权由多人共掌的线索。从古代器物及纹饰符号中也能给我们提供有益的启迪。即以我们论述的半坡夏启彩陶盆看，半坡夏启人面鱼纹彩陶盆不仅开创了癸甲十日及夏王以日命名传统，而且其两个人头在盆内相对而处似乎也表明了夏代初年王室王权的平均制多头共享特征。我们论述的夏启盆、太康盆都有这种两头制的特征。这也和典籍记载中"启代益作后"的益启先后执政相符。联系我们对夏启盆人头纹与子字的分析，盆内两人头的两子特征也十分明显。而这也与典籍记载中高辛氏二子、尧之二女等记载有相似之处。

（2）殷周王鼎兽面纹饰一首两身的两分制特征

不仅半坡时代夏启人面鱼纹盆以两个人头共居一处体现两头制王权形式，而且其由两个侧面鱼头或鸟头合成一个正面鱼头、鸟头的彩陶图像符号也记录和传播着夏初的两头共政的王权传统。这一传统在殷周青铜器上表现更突出，也更详尽。关于殷周青铜器纹饰中的二分制现象，张光直、高本汉等学者早有论述，并且早已将青铜纹饰中的二分现象与殷周王制的二分现象相联系[①]，我们在此将殷周青铜兽面纹的二分现象再稍作分析，以揭示青铜器物及纹饰符号传达出的社会及政治意义。

殷周青铜器兽面纹大多由两个侧面兽头结合，构成一个正面兽头。这一特点明显继承了半坡彩陶的夏文化传统。如果对殷周青铜纹兽面作仔细分析，发现其隐藏了更多的那一时代王权政治的有关细节。这一点，我们暂以以下几件青铜器的兽面纹加以说明。如殷墟晚期𠈌斿卣腹部兽面纹，殷墟晚期的殷鼎腹部的兽面纹，西周早期交鼎腹部兽面纹和西周康王大盂鼎足上兽面纹四件器物纹饰为例。这几件器物为殷墟到西周早中期时代青铜器兽面纹具有代表性的纹饰。纹饰兽面看似浑然一体，但都以额部正中经鼻部的棱柱将正面兽头一分两半，而且在额部棱柱上方有左右两手拱合作挚柱状的纹饰，其下部棱柱两侧有两组Ɔ状妣字纹作背靠棱柱形。中间的◇形似谷物，又似天地四方，兽面纹一分两半，上有两手两男左右共挚，下有两女背靠中柱，一头两分，左右共政共挚及两女两母相背的婚姻关系都表达得十分明显。它不仅是当时王室两分制政权的记录，而且有铸之钟鼎，传之后世的作用。更为有趣的是兽的两耳上也有ト形手又状纹饰符号，作左手挚耳与右手挚耳状，显然这种在浑然一体的兽面上出现的左右共合共挚的纹饰结构，是当时十分浓厚的两分制王权思想下人们的精心设计和有意所为。而它体现出的两男、两女共为一首的兽面纹饰特征也与传说古帝两子、两女如尧之二女、有台氏二女、高辛氏二子的说法相似（图7-1）。

[①] 张光直：《中国青铜时代》，生活·读书·新知三联书店1983年版，第197页。

半坡人面两首兽纹一首两身 两鱼合成一个正面鱼头	殷周青铜器兽形纹	兽面额鼻部纹饰	兽面额鼻部纹饰解析
		 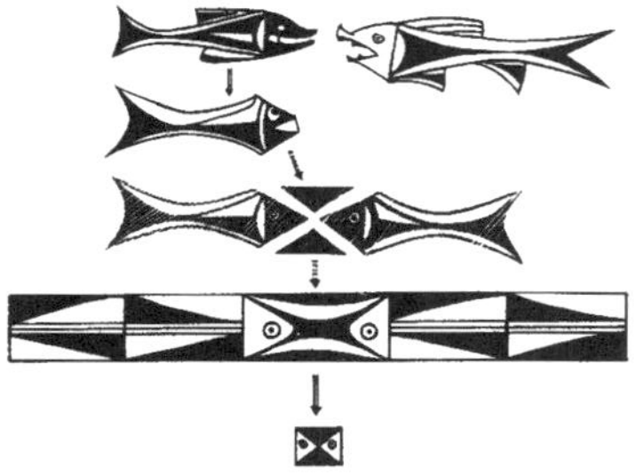     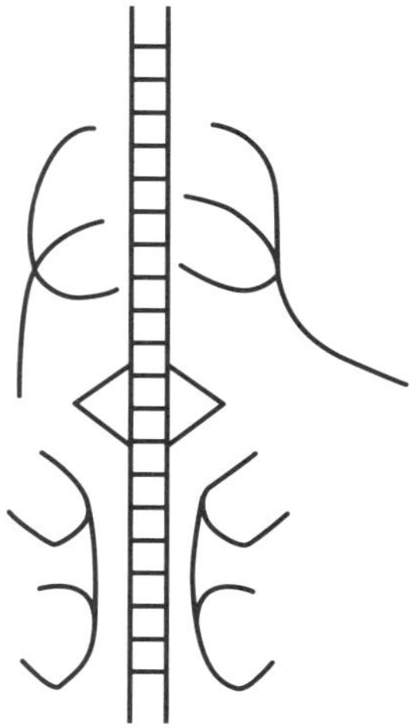 ─── 额鼻部贯通之棱柱  ⊢⊣ 左右共擎 ◇ 谷粟与四方天地  儿 左右两妣（亦代两女） 这是一组组合纹饰，以一个兽头兽面表示脑首，脑之义，◇形符号表示首脑执掌天地内王室内王权的组成由与儿则代表王室内王权的组成由两男两女即多族群共同组成。

图7-1 殷周青铜器兽面纹一首两身特征
（注：1半坡人面两首纹 2半坡鱼纹盆 3殷墟期人祈卣兽面纹演化示意图 4殷墟晚期殷晚期父鼎腹部兽面纹 5西周早期父鼎交鼎腹部兽面纹 6西周早期大盂鼎足上部兽面纹）

3. 夏商殷周两分制王权形式溯源

从考古资料特别是出土甲骨文与《史记》商殷王名对照结果看，直到殷周时代，王室王权的特征仍然有明显的两系多头政治特点及母族对王权的较大的支配力量，而这一点在以前的有关论述中是较少论及或常被忽视的。相反，不少论著常以秦汉以来的大一统中央集权及父子相传的王权制观点看待殷周王权乃至夏代王权。这种观点显然与考古发现材料相违背。而从我们提出的自半坡夏启人面盆的时代看，在夏王室文化产生的半坡仰韶时代，正是部落联盟文化开始兴盛繁荣的时代。因而半坡时代夏王室政权是与这种带有平均制或禅让制的时代特征相统一的。其最有标志性的特征就是夏王室开创的以十天干名王的文化传统。因而这十天干并不是父子相传的，而是以十天干字符区分不同干群的标识。这一点直到商殷王名都有更充分的体现。就夏王室开创的十日制十干群婚姻联盟制王权形式看，它在很大程度上以多干群的基于婚姻关系的开放式国家形式及王权特征对后世中国文化产生了很大影响。因为这种十日制多干群的王权形式不仅以相互婚姻关系维系着王室王权，而且更以十干群各自外向的婚姻与联合不断扩大王室规模，从而也影响王室文化及走向。因而从半坡仰韶文化的夏王朝开始，王室中心一路向东发展，历经庙底沟直到龙山，夏王室文化在不断向东进展中也逐渐改变了最初的半坡时代西部文化特征，从而带有越来越多的中原和东部文化色彩。虽然夏王室十日制形式没有改变，但各干群的力量对比及在王室的地位却发生了很大变化，以至于最终被商王室取代。如果说自夏启经大乙代夏桀再到商王沃丁时代的夏商王室文化体现出的是沿渭河到黄河中下游两岸的西部、中部及东部不同地域不同文化间的多层多次的自小而大，自少而多的撞碰与融合，而自沃丁时代起，即大汶口文化晚期起，商王室文化则不断经受西北及东南文化的推动或制约，这种状况经陶寺、二里头、二里岗直到殷墟，殷周文化又呈现出东西对峙的状态。纵观夏商殷周王室文化几千年的演变，可以明显看出，夏商殷周王室文化尽管因主导王室的群团不同或时代差异王室文化差异很大，但十日十天干群的多头制王权形式始终存在。而且后一王朝的开启多依赖于前一王朝的某些主导群团的主干人物，并不单是两种陌生文化间的生死搏斗。如左右早期商王室及大乙时代的伊尹就是夏之重臣。另一位辅佐文王武王灭殷的姜子牙也曾是殷王室重臣。而从西周王室重器王鼎看，它也带有很大的殷王室青铜圆鼎的特征。可见夏商殷周王室文化之间的联系是十分密切的,它们的王权形式都具有明显的多头平均制王权的特征,而它们都根源于比半坡夏文化更早的尧舜禅让的联盟制文化时代。

夏商殷周五王、十王变迁规律与五王、十王甲子连续纪历周期

(一)夏商殷周五王、十王变迁规律与五王制首王元年甲子周期

1. 殷周王鼎60、72数与殷周时代王室的历法周期与王年周期

在前面的论述中我们已经指出殷周王鼎纹饰上最显著的60数与72数的符号标记,并指出从历法角度看,72数可能就是历法中一个最小的72年的临界数字,因而它也是72年的天命之数,并且因此也成为以天命历法为根本的夏商殷周天命王权时代王者执政的王年之数。因为自西安半坡遗址为代表的夏代王室开始,王室即以十日十天干纪历的四分历为王室主要历法。而自夏启开创的王以余字为名及商、殷、周王都自称余或余一人也反映出王室以历法余日纪年的传统。按四分历推算,每年天数为365又1/4日,则所余1/4日累积4年须又加入第四年的365日内,因此第四年必须以366日记。这种以一年365日,第四年为366日的四分历历法传统在现今西南的一些少数民族仍有遗存。而我以为《尚书·尧典》中的基三百又六旬又六日的一年366日之数很可能也是四分历第四年366日传统的记录。但按现今天文学测量所知,一年的实际天数应为365日又6小时9分9.7秒。366日的四分历只计算了365日及所余的6小时即1/4日,下余的9分9.7秒并未计算在内。我以为至少自夏启以后的夏商殷周王室不仅已经有了将365又1/4日的1/4日累积在第四年加记1日的四分历方法,而且也有了将下余的9分9.7秒累积计算的十分精确的四分历法计算方法。这就是以72年为临界点的天命王年法。这自然不是古人能够直接测量出来的。而应当是古人长期的经验观察积累的结果。因为如果不将365又1/4日后的9分9.7秒计算在内,10年后天象观测就会滞后历法近60分,即1小时,在古代观象授时的年代,这种现象必定会被很快发现。因为36年后每年所余9分9.7秒会累积为近6小时。而72年则累积为近12小时,已多达半日。而殷周王鼎最突出的72数我以为可能就是记录限定历法并作为天命王年之数的。而与72数相伴而

出的 60 数则是以六十甲子数连续纪日纪年的尺度数字。我们在前面论述的夏王室王器的对器传统及殷王青铜大方鼎时就指出夏殷王室的这种对器对鼎传统可能就是前后两王相继，记录余数的 9 分 9.7 秒的。因为一王的天命王年之数为 72 年，历法所余之数累积为 12 小时，而两王共 144 年，历法所余之数已累积至 24 小时即满 1 天。因而半坡夏文化的对器及二里岗殷王方鼎的对鼎传统可能即是两王 144 年时的隆重祭典祭祀并警示后世永远牢记而所制作的器物。可见一向并未引起我们重视的夏殷王室的对器传统及夏商殷周王器的 72 数标记，可能就是夏商殷周王年 72 年的标记数字，其隐含着中国几千年以来四分历的严谨慎密的以王室历法对应天象观察的王年与天象历法相互对应的优秀传统。

2. 考古遗物所见夏商殷周王室几种连续记录天命王年的方法

（1）殷周王鼎 60 数与甲骨文六十甲子表的六十甲子纪日纪年传统

殷周王鼎 60 数、72 数中 72 数的符号及数字标记，我们已经作了论述，以为它是记日记年的数字标记，特别和 72 年的天命王年数字有关，而 60 数的含义则可能和六十甲子的纪日纪年尺度有关。因为以记日论，一年 365 日中，360 日的整数可以化作六个甲子数，用六个甲子的 6 数记录 360 日自然更便捷也容易。《尚书·尧典》中的"朞 3 百又六旬的六旬即已有了称 10 日为 1 旬的简易记数方式"。因而六十甲子的 60 数作为殷周王鼎上最突出的纹饰符号的数字标记，不仅有六十甲子数的含义，而且很可能是将它作为一个尺度使用的标记铸于钟鼎，让后世铭记的。不仅殷周王鼎有明显的 60 数的六十甲子标记，殷墟甲骨文也出土了完整的六十甲子表。从甲骨文的六十甲子表可以看出，殷墟时代人们对六十甲子数的精心严谨安排。甲骨文的六十甲子表作竖行 6 行排列，每行以甲为首，以癸为尾。而横看则为 10 行，依次为六甲、六乙、六丙、六丁……的十日十天干顺序排列。从六十甲子表的纵横严谨有组织有规律的排列上清楚反映出人们对六十甲子 60 数的熟知及运用六十甲子记数的自如程度。虽然甲骨文中目前还没有发现以甲子纪年的证据，但也并不能以此推断殷墟时代人们只会以六十甲子纪日，更不能以此断定殷代青铜王鼎上的 60 数乳丁数阵只是记录六十甲子的纪日数式而与纪年无关。

（2）夏太康五子说与甲骨六十甲子表中的五子记六十甲子法

殷墟甲骨文发现的六十甲子表如前所述，其纵横排列有序，明显呈现出以十日十天干字为标志的纵横垂直网格特点。反观与十天干相配的十二支十二子，则与十天干字分布排列大相异趣。更多呈现出交错斜向排列的特点。如六十甲子表中的子字，在竖行的第一行中为甲子在第一位，而在第二行中为丙子在第三位，到第三行为戊子在第五位，到第四行为庚子，在第七位，到第五行为壬子，在第九位。甲骨文六十甲子表中以子字为代表的十二支十二子依次格式斜行下降式的排列不由使人与夏太康五子人头纹盆上的五子×状交五符号相联系。六十甲子表中反映出的以十日与十二支相配的六十甲子表中十日十天干数均出现6次，而且为横平竖直的纵横垂直网格，而十二支则只出现了5次，而且排列方式也与十天字截然相反，不仅斜行排列，而且隔行相连。殷墟甲骨文六十甲子表中十天干字与十二支字截然相反的排列方法与姜寨夏王太康人头纹上的×状五子符号有许多内在联系。半坡夏启人面纹盆人面与鱼，人面与网作十字状垂直交叉，而到姜寨太康盆上的人头上却画一个斜行交叉的×状五字符号。如果将姜寨太康人面纹彩陶盆人头上的×状五字符号与记载中太康时的五子之乱及殷墟甲骨文六十甲子表十二支以五个子字为代表斜向排列法相比较，我们似乎能够触摸到自半坡到殷墟几千年间以癸甲为代表的十天干族群与以子亥为代表的十二支族群间绵绵不绝的融合与冲突及其在共同创造的六十甲子记日记年方法上的反映。而从殷周王鼎及甲骨文六十甲子表中也可以看出十天干群似乎与横平竖直的垂直十状甲字关系密切，而十二支群似乎与斜向交叉的×状五字关系密切。

（3）殷周乳丁纹铜簋反映出的五子记日记年传统

从殷墟甲骨文六十甲子表的五个子字排列及夏王太康五子符号可以看出，六十甲子的纪日纪年方法也可简化为以"五子"为纪。而且"五子"纪日纪年法自姜寨夏王太康人面纹彩陶盆上人头及×状五字符号开始，直到殷周以后始终没有终断。由于六十甲子是以6个十天干数和5个十二地支数相配合而成的，故称干支。由于有6个十天干数因而也可称六甲或六干，又由于有5个十二地支，因而六十甲子也可称五支或五子，即"五子"。而半坡夏王室人头纹与盆口沿的癸甲符号不仅表示有天干的以甲为首，而且人头或兽头也可表示初生之人或初生之兽畜的子首的含义。特别是姜寨夏太康人面纹盆人头上的×状五字符号更明确表示夏太康时王室已有以"五子"代表六十甲子的记数传统。稍后的庙底沟彩陶花瓣纹，虽以纵横垂直的网格作为花纹绘制的骨架，但其取点却为隔行间隔取点，因而庙底沟花瓣纹花心的黑点都呈斜行交错排列状。在晚于仰韶文化庙底沟的龙山早期陶器中，有一种大口盆式彩陶缸，其口沿外侧一周画一斜线交叉的网纹装饰带，我以为它即是庙底沟时代绘制花瓣纹的肩架结构的保留，这种斜线交叉的网格纹装饰带在二里头青铜三足圆鼎上也被传承下来。特别是殷墟和西周早中期流行的乳丁纹青铜簋似乎又重现庙底沟花瓣纹五子纪数传统的辉煌，只是更突出斜行网格及五子乳丁的斜行交叉排列。可见自夏代太康盆上的五子符号起，以十二地支五子纪六十甲子数的传统一直延续到殷周从未中断。但是它却很少成为王室的主导的纪日方法，这一现象是十分耐人寻味的。如果从夏王太康时的五子被说成为"五子之乱"，殷王亥被杀以及殷周青铜王鼎记数形式多以六十甲子表及十天干横平竖直的垂直布局可以看出，五字符号×状斜行交叉纪六十甲子方法大约是与十二支族群在王室的被动地位相关的。尽管自夏代起，夏商殷周王室主要的记日方法都是十天干纪日为主，即便如此，十二支及五子记六十甲子的文化传统仍被顽强保留下来，成为我们了解中国古代文化不可缺少的一部分（见图6-18）。

（4）周礼选择吉日多用亥日的传统与12支纪日法的遗留

十二支记日方法的传统在西周青铜名文中也有反映。据陈汉平先生统计的西周纪日册命之青铜器中，"丁亥十三见，甲戌八见，庚寅八见，戊寅六见，甲寅五见，戊戌四见，乙卯三见，丁卯两见，庚午两见。铭文天干中丁、甲、庚、戊、乙较多，地支中寅、亥、戌、卯、午较多。据黄然伟统计殷周赏赐铭文说："至于殷周赏赐铭文之諏日……在諏日中以'丁亥'为最多。"[①]如果说册命金文的諏日反映丁亥亥日较多及十二支倾向还不十分明显，《周礼》选择吉日时常用亥日的倾向就有明显的以十二支某日为吉日的重视十二地支的特征。《仪礼·少牢馈食礼》下郑玄注：《礼》曰："日用丁亥，不得丁亥则己亥，辛亥亦用之。无，则苟有亥焉可也。"《周礼》选择吉日专选亥日，以丁亥为最理想的日子，不得丁亥则选己亥，不得己亥则选辛亥，

---

① 陈汉平：《西周册命制度研究》，学林出版社1986年版，第46页。

这明显是以十二地支的十二日为界的，特别是亥日。因为六十甲子中十日十天干皆六见，其间隔为 10 数，甲骨卜辞的占卜日多以十日为间隔。而六十甲子中十二地支皆五见，其间隔为 12 数。因此六十甲子日中的亥日与亥日之间距皆为 12 数 12 日。《周礼》"日用丁亥，不得丁亥则己亥，辛亥亦用之"的丁亥为甲子后第 24 日，己亥为第 36 日，辛亥则为第 48 日，其间距以亥日为准，皆为 12 日，这显然有明显地以十二地支记日并以亥日为最吉日的文化传统与习惯在内。而上述册命金文中的寅日也有这一特点，即庚寅，戊寅，甲寅。由此可见，以十二地支的 12 数记日方法在中国古代也有十分久远的传统。它与十天干记日一样，都是中国古代先民们的创造。虽然十二地支记日传统由于种种原因在记载中较少并常被人们忽略，但它对深入理解中国古代历史及传统文化具有十分重要的作用。

3. 夏商殷周五王、十王变迁规律与五王制首王元年甲子周期

前面我们已经论述了夏商殷周王年的 72 年天命历法特征。对于古籍记载及甲骨文证实的夏商殷周王室五王十王变迁规律我以为可能和 60 甲子纪年单元有关。即一王的天命历法年数为 72 年，而五王为 360 年，为 6 个甲子记年单元。即若第一王元年为甲子，经五王完成 6 个甲子记年单元，到第六王元年又复归甲子年。这就是我们想加以论述的五王制首王元年甲子周期。以我们前述的四分历计算，每王的 72 年在历法上最重要的作用之一即是累积计算每年 365 又 1/4 日又 9 分 9.7 秒那忽略不计的 9 分 9.7 秒的。因为每年在 365 又 1/4 日后仍余 9 分 9.7 秒，约 10 分钟计，则 6 年又余 1 小时，36 年余 6 小时，一王的 72 年累积达 12 小时即半天时间了。而夏王室人面纹彩陶盆的对器传统大约就和记录两王 144 年时所余一日有关。即到两王 144 年时，那一年的历日可能会达 367 日。而从半坡夏启盆以癸甲十日纪日纪年开始，直到二里岗殷墟时期殷王室方鼎上繁复规整的乳丁数阵装饰及西周王鼎上简练变幻的数字符号，大约都有警示、记录并传承这种计算余日历法的特殊功能。可以想见，在长达几千年的时间里，古人在纪数工具并不发达的时代，几千年连续不断地，千方百计地探寻着连续纪录天命历法，即王日、王年的极复杂、巨大而又不能终断的数字及记录方法。而以 72 年为基数的五王、十王变迁规律大约就是夏商殷周王室纪日纪年数字及方法的遗留。

4. 《史记·燕世家》的两王记载与五王制首王元年甲子年谱中的二子规律

按照以上我们对五王制首王元年为甲子年计算，每王在位的时间为天命历法规定的72年，则五王单元第一王首年为甲子，61年为甲子，第72年为乙亥，因而其起年甲子，末年乙亥可以甲子—乙亥代之。亦可因72年中有第一年的甲子和第61年甲子的两个甲子而简称两子。依次则第二王首年为丙子，第61年又为丙子，第72为丁亥，首年丙子、末年丁亥，也可以丙子—丁亥代之，但其首年丙子，61年又丙子，有两丙子，也可简称两子，到第三王首年为戊子，61年又为戊子，第72年为己亥，因此也可以戊子—己亥代之，因有两戊子也可简称两子。第四王首年庚子，61年又为庚子，第72年为辛亥，也以庚子—辛亥代之，有两庚子，也简称两子。第五王首年壬子，第61年又壬子，第72年为癸亥，也以壬子—癸亥代之，因有两庚子也可简称两子。据此可以看出，以上五王制首王元年的五王历谱中出现了一些有趣的现象，即五王的首年依次为甲子、丙子、戊子、庚子、壬子的五子特征，而五王的末年则依次为乙亥、丁亥、己亥、辛亥、癸亥的五亥特征，而子与亥又是十二地支的首尾之字。可见五王制的甲子纪年法中透露出十二地支及王亥一族的许多痕迹。另一个有趣的现象是五王的首年与尾年的天干字依次呈现奇偶数的连续分布。即第一王为甲与乙，第二王为丙与丁，第三王为戊与己，第四王为庚与辛，第五王为壬与癸。十日十天干字五奇五偶分别作首尾依次连续至第10日而终的特征也十分鲜明。第三个有趣的现象是不仅五王首年依次为甲子、丙子、戊子、庚子、壬子的五子特征，而且在一王的72年终这五子都重复出现一次，呈现出一王有二子即两甲子、两丙子、两戊子、两庚子、两壬子的二子现象。联系我们前述的一王72年天命历法中的多头共政现象及《史记·燕世家》中的两王记载，也会对我们深入探索古代王制方法及纪年特征有所启发（表7-3）。

（二）夏商殷周十王变迁规律与十王制首王元年元日甲子周期

1. 夏商殷周十王变迁规律与十王制首王元年甲子元日甲子规律

前面我们已经叙述过夏商殷周特别是商殷以丁为名号的五王制规律及其隐藏的五王制首王元年甲子的五王制以六十甲子连续纪年的纪年规律，种种

五王世次	首年干支　60年干支	61年干支　72年干支
首王 I	甲子—癸亥	甲子—乙亥
第二王 II	丙子—乙亥	丙子—丁亥
第三王 III	戊子—丁亥	戊子—己亥
第四王 IIII	庚子—己亥	庚子—辛亥
第五王 IIII	壬子—辛亥	壬子—癸亥

表7-3　天命72年五王甲子年谱表

迹象表明，夏商殷周王制还存在十王制的王制规律，这一规律不仅与五王六十甲子纪年在纪年方法上有同一性，而且似乎还透露出更严谨的十王制纪日特征。

夏商殷周十王制规律也十分明显，如西周自武王立国到历王经历十王，似乎有十王单元结束的某些特征。商殷王室自大乙起到中丁之迁正好为十王，古籍记载的盘庚之迁殷又正好在外壬到小辛的第二个十王单元结束之际。殷帝小乙为第21王，直到殷末帝辛正好30王，又完成了一个十王单元。因此商殷30王的以十王为单元的变迁规律也是十分明显的。相比之下，夏王室的十王制规则似乎并不明显。因为自夏启建立夏计算，到大乙代夏桀，只有16王，加上帝禹也只有17王，但如果将尧舜计算在内就有19王了。而从纪年纪日的历法角度看，黄帝是最有资格排在尧舜之前与夏禹以后17王成为夏代20王的历法纪年纪日单元的。因为在前面的论述中，黄帝时代不仅有"造甲子"之论，而且《隋书》帝尧"元年丙子"的记载正好又与黄帝造甲子的五王制首王元年甲子相联接。即黄帝元年甲子，帝尧元年正好为丙子，与《隋书》记载相合。因此从黄帝到夏桀的20王就构成了大乙商殷之前的两个十王纪年纪日单元。依据这样的推测，中国以历法纪年纪日为代表的文明史自黄帝算起到夏桀20世；历大乙到帝辛又30王；从武王到历王又十王共经历60王，正好6个十王单元，其中又包含12个五王纪年单元。但是引起我们对夏商殷周十王制甲子纪日规律关注的是武王甲子日灭商的记载。而武王甲子日灭商不仅在多种古籍中记载明确，而且还有出土青铜铭文佐证。

虽然武王甲子日灭商被证明是千真万确的，但其甲子日的特殊日子仍然引起我们对它的思考。是周人确实如记载中所说是甲子日晨开始一天内打败了殷纣，还是选择甲子这日作为灭殷的象征性即代表性的日子，还是有其它的原因呢？联系五王六十甲子纪年的规律及武王母名辛姒（应为辛巳日）及武王母大姒生武王兄弟10人10子的记载，我们以为武王甲子日灭殷的甲子日可能也有甲子日是殷周两个王室历日单元之间的交接含义。从前面我们论述的五王制甲子纪年单元看，武王灭商是合于五王制甲子纪年单元的。亦即武王灭商也是在甲子年的。若果真如此，则西周武王灭殷不仅在甲子日，也是在甲子年，即是武王元年为甲子年，元日也为甲子日。更令人关注的是记载中文王即位60年崩，武王十三年灭纣，《史记》记为十一年，而且是在正月。可见记载中武王元年甲子、元日甲子的特殊日不仅与殷周之际的五王制历法记年周期交接符合，而且也反映出西周王室内王与王之历年的72年王年衔接。记载中文王武王之间的60年加12年的72年王年周期及衔接也十分明显，这也与商王大乙灭夏桀而夏桀名履癸，大乙之父名主癸的以乙与癸之间的十日名王日周连接相同。它反映出夏商殷周虽为不同王朝，但其以共同的十日名王的纪年纪日系统一直绵绵不绝。并且其年日交接也是合于某种规则的。因为武王灭殷恰是合于夏商殷周五王制甲子纪年周期的，虽然文献中没有明确的甲子年的记载，但从武王正好为五王单元的第一王及与文王的60年加12年的60年与72年数特征看，甲子纪年的特征已十分明显。由此推测，武王甲子日灭殷的甲子日应当也有特殊的殷周之间纪日单元衔接含义。记载中武王之母为有辛氏之女大姒，我以为武王之母的辛姒可能是辛巳日的一种说法，而甲子与辛巳可能与武王一朝的年日周期有关。因为自夏代十日名王开始，中国王室就已开始纪日纪年了。从历法的角度看，纪日比纪年更慎密、严谨，难度更大。如果自黄帝及夏代开始即以十日及六十甲子和四分历为主纪日纪年起，其72年天命历法的六十甲子年周与六十甲子日周是并不一致的。若以第一王元年甲子元日也为甲子日起计算，五王即360年可完成6个甲子年周，到第六王元年复归甲子。但一王72年的实际纪日总数为每年为365又1/4又9分9.7秒乘以72年，总日为26298日。以六十甲子日记，为438个甲子日仍余18日。即自第一王元日甲子起，每王首日依次后推18日，需到第十王时已累积为180日，才能完成全部甲子日周。因而直到第十一王开始,既是五王制首王元年甲子年周开始,又是十王制首王元日甲子日周的开始。因而西周武王甲子日灭殷既合于周武王为黄帝以来,特别是商殷 30 王的五王甲子纪年周期为五王之第一王,其元年为甲子年;又合于十王制甲子纪日周期之第一王首日甲子,这种巧合确是令人十分惊异。若以武王元年元日甲子计,其 72 年总日数的 26298 日为第 438 个甲子后余 18 日,而第 18 日正为辛巳日,此辛巳日又与武王之母名辛姒巧合。因此,武王甲子日灭殷的甲子日很有可能隐藏有夏商殷周十王制首王甲子年又甲子日的秘密。

2. 夏商殷周五王、十王甲子之证

(1) 黄帝至夏代的五王、十王制规律与首王甲子之证

由于年代的久远及朝代更迭变迁,原本系统的年日纪录也同其它史籍一样变得零散而难于寻觅。但是在古籍记载中仍能发现一些与古代帝王有关的纪年纪日的痕迹。即以五王制首王元年甲子与十王制首王元年甲子、元日甲子论。虽然是纪年还是纪日有时并不清楚,但与甲子的关系,仍然是有踪迹可循的。记载中夏代自禹起至桀亡共 17 王,似乎不能构成五王甲子纪年单元和十王甲子纪日单元。但《史记》记古帝从黄帝起而《尚书》以帝尧为首帝,若从黄帝起经帝尧帝舜,与夏禹以后的 17 王相加正为 20 王。而传说中造甲子者为黄帝,或说为黄帝之臣大桡。如果黄帝元年为甲子,第五王到夏启,不光夏启有辛壬癸甲之说,而且第六王太康有"五子"之变的说法。因而自黄帝至夏启及太康反映出黄帝到禹启以后的 20 王中,前五王明显有五王变迁痕迹,而且有黄帝作甲子及夏启辛壬癸甲,太康"五子"的甲子之证。这一时段五王元年甲子的资料,还有一条可作参考。《隋书·律历志》引《纪年》云:"尧元年景子。""景子"系避唐讳,原当作"丙子"是干支纪年。李学勤先生以汉初出土文物干支纪年支持这一观点。[①] 果真如此,帝尧元年丙子又正好与黄帝元年甲子相合。因为黄帝元年若为甲子年,则黄帝 72 年中,第 61 年又为甲子,而最后一年,即第 72 年则为乙亥年,帝尧继黄帝而立,其元年正为丙子。虽然帝尧元年丙子这一条记载为孤证,但它与黄帝甲子的契合却也能使我们体悟到中国古代五王六十甲子连续纪年周期的蛛丝马迹。

---

① 李学勤:古本《竹书纪年》与夏代史,《华夏文明》,北京大学出版社 1987 年版,第 154 页。

（2）商王大乙乙名隐含的五王制首王元年甲子秘密

商殷王名以丁为代表五王而丁名出现的规律我们已多次论及，它在甲骨文及《史记》中都十分突出。助汤灭夏的伊尹有"五事桀，五事汤"的记载。以此则伊尹历夏末之五王，又历商初之五王。《史记·殷本记》中伊尹死于商王沃丁时，正好经历大乙到沃丁五王。而甲骨文中祭祀伊尹的日子多在丁日。可见以王名丁名五出可能与商王室中以伊尹为代表的丁群有关，因而丁不仅具有丁群纪王纪年的特点，而且在商殷王室中也有明显的五王而出的规律。商殷30王中虽然有明显的以丁群为代表五王为单元的变化规律，但是其五王为单元的内含却并不清楚。若以我们的推测是以六十甲子连续记录每王的72年天命历法看，结合我们前述的夏大康"五子"的干支历法及甲骨文发现的六十干支表中"五子"即甲子，丙子，戊子，庚子，壬子五子的斜行排列，似乎对我们寻找商殷王室五王为单元的纪年本质有所启发。依王年72年天命历法年数算，五王的起年到末年的干支依次是第一王甲子—乙亥为72年，第二王丙子—丁亥72年，第三王戊子—己亥72年，第四王庚子—辛亥72年，第五年壬子—癸亥72年，第六王元年复归甲子。而从夏太康的"五子"与殷王名为子亥看，十二支纪日纪年的历史十分古老。但不知什么原因它却在中国古史中始终若隐若现，始终被十日干名所掩盖。即便如此，我们仍能从中寻找出一些线索。从商王室继承夏人十天干名号看，在大乙以前上甲时代十日先后顺序还比较明显，而至大乙有了明显变化。商王大乙所取代的夏王为履癸，按五王年号规律看，夏桀履癸的首年干支为壬子，尾年干支为癸亥，而夏癸名为履癸是取了尾年干支癸亥的癸字。记载中夏桀倒行逆施的说法可能和桀违反了自黄帝以来王年名号取首年干支的传统。即按传统名号夏桀之名应与首年干支壬子相关，但其名履癸却与尾年干支癸亥相联系。这大约就是记载中夏桀倒行逆施的说法起因之一。前面我们推测五王单元首王起年为甲子年，而大乙为商朝取代夏朝的第一王首王，也为自黄帝始的第21王，起年即元年应为甲子年，但大乙代表商王室与夏对立，因此不以甲子的甲名，而以乙名，在情理上是自然的。然而从五王六十甲子连续纪年的角度看，大乙的乙名可能还有更重要的意义，即它可能是开创商殷王室以尾年干支名王的第一人。因而大乙的乙名可能是五王第一王首年甲子到尾年乙亥的72年中的尾年乙亥之名的简称。如果大乙的乙名确实是大乙以乙亥隐含甲子到乙亥的 72 年的代称，则继大乙之后的第二王其王年应是丙子－丁亥。记载中应当代大乙为王的大丁和事实上代大乙为王的外丙，其丁、丙两干又都和第二王的起始年干支丙子及尾年干支丁亥相关。我们不妨作这样的推测，大乙之前的商先公及夏王室习惯以王年 72 年首尾两干支中的首年干支即有子的五干为名号。如黄帝的甲子，帝尧的丙子，夏太康的"五子"。而大乙却反其道行之，改之以尾年干支即有亥字的五亥为名号。因而大乙的乙字很可能是大乙首王首年甲子—尾年乙亥的乙亥干支名号，因而从大乙开始，商王室大约已开始不以首年干支干名而以尾年干支干名名王。但大乙开创的王名方法在第二王时遇到了麻烦，依大乙之法，第二王应以首年丙子到尾年丁亥的尾年丁亥之丁名王。而纪载及甲骨文都有应继大乙王位的为太子大丁，大丁的丁名正与第二王丙子到丁亥 72 年的最后一年丁亥年相合，也与大乙之法以 72 年尾年干支干名名王相合。但大丁却未继王位而终，继王位的却是大丁之弟外丙。而外丙的丙字却正与第二王首年丙子年的干名丙相合。可见这种以 72 年首年干名为王名的方法大约是大乙之前夏王室纪王年王名的方法。但在大乙时代，商王室内夏商两种文化传统的斗争仍十分激烈。即王的名号是以王的首年干名还是尾年干名，其斗争十分激烈。其实夏代最后一王夏桀名履癸，其癸字也是与尾年干名相合的，这反映出夏商之交以王的首年干名还是尾年干名名王的斗争就已十分激烈。以至于大乙推行的以尾年干支为名号的纪年方法在大乙死后即被废止。代大乙为王的不是大丁而是外丙就能证明。尽管我们对外丙以后商殷王名的名号内含及纪年方法还不清楚，但联系夏王室及周王室的纪年方法，商殷王室很突出的五王变迁规律还是给我们探索它的王名与纪年规律留下了很多想象空间。

（3）王鼎以六十甲子与 72 数连续记日记年之证

前面我们已经叙述了，夏商殷周王室五王为单元的六十甲子连续纪年规律，即自黄帝起到夏桀亡的 20 王以夏启之后的太康为第一单元五王最后一王，而太康"五子"说可能即是五王以首年即有子字的首年纪年规律的反映。商殷 30 王中自大乙到中丁为 10 王。其中大乙到沃丁五王，典籍记载中伊尹在沃丁朝死，为商王朝早期大事，也是大乙朝第一个五王单元的终结。中丁为第 10 王，仲丁之迁为商史中大事，却也逢第五、第十王之五数单元。盘庚为第 19 王，小辛为第 20 王，而盘庚之迁也恰在五王、十王单元之时，殷朝亡于帝辛，帝辛为第 30 王，也合于五王、十王单元终结。这一规律也适合于西周。西周自武王始，到厉王西周衰。武王到厉王也是 10 王，而其中昭王之死也与昭王穆王时代合于五王单元的。自黄帝开始到西周厉王共历黄帝自夏桀 20 王，大乙至帝辛 30 王，武王至厉王 10 王，总数正为 60 王，为 6 个十王单元，也为 12 个五王单元。夏商殷周王数以五王十王为单元的交替变化尽管十分神秘而费解。但自夏启以癸甲十日名王及商殷 30 王皆以十天干十日为王名的事实透露出夏及商殷王名极有可能是与王室以王名纪日纪年相关的。西周王名虽不以日名，但自武王灭殷到厉王之变也与夏商殷王以五王、十王为单元的王位变迁规律相合。而且出土铜铭及古籍记载武王灭殷纣的日子为甲子日。西周立国日以十天干之首日甲与十二地支首日子的六十干支首日甲子的事实也反映出西周王室同样可能也继承了殷商王室的历日传统，是以六十甲子连续纪日纪年的。夏商殷周王室青铜器的纹饰数字符号也能予以证明。前面我们已经论述过自郑州二里岗到殷墟司母辛乳丁纹方鼎乳丁数的数字布列及变化特征，而其最突出的则是在方鼎四角的乳丁数或每角 3×5×2 为 30 数，两角合为一个六十甲子数，方鼎四角则为两个甲子的 120 数，表示着六十甲子连续纪数的特征；而有的方鼎每角乳丁数则为 3×6×2 为 36 数，两角合为 72 数，方鼎四角则为 72×2，表示是以 72 数连续记数的。西周王鼎圆鼎的记数方式虽然与殷王乳丁方鼎不同，但鼎腹以 6 条柱棱表示六十甲子数却与殷王方鼎以 60 乳丁纪六十甲子数相同，而每条柱棱加上两侧的两个眼目乳丁则可合为 12 数，如此则 6 条柱棱 60 数加上 12 个乳丁眼目也为 72 数，这也与殷王方鼎以 72 乳丁连续记数的方式相同。可见，殷周青铜器王鼎确实有明显的以六十甲子及 72 数连续记数的功能，虽然像殷墟甲骨文六十干支表一样没有标明是纪日还是纪年，但却能为我们推测其纪年纪日功能提供方便。而殷周王鼎以六十甲子及 72 数连续纪日纪年的传统，实际是继承半坡夏启盆以来的以十日十天干及十二支结合的纪日纪年传统而来的。因而我们可以肯定地说，中国古代自夏商殷周以来一直有着很完整严密的以 72 年为一个王年周期的王命天命历法单元及以六十甲子为尺度的连续记日纪年的历法与王位王年传统。

（4）武王甲子日灭殷的十王制首王元日甲子日的天命历法特征

前面我们已经论述了中国古代自夏启以来的以四分历为基础的历法特

征，夏启以十日名王就是纪录历法并以此为王年标志的。这就是夏商殷周帝王称天子，因而其纪年为天命之年的本质内容。因为这是那一时代最重要的，可能连续不断纪录历日历年的方法。以72年为一王在位的天命历法周期，以六十甲子数为纪日纪年的记数尺度，则首王元年为甲子，至第五王末年为癸亥，经五王360年完成一个历法与纪年结合的六十甲子纪年单元。而若以首王元年甲子，元日也为甲子，则需经10王即720年才能完成一个历法与纪日结合的甲子纪日单元。这可能就是中国古代历史自黄帝造甲子开始，历夏、商、殷、周直到西周厉王之变都呈现出完整的五王、十王为单元的古代王位变化特征的原因。即黄帝自夏桀20王、商汤到殷纣30王，西周武王到厉王10王的完整五王、十王单元特征。特别是记载与甲骨文都证明商王大乙到中丁为10王，记载有中丁之迁，外壬到小辛又十王，又有盘庚之迁，小乙到殷最后一王帝辛也是10王，殷被周所灭，而且还是在甲子日，正好还是在十王单元的天命历法交替之甲子年甲子日内。虽然武王灭殷的日干支为甲子而年干支没有明确的记载，但自黄帝始以甲子记日记年，特别是商王大乙以乙代表五王、十王制首王元年自甲子到乙亥的72年历法之证，也同时透露出十王为单元的甲子年甲子日特征。因此对武王甲子日灭殷为朝代更替及王室之间的争夺战争我们并不否认，但天命历法及纪日纪年单元的连续特征也是十分明显的存在的。其实关于武王灭殷的年代干支，记载中也提供了一些可供探索的资料。《史记·周本记》"文王五十即位，后十年崩"则文王年数60，满一甲子。而武王继文王后，在十一年伐殷，12年灭纣，合数正好为72年。文王武王以六十甲子与72年灭殷的年代数字与殷周王鼎60、72数阵的密合既可证明殷周王鼎的60数和72数就是王室纪日纪年之数，又可证明文王60年、武王12年合而以60年甲子及72年灭殷的王位王年转换确以72年为限而以六十甲子为尺度。同时文王60年，武王12年的60及72数还可为确定武王灭殷的年代干支提供帮助。因为按以上十王为单元计算，黄帝元年元日均为甲子，十王以后到夏王槐元年元日复又甲子，依次商王大乙元年元日甲子，商王外壬元年元日甲子，殷王小辛元年元日又甲子，而武王元年元日也为甲子。以上6个十王单元中，黄帝、大乙和武王的3个十王单元都有甲子记载，如黄帝造甲子，大乙以乙亥的尾年干支干名取代夏代以来以王的首年干支干名为名号的传统。西周武王不仅有文王60年加武王12

年的记载，还有出土铜器中武王甲子日灭殷纣的证明。而夏王槐、商王外壬、殷王小辛3个十王单元目前还没有发现与甲子相关的记载。即便如此，黄帝、大乙特别是武王以甲子日灭殷为十王制首王元日甲子提供的证明，特别是出土铜铭及古籍记载都证明武王灭纣的日子确为甲子日。这样合规律的年日变迁使我们有理由推想不仅武王灭殷的日子为甲子，而且其年干支也可能为甲子。因为西周自武王始，自厉王之变也为十王，而且昭穆之变也与五王单元相合。这说明西周王室在天命历法及王年规律上与夏商殷仍是一脉相承的。更值得注意的是武王以甲子日灭殷，王名用甲而不取乙，也正与商王大乙相反。大乙的天命王年干支首年为甲子，而大乙以尾年干支乙亥的干名乙为名，而不用首年干支甲子的干名甲，这是与夏人的辛壬癸甲10天干顺次相反的。但周人的首日以甲子，似乎又是反商殷大乙以尾年干支作名号的，这却正好与商殷大乙以前的夏人以首年首日干支取名相合。这种变化或对立，可能反映了夏商殷周王室都有十分古老的纪日纪年的历法传统及纪日纪年的习惯与特殊方法。

（三）从文王娶大姒说西周十王甲子记日周期

1. 武王甲子日灭殷与武王母辛巳的十王制首王72年甲子至辛巳日谱周期

武王甲子日灭殷纣不仅有出土青铜器铭文佐证，而且与古籍记载相合，这已是确定无疑的事实。更值得我们注意的是武王之母即文王之妻为有辛氏之大姒的辛姒之名。我以为辛姒应当就是辛巳，为干支相配的六十甲子数中的辛巳之名号。因为按武王72年的元年元日为甲子之日计算，其尾年为乙亥，其尾日即最后一日正好也为辛巳。因而我们推测武王之母有辛氏大姒之名可能就是武王72年日谱中的最后一日辛巳之记录。因为若以每王72年计算，所需经的日数为72×365+18日，为26298日，其日正为辛巳日。武王母名为辛巳，武王灭殷在甲子，显然武王灭殷前即有受母命而接受王年王日之年谱日谱的意义。而有辛大姒作为武王之母，又是来自大邑商的商殷王族之女。这不仅可以窥见殷周王室的历法联系，还可以了解夏商殷周王名从母名的天命历法之年谱或日谱本质。亦即夏商殷周王室的法定婚姻双方可能都是以其日干名号代表着自己对王年72年的甲子年周及甲子日周的推算及计算结果。

亦即他们都是有其长久的甲子年谱和甲子日谱传统的。而子从母名，其本质可能正是从母族继承了这种推算计算的日谱与年谱结果。周王虽不以天干为名，但武王母为有辛氏大姒，武王即以甲子—辛巳为72年26298日日谱。而且武王兄弟十人似乎也和有辛大姒有关。夏王室是最早以十天干十日名王的，而立国之夏禹其母也为有辛氏之姒。这一点有"鲧纳有辛氏姒"为证。可见武王不仅从其母有辛氏大姒那里继承了辛巳之日谱，而且兄弟10人也颇有十日十天干之名号意味。

2. 武王甲子—辛巳日谱周期溯源

前面我们已经提及夏初就有甲子记日和十王日谱的迹象。夏启癸甲盆有明显的甲子符号，而太康盆又有"五子"符号作标记。加上夏人之祖鲧娶有莘氏而生禹，可见夏代早期，王室即有了以甲子记日并可能有了甲子—辛巳的72年日谱。从王名探讨王年王日方面商殷王名可提供较多信息。商殷先公有王亥，为上甲之父，而甲骨文中王亥以辛日祭祀。商王大乙灭夏王桀，为商王室开创者，也为商王室30王中第一个十王之首王。其日谱也应为甲子—辛巳，其年谱应为甲子—乙亥。大乙之名虽不与首年甲子合，却与尾年乙亥干名相合。而大乙也像文王一样，娶妻于有辛氏。更值得注意的是大乙长子为大丁，而大丁之丁名正合于继大乙甲子—乙亥年谱之后的第二王丙子—丁亥年谱的尾年干名丁。可见大乙与大丁都取名于年谱的尾年干支之干名，而不用首年干支干名。这也许是商人灭夏反其道而行之缘故。因为夏启以癸甲生，夏王名也以庚甲为多，未见以乙名者。可见夏商殷周王室内不同干群支系其纪年纪日的方式不同。但值得注意的是继大乙而立的并不是大丁，虽然甲骨文对大丁的祭祀十分隆重，而实际继大乙为王的却是外丙。但外丙在甲骨文中却很少出现，也没有大丁那样受到隆重祭典。而外丙之名却合于第二王年谱的丙子—丁亥的首年年干之名，这一特征正与大乙、大丁以尾年干支的干名为王名相反。大丁不立而外丙立，说明大乙时代商王室内王权之争十分激烈，表现在王名干支上则有以年首干名和年尾干名之争。甲骨文对大丁的隆重祭祀说明甲骨文的作者近大乙、大丁以尾年干支名王的乙丁集团，而远外丙的首年干支名王的甲丙集团。商代第二个十王之首王为外壬，无明显甲子—辛巳日谱特征。第三个十王之首王为小乙，与大乙干名同，而且其子为武丁，因而小乙干名合于五王、十王之首王甲子—乙亥的尾年干名。而武丁的丁名也合于十王之第二王首年干支丙子,尾年干支丁亥的尾年干名丁。与大乙相同的还有小乙之父为小辛,而小辛似乎也像大乙娶有莘氏一样隐藏着父母辈为子辈谱就的年谱日谱。从西周武王甲子—辛巳的十王首王日谱及大乙、太丁、外丙与小辛、小乙、武丁的十王首王日谱及年谱干支与王名同异中我们似乎可以捕捉到商殷王名干支名号的由来,它们或与王年的起年干支干名相合,或与尾年干支干名相合;或合于起日干支干名,或合于尾日干支的干名。大概正是由于有多种多样的纪日纪年办法的缘故,商殷王名在先公上甲到主癸一直是大体按十日顺序的。而到大乙以后王名似乎已不按十日十天干顺序排列。但如果按五王十王的天命历法72年及甲子记日纪年的规律认真对照,商殷王室在大乙以后的王名看似无序的状况却能呈现出某些时段的与五王甲子年周及十王甲子日周相符合的特征。

夏商殷周五王制甲子年谱与十王制甲子日谱

（一）十日制天命历法与夏商殷周王谱历谱的推定

1. 十日制历法与夏商殷周王名王谱

中国的族谱家谱传统十分悠久,从我们以上分析看,至迟在殷末周初这种传统已经形成。因为考古发现西周时代来自殷王室的微氏家族就已使用乙、辛,乙、丁的十日干名的族谱制度。[①]而与周王室世代通婚的姜姓齐国也有以乙、丁制为特征的十日干名名王传统。[②]这种传统应当来自夏商殷以来的十日名王传统。特别是武丁以后的殷王室以尾年干支干名名王的乙丁制传统。也就是说中国传统的族谱家谱人名谱系制度是来自于夏商殷周王室十日名王制度的。

从古籍记载和考古发现可以看出,中国古代的历法传统是十分悠久的。而至迟在夏代起,王室已经开始以十日制名王并以此记录历法了。也就是说中国传统的王名人名制度是与纪日纪年的干支名号相关的,特别是十天干名号。而以十日名王并记录历法的传统历夏商殷周一直被记录下来,即便其中

[①] 杨宽:《西周史》,上海人民出版社2003年版,第371页。
[②] 司马迁:《史记·齐太公世家》,中华书局1959年版。

的具体细节和具体方法我们并不十分清楚，但以十日名王并记录历法则是可以肯定的。由于以十日名王，而且十日之名还显现出某种规律性，这就有理由让我们相信夏商殷周王室的王名因其内涵的天命历法年代而具有与历法相同的规律性。而这种规律性的往复循环导致的王名十日有规律的重复出现事实上就是夏商殷周王室的王名王谱及历谱。这一特点在甲骨文商殷王名上最为明显。甲骨文中商殷先公自上甲开始大体是按十日十天干顺序名王的，它已体现出商王室在大乙立国前的先公先王名号是按既定的十日谱系命名的。大乙建立商朝后大乙的名号也体现出某种规律性。从前面论述可知，大乙的乙名是按大乙作为天命72年五王制甲子纪年单元首王首年为甲子年，尾年为乙亥年的尾年干支干名的乙字而命名的。大乙的长子大丁和继大乙而立的外丙也是这样。大乙之后的第二王其首年应为丙子，尾年应为丁亥，记载中有继大乙为王者应为大丁，而大丁的丁字正合于第二王尾年干支丁亥的丁字。但事实上大丁并未继大乙为王，继王位者却为外丙，而外丙的丙字也正合于第二王首年干支为丙子的丙字。可见无论是大乙还是继大乙王位的外丙或应继承王位的大丁，虽然不以十日制的十日顺序名王，但其名号却是符合记录王年历法的，而且其干名也是在继王位之前既定的。因而是有其历年谱序的。不仅大乙及外丙、大丁是这样，商王大乙之父名主癸，商王大乙之所灭者为夏桀，夏桀名履癸，而癸字也正合于天命72年五王制甲子纪年单元第五王首年干支为壬子，尾年干支为癸亥的尾年干支癸亥的癸字。可见至迟在夏商之交，一种以记录王年干支的干名为王名的方法已经出现，并且已经有首年干名和尾年干名为王名之争。但无论如何，它们都体现出夏商殷王室王名以十日为名并不是随意的，而是刻意安排的，并且王名之日干还有记录历法及王年干支的作用。这就说明夏商殷王室的十日名王是有其内在的历法年代规定的，是有规律出现的。商殷王室在大乙之后以丁为名者常作为第五王出现的规律则证明了商殷王名以五王为单元的特征。因而我们以为这可能就是商殷王室的十日制王名之谱系。尽管自夏代以十日名王起，历商殷到西周，其内涵及名王方法有所变化，但十日制王谱及其历法内涵并没有太大变化。这也为我们认识探寻夏商殷周王名王谱及历法内涵提供了条件。

2. 十日制历法与夏商殷周五王制甲子年谱的推定

依照我们前面对王命72年的天命历年及五王为单元以甲子纪年的方法，

我们可以将五王甲子年谱推算排列如下：

第一王：首年甲子，60年癸亥，61年甲子，72年乙亥，以甲子－乙亥代之。
第二王：首年丙子，60年乙亥，61年丙子，72年丁亥，以丙子－丁亥代之。
第三王：首年戊子，60年丁亥，61年戊子，72年己亥，以戊子－己亥代之。
第四王：首年庚子，60年己亥，61年庚子，72年辛亥，以庚子－辛亥代之。
第五王：首年壬子，60年辛亥，61年壬子，72年癸亥，以壬子－癸亥代之。

从以上排列可以看出，五王72年的首尾干支呈现出首年干支为甲子、丙子、戊子、庚子、壬子的天干之五个奇数即甲丙戊庚壬的五奇与十二支首字子字结合的五子特征，而尾年干支呈现出天干之五个偶数即乙丁己辛癸的五偶与十二支尾字亥字结合的五亥特征。除此以外，第一王72年内的两甲子，第二王的两丙子，第三王的两戊子，第四王的两庚子，第五王的两壬子之两子特征也都能引起我们对考古发现及古籍记载中的一些奇怪说法及数字的思考。如夏王太康时的"五子之争"，考古发现青莲岗文化中流行有孔石刀之孔数只以1、3、5、7、9的奇数为孔等奇特现象等。

3. 十日制历法与夏商殷周十王制甲子日谱的推定

依照前面我们对四分历为基础的72年天命历年即26298日历日及六十甲子纪日方法的论述，我们将十王制甲子日谱推算排列如下：

第一王：首年甲子，72年乙亥，首日甲子，尾日辛巳，以甲子－辛巳代之。
第二王：首年丙子，72年丁亥，首日壬午，尾日己亥，以壬午－己亥代之。
第三王：首年戊子，72年己亥，首日庚子，尾日丁巳，以庚子－丁巳代之。
第四王：首年庚子，72年辛亥，首日戊午，尾日乙亥，以戊午－乙亥代之。
第五王：首年壬子，72年癸亥，首日丙子，尾日癸巳，以丙子－癸巳代之。
第六王：首年甲子，72年乙亥，首日甲午，尾日辛亥，以甲午－辛亥代之。
第七王：首年丙子，72年丁亥，首日壬子，尾日己巳，以壬子－己巳代之。
第八王：首年戊子，72年乙亥，首日庚午，尾日丁亥，以庚午－丁亥代之。
第九王：首年庚子，72年辛亥，首日戊子，尾日乙巳，以戊子－乙巳代之。
第十王：首年壬子，72年癸亥，首日丙午，尾日癸亥，以丙午－癸亥代之。

以上排列中最能引起我们注意的是十王制甲子日谱中第一王的日谱干支为甲子－辛巳，这与武王甲子日灭殷及其母的有辛氏大姒的辛姒之名十分吻合。因而武王甲子灭殷及母为辛姒的记载是合于殷周交替并为十王制第一王的72年之日谱排序的。不仅西周武王灭殷日与推定的十王制第一王日谱十分吻合，而且商王大乙与外丙，大丁之名也与五王制年谱干支干名也十分吻合。种种迹象表明，自夏代建立到商殷西周，中国古代王室不仅存在每王72年的天命年谱，而且还可能存在5王360年的甲子年周及10王720年的甲子日周。而商王大乙和西周武王都是王朝的开创者，他们的年谱日谱特征应当对他们建立的王朝有示范性的影响作用。

（二）夏商殷周王名与推定的夏商殷周甲子年谱比较

1. 推定年谱与黄帝到夏桀20王比较

按五王甲子年谱计算，黄帝、尧、舜、禹、启到最后一王夏桀共20王，《史记·三代世表》也称："从黄帝至桀二十世。"而这二十王可分成4个五王单元。依次排列如下：

第一单元：黄帝、帝尧、帝舜、夏禹、夏启五王。

第二单元：夏太康、夏中康、夏帝相、夏帝少康、夏帝予五王。

第三单元：夏帝槐、夏帝芒、夏帝泄、夏帝不降、夏帝扃五王。

第四单元：夏帝廑甲、夏帝孔甲、夏帝皋、夏帝发、夏帝桀五王。

这四个五王单元中，排于第一位的有黄帝、夏太康、夏帝槐和夏帝廑甲四王。排于第二位的有帝尧、夏中康、夏帝芒、夏帝孔甲四王。排于第三位的帝舜、夏帝相、夏帝泄、夏帝皋四王。排于第四位的有夏禹、夏帝少康、夏帝不降、夏帝发四王。排于第五位的有夏启、夏帝予、夏帝扃、夏帝桀四王。按推定的五王甲子年谱第一王首年为甲子、尾年为乙亥。第一位四王中，黄帝有造甲子之说，是合于第一王首年干支甲子之名的。夏帝太康有五子之说，虽无明确甲子记载，但仍留有五王甲子纪年痕迹。夏帝槐无与甲子纪年相关的记载，但夏帝廑在《太平御览》中有名胤甲。《太平御览》卷82皇王部引："帝廑一名胤甲，即位居西河，天有妖孽，十日并出。如此则胤甲之甲名是合于第一王首年甲子之干名甲字的。"

排于五王单元第二王的帝尧、夏帝中康、夏帝芒、夏帝孔甲四王。按推定的五王甲子年谱第二王首年为丙子、尾年为丁亥，此四王中帝尧在《隋书》中有"元年丙子"之说。帝尧元年丙子不仅合于推定的帝尧作为五王制第二王首年丙子干支之名，而且也可与黄帝作为五王制首年甲子干支相印证。《史记》记夏帝中康时有"羲和乱日"的记载，或说"乱甲乙"。似乎反映出夏王室十日制名王及历法的规制此时发生了纷争。但夏帝芒、夏帝孔甲都无明显的第二王首年干支丙子，尾年干支丁亥的有关记载。

排于五王制第三王的帝舜、夏帝相、夏帝泄、夏帝皋四王，此四王无明显与干支相关的记载。唯《史记》帝舜时的"汝二十有二人"之二十二人是否和十日十干与十二支的合数为二十二之数有关。

排于五王制第四王的夏禹，夏帝少康、夏帝不降和夏帝发，此四王也无发现与干支纪年相关的记载。唯夏禹有"辛壬娶妻，癸甲生启"的与十日相关的说法。

排于五王制第五王的有夏启、夏帝予、夏帝扃、和夏帝桀四王。第五王首年干支为壬子，尾年干支为癸亥。此四王中夏启有"癸甲生启"说，似乎能和夏启作为五王制第五王的尾年干支癸亥有些关系。另外"天问"称夏启为"勤子"不知是否和首年干支"壬子"有联系。此四王中唯夏桀名履癸的癸字，和夏桀作为五王制第五王的尾年干支癸亥相符。以上将推定王年干支与王名干支或王与干支名号相关的记载相对照，目的是想验证一下它们之间是否存在某种联系（表7-4）：

72年首年干支—尾年干支	五王位次	王名及相关干支记载	注释
甲子—乙亥	1	黄帝 夏帝槐 夏太康 夏帝廑甲	黄帝有造甲子说 太康有五子说，廑或名胤甲，与甲子之甲合
丙子—丁亥	2	尧 夏帝芒 夏中康 夏帝孔甲	尧有元年丙子说 中康有"乱甲乙"说
戊子—己亥	3	舜 夏帝泄 夏帝相 夏帝皋	
庚子—辛亥	4	禹 夏帝不降 夏少康 夏帝发	禹有"辛壬癸甲"之说
壬子—癸亥	5	夏启 夏帝扃 夏帝予 夏帝桀（履癸）	启有"癸甲生启"说 夏桀名履癸、癸合尾年干支癸亥之癸

表7-4 夏商殷周五王制72年首年尾年干支与黄帝至夏桀20王王名对照表

2. 推定年谱与商王大乙到殷末帝辛 30 王比较

商王大乙到殷末帝辛共 30 王，可分为 6 个五王制甲子纪年单元。依次排列如下：

第一单元：大乙、外丙、中壬、大甲、沃丁五王。
第二单元：大庚、小甲、雍己、大戊、中丁五王。
第三单元：外壬、河亶甲、祖乙、祖辛、沃甲五王。
第四单元：祖丁、南庚、阳甲、盘庚、小辛五王。
第五单元：小乙、武丁、祖庚、祖甲、廪辛五王。
第六单元：庚丁、武乙、太丁、帝乙、帝辛五王。

这六个五王单元中，位于第一王的有大乙、大庚、外壬、祖丁、小乙、庚丁六王，位于第二的有外丙、小甲、河亶甲、南庚、武丁、武乙六王，位于第三位的有中壬、雍己、祖乙、阳甲、祖庚、太丁六王，位于第四的有大甲、大戊、祖辛、盘庚、祖甲、帝乙六王，位于第五的有沃丁、中丁、沃甲、小辛、廪辛、帝辛六王。

第一位，即五王制第一王 72 年的首年干支为甲子，尾年干支为乙亥，第一位六王中，商王大乙和殷帝小乙之乙名合于第一王尾年干支乙亥之乙名。

第二位，即五王制第二王 72 年的首年干支为丙子，尾年干支为丁亥。第二位六王中外丙合于第二王首年干支丙子之丙，武丁合于尾年干支丁亥之丁。甲骨文及古籍记载大乙长子为大丁，应继之为王，因此应继大乙而立，为外丙之兄的大丁之丁亦合于第二王尾年干支丁亥之丁。因此在商王大乙之后已继王位的外丙和应继王位的大丁干名均合于五王制第二王首年干支丙子和尾年干支丁亥的天干字。而且应立为王的大丁之丁名合于尾年干支，这一点不仅与大乙的乙字合于尾年干支相同，而且也与大乙之前的夏王桀名履癸及商先公主癸相同，都是以尾年干支干名名王的。而不应继王位的外丙却继立为王，其丙字合于首年干支干名的方法正与大乙相反。因此我们以为这可能反映出夏末商初夏商王室内以首年干支干名名王与以尾年干支干名名王的两种方法及其斗争。甲骨文多有对大丁的隆重祭祀却少有关于外丙的记载，这可能和甲骨文的创作者或族群是更接近于以尾年干支名王的商王大乙一派，而远于外丙一派的。

第三位即五王制第三王72年的首年干支为戊子、尾年干支为己亥。第三位六王中只有雍己合于第三王尾年干支己亥之己名。

第四位即五王制第四王72年的首年干支为庚子,尾年干支为辛亥,商王祖辛合于第四王尾年干支辛亥之辛,而殷王盘庚合于第四王首年干支庚子之庚。

第五位即五王制第五王72年的首年干支为壬子,尾年干支为癸亥。第五位六王王名中没有合于第五王首年干支壬子和尾年干支癸亥的(表7-5):

72年首年干支—尾年干支	五王位次	王名干名	注释
甲子－乙亥	1	大乙(合乙亥)祖丁 大庚小乙(合乙亥) 外壬庚丁	大乙、小乙都合于尾年干支乙亥之乙名
丙子－丁亥	2	外丙(合丙子)南庚 小甲武丁(合丁亥) 河亶甲武乙	外丙合于首年干支丙子之丙名,大丁合于尾年干支丁亥之丁名,武丁合于尾年干支丁亥之丁名
戊子－己亥	3	中壬阳甲 雍己(合己亥)祖庚 祖乙太丁	雍己合于尾年干支己亥之己名
庚子－辛亥	4	大甲盘庚(合庚子) 大戊祖甲 祖辛(合辛亥)帝乙	祖辛合于尾年干支辛亥之辛名盘庚合于首年干支庚子之庚名
壬子－癸亥	5	沃丁小辛 中丁廪辛 沃甲帝辛	位于五王制第五王的6个王中有名丁者二,名辛者三,丁辛都有记五王单元及世次的倾向

表7-5 夏商殷周五王制72年首年尾年干支与大乙至帝辛30王名对照表

3. 推定年谱与西周武王到厉王10王比较

西周王名无用十日者,但武王同母兄弟十人却能透露出一些与十日相关的信息。《史记·管蔡世家》记武王有同母兄弟10人。按夏商殷王室十日名王的传统,武王兄弟10人可能也具有十日十干名号性质的。武王兄弟10

人的十日性质可能与其母有辛氏大妊有关。因为有辛氏一族在夏商时代就与十日有密切联系。古籍记载及甲骨文证明，商殷王室以十日名王起自先公上甲，但上甲之父为王亥。甲骨文祭示王亥的日子多在辛日，因此一些学者以为王亥可能与古帝王高辛氏有关。不独商殷王室十日名王的传统和有辛氏相关，夏王室以十日名王起自夏王启，而夏启之母涂山氏女娲也有"生子十人"的说法。涂山氏古籍也有作有辛氏的。不仅夏禹与有辛氏联姻，禹之父鲧之妻也为有辛氏女。可见夏王启以十日名王之前其父禹与其祖鲧都是与有辛氏联姻的。因此我们以为武王兄弟10人与十日有关，正是因为武王之母为有辛氏大妊并且是殷王帝乙之女，以商殷王室男女多以十日为名号的传统，武王之母有辛可能既是其族群之名号，也是自己的日干名号。因而有辛大妊不仅生了10个儿子，并且也自然会按有辛氏族群传统赋予他们与十日相关的意义，这也是十分自然的。尽管武王及其兄弟并没有以十日为名号，但武王与十日及年谱、日谱有关的内容还可从武王以排行第二的身份继承王位加以探讨。记载中武王排行为二，其兄为长子名伯邑考。文王不用长子继王位而用次子武王继王位，颇有点像商王大乙的长子大丁未继王位而次子外丙继承王位。而且武王以兄弟10人中第二的身份继承王位也颇像大乙不以十日之第一日甲名而以十日之第二日乙日名王一样。而这也可能和大乙不以甲名而以乙名的本质是用年谱尾年干支干名而不用首年干支干名是相同的。即不用第一王首年干支甲子之甲名而用尾年干支乙亥之乙名。因为在记载中，武王兄弟有10人，武王排行第二。若依十日顺序长子伯邑考为首，合于十日首位之甲，而武王合于十日第二位之乙。因此，周王室不以长子伯邑考继位，而以次子武王继位颇与商王大乙不以甲名而以乙为名相类。而大乙之后的商王外丙与应继大乙为王的大丁为王位之争所反映出的大乙时代商王室内王位继承之争也启示我们，西周文王后在西周王室内王位传长子近甲群还是传次子近乙群似乎也有不小的矛盾和斗争。不仅武王继位反映出了周王室王名用首年干支干名与尾年干支干名之争，而且继武王之后执掌王权的周公也是近尾年干支干名的。记载中周公排行为第四，按十日顺序应为甲、乙、丙、丁之丁，而周公继武王为王就成了乙传位于丁，其乙丁之关系与商开国之王大乙与其子大丁的乙丁继位方式也极相似。从记载中还可以看出，周王室武王兄弟10人中不用长子伯邑考，不用三子管叔，而用二子武王、四子周公，似乎透露出重用十干名号的偶数名次即乙、丁、己、辛、癸，少用甲、丙、戊、庚、壬的倾向。而这也与商殷大乙以后，特别是殷代晚期王名多用尾年干支名号相同。因为按照我们推定的五王72年甲子年谱，五王年谱的首年干支是甲子、丙子、戊子、庚子、壬子五子，而甲、丙、戊、庚、壬正好是十日干名的1、3、5、7、9五奇之数；而乙、丁、己、辛、癸正好是十日干名的2、4、6、8、10五偶之数。可见武王与周公的执掌王权，是与商殷王室王名多用尾年干支干名相近的。基于以上原因，我们推测武王到厉王十王正好合于五王制甲子年谱的两个五王单元和一个十王日谱单元。而武王至厉王十王的年谱日谱也是与我们推定的五王72年甲子年谱与十王72年26298日甲子日谱相合的。由此我们也推测厉王奔彘可能即是猪亥之亥的说法。因为厉王作为五王年谱单元的第五王，其首年干支为壬子，尾年干支为癸亥，作为十王日谱的第十王，其首日干支为丙午，尾日干支也为癸亥。厉王所奔之彘，即猪亥，这是否透露出厉王奔彘与厉王尾年干支癸亥，尾日干支也为癸亥的年谱日谱的历日所指呢？

（三）夏商殷周王名与推定的夏商殷周十王甲子日谱比较

1. 推定日谱与黄帝到夏桀20王比较

按十王甲子日谱单元计，黄帝到夏桀20王可分为两个单元。第一单元为黄帝到夏王帝予10王，第二单元为夏王帝槐到夏帝桀10王。黄帝不仅为第一个十王之首，而且也是中国古代历法文明之首创者。因而对黄帝造甲子之记载有必要作一些探讨。

在前面的论述中，我们将半坡夏文化彩陶的直接源头追溯到甘肃秦安大地湾仰韶文化早期彩陶符号和陕西临潼白家遗址彩陶符号，并由此将半坡夏文化与陕甘仰韶文化早期出现的彩陶符号相联系。因而我们以为陕西临潼白家和甘肃秦安大地湾仰韶早期彩陶文化可能和夏代以前的黄帝、炎帝文化相关。大地湾早期彩陶符号多画在陶钵内部，有丫形草木或鸟足者，也有𝙼形如飞鸟或牛羊角者，还有的作十形十字状，极似半坡时代彩陶中流行的十字形甲字符号，特别是临潼白家彩陶中有不少被称作滴血点的纹饰，有的也以四个滴血点作∴形十字状分布，既像十形甲字，又像东西南北分布的带有光芒的太阳或星光。因而就半坡夏王室以10日名王表现出的重天象历法的特点看，它们与半坡夏王室文化是一脉相承的。古籍记载中不仅有黄帝之臣作甲子之说，更有黄帝观日望月推定历数的记载。《史记》记载黄帝"获宝鼎，迎日推筴"。《集解》引晋灼注："策，数也，迎数之也。"瓒曰："日月朔望未来而推之，故曰迎日。"又引《封禅书》"黄帝得宝鼎神策"下云"于是推策迎日"，则神策者，神蓍也。黄帝得蓍以推算历数，于是逆知节气日晨之将来，故曰推策迎日也。《正义》筴，音策。迎，逆也，黄帝受神筴，命大挠造甲子和夏王室十日名王的联系，不仅能相互验证，而且反映出早在公元前 5000 年前时，陕甘渭河流域有记录的历法文明已经发展到了很高的阶段。特别是临潼白家遗址彩陶中发现的甲字状 •∴• 形滴血点还可与黄帝之臣仓颉造字时"天雨血，鬼夜哭"相印证，反映了历法观察计算及创造纪录符号时的艰难。从而也为我们论述半坡人面鱼纹盆代表的夏王室以十日名王的十日文化源头提供了有力的证明。记载中黄帝之臣大挠造甲子，这甲子是年还是日，我以为可能是兼而有之的。因为当人们能精确推算历法时，必定已经能记录年与日了。而且纪月纪年一般又以纪日为基础。按五王甲子年谱计，黄帝为第一王，其首年为甲子年，而按十王甲子日谱计，黄帝也为第一王，其首日也为甲子，因而黄帝造甲子之说，不仅是黄帝作为五王甲子年谱首王首年的甲子之证，而且也是黄帝作为十王之首王首日也为甲子之证。更重要的是从黄帝推筴迎日的对天像观察及历法推算的记载中似乎能反映出日谱、年谱的推算制定似乎是在黄帝时代已经开始并已比较成熟了。夏启为十王甲子纪日单元中第五王，其首日为丙子，尾日为癸巳，夏启虽没有明确的丙子和癸巳的记载，但是夏启以癸甲十日名王可能更严谨、更完善并且更便于记录与传承。太康为十王甲子纪日单元的第六王，其日谱首日为甲午，尾日为辛亥，夏太康也没有明确地甲午和辛亥的记载，但夏太康彩陶盆内人头与头上的×状五字符号却既能与甲骨文六十甲子表五个子字的斜行交午相证明。但作为夏王室重器及与前后的传承，反映出它可能还隐藏有记录五子五王甲子年谱及十王甲子日谱历谱作用。夏王中康为十王甲子记日单元的第七王，其推定之 72 年日谱首日为壬子，尾日为己巳。《史记》中记载夏王中康时有"羲和湎淫，废时乱日。胤往征之，作胤征"之说。夏中康时的"胤征"不知是否和中康作为第七王的首日为壬子的干名壬有关。我推测"胤"或为壬子音记，而壬任与仍、娀音通，有仍一族也是中国古代很显赫的一族。有仍与有辛一直是夏、商、殷。周王室最显贵的互婚之族。夏少康依母家有仍而恢复政权，商契为有仍氏女所生，周王季取挚仲氏任为西周奠定开国基业。因而夏王中康时的胤征之胤可能为有任、有仍一族。而有仍有壬一族则像有辛一样，是兼以日干之名为族名并也以为人名的。如此则夏王中康之胤征，是合于第七王首日壬子之干名壬的。第八王帝相、第九王少康和第十王帝予目前都没有发现与十王甲子日谱相关的记载。

夏王帝槐到夏王帝桀为第二个十王甲子纪日单元。帝槐为第一王，其推定的72年甲子日谱首日为甲子，尾日为辛巳。帝槐音回，《系本》作帝荟。其父为夏王帝予。而帝予音佇。《系本》云"季佇作甲者也。"按夏商殷周王名年谱日谱多从父或母名母族而来的规律，推定的帝槐日干为首日甲子，似乎又合于其父"帝佇作甲者也"的说法。① "帝佇作甲"不仅合于夏王帝槐为十王制首王首日甲子之制，而且也合于帝槐作为五王制甲子纪年年谱第一王首年为甲子之制。因而夏王帝槐从其父"作甲者"所得的甲字，很可能就隐含有年干支甲子和日干支甲子的双关含义。犹如黄帝作甲子，虽不明为年甲子，或日甲子，但极有可能也有年谱与日谱的双关含义。夏王帝槐之后的第六王夏王廑不仅以甲名王，而且有有关十日的记载。按推定五王年谱，廑甲之甲名是合于五王甲子年谱第一王首年甲子之甲的。廑甲或名胤甲，《太平御览》还有"胤甲居西河，天有妖孽，十日并出"的说法。可见帝廑之名胤甲，不仅合于帝廑作为五王甲子年谱第一王首年干支甲子，而且也合于帝廑作为十王甲子日谱第六王首日干支甲午，"十日并出"的说法可能是首日甲午日谱的纪日说法之反映。

2. 从夏王廑名胤甲说创制十日名王的有仍、有娀氏族。

这里一个值得我们注意的问题是帝廑之名引发的对我们前面已论述的夏帝中康时"胤征"的胤字与壬、任、仍、娀的思考。帝廑又名胤，而在《史记》索隐中帝廑又音勤。可见廑、胤、勤在夏代作为王名可能是相通的。而它们很可能是与夏启十日名王时夏启又名建的建字有关。建从聿，甲骨金文从手挚柱木状作朱，其实是与尹相通的，因为丫和丨状符号在夏启彩陶人面纹盆上都是与癸甲十日相关的十日所自生的扶桑神木。而建与覲音通，又

---

① 司马迁：《史记·夏本纪》，中华书局1959年版。

与廑、胤、勤音近易转。因而古籍记载中夏启又有"勤子"之名。而夏帝中康时的"胤征"之胤和帝廑名胤，又音勤更进一步证明了古代十日十天干之名由于语音差异可能会有多种相异之说法。如果自夏启以十日名王时十日之名曾有称建又音勤的说法，则勤，廑、胤可能是在不同时代或不同地域或不同族群之间的语音差异之记录，那么我们推测建、勤、廑、胤之十日之名可能也和夏末商初佐大乙灭夏桀的伊尹有关。因为伊尹在甲骨文中多在丁日祭祀，以伊尹的丁日为王名者在商殷王室往往在第五王时出现，而伊尹又有"五事桀，五事汤"之说。并且还以"素王及九主之事"[①]说汤，可见伊尹与十日制密切相关。伊尹字从尹，甲骨文作 ，为手挚木柱棒形，｜状柱棒在甲骨文金文时代为数字之 10，而手为 5 数，因而伊尹名字表现的 10 与 5 之数及关系十分明显。伊尹字从手挚｜状，｜为数之 10，又可为数之一，｜与一仅为竖横之别，而且又为 1－10 数之相连接处，因而｜为一即壹读衣，尹、胤而变为廑、勤、仍、任是极有可能的。因而我以为伊尹一族很可能与有辛氏一族一样，都曾是创制十日制的主要族群，也是自夏而商，自殷至周一直在王室居于重要地位，并与王名历谱十分有关的部族，他们的标识就是半坡彩陶上的｜状棒柱符号。它们也可能就是与有辛氏世代联姻，即上册中我们论述的有仍、有娀氏族。因为仍、娀、与任、胤音近可通，而夏鲧和夏禹都为有娀氏族，并且与有辛氏联姻，其后代夏启以癸甲十日名王。商先简狄为有娀氏女与帝高辛氏合而生契。周氏族姜嫄履高辛帝之迹而后生后稷，姜嫄为西娀女。虽然有娀、有辛两族在夏商殷周先祖时代之男女身份有别，即娀在夏为父族，辛在夏为母族，而娀在商周为母族，辛在商周为父族，但两族合婚并创制十日制历法历谱却是明显的。而且自夏至商殷以十日名王的特征也是十分突出的。

帝廑之后的孔甲虽以甲名，但我们仍未能找出与年谱、日谱相关的记载。夏代最后一王夏桀名履癸，癸字不仅合于夏桀作为五王甲子年谱中尾年干支癸亥的癸名，而且也合于夏桀作为十王甲子日谱中第十王尾日干支为癸亥的癸名（表7-6）。

[①] 司马迁：《史记·殷本纪》，中华书局1959年版。

十王位次	推定起终日干支 （72年为26298日）	王名	说明
1		黄帝	黄帝臣大挠有造甲子说
2	壬午—己亥	帝尧	
3	庚子—丁巳	帝舜	
4	戊午—乙亥	帝禹	
5	丙子—癸巳	夏启	有"辛壬癸甲"10日说
6	甲午—辛亥	夏太康	有太康与"五子"说
7	壬子—己巳	仲康	有"仲康乱甲乙"说
8	庚午—丁亥	相	
9	戊子—乙巳	少康	
10	丙午—癸亥	予	
1	甲子－辛巳	槐	槐之父为予或曰伫，有"作甲之说"。如此则合于首日甲子之甲。
2	壬午－己亥	芒	
3	庚子－丁巳	帝泄	
4	戊午－乙亥	不降	
5	丙子－癸巳	扃	
6	甲午－辛亥	廑甲	廑甲甲名合首日干支甲午之甲
7	壬子－己巳	孔甲	
8	庚午－丁亥	帝皋	
9	戊子－乙巳	帝发	
10	丙午－癸亥	帝桀	桀名履癸，合尾日干支癸亥之癸

表7-6　推定10王甲子日谱与黄帝至夏桀20王王名比较表

3. 推定日谱与商王大乙到殷末帝辛 30 王比较

按推定的十王 72 年甲子日谱计，从商王大乙到殷末帝辛 30 王可分为三段。第一段从大乙到中丁十王。只有第九王大戊之戊合于十王甲子日谱第九王首日干支戊子之戊，其它没有发现有合于十王日谱干支记载的。第二段商王外壬到殷帝小辛十王，也未发现有合于十王日谱干支者。第三段十王从殷王小乙到殷末帝辛，第三段十王中有第三王祖庚之庚合于十王甲子日谱第三王首日干支庚子之庚，有殷末太丁之名合于十王甲子日谱第八王尾日干支丁亥之丁名，还有第九王殷王帝乙之名合于甲子日谱第九王尾日干支乙巳之乙名。从以上排列可以看出，在商王大乙到殷末帝辛 30 王中，只有第二段商王外壬到殷帝小辛十王之名均未发现有合于十王甲子日谱干支的。而这一段正是《史记》所说"中丁以来的'比九世乱'"的一段，因而其王名与日谱规制不合是可以理解的。但是从前面五王甲子年谱的比对中可以看出，中丁以后这一段，历法与年谱日谱的传承仍未间断。这一点从与日谱相合的王名中即可看出一点痕迹来。如与尾日日谱干支干名相合的有廪辛、太丁、帝乙三王，而乙丁辛三干名王者在年谱干支中也是与尾年干支干名相合的。而与首日日谱干支干名相合的有大戊和祖庚，以戊名王者在商殷 30 王中仅此一见，以庚名王者在年谱中也没有发现与尾年年谱干支干名相合的例证。这一点是值得注意的。因为乙、丁、辛三干名王者不仅在年谱干支中是记尾年干支的。而且在日谱中也是记尾日干支的。而与此相反，第一段大戊之戊合于第九王首日干支戊子之戊，第 23 王祖庚之庚合于十日制第三王首日干支庚子之庚。戊庚干名记首年、首日干支的传统明显是与乙丁辛三干群相反的。因而从大乙到帝辛 30 王王名与 72 年日谱干支比较中也透露出了王室十天干群之间以首日干支干名名王与以尾日干支干名名王之争的痕迹，这与反映在年干支上斗争也是一致的（表 7-7、表 7-8）。

十王位次	推定日谱起日、终日干支（72年为26298日）	王名	说明
1	甲子—辛巳	大乙	大乙娶有辛，辛合尾日辛巳之辛
2	壬午—己亥	外丙	
3	庚子—丁巳	中壬	
4	戊午—乙亥	大甲	
5	丙子—癸巳	沃丁	
6	甲午—辛亥	大庚	
7	壬子—己巳	小甲	
8	庚午—丁亥	雍己	
9	戊子—乙巳	大戊	大戊之戊合首日干支戊子之戊
10	丙午—癸亥	中丁	
1	甲子—辛巳	外壬	
2	壬午—己亥	河亶甲	
3	庚子—丁巳	祖乙	
4	戊午—乙亥	祖辛	
5	丙子—癸巳	沃甲	
6	甲午—辛亥	祖丁	
7	壬子—己巳	南庚	
8	庚午—丁亥	阳甲	
9	戊子—乙巳	盘庚	
10	丙午—癸亥	小辛	

表7-7　推定10王甲子日谱与商王大乙到小辛20王王名比较表

十王位次	推定日谱起日、终日干支（72年为26298日）	王名	说明
1	甲子—辛巳	小乙	
2	壬午—己亥	武丁	
3	庚子—丁巳	祖庚	祖庚之庚合首日干支庚子之庚
4	戊午—乙亥	祖甲	
5	丙子—癸巳	廪辛	廪辛之辛合尾日干支辛亥之辛
6	甲午—辛亥	庚丁	
7	壬子—己巳	武乙	
8	庚午—丁亥	太丁	太丁之丁合尾日干支丁亥之丁
9	戊子—乙巳	帝乙	帝乙之乙合尾日干支乙巳之乙
10	丙午—癸亥	帝辛	

表7-8 推定日谱与殷王小乙至帝辛10王王名比较表

4. 推定日谱与西周武王到厉王十王比较

西周的年代与夏商殷一样，在古代留存下来的记载中资料也不多。因此西周年代在厉王以前一直争论不休，很难定论。但考古发现利簋记载有武王甲子日灭商的说法与古籍记载中武王甲子灭商的记载相印证，却为我们认识西周年代及夏商殷年代打开了一条思路。因为商王大乙灭夏桀，夏桀名履癸，而大乙之父名主癸。大乙以十日之乙继其父主癸之癸是合于十日顺序的，而这也与大乙所灭之夏桀名履癸之癸相同。夏商之间十日名王的顺序与商王室内王名顺序如此一致，其十日之首尾与相接这样密和就令人十分困惑了。因为这究竟是王名之间、朝代更替之时的偶然巧合，还是潜藏着某种规律呢？而西周武王甲子日灭商的记载则使我们推测夏商殷周以来，王朝之间及王室内部一直存在着十日制王名与十日制历法及纪日纪年的日谱年谱传承传统。这种传统至迟从夏启的辛壬癸甲之十日名王就开始了。因而夏代以来以十日名王体现出的王名就不是随意的，很可能是与记录王年王日的年谱日谱之历谱相联系的。这种传承联系即是在改朝换代时也不曾中断，周人虽不以十日名王，但其王名仍与记录王年王日的年谱日谱相关。这从前面我们论述的武王母有辛氏大姒生武王兄弟10人及武王与周公之10人排行第二、第四对应的十日干名之乙与丁与商王大乙与大丁的相似就能反映出来。记载及出土铜器铭文都证明武王是在甲子日灭商的。而武王为十王制日谱第一王，其首日日谱为甲子。这种严谨的契合不是偶然的。它应当是夏代以来十王制甲子日谱规律的反映。武王以后至西周厉王时周王室的变迁又正巧为第十王，这也与夏商殷以来十王制甲子纪年纪日传统相合，因而这使我们有理由也将西周王室的王年王日归之于夏商以来的五王甲子年谱与十王甲子日谱系统中（表7-9）。

十王位次	按推定日谱起日、终日干支（72年为26298日）	王名	说明
1	甲子—辛巳	武王	武王首日甲子日灭殷记载与铜铭均证。武王母辛姒合于尾日干支辛巳
2	壬午—己亥	成王	从《史记·周本纪》看出，武王至厉王10王的王室王位变动多在10王顺序之2、4、6、8、10，5个偶数时，而从推定十王日谱可以看出，10王顺序的奇数1、3、5、7、9其日干为十二支之子，巳，而2、4、6、8、10，5个偶数王的干支则为午亥。即偶数王72年日谱起日、终日干支无子、巳两字。奇数王以武王为首，首日甲子、尾辛巳的子、巳明显。相比之下，偶数王以成王为首，成王幼以周公代王，及昭王之变，共王、孝王时叔侄兄弟王权相传，其原因似乎都与偶数王的日谱起日干支尾日干支无子、巳的说法有关
3	庚子—丁巳	康王	
4	戊午—乙亥	昭王	
5	丙子—癸巳	穆王	
6	甲午—辛亥	共王	
7	壬子—己巳	懿王	
8	庚午—丁亥	孝王	
9	戊子—乙巳	夷王	
10	丙午—癸亥	厉王	厉王奔彘，彘即亥猪，合于癸亥之亥

表7-9 推定十王甲子日谱与武王至厉王十王比较表

（四）夏商殷周王妣名号的年谱日谱内涵

1. 从商王外丙从母名及丙字特定年干含义说夏商殷周王妣名号的年谱特征

（1）大乙妣丙与其子外丙与五王制第二王首年干支丙子的对应关系

无论是古籍记载还是出土甲骨文都证明，继商王大乙为王的是商王外丙。按五王制甲子年谱对照，大乙之名合于五王甲子年谱第一王尾年干支乙亥的乙名，而继大乙为王的为商王外丙，外丙之丙正合于五王甲子年谱第二王首年干支丙子之丙名。而外丙的名号从何而来，记载中透露出的信息反映，商王外丙之名可能从其母族而来。因为甲骨文中有"大乙妣丙"的卜辞，学者断定大乙之妣为丙。[1] 虽然商殷王名并不都来自于其母之名，但甲骨发现的商殷王妣名号中确有一些是与继位为王的王名相同的。这不能不引起我们对商殷王名中存在的王名从母名制度的思考。而夏人以10日名王似乎也是与从母制相关的。早于夏启以癸甲十日10数著称的是夏启之祖母，即鲧之妻有辛氏妣，有辛氏妣在周王室曾为文王妻，并生下武王兄弟10人，与10子10数有关。而夏禹之妻涂山氏为女娲，女娲生10人10子，也与夏商殷王室以10日名王相通。因此我们虽不能断定夏商殷周王名皆从母名或母族而来，但一定有一部分是从母名或从母族而来的。甲骨卜辞中除外丙之名与其母妣丙对应外，最能反映王名与母名对应关系的还有商王祖丁。祖丁有妣甲、妣庚、妣乙、妣癸四妣，而记载中祖丁之子立而为王者即有四人，其中阳甲，盘庚，小乙即与祖丁之妣甲、妣庚、妣乙三个妣名相对应。因而我们认为商王大乙之子外丙的名字不仅是从其母妣而来，而且外丙之名字正好与商王大乙的尾年干支干名乙亥相衔接。也就是说大乙之后的商王名号及其所内含的王年干名有一部分可能是王子从其母族继承而来的。这一点不仅在大乙之子外丙身上有所反映，而且大乙之子大丁也有类似情况。甲骨文祭祀大丁的卜辞远比外丙为多。古籍记载中也有继大乙王位者应为大乙之子大丁。按五王72年甲子年谱排列，大乙之后的第二王首年干支应为丙子，尾年干支应为丁亥，因而应立为王的大丁之丁名也与已立为王的外丙一样，是与继大乙之后的第二王的年谱干支干名符合的。虽然同为大乙之子，其名号同为第二王

---

[1] 高明：《中国古文字学通论》，文物出版社1987年版，第301页。

年谱干支干名，但外丙之名合于第二王首年干支，而大丁之名则合于第二王尾年干支。就合于尾年干支这一点看，大丁与大乙是一致的，而外丙却相反。因此我们有理由推测，甲骨文祭祀中重大丁而轻外丙可能和大丁一族与大乙关系更密切，而且其年谱干支记录方法也相同。种种迹象表明，大丁之名可能也和母族有关。因为甲骨文记载的商王大乙之妣只有妣丙，但古籍却记载商王大乙曾娶于有辛氏，并因此而东巡。而辅佐商王大乙灭夏取得王位的伊尹就是有辛氏出嫁大乙时的陪臣，并且伊尹在甲骨文中祭祀的日子也多在丁日。[1] 依商殷王祭祀的日名多与商殷王名相同的特点看，伊尹的日干名号应是丁日。因此应立为王的大乙之子大丁之干名就可能来源于能佐右商王大乙时代朝政的伊尹与有辛氏一族。但令人费解的是虽然大丁有那么荣耀且有实力的母族背景，但却最终并未立而为王。虽然记载中有大丁未立而卒之说。但我以为那极可能是托辞，其更深层的原因可能和商王朝早期王室内部族群间的王位传承斗争有关。从大乙和大丁在五王甲子年谱排序中的位置看，大乙合于第一王尾年干支乙亥，大丁合于第二王尾年干支丁亥，而第三、第四、第五王尾年干支依次为己亥、辛亥、癸亥。大乙、大丁反映出的五王甲子年谱尾年干支的五亥之名不由使我们想到了记载中王亥与有易之争及王亥被杀之说。虽然我们还不能完全解释大丁应立而未立为王这一事件的全部内容及真实原因，但却依稀能窥测到那一时代王室斗争中王名与王年干支年谱传承的蛛丝马迹。大乙之后不应立为王的外丙反而立为王，而外丙在甲骨卜辞中却很少提及，这可能反映出外丙及其母家族群在大乙时代仍有相当实力，但在甲骨卜辞时代却已衰弱了。或者外丙及其母家族群的文化传统与甲骨卜辞的记录及传承方式有很大不同，故没有在甲骨卜辞中反映出来。但无论如何，继商王大乙之后的外丙和大丁的丙、丁两日日干与第二王首年干支丙子之丙，尾年干支丁亥之丁的密和衔接，透露出商殷王名传承之来源及隐含的王年年谱干支的实质。

（2）从大乙与外丙王名对应的年谱干支说商先公报乙与报丙的年谱内涵

从前述商王大乙之子外丙与大丁代表的王年年谱首年干支与尾年干支之

---

[1] 张光直：《中国青铜时代》，读书·生活·新知三联书店1983年版，第172页。

别及立外丙而用首年干支，及不立大丁而不用尾年干支其间存在的族群斗争的记载中，反映出夏商之交存在的王名与首年干支及年尾年干支的对应关系。因为大乙的乙字是与大乙作为第一王的尾年干支乙亥对应而不与首年干支甲子对应的。不仅大乙是这样，大乙之父名主癸，而主癸的癸字也是与主癸作为大乙前，即五王甲子年谱第五王的尾年干支癸亥对应的。由主癸上朔五王为商先公报乙，即报乙为大乙之前五王的第一王，其首年干支为甲子，尾年干支为乙亥。因商先公时代的报乙与大乙一样也是以乙名对应其尾年干支乙亥的。可见早在商王大乙之前的商王报乙时代，商族先公十天干名号不仅已经有记录王年王谱的意义，而且是与王年年谱首年或尾年干支对应的。不仅商先公报乙，继报乙之后的先公为报丙，报乙与报丙与商王大乙与外丙一样，都是符合于五王甲子年谱中第一王和第二王年谱干支的，即商先公报乙之乙合于五王甲子年谱第一王的尾年干支乙亥，而商先公报丙则合于五王甲子年谱第二王首年干支丙子。有趣的是商先公报乙与报丙之合于第一王尾年干支和第二王首年干支与大乙合于第一王尾年干支及外丙合于第二王首年干支完全相同。可见早在商王大乙之前的先公时代，五王制王谱年谱以第一王名乙与第二王名丙的规则已经建立。商王大乙时代虽有将第二王名丁使其与大乙一样与尾年干支干名相合的倾向，但终未实现。而且在商先公报乙时代似乎也有乙丙丁三干之争。按甲骨卜辞中商先公的顺序为报乙、报丙和报丁。但司马迁的《史记》记载中却是报丁、报乙和报丙。甲骨文的报乙报丙顺序与大乙、外丙顺序一样，是合于五王72年甲子年谱的。但《史记》记载的以报丁在报乙之前却与继大乙之后应立为王的是太子大丁有某些相近之处。而大丁应立未立却折射出大乙时代伊尹之丁辛族与大乙及其它王室部族之间在王位继承、王名及年谱记录上的融合与斗争。从商殷王名传承看，报丙、外丙一族之名号在外丙之后的商殷王室王名中再也没有出现过。而像外丙这样在商王大乙时代能代应立为王的王子太丁继王位但却早早消失于商殷王室的部族，很可能是此前夏王朝时的显赫部族。但乙与丁所代表的五王甲子年谱用尾年干支乙亥、丁亥与其他部族用首年干支之争却似乎仍未中断，直到殷王小乙武丁时代才真正实现了用尾年干支而不用首年干支的王名与尾年干支对应的方法，即五王制第一王尾年干支乙亥和第二王尾年干支丁亥。而自庚丁到帝辛最后五王，王名日干只用乙、丁、辛三干，足见乙、丁、辛三干所代表的部族在此时的殷王室实力之强大，特别是乙丁两干群。

（3）夏王中康时"羲和乱日"与夏商时代十日制王名中以甲代表的奇日与乙代表的偶日之争

正像我们在论述夏王室以十日名王时所叙述的那样，夏王室以10个天干字所代表的十日部族其在历史的进程中实力的消长变化反映出的某些规律性却常常令人困惑不解。如《史记》中有夏帝中康时，"羲和湎淫，废时乱日"的记载。《集解》孔安国曰："羲氏、和氏，掌天地四时之官。太康之后，沉湎于酒，废天时，乱甲乙也。"这里的"废时乱日"与"乱甲乙"究竟有无实质的内容，其内涵究竟是什么。联系我们对夏商之交商王大乙日干名号的王年内涵及大乙之子大丁与外丙之争，再联系临潼姜寨夏王太康盆人头上的五子符号及记载中太康与弟"五子"之说，使我们有理由相信，自半坡夏王室以十日名王起，以十日十天干名号代表的各族群及其他族群之间在王名与纪年纪日方法上已有明显的冲突与斗争。太康时的"五子"可能就是我们论述五王72年甲子年谱中第一王首年干支甲子，第二王首年干支丙子，第三王首年干支戊子，第四王首年干支庚子和第五王首年干支壬子的"五子"之称。按五王72年甲子年谱分析，夏启为自黄帝创立甲子后第五王、首年干支为壬子。记载中称夏启名勤子，可能即是壬子的音转。而太康为五王之第一王，首年干支应为甲子，太康弟有五子，可能正反映了"五子"其实就是五王甲子年谱的甲子、丙子、戊子、庚子和壬子这五子代表的五王首年干支之称。而中康的"乱甲乙"大约已经出现了像商王大乙时的用乙亥的尾年干支而不用首年甲子干支的五子与五亥之争。因为到夏末最后一王桀名履癸，而履癸之癸就是合于夏桀作为五王甲子年谱第五王的尾年干支而不合于首年干支，这明显表现出夏代晚期以尾年干支干名为王名的趋势已很明显。从太康与"五子"记载中也可以证明夏代早期就已流行十日十干与十二支结合的干支纪日纪年传统。因为太康五子盆上的五字×状符号不仅是十二地支的反映，而且×状五子符号也与地支60数以5个子字斜行隔行出现相符合。因而夏王中康时的"乱甲乙"之说不仅表现了五王甲子年谱的五王首年干支甲子、丙子、戊字、庚子、壬子五子与尾年干支乙亥、丁亥、己亥、辛亥、癸亥的五子与五亥之争，而且也表现出十日天干数中以甲代表的奇日奇数甲、丙、戊、庚、壬与以乙代表的偶日偶数乙、丁、己、辛、癸之争。而五子五亥的子亥之争又不仅让人联想到殷王子亥的种种记载和传说，而且直到周代王室选择吉日仍常以五个亥日为吉。如《仪礼·少牢馈食礼》，郑玄注："丁未必亥也，直举一日以言之耳，禘于大庙，《礼》曰：'日用丁亥，不得丁亥则己亥，辛亥亦用之，无，则苟有亥焉可也。'"周礼中周人选择吉日多用亥日的习俗也能与夏代以来太康及弟"五子"与羿之争，中康时羲和乱甲乙，商王大乙时用首年干支与尾年干支的甲乙之争及子亥之争等古代记载相印证。

（4）商殷王妣名号与五王制甲子年谱比较

从我们对大乙之子商王外丙名号所含的五王甲子年谱内涵及可能来源于母名的论述，反映出商殷王妣名号可能隐含的与五王甲子年谱的对应关系，因而商殷王妣之干名也可能与五王甲子年谱有关。除外丙以母丙之丙名合于外丙作为五王甲子年谱第二王首年干支丙子外，商王大甲其妣为辛，妣辛之辛也合于商王大甲为五王甲子年谱第四王尾年干支辛亥。大甲作为五王制第四王其首年干支为庚子，大甲名甲不与首年干支干名相合，而其妻妣辛之辛名却与大甲尾年干支干名相合。因而妣辛之以辛替代大甲以尾年干支记录王年年谱明显反应出妻族、母族女系在王名王谱中的重要地位及大甲时代王名仍有用首年干支干名和用尾年干支干名之争。不仅如此，大甲年谱中的这一事实也能与"伊尹放大甲"的记载相印证。伊尹在甲骨文中虽多以丁日祭示，但伊尹却出自有辛氏，因而大甲之妣辛可能正是伊尹族群所自出的有辛氏女。由于妣辛以辛名记录大甲作为五王年谱中的第四王之尾年干支辛亥之辛，而不用大甲首年庚子之庚，因而伊尹以辛群身份放逐大甲可能就有甲庚群与丁、辛群之间记年方法之争。因而伊尹放大甲与妣辛以辛记录大甲年谱也可相印证。这也与大乙妣丙一样，反映出商王朝早期王之母家或王之妻家在王室政权中的重要作用。商殷王妣合于王年干支的还有商代第十王中丁。中丁为五王甲子年谱的第五王，其首年干支为壬子，尾年干支为癸亥，而中丁有两妣，即妣己与妣癸，其中妣癸合于中丁尾年干支癸亥。之后的第十三王位为祖乙。祖乙为五王甲子年谱第三王，祖乙的首年干支为戊子，尾年干支为己亥。祖乙有妣己，而妣己之己正合于祖乙尾年干支己亥之己。商殷王室的第十六王为祖丁，祖丁为五王甲子年谱第一王，其首年干支为甲子，尾年干支为乙亥。而祖丁有四妣，即妣甲、妣乙、妣庚、妣癸，其中的妣甲合于首年干支甲子之甲，而妣乙则合于尾年干支乙亥之乙。像祖丁这样以妣甲之甲对应首年干支甲子，以妣乙之乙对应尾年干支乙亥之乙的王以两妣名对应首年干支和尾年干支作为王之年谱出现的，还有前面叙述的大乙之子外丙和大丁，除此两例之外，再未发现。这种现象反映出商殷王室之王不仅以其妣名记录王之年谱的首年干支干名或尾年干支干名，而且还有以两妣同时记录首年和尾年两个干名的。因而王室以其妣名号记录王之年谱的首年尾年干支，也透露出了商殷王室以王妣名号记录王年王谱的规律性（表7-10）。

王位世次	起年干支尾年干支	王名王妣	说明
1 2 3 4 5	甲子—乙亥 丙子—丁亥 戊子—己亥 庚子—辛亥 壬子—癸亥	大乙妣丙 外丙 中壬 大甲妣辛 沃丁	外丙之丙合于第二王首年干支丙子之丙，外丙之名大约和大乙妣丙有关。 大甲妣辛合于大甲第四王尾年干支辛亥之辛
1 2 3 4 5	甲子—乙亥 丙子—丁亥 戊子—己亥 庚子—辛亥 壬子—癸亥	大庚妣壬 小甲 雍己 大戊 妣壬 中丁 妣己 癸	中丁妣癸合于中丁第五王尾年第二支癸亥之癸
1 2 3 4 5	甲子—乙亥 丙子—丁亥 戊子—己亥 庚子—辛亥 壬子—癸亥	外壬 河亶甲 祖乙 妣己 祖辛 妣甲、庚 沃甲	祖乙妣己合于祖乙第三王尾年干支己亥之己 祖辛妣庚合于祖辛首年干支庚子之庚
1 2 3 4 5	甲子—乙亥 丙子—丁亥 戊子—己亥 庚子—辛亥 壬子—癸亥	祖丁 妣甲、乙、庚、癸 南庚 阳甲 盘庚 小辛	祖丁妣甲妣乙合于祖丁首王起年干支甲子之甲，尾年干支乙亥之乙

1 2 3 4 5	甲子—乙亥 丙子—丁亥 戊子—己亥 庚子—辛亥 壬子—癸亥	小乙　妣庚 武丁　妣戊、辛、癸 祖庚 祖甲　妣己、戊 廩辛	
1 2 3 4 5	甲子—乙亥 丙子—丁亥 戊子—己亥 庚子—辛亥 壬子—癸亥	庚丁　妣辛 武乙　妣戊 太丁 帝乙 帝辛	

表7-10　商殷王妣名号与推定五王72年甲子年谱起尾年干支对照表
（注：商殷王妣名参照高明《中国古文字学通论》及张光直《中国青铜时代》）

2. 从文王娶有辛氏大姒的辛巳特定日谱内含说夏商殷周王妣名号与十王制甲子日谱

（1）武王首日甲子与其母有辛氏大姒表示的十王制首王72年26298日的甲子—辛巳日谱

从我们对商殷王名的五王甲子年谱分析中可以看出，商殷从大乙开始到殷末帝辛为30王，可分为6个五王甲子年谱单元。其中大乙至沃丁为第一个五王甲子年谱单元，小乙至武丁为第四个五王甲子年谱单元，这两个五王甲子年谱单元的年谱干支正好与大乙与其子大丁、小乙与其子武丁的年谱干支干名对应。即大乙乙字正合五王甲子年谱第一王尾年干支乙亥的乙字，而大乙有子外丙与大丁，丙合于第二王首年干支丙子之丙，丁合于第二王尾年干支丁亥之丁。小乙不仅与大乙一样也合于五王甲子年谱第一王尾年干支乙亥之乙，其子武丁也与大乙之子大丁一样，也合于第二王尾年干支丁亥。商殷王名与推定的年谱干支的这种契合，使我们推测夏商殷周一脉相承的王名日干文化传统中，可能隐藏着夏商殷周王室一脉相承的纪年纪日传统。由此使我们对已被古籍记载和出土实物证实了的武王甲子日灭商的特定日子的年谱日谱内含有所推想。由此我们将西周武王至厉王十王也归于夏商殷的五王甲子年谱和十王甲子日谱系统中。按我们推定的夏商殷王室天命王年为72年计，一王的日数为72年×365日，即为

26280日，而这种天命历法的基础为四分历回归年历法，每四年需再加一日，因而72年需再加18日，因此一王的实际日数为26280日+18日，实际为26298日。按推定的十王甲子日谱计算，武王为十王甲子日谱第一王，其首日干支为甲子，到第26298日即72年最后一日的日干支应为辛巳。而武王72年最后一日的日谱干支为辛巳，这不由使人联想到武王之母有辛氏大姒，并且同时也会想到有辛氏大姒所生武王兄弟10人，因而大姒也颇有十日之母的神秘色彩。由大姒生武王兄弟10人与十日的关系我们还能约略推测到夏商殷周王名不仅有世代相承的如商殷30王依次以日为名的特点，而且很可能还有如武王兄弟10人也与十日对应的特点。在武王兄弟10人中，以武王和周公最为杰出并得继王位。而武王排行为二，周公排行为四，依十日顺序，武王为甲乙之乙，周公为丙丁之丁，武王与周公以乙与丁相继执掌王权与我们前述的商殷五王甲子年谱中第一王与第二王的乙丁制规律十分相似，即大乙与大丁、小乙与武丁之乙与丁相继执掌王权的规律。这使我们相信西周王室虽不以十天干名王，但却同样相继并使用着夏商殷以来的王名及王年王日谱系传统。这也使我们推测有辛氏大姒的姒实即十二支第六位的巳，而辛巳正是武王72年日谱最后一日的干支。由此可见，有辛氏大姒不仅生了武王兄弟10人，以母族身份给了武王兄弟天干十日的历日传统，而且还为武王谱定了72年的日谱干支。而武王首年首日为甲子，72年的最后一日为辛巳的72年26298日甲子—辛巳的干支日谱也能与我们对夏商殷周王室世代相传的十王甲子日谱相印证，从而为我们研究探索夏商殷周王年王日打开一条新思路。

（2）商殷王妣名号与十王制甲子日谱比较

按照商殷30王的十王甲子日谱排列，可以分为大乙—中丁10王，外壬—小辛10王和小乙—帝辛10王三段。第一段大乙到中丁。大乙为十王甲子年谱第一王，若按十王甲子日谱推算，其首日干支也为甲子，尾日干支为辛巳，甲骨文大乙有妣丙，合于其子外丙的首年干支丙子年谱。而记载中大乙娶有辛，有辛之辛也合于大乙尾日干支辛巳之辛。大乙娶有辛与大乙日谱尾日干支的对应，不仅可以和武王母有辛大姒以辛巳与武王甲子—辛巳的尾日干支相互印证，而大乙和武王都为十王甲子日谱的第一王，其年谱日谱定制肯定会对后世有很大影响。大乙妣丙与其子外丙年谱对应，娶有辛与大乙日谱对应还反映出王妣名号有的是对应王年王日的，而有的则是对应其子即继立之王年谱日谱的。大乙到中丁的第一段中还有第六王大庚有妣壬，而大庚之子名小甲，小甲之推算日谱干支为壬子，小甲之名虽不与其日干相合，但壬子之壬却与小甲之父、大庚之妻妣壬之壬有关。第一段最后一王即第十王为商王中丁，甲骨文中丁有妣己、妣癸。中丁妣癸之癸既合于中丁作为五王甲子年谱第五王尾年干支癸亥之癸，又合于中丁作为十王甲子日谱第十王尾日干支癸亥之癸。

第二段十王为外壬—小辛，无发现王妣干名与十王日谱干支对应的情况。

第三段十王为小乙—帝辛。小乙为十王甲子日谱第一王，其推算日谱首日干支为甲子，尾日干支为辛巳，而小乙之父为小辛。由于有辛氏与年谱日谱的密切联系，我们推测小乙是以其父小辛之辛对应其尾日干支辛巳之辛的。由于商殷王室时王一般娶前王之女为妻即法定配偶的情况看，小乙可能是娶前王小辛之女为妻的。因而小乙之父小辛实为小乙之岳父。以此可见小乙也是以妻家之辛合于其尾日干支辛巳的。第三段的第四王为祖甲，其推算日谱首日干支为戊午，尾日干支为乙亥。甲骨文祖甲有妣己、妣戊。而妣戊之戊合于祖甲第四王首日干支戊午之戊。第三段第六王为庚丁，庚丁其推算日谱首日干支为甲午，尾日干支为辛亥，而甲骨文庚丁有妣辛，妣辛之辛也合于庚丁尾日干支辛亥之辛。以上从推算商殷30王甲子日谱与王妣名号对比中，我们同样发现与五王甲子年谱中相似的情况。但第二段自外壬—小辛十王比较异常，外壬到小辛既是十王甲子日谱的十王，又是五王甲子年谱的两个五王单元，但这一段未发现有王妣干名合于五王制甲子年谱的，而且也未发现有王名合于十王制甲子日谱的。这在大乙至帝辛30王的三段三个十王单元中比较突出，而外壬之父是商王中丁。中丁以后外壬—小辛十王王名及王妣名号未有与十王甲子日谱对应及与年谱对应的异常情况是与《史记》所记"自中丁以来……比九世乱……"相一致的。因而外壬—小辛十王甲子日谱传承中出现的特异变化也是值得我们深入研究的（表7-11、表7-12）。

从以上商殷王名、王妣名与推定天命72年五王甲子年谱起年尾年干支及十王甲子日谱起日、尾日干支干名对应表可以看出，商殷30王王名中，与五王甲子年谱起年干名相合者有外丙和盘庚两王；与尾年干名相合者有大

王位世次	起日干支、尾日干支	王名 王妣	说明
1 2 3 4 5 6 7 8 9 10	甲子—辛巳 壬午—己亥 庚子—丁巳 戊午—乙亥 丙子—辛亥 甲午—辛亥 壬子—己巳 庚午—丁亥 戊子—乙巳 丙午—癸亥	大乙 妣丙 外丙 中壬 大甲 妣辛 沃丁 大庚 妣壬 小甲 雍己 大戊 妣壬 中丁 妣己、癸	大乙娶有辛，合于尾日干支辛巳之辛 妣癸合于中丁第十王尾日干支癸亥之癸
1 2 3 4 5 6 7 8 9 10	甲子—辛巳 壬午—己亥 庚子—丁巳 戊午—乙亥 丙子—辛亥 甲午—辛亥 壬子—己巳 庚午—丁亥 戊子—乙巳 丙午—癸亥	外壬 河亶甲 祖乙 妣己 祖辛 妣甲、庚 沃甲 祖丁 妣甲、乙、庚、癸 南庚 阳甲 盘庚 小辛	妣甲合于祖丁第六王起日干支甲午之甲
1 2 3 4 5 6 7 8 9 10	甲子—辛巳 壬午—己亥 庚子—丁巳 戊午—乙亥 丙子—辛亥 甲午—辛亥 壬子—己巳 庚午—丁亥 戊子—乙巳 丙午—癸亥	小乙 妣庚 武丁 妣戊、辛、癸 祖庚 祖甲 妣己、戊 廪辛 庚丁 妣辛 武乙 妣戊 太丁 帝乙 帝辛	妣戊合于祖甲第四王起日干支戊午之戊 妣辛合于庚丁第六王尾日干支辛亥之辛

表7-11 商殷王妣名号与推定十王72年26298日甲子日谱起日干支、尾日干支对照表
（注：商殷王妣名参照高明《中国古文字学通论》及张光直《中国青铜时代》）

王名 王妣名	起年干支 尾年干支	起日干支 尾日干支	说明
大乙 妣丙 记载娶辛 外丙 中壬 大甲 妣辛 沃丁	甲子—乙亥 丙子—丁亥 戊子—己亥 庚子—辛亥 壬子—癸亥	甲子—辛巳 壬午—己亥 庚子—丁巳 戊午—乙亥 丙子—癸巳	大乙合于尾年干名乙，娶有辛氏合于尾日干支辛巳之辛 外丙合于起年干名丙 大甲妣辛合于尾年干名辛
大庚 妣壬 小甲 雍己 大戊 妣壬 中丁 妣己、癸	甲子—乙亥 丙子—丁亥 戊子—己亥 庚子—辛亥 壬子—癸亥	甲午—辛亥 壬子—己巳 庚午—丁亥 戊子—乙巳 丙午—癸亥	雍己合于尾年干名己 大戊合于起日干名戊中丁妣癸合于尾年干名、尾日干名癸
外壬 河亶甲 祖乙 妣己 祖辛 妣甲、庚 沃甲	甲子—乙亥 丙子—丁亥 戊子—己亥 庚子—辛亥 壬子—癸亥	甲子—辛巳 壬午—己亥 庚子—丁巳 戊午—乙亥 丙子—癸巳	祖乙妣己合于尾年干名己 祖辛合于尾年干名辛，祖辛妣庚合于起年干名庚
祖丁 妣甲、乙、庚、癸 南庚 阳甲 盘庚 小辛	甲子—乙亥 丙子—丁亥 戊子—己亥 庚子—辛亥 壬子—癸亥	甲午—辛亥 壬子—己巳 庚午—丁亥 戊子—乙巳 丙午—癸亥	祖丁妣甲、妣乙合于起年尾年干名，盘庚合于起年干名
小乙 妣庚 武丁 妣戊、辛、癸 祖庚 祖甲 妣己、戊 廪辛	甲子—乙亥 丙子—丁亥 戊子—己亥 庚子—辛亥 壬子—癸亥	甲子—辛巳 壬午—己亥 庚子—丁巳 戊午—乙亥 丙子—癸巳	小乙合于尾年干名 武丁合于尾年干名 祖庚合于起日干名
庚丁 妣辛 武乙 妣戊 太丁 帝乙 帝辛	甲子—乙亥 丙子—丁亥 戊子—己亥 庚子—辛亥 壬子—癸亥	甲午—辛亥 壬子—己巳 庚午—丁亥 戊子—乙巳 丙午—癸亥	祖甲妣戊合于起日干名 庚丁妣辛合于尾日干名

表7-12 商殷王名、王妣名与推定天命72年五王甲年谱起年干支、尾年干支及十王甲子日谱起日干支、尾日干支对照表

乙、雍己、祖辛、小乙、武丁五王。王妣名号合于起年干名者有祖辛之妣庚、祖丁之妣甲两妣；合于尾年干名者有大甲之妣辛、中丁之妣癸、祖乙之妣己，祖丁之妣乙四妣。而王名合于十王甲子日谱起日尾日干名者有大乙娶有辛，中丁之妣癸，祖丁之妣甲，祖甲之妣戊，庚丁之妣辛。总计以上王名妣名与五王甲子年谱起年干名、尾年干名相合者有7王、6妣，共计13例。而与十王甲子日谱起日尾日干名相合者有2王、5妣，共计7例，两者相合为20例。除去重复者外，商殷30王及王妣中，与年谱或日谱干名相合者有15王，占去商殷30王之一半。由此可见，商殷时代王名之十日不仅与天命王年年谱日谱有关，而且王妣之名也与年谱日谱有密切联系。并表现出合于尾年尾日干名者多于合于首年首日干名者的规律。因而商殷时代商殷王室可能正是以王名、王妣名，即王室的婚姻关系，或夫妻、或父子、或兄弟、或祖孙，或其它姻亲关系及代表的群团或人物的干支名号相互连接，共同组成复杂严谨的天命王年王日谱系，并世代相传。

3. 从武王母有辛氏大姒的辛巳特定日谱内含说殷王小辛、廪辛、帝辛及高辛一族可能内含的王谱日谱意义

（1）从商殷王名丁名五出规律及变化说商殷王名中的夏文化因素

我们在前面论述商殷王名与五王72年甲子年谱的时候曾经论述过大乙到中丁10王体现的以丁名为第五王的特殊现象，而自中丁以后这种现象被打破，其原因在于中丁以前五王的王名天干皆不重复。而中丁以后在外壬与祖丁六王中有河亶甲和沃甲两甲重复出现；在祖丁到小辛五王中有南庚、盘庚两庚名重复。这一变化不仅能与丁名五出的规律相印证，而且隐约透露出《史记》"自中丁以来比九世乱"的原因大约和甲庚两干群重复出现有关。也就是说中丁以后的甲庚两群打破了自大乙以来丁名五出，而且五王天干名不相重复的规律。而从商殷30王王名看，甲庚两干群在王名中的分布似乎并无一定规律性。而且甲庚两干群在武乙以后再无出现。联系我们对五王72年甲子年谱首年干支为甲子、丙子、戊子、庚子、壬子五子而尾年干支为乙亥、丁亥、己亥、辛亥、癸亥五亥的五子五亥分析，甲庚两干正好属于首年干支系统，而商王大乙的名号乙却是以对王年的尾年干支干名对应为特征的。大乙之子外丙虽继王位但甲骨文祀典却很少出现，相反大乙之子大丁虽未继王位，但在甲骨文中却常常出现且祭祀隆重。可见甲骨文对大丁的隆

重祭祀是与商王大乙一样，是重视以王名与尾年干支干名对应的。由于外丙与甲庚两干一样，是与五王首年干支对应的，是与大乙、大丁对应尾年干支相反的，因而甲骨文很少有外丙之名，并且司马迁"史记"将甲庚两干对应首年干支干名并重复出现的中丁至盘庚这一段称为"比九世乱"，这大约是以王名与王年的尾年干支干名对应为标准的。由此可见商殷王室王名中的乙丁群不仅对应五王甲子年谱的尾年干支，而且出现较有规律，而甲庚干群则对应首年干支，但出现却少有明显规律。因而在商殷王室中，乙丁等对应尾年干支的干群应是更有实力也比较稳定的群团，而甲庚群团则实力较弱，甲庚干群对应的首年干支干名与五王72年甲子年谱首年干支的五子名号极易使人联想到夏王室太康时的"五子"之说。不仅如此，甲庚干名在夏王室出现也较多。而五子之甲（子）、丙（子）、戊（子）、庚（子）、壬（子）在商殷30王王名中或打破乙丁干群规律，或极少出现，或较早在王名中消失却也反映出商殷王室王名中的"五子"干名代表的"五子"族群可能并非商殷王室的主体族群，而它极有可能和夏王室时代的主导族群有关。而以大乙和伊尹代表的乙丁干群及后来出现的辛群才是商殷王室的主体。盘庚迁殷以后，乙丁辛三干名出现渐多，并最终在廪辛以后只以乙、丁、辛三干名王，就是最好证明。但是乙丁干群虽不在夏王室居主导地位，但却是在夏王室中逐渐强大兴盛并最终取代夏王室，而且也逐渐形成了商殷王室王名对应五王甲子年谱尾年干支的特征，并且有明显的排斥首年干支干名即"五子"干名的倾向，而这一传统一直影响到西周。不仅武王与周公为兄弟10人的第二、第四对应的乙与丁是这样，助武王灭殷的姜子牙其姜姓齐国王名也以乙与丁相传承。而另一支从殷入周的微子家族更以乙、丁、辛三干名相传承，与殷王室廪辛以后王名以乙、丁、辛三干相传一样。

（2）从武王母有辛氏大姒的辛巳特定日谱内含说殷王小辛、廪辛、帝辛及高辛一族可能内含的年谱日谱意义

武王母有辛氏大姒的辛巳特定日谱内含反映出有辛氏一族在夏商殷周王室历法及历谱继承传承中有十分重要的作用。因为仅就周文化传统而言，周之先妣姜嫄也是履高辛帝之迹才生下周祖后稷。商殷王名中以辛为名者出现也较多，而且越晚越多。这大概与有辛氏一族在商殷部族发展史上有极重要地位有关。因为开创商殷王朝的大乙曾取于有辛，并由此得到了与有辛氏关

系密切的伊尹丁群，而伊尹丁群在商王室的重要地位不仅见于文献记载，而且也被出土甲骨卜辞证明。不仅如此，商殷王朝十日名王的创始者为上甲，而上甲之父为王亥，王亥在甲骨文祭祀的日子多为辛日。可见王亥大约也属有辛一族。特别是商人先妣有仍氏女为高辛氏帝喾之妃，这也与周人一样，是以高辛氏为父族的。夏王朝虽是被商王朝取代的，但夏族先祖鲧之妻也为有辛氏女姒，姒也有说为薏苡的，可见有辛氏一族在夏商殷周王室文化中具有极重要的作用。这一作用也体现在历法与历谱的制定、记录与传承中。如记载中高辛二子之阏伯主大火心宿，实沉主参。而夏之先祖鲧与妻有辛氏姒不仅为夏王朝的先祖先妣，而且创立了夏王室以 10 日名王的传统。商殷王室的 10 日名王也与有辛氏密切相关。因为商殷王室十日名王起自上甲，而王亥为上甲之父。由此可见，我们对文王娶有辛氏大姒，大姒不仅生了武王兄弟 10 人，而且为武王谱就了 72 年 26298 日的甲子—辛巳日谱之推测绝非毫无根据。以武王母有辛氏大姒的十王甲子日谱内含看，若以大姒为商王帝乙女，或说为帝乙妹，而帝辛为商殷 30 王最后一王，帝辛之辛名是否与有辛氏大姒一样也来自其母家有辛氏家族呢？因而帝辛之名是否也与有辛氏大姒之辛一样有年谱日谱内含呢？从帝辛为小乙—帝辛的十王年谱日谱看，帝辛为第十王，其第十王甲子日谱为首日丙午、尾日癸亥，似乎与辛无关，但帝辛之辛若也与文王之妻有辛氏大姒之辛巳有同样的为下一王谱就的十王甲子-辛巳日谱内含相同，则看似并无历谱内含的帝辛之辛名也就带有了为即位之下一王，即下一个十王甲子日谱的第一王谱就甲子-辛巳日谱的特定内涵了。如果殷代最后一王帝辛真有为下一个十王甲子日谱首王谱就甲子—辛巳日谱的含义，则帝辛与文王之妻大姒一样，其特定的辛巳日谱为武王所继承。这极似大乙既是继承其父主癸并又继承夏代最后一王夏桀履癸一样，是值得我们特别思考的。不仅帝辛、帝辛之前的廪辛，廪辛之前的小辛这三个以辛为名的王都与沃丁、中丁一样，处于五王甲子年谱第五王的位置，而中丁以后的"比九世乱"以后，名丁者五世而出的规律被甲庚打破，但似乎却被名辛者取代，因而除外壬—沃甲五王外，商殷自大乙以后的 30 王先是以名丁者五世而出，后以名辛者五世而出，仍体现出五世而变的以五王为单元的与五王 72 年甲子年谱对应的规律。商殷王名中丁与辛的这种变化反映了自大乙以来商殷王室内不仅有乙、丁、辛代表的对应年谱日谱尾年尾日群团与以甲庚代表的对应年谱日谱首年首日群团的对立斗争，而且还有乙、丁、辛群团内部的斗争。虽然丁辛两干群关系密切，都可以体现五世而变的五王规律，但名辛者在中丁以前的 10 王中并未出现，直到祖乙以后即第 14 王祖辛时才出现。虽然大乙曾娶于有辛，但目的似乎却是为了得到有辛之媵臣伊尹及伊尹之丁群。并未有以辛名王的出现。我们在上册中论述山西襄汾陶寺龙山遗址彩绘角龙盘时曾将祖乙祖辛王室文化与这一时代遗存相对应，而将猪亥与有辛氏文化在王室出现判定在这一时代的原因是因为有明显以猪为标识的东部、东北部、东南部红山文化、大汶口及大溪文化在此前一直被半坡、庙底沟文化压迫，直到此时才在王室文化中留有明显痕迹。由此可见，有辛氏一族虽然在夏商殷周王室文化有十分重要的作用，特别是有辛氏一族与王名十日文化及夏商殷周年谱、历谱的记录传承作用特别值得我们研究和关注，但其在夏商殷周王室的地位却也是起落无定颇多曲折的。

4. 从小辛的五王标识再说盘庚迁殷与偃师二里头遗址

（1）二里头遗址镶绿松石十字纹铜圆饼饰与小辛"五世而迁"的五王王谱记录

河南偃师二里头遗址曾出土了一件圆形铜片，直径约为 17 厘米，上面用绿松石镶嵌出两圈十字纹，每圈 13 个，共 26 个十字纹。[①] 在上篇中我们曾将这件绿松石嵌铜圆饰判定为商王小辛时代器物，以为他以 26 个十字状甲字符号表现对先公上甲以来的 26 代商王的记录。而从"五世而迁"的五王王谱看，自上甲以十日名王并记录王年王谱开始，经历了先公报乙至主癸的第一个五王，大乙至沃丁的第二个五王，大庚至中丁的第三个五王，外壬到沃甲的第四个五王，祖丁到小辛的第五个五王，连同上甲在内，正好为 26 王。可见二里头出土的小辛时代镶绿松石十字纹铜片正是小辛王室以十字状符号记录传承王室及族群历史文化的。这和大汶口陶缸✿状沃丁符号以五齿记五王、姚官庄陶鬶以背上两排十个乳丁符号记十王一样，都是商王室以符号文化记录五王王谱的明证。小辛之所以用圆形铜片饰，是因为商殷王室丁辛两个干群剪不断的关系。二里头小辛圆形铜饼饰的圆形似乎与伊尹丁群以前以丁记五世王谱有关。而以甲字符号排列自上甲以来 26 王，不仅因

[①] 中国社会科学院考古研究所编：《新中国的考古发现和研究》，文物出版社 1984 年版，第 218 页。

为上甲是商殷王室十日名王的开创者。而且上甲微为王亥有辛氏之子。小辛正是以圆形有丁群影响的圆铜饼饰及上面的甲字符号，表现出对丁群及上甲的崇敬。因而偃师二里头出土的这件绿松石嵌十字纹铜圆饼饰，不仅证明了商殷王室自先公上甲微即已开始的五王王谱体系，而且也证明了偃师二里头遗址与商王小辛的联系。这也是我们判定偃师二里头遗址为盘庚迁殷的殷都所在地的重要原因之一。

（2）从小辛说殷、鄣、豕韦、王亥部族与殷王室的辛族群团

夏代以后大乙至帝辛这三十王的文化有时称殷，有时称商，也有商殷连称的。司马迁《史记》以《殷本纪》称其为殷。晋皇甫谧《帝王世纪》有"帝盘庚徙都殷，始改商曰殷"。似乎以盘庚之迁为界将前段称商，后段称殷，而更早的记载则有以殷商连称的。如《诗经·大雅·大明》有"挚仲氏任，自彼殷商"。另外出土的青铜器中如武王时代的利簋又以"武征商"称殷曰商。我倾向于晋皇甫谧在《帝王世纪》中的说法，以盘庚之迁为界，将前段称商，后段称殷。但不同的是以盘庚之后的小辛和小乙为界，即以大乙至小辛的 20 王称商，而将小乙至帝辛的 10 王称殷。尽管可能商代的盘庚已经迁都至安阳，但其余五王名谱的划分规律是并不矛盾的。我们从大乙至帝辛的 30 王的五世而迁的规律可以看出，从大乙开始经沃丁五王、中丁又五王，似乎呈现出以丁名为标识的五王五世而迁的规律。而到记载中盘庚迁殷以后的小乙至廪辛五王，庚丁至帝辛五王又呈现出以辛名为标识的五王五世而迁的规律。明显有以辛群取代丁群为五王标识的倾向，而其两者的分界线似乎就在盘庚迁殷前后。由于考虑到商殷 30 王王名的五王五世为单元的完整性及盘庚之迁的记载，所以在王名王谱的划分上我们不以盘庚为界而以盘庚之后的小辛和小乙之间为其分界，小辛之前 20 王，小乙之后 10 王。而我们将盘庚之迁称殷的原因则和有辛族群取代丁族群为五王标识的辛群强大有关。甲骨卜辞中殷先公王亥多以辛日祭祀，可以证明王亥部族可能和古代的高辛氏有关。因而盘庚迁殷时代辛群取代丁群为殷王室五王标识可能和辛部族中王亥一族兴盛强大有关。胡厚宣的《殷商史》[1]对甲骨文祭祀王亥的统计证明，对王亥的祭祀以武丁以后为多，也与这一时间相吻合。特别是我们对二

---

[1] 胡厚宣、胡振宇：《殷商史》，上海人民出版社 2003 年版，第 25 页。

里头为盘庚迁殷至武丁时代的殷王室早期王都遗址的判定也能从甲骨文对王亥的祭祀得到证明。甲骨文对王亥上甲的祭祀特别多而隆重，而这一时代正是有辛氏群团在殷王室开始强盛的时候。而甲骨文的出现大约也是与有辛氏族群从东北、东部、东南的族群文化汇合后产生的。王亥与高辛氏部族之所以有殷的称谓，大约和以猪为图腾标记的部族称亥、豕、豕韦之韦名有关。我们前面在论述殷先公王亥时已经详细论述了王亥部族以猪为图腾标记的特征，而亥又同豕，即猪又称豕。这不由使我们想起记载中的古老部族豕韦部族。因而可能殷先公王亥与豕韦部族是不同分支或者本为一体只是名称不同而已。由于豕韦之韦的语音在古代与衣、殷相通，因而以猪为标识的高辛部族在盘庚前后即二里头时代的商王室强大起来，并取代丁群的主导地位，从而有了韦、衣、殷相通的殷之称谓。由于在盘庚以后，高辛氏猪豕部族在王室的主导地位，因而以高辛氏的亥、豕韦殷称呼盘庚迁殷以后的王室文化为殷，而与以前以玄鸟为主体的大乙商玄鸟文化相区别。

（3）考古发现的猪鸟文化与殷商文化差异之考察

上面我们论述了殷文化与以猪为图腾的高辛氏文化之关系。而与之相比，商文化却有明显的以鸟为图腾标记的特征。这就是"天命玄鸟，降而生商"的传说。而玄鸟又称乙。因而建立商王朝的大乙其主导文化中最重要的力量之一可能是玄鸟，即乙鸟部族。因而甲骨卜辞及文献记载中的商王大乙与殷王子亥，从考古发掘材料看，正与自新石器时代以至殷周仍流行的鸟及猪兽两种群团文化有关。而从盘庚迁殷对应的二里头文化看，至二里岗殷墟王室以青铜方鼎为代表的王室文化明显有东部、东北及东南文化的特征，而王鼎上的兽面纹饰可能就是猪兽的纹饰之变化。由于这一时代的王室大方鼎很少有明显的商人"天命玄鸟"的玄鸟文化特征，因而我们将这一时代的文化遗存与殷王亥高辛氏猪兽文化相联系。尽管高辛氏及以猪为图腾标记的王亥文化在夏商殷周的古代王朝中影响极大，但从夏商殷的王名特征看出，其在王室中占主导地位的时间则主要是在商代中晚期以后。而记载中王亥被杀于有易，并丧失牛羊的记载可能反映了高辛氏中以猪为图腾标识的这一支在王室的命运并不顺利。记载中商王大乙曾娶有辛氏，但其目的似乎是为了得到有辛氏的媵臣伊尹的丁部族，而不是为了有辛氏。这从大乙以后到祖乙的十三王王名无一名辛就可以看出。我们以陶寺时代的彩绘龙盘之龙有东北红山文化的猪龙特征而判定其与商王祖辛有关,其原因之一就是因为猪文化与殷王子亥及在甲骨文中辛日祭示王亥的相互关系出发的。而自陶寺祖乙与祖辛的乙辛为标识,王名中乙辛两群的关系逐渐密切,辛群逐渐取代大乙时代十分强盛的伊尹丁群成为五王标识。由此可见,虽然考古发现中自新石器时代直到商殷,猪与鸟两个群团的文化关系极为密切,但一者以鸟为主,一者以猪为主,时分时合,彼轻此重的区别及变化却是明显的。

(4) 从玄鸟乙鸟文化说契始封之商与华县泉护村庙底沟文化陶鹰鼎

我们在论述郑州大河村大乙彩陶罐的乙丁符号标记时曾追朔其源头与半坡夏文化的联系。其实商人"天命玄鸟"的玄鸟我以为也可追朔到半坡夏文化,而且其旋鸟与半坡夏王室彩陶旋鱼纹、旋羊纹、旋蛙纹一样,都是半坡夏王室文化时代旋圆文化的具有天地及宇宙旋转轮回观念的文化模式的反映。因为大乙的乙鸟文化其实是与夏人以鱼及牛羊为图腾标识的文化在半坡时代共同繁荣发展起来的。也就是说,建立商王室的大乙文化的主体是随夏王室东迁伊洛以后逐渐强大并最终以乙鸟取代以鱼为标识的夏王室文化。因而商人先祖契的始封地可能也在半坡夏文化范围内而不在他处。联系考古发现半坡仰韶文化彩陶鸟纹多出土在华山附近,我以为华县太平庄出土的黑陶鹰鼎可能标示商人先祖契的始封地在华县太平庄一带。因为太平庄不仅出土了鹰鼎,还出土了制作十分精制的枭面盘,同时附近的柳枝镇还出土了迄今已知最多的彩陶鸟纹。另据苏秉琦先生研究华县泉护村、柳枝镇出土的彩陶鸟纹按其变化鸟纹由写实逐渐到变体的完整过程,也是在华县泉护村遗址出现的。而且这变体鸟纹与庙底沟彩陶纹饰有密切的联系。[①]因而我们推测华县太平庄和柳枝镇一带极有可能是商契的始封地。由于以往对夏文化的判定多以伊洛为准,因而以往对先商文化的理解则多在伊洛郑州以东、以北寻找。但根据新石器时代商人大乙旋鸟文化的考古资料分析,我们以为商人玄鸟文化的形成是在以半坡为中心的旋鱼文化圈内,而其更早的文化遗存可能和裴李岗及磁山文化有关,[②]即磁山、裴李岗文化其中一支在仰韶文化时代向西进入关中与夏文化融合,而其大本营则可能在华山附近的华县一带。玄鸟之名正是

---

① 苏秉琦:《关于仰韶文化的若干问题》,《考古学报》1965年第1期。
② 钱志强:《古代美术与中国文明起源研究》,中国社会科学出版社2007年版,第144页。

由郑州附近向西迁徙的这一支与西安附近的夏文化彩陶鱼纹一起创造旋鱼旋鸟纹。因而才与半坡夏王室以玄鱼为特征的旋圆文化相一致。这也可以与夏人先祖鲧为玄鱼相印证。一为玄鱼，一为玄鸟，而鱼鸟相结合的彩陶纹饰则是半坡彩陶最有代表性的纹饰，由此可见夏商文化关系之密切。依《史记》"契始封商"赐姓子氏的始封地有两说，一为今陕西商洛，即《集解》引郑玄曰"商国在太华之阳"，皇甫谧曰"今上洛商是也"；一为《正义·括地志》云："故子城在渭州华城县东北八十里，盖子姓之别邑。"古代论者多重商洛为契始封地，而从出土半坡仰韶文化彩陶鸟纹看，渭州华城县即今华县的柳枝可能正是契始封商的子城所在地，而柳枝一名可能仍保留有子氏子城的语音。由于商契之生是因天降玄鸟，而降与落、洛通，因而在华县华阴以北有北洛河，华县华阴之南有南洛河，华县南北两条洛河的名称也可能与旋鸟之降洛有关。华县越秦岭之南的商洛之名大约正是由于华县商契部族一支沿南洛河的迁徙地名随部族迁徙所致。由此可见，夏商文化，商殷文化，殷周文化作为王室文化，它们之间的关系十分密切，其联系远远超出了我们的想象。

（五）夏商殷周王室"五世而迁"的五王王谱及特征

1. 盘庚迁殷以后，小辛、廪辛、帝辛王名反映的以辛代丁为五王标识与商殷之交丁辛两干群的力量变化

（1）盘庚迁殷后以辛代丁为五王标识与商殷王室丁辛两干群的力量变化

《史记》记载中丁以后有"比九世乱"，自大乙到中丁以后以丁为五王标识的传统被打破，并在盘庚以后形成了从小辛开始到殷末帝辛的以辛为五王标识的新传统。而造成"比九世乱"的原因我以为与甲、庚两干群有关。从大乙到帝辛30王王名的五王王名王谱看，从大乙到沃丁、大庚到中丁均以丁为五王标志，而且五王王名为五干名，从不重复。而中丁以后从外壬到祖丁，南庚到武丁，丁名的出现却相隔六王，其原因正是在外壬到祖丁六王中有河亶甲和沃甲两甲重复出现。南庚到武丁六王中有南庚和盘庚两庚重复出现。因而中丁以后的"比九世乱"可能就是甲庚两干群重复出现，打破了大乙以来以丁为五王标志的五王王名王谱规律造成的。而自盘庚迁殷后殷王室转而兴盛似乎也和五王王名王谱的重新恢复有关。因为经盘庚小辛、小乙

到廪辛，庚丁到帝辛的最后十王又出现了以辛为五王王名王谱标志的现象，只是原来是以丁为五王标志，最后十王时丁被辛所取代。因而《史记》记载的"自中丁以来比九世乱"的受益者似乎是辛群。虽然丁辛两干群自大乙时代起关系就十分密切，但在中丁以后的甲庚之乱中丁群的力量似乎有所减弱而辛群的力量却明显增强，并以小辛为标识，取代了大乙以来以丁名为五王王谱标识的传统。而《史记》所说的"自中丁以来比九世乱"的"乱"，除了甲庚两干群重复出现外，在殷晚期王名王谱中似乎反映的是一种十日十干群逐渐减少，王权逐渐集中于少数群团的现象。这集中体现在庚丁到帝辛五王只有丁、乙、辛三干。由此可见，商殷王名反映的"五世而迁"的五王王谱虽然传承不断，其内涵却随时代不断发生变化。

（2）丁群为五王标识与推定天命72年五王甲子年谱第五王首年干支壬子说

按推定的天命72年五王甲子年谱，第五王的起年干支为壬子，尾年干支为癸亥，似乎与大乙以后第一个五王沃丁、第二个五王中丁的丁名没有关系。但是自大乙开创商王朝起，伊尹在王室中权力极大，因而伊尹正是丁群的代表人物。伊尹之尹从手执丨棒柱形，正合于伊尹生于桑木十日之故事传说。从文字符号角度看，伊尹之丨和十天干壬字在早期是相通的。中国古代有一个氏族名挚仲氏，或称挚氏，挚与伊尹又名挚相通。此挚仲氏又称挚壬氏，虽然我们还不十分清楚伊尹丁群与壬的关系，但其符号形态及语音上与伊尹的联系却是显而易见的。因而我们推测大乙到沃丁五王和大庚到中丁五王的第五王都以丁为名并作为五王标记的原因可能与丁系伊尹兼具伊、任、壬的十天干壬名有关。因为从推算的五王72年年谱干支看，第五王起年干支壬子、尾年干支为癸亥，以丁为名其实是伊尹挚任氏以壬、即壬子记其起年干支名谱的。因而壬是合于第五王首年干支壬子之干名壬的。

（3）从挚仲氏任之任、壬说壬子与五王年谱

上面我们已经论述了商王大乙时代的伊尹丁群与尹、壬的联系，并将伊尹丁群与五王年谱第五王起年干支壬子相联系。而挚仲氏任与五王年谱关系的另一证据还有西周文王之父王季所娶之挚仲氏任。文王在武王前，应为五王王谱之第五王，文王的起年干支正是壬子，由此可见文王作为五王王谱第五王的起年干支壬子也是由其母、即王季之妻挚仲氏壬在文王生前就谱定的。

这一点也类似武王十日甲子日谱的首日甲子，尾日辛巳的辛巳尾日日谱也是由武王之母、文王之妻有辛氏大姒为其谱就的一样。商周王室的五王王谱第五王起年干支壬子还可从商先公时代得到证明，商王大乙之父主癸为五王王谱第五王，而主癸之父为主壬，因而主癸作为五王王谱第五王的起年干支壬子也可能是由其父主壬为其谱就的，并隐藏在上代即第四王主壬名号中。大乙之父主癸，其起年干支为壬子、尾年干支为癸亥。主癸名癸与其尾年干支干名相合，而起年干支壬子之壬却隐藏在上代的王父主壬名号中，这确与西周文王起年干支壬子与其母挚仲氏壬名号对应相类。可见商、殷不仅以王自己的天干名号与起年干支干名或尾年干支干名相对应，而且还以其父名与其起年干支干名或尾年干支干名对应。

（4）辛群为五王标识与推定天命72年五王甲子年谱第五王尾年干支癸亥说

从伊尹为汤娶有辛氏的媵臣看，有辛氏在大乙时代也是有一定实力的部族。而中国古代的高辛氏传说更十分古老。因而商殷王名中以小辛、廪辛、帝辛为五王王谱第五王标识也并不是随意的。其规律出现的背后可能也隐藏着记录年谱干支的作用。因为在古史传说中高辛氏及其二子的传说最引人注目，这就是《左传·昭公元年》所记"昔高辛氏有二子，伯曰阏伯，季曰实沉，居于旷林，不相能也，日寻干戈，以相征讨。后帝不臧，迁阏伯于商丘，主辰，商人是因，故辰为商星，迁实沉于大夏，主参，唐人是因，以服事夏、商"。可见高辛氏一族自古就是主管或注重对龙辰虎参星宿观察并可能以此制定历法的部族。而高辛氏又称帝喾高辛氏。它不仅是周人、商人先祖之父系祖先，也是夏人之母系祖先。而夏人商人都是创造十日历法并以十日为王名的民族。而十日的首日为甲，尾日为癸，我以为高辛氏帝喾之喾可能就是十日尾日癸字的同音字。大乙是商王朝创立者，大乙之父就名主癸，而且也符合主癸为报乙至主癸五王王谱第五王尾年干支癸亥之干名癸。因而我们推测小辛、廪辛、帝辛以辛为五王王谱第五王王名，可能隐含着帝喾即帝癸高辛氏的以癸亥记录第五王尾年干支癸亥之干名癸的内容。至于为何不以癸名而以辛名的原因，可能像伊尹部族以丁为名而不以壬为名一样，大概比起壬族、癸族来，丁、辛部族的力量更强吧。

2. 从商殷王名以丁辛记五王王谱第五王说大乙、小乙以乙记五王王谱

第一王

从商殷五王王谱可以看出，商殷五王王谱不仅以丁辛记录五王最后一王王名，而且也以乙记五王第一王。如大乙到沃丁五王和小乙到廪辛五王之第一王都以乙名。不仅如此，大乙和小乙都有以乙记录第一王，以丁记录第二王的乙丁两王联名的特点。大乙之长子为大丁，大丁才是应继大乙为王之人。而第一王名乙，第二王名丁，正合于五王天命 72 年甲子年谱第一王起年干支甲子，尾年干支乙亥，第二王起年干支丙子，尾年干支丁亥的尾年干支干名乙与丁。小乙和武丁也是这样。可见商殷王名不仅反映出商殷王室的五王王谱特征，而且从大乙之子大丁应继王位但并未继承王位的记载还透露出注重记录五王王谱首王即第一王和尾王即第五王的尾年王名干支及王室内围绕王名王谱所引发的十天干群之间的矛盾及冲突。

3. 从商王大乙及其子大丁、外丙的丁、丙之争说商殷王室记五王王谱的首年干支与尾年干支之争及隐含的夏与商殷文化之争

从大乙以后继立之王应为大丁，但大丁未立为王而实际继大乙为王的是外丙之事实可以看出，大乙之后在立大丁还是立外丙为王的问题上，商王室内是存在斗争的。这就是在记录五王 72 年年谱上重视记录首年干支和重视尾年干支的两种主张及文化传统的冲突。因为大乙之后的第二王其首年干支为丙子，尾年干支为丁亥。卜辞及记载更倾向于立大丁为王，是因为大丁之丁与五王王谱第二王尾年干支丁亥之丁是相一致的。这也合于大乙以乙代表五王王谱第一王尾年干支为乙亥的尾年干支干名的特征。相反，外丙之丙却和大乙大丁记尾年干支干名相反。外丙之丙是与大乙之后第二王首年干支丙子之干名丙相合的。虽然最终继大乙为王的是外丙，外丙虽立为王，但在甲骨卜辞却较少出现。大丁未立为王，却在甲骨卜辞中常常出现并隆重祭祀。这不仅反映出商王朝早期在王名记首年干支和尾年干支之间存在的冲突，而且还透露出商王大乙可能正是以记王年尾年干支干名而与大乙以前的夏文化相区别的。外丙虽立为王但却不被重视大约反映了外丙一族及记录王年首年干支干名的传统可能比记尾年干支干名传统更早。它很可能是商王大乙所反对的存在于大乙以前的记录王年王谱的传统。这从商殷 30 王王名在十天干中的分布也约略可以看出。按推定的五王甲子年谱，五王起年干支分别为甲子、丙子、戊子、庚子、壬子五干，或称"五子"。大乙以后的 30 王，名

甲者六，名丙者一，名戊者一，名庚者五，名壬者二，多集中在甲、庚两干上。而甲、庚两干不仅与夏代王名多以甲庚为名符合，而且《史记》所记的商王室"比九世乱"也正是以甲、庚两干重复出现打破商王室以丁为五王标志的。同样，按推定的五王甲子年谱，五王尾年干支分别为乙亥、丁亥、己亥、辛亥、癸亥五干，或称五亥。而大乙以后王名名乙者五，名丁者六，名己者一，名辛者四，名癸者无。多集中在乙、丁、辛三干上。而乙、丁、辛三干又都与大乙、伊尹之丁群及大乙娶有辛氏的辛族相关。而且乙、丁、辛三干都合于大乙代表的以乙记尾年干支干名特点。殷末庚丁到帝辛五王只以丁、乙、辛三干名王也反映了乙、丁、辛干群在王室的主导地位及记录五王王谱尾年干支干名的文化传统的最终形成。

4. 从商殷王室王名记五王王谱的特征追溯商先公的五王王谱特征

（1）商先公报乙到主癸的五王王谱与王年干支特征

前面我们论述了商殷自大乙到帝辛三十王王名反映出商殷王室王名具有的五王王谱特点，而且商先公名号似乎也是有与大乙以后相同的五王王谱特征。甲骨文与古籍记载商先公最早以十日为名的是先公上甲微，之后是报乙、报丙、丙丁、主壬与主癸，共计六位先公。如果将大乙开创的商殷王室五王王谱向上延伸，大乙以前的五王应是商先公报乙、报丙、报丁、主壬和主癸五王。而报乙与报丙为五王王谱的第一王和第二王，这也与大乙与外丙一样。先公报乙以乙与第一王尾年干支乙亥的乙名相对应。而报丙与外丙一样，也以丙与第二王起年干支丙子之丙对应。报丙与外丙以丙记第二王首年干支丙子的方法与大乙以乙记首年尾年干支干名正好相反。第三王为报丁、第四王为主壬，第五王为主癸。丁和癸是合于五王王谱尾年干支干名的，但主壬之壬和外丙之丙一样，是合于五王王谱起年干支干名。因而从大乙以前报乙到主癸五王王名看，报乙、报丁、主癸隔代王名与尾年干支干名相合。而报丙、主壬同样隔代与首年干支干名相合。可见大乙之前的商先公名号也有明显的记首年干支干名和尾年干支干名的特征，而且似乎形成了隔代相一致的规律。将商先公时代王名上反映出的王名隔代为记首年干支干名和尾年干支干名的差别与商殷王名隔代相承的规律相联系，似乎可以约略看出，这种隔代相承的规律背后，其实隐藏着两种不同的五王制甲子纪年的方法。即一用首年干支干名名王，另一用尾年干支干名名王。而隔代相承的原因正是由于两种王名文化传统集团间互婚制形成的。

（2）甲骨文商先公上甲微上甲文字符号的十日标记与文字符号特征

甲骨卜辞和古籍记载反映出商殷王室以十日为王名的传统似乎起自上甲微。甲骨文上甲微的写法有以下六种⊞⊕⊞⊞⊞吕。[①]从文字符号角度看，甲骨文中记录上甲微名字的符号与甲骨文中的甲字有所不同，它可能有更多的文字符号含义。甲骨文的甲字一般写作十形。而作为创立十日名王传统的上甲微之专用文字符号，主体为十状甲字，外有一个方框形符号，即囗形符号，它可能为围、回的同音字。因而上甲微实即是甲围两个符号结合的合体符号。甲骨文中明显有标识甲围为上，或为先祖，或为上天、天帝的标识符号。而⊕⊞⊞⊞都有｜形10数数字符号，或在甲围上边、旁边、边角。因而以｜的10数为标记，则可能具有上甲微开创的以十日名王的十日、十天干之10数含义。因为在甲骨文中，｜即是表示数字之10的。可见甲骨文中开创十日名王的商先公上甲微的上甲微之字明显与大乙以后的王名不同，它还含有以多个单独符号组合成的有多种含义的复合符号文字特征。因为就符号形态看，⊞形甲围符号其实就是四正四隅的四面八方之符号，这也与殷王室青铜方鼎的四面八方形状相同，是以天上的癸甲10日与地上的四面八方合而为一的。由此我们可以进一步推测商先公上甲微时代，可能是以十形甲字符号外加囗形方框指示四正四隅即四面八方的，而旁边的｜形符号则是十日10数的标记。因为甲骨文中甲字只是指示四正的十形，而癸字只是指示四角四隅的形※※。可见，甲骨文中商先公上甲微的甲字确实是由十、囗、｜三个符号组合而成的具有多重含义性质的文字符号。

（3）商先祖契为子姓及殷先公王亥与商殷王室的十二地支标记

虽然迄今为止，我们并没有在大乙以后的商殷王名中发现以十二地支为王名的，但是甲骨卜辞中大量的十日十天干与十二地支相配纪日的卜辞证明，商殷王室使用十二地支名称的历史也相当古老。特别是甲骨文中殷先公王亥的亥字也像上甲微的甲字一样，也是一个专用字。甲骨文中的亥字作了形，像一个侧面的猪形，但是作为殷先公王亥的亥字，却在侧面猪形符号上再加一个鸟形符号。殷先公王亥的亥字作为专用字的特定符号内含是什么呢？我

[①] 陈梦家：《商王庙号考》，《考古学报》1954年第8册。

以为可能是殷先公时代殷人曾使用过的十二地支子亥合文的专用字。因为甲骨卜辞中十二地支第一位的子字通常作巛形,与王亥亥字猪上的鸟形明显不同。但记载中却明确记载商先祖契为玄鸟生,并为子姓。商殷先公王亥亥字的鸟上猪下的鸟猪形态也与商殷玄鸟与猪亥的祖先传说相一致。而且商殷先祖以鸟猪合体的符号文化传统延续时间很久,分布很广,因而我以为它可能正是商殷人族群文化传统的反映。而甲骨文子字作巛形的符号传统与半坡彩陶盆的戴牛羊角纹的人头人面纹相近的原因,可能是甲骨文中的巛形子字可能更接近于夏人文化传统或者是商人玄鸟族的一支曾在半坡时代的夏代早期与夏人一起共同创造了为夏商人共同接受的巛形子字符号,并在甲骨文中继续延用。而殷先公王亥名字的鸟猪合体符号却深深地留下了商殷族自己创造的以玄鸟为子,以猪为亥的十二地支的子亥标记。但由于商殷王室文化具有浓厚的夏王室文化印记,特别是前期,因而晚期进入商王室的王亥一族的猪鸟子亥文化符号并未取代夏商早期已有的巛形子亥符号传统。

5. 从大乙父主癸及大乙伐夏桀说夏王室与五王王谱的记录方法

(1) 夏王胤甲与夏桀表现出的夏王室的最后五王王谱特征

前面我从商殷王室王名反映出的五王王谱规律追溯出商王大乙与商先公报乙、报丙与大乙之父主癸的五王王名与王谱对应的规律。由此我们也联想到被商王大乙取代的夏朝最后一王夏桀王名是否也隐含着夏王室的五王王谱规律。因为记载中夏桀名履癸,这一点是否与大乙之父主癸一样,都是对应五王王谱最后一王即第五王起年干支壬子,尾年干支癸亥的尾年干支干名的。也就是说,商王大乙建立的商王朝与其王名的五王王谱规律可能是承袭其先公主癸而来的。而大乙取代夏王桀虽然是改朝换代的革命与战争,但夏桀名履癸却与大乙之父主癸名号相同。如果按照商王名号的五王规律分析追溯夏桀之前四王,记载中依次为夏帝廑、夏帝孔甲、夏帝皋、夏帝发和夏帝桀。而记载中夏王廑或名胤甲,为夏代最后五王中的第一王。《竹书纪年》有"帝廑一名胤甲,即位居西河,天有妖孽,十日并出"的记载。由此可见夏王室从帝廑即胤甲到夏桀履癸的最后五王也有明显的以五王的首王胤甲之甲对应推定的天命72年五王王谱首王起年干支甲子之甲,而以第五王夏桀履癸的癸对应推定的天命72年五王王谱第五王尾年干支癸亥的干名癸。因而从夏王室最后五王王名看,不仅有合于五王王谱的迹象,而且明显有与商殷王室五王谱在规律上的同一性及在记录方法上的不同特征。商殷王室从先公起就有明显的五王为一单元的王名规律。但从大乙之前第五王报乙起，就与大乙一样，是以乙名对应五王王谱第一王尾年干支乙亥之干名乙，而不用起年干支甲子之甲。虽然大乙之父作为第五王以主癸之癸对应五王王谱第五王尾年干支癸亥之癸，这一点与夏桀名癸相同，但自大乙以后商殷王室三十王没有一王以癸为名的。不知这是由于主癸作为商先公和大乙之父，在大乙之后的商殷王室出于尊敬而避讳以癸为名，还是因为主癸之名与大乙所伐的夏桀之名相同而避讳它。联系大乙以后再没有出现过以甲对应五王王谱第一王起年干支甲子之甲的，因而我以为以大乙为代表的商殷王室王族，可能正是以乙为代表，以对应五王王谱的第一王尾年干支而与夏王室以甲名为代表对应五王王谱的首年干支方法相反的。但从商先公报乙之后的第二王为报丙、大乙之后的第二王为外丙看似乎反映出大乙之前的商早期，王室仍有以王名对应起年干支干名的习惯。大乙之后虽以外丙继位但外丙在甲骨卜辞中很少提及，大丁未立而大丁在甲骨卜辞中地位极高也反映出商代早期以王名对应五王王谱首年干支干名的夏文化传统虽仍有影响，但终不及大乙代表的记尾年干支干名的传统那样受重视。而到了殷王室小乙和武丁时代，以乙丁为五王王谱第一王和第二王王名记录五王年谱尾年干支干名的文化传统在殷王室已完全形成。即便如此，王室内推行以五王王谱尾年干支名王的方法似乎仍不顺利。小乙和武丁虽合于五王王谱第一王和第二王尾年干支干名。但记载中武丁有贤子"孝己"，孝己之己正合于第三王尾年干支己亥之名。但也像大乙长子大丁未继王位一样，孝己也未继王位。继位者却为祖庚。可见这种以甲与乙为代表相互对立，但又相互依存的记录五王王名王谱的传统大约在夏代早期就已存在，而且有深厚传统，但是方法与侧重点各不相同。我们在上册中论述的与夏王室对立的羿代表的鸟部族文化大约就是玄鸟乙鸟族与夏王文化传统对立的反映。因而直到夏末商初，记载仍能反映出夏商王室文化与两种十日名号之争。《竹书纪年》记："夏桀之时，费昌之河上，见二日，在东者烂烂将起，在西者沉沉将灭，若疾雷之声。昌问于冯夷，曰：'何者为殷？何者为夏？'冯夷曰：'夏西殷东。'于是费昌徙族归殷。"记载中夏桀时代夏西殷东的二日之争，可能就是以商王大乙代表的记五王王谱尾年干支干名的乙日与以胤甲代表的记五王王谱首年干支干名的甲日之甲乙两日之争。

虽然同以十日名王，但夏与商殷侧重不同，且表示的王年干支有异，至少从王名与王年干支对比的角度，我们仍能看出其规律的异同。

（2）姜寨夏王太康五子盆与帝予的五王王谱标记及以五子记五王首年干支干名的传统

商王室与夏王室对立的记五王王谱首年与尾年干支干名的传统在夏王中康时的记载中即有反映。从大乙逆溯夏王室王名，以胤甲至夏桀为第一个五王单元，以槐至扃为第二个五王单元，以太康至帝杼为第三个五王单元。第一个五王单元胤甲为五王王谱第一王，胤甲以甲对应第一王首年干支甲子之甲，第五王夏桀名履癸，以癸对应第五王尾年干支癸亥之癸。因而夏代最后五王时代已明显有以首年干支干名和尾年干支干名记五王年谱的差别。槐至扃的第二个五王单元王名与五王王谱关系目前未能看出。但大康至予的第三个五王单元有明显的记五王王谱迹象。夏王室这一个五王单元中第一王为大康。大康与五子之说史皆有载。联系姜寨出土的太康五子人头鱼纹盆，我以为这"五子"可能即是五王王谱五个首年干支，即甲子、丙子、戊子、庚子、壬子"五子"之称。但记载中的中康时代即有"羲和乱日"的说法，而这一说法很可能与夏商时代王名的甲乙之争有关。中康时代"羲和乱日"的记载见自《史记》。《史记·夏本纪》有"太康崩，弟中康立，是为帝中康。帝中康时，羲和湎淫，废时乱日，胤往征之，作胤征。"《集解》引孔安国曰："羲氏和氏，掌天地四时之官，太康之后，沈湎于酒，废天时，乱甲乙也"。对于中康时代的羲和乱日，解者甚少。我以为孔安国的"乱甲乙"之说，其实质即是扰乱了夏王室十日名王的记录王年王谱的以甲记首年干名和以乙记尾年干名的甲乙规律。因为夏人多以甲庚名王，多记五王王谱首年即起年干支。并以甲子、丙子、戊子、庚子、壬子五子记录五王王谱首年干支干名。而"羲和乱日"，"乱甲乙"，破坏了这一传统，出现了以乙鸟旋鸟族群以乙亥代表的五亥以尾年干支干名记五王王谱的现象。并在羿代夏政后将夏人原来的"五子"纪五王王谱首年干支的传统说成是"五子之逆"。而"五子"及流传的"五子之歌"很可能就是夏人侧重记五王王谱第一王至第五王的五个首年干支甲子、丙子、戊子、庚子、壬子五子的王谱记录之流传。而此在夏王室王名中频出的甲与庚名相反在商殷王室中丁以后的重复出现反被称作"比九世乱",足见夏与商殷在十日名王的规律下不同的名王传统及冲突。由此还可以明白甲骨卜辞之所以特别隆重祭示王亥,正是因为王亥的亥名是与大乙代表的记五王王谱尾年干支即乙亥、丁亥、己亥、辛亥、癸亥五亥相同而与夏人的五子相对立的。也才能明白为什么同为大乙之子,外丙虽继立而为王,但却不如未立之大丁,反而在在甲骨文中遭受冷遇的原因了。

（3）从夏王太康以×状五子记五王王谱法说夏商殷周五子王谱法的传承

依据大量的考古出土遗物,我们不仅能够证实夏王太康及以"五子"记五王王谱的方法,而且从太康五子符号的角度,我们仍然能够寻找出夏王室五子记五王王谱方法在夏商殷周时代的传承。尽管自大乙建立商朝开始,已改变了夏王室记录五王王谱的方法,但从考古资料看,夏太康时代的五子记五王王谱法却始终没有中断。

我们在上册论述临潼姜寨人面鱼纹五子符号陶盆时就已经比较详细地分析了"五字"符号的流传过程,而这也同时就是夏王室以五子记五王王谱法的流传过程。姜寨太康五子纹彩陶盆的×状五字符号,是以斜行相交的符号形态作为五字,五数,及五子的标记。并在构成庙底沟彩陶花瓣纹的方格网状骨架上的花瓣纹花心黑点呈现出的斜向交叉线上得到了继承和发扬,而到龙山时代早期的庙底沟二期文化彩陶缸的外腹口沿下,则去掉了繁密复杂的花瓣及黑点,只留下了斜线交织的网带状纹饰,到了偃师二里头遗址中,青铜鼎外腹一周的斜线网带状菱格纹可能就是庙底沟二期彩陶缸外腹斜线交叉网带纹的延续。而到殷墟以至西周,大量流行的乳丁纹青铜鼎和簋,不仅以斜行网格纹与庙底沟二期及偃师二里头铜鼎上斜行网格纹相同,特别是斜方格网内的斜行交叉分布的乳丁的间隔错位分布方法却直追庙底沟,其乳丁布列方法与庙底沟仰韶文化花瓣纹花心黑点的分布方式完全相同。因而我以为,临潼姜寨夏王太康五子纹彩陶盆上以×状五字符号记录五王王谱首年干支甲子、丙子、戊子、庚子、壬子的五子方法虽历夏商殷周并类经朝代更替,但其以×状斜行相交的五字符号记录五王王谱的"五子"法却流传有序从未中断（参看图6-18）。

6. 从半坡夏启人面鱼纹盆口沿的癸甲符号再说大河村商先公上甲彩陶符

号及甲骨卜辞的上甲文字

（1）半坡夏启人面鱼纹盆口沿癸甲标记的十日符号与甲骨文商先公上甲微十日文字符号的异同

前面我们论述了甲骨文中商先公上甲微的十日标记。从甲骨文上甲微的田形符号可以看出，以十状符号指示的四个正位和口状符号四角指示的四隅四角方位结合表示的四面八方的八个方位可能正是甲骨文上甲微文字用以表示癸甲十日的太阳及照临的大地之四面八方的符号的。这从商殷王室不仅以十日名王，而且甲骨文也反映商殷之先公先王也多为天上之神祇。由甲骨文上甲微的田形围甲、癸甲符号我们联想到半坡夏启人面鱼纹盆口沿的癸甲符号及十日标记。因为半坡夏启人面鱼纹盆以圆形盆口沿一周黑带形成了一个〇状圆形，并在圆形口沿上以空白形式留出了十状甲字和※状癸字，其表示癸甲十日及普照大地的手法显然比甲骨文时代的上甲微符号更充分、更复杂。同时夏启人面鱼纹盆还以十状甲字的两端与两个子字形的人面人头戴牛羊角的符号对应，清楚地表示着当时人们记录甲子的方法。即以十日十天干与十二地支相配记日记年的方法。由此可见，我们不仅能从开创夏王室十日名王的半坡夏启人面鱼纹盆口沿的癸甲十日符号更深入理解甲骨卜辞中开创商殷十日王名的上甲微的上甲微文字符号的内含，而且也能从商先公上甲微的甲骨文十日标记特征的确证，印证我们对出土的半坡人面鱼纹盆口沿癸甲十日符号含义的理解及对其为夏启时代王室器物的推测。

（2）甲骨文商先公上甲微文字与郑州大河村彩陶上甲符号的异同

从考古发现所知，到目前为止记载商殷王室卜辞的甲骨多出土在安阳殷墟遗址。依现行的观点殷墟遗址为盘庚迁殷之殷都所在，殷墟作为殷都遗址的最早时间是在盘庚时代。而盘庚距商王大乙开创的商王朝建立已历19王。而盘庚之前确证可指认的商王遗物很少发现。也就是说，甲骨卜辞对商王的记载，若在盘庚以前，则是追记，否则即是当时实录而被后人携带入殷墟的。而比大乙更早的商先公先王可能更是这样。那么甲骨卜辞所追记的盘庚以前的商王及先公其遗物遗存在哪里呢？前面我们已对商殷王名及遗物作了论述，若以甲骨文中商先公上甲微的文字符号形态看，更能证明我们对商先公上甲微时代和遗物的推定。我们推定的商先公上甲微的时代为郑州大河村仰韶文化时代，遗物为郑州市白庄遗址出土的彩陶盆，为大河村类型。[①] 这件彩陶盆上最突出的符号为火焰或花瓣状包围的⊕形符号，以露白状十状甲字与四个花瓣形向心式黑色三角形共同构成表示四面八方的符号纹样，其符号形态极似甲骨文上甲微之田状文字符号，也与半坡夏启盆口沿的✲状癸甲十日符号一脉相承。但趋于独立符号的倾向比夏启人面鱼纹盆口沿癸甲符号更明显。

（六）夏商殷周王室十日制年谱与日谱传承

1. 大乙伐夏桀与夏商之交的癸亥—甲子年谱日谱衔接

（1）夏桀名履癸与大乙之父主癸的癸字与夏商之交的癸亥—甲子年谱日谱衔接

甲骨文及古籍记载都证明，商王大乙之父名主癸，而记载中夏王室最后一王夏桀名履癸。对大乙而言，主癸为其父，即以十日的乙继癸。对夏商交替而言，大乙伐夏桀，同样也是以十日的乙继癸。这不仅体现了十日十天干自甲乙至壬癸的顺序，而且也表明至迟在夏代晚期，商人不仅以十日名王，而且也有与夏王室大致一样的王名顺序。对照我们提出的夏商殷周王室天命72年五王甲子年谱看，夏王桀为自黄帝以来二十王之最后一王，为五王甲子年谱的第五王，其首年干支为壬子，尾年干支为癸亥。而大乙之父商先公主癸上朔五王为商先公报乙，就主癸为五王甲子年谱第五王言，其首年干支也为壬子，尾年干支同样也为癸亥。特别是商先公报乙与报丁之乙传位于丁与大乙应传位于大丁，小乙传位于武丁一样，都透露出商王室五王甲子年谱以第一王尾年干支乙亥之乙名王。而传位于第二王以后，仍以第二王尾年干支丁亥之丁名王的天命72年五王甲子年谱的本质及规律。而大乙之父名主癸及夏桀名履癸的癸字，都同于天命72年五王甲子年谱第五王尾年干支癸亥之癸名。可见商王大乙攻灭夏王桀，虽是以商代夏，但就历法及王名王年而言，却似乎有一脉相承的五王甲子年谱规律作用。即就五王甲子年谱而言，大乙作为五王甲子年谱第一王，无论是伐夏王桀还是继其父主癸，都是五王甲子年谱第一王对上一个五王甲子年谱最后一王，即第五王的最后一年年谱

[①] 张朋川：《中国彩陶图谱》，文物出版社1990年版，图1696。

干支癸亥之癸名的继承，而夏桀名履癸与大乙父主癸的癸字与大乙的乙字，不仅体现了夏商之交大乙之天干王名与其父主癸及夏桀之天干王名本身的王名与年谱的关系，而且更可能揭示了夏商王室一脉相承的十日制天干王名与王年年谱之间存在的某种规律性。

（2）大乙乙字与五王制首王尾年干支乙亥的特定内含及夏末商初王室王名用首年干支干名与尾年干支干名之争

种种迹象表明，夏末商初商王室内曾存在的王权王名之争是与王名及内含的年谱干支相关的。伊尹是夏末商初的重要人物，也是助大乙攻灭夏桀的关键人物。伊尹虽未有继王位的记载，但记载中伊尹在大乙王室的作用及甲骨文祭祀对伊尹的隆重都表明商王室内的王权纷争似乎一直以伊尹为中心持续到大乙之后第四王商王大甲时代，其中以大乙之后的王位继承更尖锐。记载中大乙长子为大丁，继王位者应为大丁。大丁虽未继位，但甲骨文中对大丁的祭祀极隆重，远远超过了对继王位而立的外丙。对于大丁未立为王的原因记载中以为是"未立而卒"。但我们以为大丁未立的原因可能和王室内王权之争有关。因为商王室内乙丁之争在大乙以前即以存在。如《史记》记商先公王名在上甲之后为报丁，但甲骨卜辞在上甲之后却是报乙。有学者以为是《史记》之误，我以为其中可能另有复杂原因，因为直到大乙时商王室的乙丁之争仍很激烈。大乙虽贵为商王，但王室许多重大事件都和伊尹相关。而甲骨卜辞中伊尹的祭日多在丁日，证明伊尹可能属于丁群。因而大乙时代商王室的乙群与丁群之争是大乙族群与伊尹族群之争。伊尹虽能在大甲继王位后放商王大甲，但记载中作为丁群的代表伊尹并未有执掌王权的记载。不仅伊尹，同样属于丁群的大乙长子大丁本应继位为王却未继王位，可见自商先公上甲之后的报乙及报丁位次之争与商王大乙建立商朝初期王室内乙与丁两干群之争是一脉相承的。而从继大乙为王的商王外丙之丙名却似乎透露出商王朝早期王名之争与所含年谱干支的本质。按天命72年五王甲子年谱顺序，大乙之乙名合于第一王尾年干支乙亥之乙。而大乙长子大丁之名正好合于第二王尾年干支丁亥之丁，其顺序与甲骨卜辞商先公报乙为大乙之前五王的第一王，报丙为第二王顺序一致。但奇怪的是身为大乙长子的大丁应继王位，但继王位的却是大丁之弟外丙。联系五王王谱第二王年谱干支，原来外丙之丙名是合于第二王首年干支丙子之丙名的。外丙之丙虽然合于第二王首年干支丙子，但其合于首年干支的特点却与大乙、大丁合于尾年干支的特点相反。可见在大乙时代的早期商王室，可能存在着以所立之王名合于首年干支干名或尾年干支干名的王名王权之争。由于五王甲子年谱五王的首年干支依次为甲子、丙子、戊子、庚子、壬子五子，而五王甲子年谱的五王尾年干支依次为乙亥、丁亥、己亥、辛亥、癸亥五亥。因而大乙时代商王室王名中的丁丙之争可能即是用五王王年谱的首年干支"五子"与用尾年干支的"五亥"之争。记载与甲骨文都证明，夏末商初夏商王室内王名用首年干支和尾年干支干名之争非常激烈。而大乙正是采用尾年干支乙亥的乙为王名，从而开创商王室用"五亥"为王名，即用尾年干支干名名王的。因为早在夏王朝早期就有夏王太康与"五子"之逆的说法。而夏代早期的"五子"之说就有可能是夏商王室内以五王年谱首年干支"五子"和以尾年干支"五亥"的首年干支干名与尾年干支干名之争。商王大乙无疑是以尾年干支五亥名王的代表。而我们前述《周礼》中周人择吉日专以亥日为吉日的传统估计也有久远的历史。

2. 从小乙武丁的乙名、丁名所代表的五王甲子年谱尾年干支干名说商殷之交王室王名对应尾年干支传统的形成。

（1）从半坡夏启彩陶盆癸甲符号到大河村大乙彩陶罐上的乙丁符号说夏王室的十日制日谱与大乙乙丁符号标识的五王甲子年谱内涵

前面我们已经论述了夏商殷周五王甲子年谱并将其与推定年谱作了比较，考古资料也证明了西周以前中国古代王朝的天命本质及王名王器内含的天命王年本质。特别是每个朝代的开启时代，如夏王朝开启者夏启及其记载。我们对半坡夏启人面鱼纹彩陶盆彩绘癸甲符号的分析反映出夏王室开创的十日名王的王名与日名及天命历法相一致的特征。特别是夏太康五子符号人面彩陶盆的五子人面符号与甲骨文商殷王名五王制及天命王命的72年五王甲子年谱特征及首年"五子"、尾年"五亥"的五王甲子年谱规律。从半坡时代夏王太康五子人面符号与郑州大河村大乙彩陶罐乙丁符号对比看，夏太康五子人面纹彩陶符号反映出夏王室的五王甲子年谱可能倾向于以"五子"即甲子、丙子、戊子、庚子、壬子的五王的五个首年干支干名名王的。太康与"五子"说及夏王王名多以庚与甲名王即可证明。而大河村商王大乙彩陶的乙丁符号也与甲骨文商殷王名多以乙丁两干相合。而商殷王室开创者正是大乙，大乙的乙名及代表的乙丁名王特征不仅与五王甲子年谱五王五个尾年干支干名相合，而且正与夏王室王名多与五王甲子年谱首年干支王名相合的特点相反。夏王室之所以尊崇夏禹夏启，大概是因为它们不仅开创十日历法，还开创了以十日名王的先河。特别是以四分历为基础的72年天命王年历法及五王制甲子年谱并以五王首年干支干名名王的划时代的开创作用。而夏王太康时代即以用"五子"规律纪录王名及王年王谱。而以尾年干支干名名王的特征在商先公时也已出现。商先公上甲、报乙、报丙、报丁到主壬、主癸六王王名已呈现出规律的以甲、丙、壬与乙、丁、癸相对立的以首年干支干名名王与尾年干支干名名王的特征。而商王大乙建立商朝后，以乙、丁名王更凸显大乙以尾年干支干名名王的传统。

（2）小乙、武丁与商殷之交殷王室王名对应尾年干支干名传统的形成

从我们对商王大乙时代大乙与其子大丁、外丙的分析中可以看出，大乙时代的商王朝早期以乙丁为代表的用72年五王甲子年谱尾年干支干名名王的规律已很突出，但却仍然与夏王室以五王首年干支干名，即"五子"名王的传统相冲突。如先公时代报乙之后不是报丁而是报丙。大乙之后也不是大丁而是外丙。而报丙与外丙都是合于五王甲子年谱第二王首年干支丙子之干名丙的。由此也可推想报丙与外丙的丙很可能与夏王室中的夏族文化传统有关。我们在论述半坡夏文化时已论述过半坡时代彩陶纹饰中以鱼纹最多，最有代表性，分布地域最广，持续时间最长。[①]而晚期鱼纹分解简化为以鱼的大尾巴代替整个鱼纹。而此鱼尾符号即可能与丙字有关。因为古籍记载中以河伯为鱼，而有的记载即称河伯为大丙。如《淮南子·说林》有"大丙弭节，风后陪乘"，以大丙称谓河伯。丙有柄把的意思，也与鱼之尾巴相通。由此也可证明我们以鱼为夏王室的主要族群，即以鱼为标识的夏鲧族群，而与鱼有千丝万缕联系的鸟纹为夏王室中以鸟为标识的商人玄鸟族群的推测。进入商文化圈以后，报丙、外丙虽与夏王室文化传统有关，但却长期活跃在商族群和商王室。而夏王室的大康、中康、少康之三康同样可能也与商殷王室的庚群有关，因为庚群不仅在商殷王室分布极不规律，而且在中丁以后与甲群一起，一度打破了大乙以来五王制以丁名为代表的五王规律。在商殷考古与

[①] 钱志强：《古代美术与中国文明起源研究》，中国社会科学出版社2007年版，第89页。

历史研究中不少文章都将夏商作为特别对立的两个民族或部族看待，而从我们对郑州大河村大乙乙丁彩陶符号及来源分析中，特别是乙鸟部族与鱼部族共处的半坡彩陶文化中，却看到了夏王室文化中商人玄鸟文化的流行及其与夏王室文化的长期共存痕迹。而其冲突反映在王名命名法上，即是首年干支名王与尾年干支名王之争。但就以十日名王及干支干名名王上却是一直的。而这种冲突直到大乙建立商王朝才以乙丁两干群为代表的以尾年干支干名名王的文化传统略占优势而告一段落。但直到盘庚迁殷以后的小乙武丁时代才算最终完成。从小乙以后的王名看，小乙与武丁是商王大乙以后第一次出现乙与丁两个王名顺序出现，并符合五王制甲子年谱以尾年干支干名名王的。虽然武丁以后的祖庚、祖甲都有明显的以首年干支干名名王的特征，但廪辛以后直到殷末帝辛的六王，不仅只以乙、丁、辛三干名王，而且都是合于尾年干支干名的。史籍中对武丁的记载和赞颂可能也和小乙武丁时代真正确立了以乙丁为代表的以五王甲子年谱尾年干支干名名王的文化传统有关。

（3）庚丁以后殷王室王名以乙丁辛三干名王及与尾年干支干名相合的文化传统对西周以后干支名王的影响

从以上我们对五王甲子年谱及以尾年干支干名名王的特征分析，商殷王室真正以乙丁为代表的尾年干支干名名王是在小乙武丁时代才真正实现的。由此可见，夏王室开创的十日名王制度及五王天命72年甲子年谱制度其王名与天干名号都可能代表一定部族及其历法与年谱的。虽然我们还不能具体判明它们之间消长变化的一切细节，但仍然能约略看出王名的规律及其变化背后折射的部族之间融合冲突的线索。因为商先公报丙及大乙之后的外丙代表的以丙为名号的族群在外丙之后再无出现，而与丙同样代表五王甲子年谱五王首年干支干名的甲与庚不仅在商殷王名中分布极不规律，而且常打破乙丁辛三个干名倾向以尾年干支干名名王的规律。特别是庚丁之后，殷王王名只以乙丁辛三个干名出现不仅反映了乙丁制五王甲子年谱以尾年干支干名名王规律的形成，而且也反映出自夏商殷以来以平均制十干群十日名王制度的逐渐衰落和王室权利逐渐集中于乙丁辛少数几个干群的趋势。殷王室乙丁辛三干名王的规律在西周以后仍有反映，如《史记·齐太公世家》在太公之后有"丁公吕伋，乙公得，癸公慈母"的顺序，这也反映出商殷乙丁制王名传统在殷代以后的西周时代齐国仍保留以乙丁癸的五王甲子年谱尾年干支干名名王的特征。西周时代以乙丁辛三干名王的例子还有出土所见西周时代的微氏家族。微氏家族世代为西周史官，出土铜器铭文记录了微氏家族七代祖先。其中第三代庙号为乙，第四代为辛，第五代为乙，第六代为丁，铭文还追述微氏先祖在武王灭殷后从殷归顺武王而被分封的事。[①] 微氏一族祖先连续四代以乙丁辛三干为名也进一步证明殷代晚期以来殷王室以乙丁辛三干名王及五王甲子年谱以尾年干支干名名王的文化传统对后世的巨大影响。

3. 武王甲子日灭殷与殷周之交的王室日谱衔接

(1) 武王兄弟的十日制日谱特征

周人有久远的不以十日名王的传统，这一点似乎与夏商殷人相反。但周先祖与夏商殷先祖和王室有密不可分的血缘、政治、经济文化交往也是不争的事实。因而周人及周王室文化也不能不受夏商殷人十日名王的影响。或者周人本身也是十日制文化传统的创造者与使用者之一，只是不像夏商殷人那样以十日名王罢了。周人先妣为姜嫄，姜嫄虽无与十日相关的痕迹，但姜嫄是履帝喾高辛氏之迹才生了周先祖后稷的。而高辛氏也是商殷王室先祖，同时又是夏人之先妣。高辛氏不仅有明显以龙与虎二星象为标志的天文历法特征，又有明显以十日名王的王制传统。商殷先公王亥以辛日为标识，王亥之子为上甲微，是商殷王室以十日名王传统的开创者。因而周王室虽不以十日名王，但必定也继承着高辛氏与十日文化的优良传统。周人第一代先祖记载中是后稷，后稷自夏代开始即主管农耕种植，被世代奉为谷神、农神。而后稷又名柱，或以为烈山氏柱，连三氏柱。这一点也为我们对西周王鼎的纹饰结构及特征分析证明。因为西周王鼎如文王鼎、武王鼎不仅以十分鲜明的以牛羊头角为主体纹饰的特点与先妣姜嫄相合，而且以别于殷王方鼎四足文化的三足圆鼎与连三文化传统相一致，特别是周王圆鼎腹部的牛羊头面部的棒柱纹不仅体现了文王创制的周易乾坤卦象符号特征，也以棒柱与周先祖后稷名柱相吻合。由此可见周人立国之前的文化传统也是与十日文化有密切关系的。正由于这种原因，文王娶有辛氏大姒，并生下颇有十日意味的武王兄弟十人，并以甲子—辛巳为其子武王谱就72年26298日日谱并不是特别孤立的现象，而是与其浓厚的高辛氏十日文化传统有关的。尽管武王仍然保留周

---

① 杨宽：《西周史》，上海人民出版社2003年版，第367—371页。

人先祖不以十日名王的传统，但其母为高辛氏并生下武王周公兄弟十人不仅透露出武王开创的周王室与十日密不可分，而且武王排行为二，为十日十天干的乙，周公排行为四，为十日十天干的丁，武王与周公排行在十兄弟中为2、4合于十日十天干之乙与丁的对应关系也与大乙创立的商殷王室以五王甲子年谱尾年干支依次以乙、丁名王的规律十分吻合。可见周王室虽不以十日名王，但仍然具有与商殷十日名王同样的王室历法传统及以乙与丁的以尾年干支干名名王规律。

（2）王季娶挚仲氏大任和文王娶有辛氏大姒与殷周之交王室的年谱日谱传承

像大乙建立商朝取代夏一样，武王建立周朝取代殷也是一个朝代取代另一个朝代的反映。期间必然有族群及文化之冲突，但是几千年的中国文化发展却有一种十分奇特的现象，即起而代之的新兴民族，似乎总是与被取代的旧王朝王室文化有千丝万缕的联系的。夏商之交的大乙玄鸟文化不仅始终与夏王室主体鱼文化共存共生，而且在灭夏中有重要贡献的重臣伊尹本也是夏王室重臣。武王伐纣时代也是这样。周王圆鼎虽然与殷王方鼎器形纹饰迥然有别，但是迄今考古发现周王圆鼎可能就是以殷代的圆鼎为基础发展而来的。武王伐纣时殷纣的不少重臣不仅纷纷归周，记载中武王的母亲也是殷王室之女。由此可见周人代殷，武王伐纣虽有一个王朝取代另一个王朝的意义，但却似乎也有两厢情愿地将殷王室文化传留传给周人。如殷王室将其女有辛氏大姒嫁于周文王，并为即将降生的新王子武王谱就甲子—辛巳的第一王72年日谱。否则我们就不能很好理解武王甲子日一日灭纣和其母为有辛氏大姒的甲子至辛巳72年26298日之日谱干支之巧合。除文王娶有辛氏大姒外，文王之父周王季娶挚仲氏任似乎也有殷周之交历法谱系的传承痕迹。按推定的五王甲子年谱，文王为五王甲子年谱第五王，其72年年谱为首年干支壬子，尾年干支为癸亥。因而我们推测王季所娶挚仲氏大任之任与武王所娶有辛氏大姒一样是以人名与年、日、干支干名对应的。只是有辛氏大姒以辛巳为日谱，而挚仲氏大任以任、壬为壬子年谱。由于出土甲骨卜辞证明商殷王室不仅男姓以十日名，女姓也以十日名，有辛大姒来自殷王室，以辛日名是可能的。而挚仲氏任也来自殷王室，以壬日名也是可能的。而极有可能的是，周人早在王季时代就以娶大任为其子文王谱就了壬子到癸亥的第五王72年甲子年谱，并在文王时代娶有辛氏大姒为周武王谱就了十王甲子日谱。因而从历法历谱的传承上，周人似乎是早有预谋的，而殷人也是心甘情愿的。

（3）厉王奔彘透露出西周十王制王谱与年谱日谱信息

从前面对文王五王甲子年谱第五王首年干支壬子的分析看，记载中文王即位60年，其终老时的年干支应为壬子—辛亥的60年。武王正是在文王终老之60年，即辛亥年开始筹划灭商的。记载中武王灭商的年代有十一年和十三年两说。按推定文王年谱算，文王六十年即辛亥年以后第十一年干支为壬戌，十二年为癸亥因而文王的72年到癸亥年终结，第十三年为甲子年，是武王作为五王年谱第一王的第一年，为甲子年，因而武王不仅在甲子日灭殷，而且可能也是在甲子年灭殷。武王以甲子年甲子日为周人立国之年和立国之日，而武王与其母有辛氏大姒的72年26298日的甲子—辛巳首日尾日日谱的巧合更令人匪夷所思。由此我们推测，继殷纣王以后建立的西周王朝虽不以十日名王，但却同样有着与夏商殷王室一样的传统天命历法的王年年谱与日谱规律。而武王至厉王的十王变迁明显也与夏商殷以来五王、十王的变迁规律有关。这一规律即是"五世而迁"的规律。《周礼·丧服小记》有"王者禘其祖所自出，以其祖配之而立四庙"。注："高祖以下，与始祖而五。"《周礼》五庙五祖之说似乎早已存在。《吕氏春秋·谕大》引《商书》说："五世之庙可以观怪。"《周礼·夏官·隶仆》也有"掌五寝之埽除粪晒之事"。清代学者焦循的《群经宫室图》更认为"盖五庙之制，自虞自周，自天子至附庸皆同"。这种五庙五王制除了有考古发现的甲骨卜辞商殷王名五王为单元的变迁规律证明外，更应注意的是半坡夏王太康盆上的"五子"符号，它不仅可以和夏书中"五子之歌"相印证，更可以印证"五子"之说其实即是后世五祖五庙之制的最早形态。而"五子"的真实含义可能就是前面我们分析的天命历法72年五王甲子年谱中五王首年干支第一王首年甲子，第二王首年丙子，第三王首年戊子，第四王首年庚子，第五王首年壬子的甲子、丙子、戊子、庚子、壬子五个子字的五王年谱纪年法的一种简易表现法和记录法的传说。因而半坡文化夏王太康盆彩陶"五子"符号可证这种五庙之制确实是自虞夏以来即已存在的。虽然这一规律在以往的研究中较少有人注意，但是其背后却隐藏着自夏商殷周以来的五王72年甲子年谱和十王甲子日谱的极其重要的王谱年谱日谱的历史信息。但就五世而迁的规律看，不仅在西周昭王穆王时代也有所反映，在武王之后第十王厉王时代有所反映。记载中西周之由强变弱主要在厉王之世，最为著名的就是由于国人暴动，厉王不得已出逃"奔彘"之事。

我们并不否认西周王权在厉王十王以后由强变弱的真实历史，但厉王"奔彘"却仍然透露出夏商殷以来王位"五世而迁"的一些信息。西周王室第一个五王单元为武王至穆王，第二个五王单元以共王为第一王，以厉王为第五王。按五王而迁的规律，厉王正合于"五世而迁"之时。而厉王"奔彘"的彘，可能是亥猪之亥的俗语说法。因为以五王甲子年谱计，厉王为五王王谱之第五王，其起年干支为壬子，尾年干支为癸亥。而以十王甲子日谱计，厉王为十王甲子日谱第十王，其起日干支为丙午，尾日干支也为癸亥。因而厉王无论其尾年干支和尾日干支都是癸亥。由此我们推测厉王"奔彘"可能与厉王的终年终日的年谱日谱干支的癸亥日有关。而癸亥之亥在甲骨文中为猪彘之形，因而厉王"奔彘"极有可能隐藏着厉王年谱最后一年癸亥和日谱最后一日癸亥的信息。厉王"奔彘"的彘传统说法是位于晋南霍县的彘地。其实以地名兼干支日名，年名，甚至人名三位一体的传统在中国古代文化中也是很常见的。如周人先妣文王之妻有辛之大姒，其辛即为人名又兼地名的，而辛巳又都有内涵日谱年谱之意义。

（4）殷王方鼎以10数12数与60数甲子数阵的记数传统和西周王鼎10数、12数及六十甲子记数传统之异同及其与殷周王室年谱日谱的记录和传承

夏商殷周王室王谱及年谱日谱的记录，从考古资料看，以二里岗期和殷墟期的青铜方鼎及出土的西周大圆鼎最为明显和系统。二里岗期按我们的分析相当于殷王武丁至庚丁时代，而殷墟相当于武乙至帝辛时代。对于西周王鼎，我们依次将长安新旺大鼎、淳化大鼎、外叔鼎，大盂鼎和旟鼎判定为文王鼎、武王鼎、康王鼎、昭王鼎和穆王鼎。虽然殷王方鼎和周王圆鼎的造型及纹饰极不相同，但是它们不仅都合于中国传统的天圆地方的文化观念，而且殷王方鼎乳丁数阵体现出的10数、12数、30数、36数及60数、72数的以10数、12数为基数的六十甲子记数系统与西周王鼎也是一脉相承的。只是西周王鼎不以乳丁排列，而以｜代表10，以•﹨•代表12，并以｜和•﹨•绕鼎

腹一周体现出来。① 对于殷王方鼎和周王圆鼎以 10、12 为基数的数字内含，我以为联系殷周王鼎同时体现出的 60 数看，是合于甲骨文六十甲子表之十天干与十二地支相配的中国古代文化传统的。因而 10 数可能与十天干有关，12 数可能与十二地支有关。虽然殷王子亥为殷先公王亥所体现出的十二地支文化可能与殷王室文化传统关系更密切，但是从半坡夏文化中太康"五子"彩陶符号及六十甲子起源很早看，夏王室不仅开创了以十天干名王的先河，而且干支相配的六十甲子记数传统早已产生，并在夏王室时即已盛行。由于有大量的出土物证，特别是二里岗、殷墟及西周王鼎器型及纹饰符号的系统传承证明，我们对夏商殷周王室存在王谱、年谱与日谱的记录与传承的论述在夏商殷周王室器物及相关的纹饰符号上表现最为充分也最系统。因而认真整理研究中国古代流传下来的器物文化，特别是近 60 年以来考古发掘出土物，从中找出相互之间的差异与联系，寻求其规律性并与中国古代文化传统相对照，也许会对深入认识中国历史及文化传统有重要作用。

（5）武王甲子日灭殷与殷周之交的王室日谱衔接

史籍中关于武王伐纣在甲子日的记载早已为专家学者承认。特别是陕西临潼出土的西周早期利簋有明确的武王伐商在甲子早晨的记载更使殷周朝代更替的日子为甲子日成为确定无疑的事实。但是关于武王伐纣即殷周交替何以选定在甲子日的原因，论者较少提及。联系我们对夏商之交、商殷之交王名改变与特定的五王年谱干支名称中天干名称的对应关系，我们认为武王伐纣的甲子日透露出在殷末周初，殷周王室不仅有严谨的传承有序的王名王谱与年谱，而且也有朝代更替时的日谱传承与衔接。可能这才是那一时代天命王命的实质所在。例如在夏商之交商王大乙开创商王室是以商王大乙代替夏王履癸，即以乙代癸。这不仅合于十天干的依次循环，而且夏王履癸的癸合于夏桀作为五王王谱第五王尾年干支癸亥之癸。而大乙之乙则合于大乙作为五王王谱第一王尾年干支乙亥之乙。由此可见，商人取代夏人虽然是朝代更替的革命性变迁，但夏末最后一王癸和商代第一王大乙的王名之关联组合却似乎是自然的更替。因而夏商以来的王室文化传统，虽然有朝代更替的变革意义，但王名王谱及年谱的传承却仍然恪守着既定的规律，并无大的变化。

---

① 参阅第二章（四）一.1. 图 1

因而至殷末周初的武王伐殷纣的"甲子"日晨也可能同样有着既定的年谱日谱传统。特别是武王兄弟十人合于十天干，而武王兄弟十人中独排行第二的武王和排行第四的周公在周初王室功绩突出。由于武王排行第二合于十天干的乙，周公排行第四合于十天干的丁，武王与周公以乙与丁的王权衔接也是与商殷王室普遍推行的乙丁王权制相统一的。而武王之母名辛巳，此辛巳又与武王作为十王制第一王 72 年 26298 日谱为甲子至辛巳的首日甲子尾日辛巳的干支相合。因而我们推测武王甲子日伐纣是具有殷周之交王室日谱传承意义的。

夏商殷周年谱与夏商殷周考古遗存年代对照表

（一）推定夏商殷周各王年谱与夏商殷周考古遗存年代比较

通过以上我们对夏商殷周考古遗物及典籍记载中夏商殷周的王名对比分析，我们以为中国自夏代开始的以十日名王传统实际隐含着中国夏商殷周王朝王室的王谱及王年规律，即天命 72 年及五王甲子年周的王谱和年谱规律。这一规律反映在典籍记载中就是"五世而迁"的王室"祭五世祖"的规律。而依据这一规律，夏商殷周各朝执政年代虽有短有长，但似乎都有以五王为单元的特征。如西周自武王建立到厉王共 10 王，以周穆王为第一个五王单元最后一王，以共王为第二个五王单元之第一王。商殷王室也是这样。从商王大乙建立商朝到殷王帝辛灭亡共 30 王，也体现出六个五王单元。虽然夏启建立夏朝到夏桀亡夏只有 16 王，但若从黄帝造甲子起，夏启之前有黄帝、帝尧、帝舜、夏禹四王，总数为 20 王，也体现出四个五王单元的"五世而迁"的规律性。而且"黄帝造甲子"的记载也与五王 72 年甲子年谱相合。因而自黄帝始历夏、商、殷、周至西周厉王共 60 王的完整的五王单元也体现出了西周以前中国古代王朝王年王谱极严谨的规律性。如果按天命 72 年五王甲子年谱的计算法，一王的实际执政年代为 72 年，五王为 360 年，完成了王谱以首王元年为甲子年经历五王 360 年后至第六王复归元年为甲子年的周期。一王为 72 年，十王为 720 年，因而自黄帝至西周厉王共 60 王，其年数总和为 4320 年。以五王甲子年谱计算，西周厉王为五王甲子年谱第五王，其首年干支为壬子，尾年干支为癸亥，如此则继厉王而立的周宣王其元年应为五王甲子年谱第一王，首年为甲子年。但由于西周王室王鼎符号文化变化反映出西周中期以后王鼎的器型、纹饰结构发生了重大变化，特别是自二里岗殷墟以来王鼎纹饰记录王谱王年的传统在西周中期以后可能已随王鼎符号的变化而发生改变，因而西周厉王以后的王室可能由于种种原因没有再传承这一王年王谱传统。基于以上论述，我们将自黄帝至西周厉王60王的五王甲子年谱所记年代予以推算，并与公元纪年及碳十四测定年代相对照。

1. 黄帝起至西周厉王的推定年代，公元纪年，碳十四年代

按天命72年王年年谱计算，自黄帝起至西周厉王共60王，总年数为4320年，而中国历史起年一般自西周共和元年起，即从公元前841年起。若与厉王前60王的4320年相加，总年数与5160年。即中国历史自黄帝起的年代为西周厉王最后一年，即公元前841年加4320年也为公元前5160年。我们曾以半坡夏启人面鱼纹盆口沿癸甲符号为基础，推定其源头应与陕西渭南白家前仰韶遗址和甘肃秦安大地湾早期前仰韶文化彩陶符号有关。而前仰韶文化的最晚年代碳十四测定为公元前5000年以前，年代基本相符。

2. 半坡夏启人面鱼纹盆与夏王启的推定年代，公元纪年，碳十四年代

半坡夏启人面鱼纹盆属半坡文化早期，碳十四测定半坡文化早期年代大约为公元前4800年左右。以年谱推算，夏启之前有黄帝、帝尧、帝舜、夏禹四王，四王年数为288年。以黄帝元年甲子为公元前5160年计，减去288年，则推定的夏启元年为公元前4872年，干支为壬子，这与碳十四测定半坡早期年代为公元前4800年左右基本一致。

3. 大河村大乙彩陶罐与商王大乙的推定年代、公元纪年、碳十四年代

郑州大河村大乙彩陶罐为大河村文化秦王寨类型，大河村文化秦王寨类型的碳十四测定年代大约为公元前3800年左右。而按王谱年谱推定，黄帝元年为公元前5160年，商王大乙之前有黄帝至夏桀20王，以每王72年，20王总年数为1440年。大乙建立商朝的年代为5160年减去1440年为公元前3720年，也几乎与碳十四测定大河村文化秦王寨类型早期年代公元前3800年基本相当。

4. 大汶口沃丁陶缸与商王沃丁推定年代、公元年代、碳十四年代

商王沃丁为大乙以后第五王，即沃丁之前有大乙至大甲四王，年谱推定商王大乙年代为公元前3720年，以3720年减去沃丁之前四王288年，为

公元前 3432 年。而沃丁陶缸为大汶口文化中期，碳十四测定年代为公元前 3500 年左右，也与年谱推定商王沃丁年代大体一致。

5. 陶寺祖辛彩绘龙盘与推定商王祖辛年代、公元纪年、碳十四年代

商王祖辛之前有大乙至河亶甲 13 王，以推定商王大乙年代为公元前 3720 年减去大乙至祖乙 13 王共 936 年，推定陶寺祖辛年代应为公元前 2784 年。而碳十四测定陶寺年代上限在公元前 2700 年左右，相比差距不大。

6. 偃师二里头殷王小乙五乳丁铜爵与推定的小乙年代、公元纪年、碳十四年代

偃师二里头文化遗址为我们论述的盘庚迁殷以后的殷王室文化遗址。若以上册中我们论述的二里头出土绿松石十字铜饼形饰为小辛器，以二里头出土五乳丁铜爵为小乙器计，则小乙为大乙以后第 21 王，小辛为第 20 王，而小乙距黄帝甲子元年已历 40 王。以黄帝为公元前 5160 年计减去黄帝至小辛 40 王共 2880 年，则年谱推定的偃师二里头小乙时代年代为公元前 2280 年。而碳十四测定二里头文化遗存年代上限大致在公元前 2200 年前后。也与我们推定的殷帝小乙的年代大致吻合。

7. 二里岗及殷墟殷王室推定年代、公元纪年、碳十四年代

我们以郑州二里岗杜岭两件方鼎为殷帝祖庚、祖甲王室器物，小乙为祖庚之祖父，武丁为祖庚之父，以小乙年谱推定年代为公元前 2280 年计，减去小乙和武丁各 72 年，则按年谱推定的祖庚开始的年代为公元前 2136 年。按照我们论述二里岗殷王室遗存大约经历了四王，其年代近 300 年。以祖庚初年为公元前 2136 年计，减去四王总计 288 年，则年谱推定殷墟武乙开始的年代为公元前 1848 年。按照我们论述，殷墟遗存为武乙至帝辛四王的文化遗存，也经历了四王近 300 年，以武乙初年为公元前 1848 年计，减去 288 年，则帝辛末年为公元前 1560 年。

8. 西周武王至厉王年代

以推定的殷王帝辛末年为公元前 1560 年计，此即为武王灭帝辛纣的年代。以武王初年为公元前 1560 年，减去武王至厉王 10 王共 720 年，则推定的厉王最后一年应为公元前 840 年。这与现在已知的中国最早的纪年，即厉王末年的共和元年为公元前 841 年也极其巧合。若果真如此，则中国的历史纪年从黄帝起经夏商殷周到现在 7000 多年从未中断过。

（二）附推定夏商殷周各王起止年代干支及公元纪年对照表之一

黄帝—夏桀二十王

本表年代以西周共和元年即公元前841年为厉王最后一年，暂以厉王为72年合于天命历法计，则黄帝至西周厉王共60王，各王均以天命历法之72年计，共4320年，加共和元年为公元841年，则黄帝元年为公元前5161年，起年干支为甲子。

朝代	王名	世次	天命72年王年起至干支	公元纪年
黄帝时代	黄帝	1	甲子—乙亥	公元前5161年—前5089年
	帝尧	2	丙子—丁亥	公元前5089年—前5017年
	帝舜	3	戊子—己亥	公元前5017年—前4945年
	帝禹	4	庚子—辛亥	公元前4945年—前4873年
夏代	夏启	5	壬子—癸亥	公元前4873年—前4801年
	太康	1	甲子—乙亥	公元前4801年—前4729年
	仲康	2	丙子—丁亥	公元前4729年—前4657年
	相	3	戊子—己亥	公元前4657年—前4585年
	少康	4	庚子—辛亥	公元前4585年—前4513年
	予	5	壬子—癸亥	公元前4513年—前4441年
	槐	1	甲子－乙亥	公元前4441年—前4369年
	芒	2	丙子－丁亥	公元前4369年—前4297年
	泄	3	戊子－己亥	公元前4297年—前4225年
	不降	4	庚子－辛亥	公元前4225年—前4153年
	扃	5	壬子－癸亥	公元前4153年—前4081年
	廑甲	1	甲子－乙亥	公元前4081年—前4009年
	孔甲	2	丙子－丁亥	公元前4009年—前3937年
	皋	3	戊子－己亥	公元前3937年—前3865年
	发	4	庚子－辛亥	公元前3865年—前3793年
	桀	5	壬子－癸亥	公元前3793年—前3721年

（三）附夏商殷周各王起止年代干支及与公元纪年对照表之二
大乙—小辛二十王

朝代	王名	世次	天命72年王年起至干支	公元纪年
商代	大乙	1	甲子—乙亥	公元前3721年～前3649年
	外丙	2	丙子—丁亥	公元前3649年～前3577年
	仲壬	3	戊子—己亥	公元前3577年～前3505年
	大甲	4	庚子—辛亥	公元前3505年～前3433年
	沃丁	5	壬子—癸亥	公元前3433年～前3361年
	太康	1	甲子—乙亥	公元前3361年～前3289年
	小甲	2	丙子—丁亥	公元前3289年～前3217年
	雍己	3	戊子—己亥	公元前3217年～前3145年
	大戊	4	庚子—辛亥	公元前3145年～前3073年
	中丁	5	壬子—癸亥	公元前3073年～前3001年
	外壬	1	甲子—乙亥	公元前3001年～前2929年
	河亶甲	2	丙子—丁亥	公元前2929年～前2857年
	祖乙	3	戊子—己亥	公元前2857年～前2785年
	祖辛	4	庚子—辛亥	公元前2785年～前2713年
	沃甲	5	壬子—癸亥	公元前2713年～前2641年
	祖丁	1	甲子—乙亥	公元前2641年～前2569年
	南庚	2	丙子—丁亥	公元前2569年～前2497年
	阳甲	3	戊子—己亥	公元前2497年～前2425年
	盘庚	4	庚子—辛亥	公元前2425年～前2353年
	小辛	5	壬子—癸亥	公元前2353年～前2281年

（四）附夏商殷周各王起止年代干支及与公元纪年对照表之三
小乙—帝辛十王；武王—厉王十王

朝代	王名	世次	天命 72 年王年起至干支	公元纪年
殷朝	小乙	1	甲子—乙亥	公元前 2281～前 2209 年
	武丁	2	丙子—丁亥	公元前 2209～前 2137 年
	祖庚	3	戊子—己亥	公元前 2137～前 2065 年
	祖甲	4	庚子—辛亥	公元前 2065～前 1993 年
	廪辛	5	壬子—癸亥	公元前 1993～前 1921 年
	庚丁	1	甲子—乙亥	公元前 1921～前 1849 年
	武乙	2	丙子—丁亥	公元前 1849～前 1777 年
	太丁	3	戊子—己亥	公元前 1777～前 1705 年
	帝乙	4	庚子—辛亥	公元前 1705～前 1633 年
	帝辛	5	壬子—癸亥	公元前 1633～前 1561 年
周朝	武王	1	甲子—乙亥	公元前 1561～前 1489 年
	成王	2	丙子—丁亥	公元前 1489～前 1417 年
	康王	3	戊子—己亥	公元前 1417～前 1345 年
	昭王	4	庚子—辛亥	公元前 1345～前 1273 年
	穆王	5	壬子—癸亥	公元前 1273～前 12011 年
	共王	1	甲子—乙亥	公元前 1201～前 1129 年
	懿王	2	丙子—丁亥	公元前 1129～前 1057 年
	孝王	3	戊子—己亥	公元前 1057～前 985 年
	夷王	4	庚子—辛亥	公元前 985～前 913 年
	厉王	5	壬子—癸亥	公元前 913～前 841 年

（五）附推定夏代各王起止年代与考古遗存及碳十四年代对照表

朝代	王名	代表性器物	器物符号标识世次、日干、数字、星象	遗址及文化类型	碳十四年代	推定年代、起年
黄帝时代	黄帝 帝尧 帝舜	彩陶钵	滴血点十字纹符号	临潼白家村、前仰韶文化	前仰韶文化碳十四年代为公元前5000年以前	公元前5161年
夏代	帝禹 夏启	彩陶人面鱼、网纹盆	口沿癸甲符号 癸甲10日10数 人头戴角	西安半坡 仰韶文化半坡类型	仰韶文化半坡类型碳十四年代为公元前5000年～公元前4000年左右	公元前4873年
	大康	彩陶人面五子纹对盆	口沿癸甲 癸字旋转 癸甲10日10数 人头戴角	临潼姜寨 仰韶文化半坡类型		公元前4801年
	中康	彩陶鹿纹盆	口沿符号癸甲 世次 癸甲10日10数 鹿角	西安半坡 仰韶文化半坡类型		公元前4729年
	相	彩陶睁目人年纹对盆	口沿符号癸甲 世次 癸甲10日10数 人头戴角	临潼姜寨 仰韶文化半坡类型		公元前4657年
	少康	花瓣纹彩陶大缸	角缸	临潼姜寨 仰韶文化半坡类型		公元前4585年
	予	尖圆底腹孔对缸	角缸	临潼姜寨 仰韶文化半坡类型		公元前4513年
	槐 芒 泄 不降 扃				庙底沟类型碳十四年代为公元前4000年～公元前3500年左右	
	孔甲	四人头彩陶缸	角缸	河南临汝洪山庙 庙底沟类型		公元前4009年
	皋	纠索纹彩陶缸	角缸	河南临汝洪山庙 庙底沟类型		公元前3937年
	发	蹲踞人彩陶缸	角缸	河南临汝洪山庙 庙底沟类型		公元前3865年
	桀	鹳鱼石斧彩陶缸	角缸	河南临汝闫村 庙底沟类型		公元前3793年

（六）附推定商代各王起止年代与考古遗存及碳十四年代对照表

朝代	王名	代表性器物	器物符号标识世次、日干、数字、星象	遗址及文化类型	碳十四年代	推定年代、起年
商代	大乙	彩陶ﺣﻨ纹大罐	Ⅰ 乙丁九柱九日九 角参	郑州大河村秦王寨类型	秦王寨类型碳十四年代略同于庙底沟	公元前3721年
	外丙	彩陶ﺣﻨ纹大罐	Ⅱ 乙、丁 角参	郑州大河村秦王寨类型		公元前3649年
	中壬	彩陶ﺣﻨ纹大罐	Ⅲ 乙、丁 角参	郑州大河村秦王寨类型		公元前3577年
	大甲	口沿柱状十字纹陶缸	甲角缸	河南临汝阎村庙底沟类型	秦王寨类型碳十四年代略同于庙底沟	公元前3509年
	沃丁	⛨纹陶缸		山东莒县陵阳河 大汶口文化	山东大汶口文化碳十四年代为公元前3500～公元前3000年	公元前3433年
	大庚	⊡纹陶缸		莒县陵阳河墓十九大汶口文化		公元前3361年
	小甲					公元前3289年
	雍己	⛉纹陶缸		莒县陵阳河采集 大汶口文化		公元前3217年
	大戊	⌇纹陶缸		莒县陵阳河采集 大汶口文化		公元前3145年
	中丁	乳丁纹鸟形陶鬶		山东潍坊姚官庄 龙山文化	山东龙山文化碳十四年代为公元前2900年～公元前2200年	公元前3073年
	外壬					
	河亶甲					
	祖乙	乙纹彩绘陶瓶	乙、丁	山西襄汾陶寺龙山文化	山西襄汾陶寺碳十四年代为公元前2800年～公元前2000年	公元前2857年
	祖辛	彩绘龙纹陶盘	牛羊角龙	山西襄汾陶寺龙山文化		公元前2785年
	沃甲			山西襄汾陶寺龙山文化		公元前2713年
	祖丁	彩绘圆点纹陶罐	丁牛羊角龙携斗	河南偃师二里头 龙山文化	偃师二里头碳十四年代为前2400年～公元前1900年左右	公元前2641年
	南庚					
	阳甲	松石饰铜龙		河南偃师二里头 龙山文化		公元前2497年
	盘庚	陶方鼎		河南偃师二里头 龙山文化		公元前2425年
	小辛	松石饰十字纹铜圆片	26甲	河南偃师二里头 龙山文化		公元前2353年

（七）附推定殷代各王起止年代与考古遗存对照表

朝代	王名	代表性器物	器物符号标识世次、日干、数字、星象		遗址及文化类型	推定年代、起年
殷代	小乙	五乳钉纹铜爵	乳丁记五　乙、丁		偃师二里头龙山文化	公元前2281年
	武丁	鞋形铜牌饰	脚趾记五		偃师二里头龙山文化	公元前2209年
	祖庚	杜岭一号铜乳钉纹方鼎	方鼎及乳钉数阵标记方鼎像斗 鼎底5排乳钉北斗斗口 口沿下四排乳钉	鼎腹底口沿下四角边乳丁排列数逐次递减	郑州张寨南街 二里岗文化	公元前2137年
	祖甲	杜岭二号铜乳钉方鼎	鼎底5排乳钉 口沿下3排乳钉北斗斗口		郑州张寨南街 二里岗文化	公元前2065年
	廪辛	向阳食品厂1号乳钉方鼎	鼎底4排乳钉　乳钉数阵 口沿下4排乳钉　边底出现60甲子数　北斗斗口		郑州向阳食品厂 二里岗文化	公元前1993年
	庚丁	向阳食品厂2号乳钉方鼎	鼎底4排乳钉　乳钉数阵边角　北斗斗口 口沿下3排乳钉　出现12×6=72数		郑州向阳食品厂 二里岗文化	公元前1921年
	武乙	南顺城街乳钉方鼎H1上1	鼎底4排乳钉　乳钉数阵边北斗斗口 口沿下3排乳钉　底有72数		郑州南顺城街二里岗文化	公元前1849年
	太丁	司母戊方鼎辛乙祭太丁器	无乳钉数阵纹饰　虎参鹿角携斗		殷墟文化殷墟妇好墓	公元前1777年
	帝乙	司母辛方鼎对鼎	鼎底3排乳钉　边角有60、72数乳钉饰　鹿角携斗			公元前1705年
	帝辛	帝辛祭帝乙器	口沿下无乳钉饰			公元前1633年

（八）附推定西周各王起止年代与考古遗存对照表

朝代	王名	代表性器物	器物符号标识世次、日干、数字、星象	遗址及文化类型	推定年代、起年
西周	文王	长安新旺大圆鼎	牛羊头角上角下 鼎腹双目状乳丁柱棱60.72数 圆鼎象斗 牛羊角携圆斗 耳龙虎	长安沣西新旺村西周	
	武王	淳化大圆鼎	麋角上，牛角下 鼎腹乳丁柱棱60.72数 兽角携圆斗	陕西淳化史家塬西周	公元前1561年
	成王				公元前1489年
	康王	外叔鼎	兽角上角下 鼎腹乳丁柱棱60.72数 兽角携圆斗	陕西扶风丁童家西周	公元前1417年
	昭王	大盂鼎	兽角均上 鼎腹乳丁柱棱60.72数兽角携圆斗	陕西岐山礼村出西周	公元前1345年
	穆王	旟鼎	兽角均内下卷 鼎腹乳丁柱棱60.72数 兽角携圆斗	陕西眉县杨家村西周	公元前1273年
	共王	师毄鼎	王鼎器身纹饰符号趋于消失	陕西扶风强家村西周	公元前1201年

本书图片采自或参考以下论著

陆思贤：《天文考古学通论》，紫禁城出版社，2005年4月。

陆思贤：《神话考古》，文物出版社，1995年12月。

王大有、王双有：《图说中国图腾》，人民美术出版社，1997年10月。

张朋川：《中国彩陶图谱》，文物出版社，1990年10月。

官波舟：《华夏史前文明·北首岭人》，三秦出版社，2007年10月。

张广立：《中国陶纹艺术》，人民美术出版社，2001年6月。

吴　山：《中国纹样全集》，山东美术出版社，2009年8月。

李明君：《历代文物装饰文字图鉴》，人民美术出版社，2001年10月。

杨子范：《山东史前陶器图录》，齐鲁书社，1986年6月。

田昌五：《华夏文明》（一），北京大学出版社，1987年版。

邹　衡：《夏商周考古学论文集》，文物出版社，1980年版。

苏　湲：《华夏城邦》，清华大学出版社，2007年版。

高　明：《古文字类编》，中华书局，1980年版。

高　明：《古文字学通论》，北京大学出版社，1996年6月。

郭大顺：《龙出辽河源》，百花文艺出版社，2001年版。

陈久金：《星象解码》，群言出版社，2004年5月。

李学勤：《中国美术全集·工艺美术·青铜上》，文物出版社，1985年7月。

李西兴：《陕西青铜器》，陕西人民美术出版社，1994年11月。

王朝闻、邓福星《中国美术史·夏商周卷》，齐鲁书社、明天出版社，2000年12月。

杨伯达：《中国玉器全集》，河北美术出版社，2005年1月。

附 录

贺 刚、向开旺：《湖南黔阳高庙遗址发掘简报》，《文物》，2004年第4期。

王 青：《镶嵌铜牌饰的初步研究》，《文物》，2004年第5期。

郑振香：《河南安阳殷墟大型建筑基址的发掘》，《考古》2001年第5期，第25页。

陈梦家：《商王庙号考》，《考古学报》1954年第八册。

石兴邦：《白家聚落文化的彩陶——并探讨中国彩陶的起源问题》，《文博》，1995年第4期。

乌 恩：《论蒙古鹿石的年代及相关问题》，《考古与文物》2003年第1期。

西安半坡博物馆、陕西省考古研究所、临潼县博物馆：《姜寨·新石器时代遗址发掘报告》，文物出版社，1998年10月。

陕西省考古研究所：《陕南考古报告集》，三秦出版社，1994年版。

陕西省考古研究所：《龙岗寺·新石器时代遗址发掘报告》，文物出版社，1990年8月。

中国社会科学院考古研究所：《新中国的考古发现与研究》，文物出版社，1984年。

上海博物馆青铜器研究组：《商周青铜器纹饰》文物出版社，1984年版。

郑州市文物考古研究所：《郑州商代青铜器窖藏》，科学出版社，1999年2月。

中国青铜器全集编辑委员会：《中国青铜器全集》，文物出版社，1996年7月。

河南省文物考古研究所,郑州市文物考古研究所:《郑州商代青铜器窖藏》,科学出版社,1999年2月。

河南省文物考古研究所：《河南汝州洪山庙遗址发掘》，《文物》，1995年第4期，第7页。

《故宫文物月刊》第115期，第155期，第164期，第196期，第210期。

《中国文物世界》第147期。

《半坡彩陶精华》

后 记

古人有云："吃水不忘挖井人"，就拙作即将出版发行一事而言，我当为吃水之人。而编辑、出版发行者以及校系领导当为挖井之人，我应当感谢他们。特别是我的老伴王仲廉女士。是她和我们的女儿钱垚带领我们的晚辈后生庄惠秀、贾枝桦、钱杰、王艺璇等辛苦勤劳的做好了一切准备工作。好在我的书稿也已完成，虽然不全是创新的观点，但基本是我辛勤几十年的独特感悟，是无数故往前辈学者及同辈同道高见之补充。故而也不至于使他们的辛苦努力化为无用之功。

请读者对这些观点多做评价吧，再次感谢这些挖井之人。

钱知强

2017 年 5 月